Friedrich Dürrenmatt
Erzählungen

Friedrich Dürrenmatt Erzählungen

Verlag
Volk und Welt
Berlin

Herausgegeben von Dietrich Simon

Anmerkungen am Schluß des Bandes

ISBN 3-353-00280-4

2. Auflage
Ausgabe des Verlages Volk und Welt, Berlin 1988
für die Deutsche Demokratische Republik
mit Genehmigung der Diogenes Verlags AG Zürich

L. N. 302, 410/211/88
Printed in the German Democratic Republic

Einbandentwurf: Lothar Reher
Satz, Druck und Einband: Offizin Andersen Nexö,
Graphischer Großbetrieb, Leipzig III/18/38
LSV 7310
Bestell-Nr. 648 611 4

01500

Weihnacht

Es war Weihnacht. Ich ging über die weite Ebene. Der Schnee war wie Glas. Es war kalt. Die Luft war tot. Keine Bewegung, kein Ton. Der Horizont war rund. Der Himmel schwarz. Die Sterne gestorben. Der Mond gestern zu Grabe getragen. Die Sonne nicht aufgegangen. Ich schrie. Ich hörte mich nicht. Ich schrie wieder. Ich sah einen Körper auf dem Schnee liegen. Es war das Christkind. Die Glieder weiß und starr. Der Heiligenschein eine gelbe gefrorene Scheibe. Ich nahm das Kind in die Hände. Ich bewegte seine Arme auf und ab. Ich öffnete seine Lider. Es hatte keine Augen. Ich hatte Hunger. Ich aß den Heiligenschein. Er schmeckte wie altes Brot. Ich biß ihm den Kopf ab. Alter Marzipan. Ich ging weiter.

Der Folterknecht

Die Quader sind tot. Die Luft ist wie Stein. Die Erde drückt von allen Seiten. Aus den Ritzen rieselt kaltes Wasser. Die Erde eitert. Die Dunkelheit lauert. Die Folterzangen träumen. Das Feuer glüht im Schlaf. Die Qualen kleben an den Wänden. Er kauert in der Ecke. Sein Ohr lauscht. Die Stunden kriechen. Er steht auf. Weit oben geht eine Türe. Das Feuer erwacht und lodert rot. Die Zangen bewegen sich. Die Stricke dehnen sich. Die Qualen verlassen die Wände und senken sich auf jeden Gegenstand. Die Folterkammer beginnt zu atmen. Schritte nähern sich.

Er foltert. Die Wände keuchen. Die Quader brüllen. Die Steinplatten winseln. Aus den Ritzen glotzt die Hölle. Die Luft ist siedendes Blei. Das Feuer gießt sich über weißes Fleisch. Die Leitersprossen biegen sich. Die Sekunden sind ewig.

Er kauert wieder in der Ecke. Seine Augen sind leer, seine Hände wie Eis. Das Haar klebt. Die Folterkammer ist müde. Das Blut versickert. Die Quader erstarren. Der Ekel strömt durch die Gitter. Die Stille würgt. Die Zeit erwacht. Die Sekunden beginnen zu tasten, und die Stunden schieben sich übereinander. Das Feuer leckt an den letzten Kohlen.

Die Nacht liegt auf der Stadt. Die Sterne sind gelb. Der Mond ist braun. Die Häuser kriechen über den Boden. Er geht durch eine Gasse und betritt die Schenke. Die Fackeln brennen schwarz. Die Menschen fliehen. Der Wein ist altes Blut. Jemand schreit. In der Ferne rückt ein Stuhl. Eine Zote wiehert herüber. Ein Weib hat weiße Haut. Eine Hand liegt darauf. Die Türe geht. Es wird still. Ein Fremder setzt sich zu ihm.

Er sieht des Fremden Hände. Sie sind schmal. Die Finger spielen mit einem Stock. Der Silberknauf blinkt. Das Gesicht ist bleich. Die Augen Abgründe. Die Lippen öffnen sich. Der Fremde beginnt zu sprechen.

Du bist der Folterknecht. Du bist der letzte der Menschen. Der häßlichste. Ich habe Gold. Ich habe ein Weib und zwei Kinder. Ich habe Freunde. Einmal werde ich nichts mehr haben. Ich werde alt werden. Ich werde sterben. Ich werde verwesen. Ich werde das sein, was du bist. Mein Leben ist Abstieg ins Nichts. Das deinige bleibt sich gleich im Nichts. Ich beneide dich. Du bist der glücklichste Mensch.

Ich habe jede Lust genossen. Doch meine Lust zersprang. Der Ekel blieb. Deine Lust ist unerschöpflich. Sie ist ewig. Du folterst. Unter deinen Händen zerbricht die Illusion Mensch. Das schreiende Tier bleibt. Die kleinste deiner Bewegungen erzeugt unendliche Angst. Du bist der Anfang und das Ende. Ich mache dir einen Vorschlag. Laß uns die Gestalt tauschen. Du sollst meine Frau haben. Mein Gold. Meine Jugend. Meine Macht. Laß mich Folterknecht sein. Laß uns nach zwei Jahren wieder zusammenkommen. Vergiß es nicht. Sonst bleiben wir ewig vertauscht.

Die Worte des Fremden hämmern an sein Ohr. Ein Glas fällt. Der Wein strömt über den Tisch. Auf dem Boden liegen Scherben. Er sieht des Fremden Gesicht. Es ist schön. Sein Kleid ist reich. Er küßt die schmalen Hände. Er hört sich lachen.

Sie betreten einen Saal. Die Schatten fliegen über die Wände. Die Fenster sind leer. An der Decke hängen Fledermäuse. Der Boden ist ein Spiegel. Die Opferschale glüht blau. Der Rauch steigt senkrecht. Er reicht dem Fremden die Hände. Das Licht wird dunkel. Die Schatten lösen sich von den Wänden. Die Luft singt. Die Fledermäuse an der Decke schwanken wie kleine Glocken hin und her. Die Fenster drehen sich. Er sieht den Folterknecht.

Eine unförmige Riesengestalt. Eiterbeulen starren. Eine verweste Fratze schimmert. Ein Auge glotzt rot. Der Augenstern ist ein Geschwür. Der Mund geifert. Er flieht.

Er geht durch die Gassen. Sein Schritt wird ruhiger. Er ist entschlossen, nie mehr zurückzukehren. Seine schmalen Hände spielen mit dem Stock. Die Sonne geht auf. Die Häuser leuchten. Der Himmel ist ein weites Meer. Die Menschen gehen an die Arbeit. Ein Mädchen lacht ihn an.

Er tritt in ein Haus. Die Mauern sind weiß. Die Hunde ziehen sich zurück. Die Diener verbeugen sich. Er küßt die

Kinder. Eine Frau kommt. Sie ist zart. Das Haar ist blond. Ihr Fuß ist klein. Er lacht. Sie umarmt ihn. Er fährt ihr über die Brust.

Die Nacht ruht. Der Tag ist fern. Das Zimmer atmet regelmäßig. Die Dunkelheit ist warm. Sie liegt nackt. Ihre Haut ist wie eine Wolke.

Die Tage wandeln. Die Monate steigen. Ein Jahr vergeht. Die Gassen sind leer. Die Hände spielen mit dem Stock. Das Silber blinkt. Der Himmel lastet auf der Erde. Der Boden ist weiß. Der Schnee knirscht. Er geht durch eine Allee. Ein Ast liegt auf dem Schnee. Ein kleines Kind schreit. Der Ast ist wie eine Folterzange.

Er sitzt im Sessel. Es ist dunkel. Er trinkt. Der Wein ist altes Blut. Die Finsternis kriecht in die Poren. Die Stille martert. Das Kaminfeuer lodert rot. Die weiße Mauer daneben hat einen Riß. Er schlägt mit dem Absatz des Stiefels den Mörtel ab. Quader kommen hervor. Er steht auf und geht hinaus. Er peitscht die Hunde tot.

Die Stunde naht. Er gibt ein Fest. Der Saal lärmt. Die Tische biegen sich. Die Lichter flackern über die Gesichter. Die Frauen haben runde Schultern. Die Männer lachen. Die Schatten fliegen über die Wände. Eine Zote wiehert herüber. Er küßt. Sie reißt das Kleid auf. Der Wein strömt über den Tisch. Blut versickert. Er springt auf. Er eilt weg. Er springt durch die Gassen. Die Häuser pfeifen. Die Türme wachsen pfeilschnell in den Himmel. Die Gasse senkt sich. Die Häuser rücken zusammen. Sie versperren ihm den Weg. Er macht sich Platz und stürzt in den Saal. Die Opferschale ist zerbrochen. Die Fenster starren ihn an. Der Boden ist bedeckt mit toten Fledermäusen. Er wartet. Seine Lippen zittern. Der Folterknecht kommt nicht. Er schleicht zurück. Der Himmel ist kalter Schiefer. Sein Haus ist bleich. Seine Frau schläft. Sie liegt still. Ihr Haar ist wie Gold. Er hebt die Fackel. Feuer gießt sich über weißes Fleisch. Das Bett ist eine Folterbank. Jemand stöhnt. Das Blut ist rot.

Er sitzt. Er schweigt. Das Licht ist grell. Die Menschen gehen an einem Fenster vorüber. Die Richter reden. Er steht auf. Die Richter sagen Worte.

Der Gang führt immer tiefer. Er ist schmal. Der Boden ist aus Stein. Die Wände sind Quader.

Eine Türe öffnet sich. Der Raum ist viereckig. Ein Feuer flackert ihm entgegen. Die Luft ist naß. Aus der Ecke löst sich ein Schatten. Zangen heben sich aus dem Feuer. Der Schatten kommt näher. Er schreit auf. Es ist der Folterknecht.

Er ist an den Boden geschmiedet. Sein Mund brüllt. Die steinerne Decke fällt. Die Luft verklebt die Poren. Die Gewichte sind stöhnende Erdkugeln. Die Folterkammer ist die Welt. Die Welt ist Qual. Der Folterknecht ist Gott. Der foltert.

Ein Mensch schreit:

Warum bist du nicht gekommen?

Gott lacht:

Was soll ich wieder Mensch werden.

Ein Mensch stöhnt:

Was quälst du mich?

Gott lacht:

Ich brauche keinen Schatten.

Ein Mensch stirbt.

Die Wurst

Ein Mensch erschlug seine Frau und verwurstete sie. Die Tat wurde ruchbar. Der Mensch wurde verhaftet. Eine Wurst wurde noch gefunden. Die Empörung war groß. Der höchste Richter des Landes übernahm den Fall.

Der Gerichtssaal ist hell. Durch die Fenster stürzt die Sonne. Die Wände sind grelle Spiegel. Die Menschen sind eine brodelnde Masse. Sie füllen den Saal. Sie sitzen auf den Fenstersimsen. Sie hängen an den Kronleuchtern. Die Glatze des Staatsanwalts brennt rechts. Sie ist rot. Der Verteidiger ist links. Seine Brille sind blinde Scheiben. Der Angeklagte sitzt in der Mitte zwischen zwei Polizisten. Seine Hände sind groß. Die Finger haben blaue Ränder. Über allen thront der höchste Richter. Seine Robe ist schwarz. Sein Bart ist eine weiße Fahne. Seine Augen ernst. Seine Stirne Klarheit. Seine Brauen Zorn. Sein Antlitz Menschlichkeit. Vor ihm die Wurst. Sie liegt auf einem Teller. Über dem höchsten Richter thront die Gerechtigkeit. Ihre Augen sind verbunden. In der rechten Hand hält sie ein Schwert. In der linken eine Waage. Sie ist aus Stein. Der höchste Richter hebt die Hand. Die Menschen schweigen. Die Bewegung erstarrt. Der Saal ruht. Die Zeit lauert. Der Staatsanwalt steht auf. Sein Bauch ist eine Erdkugel. Seine Lippen sind eine Guillotine. Seine Zunge ist ein Fallbeil. Die Worte hämmern in den Saal. Der Angeklagte zuckt zusammen. Der Richter horcht. Zwischen den Brauen steht eine steile Falte. Seine Augen sind wie Sonnen. Ihre Strahlen treffen den Angeklagten. Der sinkt zusammen. Seine Knie schlottern. Seine Hände beten. Seine Zunge hängt. Seine Ohren stehen ab. Die Wurst vor dem höchsten Richter ist rot. Sie ist still. Sie schwillt. Die Enden sind rund. Die Schnur am Zipfel ist gelb. Sie ruht. Der höchste Richter sieht auf den niedrigsten Menschen hinab. Der ist klein. Seine Haut ist wie Leder. Sein Mund ist ein Schnabel. Seine Lippen getrocknetes Blut. Seine Augen Stecknadelköpfe. Seine Stirne flach. Seine Finger dick. Die Wurst riecht angenehm. Sie rückt näher. Die Haut ist rauh. Die Wurst ist weich. Sie ist hart. Der Nagel hinterläßt eine halbmondartige Spur. Die Wurst ist warm. Ihre Form ist mollig. Der Staatsanwalt schweigt. Der Angeklagte hebt den Kopf. Sein Blick ist ein gemartertes Kind. Der höchste Richter hebt die Hand. Der Verteidiger schnellt auf. Die Brille tanzt. Worte springen in den Saal. Die Wurst dampft. Der Dampf ist warm. Ein Messerchen klappt. Die Wurst spritzt. Der Verteidiger schweigt. Der höchste Richter sieht den Angeklagten. Der ist weit unten. Er ist ein Floh. Der höchste Richter schüttelt den Kopf. Sein Blick ist Verachtung. Der höchste Richter beginnt zu sprechen. Seine Worte sind Schwerter der Gerechtigkeit. Sie fallen wie Berge auf den Angeklagten. Seine Sätze sind Stricke. Sie geißeln. Sie würgen. Sie töten. Das Fleisch ist zart. Es ist süß. Es zergeht wie Butter. Die Haut ist etwas zäher. Die Wände dröhnen. Die Decke ballt die Fäuste. Die Fenster knirschen. Die Türen rütteln an den Angeln. Die Mauern stampfen mit den Füßen. Die Stadt erbleicht. Die Wälder verdorren. Die Wasser verdampfen. Die Erde bebt. Die Sonne stirbt. Der Himmel fällt zusammen. Der Angeklagte wird verdammt. Der Tod öffnet sein Maul. Das Messerchen legt sich auf den Tisch. Die Finger sind klebrig. Sie fahren über die schwarze Robe. Der höchste Richter schweigt. Der Saal ist tot. Die Luft ist schwer. Die Lungen sind voll Blei. Die Menschen zittern. Der Angeklagte klebt am Stuhl. Er ist verdammt. Er darf eine letzte Bitte tun. Er kauert. Die Bitte kriecht aus seinem Hirn. Sie ist klein. Sie wächst. Sie wird ein Riese. Sie ballt sich. Sie formt sich. Sie zwängt die Lippen auseinander. Sie stößt in den Gerichtssaal. Sie klingt. Den Rest seiner armen Frau möchte der perverse Lustmörder essen: die Wurst. Der Abscheu schreit auf. Der höchste Richter hebt die Hand. Die Menschen verstummen. Der höchste Richter ist wie Gott. Seine Stimme ist die letzte Posaune. Er gewährt die Bitte. Der Verdammte darf die Wurst essen. Der höchste Richter sieht auf den Teller. Die Wurst ist weg. Er schweigt. Die Stille ist dumpf. Die Menschen schauen den höchsten Richter an. Die Augen des Verdammten sind groß. In ihnen steht eine Frage. Die Frage ist entsetzlich. Sie strömt in den Saal. Sie senkt sich auf den Boden. Klammert sich an die Wände. Hockt oben an der Decke. Nimmt Besitz von jedem Menschen. Der Saal weitet sich. Die Welt wird ein ungeheures Fragezeichen.

Der Sohn

Ein Chirurg, der sich sowohl als Chefarzt einer berühmten Klinik als auch durch wissenschaftliche Forschungen einen großen Namen erworben und durch Wohltätigkeit den Armen gegenüber allgemeine Beliebtheit erlangt hatte, gab, auf der Höhe seiner Laufbahn, den Beruf zur Bestürzung und Verwunderung der Freunde und Kollegen auf, veröffentlichte in allen Zeitungen des Landes Heiratsinserate, studierte die vielen Anträge auf das gewissenhafteste, besuchte sämtliche Bordelle der Stadt, ließ sich mit jeder Dirne in lange Gespräche ein, forschte nach Charakter und Verhältnissen jeder Frau, der er begegnete, erweckte durch sein absonderliches Treiben, als ein sittenstrenger Junggeselle bekannt, überall Kopfschütteln und Bedenken, warb schließlich um die Gunst einer achtzehnjährigen Schönheit, Tochter eines reichen Fabrikanten, schwängerte diese, auf heftigste Abneigung stoßend, nachdem er sie in sein Haus gelockt, auf eine brutale Art gewaltsam, brachte den Sohn, den sie ihm unter seiner alleinigen Obhut in seiner Privatklinik geboren, ohne Rücksicht darauf, daß die junge Frau unter heftigen Blutungen verschied, sofort nach der Geburt mit einem Automobil in rasender Fahrt nach einer Villa, die er in einem wilden Park, fünfzig Kilometer von der Stadt, hatte bauen lassen, wo er ihn ohne fremde Hilfe, sei es auch diejenige der Amme, aufzog, derart, daß er stets nackt mit ihm lebte, ihm jeden Wunsch erfüllte, ihn aber ohne Wissen um Gut und Böse ließ, jeden Verkehr mit Menschen auf so geschickte Weise unmöglich machte, daß der Sohn glaubte, er und der Vater seien die einzigen Menschen, die es gäbe, mit dem Park aber höre die Welt auf, bis der Vater ihm eine Hure, die er aus einem der ordinärsten Häuser hatte kommen lassen, zuführte, worauf der Sohn, eben fünfzehn geworden, den Park, ohne daß der Vater ihn zu hindern suchte, nackt, wie er geschaffen, verließ, schon nach einer Stunde aber, Kleider verlangend, zurückkehrte, um nach vierundzwanzig Stunden, da er einen Menschen, der sich geweigert hatte, ihm ohne Bezahlung Nahrung zu geben, kurzerhand umgebracht, gehetzt von der Polizei und deren Hunden, die ihm dicht auf den Fersen waren, die Hände und das Gesicht mit Blut verschmiert, zum Vater zurückzuflüchten, der ihn, ohne zu fragen, aufnahm, die Polizei mit einem Maschinengewehr zurücktrieb, sich, als diese den Kampf wieder begann, Seite an Seite mit dem Sohn in einem Zimmer verschanzte, sich aufs wütendste, ohngeachtet, daß die Villa, von Handgranaten halb zerstört, in Flammen aufging, gegen die Übermacht verteidigte, die Angreifer, die sich hinter den Bäumen und Büschen des Parks verbargen, immer wieder in die Flucht schlagend und den Boden mit Leichen bedeckend, bis der Sohn, durch eine Kugel, die ihm die Schulter zerschmetterte, schwer verwundet, in der Ecke des Zimmers, wo er blutüberströmt lag, halb erstickt durch eindringenden Rauch, heftige Flüche gegen den Vater ausstoßend, ihm vorwarf, er habe ihn zu einer Bestie gemacht, so daß die Menschen ihn, obgleich er nicht wisse warum, wie ein Tier verfolgten und mit Hunden hetzten, worauf der Vater, ohne mit der Wimper zu zucken, den Sohn niederschoß.

Der Alte

So mächtig kamen die Schwärme der Panzer über die Hügel, daß jeder Widerstand unmöglich wurde. Trotzdem kämpften die Männer, vielleicht, daß sie an ein Wunder glaubten. In einzelne Gruppen aufgeteilt, gruben sie sich in die Erde. Einige ergaben sich, die meisten fielen, und nur wenige entkamen in die Wälder. Dann hörte der Kampf so plötzlich auf, wie Gewitter bisweilen aufzuhören pflegen. Wer noch lebte, warf die Waffen weg und lief mit erhobenen Händen dem Feind entgegen. Das Entsetzen lähmte die Menschen. Die fremden Soldaten breiteten sich über das Land wie Heuschrecken. Sie zogen in die alten Städte ein. Sie gingen mit schweren Schritten durch die Gassen und trieben die Leute in die Häuser, wenn es Abend wurde. Durch die Dörfer rollten schwere Panzerwagen, oft mitten durch die Hütten, die über ihnen zusammenstürzten, denn in den Dörfern war der Widerstand noch nicht erloschen. Es war ein Widerstand, der im Geheimen glomm, in den Augenwinkeln der Knaben, in der bedächtigen Bewegung der alten Männer, im Schreiten der Frauen. Es war ein Widerstand, der die Luft verpestete, daß die Fremden wie in Ländern atmeten, in denen eine Seuche ausgebrochen ist. Aus den Wäldern tauchten Männer auf, bald einzeln, bald in Gruppen, und verschwanden wieder in den undurchdringlichen Forsten, wohin zu folgen kein Fremder wagte. Noch gab es mit dem Feind keine Zusammenstöße, aber Menschen, die mit ihm zusammengearbeitet hatten, wurden tot aufgefunden. Dann kam der Aufstand. Die Jünglinge und Greise warfen sich mit alten Gewehren auf den Feind, der wie vom Alpdruck befreit zuschlug; es wurden Weiber gesehen, die mit Heugabeln und Sensen angriffen. Eine Nacht und einen Tag dauerte der Kampf, dann brach der Aufstand zusammen. Die Dörfer wurden umzingelt, die Einwohner zusammengetrieben

und mit Maschinengewehren niedergemacht. Die brennenden Wälder erhellten wochenlang die Nächte.

Dann wurde es still, wie es in Gräben still wird, wenn die Erde den Sarg deckt. Die Menschen gingen einher, als wäre nichts geschehen. Sie begruben ihre Toten. Der Bauer kehrte zum Pflug zurück, der Handwerker zu seiner Werkstatt. Aber tief in ihnen war mächtig geworden, was sie nie zuvor gekannt hatten: es war der Haß. Er nahm sie ganz in Besitz, erfüllte sie mit glühender Kraft und bestimmte ihr Leben. Es war nicht ein wilder ungeduldiger Haß, der vorschnell handeln muß, um leben zu können, es war ein Haß, der warten konnte, jahrelang, der still in ihnen ruhte, nicht auf der Oberfläche, sondern ganz in der Tiefe, eins mit ihrem Wesen, der keinen Ausweg nach Außen brauchte, sich vielmehr wie ein Schwert in die Seele bohrte, aber nicht um diese zu vernichten, sondern sie durch seine Glut zu stählen. Aber wie das Licht jener Sterne, die in ungeheuren Fernen sich bewegen, den Weg zu uns findet, so fand dieser Haß den Weg zu einer Gestalt, die ganz im Hintergrunde war, irgendwo im Unaufhellbaren, unsichtbar wie viele Gestalten des Abgrundes, von der sie nichts Bestimmtes wußten, als daß von ihr alle die Schrecken der Hölle ausgingen, die sie erdulden mußten, und so sehr richtete sich der Haß der Unterdrückten gegen diese Gestalt, die sie den Alten nannten, daß ihnen die fremden Soldaten gleichgültig wurden und oft lächerlich vorkamen. Sie witterten mit dem Instinkt des Hasses, daß diese Menschen, die alle gleich aussahen in ihren Uniformen und Stahlhelmen und ihren kurzen schweren Stiefeln, sie nicht aus Grausamkeit quälten, sondern weil sie ganz in der Gewalt des Alten waren. Diese Soldaten handelten als willenlose Instrumente, ohne Freiheit, ohne Hoffnung, ohne Sinn und ohne Leidenschaft, verloren in fremdem Lande, unter Menschen, die den Fremden, der in ihr Land eingedrungen war, verachteten, wie Folterwerkzeuge verachtet werden oder wie der Henker als ehrlos angesehen wird. Über alle war ein riesenhafter Zwang gelegt, Unterdrückte und Unterdrücker aneinanderkettend wie Galeerensklaven, und das Gesetz, das sie trieb, war die Macht des Alten. Die Menschen waren ineinander verbissen, jede Menschlichkeit zwischen ihnen gefallen, und je mehr das Volk haßte, desto grausamer wurden die fremden Soldaten. Sie marterten die Frauen und Kinder, um die Qualen nicht zu fühlen, die sie selber dulden mußten. Alles war notwendig, wie in den mathematischen Büchern alles notwendig ist. Die feindliche Armee war eine ungeheure, komplizierte Maschine, die auf dem Lande lastete und es zerdrückte, aber irgendwo mußte das Hirn sein, das sie lenkte und seine Ziele mit ihr verfolgte, ein Mensch aus Fleisch und Blut, den man mit allen seinen Sinnen hassen konnte, und dies war der Alte, von dem sie nur flüsternd zu sprechen wagten, wenn sie ganz unter sich waren. Niemand hatte ihn je gesehen, sie hörten nie seine Stimme, sie wußten nicht einmal seinen Namen, die grausamen Maßregeln, die sie erdulden mußten, trugen die Unterschriften gleichgültiger Generäle, die dem Alten gehorchten, ohne je von ihm gehört zu haben, und sich vielleicht einbildeten, aus eigenem Ermessen zu handeln.

Daß die Unterdrückten vom Alten wußten und daß sie ihn haßten, war ihre geheime Kraft, durch die sie den Feinden überlegen waren. Die fremden Soldaten haßten den Alten nicht, sie wußten nichts von ihm, wie die Maschinenteile nichts vom Menschen wissen, dem sie dienen müssen, sie haßten auch das Volk nicht, das sie unterdrückten, aber sie fühlten, daß es immer mächtiger wurde in seinem Haß, der sich gegen etwas richtete, das sie nicht kannten, mit dem sie aber geheimnisvoll verbunden sein mußten. Sie sahen sich vom Volk immer verächtlicher behandelt, und sie wurden immer grausamer und hilfloser. Sie wußten nicht, was sie taten und warum sie unter den fremden Menschen waren, die so tödlich und beharrlich haßten. Etwas war über ihnen, das mit ihnen verfuhr, wie man mit Tieren verfährt, die man zu diesem oder jenem abgerichtet hat. So leben sie dahin wie Gespenster, die in den langen Winternächten umhergehen.

Über allen aber, den fremden Soldaten, den Bauern und den Menschen in den alten Städten, kreisten Tag und Nacht riesige Silbervögel, die unmittelbar dem Alten unterstellt waren, wie das Volk zu wissen glaubte. Ganz hoch kreisten sie, daß man nur selten das Brüllen ihrer Motoren vernahm. Hin und wieder stießen sie von ihren Höhen wie Geier herab, ihre tödlichen Lasten auf die Dörfer zu werfen, die rot aufflammten unter ihnen, oder auf eigene Kolonnen, die den Befehlen nicht schnell genug nachgekommen waren.

Dann aber erreichte der Haß der Unterdrückten jene hohen Grade, wo selbst schwache Menschen fähig werden, das Höchste zu vollbringen, so daß es einem jungen Weibe bestimmt war, den zu finden, den sie mehr haßte als alles in der Welt. Wir wissen nicht, wie sie zu ihm gelangte. Wir können nur vermuten, daß der äußerste Haß eine Hellsichtigkeit verleiht und die Menschen unangreifbar macht. Sie kam zu ihm, ohne daß jemand sie zu hindern suchte. Sie fand ihn allein in einem kleinen altertümlichen Saal, dessen Fenster weit offen waren, durch die das Licht der Sonne flutete und das Gezwitscher der Vögel hereindrang, wo an den Wänden alte Bücher standen und Büsten der Denker. Nichts war außergewöhnlich und deutete darauf hin, daß er in diesem Saal sein mußte, und doch erkannte sie ihn. Er saß über eine große Karte gebeugt, riesig und ohne Bewegung. Er schaute ihr ruhig entgegen, die Hand auf einen großen Hund gelegt, der zu seinen Füßen saß. Es war nichts in diesem Blick, das bedrohlich war, aber auch keine Frage, woher sie komme. Sie blieb stehen und begriff, daß ihr Spiel verloren war. Aber dennoch nahm sie den Revolver aus den Falten ihres Gewandes und richtete ihn auf den Alten. Dieser lächelte nicht einmal. Er schaute gleichgültig auf die Frau, und endlich, als er begriff, streckte er die Hand ein wenig vor, wie wir es Kindern gegenüber tun, die uns etwas schenken wollen. Sie näherte sich ihm und legte den Revolver in seine offene Hand, die ihn leise umschloß und langsam auf den Tisch legte. All diese Bewegungen hatten etwas Lautloses an sich, und dem ganzen Geschehen wohnte etwas Kindliches inne, aber gleichzeitig war alles erschreckend sinnlos und nebensächlich. Dann senkte er die Augen und schaute auf die Karte, als hätte er den ganzen Vorgang schon vergessen. Sie wollte fliehen, aber da begann der Alte zu sprechen.

»Sie sind gekommen, mich zu töten«, sagte er. »Es ist ganz nutzlos, was Sie tun wollten. Es gibt nichts Unbedeutenderes als den Tod.« Er sprach langsam, und seine Stimme war wohlklingend, aber er schien seinen Worten nicht die geringste Bedeutung beizumessen. »Von wo sind Sie?« fragte er dann, ohne den Blick von der Karte zu wenden, und als sie den Namen der Stadt nannte, bemerkte er nach einer langen Pause, während der er eifrig auf der Karte gesucht hatte, daß diese Stadt zerstört sein müsse, da sie mit einem roten Kreuz versehen sei. Dann schwieg er und fing an, große Linien über die Karte zu ziehen, kreuz und quer. Es waren schwere, phantastische Linien, die er zog, in merkwürdigen Kurven von einer eigenartigen Symmetrie, die das Auge zwingen, ihnen nachzuspüren, die aber den Sinn unfehlbar zu verwirren pflegen. Sie stand wenige Meter von ihm und schaute auf ihn, der wie eine ungeheure dunkle Masse über die Karte gebeugt war. Sie stand da in der Abendsonne, die weiches Gold über den Alten warf. Er beachtete die Sonne nicht und das Weib nicht, das ihn töten wollte und versagt hatte. Er war im Leeren, dort, wo es keine Beziehungen mehr gibt und keine Verantwortung anderen gegenüber. Er haßte die Menschen nicht, er verachtete sie nicht, er bemerkte sie nicht, und das Weib ahnte, daß hier der geheime Ursprung seiner Macht zu vermuten war. So stand sie wie eine Gerichtete vor ihm, unfähig, ihn zu hassen, und wartete auf den Tod, der ihr von seiner Hand zukam. Dann aber erkannte das Weib, daß er sie und ihre Tat vergessen hatte und daß sie gehen konnte, wohin sie wollte, aber auch, daß dies seine Rache war, die schrecklicher vernichtete als der Tod. Sie ging langsam gegen die Tür.

Da schlug der schwarze Hund zu seinen Füßen scharf an. Sie wandte sich zurück gegen den Alten, und er schaute auf. Seine Hand ergriff den Revolver, mit dem sie ihn hatte töten wollen. Dann sah sie die Waffe in seiner offenen Handfläche liegen, die sich ihr darbot. So überbrückte er mit einer unmenschlichen Geste, die unendlich demütigte, den Abgrund zwischen ihnen und deckte das innerste Wesen seiner Macht auf, die sich schließlich zerstören mußte, wie alle Dinge, deren Wesen im Absurden liegt. Sie schaute in seine Augen, die ihr ohne Spott und ohne Haß entgegengewandt waren, aber auch ohne Güte, und die nicht ahnten, daß er ihr alles wiedergegeben, was er ihr genommen, ihren Haß und die Kraft, ihn zu töten. Ruhig nahm sie die Waffe aus seiner Hand, und als sie schoß, fühlte sie jenen Haß, den Menschen bisweilen gegen Gott hegen. Er legte noch den Stift, mit dem er über die Karte gefahren, sorgfältig auf den Tisch, fiel dann aber langsam nieder, wie eine uralte Göttereiche, die gefällt wird, und der Hund leckte ruhig das Gesicht und die Hände des Toten, ohne sich im geringsten um das Weib zu kümmern.

Das Bild des Sisyphos

Der Zufall hatte mich diesen Winter in ein Dorf der französischen Schweiz geführt, doch ist mir die einsame Zeit, die ich dort verlebte, nur traumartig in der Erinnerung geblieben. Ich sehe zwar deutlich die langgewellten weißen Hügel, aber die wenigen Hütten haben sich gespenstisch zu einem Genist von Treppen, Korridoren und unfreundlichen Räumen zusammengezogen, durch die ich aufgeregt hin und her eile. Nur ein Erlebnis dieser verlorenen Wochen blieb in meinem Geiste haften, wie uns etwa noch lange ein greller Fleck vor Augen schwebt, wenn wir unvermutet die Sonne sehen. Ich habe damals von einer winkligen Treppe aus, die sich irgendwo im Dunkel verlor, durch ein halbvereistes Fenster in eine hellerleuchtete Stube geschaut, wo sich alles deutlich, aber völlig lautlos abspielte. So blieb jede Einzelheit in meinem Sinne haften, und ich könnte die Farbe der Kleidungsstücke angeben, welche die Kinder damals getragen haben, besonders erinnere ich mich an eine feuerrote, mit Gold verstickte Jacke eines blonden Mädchens. Auf dem runden Tisch errichteten die Kinder ein großes Kartenhaus, und es war eigenartig, ihren überaus vorsichtigen Bewegungen zu folgen. Dann aber, als es vollendet stand, begannen sie das Gebäude zu vernichten. Sie zerstörten es jedoch nicht mit einer heftigen Bewegung, wie ich erwartet hatte, sondern indem sie eine Karte sorgfältig von der andern nahmen, bis nach großer Mühe, die genau der Arbeit entsprach, mit der es gebaut wurde, das Kartenhaus verschwunden war. Das seltsame Geschehen erinnerte mich an den Untergang eines Menschen, der lange zuvor gelebt hatte. Indem ich nämlich aus dem Verborgenen nach den Kindern sah, war es, als ob hinter dem ruhigen Bilde, das sich mir in der Stube darbot, ein zweites hervorleuchten würde, dunkler und seltsamer als das erste, aber doch mit ihm verwandt, verschwommen zuerst, dann immer deutlicher, und wie ein Verstorbener durch geheimnisvolle Handlung beschworen wird, trat jener Unglückliche in mein Bewußtsein, an den zu denken ich so lange nicht gewagt hatte, durch das Spiel der Kinder hervorgerufen, aber nicht schreckhaft, sondern durch das Zwielicht der Erinnerung gedämpft, mit scharfen Umrissen jedoch, denn sein Wesen war mir auf einmal im Bilde offenbar. Wie der hereinbrechende Tag uns bisweilen zuerst die Linien des Horizontes, dann aber die einzelnen Dinge enthüllt, tauchten die verschiedenen Züge dieses Menschen in mir auf.

Auch wurden die dunklen Vermutungen in mir wach, die sich um seine Person gebildet hatten. So entsinne ich mich, daß mich damals die auf dem Tische liegenden Karten an das Gerücht gemahnten, das ihm eine geheime Leidenschaft zum Spiel nachsagte. Ich pflegte dies lange für eine Legende anzusehen, die sich um den absonderlichen Menschen gewoben hatte, wie vieles andere auch, ohne von der entsetzlichen Ironie zu ahnen, die ihn bestimmte. Mich hatte damals der Umstand getäuscht, daß er sich mit Dingen umgab, die nicht dem Augenblick unterworfen waren, doch hätten mich seine Worte warnen müssen, denn er liebte oft zu sagen, er verstehe mehr von der Kunst als wir alle, weil er dem Augenblick verfallen sei und sie darum so ruhig betrachten könne wie wir die Sterne. Dann scheint es mir heute wesentlich, daß mir selbst sein Name entfallen ist, doch glaube ich mich zu erinnern, daß ihn die Studenten den ›Rotmantel‹ nannten. Wie er zu diesem Namen gekommen sein mochte, wenn er ihn je führte, ist mir entschwunden, doch mag seine Vorliebe für die rote Farbe eine gewisse Rolle gespielt haben.

Wie es jedoch bei Menschen oft der Fall ist, die eine große Macht über andere besitzen, lag auch der seinen ein verstecktes Verbrechen zugrunde, dem er sein riesiges Vermögen verdankte, über das wir märchenhafte Dinge hörten. Solche Verbrechen werden selten aus eigener Schlechtigkeit heraus begangen, sie sind ein notwendiges Werkzeug dieser Menschen, mit deren Hilfe sie in die Gesellschaft einbrechen, die sich ihnen verschließt.

Das Verbrechen des ›Rotmantels‹ aber war seltsam, wie alles, was er unternahm, und auch die Art seltsam, wie er daran zugrunde ging, doch kann ich hier nicht verschweigen, daß es mir schwerfällt, die äußeren Ereignisse in meinem Geiste lückenlos herzustellen, die zu seinem Untergang führten. Es mag dies im Wesen der Erinnerung liegen, die uns Dinge, die wir in der Zeit erlebt haben, nun von außen und zeitlos vor Augen führt, so daß uns ein Gefühl der Unsicherheit befällt, da wir eine geheime Unstimmigkeit zwischen unserer Erinnerung und dem wirklich Gewesenen ahnen. Auch erinnern wir uns niemals an alle Episoden einer Handlung mit gleicher Deutlichkeit, einige verbergen sich in undurchdringbarem Dunkel, andere erstrahlen in äußerster Klarheit, daher pflegen wir uns oft in der Reihenfolge der einzelnen Momente zu irren, indem wir sie nach den Graden der Helligkeit einordnen und so von der Wirklichkeit unwillkürlich abweichen. So erscheint mir denn auch jene Nacht in einem gespensterhaften Licht, in der ich zum ersten Male die Gewalt des Malstromes spürte, der den ›Rotmantel‹ in den Abgrund reißen sollte.

Wie versammelten uns damals gegen Ende des Herbstes bei einem der reichsten und unglücklichsten Männer unserer Stadt, der erst vor wenigen Jahren in bitterster Armut gestorben ist. Ich erblicke mich deutlich, wie ich mit dem Arzt, der mich damals während meiner langen Krankheit pflegte, in ein kleines Nebengemach mit eigenartiger Wölbung trete, dessen Wände den Lärm des Festes zu einer geheimnisvollen Musik dämpften. Auch ist es mir, als hätten wir damals ein sehr umständliches Gespräch geführt, das dem Wesen meines Partners entsprach, worin ich bemüht war, einen ständig wiederkehrenden Einwand zu widerlegen, der aus einer merkwürdigen Behauptung bestand, die mir entfallen ist. Es war ein ermüdender Dialog, der sich in einem hoffnungslosen Zirkel bewegte. Wir schwiegen erst, als wir ein Bild erblickten, das in schwerem Rahmen an der Wand hing, in welchem ich auf einer kleinen Fläche den Namen des Niederländers Hieronymus Bosch las. Wir betrachteten mit großer Verwunderung das kleine Bild, das auf Holz gemalt war und die Hölle in ihren scheußlichsten und geheimsten Qualen darstellte, durch eine sonderbare Verteilung der roten Farbe beunruhigt. Ich glaubte in ein loderndes Feuermeer zu blicken, dessen Flammen immer neue zahllose Formen bildeten, und ich kam erst nach einiger Zeit den Gesetzen auf die Spur, die dem Bilde zugrunde liegen mochten. Vor allem erschreckte mich die Tatsache, daß mein Blick, durch Vorrichtungen des rätselhaften Malers gelenkt, immer wieder zu einem nackten Menschen zurückkehrte, der, fast verborgen durch das zahllose Volk der Gefolterten, einen ungeheuren Felsen einen Hügel hinaufwälzte, der drohend ganz im Hintergrund aus einem Meer von dunkelrotem Blut ragte. Es konnte nur Sisyphos darstellen, welcher der listigste der Menschen gewesen sein soll, wie uns überliefert ist. Ich erkannte, daß sich hier der Schwerpunkt des Bildes verbarg, um den sich alles wie um eine Sonne drehte. Gleichzeitig aber stieg in mir das Gefühl auf, das Bild des alten Meisters gebe das Schicksal des ›Rotmantels‹ wieder, in einer Bildschrift gleichsam, ohne daß ich sie damals aber hätte entziffern können. Es ist möglich, daß die roten Farbmassen des Bildes diesen Verdacht erweckten, der sich zur vollen Gewißheit steigerte, als der ›Rotmantel‹ das Gemach mit dem Gastgeber, einem Bankier, betrat. Sie kamen, ohne zu sprechen, nicht in Masken, wie die meisten, sondern in Abendkleidern, mit der vollendeten Gelassenheit zweier Weltmänner, aber ihre Augen blickten starr. Ich erkannte, daß sich zwischen den beiden etwas Entsetzliches vollzogen hatte, das sie zu Todfeinden machen mußte und durch einen mir unbekannten Grund mit dem Bilde verknüpft war.

Doch dauerte alles nur Augenblicke. Der Bankier schritt mit dem Arzt in den Saal zurück, und der ›Rotmantel‹ verwickelte mich in ein sonderbares und dunkles Gespräch über Sisyphos, das immer drohendere Gebiete erschloß, wohin der Geist sich nur ungern zu verirren pflegt; auch schien unter seinen Worten jener Fanatismus zu glühen, den wir bei Menschen antreffen, die entschlossen sind, ihrer Idee die Welt zu opfern. Obschon nur noch Teile unseres Gesprächs in meinem Gedächtnis haften blieben, so erinnere ich mich doch, damals durch seine Worte überzeugt worden zu sein, daß ihn eine heftige und absonderliche Liebe zu diesem alten Bilde trieb, von dem er während der ganzen Unterhaltung kein Auge ließ. Nur noch ungenau entsinne ich mich einiger Andeutungen über geheimnisvolle Parallelen, die zwischen der Qual des Sisyphos und dem Wesen der Hölle zu vermuten seien. Dann sprach er spöttisch von der Ironie, die den Höllenqualen innewohne, welche die Schuld des Verdammten gleichsam parodiere, so daß dessen Qual auf eine entsetzliche Weise verdoppelt würde.

Der Rest des Gesprächs ist mir wie ein schwerer Traum

entschwunden, auch weiß ich nicht mehr, wie wir uns trennten; vom Feste, das bis zum späten Morgen dauerte, sind mir nur einige koboldartige Masken in Schwarz und leuchtendem Gelb erinnerlich, die damals von Tänzerinnen getragen wurden.

Dann war es der Arzt, mit dem ich meiner Wohnung zuging, lange vor Ende des Festes, durch meine Krankheit zu frühem Aufbruch genötigt, durch den dichten Nebel hindurch, der manchmal weiß aufleuchtete; auch wurden die räumlichen Verhältnisse zerstört, und wir bewegten uns wie in einem Keller, in den wir heimlich gedrungen waren. Das Gefühl der unmittelbaren Gefahr wurde dadurch verstärkt, daß vor uns ständig der Umriß eines Mannes zu sehen war, den wir hartnäckig einzuholen versuchten, da wir in ihm den ›Rotmantel‹ vermuteten, für den der Arzt seit langem ein immer wachsendes Interesse zeigte. Unser Unternehmen scheiterte aber regelmäßig daran, daß sich die Gestalt anders verhielt, als wir in jedem Moment erwarteten, so daß wir immer auf eine unheimliche Weise getäuscht wurden. Indem wir so weitergingen und ängstlich nach dem Voranschreitenden spähten, der uns bald fast entschwunden, dann aber plötzlich wieder greifbar nahe war, begann der Arzt sehr leise von ›Rotmantel‹ zu berichten, wie einer, der fürchtet, gehört zu werden. Die hauptsächlichsten Punkte seiner Darstellung entwickelten sich aus dem Umstand, daß der ›Rotmantel‹ mehrere Male versucht hatte, das Bild in seinen Besitz zu bringen, wie der Arzt erfahren hatte, aber stets am Bankier gescheitert war, der die größten Angebote von sich gewiesen hatte. Daran knüpfte der Arzt eine Vermutung, die er zuerst nicht näher begründete, indem er ausführte, der ›Rotmantel‹ werde zu jedem Mittel greifen und auch nicht vor einem Verbrechen zurückschrecken, das Bild des Sisyphos zu gewinnen. Ich suchte ihn zu beruhigen und erinnere mich, eine gewisse Verärgerung darüber empfunden zu haben, daß jedes Gespräch mit dem Arzt die gleiche Wendung ins Ungewisse nahm, da er nie auf reale Gegenstände hinwies, sondern stets in dunklen Vermutungen und Ahnungen wie auf Schleichwegen sich erging. Der Arzt, an den ich noch mit größter Dankbarkeit zurückdenke, war im Besitze einer virtuosen Fähigkeit, das Fragwürdige jeder Erscheinung aufzudecken, er liebte es, die Dinge nur dann zu zeigen, wenn sie sich vor dem Abgrund bewegten. So entwaffnete er mich vor allem mit dem Argument, der ›Rotmantel‹ sei vor Jahren schon einmal im Besitze des Bildes gewesen, und er habe dieses für eine riesige Summe verkauft, nachdem er es bei einem Trödler für einige Geldstücke erworben habe, auch seien Gründe vorhanden, die dafür zu sprechen schienen, daß er vorher sehr arm gewesen sein müsse. Bevor ich mich in meine Wohnung zurückzog, bemerkte der Arzt, der mich bis zu meinem Haus begleitet hatte, mit einem Lachen, das mir heute mehr und mehr höhnisch erscheint, ich dürfe ein Gerücht nicht übersehen, das Anspruch darauf habe, einiges Licht in die dunkle Vergangenheit des ›Rotmantels‹ zu werfen. Es werde behauptet, dieser sei in seiner Jugend ein Kunstmaler von nicht unbedeutendem Talent gewesen, und es dürfte nicht ausgeschlossen sein, daß der Gewinn, den er mit dem alten Bilde erzielt habe, für ihn der Grund gewesen sei, die Kunst zu verlassen, es seien gewisse Anzeichen vorhanden, die eine solche Auffassung bestätigten.

So endete dieses Gespräch mit düsteren Vorzeichen, um so mehr, als eine ernstete Wendung der Krankheit mich längere Zeit auf mein Zimmer verwies. Ich schreibe es daher meiner damaligen streng abgeschlossenen Lebensweise zu, daß mir der grausame Kampf so lange verborgen blieb, der sich zwischen dem ›Rotmantel‹, der damals sein sechzigstes Lebensjahr erreicht hatte, und dem Bankier um den Besitz des Bildes abzuspielen begann. Auch schwieg der Arzt lange, mit der Absicht, mich nicht zu beunruhigen.

Es war ein Kampf zweier Gegner, die es lieben, im Verborgenen zu handeln, wo jede Willkür herrscht. Es war ein langes und vorsichtiges Ringen, phantastisches nur, weil es um den Besitz eines Bildes ging, in welchem mit den feinsten und verstecktesten Waffen gekämpft wurde, wo jeder Angriff und jeder Rückzug mit einer unendlichen Überlegung ausgeführt werden mußte und jeder Schritt das Verderben bringen konnte, ein Kampf, der sich in Kontoren abspielen mochte, die in ewigem Zwielicht lagen, in den Vorzimmern der Departemente und schlechtgeheizten Bureaux, in Räumen, in denen man nur zu flüstern wagt, dort, wo sich jene Dinge abspielen, von denen wir nur hin und wieder unsichere Kunde erhalten, wie von allen Vorgängen, die unter der Oberfläche entschieden werden und die kaum das Antlitz jener bewegen, die an ihnen am tödlichsten beteiligt sind. Auch waren sie ebenbürtige Gegner, soweit wir die äußerste Entschlossenheit in Betracht ziehen, welche die Voraussetzung für die Form dieses Kampfes bildet, doch hatte der ›Rotmantel‹ den Vorteil des ersten Zuges, der unter solchen Konstellationen oft entscheidend zu sein pflegt. Auch fiel ihm in diesem gespenstischen Duell die Rolle des Angreifers zu, der Bankier hingegen sah sich stets in die Verteidigung gedrängt, auch dadurch im Nachteil, daß die Triebfeder seines Handelns in seiner Eitelkeit lag, die ihm verbot, vom Bild zu lassen und sich so zu retten, des ›Rotmantels‹ dämonische Gier nach dem Bilde aber entsprang einer dunklen Macht, die ihre Wurzel im Bösen selber hatte und daher mit ungebrochener Kraft zu handeln fähig war. So zog sich dieser Zweikampf eines Großindustriellen mit einer Großbank, der immer weitere Truste gegeneinanderhetzte und schließlich eine Wirtschaftskatastrophe nach sich zog, viele Jahre hindurch, gleich einer schleichenden Krankheit, die zum Tode führen mußte, hin, und lange blieb der Sieg ungewiß. Langsam aber brach das riesige Kapital des Bankiers zusammen, denn der ›Rotmantel‹ ging wie jene Schachspieler vor, welche die größten Verluste nicht scheuen, wenn sie dadurch in der Lage sind, einen winzigen Vorteil zu erreichen, und indem er sein ganzes Vermögen opferte, gelang es ihm, dasjenige des Bankiers zu vernichten und das Bild in seine Gewalt zu bringen.

Was er nun für Gründe gehabt hatte, sich an mich zu wenden, wage ich nicht zu vermuten, doch kann ich nicht sagen, daß mir seine Einladung unerwartet kam, ich nahm sie vielmehr wie etwas Unabänderliches hin.

Es war einer meiner letzten Gänge, die ich in unserer Stadt tat, kurz bevor ich sie verlassen mußte (unter Umständen, die ich später erzähle). Ich war durch lange Vorstadtstraßen gegangen, durch die Arbeiterviertel, die sich mir wie seltsam gezackte Urlandschaften darboten, mit tiefen Klüften und geometrischen Schatten, die scharf umgrenzt auf den Asphaltflächen lagen. Es war spät in der Nacht, nur noch einige Betrunkene torkelten, wilde Lieder brüllend, herum, und irgendwo gab es eine Schlägerei mit der Polizei. Dann erreichte ich sein Haus, unten am Fluß, von Ufergebüschen, Schrebergärten und in weitem ansteigendem Halbkreis von Mietshausblöcken umgeben, ein langgezogenes Gebäude, mit verschiedenen Dächern, ursprünglich aus vier zusammengebauten, ungleich hohen Häusern bestehend, deren Zwischenwände niedergerissen worden waren und deren Fenster im Mondlicht gleißten. Das Hauptportal war weit geöffnet, was mich beunruhigte, um so mehr, als ich über Haufen umgeworfener Kübelpflanzen steigen mußte, um es zu erreichen, doch fand ich im Innern vorerst noch nicht die Unordnung vor, die ich erwartet hatte. Ich schritt durch riesige Räume, nur vom Mond erhellt, der flackernd durch die Scheiben drang, ahnte an den Wänden Bilder von unermeßlichem Wert und roch den Duft seltener Blumen, doch erblickte ich überall durch die silberne Dämmerung die Zettel der Pfändungsbeamten, die an alle Gegenstände geklebt waren. Auch begriff ich, wie ich mich weitertastete – der elektrische Strom war abgestellt worden, denn mehrmals versuchte ich vergeblich, an den Schaltern Licht zu machen – das Wesen des Labyrinths, welches in seinen Eingeweiden den Augenblick des höchsten Entsetzens birgt, der durch eine allmähliche, gleichmäßige Steigerung der Angst beschworen wird und dann eintritt, wenn wir unmittelbar nach der jähen Biegung eines Ganges auf einen zottigen Minotaurus stoßen. Bald wurde jedoch das Weiterdringen schwieriger. Ich war in Teile des Gebäudes gelangt, welche nur kleine, vergitterte Fenster besaßen, die hochgelegen waren; dazu kam, daß die Teppiche hier aufgerollt und die Möbel verschoben waren. Ich wußte daher in dieser zunehmenden Unordnung bald nicht mehr, wo ich war. Es schien mir, daß ich mehrere Male in das gleiche Zimmer zurückkehrte. Ich begann mich durch Schreie bemerkbar zu machen, doch antwortete niemand, nur einmal kam es mir vor, als sei von ferne ein Lachen zu hören. Endlich fand ich den Weg, wie ich eine Wendeltreppe emporgestiegen war. Ich trat nämlich in eine Art von Estrich, auf ein großes Tenn, wie ich mich zu erinnern glaube, mit Balken kreuz und quer, die das Dach stützten, mit verschiedenen Böden, die, da sie ungleich hoch waren, mit festgemachten eisernen Leitern miteinander verbunden waren. Auch hier hatte der Hausherr alles kostbar herrichten lassen und durch geschickte Vorrichtungen wohnlich gemacht, obgleich der Sinn eines solchen Estrichs nicht einzusehen war. Vom Hintergrunde nun, von einer Brandmauer her, flackerte ein roter Schein zu mir herüber. Ich stieg mühsam verschiedene Leitern hinauf und andere wieder hinunter. Fenster waren nirgends zu sehen, so daß außer dem Kaminfeuer kein Licht war; doch verhielt sich dieses unregelmäßig, bald flackerte es so stark auf, daß alle Gegenstände des Estrichs klar hervortraten, die Pfosten, Balken, Möbel, und wilde Schattenfiguren über die Wände und über das Dach tanzten, welches man von innen sah, bald erlosch es beinahe, so daß ich mich in tiefem Dunkel auf den Böden oder auf den Leitern irgendwo in dem unübersichtlichen Raume befand. Ich näherte mich dem Feuerschein immer mehr. Wie ich einen wirren Haufen umgestürzter Büchergestelle mit dicken Folianten überklettert hatte, erreichte ich den Kamin. An ihm saß ein alter, zusammengefallener Mann mit zerrissenen, schmutzigen Kleidern, die ihm viel zu weit waren, unrasiert, ein Clochard, wie es schien, den kahlen Schädel vom Lichte der Flamme beschienen, eine grauenerweckende Erscheinung, in welcher ich nur allmählich den ›Rotmantel‹ erkannte. Auf seinen Knien hielt er das Bild des Niederländers, auf welches er bewegungslos starrte und an dessen Rahmen ebenfalls ein Zettel klebte. Ich grüßte, und erst nach langem schaute er auf. Zuerst schien er mich nicht zu erkennen, auch wußte ich nicht, ob er betrunken war, denn am Boden lagen einige leere Flaschen herum. Endlich begann er zu reden, mit krächzender Stimme, doch ist mir entfallen, wovon er zuerst sprach. Es mögen höhnische Worte gewesen sein, die er stammelte, welche seinen Untergang verkündeten, den Verlust seiner Güter, seiner Fabriken und seines Trusts, oder die Notwendigkeit, sein Haus und unsere Stadt zu verlassen. Doch was nun folgte, habe ich erst begriffen, als ich die Kinder in der Stube ihr Kartenhaus bauen und ebenso mühsam wieder zerstören sah. Er klopfte mit seiner mageren, alten Hand ungeduldig auf seinen rechten Schenkel. »Da sitze ich im schmutzigen Kleide meiner Jugend«, schrie er mit einem Male wütend, »im Kleide meiner Armut. Ich hasse dieses Kleid und diese Armut, ich hasse den Dreck, ich habe ihn verlassen, und nun bin ich wieder in diesen klebrigen Morast zurückgesunken«, und schleuderte eine Flasche gegen mich, die, weil ich auf die Seite trat, irgendwo hinter mir in der Tiefe zerschellte. Er wurde ruhiger und sah mich mit seltsamen, stechenden Augen an. »Kann man aus Nichts Etwas machen?« fragte er lauernd, worauf ich mißtrauisch den Kopf schüttelte. Er nickte traurig. »Du hast recht, Kerl«, sagte er, »du hast recht«, und riß das Bild aus dem Rahmen und warf es ins Feuer. »Was tun Sie«, rief ich entsetzt und sprang hinzu, um das Bild aus dem Feuer zu zerren, »Sie verbrennen den Bosch.« Er warf mich jedoch mit einer solchen Kraft zurück, die ich dem Alten nicht zugetraut hätte. »Das Bild ist nicht echt«, lachte er. »Das solltest du wissen, der Arzt weiß es schon lange, der weiß immer alles schon lange.« Der Kamin flammte gefährlich auf und übergoß uns mit seinem flackernden, tiefroten Schein. »Sie haben es selber gefälscht«, sagte ich leise, »und deshalb wollten Sie es wieder haben.« Er sah mich drohend an. »Um aus Nichts Etwas zu machen», sagte er. »Mit dem Geld, welches ich mit diesem Bilde gewann, habe ich mein Vermögen gemacht, es war ein schönes Vermögen, ein stolzes Vermögen, und wenn dieses Bild wieder in meinen Besitz gekommen wäre, hätte ich aus Nichts Etwas geschaffen. Oh, eine genaue Rechnung in dieser jämmerlichen Welt.« Dann starrte er wieder ins Feuer, saß da in seinem zerschlissenen, schmutzigen Kleid, arm wie einst, sinnlos, ein grauer Bettler, unbeweglich, erloschen. »Aus Nichts Etwas«, flüsterte er, immer wieder, leise, kaum daß sich seine fahlen Lippen bewegten, unaufhörlich, wie das Ticken einer gespenstischen Uhr: »Aus Nichts Etwas.« Ich wandte mich traurig von ihm, tastete meinen Weg durch das gepfändete Haus zurück und achtete nicht darauf, wie ich auf die Straße kam, daß plötzlich von allen Seiten Menschen auf das Haus, welches ich verlassen hatte, zueilten, mit weitaufgerissenen Augen, in denen das Entsetzen stand, in die ich erst dann zu starren glaubte, als sich der Frost der Scheibe zusammenzog, durch welche ich, Jahre später, nach den Kindern geschaut hatte, nach ihren Karten und ihren Händen auf dem runden Tisch, so daß nur noch der Fensterrahmen vor mir in der Dämmerung schwebte, der unbeweglich eine leere Fläche umschloß.

Der Theaterdirektor

Der Mensch, dem die Stadt erliegen sollte, lebte schon unter uns, als wir ihn noch nicht beachteten. Wir bemerkten ihn erst, als er durch ein Betragen aufzufallen begann, das uns lächerlich schien, wie denn in jenen Zeiten über ihn viel gespottet worden ist: Doch hielt er die Leitung des Theaters schon inne, als wir auf ihn aufmerksam wurden. Wir lachten nicht über ihn, wie wir es bei Menschen zu tun pflegen, die uns durch Einfalt oder Witz ergötzen, sondern wie wir uns bisweilen über unanständige Dinge belustigen. Doch ist es schwierig anzuführen, was in den ersten Zeiten seines Auftretens zum Lachen reizte, um so mehr, als ihm später nicht nur mit knechtischer Hochachtung begegnet wurde – dies ist uns noch als ein Zeichen der Furcht verständlich gewesen –, sondern auch mit ehrlicher Bewunderung. Vor allem war seine Gestalt sonderbar. Er war von kleinem Wuchs. Sein Leib schien ohne Knochen, so daß von ihm etwas Schleimiges ausging. Er war ohne Haare, auch jene der Brauen fehlten. Er bewegte sich wie ein Seiltänzer, der das Gleichgewicht zu verlieren fürchtet, mit geräuschlosen Schritten, deren Schnelligkeit regellos wechselte. Seine Stimme war leise und stockend. Wenn er mit einem Menschen in Berührung trat, richtete er seinen Blick stets auf tote Gegenstände. Doch ist es ungewiß, wann wir die Möglichkeit des Bösen in ihm zum ersten Male ahnten. Vielleicht geschah dies, als sich gewisse Veränderungen auf der Bühne bemerkbar machten, die ihm zuzuschreiben waren. Vielleicht, doch ist es zu bedenken, daß Veränderungen im Ästhetischen im allgemeinen noch nicht mit dem Bösen in Verbindung gebracht werden, wenn sie zum ersten Male unsere Aufmerksamkeit erregen: Wir dachten damals eigentlich mehr an eine Geschmacklosigkeit, oder machten uns über seine vermutliche Dummheit lustig. Gewiß hatten diese ersten Aufführungen im Schauspielhaus unter seiner

Regie noch nicht die Bedeutung jener, die in der Folge berühmt werden sollten, doch waren Ansätze vorhanden, die seinen Plan andeuteten. So war etwa ein Hang zum Maskenhaften eigentümlich, der schon in dieser frühen Zeit seine Bühne auszeichnete, auch war jenes Abstrakte des Aufbaus vorhanden, das später so hervorgehoben worden ist. Diese Merkmale drängten sich nicht auf, doch mehrten sich die Anzeichen, daß er eine bestimmte Absicht verfolgte, die wir spürten, aber nicht abschätzen konnten. Er mochte einer Spinne gleichen, die sich anschickte, ein riesenhaftes Netz zu bereiten, wobei er aber scheinbar planlos verfuhr, und vielleicht war es gerade wieder diese Planlosigkeit, die uns verführte, über ihn zu lachen. Natürlich konnte es mir mit der Zeit nicht verborgen bleiben, daß er unmerklich in den Vordergrund strebte, nach seiner Wahl ins Parlament fiel dies jedem auf. Indem er das Theater mißbrauchte, setzte er an, die Menge an einem Ort zu verführen, wo niemand eine Gefahr vermutete. Doch wurde mir die Gefahr erst bewußt, als die Veränderungen auf der Bühne einen Grad erreicht hatten, der die geheime Absicht seines Handelns bloßlegte: Wie in einem Schachspiel erkannten wir den Zug, der uns vernichtete, erst, als er gespielt war, zu spät. Wir haben uns dann oft gefragt, was die Masse bewog, in sein Theater zu gehen. Wir mußten gestehen, daß diese Frage kaum zu beantworten war. Wir dachten an einen bösen Trieb, der die Menschen zwingt, ihre Mörder aufzusuchen, um sich ihnen auszuliefern, denn jene Veränderungen enthüllten, daß er die Freiheit zu untergraben bestrebt war, indem er deren Unmöglichkeit nachwies, so daß seine Kunst eine verwegene Attacke auf den Sinn der Menschheit war. Diese Absicht führte ihn dazu, jedes Zufällige auszuschalten und alles auf das peinlichste zu begründen, so daß die Vorgänge der Bühne unter einem ungeheuerlichen Zwange standen. Auch war bemerkenswert, wie er mit der Sprache verfuhr, in welcher er die Elemente unterdrückte, in denen sich die einzelnen Dichter unterscheiden, so daß der natürliche Rhythmus verfälscht wurde, um den gleichmäßigen, entnervenden Takt stampfender Kolben zu erreichen. Die Schauspieler bewegten sich wie Marionetten, ohne daß die Macht im Hintergrund geblieben wäre, die ihr Handeln bestimmte, sondern sie vor allem war es, die sich als eine sinnlose Gewalt offenbarte, so daß wir in einen Maschinensaal zu blicken glaubten, wo eine Substanz erzeugt wurde, welche die Welt vernichten mußte. Hier soll auch erwähnt werden, wie er Licht und Schatten benutzte, die ihm nicht dienten, auf unendliche Räume hinzuweisen und so eine Verbindung mit der Welt des Glaubens herzustellen, sondern dazu, die Endlichkeit der Bühne aufzudecken, da merkwürdige kubische Blöcke das Licht begrenzten und hemmten, wie er denn ein Meister der abstrakten Form gewesen ist; auch wurde durch geheime Vorrichtungen jeder Halbschatten vermieden, so daß sich das Geschehen in engen Kerkerräumen abzuspielen schien. Er verwandte nur Rot und Gelb in einem Feuer, welches das Auge verletzte. Am teuflischsten aber war, daß unmerklich jeder Vorgang einen anderen Sinn erhielt und sich die Gattungen ineinander zu vermischen begannen, indem eine Tragödie in eine Komödie vewandelt wurde, während sich ein Lustspiel zu einer Tragödie verfälschte. Auch hörten wir damals oft von Aufständen jener Unglücklichen, die gierig waren, ihr Los mit Gewalt zu verbessern, doch waren es immer noch wenige, die dem Gerücht Glauben schenkten, daß die treibende Kraft dieser Vorfälle bei ihm zu suchen wäre. In Wahrheit war es jedoch so, daß ihm von Anfang an das Theater nur als Mittel diente, jene Macht zu erlangen, die sich später als rohe Herrschaft der schrecklichen Gewalt enthüllen sollte. Was uns in jener Zeit hinderte, diesen Vorgängen näher auf die Spur zu kommen, war der Umstand, daß sich die Sache der Schauspielerin für den Einsichtigen immer drohender zu gestalten begann. Ihr Schicksal war mit demjenigen der Stadt sonderbar verknüpft, und er versuchte sie zu vernichten. Als jedoch seine Absicht ihr gegenüber deutlich wurde, war seine Stellung in unserer Stadt so gefestigt, daß sich das grausame Geschick dieser Frau vollziehen konnte, ein Geschick, das allen verhängnisvoll werden sollte und das auch jene abzuwenden nicht Macht besaßen, die das Wesen seiner Verführung durchschaut hatten. Sie unterlag ihm, weil sie die Macht verachtete, die er verkörperte. Es kann nicht gesagt werden, daß sie berühmt gewesen wäre, bevor er die Theaterleitung übernahm, doch hielt sie im Theater eine Stellung inne, die zwar gering, aber doch unangefochten war, auch hatte sie es der allgemeinen Achtung zu verdanken, daß sie ihre Kunst ohne jene Zugeständnisse ausüben konnte, die andere, die mehr bezweckten und deren Stellung bedeutender war, der Öffentlichkeit darbringen mußten: Wie es denn auch bezeichnend ist, daß er sie durch diesen Umstand zu vernichten wußte, denn er verstand es, den Menschen zu Fall zu bringen, indem er seine Tugenden ausnützte.

Die Schauspielerin hatte sich seinen Anordnungen nicht unterworfen. Sie schenkte den Veränderungen keine Beachtung, die sich auf dem Theater vollzogen, so daß sie sich immer deutlicher von den andern unterschied. Aber es war gerade diese Beobachtung, die mich mit Sorge erfüllte, denn es war auffällig, daß er keinen Schritt unternahm, sie zu zwingen, sich seinen Anordnungen zu unterziehen. Daß sie sich abhob, war sein Plan. Zwar soll er einmal eine Bemerkung über ihr Spiel gemacht haben, nachdem er kurz zuvor das Theater übernommen hatte; ich habe aber über diese Auseinandersetzung nie Sicheres erfahren können. Doch ließ er sie seitdem in Ruhe und unternahm nichts, sie aus dem Theater zu entfernen. Er stellte sie vielmehr immer deutlicher in den Vordergrund, so daß sie mit der Zeit die erste Stellung im Schauspielhaus einnahm, obschon sie dieser Aufgabe nicht gewachsen war. So war es dieses Verfahren, das uns mißtrauisch machte, denn es war doch so, daß ihre Kunst und seine Auffassung in dem Maße entgegengesetzt waren, daß eine Auseinandersetzung unvermeidlich schien, die um so gefährlicher sein mußte, je später sie erfolgte. Auch waren Anzeichen vorhanden, daß sich ihre Stellung entscheidend zu ändern begann. Wurde zuerst ihr Spiel von der Menge begeistert und mit einer Einmütigkeit gelobt, die gedankenlos gewesen war (sie galt als seine große Entdeckung), so begannen sich nun Stimmen zu regen, die darauf ausgingen, sie zu tadeln und ihr vorzuwerfen, sie sei seiner Regie nicht gewachsen und ferner, es zeuge von seiner seltenen Geduld (und Menschlichkeit), daß er sie noch immer in ihrer führenden Stellung belasse. Doch da besonders ihr Verharren in den Gesetzen der klassischen Schauspielkunst angegriffen wurde, nahmen sie wieder gerade jene in Schutz, welche die wahren Mängel ihrer Kunst erkannt hatten, ein unglücklicher Kampf, der sie leider bestärkte, nicht freiwillig vom Theater zu gehen – sie hätte sich vielleicht so noch retten können, wenn ihm auch unsere Stadt kaum mehr zu entgehen vermocht hätte. Doch trat erst dann die entscheidende Wendung ein, als sich die Tatsache abzuzeichnen begann, daß ihre Kunst bei der Menge eine sonderbare Wirkung auslöste, die für sie peinlich sein mußte und die darin bestand, daß man über sie im geheimen und dann auch während der Vorstellung zu lachen anfing; eine Wirkung, die er natürlich genau berechnet hatte und immer mehr auszubauen versuchte. Wir waren bestürzt und hilflos. Mit der grausamen Waffe des Unfreiwillig-Komischen hatten wir nicht gerechnet. Wenn sie auch weiterspielte, so war es doch gewiß, daß sie es bemerkte, wie ich denn auch vermute, daß sie eher als wir vom Unvermeidlichen ihres Untergangs wußte. Um diese Zeit wurde ein Werk vollendet, worüber in unserer Stadt schon lange gesprochen worden war und das wir mit großer Spannung erwartet hatten. Es ist zwar so, daß sich mit diesem Bau schon viele auseinandergesetzt haben, doch muß ich hier erwähnen, bevor ich zu ihm Stellung nehme, daß es mir noch heute unverständlich wäre, wie er sich die Mittel zu diesem neuen Theater hatte verschaffen können, wenn sich nicht ein Verdacht gezeigt hätte, den ich nicht von der Hand zu weisen vermag. Wir haben aber damals dem Gerücht noch nicht Glauben schenken können, welches diesen Bau mit jenen gewissenlosen Kreisen unserer Stadt in Verbindung brachte, die seit jeher nur auf eine schrankenlose Vermehrung ihrer Reichtümer ausgingen und gegen die sich die Aufstände jener richteten, die er ebenfalls beeinflußte. Wie es nun auch sei, dieser Bau, der heute zerstört sein soll, kam einer Gotteslästerung gleich. Es hält jedoch schwer, über diesen Bau zu reden, der sich äußerlich als eine ungeheuerliche Mischung aller Stile und Formen darbot, ohne daß man ihm etwas Großartiges hätte absprechen können. Es war ein Gebäude, welches nicht das Lebendige offenbarte, das in der starren Materie zum Ausdruck zu kommen vermag, wenn die Kunst sie verwandelt, sondern das bewußt darauf ausging, das Tote hervorzuheben, das ohne Zeit und nur unbewegliche Schwere ist. All dies aber bot sich uns ohne Mäßigung nackt und schamlos dar, ohne jede Schönheit, mit Eisentüren, die oft über allem Maß riesenhaft, bald aber auch geduckt wie Gefängnistore waren. Der Bau schien durch ungefüge Zyklopenhände aufeinandergetürmt worden zu sein, in sinnlosen Marmorblöcken, an die sich schwere Säulen ohne Zweck lehnten, doch war dies nur scheinbar, denn alles an diesem Bau war auf bestimmte Wirkungen hin berechnet, die darauf ausgingen, den Menschen zu vergewaltigen und in den Bann einer reinen Willkür zu ziehen. So standen etwa im Gegensatz zu diesen rohen Massen und brutalen Proportionen einzelne Gegenstände, die handwerklich mit einer Exaktheit ausgearbeitet worden waren, daß sie, wie gerühmt wurde, bis auf einen Zehntausendstel-Millimeter stimmten. Erschreckender noch war das Innere mit dem Theatersaal. Er lehnte sich an das griechische Theater an, seine Form wurde jedoch sinnlos, weil sich über ihn eine seltsam geschwungene Decke spannte, so daß wir nicht zu einem Spiel zu schreiten schienen, als wir diesen Saal betraten, sondern wie zu einem Fest im Bauch der Erde. So kam es zur Katastrophe. Wir erwarteten damals das Spiel mit einer lautlosen Spannung. Wir saßen bleich aneinandergedrängt in immer weiteren Kreisen und starrten nach dem Vorhange, der die Bühne deckte, auf dem eine Kreuzigung als eine höhnische Farce dargestellt war: Auch dies nahm man nicht als Frevel, sondern als Kunst hin. Dann begann das Spiel. Es wurde später davon gesprochen, zuchtlose Mächte der Straße hätten diese Revolution gemacht, damals aber saßen jene unserer Stadt im Saale, die sich ihres Glanzes und ihrer Bildung am meisten gerühmt hatten und im Theaterdirektor den großen Künstler und Revolutionär der Bühne feierten, in seinem Zynismus Geist sahen und ahnungslos waren, wie bald der Bursche sich anschickte, aus dem Ästhetischen heraus, das sie an ihm bewunderten, in Bezirke zu brechen, die nicht mehr ästhetisch waren; wie ihm ja auch zur Eröffnung des neuen Hauses, bevor noch das Spiel begann, unter donnernden Hochrufen der festlichen Gesellschaft vom Staatspräsidenten der Shakespeare-Preis übergeben wurde. Welches Werk der Klassiker zur Einweihung gespielt wurde, ob es sich um Faust oder den Hamlet handelte, entsinne ich mich nicht mehr, doch war die Regie derart, wie der Vorhang mit der Kreuzigung sich nun hob, daß diese Frage gleichgültig wurde, bevor es möglich war, sie zu stellen: Mit einem Klassiker oder mit dem Werk eines anderen Dichters hatte dies nichts mehr zu tun, was sich jetzt vor unseren Augen ereignete, oft unterbrochen vom begeisterten Beifall der Regierung, der Gesellschaft und der Elite der Universität. Eine fürchterliche Gewalt verfuhr mit den Schauspielern wie ein Wirbelwind, der Häuser und Bäume übereinanderwirft, um sie dann liegen zu lassen. Die Stimmen klangen nicht menschlich, sondern so, wie vielleicht Schatten reden würden, dann aber auch plötzlich und ohne Übergang in einem Tonfall, der dem irren Trommeln wilder Stämme glich. Wir saßen nicht als Menschen, sondern als Götter in seinem Theater. Wir ergötzten uns an einer Tragödie, die in Wirklichkeit unsere eigene war. Dann aber erschien sie, und ich sah sie nie so unbeholfen wie in jenen Augenblicken, die ihrem Tod vorausgingen, doch auch nie so rein. Brach die Menge zuerst in ein Gelächter aus, als sie die Bühne betrat – so genau berechnet war ihr Auftritt, daß er wie eine obszöne Pointe wirken mußte –, so verwandelte sich dieses Gelächter bald in Wut. Sie erschien als Frevlerin, die sich anmaßte, einer Gewalt entgegenzutreten, die zwar alles zermalmt, aber auch jede Sünde entschuldigt und jede Verantwortung aufhebt, und ich begriff, daß dies der eigentliche Grund war, durch den die Menge verführt wurde, auf die Freiheit zu verzichten und sich dem Bösen zu ergeben, denn Schuld und Sühne gibt es nur in der Freiheit. Sie begann zu sprechen, und ihre Stimme war ihnen eine Lästerung jener grausamen Gesetze, an die der Mensch dann glaubt, wenn er sich zum Gott erheben will, indem er Gut und Böse aufhebt. Ich erkannte seine Absicht und wußte nun, daß er darauf ausgegangen war, ihren Untergang vor aller Augen mit der Zustimmung aller zu vollziehen. Sein Plan war vollkommen. Er hatte einen Abgrund geöffnet, in den sich die Menge stürzte, gierig nach Blut, um immer wieder neuen Mord zu verlangen, weil nur so der besinnungslose Taumel zu finden war, der allein befähigt, nicht in unendlicher Verzweiflung zu erstarren. Sie stand mitten unter den Menschen, die sich in Bestien verwandelten, als eine Verbrecherin. Ich sah, daß es schreckliche Momente gibt, in denen sich eine tödliche Umwälzung vollzieht, wo der Unschuldige den Menschen schuldig erscheinen muß. So war unsere Stadt bereit, jener Tat beizuwohnen, die einem wilden Triumph des Bösen gleichkam. Es senkte sich nämlich von der Decke der Bühne eine Vorrichtung herab. Es mochten leichte Metallstäbe sein und Drähte, an denen Klammern und Messer angebracht waren, sowie Stahlstangen mit seltsamen Gelenken, die auf eine eigentümliche Art miteinander verbunden waren, so daß die Vorrichtung einem ungeheuren und überirdischen Insekt zu gleichen schien, und zwar bemerkten wir sie erst, als sie das Weib erfaßt und in die Höhe gehoben hatte. Kaum war dies geschehen, brach die Menge in ein unermeßliches Beifallklatschen und Bravorufen aus. Als sich nun immer neue Klammern auf die Schauspielerin senkten und sie quer hielten, wälzten sich die Zuschauer vor Lachen. Als die Messer ihre Kleider aufzuschneiden begannen, so daß sie nackt hing, erhob sich aus den ineinandergekeilten Massen ein Rufen, das irgendwo entstanden sein mußte, das sich mit der Geschwindigkeit des Gedankens immer weiter fortpflanzte und sich ins Unendliche hob, immer wieder aufgehoben und weitergegeben, bis alles ein Schrei: Töte sie! war und unter dem Toben der Menge ihr Leib durch die Messer zerteilt wurde, derart, daß ihr Kopf mitten unter die Zuschauer fiel, die sich erhoben hatten, ihn faßten, von seinem Blut besudelt, worauf er wie ein Ball von einem zum andern flog. Und wie sich die Menschen aus dem Theater wälzten, sich stauend, einander niederstampfend, den Kopf vor sich hertreibend, durch die gewundenen Gassen in langen sich schwingenden Ketten, verließ ich die Stadt, in der schon die grellen Fahnen der Revolution flammten und sich die Menschen wie Tiere anfielen, umstellt von *seinem* Gesindel, und wie der neue Tag heraufdämmerte, niedergezwängt von *seiner* Ordnung.

Die Falle

Es war auf der Straße, als ich mitten in der Menge seinen Blick zum ersten Mal spürte. Ich blieb stehen; wie ich mich jedoch umwandte, bemerkte ich niemand, der mich beobachtete. Es zogen nur die Menschen an mir vorüber, die an den Spätnachmittagen die Straßen der Städte füllen: Geschäftsleute, sich in die Gasthöfe verlierend, Verliebte vor Schaufenstern, Frauen mit Kindern, Studenten, Dirnen bei ihrem ersten, noch zögernden Gang vor dem Einbrechen des Abends, und Schüler, die sich in Rudeln aus ihren Schulen ergossen; doch verließ mich von da an die Gewißheit nicht mehr, von ihm beschattet zu sein. Oft fuhr ich zusammen, wenn ich aus dem Hause trat, denn ich wußte, daß er nun den Kellereingang verließ, in welchem er sich barg, oder die Laterne, an die er sich lehnte, daß er die Zeitung faltete, die er scheinbar gelesen, entschlossen, die Verfolgung wieder aufzunehmen, mich manchmal umkreisend, um dann, wenn ich unvermutet stehenblieb, ein neues Versteck aufzusuchen. Auch bin ich oft an derselben Stelle Stunde um Stunde bewegungslos verharrt, oder ich bin den Weg zurückgegangen, um ihn zu treffen. Dann begann ich, wenn auch Wochen später, an die unbestimmte Furcht gewöhnt, die er mir einflößte, Fallen zu stellen; das Wild wurde nun selbst zum Jäger. Doch war er geschickter als ich und entkam immer wieder meiner List, bis mir in einer Nacht der Zufall die Möglichkeit gab, ihn zu stellen. Ich war die Altstadt hinuntergeeilt. Nur wenige Lichter brannten. Die Sterne leuchteten in einem schrecklichen Feuer, obgleich der Morgen nicht fern war. Ich war aus den Lauben getreten und hatte eine Straßenkreuzung überquert, als ich im Gehen innehielt, durch den Nebel verwirrt, der unmittelbar vor mir aufragte, eine unbestimmte, dichte Wand aus Glas, in der die Sterne flackernd versanken. In diesem Augenblick des Verweilens hörte ich zum ersten Mal seine Schritte hinter mir. Sie waren wie die meinen und mit einer solchen Kunst angeglichen, daß ich sie vom Widerhall der meinen nicht mehr hätte unterscheiden können. Sie waren so nah, daß ich im Geiste seine Gestalt aus dem Laubenbogen auf die hellere Straße treten sah. Da schrak der Fremde zurück. Er erblickte meine Silhouette, die sich vom Nebel abhob. Er stand mir unschlüssig im Laubenbogen gegenüber, doch war er im Schatten nicht sichtbar. Als ich mich langsam gegen ihn bewegte, wandte er sich jäh, worauf ich schnell auf den Bogen zuschritt. Ich hoffte, den Unbekannten zu erblicken, wenn er aus dem Dunkel in das Licht der Laterne treten würde, die weiter oben brannte. Er wich aber in eine kleine Gasse zurück, die an einer Türe endete, so daß er sich durch seine Flucht in meine Macht begab. Ich hörte ihn an die Türe prallen und an der Falle rütteln, während ich vor der Mündung des Gäßchens stehenblieb. Er atmete schwer und schnell. »Wer sind Sie?« fragte ich. Er gab keine Antwort.

»Warum verfolgen Sie mich?« fragte ich wieder. Er schwieg. Wir standen da, und der Morgen kam bei sinkendem Nebel draußen schon herauf. Langsam erkannte ich in der Finsternis der Gasse eine dunkle Gestalt, beide Arme wie gekreuzigt an der Türe. Es war mir jedoch unmöglich, die Gasse zu betreten. Zwischen mir und dem Menschen, der sich im Anblick des ungewissen Morgens mit dem Rükken gegen die Türe preßte, gab es einen Abgrund, den zu überbrücken ich nicht wagte, weil wir uns nicht als Brüder hätten treffen können, sondern so wie der Mörder sein Opfer trifft. Da ließ ich von ihm und ging, ohne mich weiter um ihn zu kümmern.

Wenn ich nun die entscheidende Begebenheit seines Lebens wiederzugeben versuche, kann ich mich nur auf ihn berufen, doch habe ich mich damals bemüht, vieles aus der Betonung der Worte und den Bewegungen seiner Hände zu lesen, was er in jener Sommernacht verschwieg, in der sich mir sein Geschick enthüllte. Er trat unter den dichten Bäumen an meinen Tisch, wo die Lichter der Stadt und der großen Brücke durch die Stämme brachen, und wie ich sein Gesicht sah, wußte ich, daß ich in die Augen des Mannes starrte, der mich verfolgte.

»Ich bin Ihnen Rechenschaft schuldig, mein Herr«, begann er, indem er sich setzte, »um so mehr, als ich nicht antwortete, wie Sie mich ansprachen.«

Er bestellte einen Pernod und leerte ihn in einem Zug: »Ich habe Sie verfolgt«, fuhr er fort, »und mehr als dies: ich habe mich mit jeder Stunde Ihres Lebens befaßt, ich habe Ihre Spuren studiert.«

»Meine Spuren?« antwortete ich verwirrt.

»Jedermann läßt Spuren zurück. Wir sind Wild, das gejagt und einmal erlegt wird. Ich studiere nicht nur Sie, nicht nur die Art, wie Sie wohnen, was Sie essen, was Sie lesen, wie Sie Ihren Beruf ausüben, ich beobachtete auch Ihre Freunde.«

»Was wollen Sie?« fragte ich.

»Ich will Ihnen mein Leben erzählen«, antwortete er.

»Dazu haben Sie mich verfolgt?«

»Natürlich«, lachte er. »Ich muß zu dem Vertrauen haben, dem ich mein Leben erzähle. Ich muß ihn kennen, wie mich selbst. Kommen Sie!« Wir standen auf, und er sprach weiter. Seine Art zu reden klang seltsam. Er sprach, als hätte er sich fortgeworfen, gleichgültig, manchmal unter Gelächter, doch erschütterte er durch die Größe seiner Verzweiflung. Wir waren nur kurze Zeit beisammen, und dennoch sank er in mich hinein, so daß er noch heute meine Träume stört. Ich sehe dann sein Gesicht, das sich seltsam veränderte, wie wir durch die Gassen unserer Stadt gingen, denn es schien auseinanderzubrechen und es war, als würde es sich von innen öffnen. Er erzählte mir nicht, wer ihn geboren und wer sein Vater gewesen ist, auch verschwieg er den Beruf, den er ausübte, wie ich auch nie seinen Namen erfahren habe, doch muß er ein hoher Beamter gewesen sein. Er zeigte mir, wie er verführt wurde, und dies nicht durch Gold oder ein Weib, sondern allein durch sich selbst. Ihn besiegte der Tod, der zu ihm gehörte, wie ein Arm zum Leib, oder ein Auge zum Gesicht gehört, den er aber zu besitzen glaubte, wie wir eine Karte besitzen, die wir als entscheidende Größe ins Spiel werfen. Doch war diese Karte gefälscht, denn in Wahrheit trieb ihn die Todesfurcht, die er so tief in sich vergrub, daß er zu lieben meinte, was er fürchtete, und er verzweifelte, weil er sie nicht überwinden konnte. Ich habe seine Stirne gesehen und seine Hände, und ich weiß, daß er nie Freude genossen hat um seines Todes willen. Von Jugend an war er entschlossen, Selbstmord zu begehen. Er studierte den Tod, kaufte sich Waffen, stellte die seltensten Gifte her, konstruierte sich eine Guillotine. Er spielte mit dem Tod, bis er sich selbst verspielte und sein Leben zur Lüge wurde, durch den Mord aber hoffte er sich zu befreien und der Furcht zu entgehen, die ihn auch bestimmt hatte, sein Amt eines Morgens zu verlassen, sich aufzumachen und die Stätte seines Todes zu suchen.

Er verließ damals mit der Absicht, sich zu töten, so spät am Nachmittag den warmen Wagen, der ihn mit vereisten Fenstern umgeben hatte, daß er kaum einen Blick auf die niedrigen Hügel werfen konnte, denn die Nacht kam früh und schnell. In der Nähe der kleinen Station waren in der Dämmerung einige Häuser wie Tiere, die schlafen, und auf der Straße lag der Schnee und gelbes Licht einer Laterne, so daß er wie im Traume ging. Es war nun die Zeit angebrochen, die er im kleinen Grenzdorf zwischen den Hügeln und am Fluß verbrachte, in weißen Wintertagen verloren, die ihn mit ungeheurem Schweigen umspannten und in denen sein Leben versank. Er ging die Hügel hinauf und über die langgewellten Bergkämme den Hochebenen entlang, die sich vor dem fernen Gebirge mit verschneiten Tannenwäldern und verlassenen Dörfern lagerten. Er schritt stundenlang in geheimnisvollem Dunkel, und der Wind umkreiste ihn pfeilschnell in den Nächten. Sein Fuß schritt über den gläsernen Schnee, auf dem sein Schatten blau und groß lag. Die Bäume standen schwarz vor dem weißen Himmel, und hin und wieder schritt ihm ein Mensch entgegen, eng in den zottigen Pelz gehüllt und im roten Gesicht die Augen verkniffen. Auch stand er manchmal auf der Brücke am Fluß, der sich trüb unter ihm wälzte, Eis herantreibend und faules Holz. Dann stieg er die winterliche Straße hinauf, die gegen Norden führte, wo ihn schwarze Vögel umflatterten, die ihn mit ihren Schwingen streiften. Im Dorf aber war er seltener und schaute den Menschen zu. Er stand frierend zwischen den Häusern, die weit voneinander entfernt der Straße entlang lagen, ein Dorf ohne Kirche und Friedhof, ohne Mitte und ohne Form. Er sah in den dreckigen Spelunken Menschen geduckt und mißtrauisch sitzen. Das Dorf war voll von Fremden, von denen niemand wußte, woher sie kamen und wohin sie gingen, was sie vorhatten und in welchen seltsamen Sprachen sie miteinander redeten. Sie standen in breiten karierten Mänteln breitbeinig mit großen Gesten mitten auf der Straße und hatten goldene Ringe mit blitzenden Diamanten an den

Fingern. Oft versuchten sie die Grenze zu umgehen, indem sie die Wächter bestachen, die auf ihren Posten hockten oder tief im Dunkel der Kantinen tranken, Männer, die im Dorf nur zu sehen waren, wenn sie betrunken über die Straße zu den Frauen wankten, die in kleinen Kammern unter den Dächern lagen, lüstern und weiß, vom Mond beleckt, der über ihre Leiber strich. Dann brachen die Nächte herein, die voll Blut waren. Sie hallten von kurzen, trockenen Gewehrschüssen wider, und er hörte Schreie, die langsam in den Wäldern erstickten, doch erlebte er dies alles nur wie von ferne und ohne Anteilnahme. Er dachte an seinen Tod, ihn immer tiefer genießend, und ließ sich treiben. Er betrat den Wald, durch den die Grenze lief. Die Tannen hatten gerade Stämme, und unter dem Schnee verbarg sich weißes Moos. Durch die Stämme schimmerte ein Fels, den er bestieg. Zu seinen Füßen breitete sich eine Lichtung aus, eingehüllt in die Verlorenheit des Winterwalds. Manchmal schritten Rehe leicht und aufmerksam über die Fläche oder ein Raubvogel schwebte nach den hohen Tannen, und schnell glitt der Schatten über den Schnee, während der Wind den Schrei eines Tieres aus dem Walde herüberwehte. Einmal jedoch, kurz vor der Dämmerung, brach ein Mann aus dem Holz und eilte über die Lichtung, die ihn mit weißer Helle umgab. Ein Schuß durchschnitt die Stille. Der Mann breitete die Hände aus und fiel in den Schnee, wie von einem Wirbel ergriffen. Er lag dann als eine dunkle, unförmige Masse in der Mitte des Feldes, die Hände im Schnee verwühlt, und aus ihm quoll es hervor, schwarz zuerst, indem es sich auf der reinen Fläche verbreitete, zuletzt aber von einem leuchtenden Rot, und er wußte nun, daß dort, wo der Unglückliche lag, mitten durch dessen Leib die Grenze verlief, durch den blutigen Kreis sichtbar geworden, der den Toten umgab.

In der folgenden Nacht glaubte er dann, der Stunde seines Todes nahe zu sein. Er brach auf, doch war es Tag, als er zur Lichtung vorgedrungen war. An den Zweigen hing Eis, und wie er sich durch die letzten Büsche zwängte, sah er den Toten von weitem liegen. Der Schnee umfing seine Füße, wie er das Feld betrat. Hinter den Tannen war unsichtbar für ihn die Sonne aufgegangen, denn der Himmel glänzte in gleißendem Licht. Die Kälte durchdrang den Mantel und seine Kleider, und die Haut schmerzte. Der

Mann lag mit dem Gesicht nach unten im Schnee. Das Blut war nicht mehr zu sehen, auch hatte sich über die unbewegliche Gestalt eine feine, gläserne Schicht gezogen. Er stand mit gesenktem Antlitz vor dem Toten und erwartete aus den dunklen Stämmen die Kugel. Er stand den ganzen Tag vor dem Leichnam. Nässe durchdrang ihn. Für Augenblicke zeigte sich die Sonne groß und rot über der Lichtung, doch sank sie wieder hinter die Tannen, brach dann aufs neue hervor, aufs neue versinkend, immer wieder. Stundenlang stand er im wechselnden Licht, unbeweglich, den Tod gierig erwartend, ein Freund, der nach einem Freund Ausschau hält. Dann war es ihm, als näherten sich Schritte über den Schnee. Als er die Augen hob, stand jenseits der Grenze eine Frau, ihm auf der andern Seite des Toten gegenüber.

»Wer bist du?« fragte er.

»Ich bin sein Weib«, antwortete sie, lachte und berührte mit dem Fuß den Toten. Sie standen da und schwiegen.

»Bist du nicht traurig?« fragte er endlich.

»Nein«, antwortete sie. Darauf beugte sie sich und nahm dem Toten einen Ring von seiner geballten Hand, die sie mühsam öffnete. »Den braucht er nicht mehr«, sagte sie dabei.

»Woher kommst du?« fragte er nach einer Weile.

»Vom Dorf«, antwortete sie und zeigte hinter sich nach der Richtung, von der er wußte, daß dort jenseits der Grenze ein Dorf lag. »Und was machst du hier?« Er sagte:

»Ich will mich töten.«

»Wozu?« fragte sie.

»Weil ich den Tod liebe.«

»Du bist ein Henker?« lachte sie.

»Du hast recht«, antwortete er, »ich bin ein Henker.« Sie sahen einander an, zwei weiße Gesichter in den wachsenden Schatten.

»Die Sonne geht unter«, sagte sie, »willst du mit mir kommen?«

»Ich komme mit dir«, antwortete er und stieg über den Toten. Sie ging wenige Schritte vor ihm. Der Wald jenseits der Grenze war lichter, die Stämme jedoch noch mächtiger und das Wild zahlreicher. Einmal fiel ein Schuß dicht vor ihm, doch änderte sie ihren ruhigen Gang nicht, und erst später merkte er, daß seine Stirne blutete. Als sie den Wald verlassen hatten, wurden unter ihnen die Lichter und die

Umrisse eines Dorfes sichtbar; zwischen Tag und Nacht schritten sie dahin. Das Land lag in weiten Wellen zu ihren Füßen, und zwei Raben begleiteten sie mit beinernen Schnäbeln durch die Dämmerung. »Immer sind Vögel hier«, dachte er, »immer umflattern sie mich, die Freunde meiner Seele, die Totenvögel.«

Hunde gaben an, und ein Pferd wieherte. Sie erreichten das fremde Dorf. Die Häuser drängten sich um eine Kirche, und auf dem Platz stand alt und zerfallen ein Brunnen in der beginnenden Nacht. Er war mit Eis zugedeckt, so daß die Fläche einem Spiegel glich, doch sah er sein Gesicht nicht, als er sich über die klare Fläche neigte.

»Ist niemand hier?« fragte er und schaute sich um.

»Sie sind in den Wäldern«, sagte die Frau und schritt durch den Schnee auf ein Haus zu. Sie stiegen eine Treppe empor, die an der Längsseite hinaufführte; von der Dachrinne hingen meterlange Eiszapfen herab, und die Türe öffnete sich nur schwer. »Gib mir die Hand«, forderte ihn die Frau auf, die er im Dunkeln der Türe nicht mehr erkennen konnte. Sie führte ihn in das Innere des Hauses, durch Gänge und über neue Treppen. Sie gingen in vollkommener Finsternis, nicht einmal die Umrisse von Fenstern erblickte er, es war ihm, als wäre er ins Herz aller Dinge gedrungen.

Das Haus mußte alt sein, denn das Holz, über das er schritt, gab manchmal seinem Fuß nach. Eine Türe fiel hinter ihm ins Schloß. Die Frau ließ seine Hand los, und er stand allein. Er hörte ihre Schritte. Dann stand auch sie still. Ein Streichholz flammte auf, sie zündete eine Kerze an. Sie befanden sich in einem kleinen Raum. Die Fenster waren mit dicken Brettern vernagelt. In der Mitte des Zimmers war ein großer, roher Tisch, auf dem die Kerze stand. Vor dem Tisch war ein Stuhl und an der Wand ein Bett, sonst war nichts in diesem Zimmer, kein Spiegel, kein Bild, kein Schrank, nur altes Holz, wohin er blickte, nackt und ungehobelt, mit Fasern, die wie Adern über die Flächen liefen, sich mit seinem und ihrem Schatten vermischend.

»Das ist mein Todeszimmer«, dachte er, »ich wußte, daß es so aussieht«, und blickte nach der Frau.

»Ich will mit ihr sterben«, dachte er wieder, »es hat keinen Sinn, allein zu gehen.« Dann lachte er.

»Warum lachst du?« fragte die Frau.

»Ich lache, weil alles so einfach ist«, antwortete er und

schwieg. Er wußte nun, was er sein ganzes Leben lang getan hatte, warum er in das einsame Dorf an der Grenze gekommen war, in dieses Land voll Schnee und Wälder, alles verlassend, was er besaß, seine Stellung, sein Ansehen, sein Geld, warum er immer wieder den Tod aufgeschoben: Er hatte den Menschen gesucht, mit dem er sterben wollte.

Als ihre Atemzüge dann ruhiger wurden, und da sich ihr Leib, ermattet, von dem seinen löste, hatte er, wie sie jäh in den Schlaf sinkend, einen Traum. Er befand sich auf einer Treppe, die in die Nacht hinabführte. Die Treppe war breit, und er sah kein Geländer und nichts, das sie begrenzt hätte, sie schien sich, eine geneigte Fläche, nach allen Seiten ins Unendliche auszudehnen. Die Stufen waren aus Granit gefügt, der naß war. Auf den kleinen ebenen Plattformen, welche die Treppe unterbrachen, hatten sich Pfützen angesammelt. Die Nacht lag ohne Helligkeit über den Steinen, so daß er das Gefühl hatte, sich in tiefer Dunkelheit zu bewegen. Doch konnte er die Finsternis etwa fünfzig Stufen nach oben und nach unten durchdringen, als hätte er Augen, die ohne Lichter zu sehen vermochten, was ihn beunruhigte. Über die Treppe wälzten sich Menschen hinab, unter ihm, auf gleicher Höhe und über ihm, in ungeheurer Zahl. Er war in ihnen wie in einem Strom, eine Welle unter Wellen, und er wußte, daß er seit Anbeginn der Zeit ein Teil dieses Stromes war und daß seine Bahn nichts anderes sein konnte als ein einziger Abstieg in die Tiefe vor ihm. Er stieg hinab, die Stufen hinunter und über kleine Plätze und immer weiter hinab, an Laternen vorbei, die ohne Schein schräg in das Leere ragten. Mit ihm zogen Weiber hinab, ausgebrannt von der Qual der Geburten, die Haare wirr in langen Strähnen über den mageren Leibern. Kinder schrien hart und seltsam. Männer waren neben ihm, die unverständliche Worte sprachen und deren Arme immer die gleichen, kreisenden Bewegungen wie Windflügel machten. Er kam an Menschen vorbei, die mit gefalteten Händen der Tiefe zugewandt auf den Stufen kauerten, um dann laut schreiend aufzuspringen. Er schritt ohne Schrekken hinunter als einer, der den vertrauten Weg der Gewohnheit geht, doch machte ihn mit der wachsenden Zeit eine Veränderung der Tiefe unsicher. Er bemerkte in der unermeßlichen Verlorenheit des Abgrunds, in den sich die Treppe hinuntersenkte, einen fernen Schein, der beim Hinabsteigen an Leuchtkraft zunahm, doch wurde er der Menge noch nicht bewußt; unbeirrbar, Woge um Woge, wälzte sie sich ihm entgegen. Nur hin und wieder ahnte er in einzelnen Gesichtern eine flackernde Angst. So stieg er hinab auf die wachsende Helligkeit zu, wie durch Jahrhunderte hindurch, gebannt nach dem starrend, was ihm der Abgrund langsam enthüllte. Mit dem steigenden Licht, das von unten herauf wie eine rote Wolke brach, veränderte sich langsam das Bild. Hatte sich bis jetzt seinen Augen eine unbestimmte Masse dargeboten, die in der Finsternis versank, so daß nur die Nächsten deutlich sichtbar gewesen waren, traten nun gegen die Tiefe die Silhouetten der Menschen mit äußerster Schärfe hervor. Auch mußte sich der Schein anderen mitgeteilt haben, denn er nahm wahr, daß manchmal einer die Bewegung der Menge nicht mitmachte, sondern nach oben stieg, ohne gehindert zu werden. Immer deutlicher zeichnete sich ein riesiger Feuersee ab, in den sich die Masse ergoß. Er sah in der Tiefe glühende Gasbälle aufsteigen und Protuberanzen wie Feuerblumen aus dem Gischte flammender Lava auftauchen. Ein Schreien und Stöhnen drang herauf, und er sah verkrampfte Hände, die sich im Fluch zum Himmel reckten, der regungslos über allem hing, ohne Sonne und Mond, ein schwarzer Priestermantel, der eine brennende Wunde deckt. Doch erstarrte die Menge nicht, auch wenn sich die Zahl derer, die aufwärts stiegen, mehrte. Mit geschlossenen Augen beschleunigten die Menschen neben und über ihm ihren Schritt, rissen die unteren mit und tauchten hinab, dem anschwellenden Heulen derer entgegen, die von den Flammen schon angeleckt wurden. Da bemerkte er mit Entsetzen eine Gestalt nach oben stürzen, die den Strom der Menge, der ihr entgegentrieb, mit mächtigen Armen teilte. Wie der Mann lautlos an ihm vorbei nach oben eilte, glaubte er, verkohlte Kleider zu sehen und Hände und Füße, die mit Brandwunden bedeckt waren. Das Auftauchen und Verschwinden des Mannes erschütterte ihn. Er sah das Unsinnige seiner Lage und erkannte, daß er verloren war, wenn er nicht handelte. Er stand still und kehrte sich dann mit einem plötzlichen Entschluß um. Im ersten Augenblick glaubte er, von der ungeheuren Menschenmasse erschlagen zu werden, die sich vor ihm in das Unendliche des Himmels auftürmte, eine Pyramide von Köpfen, Leibern und Gliedern, aber dann stieg er aufwärts, eine

Stufe, eine zweite und dann mehrere. Von oben kamen ihm die Menschen mit Gesichtern entgegen, in denen sich der Schein des Feuers wie Blut spiegelte, und einige Male war er im Begriff umzukehren, so schrecklich war der Anblick, doch stieg er immer höher. Manchmal sah er einen, der zusammenzuckte, wie er ihn erblickte, umkehrte und keuchend neben ihm die Treppe hinaufrannte, bis er sich mit einem gellenden Schrei zu drehen begann, um aufs neue den Weg in die Tiefe zu wählen. Von oben kamen ihm die Scharen immer dichter entgegen, und oft mußte er mit beiden Armen die Menge teilen, doch kam es ihm vor, als wäre der Widerschein des Feuers nicht mehr so stark auf den Gesichtern. Er stieg langsamer, und mit der Zeit lockerte sich die herabstürmende Masse der Menschen auf. Auch fiel es ihm auf, daß die Menschen nicht mehr gleich gekleidet waren wie er, ihre Gewänder waren altertümlicher als die seinen, und schon sah er einige mit Kleidern, die das Mittelalter getragen hatte. Er schien in der Zeit zurückzugehen, je höher er stieg. Als er sich später wandte, war vom feurigen See nur noch ein schwacher Schein undeutlich tief zu erblicken. Die Menschen wurden weniger zahlreich. Es flutete ihm nicht mehr ein zusammenhängender Strom entgegen. Auch schien es ihm, als kämen von oben solche an ihm vorbei, die er einmal hatte hinaufsteigen sehen, denn sie trugen Kleider wie er. Die ersten Gewänder des Altertums leuchteten auf, römische Togen und griechische Obergewänder. Es zeichneten sich deutlich Gruppen ab, zwischen denen die Abstände größer wurden. Waren zuerst die Abstände wie zufällige Lücken in einem ununterbrochenen Gebilde gewesen, so überblickte er nun die Gruppen vollkommen, die nach und nach zwanzig Menschen nicht überschritten. Er nahm wahr, daß die Menschen einer Gruppe zusammenzugehören schienen. Die Gewänder wurden seltsam. Oft sah er solche, die er nie geahnt hatte. Wie buntes Geschmeide versanken sie in der Tiefe. Er begann einzelne Menschen zu beobachten, doch hatte sich das Bild der Treppe verändert. Der ferne Schein war der vollkommenen Nacht gewichen, auch nahm die Dunkelheit nach oben zu. Er stieg weiter hinauf. Die Treppe war nun auf zehn Stufen als ein schwach erhellter Raum sichtbar, in den die Menschen still traten und aus dem sie gingen, wie aus dem Leeren geboren und wie ins Leere gestoßen. Die Klagetöne waren seit langem verschwunden, und sein Ohr vernahm nur den eintönigen Widerhall der nach unten hastenden Schritte. Die Gruppen lösten sich, und es begegneten ihm nun schon Einzelne, die allein hinunterstiegen, in Felle und Häute gekleidet. So zog die Menschheit an ihm vorbei, hinab in die Tiefe. Es kamen die letzten. Dunkle Horden, nackt und zusammengedrängt wie Tiere. Oft traf es sich, daß er lange allein war, ohne jemand zu sehen. Wenn er jedoch unbeweglich stand und in die Nacht hinaufhorchte, hörte er immer noch von oben Tritte näher kommen. Auch zogen viele an ihm vorbei, die er nicht sehen konnte, denn die Treppe war ohne Grenze auch in der Breite, was ihm erst jetzt deutlich bewußt wurde, und oft dachte er, daß irgendwo in der Unendlichkeit des Raumes, auf gleicher Höhe wie er, ein Mensch hinaufsteigen müsse, sein Doppelgänger, wie er den Blick auf die Stufen der Treppe gerichtet. Die Nacht lag als ein Rad um ihn, so daß er jene, die noch hinunterstiegen, erst sah, wenn sie dicht vor ihm waren, mit riesenhaften Köpfen, in denen die Augen als weiße Steine lagen und deren niedrige Stirnen wie Fäuste vorsprangen, tierähnliche Wesen, planlos zerstreut in der Finsternis der ersten Zeiten. Dann verschwanden auch sie. Er stieg hinauf, ohne daß er jemanden traf, der ihm von oben entgegengekommen wäre, und wenn er stehen blieb, was nun öfters geschah, hörte er keine Schritte sich nähern. Nur von unten drang fern der Widerhall jener, die an ihm vorbeigezogen waren, doch versank nach einiger Zeit alles in der unnennbaren Ferne des Abgrunds. Er stand im Leeren. Er taumelte. Doch hörte er in diesem Augenblick, wie von oben her Schritte in einer Geschwindigkeit näher kamen, die immer größer wurde, wie die eines fallenden Steines. Er hielt im Steigen inne und starrte nach oben, wo sich die Nacht zu einer undurchdringlichen, schweigenden Mauer verdichtete, aus der heraus nun die Schritte auf ihn zurasten. Da tauchte vor ihm der Mann auf, aus dem Rachen der Finsternis wie ein Pfeil geschleudert, die verkohlten Hände weit zum Himmel in einer Gebärde unendlichen Grauens erhoben. Er aber stand unbeweglich. Es schien, als müsse der Rasende mit ihm zusammenstoßen. Da schlug der Fremde, von der Tiefe hingerissen, mit dem Gesicht auf den Granit, drehte sich, um in der Nacht tief unter ihm zu verschwinden, indem er auf dem Rücken, den Kopf nach unten, blitzschnell über die Treppe in den Abgrund glitt. Nun war er allein. Er stieg weiter, mühsam, weil das Leere ihn verwirrte. Er dachte, daß es besser wäre, sich in völliger Finsternis zu bewegen, da die sonderbare Durchsichtigkeit der Nacht seine Bewegungen lähmte. Er war durch nichts in seinem Aufstieg behindert als durch sich selbst. Es war ihm, als ob er sich innerhalb einer ungeheuren, steinernen Tretmühle befände. Er bemühte sich, seine Gedanken auf etwas zu lenken. Er versuchte, seinen Leib zu beobachten und sich so an einen Gegenstand zu halten. Er beobachtete, wie sein Fuß beim Aufwärtssteigen unter dem vorgeschobenen Knie sichtbar wurde, um kurz in seinem Blickfeld zu bleiben, bis er von neuem unter dem Leib verschwand. Er kam sich selber seltsam vor und fremd wie ein Insekt, und seine Bewegungen schienen ihm die einer unwirklichen Maschine. Er wandte den Blick wieder von sich ab in die Nacht. Er schritt endlos hinauf durch den leeren Raum und durch die leere Zeit. Gedanken ängstigten ihn. Er dachte sich, daß unvermutet die Treppe aufhören könnte, so daß er senkrecht unter sich die roten Wolken erblicken müßte, die sich am Grunde der Tiefe sammeln. Diese Vorstellung war ihm eine unerträgliche Qual, auch wenn nichts auf eine solche Möglichkeit hinwies. Er war sich selbst ausgeliefert. Auch bedrückte ihn, daß er nichts Bestimmtes von seinem Aufstieg erhoffen konnte. Er glaubte zwar an ein Ende der Treppe, und daß er dorthin kommen müsse, woher alle Menschen kämen, doch verwirrten sich seine Gedanken, da er nicht begriff, was die Menschen gezwungen hatte, diesen schrecklichen Abstieg auf sich zu nehmen. Die Eintönigkeit der Treppe zerstörte seinen Geist, und die milchige Helle der Finsternis, die auf den Stufen lag, der nasse Granit und der immer gleiche Widerhall seiner Schritte umklammerten seine Seele. Die Plattformen verschwanden, die das Emporsteigen von Zeit zu Zeit unterbrochen und einige Abwechslung geboten hatten, da sie nicht regelmäßig angelegt waren, so daß er die Stufen zwischen ihnen hätte zählen können: Gleichmäßig stieg er nun die Treppe hinan. Mehrere Male lief er auch eine der Stufen nach links und nach rechts entlang, oft stundenlang, ohne eine Abgrenzung zu finden. Einmal glaubte er ferne Schritte zu hören, doch waren sie so weit von ihm, daß sie verhallten. Er lief verzweifelt schräg die Treppe hinauf, laut schreiend, um den anzuhalten, der vielleicht irgendwo hinunterstieg. Er wollte ihn fragen, warum er dies tue, und ihn bitten, mit ihm nach oben zu steigen, damit beide gerettet würden, doch hielt er bedeckt mit Schweiß und außer Atem inne. Er spürte die Kälte der Quader unter seinen Füßen und das Eis der Unendlichkeit an seiner Stirne. Er begann wieder zu steigen. Er sah mit gerecktem Hals vor sich hin und hielt den Oberkörper weit nach vorn gebeugt. Seine Arme bewegten sich ziellos, und seine Füße stolperten. Er stieg ungleichmäßig, und langsam wuchs beim Hinaufsteigen die Angst, die sich bei jedem Schritt verstärkte. Er fiel und richtete sich mühsam und blutend wieder auf, dann fiel er aufs neue. Lange blieb er liegen und preßte sein Gesicht an den feuchten Granit, der seine Kleider durchnäßte. Später kroch er herum wie ein Tier, ging dann wieder einige Stufen hinauf in das wachsende Entsetzen hinein. Die Einsamkeit war wie ein Stein, war so, wie es tote Sterne gibt, unermeßlich und ohne Licht in erbarmungsloser Dichte, Atom an Atom gefügt. Das Leere klebte an ihm, er war eingesogen vom blutleeren Schlund des Nichts. Er stand still. Jeder weitere Schritt war sinnlos, war gleich wie sein Stillstehen. Es gab nur einen Sinn mehr: Wieder hinab zu den Menschen, atemlos, ein fallender Leib, zwei aufgereckte Hände, zwei tote Augen, ein schreiender Mund, um eins zu werden mit dem Schicksal der Menschheit, die in der Hölle versank, umsprüht von den Schwefeldämpfen der brennenden Meere. Es war unmöglich, allein zu sein, nur sich selbst gegenüber, Auge in Auge mit sich selbst, ohne Distanz, ohne Welt, ohne Möglichkeit zu reden, zu beten, zu fluchen, zu schreien, denn alles, was er tat, verschluckte lautlos der Raum und zerrieb zu nichts die leere Zeit. In ihm war eine Schwerkraft, die ihn hinab zur Tiefe zwang. Noch widersetzte er sich. Zum letzten Mal. Dann öffnete sich ihm selbst der Abgrund der Welt. Er bedeckte seine Augen mit beiden Händen und stürzte hinab in die Tiefe, die ihre Arme öffnete, furchtbar in ihrer Majestät, von ungeheuren Opferbränden umkränzt, tönend wie eine eherne Glocke von der Verzweiflung der Menschen, und wie er in ihrem Leib versank, verhallte sein Schrei: Gnade, wo ist Gnade, ohne Antwort an ihrem Antlitz.

»Du schreist«, sagte sie und rüttelte ihn. Er sah erwachend ihr Gesicht, das sich über das seine neigte. Ihre Augen waren gleichgültig. »Sie weiß, was ich im Sinn habe«, dachte er und erkannte erst jetzt, daß über ihm ein Kreuz hing, einsam und schwarz, mit einem Nagel in der

Mitte an die Wand geschlagen. Er erhob sich und kleidete sich an, hüllte sich in den Mantel. Er fror. Das Weib erhob sich ebenfalls. Er lehnte sich gegen die Wand. Die Kerze brannte immer noch.

»Ich werde warten, bis sie erloschen ist«, dachte er und umklammerte die Waffe.

»Sind deine Augen immer so leer?« fragte sie.

»Ja«, antwortete er, »immer.«

Dann schwiegen sie wieder. Er sah gleich der Frau nach der Flamme, die still brannte. Ihre Hände lagen wie abgetrennt auf dem Tisch. Die Flächen hielt sie ohne Ausdruck nach unten und ohne Bewegung, als hätte sie diese Hände auf dem Tisch vergessen, so daß sie sinnlose Gegenstände links und rechts der Kerze waren, über deren Schaft der Talg floß. Über allem schwebte ihr Gesicht, das versteinerte, eins wurde mit dem Schweigen des Raumes. Dann sah er die Kerze niedriger brennen. Die Flamme flackerte. Sie wurde kleiner und größer, und mit ihr wurde der Raum wie ein atmendes Wesen lebendig. Auf dem Weibe tanzte der Schein. Die Flamme leuchtete noch einmal zwischen ihren Händen in hellem Strahl auf, um dann in sich zusammenzufallen, sterbend in der Finsternis. Die Nacht des Todes war vollkommen geworden. Von seiner Vision noch immer betäubt, erwachte er nun zu einem klaren und sicheren Bewußtsein, wie er es nie in seinem Leben gekannt hatte. Eine glühende Freude war in ihm. Die Dumpfheit seiner Seele wich, blind in der Dunkelheit des Zimmers sah er klar und scharf. Er trank die Stille dieser Stunde wie Wasser, das einem Verdurstenden gereicht wird, bereit, die Türflügel zu öffnen, die ihn vom Nichts trennten, von der grenzenlosen Einsamkeit des Raums, von den schwimmenden Einöden zwischen den fahlen Sternbildern, entschlossen, die Schwelle gemeinsam mit jener Frau zu betreten, die irgendwo in diesem Zimmer atmete, ein Opfertier, das stumm den Hieb des Priesters erwartet.

Er stand lange in der Dunkelheit, nachdem er geschossen hatte, einmal, dann mehrere Male, ohne zu zielen; doch er wußte, daß er getroffen hatte. Dann schritt er gegen die Mitte des Zimmers, ohne sich töten zu können.

»Ich will leben«, sagte er mit lauter Stimme, wie er nach ihr tastete, »ich will leben«, und dann noch einmal: »leben!« Er befühlte den Tisch, dessen Fläche ihm in der Finsternis unendlich schien, mit Rissen, denen er wie den Linien einer Hand nachfuhr. Er berührte mit den Fingern etwas Hartes, das er erst nach langem als den Kopf des Weibes erkannte. Es war das erste Mal, daß er zitterte. Er fuhr über ihren Leib und durch ihre Haare, auch fühlte er, daß seine Hand an diesem Leib blutig wurde. Dann stand er mitten im Dorf, das noch immer menschenleer zu sein schien. Der Dorfplatz gleißte. Er beugte sich über den Brunnen und schlug mit der Waffe das Eis ein. Wie er mit der Hand ins Wasser tauchte, löste sich Blut von ihm, um sich dann als eine dunkle Wolke vor der Scheibe des Mondes zu verbreiten, der gelb im Brunnen wie ein grober Teller lag, nach dem er greifen konnte. Er ging an leeren Fenstern vorbei über das Pflaster. Er kam an Giebelhäusern vorüber, und sein Schatten ging hart am Boden vor ihm her. Später erreichte er die Allee. Riesige Bäume standen zu beiden Seiten überdeutlich vor dem Himmel. Sie brachen aus der Erde und verkrallten sich in den Wolken wie Hände, die im Moor versinken. Er ging zwischen ihnen mit gleichmäßigen Schritten, und sein Schatten ging mit ihm. Hin und wieder kam der Wind, heulte von weitem und brauste durch die Bäume, jagte den Mond durch die öden Felder, daß dieser über die Hügel rollte, groß wie ein Haus, als ein fahler Kopf voll Schwären und Löcher, aus denen Riesenfliegen und grüne Käfer krochen. Doch war es nicht dunkler geworden, wie der Mond gesunken war, sondern alles lag ohne Schatten vor ihm, unbarmherzig und unwirklich. Er schritt dahin, ohne anders zu können. Sein Gesicht verwandelte sich. Es wurde undurchdringlich und fahl wie der erloschene Mond zwischen den Tannen. Der Weg war endlos durch die Allee und endlos der Himmel über ihm, durchzogen vom schwankenden Zug der Vögel, seinen Begleitern, deren Schrei von weitem an sein Ohr drang, in deren Flug alles lag, was ihn umgab: Bäume und Himmel, das Licht und die Straße, die er ging, aber auch sein sinnloses Leben mit seiner Lüge und mit seinem Verbrechen, der tote Leib des Weibes über dem Tisch mit den tiefen Rissen und das Blut im Brunnen. Dann dröhnten plötzlich die Glocken des Dorfs, und er hörte die fernen Schreie des Alarms. Von weitem glitten Motorräder heran, pfeilschnell vom fernen Horizont her, pfeifend umhüllten ihn die Wolken der Geschosse. Er warf sich nieder, kroch in einen Graben, eilte über die Felder, von Lichtkegeln erfaßt und wieder verloren. Der Wald nahm ihn auf, aber fast mit ihm drangen die Verfolger ins Holz. Von ihren Kugeln zersplitterten die Stämme. Schon sah er das Weiße ihrer Augen, die verzerrten Gesichter, die Messer, die sie nun aus ihren Mänteln rissen, aber dann kam der Schnee, eine ungeheure Decke, die sich lautlos heruntersenkte, eine kalte, sanfte Hand, die alle mit Blindheit schlug. So erreichte er sicher die Lichtung und stieg unbehelligt über den Toten, still schloß sich hinter ihm die Spur, fern und unnütz verhallten die letzten Schüsse der Verfolger. Er schritt durch den Wald, eingehüllt in seinen zerrissenen Mantel, unberührt vom Morgen, der irgendwo hinter den fallenden Schneemassen heraufdämmerte. Im Schneegestöber tauchten die ersten Häuser des Dorfes auf, verschwanden wieder. Männer standen bis zum Leib im Schnee mit großen Schaufeln, fluchten über ihre sinnlose Arbeit, denn immer gewaltiger wehte es heran. Er erreichte den Gasthof, zahlte, niemand kümmerte sich um ihn. Er bestieg den ersten Zug, der in die Hauptstadt zurückführte, ohne Gedanken, ohne Trauer, ohne Willen, während die wenigen Häuser, der treibende Fluß und die niedrigen Hügel hinter dem Fenster versanken, dessen Fläche, wie sich der Zug in Bewegung setzte, das schnell wachsende Eis schon zugeschlossen hatte.

Was er von nun an trieb, ist gleichgültig, denn es war sinnlos, was es auch sein mochte. Er wurde ein Mensch wie jedermann, ein Mensch mit einer Stellung, der heiratete, der Kinder hatte, ein Haus, ein Automobil, eine Geliebte, doch lächerlich alles, weil es ein Geheimnis umschloß, den vergeblichen Versuch, mit der flatternden Fahne des Todes ins Nichts aufzubrechen, das Herz voll Sehnsucht nach der großen Kälte. Was er auch tat, lief auf Betrug hinaus, auch wenn er nur sich selbst betrog, wie auch unser Gespräch ein Betrug war, ohne daß er es wußte. Wir waren durch die Vorstädte gegangen und an den Fluß hinunter, dann den Quai entlang, unter den hohen Bögen der Brücken hindurch. Mit fortschreitender Erzählung änderte sich sein Verhalten. Er ließ sich nicht mehr treiben, er lenkte, ohne es bewußt zu tun, unseren Gang durch die Sommernacht, bis wir in eine verlassene Fabrik eindrangen, in eine Ansammlung weißer Gebäude, mit Kaminen dazwischen und halb zerstörten Hochöfen, alles halb versunken in wild wucherndem Unkraut; nur der Platz, auf dem wir standen, schien makellos, die großen Steinplatten Fuge an Fuge. Mitten im Hof nahmen wir Abschied, es sei besser, meinte er, von einer flackernden Angst erfüllt, daß wir uns noch vor Anbruch des Morgens trennten, doch kehrte ich mich noch einmal um: da stand er mir mit erhobener Waffe gegenüber. Ich erkannte, daß ich in eine fürchterliche Falle gegangen war. Er hatte mir sein Verbrechen nur erzählt, um mich als den zu töten, der das Geheimnis seiner Verzweiflung kannte, und so hatte er sich zum zweiten Male zum Mord überlistet, denn gelang es ihm nicht, ein Mensch zu sein, so wollte er wenigstens ein Schakal sein, der in den Nächten über die Ebene schweift, ein Tier, das Blut trinkt. Dann aber hob er die Waffe von mir, indem sich seine Augen mit Tränen füllten, und wie er schoß, brach er zusammen, als möchte er eins werden mit der steinernen Fläche, auf die er fiel und deren Rinnen sich mit seinem Blut füllten.

Pilatus

Denen aber draußen widerfährt alles durch Gleichnisse, auf daß sie mit sehenden Augen sehen und doch nicht erkennen, und mit hörenden Ohren hören und doch nicht verstehen

Wie die schweren Eisentüren geöffnet wurden, die seinem Throne am anderen Ende des Saales gegenüberlagen, und wie sich ihm aus den offenen Riesenmäulern die Menge entgegengoß, mühsam nur von den Legionären zurückgehalten, welche die Hände zu einer Kette geschlossen hatten und sich mit dem Rücken gegen die Rasenden stemmten, erkannte er, daß der Mensch, der ihm vom Pöbel wie ein Schild entgegengeschoben wurde, niemand anders war als ein Gott; doch wagte er ihn nicht ein zweites Mal mit seinem Blick zu streifen, weil er sich fürchtete. Auch hoffte er Zeit zu gewinnen, indem er den Anblick des Gottes mied, um sich mit seiner schrecklichen Lage vertraut zu machen. Er war sich im klaren, daß er durch die Erscheinung des Gottes vor allen Menschen ausgezeichnet worden war, ohne aber die Bedrohung zu übersehen, die in einer solchen Auszeichnung liegen mußte. Er ließ daher seinen Blick über die Waffen der Legionäre gleiten, prüfte, wie er gewohnt war, dic Sturmbänder, die ihnen hart unter dem Kinn lagen, den Zustand der Waffen, die Zuverlässigkeit der Bewegungen und die Festigkeit der Muskeln, um dann mit einem schrägen Blick nach der Menge zu sehen, die erstarrte und sich zu einer unbeweglichen Masse verdichtete, nun lautlos im Raume, an deren Spitze, von hundert Händen gierig umklammert, der Gott ruhig verharrte, den er jedoch noch immer anzusehen vermied. Er senkte vielmehr die Augen auf eine Rolle, die über seine Knie gebreitet war und einen Erlaß des Kaisers enthielt. Er begann nachzudenken, was ihn verhindere, den Gott vor allem Volk zu ehren. Es wurde ihm der Augenblick deutlich, da ihn der Gott mit seinem Blick getroffen hatte. Er erinnerte sich, dessen Blick gesehen zu haben, als die Türe, durch die sie den Gott brachten, kaum geöffnet worden war, und daß er nur diese Augen gesehen hatte und nichts außerdem. Sie waren nicht anders gewesen als Menschenaugen, nicht mächtiger oder von solchem Licht, wie er an griechischen Götterbildern bewunderte. Auch lag nicht die Verachtung in ihnen, welche die Götter gegen die Menschen hegen, wenn sie auf Erden wandeln, ganze Geschlechter zu vernichten, doch auch nicht jene Auflehnung, die er in den Augen der Verbrecher glimmen sah, wenn sie vor ihn gebracht wurden, bei Rebellen wider das Reich oder bei Narren, die lachend starben. Es lag eine bedingungslose Unterwerfung in diesen Augen, die aber eine heimtückische Verstellung sein mußte, weil dadurch die Grenze zwischen Gott und Mensch aufgehoben und so Gott Mensch und Mensch Gott geworden wäre. Er glaubte daher nicht an die Demut des Gottes, und dessen menschliche Gestalt war ihm eine List, die Menschheit zu versuchen. Vor allem war es ihm wichtig zu erfahren, wie sein Verhalten den Gott berührt hatte; denn ihn bewegte die Einsicht, dem Gott gegenüber handeln zu müssen. Ihn verwirrte die Angst, den entscheidenden Augenblick durch die Bewegung des Auges nach unten zu der ausgebreiteten Rolle hin verloren zu haben, weil darin für den Gott eine Mißachtung liegen konnte. Er hielt es daher für das Beste, in den Gesichtern seiner Soldaten nach Anzeichen zu forschen, die auf einen solchen Argwohn hätten schließen lassen. Er schaute scheinbar abwesend auf, bedächtig, ohne sich zu beeilen und ohne seine Furcht zu verraten, so daß er nach den Legionären wie mit Befremden sah, als wüßte er nicht, warum sie in diesem Raume seien. Er konnte jedoch nichts entdekken, das ihn beunruhigte, aber auch nichts, das seinen Argwohn hätte nehmen können; denn er sagte sich sogleich, daß die Legionäre ihre Gedanken zu verbergen wußten; doch war es wieder möglich, daß es ihnen gleichgültig war, wie er sich dem Gott gegenüber benahm, da sie diesen nicht erkannt hatten. So unternahm er es, zum zweiten Male nach der Menge zu sehen, die unter seinem Blick zusammenzuckte. Er sah die Vordersten zurückschrecken, so daß die Menge in der Mitte zusammengedrängt wurde, da gleichzeitig die Hintersten, aus Gier, seinen Blick zu deuten, die Leiber nach vorne schoben. Die Gesichter lagen nackt vor ihm, und weil der Haß sie trieb, schienen sie ihm von einer Häßlichkeit, die ihn ekelte. Er überlegte, ob er nicht den Legionären befehlen solle, die Türen zu schließen, um dann von allen Seiten mit bloßen Waffen in die

Menge schlagen zu lassen; doch fürchtete er sich, dies vor einem Gott zu tun. Das Rasen der Menge aber und die Wut, mit der sie den Gott umklammert hielt, gaben ihm die Gewißheit, daß die Menschen von ihm den Tod des Gottes fordern würden, worauf er sein Antlitz unwillkürlich nach dem Gefesselten wandte, obschon eine übergroße Furcht in ihm war, den Augen des Gottes zum zweiten Mal zu begegnen. Die Erscheinung war jedoch derart, daß er den Blick lange auf sie gerichtet hielt. Der Gott war nicht von großem Wuchs, und seine Gestalt war die eines unscheinbaren Menschen. Die Hände waren nach vorne gebunden und blau aufgetrieben. Die Kleider lagen ihm zerfetzt und schmutzig am Leib, so daß an vielen Stellen die Haut zu sehen war, über die rote Striemen liefen. Er sah, daß diese Gestalt des Gottes die grausamste war, die den Menschen täuschen konnte, und daß es dem Gott nur in einem unvorstellbaren Haß hatte einfallen können, in dieser niedrigen Maske zu erscheinen. Was ihn jedoch am meisten entsetzte, war, daß der Gott es unterließ, ihn aufs neue anzuschauen; denn er fürchtete sich zwar vor seinem Blick, aber der Gedanke, der Gott mißachte ihn, war ihm unerträglich. Der Gott hielt das Haupt gesenkt, auch waren seine Wangen bleich und eingefallen, und eine große Trauer schien sich über sein Antlitz ergossen zu haben. Die Augen schauten in sich gekehrt, als wäre alles weit entfernt von ihm: die Menge, die ihn umklammert hielt, die Soldaten in ihren Waffen, aber auch der, welcher vor ihm auf dem Richterstuhl saß und welcher der einzige war, der die Wahrheit erkannt hatte. Er wünschte, die Zeit möchte sich zurückdrehen und der Gott ihn anblicken, wie damals, als sich die Tore geöffnet hatten, und er wußte, daß er dann vor ihm niedersinken würde, laut schreiend und betend, um ihn vor den Legionären und allem Volk Gott zu nennen. Wie er jedoch sah, daß sich der Gott nicht mehr um ihn kümmerte, verkrampfte er die Hände, als wolle er die Rolle auf seinen Knien zerreißen. Er wußte nun, daß der Gott gekommen war, ihn zu töten. So geschah es, daß er in seinen Thron zurückfiel, das Antlitz mit kaltem Schweiß bedeckt, indem die Rolle aus seinen Händen dem Gott vor die Füße sank. Doch als er das Gesicht des Legaten sah, das sich ihm entgegenneigte, gelangweilt und müde, gab er den Befehl mit leiser Stimme, als handle es sich um etwas Nebensächliches, worauf er sich zu einem Präfekten wandte, eben aus

Galiläa zurückgekehrt, den er zu sich winkte, während der Befehl vom Legat mit gleichgültiger Stimme laut wiederholt wurde, um dann, wie der Präfekt ihm noch berichtete, der Menge nachzusehen, die sich murrend durch die offenen Türen des Hintergrundes verzog: Aber den Gott sah er nicht mehr, so sehr umgaben ihn die Menschen als ihr Geheimnis.

Die Türen waren nun wieder geschlossen und der Saal vor ihm öde. Er gab ein Zeichen, daß ihn alle verlassen sollten. Er lehnte sich zurück und schaute auf die Rolle nieder, die sein Fuß leise berührte. Seine Hände hielten das Ende der Lehne ruhig umfaßt, und er horchte mit leichtgeneigtem Haupt, wie sich die Offiziere entfernten; nur ein Sklave blieb zurück. Dann ließ er seine Augen aufmerksam über den Saal gleiten, mißtrauisch, als gelte es, die Spuren des Gottes zu entdecken. Er sah die mächtigen Wände, die ohne Schönheit waren und ohne Gliederung, die ehernen Flächen der Türen, durch welche die Menge den Gott davongetragen hatte, bemalt mit seltsamen Ornamenten von einem grellen Rot. In ihm war eine große Ruhe, die er vorher nie gekannt hatte. Die Furcht lähmte ihn. Sie war überall, in ihm und im schweren Lasten der Mauern. Er erhob sich und ging am Sklaven vorbei. Er verließ den Turm durch einen schmalen Gang und betrat den Hof. Auf den Ecktürmen und den hohen Mauern hoben sich einige Legionäre gegen den tiefblauen Himmel ab. Der Steinboden leuchtete in der Sonne. Er schien sich durch Feuer zu bewegen, wie er den Hof überquerte, so sehr umgab ihn das Licht. Er schritt auf das Hauptgebäude zu, das sich als ein plumper, gleißender Würfel vor ihm erhob, und betrat die Halle. Dann stieg er die Treppe empor, die dem Eingang gegenüberlag und nach oben in ein Gewirr von kleinen Zimmern mit durchbrochenen Wänden und hochgelegenen Fenstern führte, die schmal und vergittert waren und durch die das Licht des Nachmittags nur schwach flutete. Die Wände waren kahl, denn er wohnte selten in der Hauptstadt des verhaßten Landes; doch war der Boden mit Teppichen und Kissen bedeckt. Im größten Zimmer wartete der Legat, der sich schon gelagert hatte. Er setzte sich zum Offizier, doch berührte er die Speisen nicht und trank nur wenig Wein. Er gab dem Legat ruhig Antwort und hörte dem Gespräch zu. Er war im geheimen begierig, die Rede auf den Gott zu lenken; doch scheute er sich, weil er dem Legat mißtraute, so daß er lauernd auf ihn sah. Er fing an, bestimmte Fragen über das Heer zu stellen, was den Offizier verwirrte; denn das Gespräch nahm unerwartet eine Wendung ins Sachliche. So konnte er im Geist wie aus einem Versteck mit äußerster Klarheit jeden Moment seiner Begegnung mit dem Gott wiederholen. Er glaubte nicht recht, daß Herodes den Gott behalten würde, denn er ahnte, daß es ihm allein bestimmt war, die Wahrheit zu wissen. Er fürchtete, daß der Gott zu ihm zurückkehren würde, weil er zu ihm gekommen war und sonst zu niemand anderem, und er fühlte eine seltsame Begierde, daß dieser Augenblick schon erfüllt wäre. Der Abgrund zwischen Mensch und Gott war unendlich gewesen, und nun, da der Gott diesen Abgrund überbrückt hatte und Mensch geworden war, mußte er an Gott zu Grunde gehen und an ihm zerschmettern, wie einer, den die Welle an eine Klippe schleudert.

Wie nun der Bote kam, der ihm anzeigte, daß der Gott, von Herodes geschickt, gefesselt vor der Burg wieder eingetroffen sei, vom Toben der Menge begleitet, gab er den Befehl, den Gott ins Innere der Burg zu schaffen, um ihn von der Menge zu trennen, worauf er die Zeit abwartete, die die Legionäre brauchten, um den Gott in die Halle des Hauptgebäudes zu führen. Dann erhob er sich und schritt an der Kaiserbüste nahe der Türe vorbei, indem er nach seiner Gewohnheit den Blick auf dem Marmor weilen ließ, der still als ein fremdes, bekränztes Haupt vor ihm schwebte, das sich im Dunkeln verlor. Er ging durch den langen Gang, der zur Treppe führte, an dessen Wänden Legionäre standen. Die Gestalten lösten sich aus den Schatten, grell in den Flammen der Fackeln, die hier schon angezündet waren, so daß ein flackerndes Licht auf den Männern lag, das sich in immer neuen Wellen gelb und rot gegen die eisenbeschlagenen Schilder warf. Er schritt auf den Ausgang zu, der sich seinem Auge als ein helles Rechteck bot, von wo er in die Halle hinunterblicken konnte, und wieder sah er in der Erinnerung den Blick des Gottes. Einen Augenblick schien er zu zögern; doch machte er darauf so entschlossen die wenigen Schritte, daß er die Speere der Legionäre heftig zur Seite drängte, und trat in den hellen Raum der Halle hinaus. Er blickte mit einer kurzen Wendung des Kopfes nach unten. Er sah mit Grauen Legionäre, in deren Augen eben noch Spott geleuchtet hatte. Der Gott stand bewegungslos zwischen ihnen. Seine Hände waren immer noch gefesselt, doch hing nun von seinen Schultern ein weißer Mantel herab, mit Menschenkot beschmutzt. Er sah die Verhöhnung des Gottes, aber auch, daß dies seine Schuld war, da er ja den Gott zu Herodes geschickt hatte. So sah er bestätigt, daß alles auf seine Verdammnis hinauslief, was er zu seiner Rettung unternommen hatte, und ging daher den Weg an den Legionären vorbei wieder zurück, ohne sich vorerst weiter um den Gott zu kümmern.

Die Geißelung des Gottes hatte er für die Zeit der dritten Nachtwache befohlen, doch ging er schon vorher nach der bestimmten Stelle zwischen dem Hauptgebäude und dem Turm, der diesem am nächsten lag. Der Tag war heiß gewesen unter der glühenden Sonne, die durch den wolkenlosen Himmel gerollt war und über den Hof unter ihr; nun aber war die Nacht über allem, noch ohne Mond, nur vom stechenden Feuer der Sterne durchbrochen, so daß es schien, als wäre die Welt nichts anderes als die lichtlosen Flächen dieser Mauern und dieser Türme, die wie Rammpfähle in den Himmel gesenkt waren, ein Raum, der unermeßlich an Tiefe war und dennoch mit einer festen und bestimmten Zahl der Schritte zu durchmessen. Er gelangte zum Pfahl, den er für den Gott bestimmt hatte und der steil aus dem Boden in die Nacht ragte, kaum von der Fackel erhellt, die ein Sklave emporhielt. Wie er mit den Händen das Holz umfaßte, spürte er Nägel und Sprießen, die ihm die Haut ritzten, so daß er blutete. Dann wandte er sich zur Mauer des Hauptgebäudes, wo im Eingang einer kleinen Nebenpforte ein Sessel stand, und hieß den Sklaven die Fackel löschen, wie er sich niedergelassen hatte, da er schon die Schritte der Legionäre zu hören meinte; doch ging es noch einige Zeit, bis die Stimmen herüberhallten. An der Burgmauer, die ihm schräg gegenüberlag, machte sich ein schwacher Widerschein der fernen Fackeln bemerkbar, der sich vor seinen weitgeöffneten Augen verstärkte, und endlich sah er die Mauern so grell erleuchtet, daß sich die riesigen Quader scharf abzeichneten. Der Pfahl hob sich überdeutlich von der Burgmauer ab, so daß sein Schatten pfeilgerade über den Boden lief, worauf er an der Mauer jäh abbrach, um steil über die Wand nach oben in die Unendlichkeit der Nacht zu tauchen, wobei er aber, da sich die Fackeln näher bewegten, wie der irre Zeiger einer ungeheuren Uhr hin und her schwankte. Über die erhellte Fläche des Bodens schob sich eine dunkle Masse auf den Pfahl zu und verbreitete sich nach allen Seiten, wuchs dann hinein in den Raum, als ein dichtes Gemisch von unförmigen Köpfen, wildfuchtelnden Helmbüschen und verkrampften Händen, und endlich traten vor seine Augen die Legionäre: eine wilde Zusammenballung der Leiber und Waffen, unter ihnen solche, die Fackeln weit in die Nacht hinein hielten; auch ertönten Gelächter und Schreie, da niemand von dem wußte, der unbeweglich in seinem Sessel verharrte, kaum daß er den schweren Atem des Sklaven hinter sich spürte. Mitten unter den Legionären aber mußte, ihm unsichtbar, der Gott schreiten, indem sich dort alles zu einem Wirbel verdichtete; doch bemerkte sein scharfes Auge, wie sich in hartem Schlag Schwertknäufe und Fäuste dorthin senkten, so daß der Zug manchmal stille stand, weil alles nach innen drängte, zuschlug, um sich dann mit schrillem Gelächter zu lockern, worauf die Menschen wieder dem Pfahl zueilten, den die Menge, wie sie ihn erreicht hatte, umringte: Sie waren jedoch so zahlreich, daß er den Gott nicht erkennen konnte. Ein Legionär erkletterte den Pfahl und befestigte die Fackeln im Kreis um die Spitze des Stammes, worauf er ein Seil hinunterwarf, um dann mitten in die Menge zu springen, die sich nun mit lautem Schrei jäh um den Pfahl ballte, sich fürchterlich staute, von den Fackeln über ihnen grell und phantastisch beschienen, so daß die Schatten nach allen Seiten des Menschenhaufens strebten, wie die Blätter einer seltsamen und ungeheuren Blume, die sich plötzlich geöffnet hat. Dann aber strömte die Menge auseinander und löste sich in einzelne auf, die aus dem Licht der Feuerkrone eilten, um sich im Dunkeln niederzulassen, einige so nahe bei ihm, daß seine Füße sie fast berührten. Er saß jedoch ohne Regung und ohne dies zu bemerken; denn furchtbar zeigte sich nun seinem Auge Gott. Er war nackt und die halberhobenen Hände waren vom Seil umschlungen, das schräg angespannt von ihrer Schwere am Pfahl herunterhing. Der Gott stand ein wenig vom Stamm entfernt, einsam an diesem Holz und unter dem tiefdunkeln und doch feurigen Himmel, voll sichtbar im Licht, das ihn wie ein Rad umgab, so daß er in diesem Kreis gebannt war und ein Bild der Macht dessen bot, der unbeweglich in der Finsternis des Seitenportals dem Gott gegenübersaß. Der Schatten des Gottes jedoch wuchs aus dem Lichtkreis der Fackeln heraus mitten in sein Herz, so daß alles, was nun geschah, sich zwischen ihm und dem Gott abspielte; denn alle Dinge, die Legionäre und das Brennen der Fackeln, der Pfahl, der in den Himmel gereckt war, die strengen Quader der Mauern, die harte Fläche des Bodens, das leise Atmen des Sklaven und die Feuermassen der Gestirne, waren nur da, weil Gott da war und er und nichts anderes, und waren da, weil es zwischen Gott und Mensch keine Verständigung gibt als den Tod, und keine Gnade als den Fluch, und keine andere Liebe als den Haß. Und wie er das gedacht hatte, erhoben sich Legionäre in der Nacht, von der sie gedeckt wurden, wenige nur von ihnen, und traten von allen Seiten mit nackten Oberkörpern gegen den Gott: einige grell beschienen, und andere nur als Silhouetten sichtbar. In ihren Händen bewegten sich die Peitschen gleich Schlangen, umglitten spielend die mächtigen Arme, glitten dann zuckend leicht über den Boden als grausame Tiere mit unförmigen Köpfen aus Blei. Die Männer umschritten den Gott wie zum Tanz, berührten wie zum Spiel mit den schmalen Peitschen seinen Leib, um dann plötzlich in rasender Wut auf ihn einzuhauen, wobei sich die bleiernen Köpfe tief in den Leib des Gottes gruben, so daß sein Blut aus dem Fleisch brach, was ihn, der ruhig gesessen, mit unendlicher Qual erfüllte, da er im geheimen erwartet hatte, die Peitschen würden am Gott wie an Marmor abgleiten. Nun aber sah er, wie der Gott zusammensank, von den furchtbaren Schlägen der Legionäre getroffen, so daß die Füße über den Boden schleiften, weil die Hände durch das Seil weit nach oben gerissen und der Leib von der Wucht der Peitschen im Kreise herumgeworfen wurde, immer wieder von den pfeifenden Hieben der Legionäre getroffen, die halb nackt den Gott umtanzten, um von allen Seiten auf ihn einzuschlagen, vom flackernden Licht der Fackeln übergossen, welches die Schatten gespenstisch auf den steinernen Boden warf, der wie ein Spiegel war, wie dünnes Eis über ein bodenloses Meer gespannt. Dann aber ließen sie, wie der Leib leblos hing, mit starren Gesichtern vom Gott; denn müde lagen die Peitschen in ihren Händen, und langsam verschwanden die Menschen in der Nacht, so daß er allein dem Gott gegenüber zurückblieb, während ungeordnet die Schritte der Legionäre verhallten. Die Fackeln brannten nun ruhiger; doch waren sie dem Erlöschen nahe, und Pech tropfte auf den blutigen Leib, der sich um das Holz des Pfahles schlang. Da geschah es, daß er sich von seinem Sessel erhob und langsam zum Gott trat. Er trat so nahe zu ihm, daß er ihn hätte berühren können; auch sah er den nackten Leib des Gottes mit größter Deutlichkeit. Der Leib war nicht schön; denn die Haut war welk und aufgerissen; auch zeigten sich tiefe Wunden, von denen einige eiterten, und alles war blutüberströmt. Das Gesicht des Gottes aber sah er nicht, weil es zwischen den Armen hing. Wie er jedoch diesen Leib sah, der entstellt war und häßlich, wie jeder gefolterte Menschenleib, und wie er dennoch in jeder Wunde und in jeder Schürfung des Fleisches den Gott erkannte, ging er stöhnend in die Nacht, während hinter ihm über dem Gott die Fackeln erloschen.

Zusammengekrümmt wie ein Tier vor Entsetzen lag er irgendwo ohne Schlaf zwischen den kahlen Wänden seiner Gemächer, an denen sich die Flamme der Öllampe spiegelte. Er lebte versunken im Grauen seiner Seele dahin, einsam unter den Menschen und undurchdringlich denen, die an seinem Auge vorüberzogen, ohne ihn zu bewegen, wie einer, der in Winternächten Menschen gehen sieht, schemenhaft im Lichte des Monds. Einsam irrten seine Hände über die Muster der Teppiche, verkrallten sich in die Kissen oder faßten zitternd den Kelch, in dem der Wein lag. Auch mochte es geschehen, daß sein Blick schräg und seltsam zum Gesicht des Kaisers glitt, das weiß im Dunkel war, mit Lippen, die zu lächeln schienen, unwirklich, wie Tote zwischen ihren Gräbern lächeln, und verloren in der Dämmerung. Dann schaute er stumm nach dem Sklaven, der sich vor seinem Blick abwandte, in welchem geisterhaft ein fremder Neid glomm. Am Morgen jedoch ließ er beim ersten Strahl der Sonne Flötenspieler kommen, und eintönig drang die Melodie an sein Ohr; doch vermochte ihn nichts zu bewegen, weil der Anblick des Gottes seinen Geist nicht mehr verlassen hatte.

Er versuchte nun, sich auf Kosten der Menge zu entlasten, da es ihm nicht gelungen war, den Gott zum Handeln zu zwingen. Der Ort, den er seinem Unternehmen bestimmte, war die Treppe, die zum großen Portal des Hauptgebäudes führte, und die Zeit der frühe Morgen, der jenem Tage folgte, an dem er dem Gott zuerst begegnet war, wie sich denn alles in wenigen Tagen abspielte. Die Treppe und das Hauptportal lagen im Schatten, der sich als schmales Band dem Hauptgebäude entlang über einen kleinen Teil des Platzes und der Menge legte. Die Menschen, die während der Nacht Spottlieder auf den Gott gesungen hatten, waren schon früh vor den Toren der Burg erschienen und hatten sich wild schreiend in das Innere des Hofes ergossen, dessen weite Fläche sie nun füllten, gleichgültig darüber, daß sie in der Gewalt der Legionäre waren, die das Volk mit bloßen Waffen umringten. Als er daher von seinen Gemächern die Halle erreicht hatte, sah er durch das geöffnete Tor den Gott und Barabas schon vor der Menge stehen, ein wenig erhöht, wie er es befohlen; doch schritt er ruhig aus der Dämmerung des Saales und trat unvermutet so mächtig in seinem weißen Mantel zwischen den Gott und den Verbrecher, daß der Pöbel unter seinem Blick versteinerte. Er sah gleichgültig auf die Menschen, die sich endlos vor ihm ausbreiteten, mit Köpfen, in denen die roten Augen wie rostige Nägel waren und schwarze Zungen schwer und unförmig zwischen gelben Zähnen lagen. Es war, als hätte die Menge nur ein Gesicht, welches das Gesicht aller Menschen zugleich war, ein ungeheures, drohendes Antlitz, dem die furchtbare Stille entströmte, die sich auf die Dinge gesenkt hatte, das sich nun dem Gott und dem Verbrecher gegenübergestellt sah, der Wahrheit und der Gewalt, und das nun mit einem einzigen gellen Schrei den Tod des Gottes forderte. Da nun der Gott dies alles duldete, befahl er einem Sklaven, eine Schale mit Wasser zu bringen, in der er zum Zeichen seiner Unschuld die Hände wusch, ohne sich weiter um die tobende Menge zu kümmern: Als er sich jedoch wandte und so das stumme Antlitz des Gottes sah, wußte er, daß ihn die Menge nicht entlasten konnte, da er allein die Wahrheit kannte. So war er gezwungen, eine Grausamkeit um die andere an Gott zu begehen, weil er die Wahrheit wußte, ohne sie zu verstehen, und er barg sein Gesicht in die Hände, die noch vom Wasser der Schale trieften.

Von nun an war es ihm, als würde er sich als ein Toter unter Toten bewegen. Er überprüfte die Vorarbeiten zur Kreuzigung und schaute zu, wie die Legionäre den Gott verspotteten. Er stand mit ruhigen Augen vor dem Gott, die gleichgültig an ihm hafteten; auch ließ er es zu, daß dem Gott eine Dornenkrone aufgesetzt wurde. Dann ließ er sich das Kreuz zeigen und befahl, das ungehobelte Holz vor ihm aufzurichten, worauf seine Hände sorgfältig über die Rinde fuhren. Wie er die Legionäre ausgewählt hatte, sah er dem Zuge nach, bis die Menschen im Burgtor verschwanden, die den Gott mit sich schleppten, der, unter das riesige Kreuz gepreßt, mitten in der Truppe hin und her wankte. Er wandte sich, ohne das Kind eines Sklaven zu beachten, das winselnd über den Hof dorthin lief, wo der Gott im Torbogen verschwunden war. Er kehrte in seine Gemächer zurück und ließ sich ein Mahl bereiten. Er lag unbeweglich am Tisch und hörte das Spiel lydischer Musikanten wie von ferne, die mit dicken Backen bliesen, während es jenseits der schweren Mauern, die seine Gemächer umschlossen, Nacht wurde. Die Sonne verfinsterte sich. Der Himmel wurde zu Stein, so daß die Menschen im Raume aufschreckten. Die Musikanten bewegten die Flöten von ihren bleichen Lippen und starrten mit großen, runden Augen nach den vergitterten Fenstern. Mitten im Himmel stand unbeweglich die tote Sonne ohne Licht in einer glanzlosen Fläche als ein riesenhafter Ball, der mit tiefen Löchern bedeckt war. Auch erfolgte ein Erdstoß, der alles übereinanderwarf, so daß sich die Menschen laut schreiend an die Erde preßten. Er wußte, daß nun der Gott mit schrecklichen Wundertaten vom Kreuz gestiegen war, um endlich seine Rache zu vollziehen. Er erhob sich und ging hinaus. Er ließ sein Pferd bringen und ritt mit wenigen Begleitern hinweg. Die Pferde waren scheu, als wären sie in großer Angst. Die Straßen der Stadt waren leer, hineingesenkt in eine zerstörte Erde, auf der ein Himmel lastete, in welchem es keinen Tag und keine Nacht mehr gab. Die Gesichter seiner Begleiter waren fahl und die Helme wie Schneckenhäuser auf den kahlen Köpfen, in denen die Augen ohne Licht steckten. Auch erschrak er, als er seine Hände sah; denn sie waren wie fremde Spinnen, die sich um die Zügel seines Pferdes schlossen. Sie ritten aus der Stadt gegen den Hügel, auf dem die Kreuze standen. Sie kamen an Menschen vorbei, die mit angezogenen Knien am Wege hockten und laut und schnell sinnlose Worte sagten. Einige warfen sich vor die Rosse, doch ohne Schrei, worauf sie zerstampft von den Hufen liegen blieben. Die Palmen waren in der Mitte geknickt und die Ölbäume zerfetzt. Die

Die Stadt

Aus den Papieren eines Wärters, herausgegeben von einem Hilfsbibliothekar der Stadtbibliothek, die den Anfang eines im großen Brande verlorengegangenen fünfzehnbändigen Werkes bildeten, das den Titel trug: Versuch zu einem Grundriß.

Wenn die langen Nächte heransteigen, in denen die Winde beschworen werden, daß sie heulend über die Erde irren, sehe ich wieder die Stadt vor mir, wie an jenem Morgen, da ich sie zum ersten Male in der Wintersonne ausgebreitet am Fluß erblickte, der nahen Eisbergen entspringt und sie lautlos tief unter den Häusern umgleitet, indem er eine seltsame Schleife bildet, die nur gegen Westen offen bleibt und so die Form der Stadt bestimmt: Die Berge aber lagen damals wie in weiten Fernen im Dunst als leichte Wolken hinter den Hügeln, von wo sie den Menschen nicht zu bedrohen vermochten. Sie war von wunderbarer Schönheit und oft durchbrach in der Dämmerung das Licht die Mauern wie warmes Gold, doch denke ich mit Grauen an sie zurück, denn ihr Glanz zerbrach, als ich mich ihr näherte, und wie sie mich umfing, tauchte ich in ein Meer von Angst hinab. Auf ihr lag ein giftiger Nebel, der die Keime des Lebens zersetzte und mich zwang, mühsam nach Atem zu ringen, von einem quälenden Gefühl befallen, als wäre ich in Gebiete gedrungen, die zu betreten dem Fremden untersagt sind, in denen jeder Schritt ein geheimes Gesetz verletzt. Ich irrte umher, von schweren Träumen getrieben, gehetzt von der Stadt, die jenen peinigte, der aus der Ferne gekommen war, bei ihr Zuflucht zu finden. Ich ahnte, daß sie sich selber genügte, denn sie war vollkommen und ohne Gnade. Sie stand unverändert seit Menschendenken und kein Haus verschwand oder kam hinzu. Die Gebäude waren unabänderlich und keiner Zeit unterworfen und die Gassen nicht winklig wie in den andern alten Städten, sondern nach festen Plänen gerade und gleichgerichtet, so daß sie ins Unendliche zu führen schienen, doch gaben sie keine Freiheit, denn die niedrigen Lauben zwangen die Menschen, sich gebückt innerhalb der Häuser zu bewegen, der Stadt unsichtbar und ihr so erträglich. Dann fiel es auf,

Gräber in den Felsen waren weit offen, so daß die Leichen heraushingen und die beinernen Hände wie Fahnen in der milchigen Luft waren. Scharen von Aussätzigen wankten in flatternden Mänteln wie schwarze Vögel heran, und ihre Stimmen wehten wie schrille Pfiffe vorüber. Der Pfad stieg die Felsen hinauf. Er war mit zerschmetterten Selbstmördern bedeckt, die sich von den Klippen geworfen hatten. Die Pferde wurden unruhiger, je näher sie der Stätte kamen, wo die Kreuze aufgerichtet waren, mit dem mittleren des Gottes, das leer und kahl in den Himmel ragen mußte, an das sich vielleicht der Gott selbst lehnte, nackt und schön, laut lachend, um den zu zerreißen, der nun heranritt. Noch immer stand die Sonne ausgebrannt und ohne Bewegung im Zenit, als gäbe es keine Zeit mehr. Auch hatte die Finsternis zugenommen, so daß er fast gegen das Kreuz prallte, das sich vor ihm steil in die Nacht hob, und nur mühsam stellte er fest, daß es das Kreuz des Gottes war. Schon wollte er sich abwenden, um weiter zu suchen; wie aber im Osten riesenhaft ein grüner Komet heraufzog, sah er, daß dieses Kreuz nicht verlassen war, wie er geglaubt hatte. Es waren die Füße, die er zuerst erblickte. Sie waren von einem Nagel durchbohrt, und wie sein Blick hinaufglitt, bog sich der Leib schwer mit langgezogenen Armen herab, die wild in den Himmel gereckt waren, und gerade über seinem Gesicht hing das tote Antlitz des Gottes.

Als aber nach drei Tagen der Bote früh am Morgen zu ihm gekommen war, der ihm gemeldet hatte, daß der Gott sein Grab in der Nacht verlassen, so daß dieses leer aufgefunden worden sei, ritt er sogleich dorthin und schaute lange in die Höhle. Sie war leer, und der schwere Stein, der sie bedeckt hatte, lag zerbrochen auf der Erde. Langsam wandte er sich. Ein Sklave aber stand hinter ihm, und der sah dann des Pilatus Gesicht: Unermeßlich war es wie eine Landschaft des Todes vor ihm ausgebreitet, fahl im frühen Licht des Morgens, und wie sich die beiden Augen öffneten, waren sie kalt.

wie vorsichtig sich die Menschen mit langsamen, schleichenden Schritten in den Gassen verhielten. Sie waren verschlossen und für sich, wie die Stadt, in der sie lebten, und nur selten gelang es, ein kurzes und hastendes Gespräch über gleichgültige Dinge mit ihnen anzuknüpfen, und auch dann wichen sie aus, wie im geheimen Mißtrauen, sich dem Fremden zu offenbaren. Auch war es unmöglich, in ihre Häuser zu dringen, in denen sie unbeweglich im Dunkeln einander gegenübersaßen, mit weit geöffneten Augen und ohne zu sprechen. Unter ihnen trieben tief unter der Oberfläche die scheußlichsten Sekten ihr Wesen, ganz im Verborgenen und in einer Finsternis, vor der unser Schritt zurückweicht. Niemand kannte den Hunger, es gab weder Arme noch Reiche, niemand war ohne Beschäftigung, doch drang auch nie das Lachen der Kinder an mein Ohr. Die Stadt umgab mich mit schweigenden Armen, die Augen ihres steinernen Gesichts waren leer. Nie vermochte ich das Dunkel aufzuhellen, das über ihr als eine dämmerhafte Menschenferne lag. Mein Leben war sinnlos, denn sie verwarf, was sie nicht benötigte, weil sie den Überfluß verachtete, unbeweglich auf ihrem Fels ruhend, umspült vom grünen Fluß, der in unendlicher Bewegung vorüberglitt und nur im Frühling manchmal anschwoll, um die Häuser zu bedecken, die tief unter der Stadt an seinen Ufern lagen.

Wir vermögen nur in die Spiegel der Qual zu blicken, wenn wir Vorkehrungen treffen, die unserer Natur Rechnung tragen. Wir brauchen immer wieder sichere Höhlen, in die wir uns zurückziehen können, und seien es auch nur jene des Schlafs; erst in den untersten Verliesen der Wirklichkeit werden uns auch die genommen. So war es vor allem mein Zimmer, dem ich vieles verdanke und in welchem ich immer wieder Zuflucht fand. Es lag jenseits des Flusses in der östlichen Vorstadt, die nicht zur Stadt gerechnet wurde. Es hatten sich dort Fremde angesiedelt, die jedoch keinen Verkehr untereinander pflegten, um der Verwaltung nicht aufzufallen. Viele von ihnen verschwanden im Verlauf der Jahre, ohne daß wir wußten, was mit ihnen geschehen war. Es gab zwar einige, die zu wissen meinten, daß sie von der Verwaltung im großen Gefängnis untergebracht worden seien, doch hörte ich nie Genaues über diese Gerüchte, wie auch niemand wußte, wo dieses Gefängnis gelegen sein konnte. Mein Zimmer befand sich im Dachstuhl eines

Mietshauses, das sich von den übrigen Häusern der Vorstadt nicht unterschied. Die Wände waren zur Hälfte abgeschrägt und hoch, nur durch zwei Nischen im Norden und Osten unterbrochen, in denen die Fenster waren. An der großen, abgeschrägten Westwand befand sich das Bett und beim Ofen eine Kochstelle, auch waren noch zwei Stühle und ein Tisch im Zimmer. An die Wände malte ich Bilder, die nicht sehr groß waren, doch bedeckten sie mit der Zeit die Mauern und die Decke vollständig. Auch der Kamin, der mitten durch mein Zimmer ging, war von oben bis unten mit Figuren bemalt. Ich stellte Szenen aus unsicheren Zeiten dar, besonders die großen Abenteuer der Menschheit. War kein Platz mehr da für neue Bilder, fing ich an, jedes Bild von neuem durchzuarbeiten und zu verbessern. Auch kam es vor, daß ich in einer Art blinder Wut ein Bild wegkratzte, um es noch einmal zu gestalten, die wahnwitzige Beschäftigung meiner öden Stunden. Auf dem Tisch befand sich Papier, denn ich schrieb viel, meistens sinnlose Pamphlete gegen die Stadt. Auch befand sich auf dem Tisch ein Leuchter aus Bronze (in einem Kehrichthaufen gefunden), in welchem eine Kerze brannte, denn auch am Tage war das Licht schwach. Das Haus aber, in welchem sich mein Zimmer befand, habe ich nie durchforscht. Wenn es auch von außen wie ein neuerer Bau aussah, so war es doch innen alt und zerfallen, mit Treppen, die sich im Dunkeln verliefen. Ich habe in ihm nie Menschen gesehen, obgleich viele Namen an die Türen geschrieben waren, unter ihnen auch der eines Sekretärs der Verwaltung. Nur einmal habe ich es unternommen, die Klinke einer Türe niederzudrücken, die unverschlossen war und in einen Gang führte, in welchem sich zu beiden Seiten Türen befanden. Es war mir, als vernehme ich ein von weitem dumpfes Sprechen, worauf ich wieder zurückwich und in mein Zimmer ging. Das Haus gehörte der Stadt, denn oft kamen Beamte der Verwaltung, doch verlangten sie nie Mietgeld, als wäre ihnen meine Armut selbstverständlich. Es waren Menschen mit einem leisen Benehmen, in seltsamen Fellmützen und hohen Stiefeln, und nie waren es die gleichen, die kamen. Sie sprachen von der Baufälligkeit des Hauses und daß die Stadt es abbrechen würde, wenn nicht die Wohnungsnot zu groß in den Vorstädten wäre. Auch kamen von Zeit zu Zeit Männer in dicken, weißen Mänteln, die Papierrollen unter dem Arm trugen und ohne ein Wort zu sprechen stundenlang mein Zimmer ausmaßen, worauf sie mit spitzen Federn in ihren Plänen kritzelten und Linien zogen, doch waren sie nie aufdringlich und fragten nie nach meiner Herkunft. Sie kamen jedoch nur in mein Zimmer und nicht in die anderen Räume des Hauses, denn vom Fenster konnte ich beobachten, daß sie von der Straße zu mir hinauf kamen und das Haus wieder verließen, wenn sie die Arbeit auf meinem Zimmer beendet hatten. Die größte Zeit des Tages aber verbrachte ich am östlichen Fenster, von dem ich auf die große Stadt sah, über die des Morgens die Bauern auf ihren Karren fuhren, um von den Höfen auf die Marktplätze zu gelangen. Sie saßen ohne Bewegung und in sich versunken auf den Fahrzeugen, deren gewaltige Räder Mann und Wagen weit überragten, so daß die wechselnden Schatten der Speichen auf die Leiber fielen. Manchmal trieben sie mit kurzen Worten die Kühe an, die vor die Karren gespannt waren. Auch zogen oft Kettensträflinge vorüber, von untersetzten Wärtern mit kleinen gelben Gesichtern begleitet, die riesenhafte Peitschen schwangen, doch blickte ich tagelang nicht aus meinem Fenster, wenn ich sie gesehen hatte. Am meisten aber schreckte mich ein zum Tode Verurteilter, der über die große Straße geführt wurde, um irgendwo zu sterben. Er war mit dem Rücken an einen Pfahl gebunden, der auf einem langen und schmalen Karren aus Holz befestigt war, dessen Räder aus nicht ganz runden Holzscheiben bestanden, so daß sich das Fahrzeug seltsam schwankend über die Straße bewegte. Vor ihm schritt der Scharfrichter in einem roten Mantel und einer gelben Maske. Er trug das Schwert wie ein Kreuz, und schweigend schritten in langen, schwarzen Reihen die Richter. Der Verurteilte war hager und sang mit lauter Stimme ein eintöniges Lied in einer fremden Sprache, das ich noch lange hörte, und welches mich mit großer Trauer erfüllte.

Erbaut, damit wir uns selbst am Grunde der Schrecken begegnen, lehrte sie mich, meine Grenze zu sehen, indem sie ihre Größe offenbarte. Ich erfuhr meine Ohnmacht durch ihre Macht und ihre Vollkommenheit durch meine Niederlage. Wir sind Menschen, nicht Götter. Wir erlangen zuerst durch Erfahrung Einblick und dann erst durch das Denken. Wir müssen gefoltert werden, damit wir erkennen, und nur dem Schrei unserer Qual wird eine Antwort zuteil. So mag es denn wohl in dieser Einsicht der Verwaltung gelegen haben, daß ich den Aufstand des Kohlenträgers straflos mitmachen konnte – wenn er überhaupt beachtet wurde –, mußte ich doch zuerst die Stadt in ihren letzten Schrecken erfahren, bevor ich in ihren Dienst treten, den Kampf beginnen, bevor ich ihn aufgeben konnte: Daß aber jeder Kampf gegen die Stadt hoffnungslos ist, erkannte ich erst, als die Rebellion an einem Irren scheiterte, an einem schwachsinnigen Menschen, den ich vorher schon oft mit der lächerlichen, steifen Fahne irgendeines Schützenvereins alter Zeiten hatte durch die Stadt stampfen sehen, ein blödes Lächeln in seinem fetten Gesicht unter dem verbeulten runden Hut. Ich hatte damals mein Zimmer in der Vorstadt verlassen, wie ich es oft in den weißen Mondnächten tat, und war in einen Vorort eingedrungen, den ich selten betreten hatte. Zwar waren es die gleichen eintönigen Reihen der Mietskasernen, denen entlang ich wanderte, doch starrten sie mehr als in den anderen Vorstädten von Schmutz und Unrat. Ich sah in den dreckigen Höfen Liebespaare, die sich ineinander flüchteten, eins das andere umklammernd. Dirnen, die sich für eine Kupfermünze verkauften, krochen wie Tiere herum, die Luft war erfüllt von ihrem krächzenden Geschrei. Ich schritt unter den erloschenen Reklamen der billigen Kinos hindurch, doch wurde die Vorstadt nun, wie ich weiter vordrang, öder. Ich gelangte zu den großen Plätzen, die in die Betonwürfel der Mietshäuser eingesprengt waren, Wüsteneien, auf denen sich der Schutt türmte und viele Stellen mit dichten Grasbüscheln bedeckt waren. Auf einem dieser Plätze, durch dessen Mitte zwischen ungeheuren Kehrichthaufen und zwischen verrosteten Karosserien alter Automobile, die wie grasende Tiere herumstanden, die Schienen einer Straßenbahn liefen, sah ich schon von weitem einen Mann langsam einen Tanz beginnen. Die schwerfällige Gestalt hob sich scharf von der weiten, wie mit vorzeitlichen Trümmern übersäten Fläche ab. Zuerst bewegten sich nur die kurzen, dicken Beine in unbeholfenen und spitzen Figuren, doch wurde der Tanz wilder, und als er die überlangen Arme breitete, die der Erscheinung etwas Gorillaartiges gaben, und als ein langer weißer Bart wie eine Glocke unter seinem Kinn schwang, erkannte ich, daß es der alte Kohlenträger war, sinnlos betrunken, der in der Nähe meines Zimmers wohnte. Ich sah dem Tanz des Alten zu und beobachtete seinen Schatten, der jede Regung des Leibes, der kurzen Beine und der langen Arme mitmachte und so die Bewegung im Raume auf der Fläche ergänzte. Ich bewegte mich unwillkürlich auf den Betrunkenen zu, auch bemerkte ich, daß von allen Seiten Menschen auf den Tanzenden zustrebten. Es waren Männer und Weiber, die in unordentlichen Kleidern kamen, ausgemergelte Gestalten, nach Fusel stinkend und wie aus einem bleiernen Schlaf geschreckt. Einige bemühten sich, den Tanz des Alten zu wiederholen, doch war kein Laut hörbar, obschon die Menschen so zahlreich wurden, daß sie nach und nach den Platz füllten, sich auf den Schutthaufen stauten und auf den Dächern der alten Automobile wie gespenstische Riesenvögel saßen. Auch sah ich nun das Gesicht des gewaltigen Alten deutlich, der nun, wie er seinen Tanz beendet hatte, sich kaum mehr auf den Beinen halten konnte: Es war starr und die blutunterlaufenen Augen gläsern. Schon wollte ich mich abwenden, um weiterzugehen, als die Menschen sich gegeneinanderschoben, so daß die zerlumpte Masse dicht zusammengedrängt wurde, um sich dann vorwärts zu bewegen. Ich befand mich nicht weit hinter dem Kohlenträger, der die Menge anzuführen schien, doch konnte ich nicht sehen, wohin wir schritten. Ich sah mich dicht von den gespensterhaften Gesichtern der Männer und Weiber umgeben, hineingetaucht in den Branntweinatem ihrer Münder, doch gelang es mir, wenn auch mit großer Mühe, mich aus dem Gedränge zu befreien, worauf ich neben dem Alten an der Spitze des Zuges zu schreiten kam, widerwillig und ohne Möglichkeit umzukehren. Noch immer war mir der Stadtteil fremd, doch sah ich an der Veränderung der Gebäude, daß wir gegen die Stadt vorrückten. Die Häuser schoben sich näher zusammen und begrenzten die Straße lückenlos, auch wurden sie niedriger und die Dächer breiteten sich weit über die endlosen Reihen der Schreitenden, die sich wie in Schluchten bewegten. Die Menge zog ohne Laut durch Plätze und Gassen hinter dem Alten her, der hin und her torkelte, sich bald an mich klammerte, bald in jene zurückfiel, die in dichten Reihen hinter ihm herkamen und den Betrunkenen immer wieder nach vorne schoben, der nun mit einem Male zu lachen begann, laut und höhnisch. Es war ein meckerndes und trotziges Gelächter, in welches wir einstimmten, wie befreit, als wiche mit diesem Lachen die Furcht von uns, die wir der

Stadt gegenüber hegten. Die Bewegung der Masse beschleunigte sich. Wie stürzten mit Johlen und schrillen Schreien, mit Flüchen und Hohnworten dahin, doch zeigte sich in diesem Augenblick still und schweigend die Stadt, und so furchtbar war der Anblick und von einer solchen Majestät, daß wir verstummten. Die Stadt lag jenseits des Flusses, den eine lange und schmale Hängebrücke überspannte. Sie lag weiß im Mondlicht als ein ungeheurer Gletscher, den blaue Schatten zerschnitten, geduckt auf dem zweizackigen Fels lastend: Den Fluß aber sahen wir nicht, da ihn ein milchiger Nebel bedeckte, so daß die Stadt wie auf Wolken zu schweben schien. Wir waren erstarrt und klammerten die Hände ineinander, doch der Alte begann über die Brücke zu gehen, worauf wir ihm folgten, von einer wilden Lust erfaßt, alles zu wagen. Die Brücke war so schmal, daß sich viele an das Geländer klammerten, um an ihm hinüberzuklettern, auch gab es solche, die in die Seile der Hängebrücke stiegen und den Übergang versuchten, weil sich alles fürchterlich staute, so daß die Menschen wie Trauben hingen, doch hatte niemand Furcht, obschon die Brücke heftig hin und her schwankte. Auch bog sie sich unter dem ungewohnten Gewicht nahe dem Flusse zu, seinen nächtlichen Wellen entgegen, eingedrückt von der Last des elenden Haufens, der über sie stürmte, worauf wir für Augenblicke im Nebel versanken und im Leeren zu schweben schienen, weil nun die Stadt nicht mehr zu sehen war. Endlich jedoch, wie wir dem Flusse so nahe gekommen waren, daß unsere Füße im Wasser standen und viele von den Wellen fortgerissen wurden, jämmerlich schreiend, hob sich, erleichtert, die Brücke in wildem Schwanken steil in die Höhe, und senkrecht über uns sahen wir die Stadt wieder, nun nahe, die uns mit Mauern und Türmen entgegendrohte, als wolle sie sich auf uns hinabstürzen, so daß wir uns unwillkürlich duckten. Doch wie wir nun immer mehr den Fels erkletterten, auf dem sie gebaut war, beruhigte sich die Brücke, ihr Schwanken verebbte, und ungehindert konnte sie nun der Rest des Haufens verlassen. Wir rückten gegen die Stadt vor und begannen durch ein halb zerfallenes Mauertor einzudringen, erst vorsichtig, dann entschlossener, obgleich es uns eigentlich noch nicht klar war, was wir wollten, wie denn dieser nächtliche Zug einer erbärmlichen, von Schmutz starrenden, zerlumpten und betrunkenen Menschenmasse planlos begonnen hatte und zuerst weniger einem Aufruhr glich als vielmehr dem hilflosen Ausdruck einer dumpfen Verzweiflung. Jetzt aber, da wir uns durch eine Gasse zwängten, die ins Innere der Stadt führte, wurden wir uns unserer Handlung bewußt, und immer mehr kam der Wille zur offenen Rebellion hoch. Die Häuser waren verwittert wie uralte Bäume und umgaben uns mit leeren Fenstern. Der Platz war aufgeworfen, auf dem wir uns zusammenrotteten, und in den tiefen Gräben lagen Röhren und Kabel frei, auch fiel der mächtige Schatten eines Turmes auf uns, hinter dem sich der Mond verbarg. Wir drangen in dichtem Keil aufs neue in eine Gasse. Seit wir die Stadt erreicht hatten, war kein Laut mehr gefallen. Unhörbar rückten wir über die Pflastersteine vor, und bald sahen wir im vollen Lichte des Monds die Kathedrale von weitem über den Dächern, so daß wir uns nach ihr richten konnten. Nachdem wir von einem niedrigen Torbogen aufgenommen worden waren, ergossen wir uns so plötzlich in die Hauptstraße, die halb im Lichte des Mondes lag, der überaus grell hinter den Giebeln hervortrat, daß wir erschraken, doch faßten wir uns von neuem. Wir verfolgten zusammengedrängt die Straße aufwärts, während in unseren Blicken die wilde Begeisterung der Rebellen glomm. Der Strom der Menschen wälzte sich unaufhaltsam durch die Gasse, bald im Schatten der Häuser, die mit Giebeln und Lauben die Schreitenden gefangennahm, und bald im Silber der Nacht, welches wie Schnee über alles gebreitet war. Wir erreichten den Platz, der in der Mitte der Stadt an ihrem höchsten Punkte lag, wo sich der Fels spaltete und in einer senkrechten Schlucht steil nach unten fiel, in deren Tiefe, nur selten sichtbar, ein Nebenarm des Flusses schäumte. Wir waren entschlossen, unser Eindringen auszunutzen und die Verwaltung zu stürmen und auch vor einem Blutbad nicht zurückzuschrecken. Die Männer rissen Messer aus den Kleidern, einige Flinten und Beile wurden sichtbar. Wir schritten zusammengeballt über den Platz auf die Steinbrücke zu, die sich über den Abgrund spannte, auf deren Mitte, auf der Höhe ihres Bogens, wie wir nun mit einem Mal bemerkten, der Irre mit seinem runden Hut und seiner Fahne stand. Wir standen still und verharrten regungslos, eine zusammengeballte Menge, halb in das Licht eines gläsernen Vollmonds getaucht. Es war nicht der Anblick des Irren, der uns lähmte. Es war die Erkenntnis, die uns mit Grauen erfüllte, daß die Stadt uns so sehr verachtete, und daß sie ihres Sieges so sicher war, daß sie uns nichts anderes entgegensetzte als einen hilflosen Verrückten. Geduckt starrten wir nach der lächerlichen Gestalt. Die Fahne ragte regungslos entbreitet in die Nacht, und die Zeichen auf ihr waren im grellen Mond deutlich zu sehen. Wir erkannten, daß wir handeln mußten, und wußten, daß wir ohnmächtig waren. Da schritt der alte Kohlenträger, noch immer betrunken, auf den Irren zu. Der Alte ging langsam über die steinerne Brücke, sein riesenhafter Leib leuchtete wie Aussatz durch die Löcher seines zerfransten Kleides und sein langer, weißer Bart berührte in wilden Strähnen den gleißenden Boden; wie gewaltige Klöppel schwangen die dicken Arme; die mächtigen Schultern waren nach vorne geneigt: lauernd bewegte er sich gegen den Irren, der unbeweglich und blöde lächelnd mit seiner Fahne in der Mitte der Steinbrücke stand. Wie nun der Kohlenträger den Irren erreichte, wagten wir nicht mehr zu atmen. Der Verrückte blieb immer noch bewegungslos. Der Alte ergriff die Fahnenstange, die der Irre hilflos und treuherzig fahren ließ, auch vom Vorgehen des Kohlenträgers überrascht, wie wir deutlich sehen konnten, der nun die Fahne in hohem, lautlosem Bogen über das steinerne Geländer in den Abgrund warf, so daß es schien, sie entschwebe. Dies löste unsere Erstarrung, unsere Augen flammten von neuem auf, eine wilde Freude über die Niederlage des Irren stieg in uns auf. Schon wollte der Kohlenträger in einen Triumphtanz ausbrechen (die affenartigen Arme hatte er schon erhoben), schon wollten wir über die Brücke stürzen, entschlossen, den Irren niederzustampfen, schon umklammerten unsere Hände die Griffe der Messer und Beile, schon öffneten sich unsere Münder, in wilde Flüche auszubrechen, als der Irre, der nun begriffen hatte, daß seine Fahne verloren war, zu schreien begann. Es war ein ungeheurer Schrei, der ohne Ende und ohne Unterbrechung war und aus der weiten offenen Höhle seines Mundes kam. Der Schrei umklammerte alles, und die Stadt schien in ihm mitzuschreien, einsgeworden mit diesem Schrei, der die Sprache jener Dinge war, die uns stumm umgeben und uns schweigend vernichten. Wir wichen entsetzt zurück, um so mehr, da der Schrei nicht schwächer wurde, sondern in gleichbleibendem schrillem Strome aus diesem offenen Munde wie aus einer Wunde quoll, so grauenhaft, daß wir den Zusammenlauf der Wärter jeden Augenblick erwarteten. Doch blieb die Stadt tot und leer, wie unbewohnt, und nur der Schrei war da, dieser unbegreifliche, gleichbleibende Schrei, vor dem die geduckte, zerlumpte Masse immer mehr zurückwich, nüchtern und bleich, um dann, wie der Schrei nicht abnahm, von einer Panik ergriffen mit einem Mal davonzurennen, aufheulend in gigantischer Angst, Weiber und Greise zertrampelnd. Ich stand allein auf dem Platz, der mit Toten übersät war. Vor dem schreienden Irren stand immer noch der riesige Kohlenträger auf der Brücke und versuchte fieberhaft, den Schrei zu unterdrücken. Er preßte ihm die Hände auf den Mund, doch unvermindert quoll ihm der Schrei zwischen den Fingern hindurch, und als der Alte verzweifelt seine Faust in den heulenden Schlund des Irren stieß, war der Schrei immer noch da, unvermindert, doch nun losgelöst vom Verrückten, überall, im Geländer der Brücke, in den Giebeln der Häuser, in den Chimären der Kathedrale, in der gleißenden Kugel des Monds, und dennoch war es der Schrei des Irren und kein anderer. Da ergriff der Kohlenträger den Irren, und wie sich die Leiber wild aufbäumten, und wie der Schrei immer noch zu hören war, rollten sie, eingewickelt in den weißen Bart des Alten, über das Steingeländer auf mich zu, doch erreichten sie mich nicht, sondern fielen seitwärts in die abenteuerliche Tiefe des Abgrunds, aus welchem immer noch der Schrei hallte.

Das Haus, in welchem ich mich melden konnte, wenn ich in den Dienst der Stadt treten wollte, befand sich nicht weit von meinem Zimmer in einer Gegend, die unübersichtlich war, obgleich sie äußerst regelmäßig geplant worden sein mußte. Doch hatte der Umstand die Übersicht wieder zerstört, daß man sie mit kleinen Beamtenhäuschen bebaute. Es mußten untergeordnete Angehörige der Verwaltung dort wohnen, die sich nicht in der Stadt selbst ansiedeln durften. Es waren niedere, rote Backsteinbauten, die alle einander gleichsahen und auch die gleichen, kleinen Gärten besaßen. Das Haus stand an einer der schnurgeraden Straßen, an einer Omnibushaltestelle, wie ich mich genau erinnere. Es war ebenfalls ein Beamtenhäuschen mit den üblichen zwei Birken an der Gartentüre, auch hier unterschied es sich nicht von den andern, deren kleinbürgerlichen Charakter es mit ihnen teilte. Seltsam kam es mir nur vor, daß mir ein Mädchen auf mein Klingeln hier die Haustüre öffnete. Es mochte nicht fünfzehn Jahre zählen und war von einer Frische, die den unangenehmen Eindruck des Flurs milderte, durch den es mich führte, der vom Boden bis zur Hälfte der Wand rotbraun und dann mit einem bläulichen Weiß angestrichen war. Vor einer Türe preßte es mich an seinen Leib und flüsterte Worte von einer erschreckenden Bedrohlichkeit in mein Ohr. Dann ließ es von mir und öffnete die Türe (auch die war von rotbrauner Farbe), so daß ich zurücktaumelte, weil das hereinbrechende Licht mich blendete, worauf ich nur allmählich ein mittelgroßes Zimmer wahrnahm, in das ich geführt wurde. In ihm waren geschmacklose Möbel, wie wir solche oft bei Menschen bemerken, die rasch zu einem großen Reichtum gelangt sind. Besonders war der starke und süßliche Duft widerlich, der über allem schwebte, doch wurde mein Blick nach der Mitte des Zimmers gezogen, in der sich die Gegenstände, diese kitschigen Kommoden und überladenen Buffets zu einer unförmigen Masse verdichteten. Es waren drei alte Weiber, die auf dünnen, verbogenen Rohrsesseln um ein rundes Tischchen saßen, auf dem sie Karten spielten und Tee aus chinesischen Tassen tranken, und noch jetzt werde ich von einem heftigen Ekel ergriffen, wenn ich mir diese Wesen vor Augen halte, als wäre ich gezwungen, an abenteuerliche Exkremente irgendwelcher Riesensaurier der Vorzeit zu denken. Ihre Lippen waren mit blauer Farbe geschminkt, aber es waren vor allem die hängenden Wangen, die meinen Abscheu erregten, die fettig glänzten. Sie preßten die Köpfe eng aneinander, wodurch das Unförmige ihrer Erscheinung hervorgehoben wurde, welches noch durch die leichten Sommerkleider gesteigert wurde, die schlampig und von einem grellen Rot waren. Sie begrüßten mich mit einem formlosen Redeschwall, ohne von den Karten zu lassen und ohne aufzuhören, riesige Torten- und Kuchenstücke mit klebrigen Fingern in ihre Mäuler zu schieben. Indem ich ihren schmutzigen Worten aufmerksam und mißtrauisch folgte, wurde mir die Arbeit deutlich, die sie mir anboten. Ich vernahm, daß ich mich im Gefängnis der Stadt befand, dem die drei alten Weiber als Vertreter der Verwaltung zugeteilt waren, und daß ich hier meinen Dienst als Wärter beginnen konnte. Sie wiesen auf das Wesen der Bewachung hin, die sich im geheimen abzuspielen habe, so daß dieser Umstand es notwendig mache, den

Wärter nicht von den Gefangenen zu unterscheiden; der Dienst sei schwer, doch freiwillig, und ich sei jederzeit in der Lage, auf mein Zimmer in der Stadt zurückzukehren. Das Angebot war günstig und ich nahm an. Sie ließen mir vom Mädchen die Kleider geben, die den Wärtern zukommen, doch schlugen sie meine Bitte ab, mich anderswo umkleiden zu dürfen, worauf ich mich der Anordnung unterziehen mußte, und mich vor ihnen entkleidete. Es waren seltsame Kleider, die mir das Mädchen überreichte, auf die in allen Farben fremdartige Zeichen und Figuren gestickt waren, doch konnte ich mich in ihnen frei und ungehindert bewegen. Dann ließen die drei Alten plötzlich von mir ab. Sie schienen mich nicht mehr zu beachten und hatten sich wieder völlig dem Spiel, den Kuchen und ihrem Tee zugewandt, als mich das Mädchen aus dem Zimmer führte.

Es war eine andere Türe, durch die wir den Raum verlassen haben mußten, denn ich befand mich nicht im Flur wie kurz zuvor, als ich das Haus betrat, sondern vor einer Treppe, die steil hinabführte. Obschon ich überrascht war, unterließ ich es nicht, das Mädchen nach meinem Zimmer zu fragen, doch antwortete es nicht, worauf ich ihm nach unten folgte. Nach kurzem Abstieg gelangten wir in einen kleinen viereckigen Raum, der an einer Seite durch eine Flügeltüre begrenzt war, die aus Glas bestand, und in welchem sich ein hoher und schmaler Tisch mit halbverwelkten Geranien befand. Doch hielten wir uns nicht in diesem sinnlosen Raume auf, weil das Mädchen die Flügeltüre öffnete, die unverschlossen gewesen war. Es bot sich mir ein langer Korridor dar, der sehr schmal zu sein schien, doch täuschte dieser Eindruck, denn als ich mit dem Mädchen durch die blaue Dämmerung schritt, die ihn erfüllte, erwies er sich als sehr breit. Es führte mich zu einer schmalen Nische, in der sich eine Pritsche befand, wie ich tastend bemerkte, auf der ich Platz nahm. Ich sah dem Mädchen nach, das trällernd durch die Flügeltüre verschwand, wobei ich bemerkte, daß es die Türe unverschlossen gelassen hatte, da diese noch eine Zeitlang hin und her schwankte. Von der Pritsche aus konnte ich den Korridor übersehen, den ich um so besser betrachten konnte, als mich in der Nische eine undurchdringliche Finsternis umgab. Links von mir sah ich die Glastüre nur zur Hälfte, da ich den Kopf nicht aus der Nische zu strecken wagte. Sie war eine große

Scheibe grünlicher Farbe, die durch das blaue Licht hervorgerufen wurde, welches von allen Seiten niederstrahlte. Am meisten beschäftigten mich die scheußlichen Figuren an den Wänden und der Decke, die nicht deutlich zu erkennen waren. Auch wurde ich auf eine Nische aufmerksam, die sich mir gegenüber in der anderen Wand des Korridors befand. Sie war von der gleichen hohen Form wie die meine und mündete ebenso in einen schmalen Bogen, von der selben Finsternis erfüllt, so daß die Nische als ein Fenster erschien, welches den Blick ins Leere gewährte. Dies nahm dem Raum die Schwere, die sonst Gebieten unter der Erde wesentlich ist. Auch entdeckte ich nach längerer Übung zwischen ihr und der Glastüre eine andere Nische von gleicher Gestalt, und in entgegengesetzter Richtung unterschied ich fünf weitere mit Sicherheit. Tiefer vermochte mein Auge nicht zu dringen, denn die Formen verwischten sich, auch nahm dort das blaue Licht das Wesen eines dichten Nebels an. Indem ich den Gang aufmerksam beobachtete, wurde ich darüber in Unruhe versetzt, daß niemand kam, mich in meine Aufgabe einzuführen (die doch schwer sein sollte), doch wagte ich nur allmählich, meine Lage zu überdenken. Daher kam der Gedanke als eine Erlösung, meine Nische sei das Versteck des Wärters, so daß es überflüssig sei, mich in etwas einführen zu lassen, welches sich von selbst so mächtig aufdränge. Es wurde mir klar, daß der Gang zu den Zellen der Gefangenen führen mußte, und daß nur seine außergewöhnliche Anlage mich verführt hatte, am Sinn des Ganzen zu zweifeln. Ich erkannte mit nicht geringem Stolz, daß mir die Verwaltung den entscheidenden Posten beim Ausgang zugewiesen hatte, eine Schlüsselstellung, in welcher sie nur einen ganzen Mann brauchen konnte, war doch die Glastüre offengelassen worden, ein Zeichen des unbegrenzten Vertrauens, welches meinen Fähigkeiten entgegengebracht wurde. Doch machte ich gleich darauf eine Entdeckung. Ich spürte, daß ich beobachtet wurde. Es war nicht so, daß ich ein Geräusch vernommen oder jemanden gesehen hätte, es war das unmittelbare Wissen der Wahrheit, welches keiner Mittel und keiner Beweise bedarf. Es wurde mir bewußt, daß in der Nische vor mir ein Mensch saß, der mich mit weit aufgerissenen Augen regungslos anstarrte. Es war mir unmöglich, die Nacht zu durchdringen, die mich umgab, doch war es gewiß, daß er dorthin starrte, wo er meinen Aufenthalt vermutete, denn er mußte von meinem Dasein wissen, da er mich ja hatte kommen sehen. Ich blickte nach dem Spalt vor mir, der leer war und dunkel, in welchem er auf einer Pritsche sitzen mußte wie ich, in der gleichen angespannten Stellung, mit dem gleichen angehaltenen Atem. Ich fühlte ihn mit den Augen und tastete in Gedanken sein bleiches, unsichtbares Antlitz ab mit den zusammengepreßten Lippen, den Rillen der Haut und den Höhlen, in denen die Angst nistete (da er nicht wußte, daß ich ohne Waffe war). Ich erkannte, ohne zu sehen, daß in allen Nischen Menschen saßen, umhüllt vom Schweigen der blauen Nacht dieser Grotte, Gefangene, Verbrecher, Rebellen (vielleicht war auch der Kohlenträger einer von ihnen), die gebannt nach meiner Nische starrten, von der sie wußten, daß sich dort ihr Wärter befand, den sie fürchteten, und diese Furcht erfüllte alles wie ein lähmendes Gift. Es erfaßte mich eine wilde Freude, die einem jähen Gefühl unermeßlicher Macht entsprang, die mich zum Gott der Kreaturen machte, die vor mir in ihren Nischen zitterten. Mich überkam die Lust, durch den Korridor zu schreiten, damit alle mich sähen, und ewig so zu schreiten, auf und ab, ohne Pause, mit gleichmäßigen Schritten, an jenen vorbei, die in ihren Nischen kauerten, wie gefangene Tiere, eingesperrt in ihre Käfige, die Hände in die Strohmatratzen der erbärmlichen Pritschen verkrallt, auf denen sie saßen. O, ich wollte sie zähmen! Daß ich dies nicht tat, daß ich nicht aufsprang und auf und ab ging, pausenlos, sondern in meiner Nische blieb, war die Schuld eines Gedankens, der unabsichtlich in mir aufgetaucht war und immer lästiger wurde, je weniger ich ihm glaubte, denn es war mir von allem Anfang an klar, daß mich nur eine ebenso unsinnige wie unbegründete Idee quälte: Ich erinnerte mich, daß ich von den Gefangenen nicht unterschieden werden konnte, weil unsere Kleider gleich waren (nach den Worten der drei Alten); doch nicht dies beunruhigte mich, sondern der Verdacht, der nun in mir aufstieg, daß ich ein Gefangener wie alle andern sei, ein Gedanke, der, so absurd er auch war, mir immer wieder kam und dem Mißtrauen entstammen mußte, welches mir die drei Weiber durch ihr schreckliches Aussehen natürlicherweise eingeflößt hatten: Ein um so unverzeihlicherer Verdacht, da in ihm der primitive Denkfehler enthalten war, der aus mangelhaften Gliedern auf Mängel des Ganzen schließt: Als läge der Sinn der Verwaltung darin, vollkommene Beamte zu besitzen. Wohl mochte es sein, daß ich wie jene gekleidet war, die sich mit mir in diesem Gang befanden (die Alten konnten ja auch in ihrem Übermut, vom Tee und den Kuchen in gute Stimmung versetzt, nur einen Spaß gemacht haben), doch nur um fähig zu sein, meine Macht im Unsichtbaren und so ungeschmälert auszuüben, wie es die Alten angedeutet hatten. Die Gefangenen wußten, daß sich unter ihnen ein Wärter aufhielt, doch kannten sie ihn nicht, denn wer auch zu ihnen gebracht wurde, hatte das gleiche Kleid wie sie. Mein Irrtum war nur gewesen, anzunehmen, die Gefangenen wüßten, daß ich der Wärter sei, den sie fürchteten, da sie doch in mir nur einen möglichen Wärter sehen konnten und nicht mehr, was wiederum ihre Lage verschlimmerte. Ich war froh, mich nun nicht durch Aufstehen und Herumgehen als einziger Wärter unter so vielen Gefangenen verraten und mich der Chance beraubt zu haben, im Falle des Ausbruchsversuchs irgendeines Verbrechers oder Rebellen (zum Beispiel des Kohlenträgers) unverhofft, und dies unmittelbar vor dem Ausgang, eingreifen zu können. Zwar war es möglich, daß es noch andere Wärter gab, und es waren Gründe vorhanden, solches anzunehmen. Aber diese stellten Vermutungen dar, Hypothesen, die nicht zu beweisen waren, und es mußte in einem höchsten Sinn töricht sein, über diese Probleme nachzudenken, denn die Tatsache, daß ich ein Wärter war, blieb eine Wahrheit, die nicht in Frage gestellt werden konnte. Wohl mochte meine Stellung unter den Wärtern nicht eine so hervorragende sein, wie ich zuerst angenommen hatte, sie konnte geradezu von einem untergeordneten Rang sein – ich war ja auch erst eingetreten –, aber dennoch war sie eine überaus wichtige, da in einer absoluten Ordnung alles bedeutend ist, so daß ich unerschrocken in die blaue Dämmerung schaute, die im Unendlichen versank. Manchmal kam es mir vor, als wären schwere Atemzüge vernehmbar, dann aber, wie ich hinhorchte, blieb alles still. Ich erschrak jedoch heftig, als ich ein leises Geräusch hörte, welches von der inneren Wand meiner Nische stammte, von wo ich keine Gefahr befürchtet hatte. Als ich mich vorsichtig wandte, stieß ich an einen Teller, der Fleisch enthielt und auf irgendeine Weise in meine Nische gebracht worden war. Ich aß vorsichtig und lautlos, doch fiel ich darauf ermüdet in einen Halbschlaf, um dann hellwach zu werden, von einer jähen, unerklärlichen Angst befallen, die ihren Grund nur in der Ungewißheit meiner Stellung und Aufgabe in diesem Gefängnisraum haben konnte und mich immer wieder überfallen mußte, wenn es mir nicht gelang, Klarheit zu schaffen. Da die Verwaltung mir nicht entgegenkam – wie sollte sie, mit der Organisation der Stadt beschäftigt, auch Zeit dazu finden! –, mußte ich mir selber helfen. Ich hoffte, von sicheren Anhaltspunkten aus allein durch mein Denken völlige Gewißheit über meine Lage erlangen zu können. Es fiel mir auf, daß ich nur die eine Seite des Ganges übersehen konnte. Ich begann zu überlegen, ob sich auch in meiner Wand Nischen befänden. Auch stellte sich die Frage nach der Anordnung jener Nischen, in der sich die Wärter befanden – falls ich mehrere Wärter annehmen mußte –, doch war es am besten, zuerst die allgemeine Anordnung aller Nischen zu finden. Die mir gegenüberliegende Wand gab Aufschlüsse von größter Wichtigkeit. Die Nischen waren dort in immer gleichen Abständen voneinander entfernt, und der Umstand, daß ich mich gegenüber einer Nische aufhielt, ließ darauf schließen, daß auch jene meiner Wand sich so verhalten mußten. Ich dachte mir deshalb die Nischen symmetrisch angeordnet, indem der unterirdische Gang die Achse darstellte. Dieser Schluß schien gewagt, doch ging es mir noch nicht um den Grundriß der gesamten Anlage – den zu entwerfen in diesem frühen Zeitpunkt eine haltlose Spekulation gewesen wäre –, sondern nur um die Beschaffenheit des Teils, der mir vor Augen lag; ich mußte darauf achten, in meinen Untersuchungen lückenlos vorzugehen. Zwar konnte ich mir nicht verhehlen, daß ich notgedrungen von gewissen Punkten ausgehen mußte, die nicht zu beweisen waren. So hinderte mich etwa nichts, die Nischen für unbewohnt zu halten, hatte ich ja ein Gegenüber oder irgendeinen anderen Menschen nie gesehen. Daß ich dies dennoch nicht tat, lag in einer Wahrheit, die ich fühlte: Ich wußte einfach, daß in allen Nischen Menschen kauerten. Wenn ich mir nun die Anordnung der Nischen symmetrisch dachte (mit dem Gang als Achse), so war damit die Wahrheit noch nicht ausgemacht, doch wiesen bestimmte Momente darauf hin, daß meine Folgerung wahrscheinlich war. Vor allem mußte es auffällig sein, daß zwischen der Nische, die mir gegenüber lag, und der Glastüre in der andern Wand des Ganges noch eine Nische war. Dieser kam sowohl für die Anordnung der Nischen als auch für die Verteilung der Wärter eine entscheidende Bedeutung zu. Es lag auf der Hand, daß von ihr aus der Ausgang schneller zu erreichen war, als dies von der meinen möglich sein konnte. In ihr nahm jemand mir gegenüber eine bessere Stellung ein als die Bewohner der anderen Nischen, die an mir vorbei mußten, wenn sie den Ausgang erreichen wollten. Es schien sich hier eine leise Benachteiligung meiner Stellung abzuzeichnen, die mich mißtrauisch machte, weil die Anlage der Nische so vollkommen war, daß ich darin eine bestimmte Absicht vermuten mußte. Diese Überlegung brachte mich auf den Verdacht, es könnte sich in dieser Nische ein Wärter aufhalten, was insofern nicht ohne Schwierigkeit war, als dieser Wärter – vom Plan des Ganzen aus gesehen – überflüssig gewesen wäre, wenn sich meine Nische der Glastüre am nächsten befunden hätte. Wenn ich dort einen Wärter annehmen mußte, wurde meine Stellung fragwürdig und erschien in einem gewissen Sinne unnötig. Dies wollte ich jedoch nicht annehmen, weil dies nicht nur den Worten der drei Alten widersprochen (die allerdings nicht recht vertrauenswürdig waren), sondern auch die Frage wieder aufgeworfen hätte, ob ich nicht selbst ein Gefangener sei und meine Stellung als Wärter nur eine Fiktion, mit der mich die Verwaltung täuschte. In diese Schwierigkeiten verstrickt, wurde mir mit einem Male die Anlage der vier Nischen zunächst der Glastüre verständlich: In der gegenüberliegenden Wand befand sich der Wärter in der Nische nächst der Türe, und ihm gegenüber, auf meiner Seite des Ganges und daher unsichtbar, mußte eine Nische sein, in der sich ein Gefangener aufhielt. Auf meiner Seite der Anlage war der Ort des Wärters durch meine Person gegeben, und mir gegenüber ein Gefangener (der mich unbeweglich belauerte), so daß in diesen vier Nischen Wärter und Gefangene sich zwar gegenübersaßen, aber so, daß sich auf jeder Seite der Wand je ein Wärter und ein Gefangener in ihren Nischen aufhielten. Natürlich war es auch möglich, daß sich in der mir unsichtbaren, nur gedachten Nische nächst dem Ausgang ein Wärter und nicht ein Gefangener befand und der Gefangene umgekehrt in der sichtbaren Nische kauerte, wie sich überhaupt verschiedene Kombinationen ergaben, die alle gleich zwingend waren. Auch kam ich immer wieder – wenn auch gegen meinen Willen – auf den Punkt zurück, der diese kühnen Systeme, mit denen ich die Wahrheit zu ergründen suchte, von der Frage abhängig machte, ob ich ein Wärter oder ein Gefangener sei. Ich hätte zwar ohne weiteres zur Glastüre (sie schien ja unverschlossen) und hinauf zu den drei Alten bei ihren Karten und Kuchen gehen können, doch war es natürlich so, daß sich ein solches Vorgehen, kaum hatte ich die Stellung eines Wärters erhalten – und es war schließlich eine nicht unbedeutende Vertrauensstellung –, nun wirklich nicht gut schickte. Die Frage, auf die es mir ankam, war ja auch mehr logischen Überlegungen entsprungen und damit überspitzt, sie bestand mehr der theoretischen Möglichkeit nach als der Wirklichkeit. Es war daher besser, den Versuch zu wagen, unbemerkt zur Türe zu gelangen. (Sie konnte ja vielleicht jetzt verschlossen sein.) Erwies sie sich als unverschlossen – und es bestand kein Grund, das Gegenteil anzunehmen –, konnte ich immer noch zu den fürchterlichen drei alten Weibern hinaufsteigen als der einzigen Instanz der Verwaltung, die in Frage kam – andere Beamte hatte ich ja nie kennengelernt, weder hier noch je zuvor. Mein Gewand gab mir Hoffnung, das Unternehmen durchführen zu können. Ich erinnerte mich, daß mein Kleid Zeichnungen aufwies, die den Figuren an den Wänden des Ganges glichen. So war die Möglichkeit gegeben, mich unbemerkt gegen den Ausgang zu bewegen, indem ich mich nahe der Wand hielt. Ich wußte zwar, daß meinem Bestreben jene Nische ein unüberwindliches Hindernis entgegenstellen konnte, die ich zwischen mir und der Glastüre annahm, doch war es gerade ein leiser Zweifel an der Richtigkeit meiner Berechnung, der mich bestimmte, dieses Wagnis zu unternehmen. Ich begann mich mit Bewegungen aus der Nische zu schieben, die unendlich langsam waren und Stunden in Anspruch nahmen. Dann stand ich im Gang, indem ich mit ausgebreiteten Armen und gespreizten Fingern mit dem Rücken an die Mauer lehnte. Doch überraschte mich eine Eigenschaft der Wand, die ich nicht vermutet hatte. Die Wand verlief nicht gerade, wie ich angenommen hatte, sondern bog sich zu eigenartigen Kurven und Wölbungen, die meinen Weg verlängerten. Auch bestand sie aus einem Material, das ich zuerst nicht erkannte, es erwies sich aber als eine Art körniges Glas. Die Figuren auf der Wand waren grauenvolle Dämonen und abstrakte Ornamente in willkürlicher Reihenfolge, so daß ich mich wie in einem Dickicht bewegte, doch war ich sicher, daß ich nicht gesehen werden konnte, denn es kostete mich Mühe, meinen Leib zu verfolgen, so sehr war er durch das Kleid mit der Mauer verbunden. Auch mein Gesicht und meine Hände mußten unsichtbar sein, denn überall befanden sich große helle Flecken und durch das konfuse Licht wurde jeder Körper in eine Fläche verwandelt, weil der Schatten fehlte. Ich bewegte mich langsam gegen die Glastüre und mußte mich ungefähr halbwegs zwischen meinem Ausgangspunkt und der Stelle befinden, wo ich die nächste Nische vermutete, als ich mit der linken gespreizten Hand, die ich weit von mir mit der Fläche nach innen eng an die Mauer gepreßt hielt, an einen Gegenstand stieß. Diese Berührung war fast unmerklich, ich glaubte aber eine leise Erschütterung des Gegenstandes gefühlt zu haben, der sich darauf ruhig verhielt. Doch war es mir vorgekommen, als hätte er gegen die Spitzen meiner Finger einen leisen Druck ausgeübt. Ich wandte den Blick gegen die Glastüre, die ich nicht sehen konnte, weil ich mich nahe der Tiefe einer großen Einbuchtung befand. Auch waren in ihr Götzen mit Tierköpfen abgebildet, die mich mit grünen Augen anglotzten. Ich vermochte im Gewirr der Formen kaum meine Hand zu unterscheiden, die mir als ein unwirkliches Gebilde vorkam, wie ich sie erblickte, so sehr war das Bewußtsein verschwunden, daß sie mir zugehörte, und es war, als hätte ich jede Macht über sie verloren. Ich schaute angestrengt nach ihr, indem ich das Gesicht an die Wand preßte, um zu erkennen, was ich berührt hatte. Die Stelle der Mauer, auf der meine Hand lag, war dicht mit Linien überzogen, auch befand sich nicht weit von ihr ein Scheusal mit unzähligen Armen, so daß es unmöglich schien, einen Gegenstand von der Wand zu unterscheiden, der sich an ihr befunden haben könnte. Es ergriff mich daher ein jähes Entsetzen, als ich eine fremde Hand erblickte, die an die meine grenzte. Sie konnte nur einem Menschen angehören, der nicht weit von mir an der Mauer stehen mußte. Es war eine kleine und fleischige Männerhand mit zarten Fingern und überaus weißer Farbe, an denen die Nägel lang und schmal waren und über meine Nägel herausstanden, da sie die meine mit den Fingerspitzen berührte, so daß beide Hände ineinander verwachsen schienen. Ich verhielt mich unbeweglich und versuchte mit größter Vorsicht und Geduld, der fremden Hand zu folgen, die losgelöst von jedem Leibe an der Mauer klebte. Auch stimmte mich nachdenklich, daß die Hand mit der Fläche gegen die Mauer gekehrt war. Dies erweckte in mir den Verdacht, der Fremde könnte in einer Stellung verharren, die der meinen ähnlich war. Ich richtete meinen Blick höher und erblickte nach langem Forschen, wo die Wand sich gegen außen wölbte, wie zufällig das Gesicht eines Mannes, der mir mit so großen Augen entgegenstarrte, als hätten sich unsere Blicke gleichzeitig getroffen. Es war ein schmales Antlitz und von einer Form, wie ich es nie zuvor gesehen hatte, auf dem jede Linie und Falte der Haut deutlich sichtbar war. Die Lippen waren verzerrt, auch konnte ich zwischen ihnen kleine, spitze Zähne bemerken, die sich eng aneinander drängten, und ich entsinne mich eines beständigen, unsinnigen Dranges, sie zu zählen, wobei ich mich stets aufs neue verwirrte. Doch waren es dann die Augen, die mich wieder in Bann zogen, die in ihren Höhlen vor Entsetzen zu leuchten schienen. Darauf entschwand er meinem Blick, doch vermag ich nicht zu sagen, wer von uns sich fortbewegte, es mag sein, daß sich die Lage meiner Augen unmerklich verändert hatte, so daß sich der Fremde in den Linien der Wand verlor, vielleicht auch, daß er es war, der sich entfernte. Ich schob mich daher mit vorsichtigen Bewegungen, die Stunden dauerten, in meine Nische zurück, wo ich erst meine neue Lage zu überdenken vermochte.

Daß der Mensch, den ich gesehen hatte, der Bewohner jener Nische gewesen war, die mir unsichtbar blieb, schien mir unzweifelhaft und erfüllte mich mit einem gewissen Stolz, da ich doch eine Wahrheit bestätigt fand, die allein durch Überlegung gefunden worden war (wenn auch der teuflische, doch unbegründete Verdacht mit einem Male in mir aufstieg, ich hätte nur mein Spiegelbild gesehen, da doch die Wände der Grotte aus Glas bestanden). Konnte ich deshalb mit einigem Recht annehmen, dieser Mann mit den vor Entsetzen weit offenen Augen und den spitzen, gedrängten Zähnen sei wirklich gewesen (auf meinen neuen Verdacht will ich erst später eingehen), so mußte es damit auch wahrscheinlich sein, daß er ein Wärter war, da er sich nach innen bewegte, um mir begegnen zu können, und ein Gefangener doch wohl die Tendenz haben müßte, nach außen zu schleichen, um die Flucht zu versuchen. Eine Tatsache, die wieder meine Position als Wärter in

Frage stellen mußte. Natürlich wäre es leicht gewesen – ich muß immer auf diese Möglichkeit zurückkommen –, einfach zu den drei alten Weibern hinaufzusteigen, um die Wahrheit zu erfahren. Ich hätte aufspringen können, um die kurze Strecke – es waren nur einige Meter – bis zur unverschlossenen Glastüre zu durcheilen, ich hätte diese aufreißen können, um in rasendem Lauf das Gefängnis zu verlassen, gewiß, ich hätte dies tun können, und es war nichts, welches darauf deutete, daß dies unmöglich gewesen wäre: Doch war wieder zu bedenken, daß dann, gesetzt, die drei fetten, schwammigen Scheusale mit den blau geschminkten Lippen, den schmierigen Fingern und den hängenden Wangen hätten mich nicht freigelassen (nicht etwa, daß ich im entferntesten an eine solche Schändlichkeit glaubte), die Wahrheit, ein Gefangener zu sein und nicht ein Wärter, die Hölle bedeuten müßte. Denn wer vermöchte dann in diesem Gang zu leben, der sich still im Bauch der Erde verliert, angefüllt mit blauem Licht, welches die wilden Gesichter der Wände bescheint, wo wir kauern müßten, jeder in seiner Nische, Mensch an Mensch gereiht, ohne einander zu erblicken, kaum daß von weither ein Atem uns streift, jeder hoffend, daß er ein Wärter sei und die andern die Gefangenen, daß ihm die Macht zukäme, dort der erste zu sein, wo nur wesenlose Schatten einander gegenübersitzen, zu ehernem Kreis gezwungen? Dies war doch wohl undenkbar. So war mir denn der Gedanke tröstlich, daß ich nur dann mein schweres Amt eines Wärters werde zur Zufriedenheit meiner Vorgesetzten ausüben können, wenn ich ihrer Versicherung, ich sei frei, unbedingtes Vertrauen entgegenbrachte (wenn auch der Grund dieses Vertrauens – und dies macht die Größe der Stadt aus – nicht Glaube ist, sondern Angst). Doch kam mir an diesem Punkt meiner Überlegungen die entscheidende Idee (die kopernikanische Wendung gleichsam): Ich mußte die Anordnung der Wärter anders denken. Ich mußte …

•

Nachrichten über den Stand des Zeitungswesens in der Steinzeit

Die jetzige Menschheit macht sich von der Zeit, in der ich gelebt habe, ein ebenso unrichtiges wie merkwürdiges Bild. Man glaubt, die Steinzeit sei ein primitives Zeitalter gewesen, und vergißt, daß die grundlegenden Erfindungen und Entdeckungen, die man heute als selbstverständlich hinnimmt, damals gemacht worden sind. Die Zeichnungen an den Wänden unserer Höhlen haben zwar einiges Interesse zu erwecken vermocht, aber von unserer hervorragendsten Kultureinrichtung, dem Zeitungswesen, hat man bis jetzt noch keine Notiz genommen.

Als jahrhundertelanger Redaktor des ›Liassischen Beobachters‹ – den man oft mit der ›Neuen Trias-Zeitung‹, dem Kampfblatt der Konservativen, verwechselt – möchte ich in einigen kurzen Zügen die gröbsten Mißverständnisse berichtigen und das dunkle Unwissen über unsere Zeit etwas erhellen.

Die Zeitung ist eine der ersten Erfindungen der Menschheit, und diejenige Meinung wird die richtige sein, die sagt, daß die Zeitung die zweite Erfindung überhaupt gewesen sei. Sie wurde nötig, als der Mensch erkannte, daß er die Gabe des Erfindens besaß, eine Erkenntnis, die natürlich erst nach der ersten Erfindung – dem Aufrechtgehen auf ebener Erde mittels der beiden Füße anstelle des Kletterns auf Bäumen – entdeckt werden konnte. Es wurde dem Erfinder blitzartig klar, daß die Erfindungen, die dank dieser Fähigkeit noch zu erwarten waren, nur dann ein Bestandteil der gesamten Menschheit werden konnten, wenn es möglich wurde, sie durch Zeitungen allgemein bekannt zu machen.

Die ersten Zeitungen erschienen noch in Baumrinde geritzt, aber schon im Perm-Zeitalter ging man dazu über, sie in Stein zu ritzen. Die damals aufkommenden Riesensaurier machten das solidere Material notwendig, wie wir ja auch damals anfingen, aus dem gleichen Grunde die Bäume zu verlassen und in Höhlen zu wohnen. Der Stein blieb von da an das bevorzugte Material, zuerst bei uns im Lias natürlich Kalkstein, erst später, als die Alpen hochkamen, verwendeten wir vorwiegend Granit; ich selbst habe im letzten Viertel meiner journalistischen Laufbahn dieses ideale Gestein noch erleben dürfen.

Der ›Liassische Beobachter‹ erschien als einzige Zeitschrift des Mesozoikums jährlich, die ›Kreidezeit‹, das Organ der Fortschrittspartei, versuchte dies auch, ging jedoch ein, um dann später als ›Zukunft‹ wie die anderen Zeitungen zehnjährlich herauszukommen. Die ›Carbonalzeitung‹, unser ältestes Blatt, erschien alle hundert Jahre.

Das Herstellen einer Zeitung war eine mühselige und zyklopische Arbeit, die gleichzeitig bärenhafte Kräfte, ein unbeugsames Ertragen der unmenschlichsten Strapazen, unbestechliches Urteil und literarischen Stil verlangte. Es war ein gefährliches Unternehmen, bei dem man den Tod ständig vor Augen hatte, und mancher Kollege wurde unter einem stürzenden Zeitungsblatt, an dem er vielleicht nur noch den Abonnementspreis hinzufügen wollte, für immer begraben.

Der menschliche Geist besiegt jede Schwierigkeit. Besonders im Mesozoikum wurde das Zeitungschreiben durch große Erfindungen und Entdeckungen erleichtert. In meine Zeit fällt vor allem die Entdeckung der Schwerkraft. Ich entsinne mich noch meiner ersten Zeitungsjahre am später gleichzeitig mit dem Jurameer eingegangenen ›Jurameerboten‹. Wir trugen damals noch Wasser ins Tal und die Bäume fällten wir so, daß wir von oben nach unten ein Stück des Stammes nach dem andern abschnitten und es kletternd mühsam hinuntertrugen.

Die Schwerkraft griff nun im Lias mit ihren Segnungen überall wohltuend und erleichternd ein. Im Zeitungsgewerbe lernten wir den Stein aus steilen Bergrücken zu gewinnen und dann hinunterfallen zu lassen. Extraausgaben – wie etwa jene anläßlich der Entstehung der Alpen – wurden auf runde Steine geschrieben und in die Ebene gerollt, eine Methode, die natürlich die Expedition der Zeitung, die ja der Verlag selbst übernehmen mußte, wesentlich vereinfachte. (Die Post wurde in der Tertiärzeit erfunden, also erst zu Beginn des Känozoikums).

Waren unsere ersten Zeitungen naturgemäß mit Nachrichten über unsere großen Erfindungen und Entdeckungen angefüllt, von denen ich hier nur die Nutzbarmachung des Feuers und die geschichtemachenden militärischen Erfindungen des Knüttels und des Steinwerfens erwähnen möchte (die den Krieg so grausam machten, daß er unmöglich wurde), so änderte sich doch mit der Zeit das Wesen der Zeitung. Hatte sie bis jetzt ausschließlich der friedlichen und harmonischen Entwicklung des Menschengeschlechts gegolten, so brach nun in der Hauptsache mit dem Lias eine neue und einschneidende Epoche an.

Das friedliche Wohnen auf Bäumen, jenes goldene Zeitalter, von dem unsere Dichter singen, war zwar schon lange vorbei; doch hatte man die Hoffnung nicht aufgegeben, auf sie zurückzukehren. Die Höhlen erschienen den Menschen in der Permzeit als ein vorübergehendes notwendiges Exil; denn sie konnten doch nicht voraussehen, daß die ja erst vereinzelt auftretenden Saurier, vor denen sie in die Höhlen wichen, den Fortbestand der Menschheit in Frage stellen mußten, sie sahen in ihnen kaum mehr als ein launisches und etwas gefährliches Spiel der Natur. Der Lias belehrt uns eines andern. Wir mußten die Hoffnung, wieder auf die Bäume zu klettern, endgültig fallenlassen, nur utopische Kreise wie die Alt-Konservativen benützten sie noch zu einer weltfremden Propaganda für ihre Partei. Die Saurier waren uns Menschen hundertfach an Größe und tausendfach an Zahl überlegen. Sie bildeten immer neue, schrecklichere und phantastischere Formen aus. Sie verpesteten die Luft, zerstampften die Erde, verunreinigten das Wasser. Ihre stets länger werdenden Hälse machten immer tiefere und kompliziertere Höhlen notwendig. Aber nicht nur die Saurier bedrohten uns im Lias. Zu den Schrecken der Tierwelt gesellte sich der Schrecken der Natur. Die Erde selbst veränderte sich. Nicht umsonst hatte sie die ungeheuerlichen Tiere hervorgebracht. Die Alpen schoben sich krachend empor, begleitet von Erdbeben. Die Menschheit fühlte in ihren Höhlen die Berge über sich wanken und wagte dennoch nicht, die schützende Finsternis zu verlassen.

In dieser Zeit stellten sich die Zeitungen voll und ganz dem Menschengeschlecht zur Verfügung. Es ging jetzt nicht mehr darum, den Fortschritt zu gewährleisten; es ging jetzt darum, das nackte Leben zu retten.

Der Lias ist die große, heroische Zeit der Steinzeitzeitung. Immer häufiger rollten die Extrablätter und Sondernummern ins Tal, oder sie wurden in den langen Winternächten von den Redaktoren an schlafenden Sauriern vorbei über einen ständig wankenden Boden in die Höhlen ihrer Mitmenschen gewälzt. Es wurden Nachrichten über die Standorte der Saurierherden verbreitet, Abbildungen und Beschreibungen neuer Formen bekannt gemacht, Prognosen über die demnächst zu erwartenden Erdbeben gestellt. Dazu kamen Schlachtberichte von Kämpfen zwischen einzelnen Sauriern und einzelnen Menschensippen sowie ausführliche Kritiken dieser Schlachten. So war in jener Zeit des Schreckens die Zeitung oft die einzige Fackel der Freiheit.

Erst die mit überschwenglichen Hoffnungen stürmisch begrüßte Kreidezeit brachte die entscheidende Wendung. Die Saurier verließen die Gestade des immer mehr eintrocknenden Jurameers, und die Alpen waren endlich, wenn auch mit einigen Jahrtausenden Verspätung, aufgerichtet. Damit jedoch trat der ›Liassische Beobachter‹ seine letzte, leider vergebliche Mission an.

Es ist nicht zu bestreiten, daß die Kreidezeit eine der glücklichsten Epochen der menschlichen Geschichte gewesen ist, obschon ich glaube, daß sie an Größe und Bedeutung bei weitem nicht an jene des Lias herankommt. Die Menschen bewegten sich wieder frei und ungeschützt auf der Erde, obgleich sie die Höhlen aus Tradition nicht aufgaben. Die Künste blühten. Das Kochen wurde entdeckt. Die strengen Formen der Liasmalerei wichen den impressionistischen der Kreidekultur. Die strengen und genügsamen Sitten der Saurierzeit, die nur auf eine rücksichtslose Erhaltung der Menschheit abzielten, milderten sich, und Spiel und Tanz waren beliebt, besonders nach der Erfindung des Händeklatschens.

Wie sehr wir nun auch am ›Liassischen Beobachter‹ diese Dinge bejahen mochten, so entging uns doch nicht, daß ein schwächeres Weltalter angebrochen war, das mit der Zeit eine viel größere Gefahr werden mußte als die Saurier. Wir wurden von einer ständig zunehmenden Sorge erfüllt. Der Charakter der altbewährten Zeitung änderte sich, sie wurde konservativ.

Vor allem war es die Entdeckung der Kreide und ihrer Verwendung in der Schreibkunst, die unsere Besorgnis steigerte. Immer mehr Zeitungen wurden mit Kreide geschrieben und wandten sich so den vergänglichen Tagesneuigkeiten zu. Die Vielschreiberei bemächtigte sich der Menschheit. Der reine, lakonische Stil der Liassischen Klassik wurde vergessen. Es zeigte sich deutlich, daß mit der verschwundenen Gefahr auch die Kraft des Menschen erloschen war.

Der ›Liassische Beobachter‹ verlor seinen Kampf. Er ging am Ende des Mesozoikums ein. Es ist dies das schmerzliche Erlebnis meines Alters. Jene dunkle Neujahrsnacht im Jahre Million vor Christi Geburt, in der das Känozoikum begann, ist mir noch gut in der Erinnerung. Meine Ahnung sollte sich bestätigen. Schon sah ich die ersten Riesenmammuts vorbeiziehen, erbärmliche Zwerge im Vergleich zu den Sauriern, unfähig, die Menschheit wirklich zu gefährden und so stark zu machen. Die Erfindung der Post beirrte mich nicht. Die Erfindung des Steinschilds gab mir recht, die Hoffnungen, die wir auf den Knüttel und das Steinewerfen gesetzt hatten, stürzten zusammen, der Krieg war nun wieder theoretisch möglich geworden und erfolgte bald praktisch. Der Grund lag in der Erfindung des Staates, die im mittleren Tertiär gemacht wurde.

Aber nicht nur Krieg war die Folge dieser verhängnisvollen und unseligen Erfindung, auch das Zeitungssterben muß darauf zurückgeführt werden. Die Zeitungen konnten nur als internationale Einrichtungen für die gesamte Menschheit leben; der Staat degradierte sie zu Lokalblättern herab, für deren minime Aufgaben sie zu schwerfällig waren. Eine Zeitung nach der andern hörte auf zu erscheinen, und schon im Pliocän war die letzte Zeitung der Steinzeit, das ›Organ für Mergel und Gips‹, eingegangen.

Der Hund
Eine Erzählung

Schon in den ersten Tagen, nachdem ich in die Stadt gekommen war, fand ich auf dem kleinen Platz vor dem Rathaus einige Menschen, die sich um einen zerlumpten Mann scharten, der mit lauter Stimme aus der Bibel las. Den Hund, den er bei sich hatte und der zu seinen Füßen lag, bemerkte ich erst später, erstaunt darüber, daß ein so riesiges und entsetzliches Tier meine Aufmerksamkeit nicht auf der Stelle erregt hatte, denn es war von tiefschwarzer Farbe und glattem, schweißbedecktem Fell. Seine Augen waren schwefelgelb, und wie es das riesige Maul öffnete, bemerkte ich mit Grauen Zähne von ebenderselben Farbe, und seine Gestalt war so, daß ich sie mit keinem der lebenden Wesen vergleichen konnte. Ich ertrug den Anblick des gewaltigen Tieres nicht länger und wandte meine Augen wieder dem Prediger zu, der von gedrungener Gestalt war, und dessen Kleider in Fetzen an seinem Leibe hingen: doch war seine Haut, die durch die Risse schimmerte, sauber, wie denn auch das zerrissene Gewand äußerst reinlich war: Kostbar jedoch sah die Bibel aus, auf deren Einband Gold und Diamanten funkelten. Die Stimme des Mannes war ruhig und fest. Seine Worte zeichneten sich durch eine außergewöhnliche Klarheit aus, so daß seine Rede einfach und sicher wirkte, auch fiel es mir auf, daß er nie Gleichnisse brauchte. Es war eine ruhige und unfanatische Auslegung der Bibel, die er gab, und wenn seine Worte doch nicht überzeugten, so rührte dies nur von der Erscheinung des Hundes her, der unbeweglich zu seinen Füßen lag und die Zuhörer mit seinen gelben Augen betrachtete. So war es denn vorerst die seltsame Verbindung des Predigers mit seinem Tier, die mich gefangennahm und mich verführte, den Mann immer wieder aufzuspüren. Er predigte jeden Tag auf den Plätzen der Stadt und in den Gassen, doch war es nicht leicht, ihn aufzufinden, obwohl er seine Tätigkeit bis spät in die Nacht ausübte, denn die Stadt war verwirrend, obgleich sie klar und einfach angelegt war. Auch mußte er seine Wohnung zu verschiedenen Zeiten verlassen und seiner Tätigkeit nie einen Plan zu Grunde legen, denn nie ließ sich in seinem Auftreten eine Regel feststellen. Manchmal redete er ununterbrochen den ganzen Tag auf demselben Platz, manchmal aber wechselte er den Ort jede Viertelstunde. Er war immer von seinem Hund begleitet, der neben ihm schritt, wenn er durch die Straßen ging, schwarz und riesig, und der sich schwer auf den Boden legte, wenn der Mann zu predigen anfing. Er hatte nie viele Zuhörer und meistens stand er allein, doch konnte ich beobachten, daß ihn dies nicht verwirrte, auch verließ er den Platz nicht, sondern redete weiter. Oft sah ich, daß er mitten in einer kleinen Gasse stillstand und mit lauter Stimme betete, während nicht weit von ihm die Leute achtlos durch eine breitere Gasse gingen. Da es mir jedoch nicht gelang, eine sichere Methode zu finden, ihn aufzuspüren, und ich dies immer dem Zufall überlassen mußte, versuchte ich nun, seine Wohnung zu finden, doch vermochte mir niemand Auskunft zu geben. Ich verfolgte ihn daher einmal den ganzen Tag, doch mußte ich dies mehrere Tage wiederholen, denn er kam mir immer wieder am Abend aus den Augen, weil ich bestrebt war, mich vor ihm verborgen zu halten, damit er meine Absicht nicht entdecke. Dann jedoch sah ich ihn endlich, spät in der Nacht, in ein Haus einer Gasse treten, die nur von den Reichsten der Stadt bewohnt wurde, wie ich wußte, was mich denn auch in Erstaunen versetzte. Von nun an änderte ich ihm gegenüber mein Verhalten, indem ich meine Verborgenheit aufgab, um mich nur in seiner nächsten Nähe aufzuhalten, so daß er mich sehen mußte, doch störte ich ihn nicht, nur der Hund knurrte jedesmal, wenn ich zu ihnen trat. So vergingen mehrere Wochen, und es war in einem Spätsommer, als er, nachdem er seine Auslegung des Johannisevangeliums beendet hatte, zu mir trat und mich bat, ihn nach Hause zu begleiten; doch sagte er kein Wort mehr, wie wir durch die Gasse schritten, und als wir das Haus betraten, war es schon so dunkel, daß im großen Zimmer, in welches ich geführt wurde, die Lampe brannte. Der Raum war tiefer als die Straße gelegen, so daß wir von der Türe einige Stufen hinuntergehen mußten, auch sah ich die Wände nicht, so sehr wurden sie von Büchern überdeckt. Unter der Lampe war ein großer, einfacher Tisch aus Tannenholz, an welchem ein Mädchen stand und las. Es trug ein dunkelblaues Kleid. Es drehte sich nicht um, als wir eintraten. Unter einem der beiden Kellerfenster, die verhängt waren, befand sich eine Matratze und an der gegenüberliegenden Wand ein Bett, und zwei Stühle standen am Tisch. Bei der Türe war ein Ofen. Wie wir jedoch dem Mädchen entgegenschritten, wandte es sich, so daß ich sein Gesicht sah. Es gab mir die Hand und deutete auf einen Stuhl, worauf ich bemerkte, daß der Mann schon auf der Matratze lag; der Hund aber legte sich zu seinen Füßen nieder.

»Das ist mein Vater«, sagte das Mädchen, »der nun schon schläft und nicht hört, wenn wir zusammen sprechen, und der große, schwarze Hund hat keinen Namen, der ist einfach eines Abends zu uns gekommen, als mein Vater zu predigen anfing. Wir hatten die Türe nicht verschlossen, und so konnte er mit seinen Tatzen die Klinke niederdrükken und hereinspringen.« Ich stand wie betäubt vor dem Mädchen und fragte leise, was denn ihr Vater gewesen sei. »Er war ein reicher Mann mit vielen Fabriken«, sagte es und schlug die Augen nieder. »Er verließ meine Mutter und meine Brüder, um den Menschen die Wahrheit zu verkünden.« »Glaubst du denn, daß es die Wahrheit ist, die dein Vater verkündet?« fragte ich. »Es ist die Wahrheit«, sagte das Mädchen. »Ich habe es immer gewußt, daß es die Wahrheit ist, und so bin ich denn mit ihm gegangen in diesen Keller und wohne hier mit ihm. Aber ich habe nicht gewußt, daß dann auch der Hund kommen würde, wenn man die Wahrheit verkündet.« Das Mädchen schwieg und sah mich an, als wolle es um etwas bitten, das es nicht auszusprechen wagte. »Dann schick ihn fort, den Hund«, antwortete ich, aber das Mädchen schüttelte den Kopf. »Er hat keinen Namen und so würde er auch nicht gehen«, sagte es leise. Es sah, daß ich unentschlossen war, und setzte sich auf einen der beiden Stühle am Tisch. So setzte ich mich denn auch. »Fürchtest du dich denn vor diesem Tier?« fragte ich. »Ich habe mich immer vor ihm gefürchtet«, antwortete es, »und als vor einem Jahr die Mutter kam mit einem Rechtsanwalt und die Brüder, um meinen Vater zurückzuholen und mich, haben sie sich auch gefürchtet vor unserem Hund ohne Namen, und dabei hat er sich vor den Vater gestellt und geknurrt. Auch wenn ich im Bett liege, fürchte ich mich vor ihm, ja dann besonders, aber jetzt ist alles anders. Jetzt bist du gekommen und nun kann ich über das Tier lachen. Ich habe immer gewußt, daß du kommen würdest. Natürlich wußte ich nicht, wie du aussiehst, aber einmal, das wußte ich, würdest du mit meinem Vater kommen, an einem Abend, wenn schon die Lampe brennt und es stiller wird auf der Straße, um mit mir die Hochzeitsnacht zu feiern in diesem Zimmer halb unter der Erde, in meinem Bett neben den vielen Büchern. So werden wir beieinander liegen, ein Mann und ein Weib, und drüben auf der Matratze wird der Vater sein, in der Dunkelheit wie ein Kind, und der große, schwarze Hund wird unsere arme Liebe bewachen.«

Wie könnte ich unsere Liebe vergessen! Die Fenster zeichneten sich als schmale Rechtecke ab, die waagerecht über unserer Nacktheit irgendwo im Raume schwebten. Wir lagen Leib an Leib, immer wieder ineinander versinkend, uns immer gieriger umklammernd, und die Geräusche der Straße vermischten sich mit dem verlorenen Schrei unserer Lust, manchmal das Torkeln Betrunkener, dann das leise Trippeln der Dirnen, einmal das lange, eintönige Stampfen einer vorbeiziehenden Kolonne Soldaten, abgelöst vom hellen Klang der Pferdehufe, vom dumpfen Rollen der Räder. – Wir lagen beisammen unter der Erde, eingehüllt in ihre warme Dunkelheit, uns nicht mehr fürchtend, und von der Ecke her, wo der Mann auf seiner Matratze schlief, lautlos wie ein Toter, starrten uns die gelben Augen des Hundes an, runde Scheiben zweier schwefliger Monde, die unsere Liebe belauerten.

So stieg ein glühender Herbst herauf, gelb und rot, dem spät erst in diesem Jahr der Winter folgte, mild, ohne die abenteuerliche Kälte der Vorjahre. Doch gelang es mir nie, das Mädchen aus seinem Kellerraum zu locken, um es mit meinen Freunden zusammenzubringen, mit ihm das Theater zu besuchen (wo sich entscheidende Dinge vorbereiteten) oder zusammen durch die dämmerhaften Wälder zu gehen, die sich über die Hügel breiten, die wellenförmig die Stadt umgeben: Immer saß es da, am Tisch aus Tannenholz, bis der Vater kam mit dem großen Hund, bis es mich in sein Bett zog beim gelben Licht der Fenster über uns. Wie es jedoch gegen den Frühling ging, wie noch Schnee in der Stadt lag, schmutzig und naß, meterhoch an schattigen Stellen, kam das Mädchen in mein Zimmer. Die Sonne schien schräg durchs Fenster. Es war spät im Nachmittag, und in den Ofen hatte ich Scheiter gelegt, und nun erschien es, bleich und zitternd, wohl auch frierend, denn es kam ohne Mantel, so wie es immer war, in seinem dunkelblauen Kleid. Nur die Schuhe hatte ich noch nie an ihm gesehen, sie waren rot und mit Pelz gefüttert. »Du mußt den Hund töten«, sagte das Mädchen, noch auf der Schwelle meiner Türe, außer Atem und mit gelöstem Haar, mit weit offenen Augen, und so gespenstisch war sein Erscheinen, daß ich nicht wagte, es zu berühren. Ich ging zum Schrank und suchte meinen Revolver hervor. »Ich wußte, daß du mich einmal darum bitten würdest«, sagte ich, »und so habe ich eine Waffe gekauft. Wann soll es geschehen?« »Jetzt«, antwortete das Mädchen leise. »Auch der Vater fürchtet sich vor dem Tier, immer hat er sich gefürchtet, ich weiß es nun.« Ich untersuchte die Waffe und zog den Mantel an. »Sie sind im Keller«, sagte das Mädchen, indem es den Blick senkte. »Der Vater liegt auf der Matratze, den ganzen Tag, ohne sich zu bewegen, so sehr fürchtet er sich, nicht einmal beten kann er, und der Hund hat sich vor die Türe gelegt.«

Wir gingen gegen den Fluß hinunter und dann über die steinerne Brücke. Der Himmel war von einem tiefen, bedrohlichen Rot, wie bei einer Feuersbrunst. Die Sonne eben gesunken. Die Stadt war belebter als sonst, voll mit Menschen und Wagen, die sich wie unter einem Meer von Blut bewegten, da die Häuser das Licht des Abends mit ihren Fenstern und Mauern widerspiegelten. Wir gingen durch die Menge. Wir eilten durch einen immer dichteren Verkehr, durch Kolonnen bremsender Automobile und schwankender Omnibusse, die wie Ungetüme waren, mit bösen, mattleuchtenden Augen, an aufgeregt fuchtelnden Polizisten mit grauen Helmen vorbei. Ich drängte so entschlossen vorwärts, daß ich das Mädchen zurückließ; die Gasse endlich rannte ich hinauf, keuchend und mit offenem Mantel, einer immer violetteren, immer mächtigeren Dämmerung entgegen: doch ich kam zu spät. Wie ich nämlich zum Kellerraum hinabgesprungen war und, die Waffe in der Hand, die Türe mit einem Fußtritt geöffnet hatte, sah ich den riesigen Schatten des furchtbaren Tieres eben durch das Fenster entweichen, dessen Scheibe zersplitterte, während am Boden, eine weißliche Masse in einem schwarzen Tümpel, der Mann lag, vom Hunde zerfetzt, so sehr, daß er nicht mehr zu erkennen war.

Wie ich zitternd an der Wand lehnte, in die Bücher hineingesunken, heulten draußen die Wagen heran. Man kam mit einer Tragbahre. Ich sah schattenhaft einen Arzt vor dem Toten und schwerbewaffnete Polizisten mit bleichen Gesichtern. Überall standen Menschen. Ich schrie nach dem Mädchen. Ich eilte die Stadt hinunter und über die Brücke auf mein Zimmer, doch fand ich es nicht. Ich suchte verzweifelt, ruhelos und ohne Nahrung zu mir zu nehmen. Die Polizei wurde aufgeboten, auch, da man sich vor dem riesigen Tier fürchtete, die Soldaten der Kaserne, welche die Wälder in langgestreckten Ketten durchstreiften. Boote stießen in den schmutzigen, gelben Fluß, und man forschte mit langen Stangen. Da nun der Frühling hereinbrach mit warmen Regengüssen, die unermeßlich heranschwemmten, drang man in die Höhlen der Steinbrüche, rufend und mit hocherhobenen Fackeln. Man stieg in die Kanalisationsgänge hinab und durchsuchte den Estrich der Kathedrale. Doch wurde das Mädchen nicht mehr gefunden, und der Hund kam nicht mehr zum Vorschein.

Nach drei Tagen kam ich spät in der Nacht auf mein Zimmer. Erschöpft und ohne Hoffnung wie ich war, warf ich mich in den Kleidern auf mein Bett, als ich drunten auf der Straße Schritte hörte. Ich rannte ans Fenster, öffnete es und lehnte mich hinaus in die Nacht. Ein schwarzes Band lag die Straße unter mir, noch naß vom Regen, der bis Mitternacht gefallen war, so daß sich die Straßenlampen auf ihr widerspiegelten als verwachsene, goldene Flecken, und drüben, den Bäumen entlang, schritt das Mädchen in seinem dunklen Kleid mit den roten Schuhen, vom Haar, das im Lichte der Nacht blau schimmerte, in langen Strängen umflossen, und ihm zur Seite, ein dunkler Schatten, sanft und lautlos wie ein Lamm, ging der Hund mit gelben, runden, funkelnden Augen.

Der Tunnel

Eine Erzählung

Ein Vierundzwanzigjähriger, fett, damit das Schreckliche hinter den Kulissen, welches er sah (das war seine Fähigkeit, vielleicht seine einzige), nicht allzu nah an ihn herankomme, der es liebte, die Löcher in seinem Fleisch, da doch gerade durch sie das Ungeheuerliche hereinströmen konnte, zu verstopfen, derart, daß er Zigarren rauchte (Ormond-Brasil 10) und über seiner Brille eine zweite trug, eine Sonnenbrille, und in den Ohren Wattebüschel: Dieser junge Mann, noch von seinen Eltern abhängig und mit nebulosen Studien auf einer Universität beschäftigt, die mit einer zweistündigen Bahnfahrt zu erreichen war, stieg eines Sonntagnachmittags in den gewohnten Zug, Abfahrt siebzehnuhrfünfzig, Ankunft neunzehnuhrsiebenundzwanzig, um anderentags ein Seminar zu besuchen, das zu schwänzen er schon entschlossen war. Die Sonne schien an einem wolkenlosen Himmel, als er seinen Wohnort verließ. Es war Sommer. Der Zug hatte sich zwischen den Alpen und dem Jura fortzubewegen, an reichen Dörfern und kleineren Städten vorbei, später an einem Fluß entlang, und tauchte denn auch nach noch nicht ganz zwanzig Minuten Fahrt, gerade nach Burgdorf, in einen kleinen Tunnel. Der Zug war überfüllt. Der Vierundzwanzigjährige war vorne eingestiegen und hatte sich mühsam nach hinten durchgearbeitet, schwitzend und einen leicht vertrottelten Eindruck erweckend. Die Reisenden saßen dicht gedrängt, viele auf Koffern, auch die Coupés der zweiten Klasse waren besetzt, nur die erste Klasse schwach belegt. Als sich der junge Mann endlich durch das Wirrwarr der Familien, Rekruten, Studenten und Liebespaare gekämpft hatte, bald, vom Zug hin und her geschleudert, gegen diesen fallend und bald gegen jenen, gegen Bäuche und Brüste torkelnd, fand er im hintersten Wagen Platz, so viel sogar, daß er in diesem Abteil der dritten Klasse – in der es sonst Wagen mit Coupés selten gibt – eine ganze Bank für sich allein hatte: Im geschlossenen Raume saß ihm einer gegenüber, noch dicker als er, der mit sich selber Schach spielte, und in der Ecke der gleichen Bank, gegen den Korridor zu, ein rothaariges Mädchen, das einen Roman las. So saß er schon am Fenster und hatte eben eine Ormond Brasil 10 in Brand gesteckt, als der Tunnel kam, der ihm länger als sonst zu dauern schien. Er war diese Strecke schon manchmal gefahren, fast jeden Samstag und Sonntag seit einem Jahr, und hatte den Tunnel eigentlich gar nie beachtet, sondern immer nur geahnt. Zwar hatte er ihm einige Male die volle Aufmerksamkeit schenken wollen, doch hatte er, wenn er kam, jedes Mal an etwas anderes gedacht, so daß er das kurze Eintauchen in die Finsternis nicht bemerkte, denn der Tunnel war eben gerade vorbei, wenn er, entschlossen, ihn zu beachten, aufschaute, so schnell durchfuhr ihn der Zug und so kurz war der kleine Tunnel. So hatte er denn auch jetzt die Sonnenbrille nicht abgenommen, als sie einfuhren, da er nicht an den Tunnel dachte. Die Sonne hatte eben noch mit voller Kraft geschienen, und die Landschaft, durch die sie fuhren (die Hügel und Wälder, die fernere Kette des Jura und die Häuser des Städtchens), war wie von Gold gewesen, so sehr hatte sie im Abendlicht geleuchtet, so sehr, daß ihm die nun schlagartig einsetzende Dunkelheit des Tunnels bewußt wurde, der Grund wohl auch, warum ihm die Durchfahrt länger vorkam. Es war völlig finster im Abteil, da der Kürze des Tunnels wegen die Lichter nicht in Funktion gesetzt waren, denn jede Sekunde mußte sich ja in der Scheibe der erste fahle Schimmer des Tages zeigen, sich blitzschnell ausweiten und mit voller, goldener Helle gewaltig hereinbrechen; als es jedoch immer noch dunkel blieb, nahm er die Sonnenbrille ab. Das Mädchen zündete sich in diesem Augenblick eine Zigarette an, offenbar ärgerlich, daß es im Roman nicht weiterlesen konnte, wie er im rötlichen Aufflammen des Streichholzes zu bemerken glaubte; seine Armbanduhr mit dem leuchtenden Zifferblatt zeigte zehn nach sechs. Er lehnte sich in die Ecke zwischen der Coupéwand und der Scheibe und beschäftigte sich mit seinen verworrenen Studien, die ihm niemand recht glaubte, mit dem Seminar, in das er morgen mußte und in das er nicht gehen würde (alles, was er tat, war nur ein Vorwand, hinter der Fassade seines Tuns Ordnung zu erlangen, nicht die Ordnung selber, nur die Ahnung einer

Ordnung, angesichts des Schrecklichen, gegen das er sich mit Fett polsterte, Zigarren in den Mund steckte, Wattebüschel in die Ohren), und wie er wieder auf das Zifferblatt schaute, war es viertel nach sechs und immer noch der Tunnel. Das verwirrte ihn. Zwar leuchteten nun die Glühbirnen auf, es wurde hell im Coupé, das rote Mädchen konnte in seinem Roman weiterlesen, und der dicke Herr spielte wieder mit sich selber Schach, doch draußen, jenseits der Scheibe, in der sich nun das ganze Abteil spiegelte, war immer noch der Tunnel. Er trat in den Korridor, in welchem ein hochgewachsener Mann in einem hellen Regenmantel auf und ab ging, ein schwarzes Halstuch umgeschlagen. Wozu auch bei diesem Wetter, dachte er und schaute in die anderen Coupés dieses Wagens, wo man Zeitung las und miteinander schwatzte. Er trat wieder zu seiner Ecke und setzte sich, der Tunnel mußte nun jeden Augenblick aufhören, jede Sekunde; auf der Armbanduhr war es nun beinahe zwanzig nach; er ärgerte sich, den Tunnel vorher so wenig beachtet zu haben, dauerte er doch nun schon eine Viertelstunde und mußte, gerade weil der Zug offenbar in höchster Geschwindigkeit fuhr, ein bedeutender Tunnel sein, einer der längsten Tunnel in der Schweiz. Es war daher wahrscheinlich, daß er einen falschen Zug genommen hatte, wenn ihm im Augenblick auch nicht erinnerlich war, daß sich zwanzig Minuten Bahnfahrt von seinem Wohnort entfernt ein so langer und bedeutender Tunnel befand. Er fragte deshalb den dicken Schachspieler, ob der Zug nach Zürich fahre, was der bestätigte. Er habe gar nicht gewußt, daß diese Strecke einen so beträchtlichen Tunnel aufweise, entgegnete der junge Mann, doch der Schachspieler antwortete, etwas ärgerlich, da er in irgendeiner schwierigen Überlegung zum zweiten Mal unterbrochen worden war, in der Schweiz gebe es eben viele Tunnel, außerordentlich viele, er reise zwar zum ersten Mal in diesem Lande, doch falle dies sofort auf, auch habe er in einem statistischen Jahrbuch gelesen, kein Land besitze so viele Tunnel wie die Schweiz. Er müsse sich nun entschuldigen, wirklich, es tue ihm schrecklich leid, da er sich mit einem wichtigen Problem der Nimzowitsch-Verteidigung beschäftige und nicht mehr abgelenkt werden dürfe. Der Schachspieler hatte höflich, aber bestimmt geantwortet; daß von ihm keine Antwort zu erwarten war, sah der junge Mann ein. Er war überzeugt, daß seine Fahrkarte zurückgewiesen werden würde;

auch als der Schaffner, ein blasser, magerer Mann, nervös, wie es den Eindruck machte, gegenüber dem Mädchen, dem er zuerst die Fahrkarte abnahm, bemerkte, es müsse in Olten umsteigen, gab der Vierundzwanzigjährige noch nicht alle Hoffnung auf, so sehr war er überzeugt, in den falschen Zug gestiegen zu sein. Er werde wohl nachzahlen müssen, er sollte nach Zürich, sagte er denn, ohne die Ormond Brasil 10 aus dem Munde zu nehmen, und reichte dem Schaffner das Billett hin. Der Herr sei im rechten Zug, antwortete der, als er die Fahrkarte geprüft hatte. »Aber wir fahren doch durch einen Tunnel!« rief der junge Mann ärgerlich und recht energisch aus, entschlossen, nun die verwirrende Situation aufzuklären. Man sei eben an Herzogenbuchsee vorbeigefahren und nähere sich Langenthal, sagte der Schaffner. »Es stimmt, mein Herr, es ist jetzt zwanzig nach sechs.« Aber man fahre seit zwanzig Minuten durch einen Tunnel, beharrte der junge Mann auf seiner Feststellung. Der Schaffner sah ihn verständnislos an. »Es ist der Zug nach Zürich«, sagte er, und schaute nun auch nach dem Fenster. »Zwanzig nach sechs«, sagte er wieder, jetzt etwas beunruhigt, wie es schien, »bald kommt Olten, Ankunft achtzehnuhrsiebenunddreißig. Es wird schlechtes Wetter gekommen sein, ganz plötzlich, daher die Nacht, vielleicht ein Sturm, ja, das wird es sein.« »Unsinn«, mischte sich nun der Mann, der sich mit dem Problem der Nimzowitsch-Verteidigung beschäftigte, ins Gespräch, ärgerlich, weil er immer noch sein Billett hinhielt, ohne vom Schaffner beachtet zu werden, »Unsinn, wir fahren durch einen Tunnel. Man kann deutlich den Fels sehen, Granit wie es scheint. In der Schweiz gibt es die meisten Tunnel der ganzen Welt. Ich habe es in einem statistischen Jahrbuch gelesen.« Der Schaffner, indem er endlich die Fahrkarte des Schachspielers entgegennahm, versicherte aufs neue, fast flehentlich, der Zug fahre nach Zürich, worauf der Vierundzwanzigjährige den Zugführer verlangte. Der sei vorne im Zug, sagte der Schaffner, im übrigen fahre der Zug nach Zürich, jetzt sei es sechsuhrfünfundzwanzig, und in zwölf Minuten werde er nach dem Sommerfahrplan in Olten anhalten, er fahre jede Woche diesen Zug dreimal. Der junge Mann machte sich auf den Weg. Das Gehen fiel ihm noch schwerer im überfüllten Zug als vorher, als er die gleiche Strecke umgekehrt gegangen war; der Zug mußte überaus schnell fahren; auch war das Getöse, das er dabei verursachte, entsetzlich; so steckte er sich seine Wattebüschel denn wieder in die Ohren, nachdem er sie beim Betreten des Zuges entfernt hatte. Die Menschen, an denen er vorbeikam, verhielten sich ruhig, in nichts unterschied sich der Zug von anderen Zügen, in denen er an den Sonntagnachmittagen gefahren war, und niemand fiel ihm auf, der beunruhigt gewesen wäre. In einem Wagen mit Zweitklaß-Abteilen stand ein Engländer am Fenster des Korridors und tippte freudestrahlend mit der Pfeife, die er rauchte, an die Scheibe. »Simplon«, sagte er. Auch im Speisewagen war alles wie sonst, obwohl kein Platz frei war und der Tunnel doch einem der Reisenden oder der Bedienung, die Wienerschnitzel und Reis servierte, hätte auffallen können. Den Zugführer, den er an der roten Tasche erkannte, fand der junge Mann am Ausgang des Speisewagens. »Sie wünschen?« fragte der Zugführer, der ein großgewachsener, ruhiger Mann war, mit einem sorgfältig gepflegten schwarzen Schnurrbart und einer randlosen Brille. »Wir sind in einem Tunnel, seit fünfundzwanzig Minuten«, sagte der junge Mann. Der Zugführer schaute nicht nach dem Fenster, wie der Vierundzwanzigjährige erwartet hatte, sondern wandte sich zum Kellner. »Geben Sie mir cine Schachtel Ormond 10«, sagte er, »ich rauche die gleiche Sorte wie der Herr da«; doch konnte ihn der Kellner nicht bedienen, da man diese Zigarre nicht besaß, so daß denn der junge Mann, froh, einen Anknüpfungspunkt zu haben, dem Zugführer eine Brasil anbot. »Danke«, sagte der, »ich werde in Olten kaum Zeit haben, mir eine zu verschaffen, und so tun Sie mir denn einen großen Gefallen. Rauchen ist wichtig. Darf ich Sie nun bitten, mir zu folgen?« Er führte den Vierundzwanzigjährigen in den Packwagen, der vor dem Speisewagen lag. »Dann kommt noch die Maschine«, sagte der Zugführer, als sie den Raum betraten, »wir befinden uns an der Spitze des Zuges.« Im Packraum brannte ein schwaches, gelbes Licht, der größte Teil des Wagens lag im Ungewissen, die Seitentüren waren verschlossen, und nur durch ein kleines vergittertes Fenster drang die Finsternis des Tunnels. Koffer standen herum, viele mit Hotelzetteln beklebt, einige Fahrräder und ein Kinderwagen. Der Zugführer hängte seine rote Tasche an einen Haken. »Was wünschen Sie?« fragte er aufs neue, schaute jedoch den jungen Mann nicht an, sondern begann in einem Heft, das er der Tasche entnommen hatte, Tabellen auszufüllen. »Wir befinden uns seit Burgdorf in einem Tunnel«, antwortete der Vierundzwanzigjährige entschlossen, »einen derartigen Tunnel gibt es auf dieser Strecke nicht, ich fahre sie jede Woche hin und zurück, ich kenne die Strecke.« Der Zugführer schrieb weiter. »Mein Herr«, sagte er endlich und trat nah an den jungen Mann heran, so nah, daß sich die beiden Leiber fast berührten, »mein Herr, ich habe Ihnen wenig zu sagen. Wie wir in diesen Tunnel geraten sind, weiß ich nicht, ich besitze dafür keine Erklärung. Doch bitte ich Sie zu bedenken: Wir bewegen uns auf Schienen, der Tunnel muß also irgendwohin führen. Nichts beweist, daß am Tunnel etwas nicht in Ordnung ist, außer natürlich, daß er nicht aufhört.« Der Zugführer, die Ormond Brasil immer noch ohne zu rauchen zwischen den Lippen, hatte überaus leise gesprochen, jedoch mit so großer Würde und so deutlich und bestimmt, daß seine Worte vernehmbar waren, trotz der Wattebüschel und obgleich im Packwagen das Tosen des Zuges um vieles stärker war als im Speisewagen. »Dann bitte ich Sie, den Zug anzuhalten«, begehrte der junge Mann ungeduldig, »ich verstehe kein Wort von dem, was Sie sagen. Wenn etwas nicht stimmt mit diesem Tunnel, dessen Vorhandensein Sie selber nicht erklären können, haben Sie den Zug anzuhalten.« »Den Zug anhalten?« antwortete der andere langsam, gewiß, daran habe er auch schon gedacht, worauf er das Heft schloß und in die rote Tasche zurücksteckte, die an ihrem Haken hin und her schwankte, dann steckte er die Ormond sorgfältig in Brand. Ob er die Notbremse ziehen solle, fragte der junge Mann und wollte nach dem Haken der Bremse über seinem Kopf greifen, torkelte jedoch im selben Augenblick nach vorne, wo er an die Wand prallte. Ein Kinderwagen rollte auf ihn zu, und Koffer rutschten heran; seltsam schwankend kam auch der Zugführer mit vorgestreckten Händen durch den Packraum. »Wir fahren abwärts«, sagte der Zugführer und lehnte sich neben dem Vierundzwanzigjährigen an die Vorderwand des Wagens, doch kam der erwartete Aufprall des rasenden Zuges am Fels nicht, dieses Zerschmettern und Ineinanderschachteln der Wagen, der Tunnel schien vielmehr wieder eben zu verlaufen. Am andern Ende des Wagens öffnete sich die Türe. Im grellen Licht des Speisewagens sah man Menschen, die einander zutranken, dann schloß sich die Türe wieder. »Kommen Sie in die Lokomotive«, sagte der Zugführer und schaute dem Vierundzwanzigjährigen nachdenklich und, wie es plötzlich schien, drohend ins Gesicht, dann schloß er die Türe auf, neben der sie an der Wand lehnten: Mit solcher Gewalt jedoch schlug ihnen ein sturmartiger, heißer Luftstrom entgegen, daß sie von der Wucht des Orkans aufs neue gegen die Wand taumelten; gleichzeitig erfüllte ein fürchterliches Getöse den Packwagen. »Wir müssen zur Maschine hinüberklettern«, schrie der Zugführer dem jungen Mann ins Ohr, auch so kaum vernehmbar, und verschwand dann im Rechteck der offenen Türe, durch die man die hellerleuchteten, hin und her schwankenden Scheiben der Zugmaschine sah. Der Vierundzwanzigjährige folgte entschlossen, wenn er auch den Sinn der Kletterei nicht begriff. Die Plattform, die er betrat, besaß auf beiden Seiten ein Eisengeländer, woran er sich klammerte, doch war nicht der ungeheure Luftzug das Entsetzliche, der sich milderte, wie der junge Mann sich der Maschine zubewegte, sondern die unmittelbare Nähe der Tunnelwände, die er zwar nicht sah, da er sich ganz auf die Maschine konzentrieren mußte, die er jedoch ahnte, durchzittert vom Stampfen der Räder und vom Pfeifen der Luft, so daß ihm war, als rase er mit Sterngeschwindigkeit in eine Welt aus Stein. Der Lokomotive entlang lief ein schmales Band und darüber als Geländer eine Stange, die sich in immer gleicher Höhe über dem Band um die Maschine herumkrümmte: Dies mußte der Weg sein; den Sprung, den es zu wagen galt, schätzte er auf einen Meter. So gelang es ihm denn auch, die Stange zu fassen. Er schob sich, gegen die Lokomotive gepreßt, dem Band entlang; fürchterlich wurde der Weg erst, als er auf die Längsseite der Maschine gelangte, nun voll der Wucht des brüllenden Orkans ausgesetzt und drohenden Felswänden, die, hell erleuchtet von der Maschine, heranfegten. Nur der Umstand, daß ihn der Zugführer durch eine kleine Türe ins Innere der Maschine zog, rettete ihn. Erschöpft lehnte sich der junge Mann gegen den Maschinenraum, worauf es mit einem Male still wurde, denn die Stahlwände der riesenhaften Lokomotive dämpften, als der Zugführer die Türe geschlossen hatte, das Tosen so sehr ab, daß es kaum mehr zu vernehmen war. »Die Ormond Brasil haben wir auch verloren«, sagte der Zugführer. »Es war nicht klug, vor der Kletterei eine anzuzünden, aber sie zerbrechen leicht, wenn man keine Schachtel mit sich führt, bei ihrer länglichen Form.« Der junge Mann war froh, nach der bedenklichen

Nähe der Felswände auf etwas gelenkt zu werden, das ihn an die Alltäglichkeit erinnerte, in der er sich noch vor wenig mehr denn einer halben Stunde befunden hatte, an diese immergleichen Tage und Jahre (immergleich, weil er nur auf diesen Augenblick hinlebte, der nun erreicht war, auf diesen Augenblick des Einbruchs, auf dieses plötzliche Nachlassen der Erdoberfläche, auf den abenteuerlichen Sturz ins Erdinnere). Er holte eine der braunen Schachteln aus der rechten Rocktasche und bot dem Zugführer erneut eine Zigarre an, selber steckte er sich auch eine in den Mund, und vorsichtig nahmen sie Feuer, das der Zugführer bot. »Ich schätze diese Ormond sehr«, sagte der Zugführer, »nur muß einer gut ziehen, sonst gehen sie aus«, Worte, die den Vierundzwanzigjährigen mißtrauisch machten, weil er spürte, daß der Zugführer auch nicht gern an den Tunnel dachte, der draußen immer noch dauerte (immer noch war die Möglichkeit, er könnte plötzlich aufhören, wie ein Traum mit einem Mal aufzuhören vermag). »Achtzehnuhrvierzig«, sagte er, indem er auf seine Uhr mit dem leuchtenden Zifferblatt schaute, »jetzt sollten wir doch schon in Olten sein«, und dachte dabei an die Hügel und Wälder, die doch noch vor kurzem waren, goldüberhäuft in der sinkenden Sonne. So standen sie und rauchten, an die Wand des Maschinenraumes gelehnt. »Keller ist mein Name«, sagte der Zugführer und zog an seiner Brasil. Der junge Mann gab nicht nach. »Die Kletterei auf der Maschine war nicht ungefährlich«, bemerkte er, »wenigstens für mich, der ich dergleichen nicht gewohnt bin, und so möchte ich denn wissen, wozu Sie mich hergebracht haben.« Er wisse es nicht, antwortete Keller, er habe sich nur Zeit zum Überlegen schaffen wollen. »Zeit zum Überlegen«, wiederholte der Vierundzwanzigjährige. »Ja«, sagte der Zugführer, so sei es, rauchte dann wieder weiter. Die Maschine schien sich von neuem nach vorne zu neigen. »Wir können ja in den Führerraum gehen«, schlug Keller vor, blieb jedoch immer noch unschlüssig an der Maschinenwand stehen, worauf der junge Mann den Korridor entlangschritt. Wie er die Türe zum Führerraum geöffnet hatte, blieb er stehen. »Leer«, sagte er zum Zugführer, der nun auch herankam, »der Führerstand ist leer.« Sie betraten den Raum, schwankend durch die ungeheure Geschwindigkeit, mit der die Maschine, den Zug mit sich reißend, immer weiter in den Tunnel hineinraste. »Bitte«, sagte der Zugführer und drückte einige Hebel nieder, zog auch die Notbremse. Die Maschine gehorchte nicht. Sie hätten alles getan, sie anzuhalten, gleich als sie die Änderung in der Strecke bemerkt hätten, versicherte Keller, doch sei die Maschine immer weitergerast. »Sie wird immer weiterrasen«, antwortete der Vierundzwanzigjährige und wies auf den Geschwindigkeitsmesser. »Hundertfünfzig. Ist die Maschine je hundertfünfzig gefahren?« »Höchstens hundertfünf«, entgegnete der Zugführer. »Eben«, stellte der junge Mann fest. »Eben. Die Schnelligkeit nimmt zu. Jetzt zeigt der Messer hundertachtundfünfzig. Wir fallen.« Er trat an die Scheibe, doch konnte er sich nicht aufrecht halten, sondern wurde mit dem Gesicht auf die Glaswand gepreßt, so abenteuerlich war nun die Geschwindigkeit. »Der Lokomotivführer?« schrie er und starrte nach den Felsmassen, die in das grelle Licht der Scheinwerfer hinaufstürzten, ihm entgegen, die auf ihn zurasten, und über ihm, unter ihm und zu beiden Seiten des Führerraums verschwanden. »Abgesprungen«, schrie Keller zurück, der nun mit dem Rücken gegen das Schaltbrett gelehnt auf dem Boden saß. »Wann?« fragte der Vierundzwanzigjährige hartnäckig. Der Zugführer zögerte ein wenig und mußte sich seine Ormond aufs neue anzünden, die Beine, da sich der Zug immer stärker neigte, in der gleichen Höhe wie sein Kopf. »Schon nach fünf Minuten«, sagte er dann. »Es war sinnlos, noch eine Rettung zu versuchen. Der im Packraum ist auch abgesprungen.« »Und Sie«, fragte der Vierundzwanzigjährige. »Ich bin der Zugführer«, antwortete der andere, »auch habe ich immer ohne Hoffnung gelebt.« »Ohne Hoffnung«, wiederholte der junge Mann, der nun geborgen auf der Glasscheibe des Führerstandes lag, das Gesicht über den Abgrund gepreßt. »Wir saßen noch in unseren Abteilen und wußten nicht, daß schon alles verloren war«, dachte er. »Es hatte sich noch nichts verändert, wie es schien, doch hatte uns in Wahrheit der Schacht nach der Tiefe zu schon aufgenommen.« Er müsse nun zurück, schrie der Zugführer, »in den Wagen wird die Panik ausgebrochen sein. Alles wird sich nach hinten drängen.« »Gewiß«, antwortete der Vierundzwanzigjährige und dachte an den dicken Schachspieler und an das Mädchen mit seinem Roman und dem roten Haar. Er reichte dem Zugführer seine übrigen Schachteln Ormond Brasil 10. »Nehmen Sie«, sagte er, »Sie werden Ihre Brasil beim Hinüberklettern doch wieder verlieren.« Ob er denn nicht zurückkomme, fragte der Zugführer, der sich aufgerichtet hatte und mühsam den Trichter des Korridors hinaufzukriechen begann. Der junge Mann sah nach den sinnlosen Instrumenten, nach diesen lächerlichen Hebeln und Schaltern, die ihn im gleißenden Licht der Kabine silbern umgaben. »Zweihundertzehn«, sagte er. »Ich glaube nicht, daß Sie es bei dieser Geschwindigkeit schaffen, hinaufzukommen in die Wagen über uns. »Es ist meine Pflicht«, schrie der Zugführer. »Gewiß«, antwortete der Vierundzwanzigjährige, ohne seinen Kopf nach dem sinnlosen Unternehmen des Zugführers zu wenden. »Ich muß es wenigstens versuchen«, schrie der Zugführer noch einmal, nun schon weit oben im Korridor, sich mit Ellbogen und Schenkeln gegen die Metallwände stemmend, doch wie sich die Maschine weiter hinabsenkte, um nun in fürchterlichem Sturz dem Innern der Erde entgegenzurasen, so daß der Zugführer in seinem Schacht direkt über dem Vierundzwanzigjährigen hing, der am Grunde der Maschine auf dem silbernen Fenster des Führerraumes lag, das Gesicht nach unten, ließ seine Kraft nach. Der Zugführer stürzte auf das Schaltbrett und kam blutüberströmt neben den jungen Mann zu liegen, dessen Schultern er umklammerte. »Was sollen wir tun?« schrie der Zugführer durch das Tosen der ihnen entgegenschnellenden Tunnelwände hindurch dem andern ins Ohr, der mit seinem fetten Leib, der jetzt nutzlos war und nicht mehr schützte, unbeweglich auf der Glasscheibe des Führerstandes klebte und den Abgrund unter ihm in seine nun zum ersten Mal weit geöffneten Augen sog. »Was sollen wir tun?« schrie der Zugführer noch einmal, worauf der Vierundzwanzigjährige, ohne sein Gesicht vom Schauspiel abzuwenden, während die zwei Wattebüschel durch den ungeheuren Luftzug, der nun plötzlich hereinbrach, pfeilschnell nach oben in den Schacht über ihnen fegten, mit einer gespensterhaften Heiterkeit antwortete: »Nichts.«

Aus den Papieren eines Wärters

Die hinterlassenen Papiere eines Wärters, herausgegeben von einem Hilfsbibliothekar der Stadtbibliothek

1

Ich halte es für nötig, an dieser Stelle beizufügen, daß es nicht etwa ein mystisches Gleichnis ist, das ich hier aufzeichne, eine Art Beschreibung symbolischer Träume eines Sonderlings, sondern daß ich hier nichts anderes als die Wirklichkeit der Stadt darstelle, ihre tatsächliche Realität und ihr tägliches Antlitz. Es wäre hier einzuwenden, daß mir zur Darstellung der Realität die Distanz und damit der Glaube fehle, denn es sei vor allem der Glaube, der uns befähige, die Wirklichkeit richtig zu sehen und zu beurteilen, nun sei ich ein Wärter, und gerade als solcher könne ich unmöglich mehr eine Distanz und einen Glauben haben. Diesen Einwand zu widerlegen, bin ich nicht in der Lage. Ich bin ohne Glauben, und ich bin ein Wärter und als solcher sicher den geringsten Angestellten der Stadt zugeteilt, aber dennoch ihr Angestellter und damit – ich schreibe dies nicht ohne Stolz, denn es ist das Besondere meiner Lage – im Verhältnis zu dem, was ich war, als ich die Stadt betrat, unendlich mehr. Damals war ich ein Fremder, und als Fremder war ich im Verhältnis zu ihr unendlich weniger als ein Wärter. Dies ist meine Geschichte, wie ich in ein Verhältnis zur Stadt kam und wie ich Wärter wurde: wer eine Geschichte hat, besitzt auch Wirklichkeit, denn eine Geschichte kann sich nur vor einer Wirklichkeit abspielen. Die Geschichte der Stadt darzustellen, ist jedoch nicht meine Aufgabe, das ist mir als Wärter auch ganz unmöglich, denn für mich kann die Stadt nicht etwas historisch Gewordenes sein, sondern der Hintergrund, von dem sich mein Schicksal wie von einer flammenden Wand abhebt. Ich will damit natürlich nicht leugnen, daß es ungeheure geschichtliche Entwicklungen gewesen sind, die die Stadt ins Leben riefen und nach und nach ihre Gesetze geprägt haben, wie hinter dem Diamanten ja gleichsam die Entwicklung der Erde selbst steht, diese kaum zu ahnende Geschichte unermeßlicher Vorgänge. Wie sollten wir aber je Einblick in die Entwicklung der Stadt erlangen können, wenn uns der Einblick in ihre Ordnung verwehrt ist? Wir sind zwar alle von ihr bestimmt und eingeordnet nach dem Grade unserer Fähigkeiten, ja unserer Laster, aber keinem von uns hat sich ihre Ordnung bis in die letzte Klarheit dargestellt, wie ein Abgrund, der nie ganz zu erhellen ist. Die jedoch, denen ihr Rang vielleicht ein größeres Wissen gibt, sind für uns unerreichbar, denn wir gehören der untersten Verwaltungsstufe an. Doch kennen auch sie nur die Oberfläche und nicht das Zentrum der Schrecken, in welchem wir unsere Pflicht erfüllen, so daß wohl niemand Oben und Unten zugleich überblickt. Doch möchte ich hier nicht weitersprechen. Ich bewege mich in Gebieten, die sich der Darstellung entziehen; wie ich denn die folgenden Zeilen nur zögernd und unter großen Schwierigkeiten niederschreibe, denn die Stadt ist nur Wirklichkeit und nichts anderes. So geschieht meine Geschichte denn nicht in einem symbolischen Raum des Geistes oder im unendlichen des Glaubens und der Liebe, der Hoffnung und der Gnade, sondern in dem wirklichen, und wer hätte mehr Wirklichkeit als die Hölle, wer mehr Gerechtigkeit, und wer ist so ohne Gnade wie sie?

Wenn droben die langen Nächte heransteigen, in denen die Winde heulend über die Erde irren, sehe ich wieder die Stadt vor mir, wie an jenem Morgen, da ich sie zum ersten Male, in der Wintersonne ausgebreitet, am Fluß erblickte. Die Stadt schien von wunderbarer Schönheit, und in der Dämmerung durchbrach das Licht die Mauern wie warmes Gold, doch denke ich mit Grauen an sie zurück, denn ihr Glanz zerbrach, als ich mich näherte, und wie sie mich umfing, tauchte ich in ein Meer von Angst hinab. Auf ihr schienen giftige Gase zu liegen, welche die Keime des Lebens zersetzten und mich zwangen, mühsam nach Atem zu ringen. Dann gab es Stunden, in denen ich ahnte, daß die Stadt sich selber genügte und den Menschen mißachtete. Ihre Straßen waren nach festen Plänen gerade und gleichgerichtet oder durchschnitten von bestimmten Plätzen aus strahlenförmig die grauen Wüsteneien der Häuser. Die Gebäude waren alt und baufällig, manchmal an den Plätzen von öden, neueren Häusern abgelöst, doch wirkten gerade diese Riesenbauten am altertümlichsten. Die Paläste waren zerfallen und die Regierungsbauten verwahrlost und in

Wohnblöcke umgewandelt, die Fenster der leeren Geschäfte zerschlagen. Noch standen einzelne Kathedralen, doch auch sie stürzten unaufhaltsam zusammen. Der Kranz der rauchenden Schlote und der langsam und sinnlos sich drehenden Riesenkrane war unübersehbar. Die Wolken standen unbeweglich über dem Gewirr von Mauern und Eisen, der Rauch der Kamine stieg senkrecht in das Blei des Himmels. In den Wintern kam lautlos der Schnee als eine reine Decke, doch auch er wurde grau und schwarz. Niemand kannte den Hunger, es gab weder Reiche noch Arme, niemand war ohne Beschäftigung, doch drang auch nie das Lachen der Kinder an mein Ohr. Die Stadt umgab mich mit schweigenden Armen, die Augen ihres steinernen Gesichts waren leer. Nie vermochte ich das Dunkel aufzuhellen, das über ihr als eine dämmerhafte Menschenferne lag. Mein Leben war sinnlos, denn sie verwarf, was sie nicht benötigte, weil sie den Überfluß verachtete, unbeweglich auf dieser Erde ruhend, umspült vom grünen Fluß, der in unendlicher Bewegung ihre Wüsten durchfloß und nur im Frühling manchmal anschwoll, um die Häuser zu bedecken, die an seinen Ufern lagen.

Erbaut, damit wir uns selbst am Grunde der Schrecken begegnen, lehrte sie mich, auch im Kleinen vorsichtig zu sein. Wir sind Menschen, nicht Götter, die in einer Zeit leben, die sich wie keine auf das Foltern versteht. Wir brauchen immer wieder sichere Höhlen, in die wir uns zurückziehen können, und seien es auch nur jene des Schlafs, erst in den untersten Verliesen der Wirklichkeit werden uns auch die genommen. So war es vor allem mein Zimmer, dem ich vieles verdanke und in welchem ich immer wieder Zuflucht fand. Es lag in den östlichen Vorstädten, im Dachstuhl eines Mietshauses, das sich von den übrigen nicht unterschied. Die Wände waren zur Hälfte abgeschrägt und sehr hoch, nur durch zwei Nischen im Norden und Osten unterbrochen, in denen die Fenster waren. An der großen, abgeschrägten Westwand befand sich das Bett und beim Ofen eine Kochstelle, auch waren noch zwei Stühle und ein Tisch im Zimmer. An die Wände malte ich Bilder, die nicht groß waren, doch bedeckten sie mit der Zeit die Mauern und die Decke vollständig. Auch der Kamin, der mitten durch mein Zimmer ging, war von oben bis unten mit Figuren bemalt. Ich stellte Szenen aus unsicheren Zeiten dar, besonders die Abenteuer meines wilden Lebens, die

Kriege, die ich im Kampf um die Freiheit mitmachte, auch die großen Atombombenangriffe waren aufgezeichnet. War kein Platz da für neue Bilder, fing ich an, jedes Bild von neuem durchzuarbeiten und zu verbessern. Auch kam es vor, daß ich in einer Art blinder Wut ein Bild wegkratzte, um es noch einmal zu gestalten, die trübselige Beschäftigung meiner öden Stunden. Auf dem Tisch befand sich Papier, denn ich schrieb viel, meistens sinnlose Pamphlete gegen die Stadt. Auch befand sich auf dem Tisch ein Leuchter aus Bronze, in welchem eine Kerze brannte, denn auch am Tage war das Licht schwach. Das Haus aber, in welchem sich mein Zimmer befand, habe ich nie durchforscht. Wenn es auch von außen wie ein neuerer Bau aussah, so war es doch innen alt und zerfallen, mit Treppen, die sich im Dunkeln verliefen. Ich habe in ihm nie Menschen gesehen, obgleich viele Namen an die Türen geschrieben waren, unter ihnen auch der eines Sekretärs der Verwaltung. Nur einmal habe ich es unternommen, die Klinke einer Türe niederzudrücken, die unverschlossen war und in einen Gang führte, in welchem sich zu beiden Seiten Türen befanden. Es war mir, als vernehme ich von weither dumpfes Sprechen, worauf ich wieder zurückwich und in mein Zimmer ging. Das Haus gehörte der Stadt, denn oft kamen Beamte der Verwaltung, doch verlangten sie nie Mietgeld, als wäre ihnen meine Armut selbstverständlich. Es waren Menschen mit einem leisen Benehmen, oft Frauen darunter, in einfachen Straßenkleidern und Regenmänteln, und nie waren es die gleichen, die kamen. Sie sprachen von der Baufälligkeit des Hauses und daß die Stadt es abbrechen würde, wenn nicht die Wohnungsnot infolge der wachsenden Zahl der Fremden zu groß wäre. Auch kamen von Zeit zu Zeit Männer in weißen Mänteln, die Papierrollen unter dem Arm trugen und ohne ein Wort zu reden stundenlang mein Zimmer ausmaßen, worauf sie mit spitzen Federn in ihren Plänen kritzelten und Linien zogen. Doch waren sie nie aufdringlich und fragten nie nach meiner Herkunft. Ich verachtete sie und verbarg vor ihnen nicht einmal die Papiere, auf denen die Pamphlete standen. Sie kamen jedoch nur in mein Zimmer und nicht in die anderen Räume des Hauses, denn von meinem Fenster konnte ich beobachten, daß sie von der Straße zu mir heraufkamen und das Haus wieder verließen, wenn sie die Arbeit auf meinem Zimmer beendet hatten.

Auch fing ich an, die Menschen zu hassen, weil ich sie verachten lernte. Sie waren verschlossen und für sich, wie die Stadt, in der sie lebten. Nur selten gelang es, ein kurzes und hastendes Gespräch über gleichgültige Dinge mit ihnen anzuknüpfen, und auch dann wichen sie aus. Es war unmöglich, in ihre Häuser zu dringen. Doch gab ich die Jagd nach ihren Geheimnissen erst auf, als ich erkannte, daß sie keine hatten. Sie ließen sich ohne Ideale zu Millionen in die rauchenden Fabriken treiben, in die nüchternen Betriebe und an die endlosen Reihen der Arbeitstische. Es gab nichts, das sie verschönte und ihren Anblick milderte. Die Stadt bot sie gleichsam nackt meinem Blicke dar. Oft stand ich an den Mittagen auf den gewaltigen Plätzen, wenn die Arbeitsheere angeschwemmt kamen, Schwärme von Radfahrern, die blauen, abgenutzten Gefäße der Straßenbahnen ebenso überladen wie die rostigen Omnibusse, an denen die Farbe abblätterte. Aus den schwarzen Mündern der Metro wurden in regelmäßigen Abständen riesige Schübe von Fußgängern ausgestoßen. Privatwagen gab es keine mehr, nur hin und wieder glitt schweigend ein Wagen mit Polizisten vorüber, auch der war unscheinbar und veraltet. So schaute ich denn auf die rollenden Wogen des Alltags, die unablässig immer neue Gesichter heranwälzten, alle müde, alle grau, alle schmutzig. Ich blickte auf die gekrümmten Rücken und auf die schäbigen Kleider, auf die zerschundenen Hände, die eben noch einen Hebel umklammert hatten und sich jetzt um eine Lenkstange schlossen. Die Luft war von ihrem Schweiß verpestet. Eine sinnlose Masse nahm mich in ihre Mitte, die nichts als vegetieren wollte und in eine stampfende Maschine eingebaut war, deren Räder ohne Unterbruch liefen, die Stunden, die Tage, die Jahre hindurch, zeitlos und undurchsichtig. Ich sah die Frauen, die unelegant und hilflos waren, an irgendeinen ewig mürrischen, ewig betrunkenen Mann gekoppelt, die Mädchen, ohne Schmuck und ohne Grazie, bald einem lächerlichen Traum von Liebe verfallen, bald zerstört und die Augen ohne Hoffnung. So eilten sie wie gehetzte Tiere nach ihren Höhlen, in die schmutzigen Pensionen und in die dunklen, windigen Kammern unter den halbgeborstenen Firsten. Ich las in den Falten der Gesichter ihre alltäglichen und trostlosen Schicksale, ich erriet ihre Wünsche, die sich um die banalen Dinge ihres Lebens drehten, um ein mageres Stück Fleisch, das sie daheim im

Blechteller hofften, um den Schoß eines verblühten Weibes, das sich dumpf hingab, um ein abgegriffenes Buch aus der Leihbibliothek, um eine Stunde wirren Schlafs, verkrampft auf einem zerschlissenen Kanapee, um das karge Gedeihen eines kleinen Schrebergartens. Ich spürte an den Sonntagen ihren Vergnügungen nach. Ich stand auf den Fußballplätzen, eingeklemmt in ihre Unzahl, verschlungen von ihrer Häßlichkeit, und hörte ihr Schreien und Toben. Dann begab ich mich zu den großen Parkanlagen, die in die Stadt gesprengt sind. Ich sah die Züge der Familien, die stumpf und brav im Gänsemarsch daherkamen, Familienväter, die sich nach einem dünnen Bier sehnten, in diesen Wüsten der Arbeit ihr einziges Glück. Ich stieg hinab in ihre Nächte. Die brüllenden Gesänge der Betrunkenen vermischten sich mit dem Rot der Sterne, die am Horizont wie Fackeln aufglommen. Ich sah die Liebespaare in den drekkigen Höfen und auf den faulenden Bänken am Fluß, die sich ineinander flüchteten, eins am anderen scheiternd, eins das andere umklammernd. Ich sah die Dirnen, die sich für eine Kupfermünze verkauften, schritt unter den grünen Reklamen der billigen Kinos hindurch. Mein Ohr vernahm das ewig eintönige Geleier der Rummelplätze. Dann flammten wilde Flüche auf. Ich sah das weiße Blitzen der Messer, schwarzes Blut, das vor meine Füße schwemmte. Wagen heulten heran, aus denen dunkle Gestalten sprangen, in die wütenden Knäuel der Leiber tauchten und sie auseinandersprengten. Ich verließ die Straßen und suchte die öffentlichen Gebäude auf. Ich fand jene, die sich in die Wissenschaften flüchteten, ich war in ihren verstaubten Laboratorien und in ihren Lesesälen, ich sah, wie sie einem Phantom nachjagten, um nicht die Wirklichkeit dieser Welt zu schmecken. Ich besuchte die Ateliers der Künstler und wandte mich mit Abscheu von ihnen, wie ich malten sie ohnmächtig ihre Träume nieder. Die Dichter und Musiker glichen Gespenstern aus längst untergegangenen Zeiten. Ich betrat die zerfallenen Kathedralen und hörte den Geistlichen zu, die sich vor halbgefüllten Bänken bemühten, in den leeren Raum dieser Welt das Licht ihrer Religionen zu gießen. Narren, die der Masse jenen Glauben zu schenken hofften, der bei ihnen selbst keine Kraft mehr hatte. Ich sah die Lüge ihres Unglaubens auf ihren Stirnen brennen und ging lachend weiter. Ich spürte die Sekten auf und die wunderlichen Gemeinschaften, die sich in ärmlichen Stuben versammelten, in Estrichen, wo Spinnweben wie alte Fahnen über ihren Köpfen schwankten und Fledermäuse die Monstranz beschmutzten, in Kellerlöchern, wo sie mit den Ratten ihre stummen Abendmahle teilten. So war alles, was die Stadt mir bot, von einer grenzenlosen Armut, zugedeckt von der grauen Wasserfläche der Alltäglichkeit, von einem toten Ozean, über den in immer gleichen Kreisen die schwarzen Raben ihrer Wächter flatterten.

Von ihr mit eisernen Armen umklammert, wurde mein Schicksal immer lächerlicher. Durch den Ekel und den Haß, den mir die Menge auf ihren Plätzen erregte, immer mehr in mein Zimmer zurückgedrängt, begann ich nutzlosen Träumen nachzuhängen, die um so wahnwitziger waren, als ihre Erfüllung in dieser Welt des Alltäglichen unmöglich war. Ich hatte erkannt, daß es nur noch eine Möglichkeit gab, zu leben, ohne schon lebend zu den Toten zu zählen: die Möglichkeit der Macht. Zu schwach, der Gier nach ihr zu entsagen, und zu realistisch, um nicht einzusehen, daß es in der Stadt unmöglich war, je Macht zu bekommen, überließ ich mich verzweifelt wilden Wünschen. Ich sah mich in Gedanken als einen finsteren Despoten. Bald trieb ich die verhaßte Menge in eine Qual um die andere und starrte in ungeheure Feuerbrände, bald überhäufte ich sie mit Festen und bot ihr blutige Spiele und Orgien. Dann wieder schritt ich zu ungeheuren Eroberungskriegen. Ich verfinsterte den Himmel mit meinen Luftflotten und hielt in unhaltbaren Situationen bis zum Untergang schweigend aus. In den Suppenanstalten, in denen ich meine Mahlzeiten einnahm, setzte ich mich abgesondert von den anderen in eine Ecke und löffelte mein Blechgefäß leer, dabei weilte mein Geist bei unermeßlichen Unternehmungen. Ich verließ die menschlichen Gebiete mit Millionen von Arbeitsheeren und machte die Antarktis fruchtbar, bewässerte die Gobi, ja, ich ließ die Erde hinter mir, die ich von mir warf wie die Schale einer genossenen Frucht. Ich wandte mich dem Monde zu, dessen schweigende Lavawüsteneien ich in fantastischem Taucherkostüm durchmaß, schwimmend im Licht einer riesenhaften Sonne. Eingeklemmt in den Straßenbahnen träumte ich auf meinen eintönigen Heimfahrten in die Vorstadt von den dampfenden Dschungeln der Venus, unter deren rollenden Gewittern ich meinen Weg durch Saurierherden hindurch nahm, triefend vor Schweiß, oder ich dachte mich angeklammert an das eisige Gestein eines Jupitermonds, dessen runder Schatten über die gigantische rote Scheibe des Planeten raste, der den ganzen Himmel einnahm, ein zäher, wirbliger Brei, ein Ungetüm an Masse und Schwere. O peinliches Erwachen aus meinen Träumen! Der Ekel klebte an meinen Lippen, wenn ich auf die Wirklichkeit der Stadt starrte, auf diese schmutzigen Dächermeere, behängt mit Wäsche, die naß im Winde flatterte, auf die wechselnden Schatten, welche die Wolkenberge auf die menschliche Trostlosigkeit herunterwarfen. Ich verlegte mich aufs Schreiben, zeichnete auf, was ich in meinen Träumen sah, ein Don Quijote, dem nicht einmal mehr ein klappriger Gaul und eine rostige Rüstung zuteil wurde, um gegen die Welt, die ihn umgab, anzukämpfen. Wie ein Wahnsinniger eilte ich dann durch die Straßen und durch die staubigen Anlagen der kleinen Fabriken, die sich dort ansammelten, zum Fluß hinunter und starrte in das unaufhörlich fließende Wasser. Ich dachte an Selbstmord. Der Gedanke an ein Verbrechen tauchte auf, ich sah mich als Mörder, gehetzt von allen Menschen, ein Raubtier, das, planlos würgend, in verfallenen Kanalisationen lebt. Meine Verzweiflung trieb mich dem Laster in die Arme, die Nächte häuften sich, in denen ich bei Dirnen lag, nackt über die willigen Leiber geduckt, versunken im Genist der Dächer, umgurrt von Tauben, die der Schrei meiner Gier weckte. Endlich beschloß ich zu handeln. Ich hatte die Wohnung eines Beamten ausfindig gemacht, der mitten in Kindergeschrei und dem Lärm kleiner Handwerker im Parterre einer dreckigen Mietskaserne wohnte, eine Straße von mir entfernt. Doch lag, als ich mein Zimmer verließ, um den sinnlosen Mord zu begehen, ein kleiner halbzerrissener Zettel vor meiner Türe, der mich am anderen Tage bei einem angegebenen Beamten der Verwaltung erscheinen hieß.

Das Zimmer, in welches ich gewiesen wurde, lag in einem großen Haus der Innenstadt, das einmal eine Schule gewesen sein mußte und jetzt im zweiten Stock verschiedene Räume der Verwaltung enthielt. Die Treppen waren alt und schmutzig, abgenutzt von unzähligen trampelnden Schuhen, in den Fenstern fehlten verschiedene Scheiben, aus einem Korridor hörte ich von irgendwoher eine alte Standuhr ticken, und ein anderer war versperrt mit aufeinandergetürmten alten Schulbänken. Im Parterre und im ersten Stock schienen Wohnungen eingerichtet worden zu sein; ein kleines Kind kroch mir auf einmal blitzschnell zwischen den Beinen hindurch und verschwand in irgendeinem der Gänge. Im zweiten Stock hatte ich geraume Zeit zu suchen, denn die Zimmer waren nicht nach der Reihenfolge, sondern planlos numeriert, außerdem waren die Korridore hier finsterer als im unteren Stockwerk. Auch konnte ich erst hier durch ein offenes Fenster hindurch feststellen, daß ich mich in einem rechteckigen Gebäude befand, das einen gepflasterten Hof umgab, in welchem eine wilde Unordnung herrschte. Verrostete Fahrradgestelle lagen herum, zusammengebrochene Gartenstühle, zerschlagene Schreibmaschinen, verbeulte Gefäße und ein bunter Kinderball. In der Mitte stand ein verfaultes Harmonium neben einer auseinandergenommenen alten Matratze, in der sich junge Katzen balgten. Quer über den Hof war ein Seil mit Wäsche gespannt, die, ganz zerschlissen und vergilbt, offenbar schon lange hing. Zwischen den Pflastersteinen wucherte hohes Gras. Ich wandte mich vom Fenster weg und suchte weiter. Der Boden des Korridors war mit abgetretenem Linoleum ausgelegt. Es war totenstill, nur ungewiß glaubte ich einmal eine Schreibmaschine zu vernehmen. Wie ich endlich die angegebene Ziffer fand und klopfte, wurde die Türe von einem noch jüngeren Mann geöffnet, der nicht unsorgfältig mit einem grauen Hemd, einem weißen Leinenkittel und einer grauen Hose bekleidet war, doch fehlte die Krawatte. »Verzeihen Sie«, begrüßte er mich, »die Anordnung der Numerierung wird Ihnen Mühe gemacht haben. Es sammeln sich hier mit der Zeit von allen Departementen Bureaus an, leider mit ihren eigenen Nummern, und so ist die Verwirrung entstanden, ein unnötiger Zeitverlust für den Besucher.« Er bot mir einen etwas beschädigten, doch bequemen Lehnstuhl mit Ohrenklappen an und nahm auf einem gewöhnlichen Holzstuhl Platz, der hinter einem alten Tische stand, der so primitiv war, daß er einfach einem Brett mit vier Beinen glich. Auf dem Tisch befanden sich eine Papiermappe und ein gelber Bleistift, sonst nichts. »Ich danke Ihnen, daß Sie gekommen sind«, sagte er, indem er die Mappe aufschlug.

»Sie sind von der Verwaltung«, antwortete ich, verwundert, daß ich so viel günstiger saß als er, aber auch von seinem Dank verwirrt. »Ich habe nicht zu überlegen, sondern zu gehorchen, wenn Sie mich herbefohlen haben. Sie verfügen über die Polizei und können anordnen, was Sie wollen.«

»Sie waren Soldat«, entgegnete der Beamte, »und schätzen uns nach militärischen Gewohnheiten ein. Die Verwaltung ist jedoch anderer Art, und so ist Ihr Schluß falsch.« Er sprach ruhig und sachlich, als handle es sich um Mathematik, und fuhr fort: »Wir können in Ihrem Falle nicht befehlen, Sie sind ja nicht einmal eingeteilt. Wenn jemand nicht zu uns kommen will, müssen wir ihn besuchen, eine oft zeitraubende Arbeit. Auch kommt es vor, daß wir nicht empfangen werden, und dann sind wir machtlos. Die Fälle, in denen wir durch die Wärter eingreifen können, sind streng begrenzt.«

»Was nennen Sie Wärter?« fragte ich.

»Wir meinen damit die Polizei. Die Verwaltung braucht für sie die Bezeichnung Wärter.«

»Und was will die Verwaltung von mir?« fragte ich und betrachtete das Zimmer. Außer dem Tisch und den zwei Stühlen enthielt es noch einen Ofen. Das Fenster wies sorgfältig gereinigte Scheiben auf und ging nach dem Hofe; eine fehlende Scheibe war mit einem grauen Karton ersetzt. Die Wände waren aus Holz und vollständig kahl, doch von einer peinlichen Sauberkeit.

»Ich muß versuchen, Sie einzuteilen«, antwortete der Beamte und nahm ein Blatt aus der Mappe. »Sie haben mich vielleicht schon gesehen. Ich wohne ganz in Ihrer Nähe. Auch stand ich einmal neben Ihnen auf dem Fußballplatz.«

»Sie wohnen im Parterre der Mietskaserne, eine Straße von mir?« fragte ich gespannt.

»Gewiß. Die Verwaltung weist einem jeden von uns Fälle zu, die er auch persönlich zu überblicken vermag«, sagte der Beamte. Sein Gesicht lag im Licht und meines im Schatten, auch hier hatte ich den Vorteil, ich konnte ihn beobachten, ohne daß er es bemerkte. Sein Antlitz war leidenschaftslos und fast ohne Ausdruck, die Augen, die Nase, der Mund, die Stirne, all dies war wie geometrisch konstruiert.

»Die Verwaltung will mich einteilen«, sagte ich. »Wollen Sie mir sagen, was dies bedeutet?«

»Wir müssen doch eine Beschäftigung für Sie suchen«, entgegnete er und hob nur wenig die überdeutlich gezeichneten Augenlider. »Wir müssen doch etwas für Sie tun.«

»Es genügt mir, wie ich lebe«, log ich.

»Wenn Sie so weiterleben wollen, dürfen Sie das natürlich. Die Suppenanstalt steht Ihnen jederzeit offen, das

Zimmer steht Ihnen immer zur Verfügung. Sie sind frei. Dennoch bitte ich Sie, die Vorschläge der Verwaltung anzuhören und dann Ihren Entschluß zu fassen. Darf ich Ihnen eine Zigarette anbieten?«

»Die Verwaltung ist großzügig«, sagte ich und zündete mir die Zigarette an, eine jener Art, die wir alle rauchen. Ich spürte, daß er mit dieser Geste Zeit gewinnen wollte. »Nun«, fuhr ich fort, indem ich den Rauch durch die Nase blies, »was haben Sie mir zu bieten?«

»Eine Stelle als Fabrikarbeiter, eine Stelle im Kleinhandwerk, eine Stelle als Gärtner in unseren landwirtlichen Betrieben, eine Stelle in den Magazinen der Konsume und eine in der Kehrichtabfuhr«, entgegnete der Beamte.

»Die noch nicht ganz auf der Höhe ist«, warf ich ein.

»Erst jetzt kommen wir dazu, die Kehrichtabfuhr zu entwickeln«, sagte er. »Wir müssen jetzt unsere Vorschläge miteinander besprechen. Sie werden Ihre Wünsche haben.«

»Sie meinen, ich soll einer von denen werden«, antwortete ich, indem ich den Kopf ein wenig nach der Türe bewegte, und lehnte mich in meinen Sessel zurück.

»Ich denke, es ist das Beste für Sie.«

»Danke«, sagte ich, »mein Leben genügt mir. Ich werde auf mein Zimmer zurückkehren.« Ich sagte diese Worte gleichgültig und schaute kaltblütig nach dem Beamten, über den ich eben das Todesurteil gesprochen hatte, denn ich war fest entschlossen, den Mord zu begehen. In dieser Welt hatte nur noch das Verbrechen einen Sinn. Der Beamte, der, ohne es zu wissen, um sein Leben kämpfte, hob ruhig ein Blatt vor seine Augen und sagte:

»Sie denken sehr unfreundlich von unserer Stadt, und besonders von dem, was Sie Masse nennen, haben Sie eine schlechte Meinung. Sie sind unzufrieden mit Ihrer gegenwärtigen Lage.«

»Wie kommen Sie darauf?« fragte ich, mißtrauisch geworden. Der Beamte legte das Blatt wieder in die Mappe zurück und sah mich an. Ich begriff plötzlich, daß dieser noch jüngere Mann vor mir in seinem weißen Leinenkittel und mit seiner fehlenden Krawatte müde war, wie nach einer jahrelangen ununterbrochenen Arbeit des Geistes, und daß eine unaufhörliche Anspannung die geometrischen Linien seines Gesichts zeichnete. Ich erkannte jedoch gleichzeitig, daß ein überwacher, exakter Verstand hinter dieser Stirne herrschte und sein Blick von einer unbestechlichen Beobachtungsgabe geschärft war. Solche Menschen sind gefährlich. Ich beschloß, auf der Hut zu sein.

»Ich habe einige Ihrer Schriften gelesen«, sagte nun der Beamte und wandte seinen Blick nicht von mir ab. Das entscheidende Wort war gefallen. Wir fixierten uns und schwiegen minutenlang. Draußen im Hofe ertönte plötzlich Kindergelächter.

»Das Lachen der Kinder«, sagte der Beamte, »haben Sie in dieser Stadt auch nie bemerkt.« Seine Stimme klang bitter.

»Gehören meine Schriften zu jenen Fällen, in denen die Wärter eingreifen dürfen?« fragte ich, von einem bestimmten Verdacht erfaßt.

»Die Aussagen des Geistes dürfen unter keinen Umständen bestraft werden, auch wenn sie der Auffassung der Verwaltung zuwiderlaufen«, antwortete er bestimmt.

»Die Beamten, die in mein Zimmer gekommen sind, um es zu vermessen, waren Spione, nicht wahr?« fragte ich höhnisch und machte es mir in meinem Lehnstuhl immer bequemer.

»Wir sind über die Art, wie Sie leben und über die Ansichten, die dieses Leben bewirken, beunruhigt und wünschen Ihnen zu helfen«, entgegnete er, ohne auf meine Frage einzugehen, doch gab er sich gerade so die erste Blöße, die es auszunutzen galt.

Ich lachte: »Ich bedrohe die Stadt, das kann ich mir denken!« Der Beamte schaute mich schweigend und, wie mir schien, mit einer gewissen Verwunderung an, als komme ihm mein Schluß seltsam vor.

»Die Stadt fürchtet mich«, sagte ich, zwar gleichmütig, aber in Wirklichkeit etwas unsicher. »Ich lasse mich nicht einteilen.«

»Davon kann keine Rede sein«, antwortete endlich der Beamte. »Wir fürchten uns vor niemandem. Aber Sie bedrohen sich selbst, das beunruhigt uns, nur das. Sie haben die Welt immer noch nicht begriffen.« Draußen lachten wieder die Kinder.

»Dann ist die Welt von denen begriffen worden, die sich in die staubigen Magazine oder in die verdreckten Landwirtschaftsbetriebe einteilen ließen, von denen, die sich in den endlosen Fabriken zu Tode arbeiten, wenn sie sich nicht gar entscheiden, bei einer Kehrichtabfuhr mitzumachen, die noch nicht richtig funktioniert«, entgegnete ich, durch das Kindergelächter geärgert, und blies dem Beamten eine Schwade Zigarettenrauch ins Gesicht. Doch blieb er unbeweglich und schien meine Unhöflichkeit nicht zu beachten.

»Sie verachten die Leute«, antwortete er, »doch sind Sie der Chance näher, die uns noch geblieben ist.«

»Wir haben keine Chance, es sei denn, daß Sie das Ziel, Vorarbeiter zu werden, eine Chance nennen«, sagte ich. »Die Verwaltung hat dafür gesorgt, daß es keine Chance gibt, und verwandelt die Welt in einen Termitenhaufen. Ich war Soldat. Ich habe für eine bessere Welt gekämpft.«

»Sie hatten den Auftrag, Banditen zu bekämpfen«, verbesserte er mich und hob ein wenig die Brauen, eine Bewegung, die ich immer dann bei ihm feststellte, wenn er in die Enge getrieben war.

»Wir kämpften gegen die Banditen für den Frieden, für die Freiheit, für eine bessere Zukunft und für weiß Gott was alles«, fuhr ich hartnäckig fort. »Und jetzt sind dieser Friede und diese Freiheit gekommen. Wir suchten Wasser und fielen in einen Sumpf.«

»Wir haben Sie lange beobachtet«, sagte der Beamte und setzte sich aus seiner etwas gebückten Haltung gerade und steif aufrecht. Er legte beide Unterarme auf den Tisch und fuhr fort, während draußen die Kinder immer lärmender wurden: »Sie machten die Kämpfe bis in ihre letzten Ausläufer mit. Sie beteiligten sich noch bei den Alpenkriegen. Die Verwaltung hat einige Male versucht, Sie zurückzuziehen, aber Sie weigerten sich.«

»Ich konnte meine Kameraden nicht im Stich lassen«, warf ich ein.

»Sie kämpften in einer Elitegruppe, die aus Freiwilligen bestand. Jeder Ihrer Kameraden konnte sich wie Sie jederzeit aus dem Krieg zurückziehen. Keiner hat es getan. Sie sagen, Sie hätten für die Freiheit gekämpft. In Wirklichkeit kämpften Sie, weil der Krieg für Sie ein Abenteuer war.«

»Waren Sie je im Krieg?« fragte ich neugierig.

»Nein«, bestätigte er meine Vermutung.

»Sehen Sie«, sagte ich, »das habe ich mir gedacht. Der Krieg ist kein Abenteuer, wie man sich das so von seinem Bett aus träumt, sondern eine Hölle.«

»Würden Sie sich wieder freiwillig stellen?« fragte er mit einem seltsamen Zögern. Ich sah in seinen Augen die Spannung, mit der er meine Antwort erwartete.

»Gibt es denn irgendwo noch Krieg?« fragte ich mißtrauisch, da ich die Falle witterte, die er mir stellte.

»Im Tibet«, antwortete er.

Hier begann das Gespräch mit dem Beamten für mich wichtig zu werden. Ich hatte mich bis jetzt treiben lassen, nur dadurch in Spannung gehalten, daß ich aus Zufall mit jenem Menschen sprach, den zu töten ich beschlossen hatte. Nun ahnte ich, wenn auch noch unbestimmt, daß es noch eine andere Möglichkeit gab als den Mord, diese Welt zu ertragen, jene, in den Krieg zurückzukehren. Es war mir zwar ganz klar, daß es dem Beamten vorerst gar nicht darum ging, mir diesen Antrag zu stellen, er wollte, eigensinnig wie nun einmal die Beamten sind, nur in seiner Ansicht recht behalten, daß für mich der Krieg ein Abenteuer gewesen sei; doch meinem Ziel zuliebe, in den Krieg zurückzukehren als den einzigen Ausweg aus meiner hoffnungslosen Situation, mußte ich ihm hier den Sieg lassen, denn nur mit großer Geduld war bei ihm etwas auszurichten.

»Natürlich würde ich mich melden, wenn dies möglich wäre«, sagte ich. »Sie sehen, ich gehe ruhig in die Falle, die Sie mir stellen. Aber Sie kennen den Krieg nicht, und so ist jetzt *Ihr* Schluß falsch. Der Krieg ist eine Hölle, aber wenigstens eine ehrliche. Es lohnt sich noch, in ihm um sein Leben zu kämpfen, und insofern ist er ein Abenteuer, da sollen Sie recht haben. Die Verwaltung dagegen hat eine entsetzlichere Hölle aufgebaut, als es je ein Krieg war, die Hölle der Alltäglichkeit.«

»Für uns am aufschlußreichsten sind jene Ihrer Schriften, die von Ihren Wünschen handeln«, begann der Beamte wieder, ohne auf meinen Wunsch einzugehen, mehr vom Krieg im Tibet zu vernehmen. »Sie bestätigen uns, daß Sie noch von Abenteuern träumen, die wir uns nicht mehr leisten können.«

Ich lachte: »Wir leisten uns allerdings nur noch ein Konzentrationslager, in dessen Gaskammern wir durch Langeweile umkommen.«

»Sie haben recht«, antwortete nach einigem Schweigen der Beamte, »wir sind alle Gefangene.« Das Lachen der Kinder im Hof wurde immer unerträglicher. »Wir haben durch die Jahrtausende hindurch sorglos von der Erde genommen, was sie uns bot«, fuhr er fort. Seine Stimme klang plötzlich leidenschaftlich, sein Gesicht verwandelte sich, und seine Augen funkelten in einem seltsamen, drohenden Feuer: »Wir trugen ihre Berge ab und schlugen ihre Wälder, durchpflügten ihre Felder, fuhren über ihre Meere. Der Boden war unerschöpflich, auf dem wir unsere Städte gründeten, unsere Reiche errichteten und wieder zerstörten. Verschwenderisch wie die Natur und grausam wie sie führten wir unsere Kriege, zuerst aus Lust, dann aus Hunger nach Gold und Ruhm und endlich aus Langeweile, opferten unsere Kinder, starben von Seuchen dahingerafft und lagen voll Gier nach immer neuem Leben bei unseren Weibern, aus deren Schoß die Menschheit immer mächtiger, immer zahlreicher hervorquoll, ein immer gewaltigerer Strom, und nie kam uns der Gedanke, daß die Erde selbst, dieser kleine Planet, unsere Gnade und unsere Aufgabe ist.«

In diesem Augenblick sauste klirrend der bunte Kinderball durch das Fenster und rollte auf meinen Schoß.

»Schon die zweite Scheibe«, unterbrach sich der Beamte, »und Glas ist schwer aufzutreiben.«

Ich gab ihm mechanisch den Ball, und er warf ihn hinunter.

»Man weiß doch, daß hier dic Verwaltung arbeitet«, schrie er ihm nach. »Immer wenn ich eine wichtige Besprechung habe, müßt ihr lachen und Ball spielen!«

»Ein Beamter hat nie eine wichtige Besprechung«, kam die Stimme eines Knaben herauf.

Der Beamte schloß das Fenster wieder. Draußen hörte man jetzt die Mütter, die mit den Kindern schimpften, endlich eine Männerstimme.

»Der Hauswart«, erklärte der Beamte und zuckte mit der Achsel. »Er ist immer betrunken und hält nie Ordnung.« Er nahm aus der Mappe einen Karton und heftete ihn mit Reißnägeln anstelle der nun fehlenden Scheibe an den Fensterrahmen. Es wurde dunkel im Zimmer, und der Beamte setzte sich wieder.

»Sie träumten von Fahrten nach dem Mond«, begann er unvermittelt von neuem, ohne zu beachten, daß ich nicht nur vom Vorfall mit dem Ball verwirrt war, sondern auch von der Leidenschaft und der Exaktheit, mit der er jetzt sprach. »Wir waren auf dem Mond. Man hat die Flüge schon unternommen, von denen Sie träumten.« (Er wies mit dem Finger auf ein Schriftstück, das er aus der Mappe genommen hatte und welches meine Schrift aufwies.) »Es war ein fürchterliches, stumpfsinniges Unternehmen. Wir lernten sehen, daß außer uns nichts ist als der tödliche Unsinn einer unbelebten Natur, in deren grenzenlosen Wüsten die Erde als der einzige atmende Ball schwimmt. Diese Fahrten gaben uns die Erde zurück und rückten uns wieder in die Mitte, eine zweite ptolemäische Wendung. Doch nicht Einsicht, nicht Vernunft, nicht die Religion vermochte uns zu ändern, es war die Erde selbst, die uns bezwang. In dem Maße, wie wir zunahmen, nahm sie ab, und plötzlich war sie klein und übersichtlich geworden, ganz in unser Bewußtsein aufgenommen. Die Not besiegte uns. Die alten Wirtschaftssysteme brachen zusammen, nicht wegen Theorien, sondern wegen der Unhaltbarkeit ihrer Struktur. Das Zusammenrücken aller ließ eine Welt nicht mehr zu, deren kleinerer Teil in verschwenderischem Reichtum lebte und immer größeren Unsinn erdachte, die Langeweile zu töten, während der weitaus größere Teil in bitterer Armut verharrte. Das unheimliche Anwachsen der Bevölkerung des Planeten erschütterte die politischen Gefüge, noch suchte man durch sinnlose Kriege einen sinnlosen Zustand aufrechtzuhalten, dann brach alles zusammen. Das allgemeine Elend, die Hungersnot, die Angst vor den immer schrecklicheren Waffen, aber auch die Möglichkeit, die Natur technisch zu bezwingen, wurden zu groß. Der Friede kam, aber nicht als Paradies, nicht als ein Zustand, der die Wünsche aller erfüllt, sondern als die letzte Chance, nicht zugrunde zu gehen, als ein harter Arbeitstag – von der Notwendigkeit erpreßt, der das Notwendigste für eine noch ständig wachsende Menschheit schaffen muß, der nicht an Luxus denkt, sondern an Kleider und Nahrung, an Medikamente und an die Weiterentwicklung der Wissenschaft, als eine unbarmherzige Forderung, die uns in die Fabriken treibt, in die Magazine, in die mechanisierten Betriebe der Landwirtschaft und in die halbzerstörten Bergwerke. Es ist bitter, daß die Verwaltung dies, offenbar vergeblich, immer wieder feststellen muß.«

»Es ist bitter«, entgegnete ich spöttisch, »daß die Leistungen der Verwaltung – sie sei gelobt« (ich verneigte mich sehr übertrieben) »– daß diese Leistungen, die niemand bezweifelt, uns offenbar nicht genügen. Bitte, der Anblick der mißvergnügten Massen, die sich durch die Straßen dieser Stadt wälzen, steht dem Herrn jederzeit zur Verfügung. Wir haben Brot, gewiß. Die Bäuche sind, wenn auch nicht voll, so doch nicht leer, die Prostitution dem Klima angemessen. Aber der Mensch lebt nicht vom Brot allein.«

Er sah mich prüfend an, doch antwortete er nicht.

»Was haben wir denn, außer unserem Brot und unserem Dach über dem Kopf? Von der Qualität dieser Dinge will ich ja nicht reden. Sehen wir zu. Uns ist alles genommen, was uns zu verwandeln vermochte, was uns aus einer bloßen grauen Vielzahl zu einem Organismus machte, auch wenn dieser Organismus reichlich stumpfsinnig war«, sagte ich, ohne den Beamten, den ich endlich gestellt hatte, aus den Augen zu lassen. »Wir haben kein Vaterland mehr, das uns begeistert, das uns Größe, Ehre und einen Sinn gibt, keine Parteien – Sie sehen, ich verlange immer weniger –, die uns mit ihren Versprechungen und ihren Idealen in Schwung versetzen, ja, nicht einmal das Erbärmlichste, einen Krieg, der uns zusammenschweißt und den es zu bestehen gilt, keine Helden, die wir bewundern können, und die Kirchen« – ich lachte – »sind bedeutungslose Privatvergnügungen geworden.«

Er schwieg noch immer.

»Das sind alles überschätzte Dinge, das Vaterland, die Parteien, die Kirchen und die Kriege. Zugegeben. Aber es sind Dinge«, sagte ich. »Was haben Sie uns dafür gegeben? Wenn man eine Ware hergibt, will man auch etwas dafür erhalten!«

»Nichts«, sagte der Beamte.

»Dann haben wir ein schlechtes Geschäft gemacht«, stellte ich fest. »Wir haben nichts mehr als unsere eintönigen Vergnügungen, unser Bier, unsere Dirnen, unsere Fußballplätze und Sonntagsspaziergänge.«

»Wir haben nur das«, sagte der Beamte.

»Und in dieses graue Meer des Alltags soll ich nun springen?« fragte ich. »Nicht wahr, das wollen Sie doch sagen?«

Der Beamte schwieg und sah mich an. Es war totenstill. Endlich stand er auf. Er bot mir eine zweite Zigarette an und antwortete, während sein Gesicht unbarmherzig wie ein Stein wurde: »Diesen Sprung sollen Sie wagen.«

Die Ungeheuerlichkeit, ein solches Leben auf mich zu nehmen, die mir der Beamte nun schon zum zweiten Male zumutete, ließ in mir wieder den Verdacht aufkommen, die Verwaltung werde mich zu diesem Schritt zwingen, wenn ich abschlage. Was mich noch in meiner Vermutung bestärkte, war die Sorglosigkeit, mit der der Beamte alles zugab, dies nicht wie einer, der jemanden zu überreden trachtete, sondern wie einer, der die Mittel besaß, seinen Willen durchzuführen.

»Sie können mich nicht zwingen«, sagte ich ruhig, doch auf seine Antwort gespannt und in der Hoffnung, seine Geduld erschöpft zu finden.

»Nein«, sagte er. »Das habe ich Ihnen schon gesagt.«

»Die Verwaltung will also nur mit mir reden«, sagte ich. »Das verwundert mich, um ganz offen zu sein. Eine Verwaltung hat doch gewiß anderes zu tun, als mit einem armen Teufel Gespräche zu führen. Eine Verwaltung muß Anordnungen treffen und die Mittel haben, sie auch durchzuführen. Eine gewaltlose Verwaltung gibt es nicht. Ich bitte Sie, mir zu sagen, was diese Vorladung eigentlich bedeuten soll.«

Ich sah, daß er verlegen wurde.

»Die Verwaltung hat Ihnen einen Vorschlag zu machen«, erklärte er endlich gewunden. »Sie hat Ihnen nach den Bestimmungen, denen sie unterstellt ist, etwas anzubieten, was sie sehr ungern anbietet, und das abzulehnen Sie natürlich frei sind. Bevor die Verwaltung jedoch gezwungen ist, dies zu tun, möchte sie Ihnen noch einmal die Chance anbieten, die jedem noch offensteht.«

»Die Chance, in der Masse unterzutauchen.«

»Eben diese«, sagte er.

»Menschenfreundlich«, sagte ich.

»Sie schätzen die Aufgabe der Politik falsch ein«, fuhr er wieder mit seinen Theorien fort: »Die alte Politik wollte mehr sein, als sie sein konnte, und wurde dadurch zur Phrase. Die Not zwang uns, die Politik neu zu überdenken. Aus einem unentwirrbaren Knäuel der Ideologien, der Leidenschaften, der Instinkte, der Gewalt, des guten Willens und der Geschäfte wurde die Politik zu einer Sache der Vernunft, ebenso sachlich wie nüchtern. Sie wurde zu einer Oekonomie, zu einer Wissenschaft, den Erdball für den Menschen nutzbar zu machen, zu der Kunst, auf diesem Planeten zu wohnen. Der Krieg wurde unmöglich, nicht weil die Menschen besser wurden, sondern weil ihn die Politik wie ein veraltetes Mittel nicht mehr brauchen konnte. Ihre Aufgabe ist nicht mehr, die Staaten voreinander zu sichern, sondern aus der Erde einen großen, gleichsam mathematischen Raum zu schaffen, der sozial gesichert ist.«

»Mit dieser Politik locken Sie keinen Hund hinter dem Ofen hervor«, lachte ich.

»Diese Politik ist uns aufgezwungen«, sagte er. »Wir können uns keine andere mehr leisten.«

»Und die Freiheit?« fragte ich.

»Sie ist das Ziel des Einzelnen geworden«, antwortete er.

»Dann kann der Einzelne nur noch frei sein, wenn er zum Verbrecher wird«, sagte ich kühn. »Verzeihen Sie, daß ich Ihren Abstraktheiten eine logische Krone aufsetze.«

Der Beamte sah mich an. »Diesen falschen Schluß befürchten wir sehr bei Ihnen«, sagte er.

Wir schwiegen. Es war mir einen entsetzlichen Augenblick lang, als ob er mich durchschaut hätte und nun alles wüßte, als ob ich vor einem Richter säße, der auf eine unbegreifliche Weise mein Schicksal in Händen hielt. Draußen im Hof lachten immer noch die Kinder. Der Rauch der Zigaretten bildete im Licht blaue Spiralen und Ringe, Wolken, die sich verdichteten, sich drehten und verschwanden, Figuren, wie sie die Astronomen in der Unendlichkeit des Raumes auffinden.

»Die Politik kann mit der Zeit der Menge die Möglichkeit geben, menschenwürdig zu leben, aber sie kann ihr nicht den Inhalt eines solchen Lebens geben. Dies muß jeder einzelne. In dem Maße, wie die Chancen der Menge vermindert sind, ist die seine gewachsen. Wir waren gezwungen, neu zu unterscheiden, was des Kaisers und was des Einzelnen ist, was der Allgemeinheit zukommt und was der Persönlichkeit. Es ist an der Politik, den Raum zu schaffen und am Einzelnen, ihn zu erhellen.«

»Das ist liebenswürdig, uns wenigstens die bescheidene Rolle einer zwar dürftigen, aber doch braven Talgkerze zu überlassen«, spottete ich, wieder gefaßt. »Ihr gebt dem Menschen nichts und verlangt alles von ihm.«

»Wir geben ihm das Brot und die Gerechtigkeit«, sagte der Beamte. »Der Mensch lebt nicht vom Brot allein, bemerkten Sie vor kurzem. Es freut mich, daß Sie in der Bibel bewandert sind, doch ist es ein zynischer Satz im Munde eines Menschen, der den Schluß zu ziehen vermag, nur noch im Verbrechen liege die Freiheit.«

Aus diesem plötzlichen Ausfall konnte ich schließen, daß ihn das Gespräch viel mehr in Erregung setzte, als es den Anschein hatte.

»Was der Mensch mehr als Brot und Gerechtigkeit

braucht, kann ihm keine Politik und keine Organisation geben«, fuhr er wieder sachlich fort. »Die Politik gibt dem Menschen, was sie vermag, und sie vermag wenig mehr als nichts, nur das Selbstverständliche, dann läßt sie ihn fallen. Sein Glück ist nicht Sache der Politik.«

»Sie haben uns fallengelassen«, entgegnete ich bitter, »da haben Sie recht. Wir fielen in eine hoffnungslos verspießte Welt von versorgten Kleinbürgern (ich sehe von der schlecht funktionierenden Kehrichtabfuhr, von dem ungenügenden Bauprogramm und ähnlichem ab). Überhaupt macht es sich die Verwaltung mit alledem verteufelt leicht. Sie gibt nur eine abstrakte Ethik, die keinen Menschen begeistert.«

»Wir haben es nie als eine Aufgabe angesehen zu begeistern«, antwortete der Beamte, und seine Stimme wurde leidenschaftlicher: »Als ob eine Verwaltung etwas zum Begeistern wäre. Einer bloßen Notwendigkeit soll man keine Verehrung entgegenbringen, sonst mache man darin bitte auch nicht vor den öffentlichen Bedürfnisanstalten halt. Eine Politik, die heute eine Weltanschauung aufstellen wollte, beginge ein Verbrechen. Notwendigerweise total in der Wirtschaft, würde sie zu einem Moloch, der alles verschlingt. Der Einzelne wäre gezwungen, um sie wie um eine Sonne zu kreisen, während er doch selbst eine Sonne werden muß.« Er war bei diesen Worten bleich geworden. Es war nun meine Aufgabe, die Ruhe zu bewahren, um mein Ziel zu erreichen.

»Ich habe immer wieder in Ihren Schriften gelesen«, fuhr der Beamte fort. »Fassungslos, wie ich zugebe. Ich finde es ungeheuerlich, wie Sie die Wirklichkeit verkennen.«

»Ich erkenne die Wirklichkeit sehr genau«, sagte ich ruhig. »Aber kommen Sie bitte nicht immer auf meine Schriften zurück.«

»Ich muß darauf zurückkommen!« rief der Beamte mit einer Entschlossenheit aus, der ich nachgab, um nicht alles zu verderben. (Es galt, wie ich schon ausführte, immer wieder klug zu sein.) »Sie schildern die Stadt als grau, schmutzig, zerfallen, als halb zerstört. Nun gut, sie ist so, genau so, aber ist dies unser Werk? Es ist Ihr Werk. Sie sehen sich selbst, wenn Sie durch die Stadt gehen, Sie blicken in das Innere Ihres eigenen Herzens.«

»Das ist nun doch wohl etwas übertrieben«, sagte ich gelassen.

Der Beamte schwieg eine Weile und schaute mich aufmerksam an. Es war, als ob er eine Antwort unterdrücke, die ihm auf der Zunge lag. Im Zimmer war es dunkel geworden. Vom Hofe tönte nur noch vereinzeltes Kinderlachen herauf.

»Die Welt ist durch die letzten Kriege zerstört, die ebenso grausam wie sinnlos waren«, begann er endlich von neuem. »Das wissen Sie genau, und das weiß auch ich. Es ist Unsinn, es zu leugnen, und die Leute sind noch dumpf und benommen, mißtrauisch und müde. Wir alle sind müde. Die Arbeit ist riesenhaft, die zu tun ist, um allen jenen Wohlstand zu verschaffen, der menschenwürdig ist, denn ihre gegenwärtige Armut ist unmenschlich. Sie ist die Folge des Krieges. Sie beklagen sich darüber und sind gleichzeitig bereit, im Tibet mitzumachen. Wem gehörte denn die Welt, bevor wir sie übernehmen mußten? Ich denke, euch, den Abenteurern, ob ihr nun Fabriken oder Waffen in den Händen hieltet, ob ihr nun nach Reichtum oder nach einer anderen Gewalt getrachtet habt, sie gehörte euch und nicht den Unzähligen, den Ungenannten, den Geschobenen und Hilflosen, die am Grunde eures Stroms mitgeschleppt wurden. Diese Welt ist euer Werk, ob ihr es beabsichtigt habt oder nicht. Die grauen Steinwüsten, die halbzerbrochenen Häusermeere, die häßlichen Fabriken, die alten Automobile, die verrosteten Treppengeländer, die zerlumpte Masse der Arbeiter, was auch immer diese Welt trostlos macht, und was auch immer Sie mit Ekel feststellen, ist eure Tat. Da stehen wir nun vor dem, was wir von euch geerbt haben, vor dieser Welt voll Elend und Ruinen. Nun müssen wir die Kehrichthaufen eurer Feste wegräumen. Ihr habt den Reichtum dieser Welt verschleudert, nun müssen wir eure Schulden zahlen. Ihr habt die Abenteuer dieses Lebens gehabt, den Genuß der Herrlichkeit dieses Planeten, die Fahrten über die Bläue der Meere, und wir haben die Alltäglichkeit, die Fabriken und die Enge, die Eintönigkeit unserer Arbeitstage. Ihr ginget zugrunde, wir müssen weiterleben. Unser Leben war immer so, nur das eure war anders. Wir waren immer arm, die Schönheit der Welt ein trügerischer Schein, nun riß die dünne Haut. Nackt zeigt sich unsere Armut. Die Stadt ist die Wirklichkeit, wie sie immer war, die Wahrheit, die hinter den verbrannten Kulissen eurer Taten zutage tritt.« Die Nervosität des Beamten war gewachsen. Er drückte die Zigarette aus und bot mir eine neue an, die ich ablehnte, da meine noch nicht zur Hälfte niedergebrannt war. Seine Hand zitterte, wie er sich Feuer geben wollte, mehrere Male setzte er vergeblich an, bis ich ihm Feuer bot.

Er nahm zwei Züge und drückte dann die Zigarette wieder aus.

»Sie sind nervös«, sagte ich mit der Absicht, ihn noch mehr zu verwirren.

»Gewiß«, antwortete er wütend. »Ich kann nicht bestreiten, daß mich Ihr Fall erregt«, und plötzlich packte er mich über den Tisch hinweg mit einem Eisengriff am Kragen.

»Mensch«, schrie er, »siehst du denn nicht, daß es darum geht, die wahren Abenteuer zu finden, die Abenteuer des Geistes, der Liebe und des Glaubens, die Abenteuer, die allein der Einzelne zu finden vermag!«

»Geben Sie mir diese Abenteuer und lassen Sie die Hand weg«, sagte ich gelassen und blickte ihm unbeweglich ins Gesicht, das nahe dem meinen war.

»Das kann ich nicht«, sagte er leise, »die wahren Abenteuer kann ich nicht geben«, ließ seine Hand von mir, stand auf und trat ans Fenster.

»Dann ist die Verwaltung machtlos«, stellte ich fest, triumphierend über seine Schwäche.

»Sie ist machtlos«, sagte er und blickte bleich in die Dämmerung hinein, durch die kein Kinderlachen mehr drang, die das Zimmer und die zerfallene Welt jenseits seiner Mauern immer mächtiger füllte. »Was könnte uns auch die Macht nützen! Wie wäre Macht imstande, einen Menschen zu zwingen, das in Demut und Kühnheit zu unternehmen, zu was er immer noch fähig ist, jederzeit, das seine Bestimmung ist: Einzugehen in die namenlose Menge als ihr Salz, sie von innen zu durchdringen kraft seiner Liebe und seines Glaubens. Die Welt kann nur durch den Geist gewonnen werden. O einzige Gnade, dies zu begreifen! Doch wir sind hilflos. Wir können die Pforte, die jedem offensteht, keinem öffnen. Wir sind hilflos. Wir sind machtlos«, flüsterte er.

Ich hatte gesiegt.

Ich drehte den Schalter um, den ich an der Wand bemerkt hatte. Eine Glühlampe leuchtete trübe über dem Tisch auf.

»Reden wir sachlich miteinander«, sagte ich. »Was hat die Verwaltung mir anzubieten?«

Er kehrte sich langsam am Fenster um und blickte mir ins Gesicht. Er war totenbleich, und Schweiß lag auf seiner Stirne.

»Gehen Sie«, schrie er mich an und stampfte mit dem Fuß auf den Boden. »Scheren Sie sich nach Hause!«

»Ich lasse mich nicht mehr abweisen«, sagte ich kühl und unbeirrt. »Die Verwaltung ließ mich kommen. Nun bin ich da. Nun will ich wissen, was die Verwaltung mir anzubieten hat.«

Er trat zum Tisch und schaute auf die Papiere nieder.

»Gut«, sagte er müde und ohne mich anzusehen, den Blick nicht von der Mappe gewendet, in der meine Akten lagen. »Ich muß Ihnen gehorchen, wenn Sie darauf bestehen. Die Verwaltung bietet Ihnen Macht an.«

Diese Antwort verwirrte mich so, daß ich den Beamten fassungslos anstarrte. Mein Sieg fiel glänzender aus, als ich erwartet hatte. Er schien jedoch meine Überraschung nicht zu bemerken und setzte sich wieder an den Tisch.

»Ich verstehe Sie nicht«, sagte ich vorsichtig. Sein Angebot kam derart meinen Wünschen entgegen, daß ich trotz meiner Freude mißtrauisch wurde. Es war nicht unmöglich, daß der Beamte ahnte, daß ich ihn hatte töten wollen und jetzt zu einem Gegenschlag ausholte.

»Man hat die Gesellschaft in Besitzende und Besitzlose eingeteilt«, begann er wie beiläufig, immer noch ohne mich anzusehen, »in Ausbeuter und Ausgebeutete, wie die Fachausdrücke meines Wissens lauteten. Diese Einteilung ist durch die Entwicklung überholt. Die politischen und wirtschaftlichen Zustände sind anders geworden. Die Menschen haben wohl Brot und Gerechtigkeit erhalten und auch die Freiheit des Geistes, die jedem gewährt ist, aber die politischen Freiheiten haben sie verloren, weil es keine Politik mehr im alten Sinne gibt. Vor allem haben sie keine Macht. Die Macht liegt allein bei wenigen, bei einer besonderen Kaste. Die Gesellschaft zerfällt in Machtlose und Mächtige, in Gefangene und Wärter, wie wir uns ausdrükken, um genau zu sein, um zu verhindern, daß den Mächtigen eine falsche Bedeutung zukommt. Man soll sie zwar fürchten, aber nicht verehren.«

»Sie wollen mich in die Verwaltung aufnehmen?« fragte ich atemlos. Auf diese Lösung war ich noch nicht gekommen.

»Nein«, antwortete er. »In die Verwaltung können Sie

nicht aufgenommen werden. Die Verwaltung hat nur die Aufgabe, die beiden Welten der Macht und der Machtlosigkeit zu trennen und Übergriffe zu verhindern. Dazu hat sie Macht, sonst nie.« (Dies sagte er sehr bestimmt, schaute mich auch während der nun folgenden, etwas abstrakten Worte äußerst aufmerksam an.) »Die Verwaltung stellt ebenfalls die Polizei in der Stadt – die von der Menge mit den eigentlichen Wärtern oft verwechselt wird – und ist so imstande, die Verbrecher den Wärtern zu übergeben, die denn auch, getrennt von der Bevölkerung, durchaus im geheimen leben, wie ja die allergrößte Macht nur im geheimen ihren Wohnsitz nimmt. Auf die Wärter dagegen kann die Verwaltung keine Macht ausüben, ebensowenig wie auf die Gefangenen (womit ich die Massen der Bevölkerung meine), über welche die Wärter wiederum nur dann Macht bekommen, wenn die Verwaltung es zuläßt. Die Verwaltung ist ein Schiedsgericht, sonst nichts.« (Er machte eine wegwerfende Bewegung mit der Hand.) »Sie kann nicht einmal einteilen. Es steht jedem Einzelnen frei, zu entscheiden, welcher Partei er angehören möchte, ob er ein Gefangener sein will oder ein Wärter. Auch Sie können wählen. Ihre Wahl *muß* von der Verwaltung angenommen werden.« Dies alles sprach er schnell und gleichgültig.

»Worin besteht die Macht eines Wärters?« fragte ich immer noch mißtrauisch.

»Worin jede Macht besteht«, antwortete er. »In der Macht über Menschen.«

»Über welche Menschen?« forschte ich weiter.

»Über Menschen, die Ihnen ausgeliefert werden«, antwortete der Beamte undurchsichtig. »Was sich im Gebiet der Wärter ereignet, geht die Verwaltung nichts an. Sie steigen in ein Reich unermeßlicher Macht hinunter, wenn Sie annehmen. Die Macht der Wärter ist vollkommen.«

»Werde ich am tibetanischen Krieg mitmachen?« fragte ich. »Ich bin im Gebirgskrieg erfahren. Es wird auch der Verwaltung daran gelegen sein, dort zu gewinnen.«

Er zuckte die Achseln: »Sie einzusetzen wird Sache der Offiziere sein.«

»Wo soll ich mich melden?« fragte ich entschlossen.

»Sie sind bereit, das Angebot anzunehmen?« antwortete er nach kurzem Zögern.

»Ich wähle den Beruf eines Wärters«, sagte ich.

Der Beamte sah mich an. Er hatte sich wieder vollkommen in der Gewalt. »Gut«, sagte er, »hier ist die Adresse«, und reichte mir einen Zettel, ähnlich jenem, der vor meiner Türe gelegen hatte. »Gehen Sie hin, wann Sie wollen. Ich bedaure Ihre Wahl. Doch ist Ihnen dies wohl gleichgültig.«

»Vollkommen«, entgegnete ich.

Er stand auf. Auch ich erhob mich. Sorgfältig schloß er die Mappe mit meinen Papieren zu. Dann schritten wir zur Türe, die er öffnete. Da legte er mir ganz unvermutet noch einmal die Hand auf meine linke Schulter.

»Sie gehen«, sagte er. »Sie haben das Angebot der Macht angenommen. Wieder einmal habe ich verloren. Sie gehören nun zu den Wärtern, bei denen wir nichts zu suchen haben. Ich bin hilflos, Sie wissen es. Ich kann Ihnen nur eines mitgeben, die Versicherung, daß Sie jederzeit den Dienst bei den Wärtern einstellen können. Freiwillig treten Sie ein, freiwillig können Sie wieder austreten. Die Türe ist offen. Noch verstehen Sie dieses Wort nicht, aber einmal werden Sie es verstehen: Die Türe ist offen. Ich bitte Sie, ich flehe Sie an, meinen Worten zu glauben. Ihr Glück wird davon abhängen, ob Sie meinen Worten Glauben schenken, bedingungslosen Glauben, oder ob Sie mir mißtrauen. Ich habe Ihnen nun nichts mehr zu sagen.«

Ich lachte und ließ den merkwürdigen Kerl auf der Schwelle seines Zimmers stehen. Ich hatte gesiegt und er sein Leben gerettet.

2

Man wird es mir nicht übelnehmen, wenn ich mich meiner Aufnahme in den Stand der Wärter, die am folgenden Tage stattfand, nur unvollkommen erinnere oder, wie ich zugebe, nur unvollkommen erinnern will, um nur das wiederzugeben, was die historische Wahrhaftigkeit verlangt. Obgleich ich in der Art und Weise, wie die Aufnahme erfolgt, nicht wie viele Kameraden eine bewußte Demütigung zu sehen vermag, so ist sie doch befremdlich und nur durch die Nachlässigkeit zu erklären, mit der die Verwaltung alle förmlichen Angelegenheiten vornimmt: Daraus nun den Schluß zu ziehen, sie wisse unseren Stand nicht zu schätzen, ist absurd, hat sie doch vor allem ihn nötig. Ich halte es daher für am besten und der Disziplin, die wir geschworen haben, am entsprechendsten, den Mangel an Form bei der Verwaltung ein für allemal als eine Tatsache hinzunehmen, die nicht zu ändern ist – am wenigsten von uns, die wir für Ordnung zu sorgen haben –, und auch gelassen zu übergehen, daß sie die denkbar ungeeignetsten Personen für einen uns Wärtern wichtigen Schritt auswählt.

Das Haus, dessen Adresse mir der Beamte übergeben hatte, befand sich in einer Vorstadt, die ich noch selten betreten, die unübersichtlich war, obgleich sie äußerst regelmäßig geplant worden sein mußte. Doch hatte der Umstand, daß man sie mit kleinen Arbeiterhäuschen bebaute, die alle einander gleichsahen – hochgiebelige rote Backsteinbauten – und auch die gleichen kleinen Gärten besaßen, die geplante Übersicht wieder gestört. Das Haus stand in einer schnurgeraden Straße, an einer Omnibushaltestelle, wie ich mich genau erinnere. Es war ebenfalls ein Arbeiterhäuschen mit zwei Birken an der Gartentüre, auch hier unterschied es sich nicht von den anderen. Seltsam schien es mir nur, daß mir ein Mädchen auf mein Läuten hin die Haustüre öffnete. Es mochte nicht fünfzehn Jahre zählen und war von einer Frische, die den düsteren Eindruck des schäbigen Flurs milderte, durch den es mich führte, als ich den Zettel des Beamten wortlos vorwies. Vor einer Tür preßte es mich an seinen Leib und flüsterte Worte von einer erschreckenden Bedrohlichkeit in mein Ohr. Dann ließ es von mir und öffnete die Türe, so daß ich zurücktaumelte, weil das hereinbrechende Licht mich blendete, worauf ich nur allmählich ein mittelgroßes Zimmer wahrnahm, in das ich geführt wurde. In ihm waren geschmacklose Möbel, wie wir solche oft bei Menschen bemerken, die rasch zu einem großen Reichtum gelangt sind, insofern schien hier die Verwaltung plötzlich einen unsinnigen Luxus zu dulden.

Besonders war der starke und süßliche Duft widerlich, der über allem schwebte, doch wurde mein Blick nach der Mitte des Zimmers gezogen, in der sich alles zu einer unförmigen Masse verdichtete. Es waren drei alte Weiber, die auf dünnen Rohrsesseln um ein rundes Tischchen saßen, auf dem sie Karten spielten und Tee aus japanischen Tassen tranken, und noch jetzt werde ich von einem heftigen Ekel geschüttelt, indem ich es unternehme, diese Wesen zu beschreiben. Ihre Lippen waren mit blauer Farbe geschminkt, aber es waren die hängenden Wangen, die meine Abscheu erregten, die fettig glänzten. Von ihren Augen und Händen ist mir eine weniger deutliche Vorstellung geblieben. Sie preßten die Köpfe eng aneinander, wodurch das Unförmige ihrer Erscheinung gesteigert wurde. Sie begrüßten mich mit einem gierigen Redeschwall, ohne von den Karten zu lassen. Indem ich ihren schmutzigen Worten aufmerksam und mißtrauisch folgte, wurde mir die Arbeit deutlich, die mir bestimmt war. Ich vernahm, daß ich mich im Gefängnis der Stadt befand, dem die drei alten Weiber als Vertreter der Verwaltung zugeteilt waren, und daß ich hier meinen Dienst als Wärter anfangen mußte. Sie wiesen auf das Wesen der Bewachung hin, die sich im geheimen abzuspielen habe, so daß dieser Umstand es notwendig mache, den Wärter außer durch die Waffen, die versteckt zu tragen seien, nicht von den Gefangenen zu unterscheiden. Sie ließen mir vom Mädchen die Kleider geben, die den Wärtern zukommen, doch schlugen sie meine Bitte ab, mich anderswo umkleiden zu dürfen, worauf ich mich der Anordnung unterziehen mußte und mich vor ihnen entkleidete. Es waren seltsame Kleider, die mir das Mädchen überreichte, auf die in allen Farben fremdartige Zeichen und Figuren gestickt waren, doch konnte ich mich in ihnen frei und ungehindert bewegen. An Waffen erhielt ich einen Revolver, zwei Munitionsgürtel und zwei Handgranaten.

Dann ließen die drei Alten plötzlich von mir ab. Sie schienen mich nicht mehr zu beachten und hatten sich wieder völlig dem Spiel zugewandt, als mich das Mädchen aus dem Zimmer führte.

Es war eine andere Tür, durch die wir das Zimmer verlassen haben mußten, denn ich befand mich nicht im Flur wie kurz zuvor, als ich das Haus betreten hatte, sondern vor einer Treppe, die steil hinab führte. Obschon ich überrascht war, unterließ ich es nicht, das Mädchen nach meiner Truppe zu fragen; doch antwortete es nicht, worauf ich ihm nach unten folgte.

Nach kurzem Abstieg gelangten wir in einen kleinen viereckigen Raum, in welchem sich ein Holztisch befand, an dem ein älterer Mann saß und schrieb. Er war gleich gekleidet wie ich, nur daß er noch eine Maschinenpistole umgehängt hatte.

»Da ist er also, der Neue«, sagte er und stand auf. »Nimm Achtungsstellung an, und du, Mädchen, scher dich nach oben zu deinen drei Vetteln!«

Er lauschte mit schräggeneigtem Kopf, wie sich die Schritte des Mädchens nach oben entfernten, öffnete dann, wie nichts mehr zu hören war, befriedigt eine niedere, halbzerfallene Holztüre und befahl mir zu folgen.

Wir gelangten in einen schmalen Gang, der in den bloßen Fels gehauen war, feucht von sickerndem Wasser und nur notdürftig von kleinen roten elektrischen Lämpchen erhellt, deren Leitungen lose an den Wänden entlangliefen. Der Wärter reichte mir einen der beiden Stahlhelme, die hinter der Türe an einem Nagel hingen, mit weißem Stoff überspannt, auf dem die gleichen grotesken Figuren wie auf unseren Kleidern waren; ferner übergab er mir eine Maschinenpistole mit der Bemerkung, die Vetteln brauchten nicht alles zu wissen.

Der Gang war länger, als ich vermutete. Er schien sich im allgemeinen zu senken, doch bin ich dessen nicht sicher, da wir manchmal mühsam klettern mußten, so steil hob er sich, dann wieder seilten wir uns in ungewisse Tiefen hinab: sich vom Labyrinth, in dem wir leben, ein geographisches Bild zu machen, ist wohl nie möglich. Manchmal schritten wir meterweit durch eiskaltes Wasser, das uns bis zu den Knien reichte. Links und rechts schlossen sich bisweilen andere Gänge dem unsrigen an.

Mein Führer schritt vorsichtig und schweigend voran, die Maschinenpistole schußbereit in den Händen, was ich ihm aus Gewohnheit nachmachte, und dies mit Recht, denn bei der Einmündung eines Ganges in den unsrigen pfiff ein Schuß an meinem Kopf vorbei und verhallte bellend in den Gängen, worauf wir gute hundert Meter davoneilten, um endlich zu einer Wendeltreppe zu gelangen, von der aus der Wärter, sinnlos, wie mir schien, da niemand zu sehen war, in den Gang, durch den wir gekommen waren, hineinschoß: so oft, bis seine Maschinenpistole leer war.

Nach kurzem Abstieg gelangten wir zu einer etwas besser beleuchteten Höhle, in die weitere Wendeltreppen führten, einige von oben, einige von unten her. Mein Führer wich nach der Seite aus, und ich betrat die Höhle von einer Art Vorraum aus, in den ich durch die Wendeltreppe gelangt war, um jedoch entsetzt stehen zu bleiben, denn in der Mitte der Höhle hing an den Händen ein nackter, bärtiger Mann, dem man einen schweren Stein an die Füße gebunden hatte.

Er hing bewegungslos, und nur manchmal röchelte er. An der Wand aber, direkt am Fels, auf einer dürftigen Pritsche, mitten unter Haufen verschiedenster Waffen und Munitionskisten, saß die riesenhafte Gestalt eines alten Offiziers, mit geöffnetem Waffenrock, so daß eine haarige, weiße Brust zum Vorschein kam, naß vor Schweiß. Doch die Uniform war mir vertraut, ich kannte sie noch vom Kriege her.

»Exzellenz«, stammelte ich, denn der Offizier war niemand anderes als mein alter Kommandant.

Aus einer Flasche, die neben ihm auf der Pritsche stand, schüttete er sich ein Glas mit Schnaps voll, als er mich bemerkte.

»Nun, Hänschen«, lachte der Kommandant heiser und stürzte das Glas hinunter. »Komm her, Hänschen!« und er bettet meinen Kopf, als ich zu ihm gekommen war, an seine feuchte Brust und verkrallte seine greisen Finger in mein Haar.

»Da bist du ja, Hänschen«, fuhr die heisere Stimme über mir fast singend fort, »da bist du ja wieder, mein Hurensöhnchen, hinuntergestiegen zu deiner Exzellenz, in die erhabene, des Menschen einzig würdige Zone der Gefahr. Verflucht dieses Leben über uns, nicht wahr?« und er schüttelte meinen Kopf mit Wucht hin und her. »Hätte mich gewundert, wenn sie mein Hänschen hätten zähmen können, die wohlmeinenden Herren von der Verwaltung. Aber nichts denn Gutes von unseren Herren!«

Unvermutet gab er mir mit seinem rechten angezogenen Knie einen solchen Stoß, daß ich, da er mich gleichzeitig losließ, gegen den Hängenden taumelte, der laut aufstöhnte und noch immer, wie ich mich schon aufgerichtet hatte, wie ein gewaltiger Glockenklöppel hin und her baumelte.

»Einen Stumpen, Dreckskerl!« rief der Offizier lachend zum Wärter hinüber, der mich hergebracht hatte, und richtete sich auf. »Ich habe meine Portion verraucht.«

Dann, als ihm der Wärter eine jener billigen Zigarren gereicht hatte, die überall geraucht werden – es gibt nur die –, steckte er sie nachlässig mit einem goldenen Feuerzeug in Brand, das seltsam von der ungeheuerlichen Dürftigkeit der Höhle und seiner verwahrlosten Uniform abstach. Doch erinnerte ich mich, dieses Feuerzeug schon im Kriege bei ihm gesehen zu haben, was mich wieder mit Genugtuung erfüllte. Die alten, guten Zeiten waren doch nicht ganz verschwunden.

»Hänschen«, sagte er und paffte dem hängenden, nackten Mann eine Rauchschwade ins Gesicht, indem er nahe an ihn herantrat, »Hänschen, du scheinst dich zu wundern, so einen bei uns hängen zu sehen. Die Armee, wirst du doch hoffentlich denken, hat nichts für Schinder übrig. Wenn da nun einer nackt an einem Strick baumelt, wird dies gegen den Willen seiner alten Exzellenz sein, nicht wahr, Hänschen, du bist ein anständiger Kerl, und das denkst du?«

Ich nahm Achtungsstellung an und antwortete: »Jawohl, Exzellenz.«

Der Alte schaute mich mit zusammengekniffenen Augen argwöhnisch an.

»Hänschen«, sagte er, »was glaubst du denn von diesem Hundesohn? Warum hängt er hier?«

»Er ist ein Gefangener, Exzellenz«, antwortete ich, immer noch in Achtungsstellung.

Er stampfte auf den Boden. »Er ist ein Wärter, zum Teufel«, knurrte er. »Ein Wärter wie du auch einer werden willst, wenn du den Mut zu sowas hast.«

»Ich bin entschlossen, einer zu werden«, antwortete ich unbeweglich.

»Sehr gut«, nickte der Kommandant mit dem Kopf, »ich sehe, du bist immer noch der gleiche brave Lumpenkerl. Brauchbar zu allem, wie damals im Schützengraben. Sieh nun gut zu, Kindchen, was ich jetzt mache.«

Und er drückte die brennende Zigarre an des hängenden Mannes Brust aus, daß er laut aufstöhnte.

»Hänschen?« fragte er mich.

»Exzellenz«, stammelte ich totenbleich.

»Der Hund baumelt seit zwölf Stunden«, sagte der Kommandant. »Und er ist ein braver Hund, ein gutes Wächtertier.« Er trat vor mich hin. Der greise Riese überragte mich fast um zwei Kopflängen. »Weißt du, wer diese Schweinerei angeordnet hat, Hänschen?« fragte er drohend.

»Nein, Exzellenz«, antwortete ich und schlug die Absätze zusammen.

»Ich, Hänschen«, sagte der Kommandant und lachte. »Und weißt du weshalb? Weil der Schweinehund sich einbildete, er sei kein Wärter.«

»Was glaubte er denn zu sein?« fragte ich.

»Ein Gefangener«, sagte der Kommandant.

Aufenthalt in einer kleinen Stadt
Fragment

Die Ankunft

Bertram, der letzte Freiherr von Schangnau, der sich seit mehreren Jahren de Schangnau nannte, ein nach Strich und Faden verkrachter Bankier, fuhr mit dem letzten Zug seinem Wohnort Yverdon zu.

Auf der Suche nach einer neuen Beschäftigung war er in Basel gewesen bei einem ebenfalls ruinierten Geldmenschen, dessen Sturz den seinen verschuldete (oder umgekehrt, wie der Basler behauptete), und dem es mit den letzten Moneten gelungen war, einen Verlag zur Verteidigung des Abendlandes zu gründen, ein durchsichtiges Geschäft, das überraschend gut gedieh, obgleich gerade ihm ein jeder den Zusammenbruch voraussagen konnte; doch hatte de Schangnau das Angebot, als Reisender dem jungen Unternehmen beizutreten, vorderhand noch abgelehnt, da ihn die Hoffnung nicht ganz verlassen hatte, beim Verband der Neuenburger Weißweinhändler als Sekretär und Propagandachef eingestellt zu werden.

Er fuhr seinem Ziel durch milde Winterlandschaften entgegen, die wie verblichene Prospekte vorbeiglitten. Er war dreiundvierzig, ein Mensch von der alltäglichsten Sorte – sehen wir von seinem vielleicht mehr legendären als wirklichen Berner Adel ab – in einer unmöglichen finanziellen Lage, wie ja viele unter uns, mit einem zehnjährigen Mädchen zu Hause und einer Frau, die er geheiratet hatte, um seine Bank irgendwo unterzubringen, wie er sich dies jetzt eben gestand: War Madeleine doch eine geborene Le Locle, ebenfalls die letzte ihres Geschlechts und als solche im Besitz eines düsteren, aber pompösen Hauses in Yverdon (am ›Place‹ zwischen dem Schloß und der Kathedrale).

Er stand im Korridor, den grauen Tweedmantel übergeworfen, gegen ein Fenster gelehnt, untergegangen im öden Einerlei des schweizerischen Alltags. Er blickte nach dem Erstklaßabteil, wo ein Reisender den Mantel anzog, auch

Tweed, auch grau, um wohl beim nächsten Halt auszusteigen. Er erinnerte sich, im Höhepunkt seiner Bankgeschäfte ebenfalls Erster gefahren zu sein, in diesen kleinen, rotgepolsterten Stuben mit den farbigen Hodlers und Böcklins, Calames und Ankers an den Wänden zur Erziehung der oberen Zehntausend und mit den stets etwas neidischen und vorwurfsvollen Gesichtern derer, die hinter den Innenscheiben den Korridor passieren. Als sich die Schwierigkeiten einstellten (die Wechsel, die nicht einzulösen, die Aktien, die wertlos waren, die beinahe gefälschten Unterschriften, die Polizei, die mehrere Male erschien), hatten ihn die Coupés zweiter Klasse umgeben, Coupés, die nur noch von Bildern der Heimat geziert waren: die Berner Altstadt etwa, das Kloster Einsiedeln, die Blümlisalp von Westen, der Napf von Süden und das Matterhorn von Norden her oder die Payerner Kathedrale. Bald würde er in den beinahe kahlen, beinahe kultur- und heimatlosen Wänden der dritten Klasse reisen, wie er sich dies einmal vorgenommen hatte. Auch jetzt eben.

Draußen war es längst Nacht geworden. Der Zug hatte es nicht sonderlich eilig dem Jura entlang, er hielt da und dort. De Schangnau ärgerte sich, daß er den schnelleren Zug über Delémont verpaßt hatte und nun den Umweg über Olten machen mußte. Der Koffer und die Mappe lagen im Netz über seinem verlassenen Sitz, drei Tage war er fort gewesen, die Engländerin hatte er auch wieder getroffen. Im christlichen Hospiz. Auch dies war ein Abstieg. Einst war er seinen Ehebrüchen in den ›Drei Königen‹ oder, war er in Zürich, im ›Baur au Lac‹ nachgekommen. Gelangweilt schaute er ins Abteil zurück, das er verlassen hatte, sich im kälteren Korridor von der Wärme zu erholen. Die Züge wurden überheizt in diesem Lande. Zweiundzwanzig Grad, wer hielt das auch aus. Der Student war über seinem Lehrbuch der Anatomie eingeschlafen, und der Handlungsreisende, der in Oensingen eingestiegen war, döste im milchigen Widerschein der Scheiben vor sich hin. De Schangnau sah auf die Uhr. Einundzwanzigsiebenunddreißig. Um Zweiundzwanzigneunundfünfzig würde er zu Hause sein. Er steckte eine Parisienne in Brand. Alles war durchzittert vom gleichmäßigen Stampfen des Zuges, alles eingesponnen in Glas und Eis. Der Zugführer wankte vorbei mit seiner roten Tasche und kurz danach, vom Speisewagen her, der Lausanner Staatsrat Roß – zum Glück kurzsichtig –, mit dem er einst befreundet gewesen war. De Schangnau spähte hinaus. Er ahnte ferne Lichter und Leuchtreklamen, und der Zug fuhr, vielleicht zwischen Solothurn und Grenchen, vielleicht auch anderswo, in den Bahnhof einer kleinen Stadt ein, den der Bankier durch den Eisbelag kaum zu erkennen vermochte und bei dem es keinen vernünftigen Grund hätte geben können, auszusteigen.

Daß er dies gleichwohl tat, war in einer gewissen Neugier begründet, die noch das einzige war, woran er sich klammern konnte. Er hatte durch die beinahe blinde Scheibe eine hellerleuchtete Frauenhand gesehen, die aus einem Kiosk heraus den Reisenden der ersten Klasse bediente, der eben ausgestiegen war.

De Schangnau konnte der Versuchung nicht widerstehen. Er stieg aus dem Zug. Der leere Bahnsteig war nur notdürftig erleuchtet. Die Kälte ernüchterte ihn. Er ging den Zug entlang und trat zum Kiosk. Doch entsprach die Verkäuferin nicht ganz der zierlichen Hand. Ihre Zähne waren schwarz und verfault. Der Bankier zögerte, wußte nicht, was er eigentlich gewollt hatte, was er nun sollte, verlangte endlich Zigaretten, obgleich er noch ein Paket in der Tasche hatte, und suchte nach Geld, ärgerlich über sein Aussteigen. Da setzte sich der Zug in Bewegung. Der letzte Freiherr von Schangnau konnte nicht aufspringen, der übergeworfene Mantel hinderte ihn. Es blieb ihm nichts anderes, als in den Tweed zu schlüpfen, ihn zuzuknöpfen und nach der erleuchteten Fensterscheibe zu starren, die mit steigender Schnelligkeit an ihm vorbeiglitt und in der Nacht verschwand, im leeren Raum, wie ihm schien.

Schnellzüge – bemerkte leicht verärgert, als sei ihm das Mißgeschick begegnet, der Bahnhofsvorstand, an den de Schangnau sich wandte –, Schnellzüge hielten nur kurz, und es sei am besten, sie nicht unnötigerweise zu verlassen, Zigaretten könne man auch im Speisewagen kaufen. Wo er denn hinwolle?

»Nach Yverdon.«

Wo Pestalozzi gelebt habe, stellte der Bahnhofsvorstand fest und klemmte die Kelle unter den Arm, die das Unglück verschuldet hatte.

»Richtig«, antwortete de Schangnau.

Yverdon sei nicht mehr zu erreichen, fuhr der Bahnhofsvorstand fort, im Kursbuch blätternd, es tue ihm leid. De Schangnau meinte nachlässig und den Bankier spielend, der er nicht mehr war, man sollte sich um sein Gepäck kümmern, im Raucherabteil zweiter Klasse.

Er werde telefonieren, sagte der Bahnhofsvorstand.

Wie denn das Städtchen heiße?

Konigen.

»Sie!« lachte der verkrachte Bankier: »Wer kommt auch nach Konigen. Betrachten wir uns in Gottes Namen dieses traurige Nest. Gibt es ein anständiges Hotel?«

Der ›Wilhelm Tell‹ sei so eines, antwortete der Bahnhofsvorstand mit Würde und wandte sich ab.

›Nun‹, dachte de Schangnau, ›wer in der Stadt Pestalozzis wohnt, kann auch im ›Wilhelm Tell‹ übernachten‹, nickte dem Bahnhofsvorstand zu, ohne dessen Zorn und Abwendung zu bemerken, und betrat die Halle. In der Mitte band sich der Mann, der im Tweedmantel im Erstklaßabteil gesessen hatte, den linken Schuh, zusammengekrümmt, in einer sicher unangenehmen Stellung. De Schangnau sah der Verkäuferin nach, die ihren Kiosk geschlossen hatte und nun an ihm vorbei zum Ausgang strebte. Die Frau kam ihm doppelt reizlos vor in ihrem roten Mantel und ihren Skihosen. Im Ausgang stand ein Zeitungsverkäufer, frierend, mit Ohrenwärmern und eine Brissago rauchend. Der Freiherr kaufte sich das ›Feuille d'Avis de Lausanne‹, die ›Basler Nachrichten‹ und die ›Sie und Er‹. Im ›Wilhelm Tell‹ wollte er noch etwas lesen, im Bett vor dem Einschlafen, zu Hause am ›Place‹ würde er dies auch tun.

Auf dem Bahnhofsplatz war es kalt. Das Städtchen lag entfernt, wohl gegen die Hügelkette zu, nur wenige Häuser umgaben den schwach beleuchteten Platz, das Hotel Zum Bahnhof, das aussah wie alle Hotels Zum Bahnhof, und ein neuerer Bau, die Post. Ein Trolleybus fuhr davon, der rote Mantel der Verkäuferin leuchtete durch die Scheiben. Der Platz war nun menschenleer. Vor der Post stand eine Telefonautomatensäule, vor dem Hotel kahle Bäume, und vom Städtchen her wehten Stimmen, Musik, Singen. Über allem ein halber Mond, dann, noch weiter entfernt, ein Stern, wie hingesetzt auf den silbergrauen Grund. Der ruinierte Bankier fühlte sich verlassen, gescheitert, an eine böse Küste geworfen. Die Sehnsucht nach etwas Warmem stieg in ihm auf, nach seiner Stube zu Hause mit dem Wappen der Le Locles über dem Kamin, nach dem Familientisch, nach seiner Frau sogar. Er haßte mit einem Male alles Reisen, wie er auf diesen nächtlichen Platz starrte, alle Engländerinnen, alle unehrlichen Manöver, die ganze Welt der Schiebungen und der Geschäfte, in der er sich so ungeschickt bewegte. Er beschloß, das Taxi zu nehmen, welches angefahren kam, das letzte Taxi, das er sich leisten wollte. Kaum, daß es hielt:

»Wilhelm Tell«, sagte de Schangnau, als sich die hintere Wagentüre öffnete, und stieg ein.

Daß dieses Taxi nicht in Ordnung war, bemerkte der Bankier erst später. Er raste davon in einer recht eigentlich höllischen Geschwindigkeit, den Häuserrcihen entgegen, dann durch eine breite Geschäftsstraße, voll von Menschen vor hellen Läden, an Kinos vorbei. De Schangnau lehnte sich zurück und schaute durch die Scheibe. Er hatte sich Konigen anders vorgestellt, »ein Nest wie Konigen« war ein Sprichwort im Lande, nun schien es ihm während dieser nächtlichen Fahrt etwas Großstädtisches zu haben, so daß ihm denn auch das rücksichtslose Gebaren des Chauffeurs natürlich schien, doch als er seinen Blick zur anderen Scheibe wandte, bemerkte er, daß er sich nicht allein im Wagenhintergrund befand. Neben ihm saß einer, nur undeutlich, nur als Silhouette zu erkennen, ebenso zurückgelehnt wie er.

»Nun«, sagte der andere, »es gilt, in zwei Minuten geht sie los!«

Ehe de Schangnau begriffen hatte, wurde ihm ein runder Gegenstand in den Schoß gelegt, groß wie ein Kopf, schwer und aus Metall, ein Gegenstand, den er unwillkürlich an sich preßte.

Der Wagen hielt, und der Bankier stand draußen, mitten auf einem kleinen, alten Platz, gepflastert, umgeben von ehrwürdigen Gebäuden, siebzehntes, achtzehntes Jahrhundert, und einem Hochhaus, das nicht recht dazu paßte. Der andere hatte ihn hinausgeworfen, er stürzte beinahe, kaum daß er sich auf den Beinen halten konnte. Was sei, wollte er schreien, bevor der Wagen, aufheulend, in eine Gasse einbog und verschwand. Doch kam er nicht zum Protestieren. Denn als er sich den Gegenstand besah, den er in den Händen hielt, war es eine Bombe.

Wir geben die ungewöhnliche Situation zu: Ein Bankier, nach Strich und Faden verkracht, mit einer Bombe, die in nun nicht ganz zwei Minuten zu explodieren drohte, mitten in einem nächtlichen Städtchen, von dem er nichts weiß als den Namen, das er eben zum erstenmal in seinem Leben betreten hat: eine Situation, die denn auch de Schangnau mit einem Schlag aus der Gleichgültigkeit zu reißen drohte, in die er gesunken war in allem, was er unternommen hatte, sei es seine Ehe am ›Place‹ in Yverdon, seien es seine mißglückten Geschäfte gewesen.

Das Erwachen war schmerzlich. Das Abenteuer, das ihm so unvermutet zugestoßen war, wünschte er in alle Himmel. Er stand da, jämmerlich, bleich, frierend, den unheimlichen Gegenstand in Händen und eben im Begriff, die Bombe niederzulegen und davonzulaufen, was auch das natürlichste schien. Doch er wurde gestört.

Von der Kirche her, die er hinter den Häusern emporragen sah, brach ein Umzug in den Platz ein, eine Blasmusik, die Musiker mit funkelnden Helmen, in schwarz-roten Uniformen, Notenblätter vor den Gesichtern an die Instrumente geheftet, die Feuerwehr offenbar, die nun mit feierlicher Macht einsetzte, ›Näher mein Gott zu Dir‹, hinter ihr Fackeln, Menschen; Fenster öffneten sich.

De Schangnau, nicht ganz kopflos, überzeugt, schon von vielen bemerkt worden zu sein, bedacht, keine Opfer zu riskieren, wich in ein schmales Gäßchen zurück, ins nächstbeste (was blieb ihm anderes übrig), rannte durch eine Häuserschlucht, die kein Ende nahm, an Neugierigen vorüber, die zum Umzug strebten, bis er nicht mehr weiterkonnte.

Vor ihm stand ein alter Turm, mit Scheinwerfern hell erleuchtet, romanisch oder gotisch, was wußte der Bankier, mit einem riesigen Zifferblatt, mit goldenen Zeigern, unter denen sich jetzt eben Figuren bewegten, der Papst, der Kaiser, der Bürger, weiter oben nickten Apostel, ein Tod schwang eine Sense. Es begann dumpf zu schlagen. Zehn Uhr. Der Torbogen des Turms war leer, eine weitoffene Höhle, der Turm unbewohnt, wie es schien, mit einer Tafel über dem Tor: Museum, Besuchszeiten zehn bis zwölf, zwei bis fünf. Nur noch wenige Sekunden. De Schangnau erinnerte sich, den Turm irgendwo gesehen zu haben, vielleicht unter den Heimatbildern in den Zweitklaßcoupés, als etwas, wenn nicht für die Schweiz, so doch für Konigen Berühmtes, Ehrwürdiges, Sinnbildliches, doch bot das Gebäude die einzige Möglichkeit, niemanden zu gefährden wenn überhaupt noch eine vorhanden war, denn schon näherte sich der Festzug, wurde das Blasen gewaltiger, immer noch ›Näher mein Gott zu Dir‹, öffneten sich auch hier überall die Fenster. Und so warf er denn die Bombe durchaus mit dem Gefühl einer schmerzlichen Humanität unter den Turm und rannte gegen die nächste Tür, die nachgab. Der Bankier stolperte in einen Hausgang, noch hörte er einen Schlag der Turmuhr, einen Glockenton des Jüngsten Gerichts, noch einen zweiten, dann kam die Explosion.

Der Korridor, in den der Attentäter sich zurückgezogen hatte, schwankte, Feuer stand in der Türe, das Getöse war ohnegleichen. De Schangnau fühlte, wie Gips auf ihn niederrieselte, und zog sich weiter ins Innere des Hauses zurück, da draußen nun ein unermeßliches Zusammenkrachen anhob. Er tappte sich vorsichtig weiter und stieß gegen eine Türe, die sich öffnen ließ. Er hatte Glück. Er stand auf einer Straße, einem Gasthaus gegenüber, dessen Schilder die unverkennbare Figur des schweizerischen Nationalhelden zierte, wie der Bankier erleichtert feststellte; nur noch wünschend, sich in ein Bett legen und eine Decke über die Ohren ziehen zu dürfen, komme, was da wolle.

Im Coiffeurladen

Er schlief bis neun. Wie von ferne hatte er beim Auskleiden und Einschlafen, zitternd und frierend von seinem Abenteuer, die heranheulenden Feuerwehrwagen, das erregte Zusammenlaufen der Massen noch vernommen. Dann, jäh erwacht, erstaunt, daß schon die Sonne durch die Vorhänge schien, war jedoch nicht die drohende Verhaftung seine erste Sorge, die würde schon von selber kommen, das Spießrutenlaufen zur Polizei an der Seite eines biederen Beamten, das peinliche Verhör, der Unglaube, mit dem man seinen Bericht aufnehmen würde; was ihn quälte, war, daß er nur noch zehn Franken besaß, das einzige Vermögen, welches er zur Zeit aufzuweisen vermochte.

Im ›Wilhelm Tell‹ hatte er sich nach alter Gewohnheit als Bankier eingeschrieben, ›Bertram de Schangnau, Directeur de la Banque de Schangnau et Le Locle, 10 Rue Pestalozzi, Yverdon‹, und, froh unterzukommen, ein Zimmer mit Bad genommen. Zum letztenmal, wir kennen diesen seinen Vorsatz schon.

Das Zimmer würde zwanzig kosten, rechnete er, das war das mindeste, denn er hatte ein Doppelzimmer nehmen müssen. Er konnte kaum erwarten, unter fünfundzwanzig davonzukommen, auch wenn er nicht frühstückte, so daß die geringe Chance, diese böse Geschichte doch noch heil zu bestehen, indem man sich so schnell als möglich aus dem Staube machte, durch einige wenige fehlende Franken in Frage gestellt wurde.

Später dachte er, im warmen Wasser und angesichts seines nackten Leibes, an die Engländerin, die er im christlichen Hospiz wieder getroffen hatte. Er konnte keinen zwingenden Grund mehr angeben, der dieser Bekanntschaft hätte einen Sinn geben können, keine Leidenschaft vermochte er aufzuweisen, keine Liebe, nicht einmal Begierde, nur aus Laune, aus einem Gespräch im Speisewagen, den Vierwaldstätter See vor Augen, waren diese gleichgültigen Nächte in gleichgültigen Hotelzimmern entstanden, wohl weil er sich langweilte. Nun lag er im Bad, in einem Raum, den er nicht bezahlen konnte, und wartete auf die Polizei. Draußen ein demolierter Turm, ein in die Luft gesprengtes Heimatmuseum, ein aufgebrachtes Städtchen. Es war wie in einem schlimmen Märchen. Alles war miteinander verknüpft, eines bedingte das andere. Aus lauter Zufälligkeiten, aus einer unnötigen Liebesnacht, aus einem nachlässigen Verlassen des Zugs, aus einer rätselhaften Verwechslung war ein Ereignis entstanden, das sinnlos war, hatte er eine Tat begangen, die er nie hatte begehen wollen, die zu begehen er nie für möglich gehalten hätte, die jedoch wie keine andere den Unsinn seines Lebens aufdeckte.

Er beschloß, da die Polizei immer noch nicht erschien, doch zu frühstücken, und, sollte wunderbarerweise niemand auf seine Täterschaft gekommen sein, die Hoteldirektion anzupumpen, um mit dem ersten besten Zug aus Konigen zu flüchten. Sich das Frühstück in sein Zimmer kommen zu lassen, genierte er sich, weil das nachfolgende notwendige Gespräch mit der Leitung des ›Wilhelm Tell‹ ihm peinlich war.

So ging er hinunter, frisch gebadet, doch schritt er vorerst nicht ins Frühstückszimmer, sondern zum Coiffeur; auch dies eine Vorsichtsmaßnahme, wenn er schon Geld auftreiben mußte, wollte er dies so bankierhaft wie nur möglich tun.

Hundert Franken hoffte er zu erzielen, vielleicht auch hundertfünfzig, wenn er die richtigen Ausreden finden und mit der nötigen Selbstverständlichkeit auftreten würde, was ihm jedoch nicht mehr selbstverständlich war. Er hatte vorher, in seinem Leben als Bankier, wo er ja im Grunde auch ohne jeden Rappen gewesen war, mit der größten Leichtigkeit geborgt, Zehntausende, Hunderttausende von Franken; daß es ihm mit einemmale schwerfiel, stimmte ihn nachdenklich. Wenn diese technische Unsicherheit einreißen sollte, war es aus mit ihm.

Er mußte nach den Angaben des Portiers nur die Straße überqueren. Der Laden befand sich neben der Türe, aus der er gestern abend geflüchtet war. Draußen schien die Sonne, strahlend, vom Ende der Straße her, und der Himmel war vom hellsten Blau, doch war es immer noch kalt, alles schien ihm sibirisch.

De Schangnau, ohne Mantel, trat rasch ein, vom Geklingel der sich öffnenden Türe begleitet. Der Coiffeur las eben die Zeitung, den ›Express‹, und erhob sich, den Bankier zu bedienen.

»Rasieren.« De Schangnau setzte sich und bekam ein weißes Tuch um den Hals.

Sein rundes, verquollenes Gesicht im Spiegel war ihm unangenehm, Auge in Auge mit sich selber zum ersten Mal ekelhaft. Er kam sich geistlos und gemein vor, wie ein richtiger Attentäter. Der Coiffeur dagegen, ein langer Mensch mit feierlichen Bewegungen, sah in seinem Berufsmantel aus wie ein bedeutender Zahnarzt. Ob der Herr von Bern komme, fragte er, Schaum schlagend.

»Von Yverdon.«

Aus der Stadt Pestalozzis, stellte der Coiffeur fest.

»Sehr richtig«, sagte der Bankier. Er antwortete seit Jahren mit ›sehr richtig‹, wenn jemand den Zusammenhang von Yverdon und Pestalozzi wieder einmal feststellte.

Er habe gedacht, der Herr komme aus Bern, fing der Coiffeur von neuem an, sichtlich enttäuscht, von Bern, von der Untersuchungskommission. Der Herr sehe akkurat wie ein Detektiv aus, die hätten auch so was Geistiges, und seifte de Schangnau ein.

»Guten Morgen, Herr Stadtbaumeister«, grüßte er dabei mechanisch, »setzen Sie sich, mein Sohn wird Sie bedienen. Wilhelm, rasieren.«

Unter Geklingel war ein Herr eingetreten, hatte seinen Mantel an den Haken gehängt und nahm neben dem Bankier Platz. Ihre Blicke begegneten einander im Spiegel. Der

Stadtbaumeister war ein kleiner Mann, dick, ohne fett zu sein, mit mächtigen Muskeln, wie man ahnte, fast wie ein Bauer gekleidet, mit einer schweren, silbernen Uhrenkette über dem Bauch.

Was es denn in Konigen zu untersuchen gebe, und wozu man Detektive brauche, fragte de Schangnau den Coiffeur vorsichtig, der das Messer schliff.

Der große Stöpsel sei in die Luft geflogen gestern nacht um zehn, antwortete der Coiffeur aufgeregt, nur noch einige Mauerreste und einige verkohlte Balken seien vorhanden, denn nach der Explosion habe der Turm zu brennen begonnen. »Ein wichtiges, man darf sagen, nationales Unglück, was mit unserem lieben Stöpsel, mit unserem alten, guten Stöpsel geschehen ist, nicht wahr, Herr Stadtbaumeister Künzi?« wandte er sich halb stolz, halb jammernd zum anderen Gast, den nun sein Sohn bediente, ein blondes, frisiertes Jüngelchen; doch gab Herr Künzi keine Antwort, aus seinen Augenschlitzen warf er nur hin und wieder einige aufmerksame Blicke auf dem Umweg über den Spiegel zu de Schangnau hinüber, fast drohend, wie der Bankier dachte.

In den Frühnachrichten im Radio vor dem Morgenturnen (er turne immer), in den Frühnachrichten sei die Meldung auch gekommen, prahlte der glückliche Coiffeur weiter, der seinen Gesprächsstoff gefunden hatte und auch festhielt, nur schade, daß der Sprecher von Beromünster sie im gleichen Tonfall berichtet habe wie irgendeine ausländische Nachricht, etwas Mitgefühl und Trauer wäre gerade diesmal durchaus in Ordnung gewesen bei dieser schweizerischen Katastrophe, das gehe nun einmal das ganze Schweizervolk an, einen Bundesrat so gut wie einen simplen Coiffeur, da müsse schon eine Königin oder der Papst sterben, um so einen Nachrichtensprecher in Rührung zu bringen; doch wurde er zum Glück unterbrochen. Durch erneutes Geklingel von der Türe her.

Der neue Kunde (ein stattlicher Mann mit weißem Schnurrbart, wie de Schangnau im Spiegel bemerkte) setzte sich auf einen der Stühle unter den Zeitungen, nahm die ›Schweizer Illustrierte‹ in die Hand und wurde vom Coiffeur in seiner überhöflichen Art als Metzgermeister Ziel begrüßt.

»Guten Morgen, Künzi«, lachte der Metzger, »laßest dir den Bart abnehmen, hast es auch nötig, wenn dir deine

Türme, hops, in den Himmel springen«, und wie der Stadtbaumeister immer noch schwieg, wohl verletzt von den Grobheiten des Metzgers, lachte der, die Himmelfahrt des großen Stöpsel scheine Künzi die Sprache verschlagen zu haben.

»Und Ihnen das Trompetenblasen, Herr Ziel«, kam der Coiffeur dem Stadtbaumeister zu Hilfe und setzte das Messer an die linke Wange des Bankiers (die rechte hatte er schon bearbeitet).

»Bei meiner Seele, da hast du recht, Haarschneider«, sagte Ziel und steckte sich einen Stumpen in Brand, »da blies ich gestern im Umzug zu Ehren unserer hundertjährigen Frau Trudi Meier-Hühnlein-Schär-Hofer, deren zweiter Mann, der Hühnlein, vor sechzig Jahren Stadtpräsident gewesen ist – ihr erster, der Schär, war Apotheker, und ihr dritter, der Pfarrer Meier, ist ja nun auch vierzig Jahre tot, aber er hat mich noch konfirmiert – da blies ich gestern ›Näher mein Gott zu Dir‹ aus allen Leibeskräften, was sich das Geburtstagskind so wünschte, und plötzlich geht vor meiner Nase der große Stöpsel in die Luft, daß es eine wahre Pracht ist, und nicht nur vor meiner Nase, sondern auch vor unserer Feuerwehr, die teils mitblies, teils im Umzug marschierte, denn der Apotheker war auch Feuerwehrkommandant. Für mich ist es ein erhabener Augenblick gewesen, ich will da ehrlich sein, so etwas wie eine großartige Predigt von der Vergänglichkeit aller großen Stöpsel, jedenfalls, wenn die Pfarrer auch so zu predigen verständen, ginge ich auch in die Kirche und dies jeden Sonntag; aber die Hundertjährige muß einen ordentlichen Schrecken bekommen haben ob dem schwefelgelben Blitz und dem Krachen, es war wie zu Sodom und Gomorrhas Zeiten, und sie wohnt nicht weit vom Stöpsel.«

Frau Meier-Hühnlein sei schwerhörig, versicherte der Coiffeur (nun mit der linken Wange des Bankiers zu Ende).

Das sei ein Glück für die alte Dame, beruhigte sich Herr Ziel, mit dem Weiterblasen sei es natürlich nichts gewesen, der Umzug habe zur Feuerwache rennen müssen, die Geräte und die Feuerspritze zu holen, doch habe man den Turm nicht retten könne, ja, Mühe gehabt, das Feuer von den anliegenden Häusern fernzuhalten, eines sei halb eingestürzt, und es sei ein Wunder, daß man sich heute hier rasieren lassen könne, denn auch das Haus des Coiffeurs sei in Gefahr gewesen. Er sei nur neugierig, was denn nun die Kommission aus Bern, die noch diese Nacht angekommen sei, für Ursachen finden werde; was Gescheites sicher nicht.

Der große Stöpsel sei in die Luft gesprengt worden, regelrecht und kunstvoll, behauptete der Coiffeur, das sei ihm klar. Nicht umsonst habe sich die Explosion zwei Tage vor der Fünfhundertjahrfeier der Bollenschlacht ereignet, vor einem der wichtigsten Daten der heimatlichen Geschichte, zwei Tage vor dem großen Umzug und dem Besuch der Bundesräte Etter, Feldmann und Petitpierre. Als Täter kämen nur die Kommunisten und die Freimaurer in Frage, dies sei logisch, doch von denen schieden die Moskauer aus, weil sie schwach seien und Stimmen nötig hätten, der Stöpsel sei populär, da würden sie es nicht wagen, ihre roten Finger daranzulegen. »Aber die Freimaurer«, rief er aus, »die sind stark, die können sich einen solchen Frevel leisten. Sie werden sehen, meine Herren, die Kommission aus Bern wird nichts finden, und wenn sie zehnmal die besten Detektive der Welt hätte, weil sie nichts finden darf. Aber der Kerl, der das Wahrzeichen unserer Stadt zerstörte, würde etwas erleben, wenn ich ihn unter mein Messer bekäme!« und energisch schabte er an de Schangnaus Kehle herum, der Heimat zuliebe sei er noch durchaus zu einem Mord fähig, wie der Wilhelm Tell, der Arnold von Winkelried und die anderen alten Schweizer.

Er solle doch aufpassen, begehrte de Schangnau auf, etwas kleinlaut, da nun wirklich Blut floß, und ihm mit einemmal das unangenehme Gefühl aufstieg, der Coiffeur ahne, wen er da unter dem Messer habe.

»Pardon, mein Herr, pardon«, sagte der Coiffeur bestürzt, wie er sah, daß er den Bankier geritzt hatte, und behandelte ihn mit einem blutstillenden Stift, er sei untröstlich, er habe doch sonst die sicherste Hand von Konigen, nur heute sei er durch das nationale Unglück wie von Sinnen.

Das mit den Freimaurern sei Blödsinn, ärgerte sich inzwischen der Metzger von seinem Stuhle her, immer noch mit der ›Schweizer Illustrierten‹, der Haarschneider solle doch gerade noch mit den Juden kommen, dann hätte man die möglichen Sündenböcke beieinander. Eine Gasleitung werde geplatzt sein, sagte er, denn die Vernunft, die es brauche, den Stöpsel fortzuschaffen, traue er heutzutage weder einem Juden noch einem Freimaurer zu, und am allerwenigsten den Moskauern oder gar den anderen Parteien, seien dies nun die Katholiken, der Dutti oder ein Sozi. Man solle doch zugeben, daß der Stöpsel nichts als ein lästiges Verkehrshindernis gewesen sei, nur mit einem Volkswagen sei man hindurchgekommen, und auch dies nicht einmal richtig. Aber eben, wann ginge es in der Politik je um das, was klipp und klar auf der Hand liege, sonst wäre wohl der Stöpsel längst nicht mehr vorhanden. Er sage dies, obwohl der Stadtbaumeister hier sei und gerade deswegen. Kein Haus, keine Garage, keinen Kaninchenstall könne man heute bauen lassen, ohne daß er hineinrede, immer müßten die alten Zeiten berücksichtigt werden und die alten Stile, und einige Koniger täten so, als ob man heute noch mit Bärten und Morgensternen herumliefe.

»Herr Ziel«, antwortete der Coiffeur an Stelle des Stadtbaumeisters, der immer noch schwieg und den Blick auf de Schangnau gerichtet hielt, »Herr Ziel«, sagte er, während er den Bankier mit Eau de Cologne bestäubte, »es gibt außer dem Materiellen noch Geistiges, und der Stöpsel ist etwas Geistiges gewesen, ein heimatlicher Wert und ein Symbol des echten Schweizergeistes wie der Pestalozzi und der Gottfried Keller.« Er sei auch ein echter Schweizer, entgegnete der Metzgermeister und schwang die ›Schweizer Illustrierte‹ wie eine Fahne, und ein gerade so guter wie der Gottfried Keller, den er ebenfalls in der Schule gelesen habe, aber ein moderner, der sich nicht einbilde, wie der Künzi, an der Bollenschlacht mitgekämpft zu haben, unter dem Ritter Kuno von Zäziwil, von dem es ihn nur wunder nehme, ob er sein berühmtes »Wir siegen, denn wir haben den Geist«, auch gesprochen hätte, wenn die damaligen Schwaben mit einer Atombombe gegen den Bollen gezogen wären. Man solle ihm nicht immer mit den Leistungen der alten Schweizer kommen. Steuerzahlen sei eine ebenso große Heldentat wie eine Schlacht zu gewinnen, und er bezahle mehr Steuern als alle in diesem Laden zusammengenommen. Die Zeit könne niemand zurückbiegen, und wäre er der beste Stadtbaumeister der Welt, man lebe nun einmal von der Milchsiederei, den Delta-Uhren, dem Karosseriewerk und von den Stumpen und der Fahrradfabrik und nicht vom großen Stöpsel. Ehrlichkeit, meine Herren, rief er aus, während der Coiffeur de Schangnau abbürstete, der sich erhoben hatte, Ehrlichkeit sei die wahre Schweizerart. Zuerst komme der Käse und dann erst der Stöpsel; dies sei nun einmal die natürliche Rangordnung, und nicht nur in Konigen, sondern auch in der ganzen Schweiz, die aus ihrem Nationalhelden Tell schon längst eine Reklamefigur gemacht habe. Darum solle man auch jetzt nicht ein gar so gewaltiges Unglück aus dem in die Luft geflogenen Stöpsel machen, hin sei hin, und niemand hindere einen, dessen Bild weiterhin auf die Produkte der Milchsiederei, die Stumpen und die Würste zu kleben, wohin es auch gehöre.

De Schangnau, endlich dem Coiffeurladen entwichen, ging über die Straße in den ›Wilhelm Tell‹ zurück und ins Frühstückszimmer. Er hatte Hunger. Er bestellte zwei Eier im Glas, was er besonders liebte, und Milchkaffee. Er saß am Fenster in der Sonne und sah, wie nun auch der Stadtbaumeister gegenüber den Laden verließ, unentschlossen das Gasthaus betrachtete und dann weiterging.

Am Nebentisch saß ein weiterer Gast des Hotels, dessen Ähnlichkeit mit dem Stadtbaumeister dem Bankier nun auffiel, er war ebenso wuchtig und gedrungen wie Künzi, doch nicht bäurisch gekleidet. Er saß in einer weiten Wildlederjacke mit Knickerbockern an seinem Tisch, durchaus wie ein Tourist, mit hohen genagelten Schuhen, und aß ein Spiegelei mit Schinken, dazu trank er Milch, Tomaten- und Orangensäfte.

Der Bankier hatte die ›Basler Nachrichten‹ mitgenommen. Darin blätterte er nun, während er auf die Eier und den Milchkaffee wartete, doch legte er die Zeitung mißmutig zurück, mit rotem Gesicht, da ihm unvermutet auf der zweiten Seite eine Überschrift aufgefallen war. Bankrott einer Bank in Yverdon. Er ließ sich vom Kellner noch das ›Koniger Tagblatt‹ reichen, das eben der Doppelgänger des Stadtbaumeisters zusammengerollt hatte. Hier war der Zusammenbruch der Bank de Schangnau und Le Locle auf der ersten Seite, vom demolierten Heimatmuseum jedoch noch keine Zeile, da das ›Tagblatt‹ am Abend erschien. Der Bankier hatte sein Spiel verloren, und so ergab er sich denn. Er machte sich ans Essen. Er aß mit großem Appetit, etwas hastig, da er sich im klaren war, daß dies seine Henkersmahlzeit bedeutete. Es war sinnlos, noch den Versuch zu machen, von der Direktion des ›Wilhelm Tell‹ Geld zu erlangen, denn sie hatte den Artikel wohl auch gesehen, so daß er, in einem Anfall von Galgenhumor, auch eine Portion Schinken bestellte, wie sein Nebenmann, und, nachdem er sie verzehrt, von den Zigarren eine Costa Penna wählte, wieder einmal zum letztenmal. So war er bereit, sich zu stellen, ließ das Morgenessen auf die Rechnung schreiben, die er nicht bezahlen konnte, und machte sich auf, im Tweedmantel und in den Urwalddampf seiner Import gehüllt, die Polizei zu suchen.

Gespräch mit einem Anfänger

Es war halb elf. Zuerst wandte er sich nach dem Ort seines unfreiwilligen Attentats, er hielt es für angebracht, doch auch zu sehen, was er angerichtet hatte.

Mit einer gewissen Verblüffung nahm er die Trümmermassen inmitten der alten Häuser wahr, bestürzt, der Grund einer so großen Verheerung zu sein. Von der Pracht des Stöpsels war nichts mehr vorhanden, die Bombe hatte gründlich aufgeräumt. Auf dem Trümmerhaufen kletterten Polizisten in Zivil umher, frierend und mit geheimnisvollen Untersuchungen beschäftigt, einige mit langen Stangen, womit sie in den verkohlten Balken stocherten. Andere, in Uniformen, hielten die Koniger zurück, die verwundert auf die Überreste ihres Wahrzeichens starrten: die Männer, die Hände in den Manteltaschen, vom allgemeinen Zorn erfaßt, die Frauen mit Kindern auf den Armen. Schuljugend stand umher in Scharen, verzweifelte Lehrer. Irgendwo Schluchzen, irgendwo Flüche, dumpfes Aufbegehren.

Der Bankier, der dies unwillkürlich doch ein wenig auf sich bezog, versuchte lieber nicht, die Menschenkette zu durchbrechen, die ihn vom Ort der Katastrophe fernhielt, sondern ging nach einigen Augenblicken pietätvollen Verweilens die Gasse zurück, durch die er gestern abend, bestrebt, der Feuerwehrmusik zu entweichen, die Bombe in den Armen, geflüchtet war, nun ärgerlich, da er bei einem Unterbruch der Häuserfront einen nahen Fluß bemerkte; hätte er dies gewußt, wäre die Bombe explodiert, ohne Schaden zu stiften, so kam die geographische Erkenntnis zu spät.

Er gelangte denn auch, wie er erwartet hatte, wieder auf den kleinen Platz, wo ihn gestern abend das Auto abgesetzt hatte; die Häuser siebzehntes, achtzehntes Jahrhundert, er sah seine Erinnerung bestätigt, auch das Hochhaus erkannte er wieder; daß es nicht zum übrigen paßte, fiel ihm ein zweites Mal auf.

Der Platz war fast leer, nur ein Verkehrspolizist stand in der Mitte mit weißem Helm und weißem Mantel, nicht ganz ersichtlich wozu; der Bankier fragte ihn nach der Polizeiwache. Er hatte nach dem Centralplatz zu gehen.

Die Altstadt war nach einigen Schritten zu Ende; was ihm während der nächtlichen, rasenden Fahrt großstädtisch geschienen hatte, kam ihm nun vor wie ein Kaff mit städtischem Einschlag.

De Schangnau blieb stehen und schaute die Hauptstraße entlang, die sich leicht senkte. Der Verkehr war der einer kleinen Stadt, viele Bauern, irgendwo war wohl Markt, Arbeiterfrauen, ein katholischer Geistlicher, Schüler, einige mit Mützen, was auf ein Gymnasium hindeutete. Die ersten Zeitungen über das Unglück erschienen, das ›Koniger Tagblatt‹, der ›Expreß‹, der ›Bund‹, und de Schangnau dachte befriedigt, daß jetzt etwas anderes als sein Bankrott zu lesen wäre.

Ein Trolleybus kam ihm entgegen, vom Bahnhof her, wie er annahm, schwenkte weiter unten ab, bei einem Wegweiser: Zürich, Bern, Lausanne.

Städtische Bauten, rote Häuser, gelbe, blaue, weiße, Häuser aus Holz, wie mit der Laubsäge gebastelt, aus Stein, aus Beton, eine Renaissancefassade, eine Schule, ein Jugendstilgebäude, die Kantonalbank, ein Warenhaus ›Chez Billeter‹, dann Kinos, drei, vier, sichtbar rechts und links der Straße, ›Capitol‹, ›Apollo‹, ›Alhambra‹, ›Metropol‹, mit grellen Inschriften, ›Limelight‹, ›Straße von Rio, Neunte Woche‹, ›Heidi‹, ›Die Hafenmarie‹, mit küßenden Riesengesichtern, Riesenbusen, ein Konsum, ein Migrosgeschäft, Affichen von Ärzten, Schneidern, Coiffeurs, Schola Cantorum Koniginensis, Läden aller Art, die Metzgerei Ziel, ein weiteres Jugendstilgebäude, vielleicht ein Theater, Bauernhäuser, dazwischen an den Trottoirs Misthaufen und Milchkessel, dann auch Bars, Cafés mit großen Wagen davor, Studebaker, Mercedes, Buick, ein Jeep; die Delta-Uhren waren gesucht wie noch nie, warfen Geld ab wie noch nie, da sollte man sich doch beteiligen können, dachte der Bankier. Dazu die Fahnen und Wimpel der morgigen Schlachtfeier, die bernischen Fahnen, die von Konigen, blau mit gelben Querbalken, die roten Schweizerfahnen mit dem weißen Kreuz, des weiteren Spruchbänder ›Hie Konigen, hie Eidgenossenschaft‹, ›Konigen dankt dem Bunde‹, überall Plakate, die zum Festspiel ›Bollengeist und Bollentat‹ einluden.

Durch diese patriotische Allee hatte der Zerstörer des großen Stöpsels nun zu gehen, wollte er seine Untat melden. Noch zögerte er, begreiflicherweise. Auf dem anderen Trottoir stand der Stadtbaumeister in der Sonne, die mit ihrem Licht nichts vermochte, massig, ein gewalttätiger Bauer, trotz der Kälte mit offenem Mantel und ohne Halstuch, de Schangnau beobachtend. Der Bankier fror. Zum letzten Mal genoß er die Freiheit, wenn auch gequält, dazu wollte die Costa Penna nicht schmecken. Er ließ sie fallen und zertrat sie, wütend über das Geld, das er ausgegeben hatte, und erschrocken über die Sparsamkeit, die ihn da plötzlich anwandelte als unfehlbares Zeichen seiner Pleite.

»Mann«, sagte eine helle Stimme neben ihm, »Mann, du sollst kommen.«

De Schangnau wandte sich um. Im offenen Eingang einer Türe stand ein Mädchen, etwa zehnjährig, in einem dünnen, roten Rock und einer schmutzigen, halb zerrissenen Schürze, mit nackten Beinen, gelben Socken, ebenfalls zerrissen, und Sandalen, ein durchfrorenes Wesen, blau vor Kälte. Das kleine Gesicht war mager, die grünen Augen weit aufgerissen.

»Sollst kommen, Mann«, sagte es wieder.

Wie es heiße, fragte de Schangnau.

»Yvette.«

Zu wem er kommen solle?

»Zu Papa.«

Der Bankier starrte das Mädchen an, wie träumend. »Warum denn?« fragte er, sich an sein Mädchen zu Hause erinnernd, das auch Yvette hieß und ein ebenso schmales blondes Ding war, ihm ebenso fremdartig und unbekannt, und zum erstenmal spürte er Sehnsucht nach der Rue Pestalozzi.

»Wegen dem Turm«, antwortete das Mädchen mit seiner leisen, gläsernen Stimme, und sein Atem trieb in kleinen Wolken vom Gesicht.

»So komm«, sagte der Bankier, »so komm.«

Das Kind lief ihm hüpfend voraus, zuerst auf dem Trottoir. Sie kamen an einem Bäckerladen vorbei.

»Kauf mir ein Nußgipfel, Mann«, sagte das Mädchen, »Papa sagt, du hast Geld und wirst mir einen Nußgipfel kaufen.«

Der Bankier gab ihm einen Franken, Kleingeld hatte er nicht, und das Mädchen sprang in den Laden. Durch die

Scheibe sah er, wie das rote, schmale Geschöpf mit leuchtenden Augen wählte, dann kam es wieder heraus.

»Ich habe zwei Nußgipfel gekauft, Mann«, sagte es, in beiden Händen eines der klebrigen Gebäcke und schon essend; daß es noch Geld herausbekommen haben mußte, erwähnte es nicht.

»Führ mich jetzt zu deinem Vater«, sagte der Bankier.

Das Mädchen hüpfte in eine Seitengasse und dann in einen Hof zwischen Wohnblöcken. Der Bankier zögerte.

Der Hof war asphaltiert, die Hinterfronten der Häuser schmutzig, die blaugraue Farbe blätterte ab, Wäsche hing überall vor den Fenstern, Windeln, zum Teil im grellen Licht der Sonne. Verrostete Eisenstangen, Karosserien alter Autos, Kanister, Schubkarren aus Eisen, Geräte aller Art standen herum, Wellblechdächer, unter denen Velos eingestellt waren, gegen hinten zu Holzschuppen und dann eine Fabrik, von den Schuppen halb verdeckt, mit rauchendem Kamin, ein süßlicher Geruch von Benzin in der Luft.

Das Kind war mitten im Hof stehengeblieben. »Komm, Mann«, sagte es, »komm.«

De Schangnau trat ein. Es war hier nicht so kalt wie auf der Straße, da die Mietshäuser vor der Brise schützten.

»Da ist Papa«, sagte das Mädchen und hüpfte zu einem jungen Mann, der sich an die Türe eines Schuppens lehnte, neben dem es stehenblieb und weiter Nußgipfel aß.

Der Mann schien höchstens zweiundzwanzig. Er war blond wie das Mädchen, die Haare borstig, das Gesicht rund und rosig, der Körper schmächtig, fast knabenhaft, mit einer Lederjacke bekleidet, mit Pelzkragen, Manchesterhosen und groben Schuhen.

»Kommen Sie näher«, sagte er zum Bankier, »wir haben miteinander zu sprechen. Ich heiße Bein. Natürlich heiße ich nicht so, aber für Sie bin ich Bein.«

Es freue ihn, seine Bekanntschaft zu machen, antwortete der Bankier mit der Höflichkeit seines Berufs, und trat näher, unvorsichtigerweise, denn er lag mit einemmal auf dem Asphalt, von einem Fausthieb gefällt. Der junge Mann sah ruhig auf ihn nieder. Das Kind aß weiter. »Ist das ein böser Mann?« fragte es.

»Nein«, sagte Bein, »das ist er nicht. Stehen Sie auf«, wandte er sich dann an den Bankier, »kommen Sie.«

De Schangnau erhob sich mühsam.

»Kommen Sie in den Schuppen«, forderte Bein ihn auf,

und de Schangnau ließ sich hereinführen. Er solle sich bükken, sonst beschmutze er sich, hier sei ein Handtuch und da ein Becken mit frischem Wasser. Es sei nur Nasenbluten, das gehe schnell vorüber, hörte er Bein sagen, während er das nasse Tuch gegen sein Gesicht preßte, das sich rot färbte.

Herr Bein habe sonderbare Manieren, meinte der Bankier endlich, wie das Blut gestillt war.

»Das Leben, nur das Leben«, bedauerte der andere. »Ich schlug Sie nieder, damit Sie wissen, mit wem Sie es zu tun haben, keine Enttäuschung erleben, und ein zweites Mal hoffe ich es nicht tun zu müssen. Es wäre mir peinlich, denn ich bin ein höflicher, doch konsequenter Mensch. Und nun geben Sie mir Ihre Karte.«

Sie standen in einem kleinen Holzschuppen voller Fässer, in den das Licht durch ein kleines Fenster mit verstaubten Scheiben fiel. Auf einer Kiste stand das Becken, nun mit blutigem Wasser, und daneben lag das Handtuch, ebenfalls blutig, alles sichtlich vorbereitet. Neben der Türe ein Haken, ein schwerer Hammer und ein großer Meißel.

Das Mädchen war auch hereingekommen, schaute de Schangnau an und aß am zweiten Nußgipfel.

Bein las die Karte, die ihm der Bankier übergeben hatte, nahm eine Brieftasche aus seiner Jacke und legte die Karte hinein. »Bertram Freiherr von Schangnau, Bankier, Rue Pestalozzi 10, Yverdon«, sagte er. »Ist das mit dem Freiherr in Ordnung?« »Nein«, sagte de Schangnau.

»Sehen Sie, das dachte ich mir doch«, meinte der andere. »Verkracht? Habe es in der Zeitung gelesen, Ihre Bank ist flötengegangen. Nun wollen wir sehen, was Sie bei sich haben.« Er trat auf den Bankier zu, mit ruhigen Bewegungen, eigentlich durchaus sympathisch, durchsuchte de Schangnaus Taschen, tastete ihn ab, als suche er Waffen. »Sieben Franken sechzig«, sagte er, indem er de Schangnaus Portemonnaie leerte. Eine Quittung könne er ihm leider nicht geben, und auch die Fahrkarte nicht lassen, wirklich, es tue ihm leid, und auch die goldene Armbanduhr sei zum Leben nicht unbedingt nötig.

Der Bankier wehrte sich nicht, zuckte nur bedauernd die Achseln, er hatte am Faustschlag genug, und nach Heldentum war ihm nicht zumute, der falsche Freiherrtitel, eben eingestanden, enthob ihn dieser Zumutung. Eine Gauloise, fragte Bein und hielt ihm ein geöffnetes Zigarettenetui hin.

Der Bankier dankte, es rieche nach Benzin, in den Fässern sei wohl solches enthalten, und so sei ihm das Rauchen denn doch zu gefährlich. Wie der Freiherr wünsche, antwortete der andere und steckte sich eine Gauloise in Brand, blies den Rauch durch die Nase. Was dies nun alles bedeute, fragte de Schangnau. Er habe vor, ein Geschäft zu machen, erklärte Bein die merkwürdige Szene. Am liebsten möchte er einen Zigarrenladen eröffnen, doch nicht hier in Konigen, das ihm nicht liege, sondern in Zürich. Er brauche Kultur, gute Musik, anständiges Theater, hier komme er auf den Hund, moralisch und finanziell. Das sei ein löblicher Entschluß, bestätigte de Schangnau, jedenfalls bedeutete dies dem gegenüber, was Herr Bein jetzt treibe, einen Fortschritt.

»Wir sind wohl beide gleich weit vom Zuchthaus«, stellte der andere fest, »Sie haben den Stöpsel in die Luft gesprengt.«

Woher er das wisse, fragte der Bankier, dem seine Lage deutlicher wurde, nun doch bereit, eine Zigarette zu rauchen. Bein schwieg. Ob er ihn erpressen wolle, forschte de Schangnau.

»Warum nicht?« gab der andere seine Absicht endlich zu, schaute den Bankier nachdenklich an und gab ihm Feuer.

Es gehe noch einen Nußgipfel kaufen, es habe noch Geld von dem Mann, sagte das Mädchen, dem es im Schuppen langweilig geworden war, öffnete die Türe und hüpfte davon. Die beiden traten auch hinaus und standen nun in der Sonne. Von der Fabrik her gingen Arbeiter an ihnen vorbei. »Ihr Vorschlag?« fragte de Schangnau und blickte nach einer Frau, die auf einem Balkon Wäsche von der Leine nahm.

»Zwanzigtausend.«

Soviel könne er nicht zahlen, antwortete der Bankier.

»Weiß ich«, sagte Bein, »Sie sind ruiniert, und so können Sie sich mein Schweigen nicht leisten.«

Dem Bankier kam die Begegnung immer unwirklicher vor. Warum er denn diesen Vorschlag gemacht habe?

Um ihm eine Chance zu geben, antwortete der andere in seiner rätselhaften Art, dies verlange die Höflichkeit, auch wenn kaum eine Möglichkeit vorhanden sei, daß der Freiherr davonkomme. Zwanzig für sein Schweigen sei recht und billig, denn zwanzig hätte man ihm geboten.

»Wofür?« fagte de Schangnau.

»Damit ich Sie töte«, sagte Bein.

Nun fing eine Frau auf einem anderen Balkon an, Teppich zu klopfen, ihr folgten weitere Frauen, dicke, gesunde Frauenzimmer mit gewaltigen Armen und Kräften. War das Gespräch eher behutsam geführt worden, so mußten nun die beiden schreien, wollten sie sich einander verständlich machen, dazu hatten sie einem Lastwagen auszuweichen, der in den Hof gefahren kam, von dem Arbeiter lange Eisenstangen abluden.

Er könne natürlich auch den Auftraggeber erpressen, erklärte Bein durch den Lärm hindurch, und auch in diesem Falle würde er zwanzig verlangen, er gehe korrekt vor, ehrenhaft auch im zweifelhaften Geschäft.

Herr Bein scheine unentschlossen, stellte de Schangnau fest.

Er wisse, wer das Heimatmuseum in die Luft gesprengt und wer die Bombe hergestellt habe, schrie der andere, dies gelte es auszunützen. Wissen sei Macht.

Der Bankier, durch die Nähe der Arbeiter und der Frauen mutig geworden, überdrüssig der verwirrenden Situation, trat zu Bein und faßte ihn am Pelzkragen.

»Herr«, schrie er und hatte Mühe, sich im immer tosenderen Lärm verständlich zu machen, denn nun klopften an die zehn Frauen ihre Teppiche aus, und unter bösartigem Zischen entwich eine Dampfwolke der Fabrik, »Herr«, schrie er, »von wem Sie zwanzigtausend verdienen wollen, indem Sie mich zu ermorden suchen oder einen anderen zu erpressen, ist mir gleichgültig. Ich hoffe nur, daß Sie einsehen, wie dumm und gemein Sie handeln.«

Ob Herr de Schangnau dies wirklich glaube, erbleichte der andere, nahm die Hände des Bankiers von seinem Kragen und zog den Überraschten aus dem Hof in die Seitengasse, wo er ihn fahren ließ.

»Das Leben, nur das Leben«, stammelte er bestürzt, »es ist das erste Mal, daß ich so etwas mache. Ich habe nicht die geringste Erfahrung. Auch dem Antrag, Sie zu töten, stehe ich hilflos gegenüber, ohne Ahnung, wie man das anstellt, wir sind schließlich in Konigen und nicht in Paris oder Chicago. Ich bin für jeden Rat dankbar, glauben Sie mir. Und vor allem habe ich Angst, scheußliche Angst, es könne schiefgehen.«

Sie gingen zur Hauptstraße, Bein hatte das Rosige verloren und war nun nichts weiter als ein hilfloser, schüchterner Bursche. Ob er ihn in seine Wohnung einladen dürfe, fragte er den Bankier, sie sei nicht weit von hier. De Schangnau schüttelte den Kopf. Er wisse genau, wo Bein wohne, sagte er, er habe das Mädchen in der Türe stehen sehen, doch in Anbetracht der Aufträge, die Herr Bein entgegennehme, lasse er einen Besuch lieber bleiben.

»Schade«, sagte Bein.

Er bedaure auch, entgegnete der Bankier, er gehe nun zur Polizei und sei entschlossen, sein Mißgeschick zu gestehen. Ob er dann auf ihn zu sprechen komme, fragte der andere.

»Natürlich.«

Wie sie die Hauptstraße erreichten, stand das Mädchen wieder da, durchfroren, immer noch Nußgipfel essend und neugierig auf die beiden starrend.

Zum Centralplatz gehe es hier hinunter, sagte Bein, etwas kleinlaut, immer der Hauptstraße nach. Die Polizei befinde sich neben der Schweizerischen Kreditanstalt.

De Schangnau nickte, er habe sich schon bei einem Polizisten erkundigt.

»Ich will Sie nicht hindern«, sagte Bein, »Sie sind ein freier Mann. Hören Sie sich die Brüder einmal an. Handeln Sie nicht überstürzt. Kommen Sie nicht gleich mit einem Geständnis, suchen Sie zu erfahren, wie weit die schon im Bilde sind. Ich meine es gut mit Ihnen, glauben Sie mir.«

Beins Unverschämtheit sei ebenso groß wie seine Naivität, lachte de Schangnau. »Ich werde die Brüder vor allem einmal bitten, Sie anzuhören.«

Der junge Mann schüttelte traurig den Kopf. »Sie verkennen die Situation«, sagte er. »Ich bin überzeugt, daß die Polizei nicht ahnt, wer den Stöpsel demolierte. Es wäre nicht fair, sich unter diesen doch günstigen Umständen fallenzulassen und zu gestehen.«

Da ihn das wunderliche Ansinnen Beins belustigte, schüttelte de Schangnau den Kopf, wenn auch nicht ohne eine unerklärliche Beunruhigung. Auch bemerkte er, wie jenseits der Straße immer noch der Stadtbaumeister stand. Nichts schien sich seit dieser merkwürdigen Begegnung verändert zu haben.

»Ich bin ehrlich mit Ihnen«, fuhr Bein fort, nun schlotternd vor Kälte und dampfenden Atems. »Meine Chance ist, zwanzigtausend zu verdienen, und Sie wünschen davonzukommen. Wenn Sie sich der Polizei übergeben, bin ich verloren, weil ich das Geld nicht habe, und Sie sind es, weil Ihnen niemand glauben wird. Gestehen Sie nicht, besteht Hoffnung, daß ich ein kleines Vermögen finde, sei es auch, indem es mir gelingt, Sie zu töten, doch besteht auch Hoffnung für Sie: die nämlich, daß Sie mich besiegen und Konigen unerkannt verlassen. Sie bleiben frei, wenn Sie sich nicht der Polizei übergeben, damit treten Sie jedoch auch in eine Zone der Gefahr und des Kampfes, das gebe ich zu. Doch gerade dies sollte einer nicht vermeiden. Leben Sie wohl, Freiherr, Sie haben sich zu entscheiden. Es war ein Gespräch unter Männern. Ich hoffe, Sie wiederzusehen, mein schweres Ziel zu erreichen, und wünsche Ihnen alles Gute.«

Bein nahm die Hand seines Töchterchens und schritt der Altstadt zu, wandte sich jedoch noch einmal um. »Das Leben, nur das Leben«, stammelte er und winkte wehmütig dem Bankier zu, der denn auch dem Anfänger in einem so bedenklichen Beruf zunickte, so daß sie nicht unfreundlich voneinander schieden.

Erstes Telefongespräch

Nach zwei Schritten in der Richtung auf den Centralplatz hin blieb er wieder stehen und begann an seine Ehe zu denken. Unvermittelt, möglicherweise um nicht über seinen Fall, über die Zerstörung des Stöpsels, über Bein nachdenken zu müssen. Er stand vor dem Schaufenster der Metzgerei Ziel.

Madeleine Le Locle hatte er vor nun zwölf Jahren geheiratet, die Ehe war die ersten Jahre glücklich gewesen; mit dem jungen Bankier, der sein Geld verschleuderte, ließ sich leben, doch dann war die Ehe abgestorben, wie ein Baum plötzlich abstirbt, dachte de Schangnau, man weiß nicht, warum. In diesem Augenblick vor der Metzgerei Ziel mußte er sich überlegen, wie eigentlich seine Frau jetzt aussehe, er sah immer das blonde verfrorene Mädchen vor sich mit dem dünnen roten Rock, das ihn zu Bein gebracht und ihn an seine Tochter Yvette erinnert hatte, wenn er an Madeleine dachte. Vielleicht, daß seine Frau in der Jugend so ausgesehen hatte oder daß sie jetzt so aussah, so frierend, so arm. Er wünschte mit einemmal, mit ihr zu telefonieren, und wollte schon die Straße überqueren, weil eine

Telefonkabine auf der anderen Straßenseite stand, doch hielt er ärgerlich inne. Er hatte kein Geld.

Er schritt zu seinem Hotel zurück, froh, ohne daß er sich dies recht eingestand, seinen Besuch bei der Polizei aufschieben zu können. Zwar verirrte er sich. Er stand unvermutet von neuem vor dem Stöpsel, flüchtete zurück, stand wieder vor ihm. Nun war auch die Presse angerückt, Photographen, Journalisten, eine noch größere Menschenansammlung als vor einer Stunde. De Schangnau erreichte den ›Wilhelm Tell‹.

Grieche sucht Griechin
Eine Prosakomödie

Es regnete stundenlang, nächtelang, tagelang, wochenlang. Die Straßen, die Avenuen, die Boulevards glänzten vor Nässe, den Gehsteigen entlang flossen Rinnsale, Bäche, kleinere Flüsse, die Automobile schwammen herum, die Menschen gingen unter Schirmen, waren in Mänteln gehüllt, liefen mit nassen Schuhen und immer feuchten Strümpfen, die Riesen, Putten und Aphroditen, die teils die Balkone der Palais und Hotels trugen, teils sonst an den Fassaden klebten, troffen, tropften, waren übergossen von Wasserfäden, von Vogelmist, der sich auflöste, und unter dem griechischen Giebel des Parlaments suchten zwischen den Beinen und Brüsten der patriotischen Reliefs die Tauben Schutz. Es war ein peinlicher Januar. Dann kam der Nebel, auch er tagelang, wochenlang, eine Grippeepidemie, nicht gerade gefährlich für anständige, sozial gesicherte Leute, zwar einige alte Erbonkel und Erbtanten dahinraffend, einige ehrwürdige Staatsmänner, doch sonst nur massenhaft die Vagabunden unter den Brücken am Strom. Dazwischen wieder Regen. Immer wieder.

Er hieß Arnolph Archilochos, und Madame Bieler meinte hinter ihrer Theke: »Der arme Junge. So kann man doch nicht heißen. Auguste, bring ihm noch ein Glas Milch.«

Und sonntags sagte sie: »Bring ihm noch ein Perrier.«

Auguste dagegen, ihr Mann, schmächtig, der Sieger einer legendären Tour de Suisse und der Zweite einer noch legendäreren Tour de France, der im Radfahrerkostüm bediente, in seinem Maillot jaune (sammelte sich doch so ein kleines Publikum von Radsportfreunden), war damit nicht einverstanden. »Deine Liebe, Georgette«, meinte er etwa am Morgen, wenn er aufstand, oder im Bett, oder hinter dem Ofen, wenn sich alles verzogen hatte und er seine dünnen haarigen Beine wärmen konnte, »deine Liebe zu

Herrn Archilochos kapiere ich nicht. Ist doch kein Kerl, ist doch ein verklemmter Mensch. Man kann doch nicht sein Leben lang nichts als Milch und Mineralwasser trinken!«

»Auch du hast einmal nichts anderes getrunken«, antwortete dann Georgette mit ihrer tiefen Stimme, indem sie die Arme in die Hüften stemmte, oder, lag sie im Bett, auf dem Busengebirge verschränkte.

»Geb ich zu«, meinte nach langem Nachdenken Auguste Bieler, immer wieder seine Beine massierend. »Doch um die Tour de Suisse zu gewinnen, und ich habe sie gewonnen, bei so hohen Pässen, und beinahe die Tour de France. Da hat der Abstinentismus noch einen Sinn. Aber der Herr Archilochos? Nicht einmal bei einer Frau schlief er je. Dabei ist er fünfundvierzig.«

Das letzte ärgerte Madame Bieler auch, und sie wurde stets verlegen, wenn Auguste in seinem Radfahrerkostüm oder im Bett darauf zu sprechen kam. Überhaupt war nicht zu leugnen, daß Monsieur Arnolph, wie sie Archilochos nannte, gewisse Prinzipien hatte. Rauchen zum Beispiel tat er auch nicht. Fluchen kam noch weniger in Frage. Georgette konnte sich ihn ferner nicht im Nachthemd vorstellen, oder gar nackt, so korrekt, so immer angezogen, wenn auch ärmlich, wirkte er.

Seine Welt war gefestigt, pünktlich, sittlich, hierarchisch. Zuoberst, an der Spitze dieser Ordnung, dieses sittlichen Weltgebäudes, thronte der Staatspräsident.

»Glauben Sie mir, Madame Bieler«, konnte Archilochos etwa sagen, indem er ehrfürchtig nach dem Bild des Staatspräsidenten im Edelweißrahmen starrte, das über den aufgestapelten Schnaps- und Likörflaschen hinter der Theke hing, »glauben Sie mir, unser Staatspräsident ist ein nüchterner Mann, ein Philosoph, ein Heiliger beinah. Raucht nicht, trinkt nicht, ist schon seit dreißig Jahren Witwer, hat keine Kinder. Sie können es in den Zeitungen lesen.«

Madame Bieler wagte nicht, so ohne weiteres zu widersprechen. Vor dem Staatspräsidenten hatte auch sie, wie alle in diesem Lande, ein wenig Respekt, war er doch der einzige ruhende Pol im politischen Hin und Her, in der vorüberziehenden Folge der Regierungen, wenn ihr auch ein solcher Ausbund an Tugend unheimlich vorkam. Lieber wollte sie es nicht glauben.

»In den Zeitungen steht's«, meinte Georgette daher zögernd. »Gewiß. Doch wie es in Wirklichkeit ist, weiß kein Mensch. Die Zeitungen lügen, sagt jeder.«

Das sei ein Irrtum, antwortete Archilochos, die Welt sei im Grunde sittlich, und trank feierlich und gemessen Perrier, als wäre es Champagner.

»Auch Auguste glaubt an die Zeitungen.«

»Nein«, sagte Georgette. »Das weiß ich besser. Auguste glaubt den Zeitungen kein Wort.«

»Nun, glaubt er etwa nicht an die Sportresultate, die in den Zeitungen stehen?«

Dagegen wußte Madame Bieler nichts einzuwenden.

»Tugend ist sichtbar«, fuhr Archilochos fort und reinigte seine randlose, verbogene Brille. »Sie leuchtet auf diesem Gesicht und leuchtet auf dem Gesicht meines Bischofs.«

Damit wandte er sich dem Bildnis zu, das über der Türe hing.

Der Bischof sei etwas sehr dick, protestierte Madame Bieler, der könne doch einfach nicht so tugendhaft sein.

Archilochos war in seinem Glauben nicht zu erschüttern.

»Seine Natur«, entgegnete er. »Wenn er nicht tugendhaft, philosophisch leben würde, wäre er noch dicker. Sehen Sie dagegen Fahrcks an. Wie unbeherrscht, wie unmäßig, wie hochmütig. Stündig in jeder Beziehung. Und eitel.«

Er wies mit dem Daumen über seine rechte Schulter nach dem Bild des berüchtigten Revolutionärs.

Madame Bieler blieb hartnäckig. »Eitel kann man doch nicht sagen«, stellte sie fest, »bei diesem Schnauz und bei diesen wilden Haaren. Und mit seinem sozialen Mitgefühl.«

Das sei nur eine besondere Art der Eitelkeit, behauptete Arnolph.

»Mir unverständlich, daß dieser Verführer hier hängt. Kam doch eben aus dem Gefängnis.«

»Oh, man kann nie wissen«, sagte dann jedesmal Madame Bieler und trank in einem Zug ein Glas Campari aus. »Man kann nie wissen. Auch in der Politik muß man vorsichtig sein.«

Der Bischof, um uns wieder seinem Bildnis zuzuwenden – jenes von Fahrcks hing an der gegenüberliegenden Wand –, dieser Bischof war Nummer Zwei in der abgestuften Welt des Herrn Archilochos. Es war kein katholischer Bischof, obgleich Madame Bieler in ihrer Art eine gute Katholikin war, die in die Kirche ging – wenn sie einmal ging –, inbrünstig zu weinen (doch ebenso inbrünstig weinte sie im Kino); es war aber auch kein protestantischer, Auguste Bieler (Gödu Bielers Gusti), aus der deutschen Schweiz eingewandert (Großaffoltern), der erste Gigant der Landstraße, den die Eidgenossenschaft hervorbrachte (›Sport‹ vom 9. 9. 29), konnte ja keinen Bischof kennen als Zwinglianer (auch dies zwar nur auf seine Art: er hatte keine Ahnung, daß er Zwinglianer war), sondern der Bischof war das Haupt der Altneupresbyteraner der vorletzten Christen, einer vielleicht etwas ausgefallenen und unklaren Sekte, aus Amerika importiert, und er hing nur über der Türe, weil sich Archilochos, das Porträt unter dem Arm, bei Georgette vorgestellt hatte.

Vor neun Monaten. Draußen ein Maientag, große Sonnenflecke auf der Straße, schräge Strahlenbündel in der kleinen Wirtschaft, das goldene Radfahrertrikot Augustes noch einmal vergoldet, ebenso seine traurigen Rennfahrerbeine, die Haare flimmerndes Gewölk.

»Madame«, hatte Archilochos damals zaghaft gesagt, »ich bin gekommen, weil ich das Bild unseres Staatspräsidenten in Ihrem Lokal bemerke. Über der Theke, an einer dominierenden Stelle. Ich bin Patriot und beruhigt. Ich suche einen Platz für meine Mahlzeiten. Ein Heim. Aber es muß immer derselbe Platz sein, am besten in einer Ecke. Ich bin einsam, Buchhalter, lebe rechtschaffen und bin strenger Abstinenzler. Rauchen tue ich auch nicht. Fluchen kommt nicht in Frage.«

Dann hatten sie einen Preis ausgemacht.

»Madame«, hatte er darauf wieder gesagt, ihr das Bild überreicht und sie durch seine staubige kleine Brille wehmütig betrachtet, »Madame, dürfte ich bitten, diesen Bischof der Altneupresbyteraner der vorletzten Christen aufzuhängen. Am besten neben den Staatspräsidenten. Ich kann nicht mehr in einem Raume essen, wo er nicht hängt, und eben deshalb habe ich das Lokal der Heilsarmee verlassen, wo ich vorher aß. Ich verehre meinen Bischof. Er ist ein Vorbild, ein durchaus nüchterner, christlicher Mensch.«

So hing Georgette den Bischof der vorletzten Christen eben auf, zwar nur über die Türe, wo er stumm und zufrieden hing, ein Ehrenmann, nur manchmal von Auguste verleugnet, der jenen wenigen, die sich erkundigten, kurz und bündig antwortete:

»Ein Radsportfreund.«

Drei Wochen später kam Archilochos mit einem zweiten Bild. Eine Photographie. Eigenhändige Unterschrift. Sie stellte Petit-Paysan dar, den Besitzer der Maschinenfabrik Petit-Paysan. Es würde ihn freuen, sagte Archilochos, wenn ebenfalls Petit-Paysan hängen würde. Vielleicht an Stelle Fahrcksens. Es zeigte sich, daß im sittlichen Weltgebäude der Besitzer der Maschinenfabrik den dritten Platz einnahm.

Frau Georgette war dagegen.

»Petit-Paysan fabriziert Maschinengewehre«, sagte sie.

»Na und?«

»Tanks.«

»Na und?«

»Atomkanonen.«

»Sie vergessen den Petit-Paysan Rasierapparat und die Petit-Paysan-Geburtszange, Madame Bieler, lauter menschenfreundliche Gegenstände.«

»Monsieur Archilochos«, sagte Georgette feierlich, »ich warne Sie, sich weiter mit Petit-Paysan zu befassen.«

»Ich bin bei ihm angestellt«, antwortete Arnolph.

Georgette lachte. »Dann nützt es gar nichts«, sagte sie, »wenn Sie Milch und Mineralwasser trinken, kein Fleisch essen (Archilochos war Vegetarier) und mit keiner Frau schlafen. Petit-Paysan beliefert die Armee, und wenn die Armee beliefert ist, gibt es Krieg. Das ist immer so.«

Archilochos war damit nicht einverstanden.

»Nicht bei uns«, rief er aus. »Bei unserem Staatspräsidenten!«

»Ach der!«

Sie kenne eben das Erholungsheim für werdende Arbeitermütter nicht, fuhr Archilochos unbeirrt fort, und die Heimstätte für invalide Arbeiterväter, die Petit-Paysan errichtet habe. Petit-Paysan sei überhaupt ein sittlicher, ja geradezu ein christlicher Mensch.

Doch war Madame Bieler nicht zu bewegen, und so kam es, daß außer den zwei ersten Vorbildern des Herrn Archilochos (bleich, schüchtern und etwas dicklich saß er in seiner Ecke zwischen den Radsportfreunden) nur noch der letzte in seiner Weltordnung an der Wand hing, das negative Prinzip, Fahrcks eben, der Kommunist, der den Staatsstreich in San Salvador und die Revolution in Borneo angezettelt hatte. Denn auch mit Nummer vier vermochte Arnolph bei Georgette nichts zu erreichen.

Sie könnte das Bild vielleicht unter Fahrcks hängen, meinte er und überreichte Madame Bieler eine Reproduktion, eine billige übrigens.

Wer denn dies gemalt habe, fragte Georgette und starrte verwundert auf die dreieckigen Vierecke und die verbogenen Kreise, die darauf zu sehen waren.

»Passap.«

Es stellte sich heraus, daß Monsieur Arnolph den weltberühmten Maler verehrte, doch war es Georgette immer noch ein Rätsel, was denn das Bild darstellen sollte.

»Das richtige Leben«, behauptete Archilochos.

»Da unten steht aber ›Chaos‹«, rief Georgette und wies in die rechte untere Ecke des Bildes.

Archilochos schüttelte den Kopf. »Große Künstler schaffen unbewußt«, meinte er. »Ich weiß einfach, daß dieses Bild das richtige Leben darstellt.«

Doch nützte es nichts, was Archilochos dermaßen kränkte, daß er drei Tage nicht mehr erschien. Dann kam er wieder, und Madame Bieler lernte mit der Zeit das Leben des Monsieur Arnolph kennen, soweit man überhaupt von einem Leben reden konnte, so pünktlich, wohlgeordnet und schief war alles. So gab es beispielsweise in der Weltordnung des Archilochos noch die Nummern fünf bis acht.

Nummer fünf war Bob Forster-Monroe, der Ambassador der Vereinigten Staaten, zwar nicht ein Altneupresbyteraner der vorletzten Christen, sondern ein Altpresbyteraner der vorletzten Christen, ein schmerzlicher, doch nicht hoffnungsloser Unterschied, über den der in religiösen Dingen gar nicht untolerante Archilochos stundenlang reden konnte. (Er lehnte außer den anderen Kirchen nur noch die Neupresbyteraner der vorletzten Christen entschieden ab.)

Nummer sechs der Weltordnung war Maître Dutour.

Nummer sieben Hercule Wagner, der Rector magnificus der Universität.

Dutour hatte einen längst geköpften Lustmörder verteidigt, einen Hilfsprediger der Altneupresbyteraner (nur das Fleisch vergewaltigte den Geist des Hilfspredigers, die Seele blieb außerhalb, unbesudelt, gerettet); der Rector magnificus dagegen hatte das Studentenheim der vorletzten Christen besucht und sich fünf Minuten mit Nummer zwei der Weltordnung (Bischof) unterhalten.

Nummer acht war Bibi Archilochos, sein Bruder, ein guter Mensch, wie Arnolph betonte, arbeitslos, was Georgette verwunderte, war doch dank Petit-Paysan das Land beschäftigt.

Archilochos wohnte in einer Mansarde nicht weit von ›Chez Auguste‹, wie die kleine Wirtschaft des Champions hieß, und brauchte über eine Stunde, bis er seinen Arbeitsplatz im weißen, zwanzigstöckigen, von Corbusier konstruierten Verwaltungsbau der Petit-Paysan Maschinenfabrik AG erreichte. Was die Mansarde betrifft: fünf Stockwerke hoch, übelriechender Korridor, klein, schräg, unbestimmte Tapete, ein Stuhl, ein Tisch, ein Bett, eine Bibel, hinter einem Vorhang sein Sonntagskleid. An der Wand: erstens Staatspräsident, zweitens Bischof, drittens Petit-Paysan, viertens Reproduktion eines Bildes von Passap (viereckige Dreiecke) und so weiter bis zu Bibi hinunter (Familienbild mit Kinderchen). Aussicht: Blick auf eine schmutzige Fassade, zwei Meter vom Fenster entfernt, Abortwand, abenteuerliche Flecke, weiß, gelb und grün, in regelmäßigen Reihen offene stinkende Fensterchen, die Wand nur manchmal im Hochsommer gegen Mittag von oben verklärt, dazu der Lärm der Wasserspülungen. Was den Arbeitsplatz betrifft: mit fünfzig anderen Buchhaltern in einem großen, mit Glas unterteilten Raum, labyrinthartig, nur Zickzackgänge ermöglichend, im siebenten Stock, Abteilung Geburtszangen, Ärmelschoner, Bleistift hinter dem Ohr, grauer Arbeitskittel; Mittagessen in der Kantine, wo er unglücklich war, weil weder der Staatspräsident noch der Bischof dort hingen, nur Petit-Paysan (Nummer drei). Archilochos war nicht ein eigentlicher Buchhalter, nur ein Unterbuchhalter. Vielleicht noch genauer: Der Unterbuchhalter eines Unterbuchhalters. Kurz, einer der untersten Unterbuchhalter, soweit man von einem untersten sprechen konnte: die Zahl der Buch- und Unterbuchhalter in der Petit-Paysan AG war praktisch unendlich; doch wurde er auch in dieser bescheidenen, beinahe letzten Stellung weit besser bezahlt, als dies wiederum die Mansarde zu verkünden schien. Der Grund, der ihn in die dunkle von Aborten umstellte Höhle bannte, war Bibi.

Nummer acht (Bruder) lernte Madame Bieler ebenfalls kennen.

An einem Sonntag. Arnolph hatte Bibi Archilochos zum Mittagessen eingeladen. ›Chez Auguste‹.

Bibi kam mit Weib, zwei Mätressen und den sieben Kinderchen, von denen die ältesten, Theophil und Gottlieb, beinahe erwachsen waren. Magda-Maria, dreizehn Jahre, brachte einen Verehrer mit. Bibi erwies sich als ein gottvergessener Säufer, die Frau war vom ›Onkel‹ begleitet, wie man ihn nannte, einem ausgedienten Kapitän, nicht umzubringen. Es war ein Mordsspektakel, der selbst den Radsportfreunden zuviel wurde. Theophil prahlte von seinem Zuchthausaufenthalt, Gottlieb von einem Bankeinbruch, Matthäus und Sebastian, zwölf und neun Jahre, stachen mit Messern, und die beiden Jüngsten, Zwillinge, sechsjährig, Jean-Christoph und Jean-Daniel, rauften sich um eine Absinthflasche.

»Welche Menschen!« rief Georgette entsetzt, als sich das Teufelspack verzogen hatte.

»Es sind eben Kinder«, begütigte sie Archilochos und beglich die Rechnung (einen halben Monatslohn).

»Hören Sie«, entrüstete sich Madame Bieler. »Ihr Bruder scheint eine Räuberbande zu unterhalten. Und dem geben Sie noch Geld? Fast alles, was Sie verdienen?«

Archilochos' Glaube war jedoch nicht zu erschüttern. »Man muß den Kern sehen, Madame Bieler«, sagte er, »und der Kern ist gut. Bei jedem Menschen. Der Schein trügt. Mein Bruder, seine Frau und seine Kinderchen sind vornehme Wesen, nur diesem Leben vielleicht nicht so ohne weiteres gewachsen.«

Jetzt aber, wieder an einem Sonntag, doch schon um halb zehn, betrat er aus einem anderen Grunde die kleine Wirtschaft, eine rote Rose im Knopfloch und von Georgette mit Ungeduld erwartet. An allem waren eigentlich nur der endlose Regen, der Nebel, die Kälte, die stets feuchten Socken schuld und die Grippeepidemie, die sich mit der Zeit in eine Darmgrippe verwandelte, bewirkend, daß Archilochos, wir kennen ja sein Zimmer, infolge des nun ständigen Getöses nicht schlafen konnte. Dies alles hatte Arnolph umgestimmt, allmählich, mit den steigenden Fluten in den Straßengräben, und so hatte er nachgegeben, als Madame Bieler wieder an jenem besonderen Punkt ansetzte, der sie ärgerte.

»Sie sollten heiraten, Monsieur Arnolph«, hatte sie gesagt. »Das ist doch kein Leben in Ihrer Mansarde, und immer unter Radsportfreunden zu sitzen, geht doch auch nicht für einen Menschen mit höheren Interessen. Eine Frau sollten Sie haben, die für Sie sorgt.«

»Sie sorgen für mich, Madame Bieler.«

»Ach was, wenn Sie sich eine Frau nehmen, ist das noch ganz anders. So eine mollige Wärme, Sie werden sehen.«

Endlich hatte sie seine Zustimmung erlangt, eine Annonce in ›Le Soir‹ aufzugeben, und gleich Papier, Feder und Tinte geholt.

»Junggeselle, Buchhalter, fünfundvierzig, Altneupresbyteraner, feinfühlend, sucht Altneupresbyteranerin ...« schlug sie vor.

»Das ist nicht nötig«, sagte Archilochos. »Ich bekehre meine Frau dann schon zum richtigen Glauben.«

Georgette sah dies ein. »Sucht eine liebe, frohe Frau seines Alters, Witwe nicht ausgeschlossen ...«

Ein Mädchen müsse es sein, behauptete Archilochos.

Georgette blieb fest. »Schlagen Sie sich ein Mädchen aus dem Kopf«, meinte sie energisch. »Sie waren noch nie mit einer Frau, und jemand muß wissen, wie man das macht.«

Er stellte sich die Annonce ganz anders vor, wagte Monsieur Arnolph einzuwenden.

»Wie denn?«

»Grieche sucht Griechin!«

»Mein Gott«, staunte Madame Bieler, »sind Sie ein Grieche?« und starrte die eher dicke, ungefüge und nördliche Gestalt des Herrn Archilochos an.

»Wissen Sie, Madame Bieler«, sagte er schüchtern, »ich weiß, daß man sich unter einem Griechen etwas anderes vorstellt, als ich nun einmal bin, und es ist ja auch lange her, seit mein Urahne in dieses Land wanderte, um an der Seite Karls des Kühnen bei Nancy zu sterben. Und so sehe ich denn auch nicht mehr so recht wie ein Grieche aus. Das gebe ich zu. Aber nun, Madame Bieler, in diesem Nebel, in dieser Kälte und in diesem Regen sehne ich mich zurück, wie meistens im Winter, in meine Heimat, die ich nie gesehen habe, nach dem Peloponnes mit seinen rötlichen Felsen und seinem blauen Himmel (ich las einmal im ›Match‹ darüber), und so will ich denn nur eine Griechin heiraten, denn sie wird in diesem Lande ebenso verlassen sein wie ich.«

»Sie sind der reinste Dichter«, hatte darauf Georgette geantwortet und sich die Augen getrocknet.

Und wirklich hatte Archilochos eine Antwort bekommen, schon am übernächsten Tag. Ein kleiner duftender Briefumschlag, ein blaues Kärtchen wie der Himmel des Peloponnes. Chloé Saloniki schrieb ihm, sie sei einsam, und wann sie ihn denn sehen könne.

Auf Anraten Georgettes hatte er darauf mit Chloé schriftlich ausgemacht: ›Chez Auguste‹, Sonntag, den soundsovielten Januar. Kennzeichen: eine rote Rose.

Archilochos zog sein dunkelblaues Konfirmandenkleid an und vergaß den Mantel. Er war unruhig. Er wußte nicht, ob er doch lieber umkehren solle, sich in seine Mansarde zu verkriechen, und zum ersten Male war es ihm nicht recht, als vor ›Chez Auguste‹ Bibi wartete, kaum zu erkennen im Nebel.

»Gib mir zwei Lappen und einen Heuer«, sagte Bibi und hielt seine hohle Bruderhand hin: »Magda-Maria hat Englischstunden nötig.«

Archilochos wunderte sich.

»Sie hat einen neuen Freier, hochanständig«, erklärte Bibi, »aber er spricht nur Englisch.«

Archilochos mit seiner roten Rose zahlte.

Auch Georgette war aufgeregt, nur Auguste saß wie immer, wenn keine Gäste da waren, in seinem Radfahrerkostüm beim Ofen, die nackten Beine reibend.

Madame Bieler räumte die Theke auf. »Nimmt mich wunder, was da kommt«, sagte sie. »Schätze was Dickes, Liebes. Hoffentlich nicht zu alt, weil sie nichts davon schreibt. Aber wer tut dies schon gern.«

Archilochos, frierend, bestellte eine Tasse heiße Milch.

Und während er sich die Brille wieder einmal reinigte, die vom Milchdampf angelaufen war, betrat Chloé Saloniki das Lokal.

Archilochos, kurzsichtig, sah Chloé zuerst nur schemenhaft, mit einem großen roten Punkt irgendwo rechts unterhalb der Eiform des Gesichts, die Rose, wie er ahnte, doch das Schweigen, das in der Kneipe mit einem Male herrschte, diese gespenstische Stille, in der nicht ein Glas klirrte, in der kein Atemzug zu hören war, beunruhigte ihn so, daß er seine Brille nicht gleich aufsetzen konnte. Kaum hatte er dies jedoch getan, setzte er sie noch einmal ab, um aufgeregt aufs neue an ihr herumzureinigen. Es war nicht zu glauben. Ein Wunder war geschehen, in einer kleinen Pinte, bei Nebel und Regen. Zu diesem dicklichen Junggesellen und scheuen Menschenfreund, eingesperrt in eine stinkende Mansarde, verschanzt hinter seiner Milch und seinem Mineralwasser, zu diesem mit Prinzipien beladenen und mit Hemmungen befrachteten Unterbuchhalter eines Unterbuchhalters mit seinen ewig feuchten und zerrissenen Socken und seinem ungebügelten Hemd, mit den viel zu kurzen Kleidern, den ausgetretenen Schuhen und verkehrten Meinungen, kam ein so zauberhaftes Wesen, ein so reines Märchen an Schönheit und Grazie, eine so echte kleine Dame, daß sich Georgette nicht zu rühren wagte und Auguste die Radfahrerbeine geniert hinter dem Ofen versteckte.

»Herr Archilochos?« fragte eine leise, zögernde Stimme. Archilochos erhob sich, kam mit dem Ärmel an die Tasse, wobei die Milch über seine Brille lief. Endlich hatte er sie wieder auf, und durch die Milchstriemen hindurch blinzelte er nach Chloé Saloniki, ohne sich zu rühren.

»Noch eine Tasse Milch«, sagte er endlich.

»O«, lachte Chloé, »mir auch.«

Archilochos setzte sich, ohne den Blick von ihr wenden zu können und ohne sie einzuladen, was er doch gerne getan hätte. Er fürchtete sich, die unwirkliche Situation bedrückte ihn, und er wagte nicht, an seine Annonce zu denken; verlegen nahm er die Rose von seinem Kittel. In jedem Augenblick erwartete er ihr enttäuschtes Sich-Umwenden und Fortgehen. Vielleicht dachte er auch, daß er nur träume. Wehrlos war er der Schönheit dieses Mädchens ausgeliefert, dem Wunder dieses Augenblicks, das nicht zu begreifen war, und von dem er nicht hoffen durfte, daß es mehr denn eine kurze Zeitspanne daure. Er fühlte sich lächerlich und häßlich, riesengroß tauchte mit einem Male die Umgebung seiner Mansarde auf, die Trostlosigkeit des

Arbeiterviertels, in welchem er wohnte, die Eintönigkeit seiner Buchhalterei; aber sie setzte sich einfach an seinen Tisch, ihm gegenüber, und sah ihn mit großen, schwarzen Augen an.

»O«, sagte sie glücklich, »so nett habe ich dich mir nicht vorgestellt. Ich bin froh, daß wir Griechen uns gefunden haben. Aber komm, deine Brille ist voll Milch.«

Sie nahm sie ihm vom Gesicht und reinigte sie, offenbar mit ihrem Halstuch, wie es dem kurzsichtigen Archilochos schien, hauchte an die Gläser.

»Fräulein Saloniki«, würgte er endlich hervor, als spreche er sein eigenes Todesurteil aus: »Ich bin vielleich nicht so ganz ein richtiger Grieche mehr. Meine Familie ist zur Zeit Karls des Kühnen eingewandert.«

Chloé lachte: »Grieche bleibt Grieche.«

Dann setzte sie ihm die Brille auf, und Auguste brachte die Milch.

»Fräulein Saloniki ...«

»Sag doch Chloé zu mir«, sagte sie, »und ›du‹, jetzt da wir heiraten, und ich will dich heiraten, weil du ein Grieche bist. Ich will dich einfach glücklich machen.«

Archilochos wurde rot. »Es ist das erste Mal, Chloé«, sagte er endlich, »daß ich mit einem Mädchen rede, sonst nur mit Madame Bieler.«

Chloé schwieg, schien über etwas nachzudenken, und beide tranken die heiße, dampfende Milch.

Nachdem Chloé und Archilochos das Lokal verlassen hatten, fand Madame Bieler die Sprache wieder.

»So was Piekfeines«, sagte sie. »Nicht zu glauben. Und ein Armband hatte sie, und eine Kette um den Hals, Hunderttausende von Franken. Muß tüchtig gearbeitet haben. Und hast du den Mantel gesehen? Was dies nur für ein Pelz ist! Eine bessere Frau kann man sich gar nicht wünschen.«

»Blutjung«, staunte Auguste noch immer.

»Ach was«, antwortete Georgette und füllte sich ein Glas mit Campari und Siphon, »die ist schon über dreißig. Aber hergerichtet. Die läßt sich jeden Tag massieren.«

»Tat ich auch«, meinte Auguste, »als ich die Tour de Suisse gewann«, und schaute wehmütig auf seine dünnen Beine:

»Und ein Parfüm!«

Chloé und Archilochos standen auf der Straße. Es regnete immer noch. Auch der Nebel war noch da, finster, und die Kälte, die durch die Kleider drang.

Am Quai gebe es ein alkoholfreies Restaurant gegenüber dem Weltgesundheitsamt, sagte er endlich: »Ganz billig.«

Er fror in seinem zerschlissenen, feuchten Konfirmandenanzug.

»Gib mir den Arm«, forderte ihn Chloé auf.

Der Unterbuchhalter war verlegen. Er wußte nicht recht, wie man das machte. Er wagte kaum, das Wesen anzusehen, das an seiner Seite durch den Nebel trippelte, um die schwarzen Haare ein silberblaues Tuch geschlagen. Er genierte sich ein wenig. Es war das erste Mal, daß er mit einem Mädchen durch die Stadt ging, und so war er eigentlich froh um den Nebel. Von einer Kirche her schlug es halb elf. Sie schritten durch leere Vorstadtstraßen, deren Häuser sich im nassen Asphalt spiegelten. Ihre Schritte hallten an den Wänden wider. Es war, als gingen sie durch Kellergewölbe. Kein Mensch war zu erblicken. Ein halbverhungerter Hund trottete ihnen aus dem Dunkel entgegen, ein verdreckter Spaniel, schwarzweiß, triefend vor Nässe, mit hängenden Ohren und hängender Zunge. Undeutlich waren die roten Straßenlichter zu sehen. Dann rollte sinnlos hupend ein Autobus vorüber, Richtung Nordbahnhof offenbar. Archilochos drängte sich in die weichen Haare ihres Mantels, von der leeren Straße, vom Sonntag, vom Wetter überwältigt, Platz unter ihrem kleinen roten Schirm zu finden. Sie schritten im Takt dahin, fast ein richtiges Liebespaar. Irgendwo sang blechern die Heilsarmee im Nebel, und manchmal drang aus den Häusern das Sonntagmorgenkonzert der Télédiffusion, irgendeine Symphonie, Beethoven oder Schubert, mischte sich mit dem Tuten der im Nebel verirrten Automobile. Sie kamen gegen den

Strom hinunter, wie sie ahnten, durch gleichförmige Straßen, nun stückweise zu sehen, als es heller wurde, sich immer noch in Grau auflösend. Dann ging es einen unendlichen Boulevard entlang mit immer gleichen langweiligen Häuserfronten, wie nun schon deutlich zu erraten war, mit Stadtvillen längst verkrachter Bankiers und vergilbter Kokotten mit dorischen und korinthischen Säulen vor den Türen, mit steifen Balkonen und hohen Fenstern im ersten Stock, meistens erleuchtet, meist beschädigt, schemenhaft, tropfend.

Chloé begann zu erzählen. Die Geschichte ihrer Jugend, wundersam wie sie selber. Sie erzählte zögernd, oft verlegen. Doch dem Unterbuchhalter kam alles Unglaubwürdige natürlich vor, war es doch ein Märchen, was er erlebte.

Sie war eine Waise (nach der Erzählung), ein Kind griechischer Leute, aus Kreta eingewandert, die in den bösen Wintern erfroren. In einer Baracke. Dann war die große Verlassenheit gekommen. Sie wuchs im Elendsviertel auf, verdreckt, zerlumpt, wie der schwarzweiße Spaniel eben, stahl Obst und plünderte Opferstöcke. Die Polizei verfolgte sie, Zuhälter stellten ihr nach. Sie schlief unter Brükken zwischen Vaganten und in leeren Fässern, scheu und mißtrauisch wie ein Tier. Dann wurde sie von einem archäologischen Ehepaar aufgelesen, buchstäblich, bei einem Abendspaziergang, und in eine Schule gesteckt, zu Nonnen, und lebte nun bei ihren Wohltätern als Dienstmädchen, anständig gekleidet, anständig genährt, eine rührende Geschichte, alles in allem.

»Ein archäologisches Ehepaar?« wunderte sich Arnolph. Er hatte dergleichen noch nie vernommen.

Ein Ehepaar, das Archäologie studiert, verdeutlichte Chloé Saloniki, und in Griechenland Ausgrabungen gemacht habe.

»Sie entdeckten dort einen Tempel mit kostbaren Standbildern, im Moos versunken, und goldenen Säulen«, sagte sie.

Wie denn das Ehepaar heiße?

Chloé zögerte. Sie schien nach einem Namen zu suchen.

»Gilbert und Elizabeth Weeman.«

»Die berühmten Weemans?«

(Eben war im ›Match‹ ein Artikel mit farbigen Bildern erschienen.)

»Die.«

Er werde sie in seine sittliche Weltordnung einbauen, sagte Arnolph. Als Nummer neun und zehn, doch vielleicht auch als Nummer sechs und sieben, indem Maître Dutour und der Rector magnificus Nummer neun und zehn einnehmen könnten, das sei ja immer noch eine Ehre.

»Du hast eine sittliche Weltordnung?« fragte Chloé verwundert. »Was ist denn das?«

Man müsse einen Halt haben im Leben, sittliche Vorbilder, sagte Archilochos, auch er habe es nicht leicht, wenn er auch nicht zwischen Mördern und Vagabunden aufgewachsen sei wie sie, sondern mit Bruder Bibi in einem Waisenhaus; und er begann mit der Schilderung seines moralischen Weltgebäudes.

Das Wetter hatte sich verändert, unmerklich zuerst für die beiden. Der Regen hatte aufgehört, der Nebel sich gelokkert. Er war zu gespenstischen Figuren geworden, zu langgestreckten Drachen, zu schwerfälligen Bären und Riesenmännern, die über die Villen, Bankgebäude, Regierungsbauten und Palais rutschten, sich ineinander verschoben, aufstiegen und sich auflösten. Blauer Himmel schimmerte zwischen den Nebelmassen, undeutlich, zart zuerst, nur eine Ahnung von Frühling, der ja noch ferne war, von Sonnenlicht, unendlich fein, dann klarer, strahlender, mächtiger. Auf dem nassen Asphalt machten sich mit einem Male die Schatten der Gebäude, der Laternen, der Denkmäler, der Menschen bemerkbar, und plötzlich traten alle Gegenstände überdeutlich hervor, glänzend im niederbrechenden Licht.

Sie befanden sich am Quai vor dem Staatspräsidenten-Palais. Der Strom war braun und mächtig angeschwollen. Brücken mit rostigen Eisengeländern spannten sich über ihn, leere Lastschiffe zogen davon, windelnbehängt und mit frierenden Kapitänen, die, Pfeife rauchend, auf und ab schritten. Es wimmelte von sonntäglichen Spaziergängern, von feierlichen Großvätern mit herausgeputzten Enkeln, von Familien, die auf den Trottoirs Reihen bildeten. Polizisten standen herum, Reporter, Journalisten, offenbar den Staatspräsidenten erwartend, der denn auch in seiner historischen Karosse aus dem Palais hervorbrach, gezogen von sechs Schimmeln, von seiner berittenen Leibwache mit den goldenen Helmen und den weißen Federbüschen begleitet, irgendwo irgendeinen politischen Akt zu vollziehen, ein Denkmal einzuweihen, einen Orden an einen Busen zu heften oder ein Waisenhaus zu eröffnen. Pferdegetrampel, Fanfarengeschmetter, Hochrufe, Hüte erfüllten die vom Nebel, vom Regen geläuterte Luft.

Da geschah das Unfaßbare.

Im Moment als der Staatspräsident an Chloé und Archilochos vorbeifuhr und Arnolph, erfreut über seine unverhoffte Begegnung mit Nummer eins seiner Weltordnung (die zu erklären er im Begriffe war), nach der spitzbärtigen und ergrauten Exellenz spähte, die, goldübersät, vom Fenster seiner Karosse eingerahmt, genau dem Bilde glich, das über den Pernod- und Campariflaschen Madame Bielers hing, grüßte mit einem Male der Staatspräsident den Unterbuchhalter, indem Seine Exzellenz mit der rechten Hand winkte, als wäre Archilochos ein alter Bekannter. Und so augenscheinlich war dieses Aufflattern eines weißen Handschuhs, und so deutlich galt es ihm, daß zwei Polizisten mit stattlichen Schnurrbärten Achtungstellung annahmen.

»Der Staatspräsident grüßte mich«, stotterte Archilochos fassungslos.

»Warum soll er dich denn nicht grüßen?« fragte Chloé Saloniki.

»Ich bin doch nur ein unbedeutender Staatsbürger!«

»Als Staatspräsident ist er unser aller Vater«, erklärte Chloé den seltsamen Vorgang.

Da trat ein weiteres Ereignis ein, das Archilochos zwar auch begreifen konnte, das ihn aber mit neuem Stolz erfüllte.

Eigentlich wollte er gerade auf Nummer zwei seiner Weltordnung zu sprechen kommen, auf den Bischof Moser und den eminenten Unterschied, der sich zwischen den Altneu- und den Altpresbyteranern der vorletzten Christen gebildet hatte, um dann noch kurz die Neupresbyteraner zu streifen (diesen Skandal innerhalb der presbyteranischen Kirche), als ihnen Petit-Paysan begegnete (Nummer drei der Weltordnung, eigentlich noch nicht an der Reihe), sei es, daß er aus der Weltbank, fünfhundert Meter vom Staatspräsidenten-Palais entfernt, sei es, daß er aus der St. Lukas-Kathedrale kam, die neben der Weltbank stand. Er war in tadellosem Mantel, mit Zylinder und weißem Halstuch, knisternd vor Eleganz. Sein Chauffeur hatte schon die Türe des Rolls-Royce geöffnet, als Arnolph Petit-Paysans ansichtig wurde. Arnolph wurde unsicher. Das Ereignis war einmalig und im Hinblick auf die Erläuterungen, die er Chloé über seine Weltordnung eben gab, instruktiv. Der Großindustrielle kannte Archilochos nicht, konnte ihn auch nicht kennen, war er doch nur ein Unterbuchhalter in der Geburtszangenabteilung, was wiederum Archilochos den Mut gab, auf den Erhabenen hinzuweisen, wenn auch nicht den Mut, ihn zu grüßen (man grüßt keinen Gott). Und so war Archilochos zwar erschrocken, doch geborgen im Bewußtsein, unerkannt am Gewaltigen vorbeiziehen zu dürfen, als, wie eben beim Staatspräsidenten, das Unfaßbare zum zweiten Male geschah: Petit-Paysan lächelte, zog seinen Zylinder, schwenkte ihn, verbeugte sich artig vor dem erbleichenden Archilochos, ließ sich darauf in die Polster seiner Limousine fallen, winkte noch einmal und brauste davon.

»Das war doch Petit-Paysan, keuchte Archilochos.

»Und?«

»Nummer drei in meiner Weltordnung!«

»Nun?«

»Er grüßte mich!«

»Hoffentlich.«

»Ich bin doch nur ein Unterbuchhalter und arbeite mit fünfzig anderen Unterbuchhaltern in der nebensächlichsten Unterabteilung der Geburtszangenabteilung«, rief Archilochos aus.

»Dann wird er eben ein sozialer Mensch sein«, stellte Chloé fest, »würdig, in deinem sittlichen Weltgebäude den dritten Platz einzunehmen«, über das Erstaunliche dieser Begegnung offenbar noch nicht im Bilde.

Doch die Wunder dieses Sonntags, der mitten im Winter immer strahlender, immer wärmer wurde, mit einem immer blaueren, immer unwirklicheren Himmel, hörten nicht auf: die ganze Riesenstadt schien auf einmal Archilochos zu grüßen, der mit seiner Griechin über die Brücken mit den schmiedeeisernen Geländern und durch die alten Parkanlagen vor den halbzerfallenen Schlössern schritt. Arnolph wurde stolzer, bewußter, sein Gang freier, seine Miene leuchtender. Er war mehr als ein Unterbuchhalter. Er war ein glücklicher Mensch. Elegante junge Männer grüßten ihn, winkten aus Cafés, von Autobussen und Vespas herunter, soignierte Herren mit ergrauten Schläfen, sogar ein belgischer General, mit vielen Orden, vom Nato-Hauptquartier offenbar, der aus einem Jeep stieg. Vor der amerikanischen Botschaft rief ihm der Botschafter Bob Forster-Monroe, begleitet von zwei schottischen Schäferhunden, ein deutliches Hallo zu; während Nummer zwei (Bischof Moser, noch wohlgenährter als auf dem Bilde bei

Madame Bieler) ihnen zwischen dem Landesmuseum und dem Krematorium auf dem Weg zum alkoholfreien Restaurant gegenüber dem Weltgesundheitsamt begegnete. Auch Bischof Moser grüßte – das war irgendwie nun schon in der Ordnung –, der Archilochos doch nur von einer Osterpredigt her kannte, bei weitem nicht persönlich, nur als Zuhörer inmitten einer Schar psalmensingender Weiblein, der Bischof, von dessen Leben Archilochos jedoch wohl hundertmal in der Broschüre gelesen hatte, die über diesen vorbildlichen Gegenstand in der Gemeinde verbreitet wurde. Doch schien der Bischof noch verwirrter als das gegrüßte Glied der altneupresbyteranischen Kirche, der er vorstand, denn er verschwand auffallend hastig und überstürzt in einer sinnlosen Nebengasse.

Dann aßen sie zusammen im alkoholfreien Restaurant. Sie aßen an einem Fensterplatz und sahen über den Strom zum Weltgesundheitsamt hinüber mit dem Denkmal eines berühmten Weltgesundheitsämtlers davor, auf dem Möwen lagerten, von dem aus sie aufstiegen, um das sie kreisten, und auf dem sie sich wieder lagerten. Beide waren müde vom langen Spazieren und hielten sich die Hände, auch als die Suppe schon vor ihnen stand. Das Restaurant war in der Hauptsache mit Altneupresbyteranern besetzt (nur wenige Altpresbyteraner darunter), mit alten Jungfern meistens und verschrobenen Junggesellen, die der Alkoholbekämpfung zuliebe hierher an den Sonntagen essen kamen, wenn auch der Wirt, ein verstockter Katholik, sich hartnäkkig weigerte, Bischof Mosers Bild aufzuhängen; im Gegenteil, neben dem Staatspräsidenten hing der Erzbischof.

Später saßen sie, zwei Griechen unter zwei Griechen, immer enger aneinandergerückt unter einem vermoderten Standbild im alten Stadtpark, das nach den Reiseführern und Stadtplänen Daphnis und Chloé darstellen sollte. Sie sahen zu, wie die Sonne hinter den Bäumen versank, ein roter Kinderballon. Auch hier wurde Archilochos gegrüßt. Sonst nur von den Radsportfreunden und Unterbuchhaltern beachtet, schien der unscheinbare Mann (bleich, bebrillt, etwas dicklich) auf einmal die Stadt zu interessieren, Mittelpunkt der Gesellschaft zu sein. Das Märchen nahm seinen Fortgang. Nummer vier zog vorbei (Passap), von einer Schar teils bestürzter, teils begeisterter Kunstkritiker begleitet, hatte der Meister doch seine rechtwinklige Epoche mit den Kreisen und den Hyperbeln eben verlassen und malte von jetzt ab nur noch Winkel von 60° mit Ellipsen und Parabeln, und an Stelle von Rot und Grün Kobaltblau und Ocker. Der Meister der modernen Malerei blieb verwundert stehen, knurrte, musterte Archilochos eingehend, nickte und wandelte davon, weiterdozierend. Dagegen grüßten die ehemaligen Nummern sechs und sieben (jetzt neun und zehn), Maître Dutour und der Rector magnificus, mit einem Zwinkern, nur ganz unmerklich, waren sie doch an der Seite gewaltiger Gattinnen.

Archilochos erzählte von seinem Leben. »Ich verdiene nicht viel«, sagte er, »die Arbeit ist eintönig, Berichte über die Geburtszangen, und muß exakt ausgeführt werden. Der Chef, ein Vizebuchhalter, ist streng, auch habe ich Bruder Bibi mit seinen Kinderchen zu unterstützen, liebenswerte Menschen, vielleicht etwas wild und natürlich, doch ehrlich. Wir werden sparen und in zwanzig Jahren miteinander Griechenland besuchen. Den Peloponnes, die Inseln. Davon träume ich schon lange, und jetzt, da ich weiß, daß ich mit dir reisen werde, ist der Traum noch schöner.«

Sie freute sich. »Das wird eine schöne Reise werden«, sagte sie.

»Mit einem Dampfer.«

»Mit der ›Julia‹.«

Er sah sie fragend an.

»Ein Luxusschiff, Missis und Mister Weeman fahren mit ihm.«

»Natürlich«, erinnerte er sich, »das stand auch im ›Match‹. Doch die ›Julia‹ wird für uns zu teuer sein und in zwanzig Jahren schon verschrottet. Wir fahren mit einem Kohlenschiff. Das kommt billiger.«

Oft denke er an Griechenland, fuhr er darauf fort und schaute dem Nebel zu, der sich anschickte, wiederzukommen und wie leichter, weißer Rauch über den Boden strich. Er sehe dann die alten Tempel deutlich, halbgeborsten, und die rötlichen Felsen, leuchtend durch die Olivenhaine. Oft komme es ihm vor, als sei er in dieser Stadt im Exil, wie die Juden in Babylon, und der Sinn seines Lebens bestehe darin, einmal zurückzukehren in die alte, längst verlassene Heimat.

Nun lag der Nebel als weiße Riesenwattebüschel lauernd hinter den Bäumen an den Ufern des Stroms, langsam dahinziehende Lastschiffe umarmend, die brünstig aufheulten, stieg dann auf, flammte violett und begann, sobald die rote, große Sonne gesunken war, sich auszubreiten. Archilochos begleitete Chloé zum Boulevard, in welchem das Ehepaar Weeman wohnte, eine reiche, vornehme Gegend, wie er merkte. Sie gingen an Gittern vorbei, an großen Gärten mit alten Bäumen, hinter denen man die Villen kaum ahnte. Pappeln, Ulmen, Buchen, schwarze Tannen ragten in den silbernen Abendhimmel, verschwanden in den dichter werdenden Nebelwolken. Vor einer eisernen Gittertüre mit Putten und Delphinen, seltsamen Blättern und Spiralen, mit zwei riesigen steinernen Sockeln blieb Chloé stehen, von einer roten Lampe über dem Portal beschienen.

»Morgen abend?«

»Chloé!«

»Wirst du klingeln?« fragte sie und wies auf eine altertümliche Vorrichtung. »Um acht?«

Dann küßte sie den Unterbuchhalter, legte beide Arme um seinen Hals, küßte ihn noch einmal, dann ein drittes Mal.

»Wir fahren nach Griechenland«, flüsterte sie, »in unsere alte Heimat. Schon bald. Und mit der ›Julia‹.«

Sie öffnete die Gittertüre und verschwand unter den Bäumen und im Nebel, noch einmal zurückwinkend,

irgendein Wort zurufend, zärtlich, wie ein geheimnisvoller Vogel, irgendeinem Gebäude zugehend, das unsichtbar im Park vorhanden sein mußte.

Archilochos dagegen marschierte in sein Arbeiterquartier zurück. Er hatte lange zu gehen: er trottete all die Wege entlang, die er mit Chloé gegangen war. Er überdachte die Phasen dieses Märchensonntags, blieb vor der verlassenen Bank unter Daphnis und Chloé stehen, dann vor dem alkoholfreien Restaurant, das eben die letzten altneupresbyteranischen Jungfern verließen, von denen ihn eine grüßte, auch wohl an der nächsten Straßenecke auf ihn wartete. Dann ging er an dem Krematorium, dem Landesmuseum, dem Quai entlang. Der Nebel war dicht, doch nicht schmutzig wie an den Tagen vorher, sondern zärtlich, milchig, ein Wundernebel wie ihm schien, mit langen goldenen Strahlenbündeln, mit feinen nadligen Sternen. Er erreichte das ›Ritz‹, und als er am pompösen Eingangsportal vorüberging, mit dem zwei Meter langen Portier im grünen Mantel, den roten Hosen und mit dem großen silbernen Stab, verließen eben Gilbert und Elizabeth Weeman das Hotel, die weltberühmten Archäologen, die er durch die Abbildungen in den Zeitungen kannte. Es waren zwei englische Menschen, auch sie mehr ein Mann denn eine Frau, mit dem gleichen Haarschnitt wie er, beide mit goldenen Zwickern versehen, Gilbert mit einem roten Schnurrbart und einer kurzen Pfeife (die einzigen Merkmale eigentlich, die ihn deutlich von seiner Frau unterschieden).

Archilochos faßte Mut. »Madame, Monsieur«, sagte er: »Respekt.«

»Well«, sagte der Forscher und staunte den Unterbuchhalter an, der in seinem zerschlissenen Konfirmandenanzug und mit seinen ausgetretenen Schuhen vor ihm stand, und den Mrs. Elizabeth verwundert durch ihren Zwicker betrachtete; »well«, und dann sagte er noch »yes«.

»Ich habe Sie zu Nummer sechs und sieben meiner sittlichen Weltordnung ernannt.«

»Yes.«

»Sie haben eine Griechin aufgenommen«, fuhr Archilochos fort.

»Well«, sagte Mr. Weeman.

»Auch ich bin ein Grieche.«

»O«, sagte Mr. Weeman und zog sein Portemonnaie.

Archilochos wehrte ab. »Nein mein Herr, nein meine Dame«, sagte er. »Ich weiß, vertrauenerweckend sehe ich nicht aus, auch vielleicht nicht gerade griechisch, aber mein Auskommen in der Petit-Paysan-Maschinenfabrik wird ausreichen, mit ihr einen bescheidenen Haushalt zu gründen. Ja, sogar an Kinderchen werden wir denken dürfen, wenn auch nur an drei oder vier, besitzt doch die Petit-Paysan-Maschinenfabrik ein sozial fortgeschrittenes Erholungsheim für werdende Mütter ihrer Arbeiter und Angestellten.«

»Well«, sagte Mr. Weeman und steckte das Portemonnaie ein.

»Leben Sie wohl«, sagte Archilochos. »Gott segne Sie, und in der altneupresbyteranischen Kirche will ich für Sie beten.«

Doch vor der Haustüre traf er Bibi mit der hohlen Bruderhand.

»Theophil mauste in der Nationalbank«, sagte der in seinem Rotwelsch. »Die Polente kam dahinter.«

»Nun?«

»Er muß in den Süden, bis sich die Lage beruhigt hat. Habe fünf Lappen nötig. Ich gebe sie auf Weihnachten retour.«

Archilochos gab ihm das Geld.

»Was denn Bruder«, reklamierte der enttäuschte Bibi, »nichts als einen Heuer?«

»Mehr ist nicht möglich, Bibi«, entschuldigte sich Archilochos verlegen und zu seinem Ertaunen ein wenig ärgerlich: »Wirklich nicht. Ich habe mit einem Mädchen im alkoholfreien Restaurant gegenüber dem Weltgesundheitsamt gegessen. Das Menu und eine Flasche Traubensaft. Ich will eine Familie gründen.«

Bruder Bibi erschrak.

»Was willst du mit einer Familie«, rief er empört aus. »Ich habe ja selber eine! Hat sie wenigstens Geld?«

»Nein.«

»Die Branche?«

»Dienstmädchen.«

»Wo denn?«

»Boulevard Saint-Père Nummer 12.«

Bibi pfiff durch die Zähne.

»Geh nun pennen, Arnolph, aber noch einen Heuer.«

In seiner Mansarde angekommen, im fünften Stock, zog er sich aus. Er legte sich ins Bett. Eigentlich hatte er das Fenster öffnen wollen. Es war muffig. Doch waren die Aborte spürbarer als sonst. Er lag im Halbdunkel. An der Fassade gegenüber in den kleinen schmalen Fenstern brannte Licht, einmal in den einen, einmal in den anderen. Das Brausen ließ nicht ab. Abwechselnd leuchtete an der Wand der Mansarde eines der Bilder seiner Weltordnung auf, bald der Bischof, bald der Staatspräsident, jetzt Bibi mit seinen Kinderchen, nun die dreieckigen Vierecke auf dem Bilde Passaps, bald eine der anderen Nummern.

»Morgen muß ich mir eine Photographie der Weemans verschaffen und einrahmen lassen«, dachte er.

Die Luft war so stickig, so dumpf, daß er kaum atmen konnte. An Schlaf war nicht zu denken. Er war glücklich ins Bett gestiegen, nun kamen die Sorgen. Es war ihm unmöglich, mit Chloé in dieser Mansarde zu hausen, einen Haushalt zu gründen, die drei oder vier Kinderchen unterzubringen, die er auf dem Heimweg geplant hatte. Er mußte eine neue Wohnung finden. Dazu besaß er kein Geld, kein Vermögen. Er hatte alles an Bruder Bibi verschenkt. Nun gehörte ihm nichts. Nicht einmal das armselige Bett, der erbärmliche Tisch und der wacklige Stuhl. Er wohnte möbliert. Nur die verschiedenen Bilder seines sittlichen Weltgebäudes waren sein Eigentum. Die Armut bedrückte ihn. Die Zierlichkeit, die Schönheit Chloés brauchte Zierliches und Schönes, spürte er. Sie durfte nicht mehr zu den Brücken am Strom und zu den leeren Fässern in den Abfallgruben zurück. Immer bösartiger, immer widriger kam ihm das Brausen der Wasserspülungen vor. Er schwor, diese Mansarde zu verlassen; schon morgen, nahm er sich vor, würde er eine andere Wohnung suchen. Doch während er überlegte, wie denn dieses Ziel zu verwirklichen wäre, wurde er hilflos. Er sah keinen Weg. Er wußte sich eingesperrt in eine erbarmungslose Maschinerie, ohne Möglichkeit, das Wunder zu verwirklichen, das sich ihm an diesem Sonntag dargeboten hatte. Er wartete hilflos und verzagt den Morgen ab, der sich dann auch mit einem vermehrten Getöse der Wasserspülungen ankündigte.

Gegen acht nun, noch in der Dunkelheit in dieser Jahreszeit, trottete Archilochos, wie jeden Montag aufs neue, mit den Heeren der Buchhalter, Sekretärinnen und Unterbuchhalter in das Verwaltungsgebäude der Petit-Paysan-Maschinenfabrik, ein unscheinbares Partikel nur des grauen Menschenstroms, der sich aus der Metro, aus den Autobussen, aus den Tramwagen und den Vorortbahnen ergoß, sich im Schein der Straßenlampen trübselig dem Riesenwürfel aus Stahl und Glas entgegenwälzte, der ihn verschluckte, aufteilte, sortierte, die Lifts, die Rolltreppen hinauf und hinunter schob, durch die Korridore preßte, erstes Stockwerk: Tankabteilung; zweites Stockwerk: Atomkanonen; drittes Stockwerk: Maschinengewehrabteilung und so fort. Archilochos, eingeklemmt in die Massen, gedrängt und geschoben, arbeitete im siebenten Stockwerk, Geburtszangenabteilung, Büro 122GZ, in einem der vielen, mit Glas unterteilten kahlen, nüchternen Räume, hatte jedoch zuerst den Hygieneraum zu betreten, zu gurgeln, eine Pille einzunehmen (gegen die Darmgrippe), Maßnahmen, von der sozialen Fürsorge angeordnet. Dann zog er seinen grauen Arbeitskittel an, noch durchfroren, denn nun war zum ersten Mal in diesem Winter die große, schneidende Kälte über die Stadt hergefallen, über Nacht, alles glatt polierend. Er mußte sich beeilen, war es doch schon eine Minute vor acht, und Verspätung wurde keine geduldet (Zeit ist Geld). Er setzte sich an einen Tisch, ebenfalls aus Stahl und Glas, den er mit drei Unterbuchhaltern teilte, mit den Nummern UB122GZ28, UB122GZ29, UB122GZ30, enthüllte die Schreibmaschine. Die Nummer auf seinem Arbeitskittel war UB122GZ31. Er begann mit noch steifen Fingern zu tippen, der Zeiger der großen Uhr war auf acht gerückt: eine Zusammenstellung über den Geburtszangenumschwung im Kanton Appenzell Innerrhoden hatte er diesen Morgen fertigzustellen. Wie er, klapperten die drei anderen Unterbuchhalter an seinen Arbeitstisch auf ihren Maschinen, die sechsundvierzig weiteren im Raum, Hunderte,

Tausende im Haus, von acht bis zwölf, von zwei bis fünf, mit Essen in der Gemeinschaftskantine dazwischen, alle eingeordnet in den Petit-Paysan-Musterbetrieb, von Ministern besucht, von ausländischen Delegationen, von bebrillten Chinesen und wollüstigen Indern, die, sozial interessiert, mit ihren seidenen Frauen durch die Säle schwebten.

Doch setzen sich bisweilen (wenn auch selten) die Wunder des Sonntags am Montag fort.

Archilochos habe sich beim Bürochef, dem Buchhalter B121GZ einzufinden, gab nämlich der Lautsprecher bekannt. Einen Augenblick lang war es totenstill im Raum 122GZ. Kein Atmen. Kein noch so schüchternes Weiterklappern. Der Grieche erhob sich. Bleich, taumelnd. Er ahnte nichts Gutes. Es standen Entlassungen bevor. Doch empfing ihn Buchhalter B121GZ in seinem Büro neben dem Raum 122GZ geradezu herzlich, wie Archilochos, der kaum einzutreten gewagt hatte, erstaunt wahrnahm, wurde doch von den Wutausbrüchen B121GZ' Unheimliches berichtet.

»Monsieur Archilochos«, rief B121GZ aus, indem er dem Unterbuchhalter entgegenging und ihm sogar die Hand schüttelte, »Ihr ausgezeichnetes Talent habe ich schon seit langem verfolgt, darf ich sagen.«

»O bitte«, sagte Archilochos, überrascht über das Lob, doch immer noch mißtrauisch.

»Ihre Darstellung«, lächelte B121GZ, sich die Hände reibend (ein kleiner, agiler Fünfziger, glatzköpfig, mit kurzsichtigen Augen, im weißen Buchhalterkittel mit den grauen Ärmelschonern), »Ihre Darstellung von dem Stand und dem Unterhalt der Geburtszangen im Kanton Appenzell Innerrhoden ist vorbildlich.«

Das freue ihn aber, sagte Archilochos, immer noch überzeugt, einer grausamen Laune des Buchhalters zum Opfer gefallen zu sein, indem er dessen Freundlichkeit als Tücke einschätzte.

Der Buchhalter bot seinem mißtrauischen Unterbuchhalter einen Stuhl an und lief aufgeregt in seinem Büro hin und her.

»In Hinsicht auf Ihre ausgezeichneten Arbeiten, lieber Herr Archilochos, plane ich, gewisse Schritte zu unternehmen.«

»Es ist mir dies eine große Ehre«, stammelte Archilochos.

Er denke an den Posten eines Vizebuchhalters, säuselte B121GZ. »Ich habe eben den Antrag an den Personalchef geleitet, in dessen Ressort unser Büro fällt.«

Archilochos erhob sich dankbar, doch hatte der Buchhalter noch ein zweites Anliegen vorzubringen. Er sah ängstlich und unglücklich aus als er damit herausrückte, als wäre *er* ein Unterbuchhalter.

»Fast hätte ich es vergessen«, sagte B121GZ leise und versuchte, Haltung zu bewahren, »Oberbuchhalter OB9GZ wünscht Herrn Archilochos zu sprechen. Noch diesen Vormittag.«

Der Buchhalter wischte sich den Schweiß mit einem rotkarierten Taschentuch von der Stirne.

»Eben jetzt«, fuhr er fort, »wünscht der Oberbuchhalter Sie zu sprechen. Setzen Sie sich wieder, lieber Freund, wir haben noch eine Minute Zeit. Vor allem sammeln Sie sich, verlieren Sie nicht die Nerven, fassen Sie Mut, seien Sie der Situation gewachsen.«

»Gewiß«, sagte Archilochos, er gebe sich Mühe.

»Mein Gott«, sagte der Buchhalter und setzte sich hinter seinen Schreibtisch, »mein Gott, Herr Archilochos, wie ich Sie doch wohl als meinen guten Freund im Vertrauen und ganz unter uns nennen darf – mein Name ist Rummel, Emil Rummel –, es ist dies ein Ereignis, das mir noch nie vorgekommen ist, und ich arbeite doch schon dreiunddreißig Jahre in der Petit-Paysan-Maschinenfabrik. Ein Oberbuchhalter wünscht einen Unterbuchhalter zu sprechen, mir nichts, dir nichts, ein so frappanter Verstoß gegen die Dienstordnung ist mir noch nie begegnet. Bin einer Ohnmacht nahe, lieber Freund, habe zwar an Ihre genialen Qualitäten geglaubt, aber trotzdem! Bin ich doch in meinem Leben noch nie vor einem Oberbuchhalter gestanden, würde dabei auch zittern wie Espenlaub, verhandelt ein Buchhalter ja ausschließlich nur mit Vizeoberbuchhaltern! Und nun Sie! Direkt vor einen Oberbuchhalter zitiert zu werden! Wird seine Gründe haben, seine geheime Absicht, sehe eine Beförderung voraus. Sie werden meine Stelle erhalten, das ist es (hier trocknete sich B121GZ die Augen), vielleicht werden Sie gar Vizeoberbuchhalter, wie dies neulich in der Atomkanonen-Abteilung einem Buchhalter passierte, der die Gemahlin eines Ober-Personalchefs genauer kennenzulernen die Ehre hatte – nicht Sie, mein Freund, nicht Sie, ist doch in Ihrem Fall nur Ihre Tüchtigkeit, der vollendete Bericht über den Kanton Appenzell Innerrhoden, ich weiß. Doch, lieber Freund, unter vier Augen: Nur durch einen bloßen Zufall kamen mein Vorschlag, Sie zum Vizebuchhalter zu befördern, und die Vorladung des Oberbuchhalters sozusagen im gleichen Moment, mein Ehrenwort! Mein Gesuch, Ihre Beförderung betreffend, war schon geschrieben, als, wie der Blitz aus heiterem Himmel, der Anruf der Sekretärin unseres verehrten Oberbuchhalters bei mir anlangte – aber es ist höchste Zeit, guter Freund – im übrigen würde es meine Frau freuen, Sie zum Essen – ebenso meine Tochter – ganz charmant, ganz hübsch, nimmt Gesangsunterricht – wann Sie nur wollen – wann Sie uns nur die Ehre – fünfter Korridor Südost, sechstes Büro – mein Gott, dabei bin ich herzkrank – und auch die Nieren spuken.«

OB9GZ, fünfter südöstlicher Korridor, sechstes Büro, ein stattlicher Herr mit schwarzem gestutztem Bart, blitzenden Goldzähnen, Parfümduft und Bauch, die Photographie einer halbnackten Tänzerin in Platinrahmen auf dem Schreibtisch, empfing den Unterbuchhalter würdig, scheuchte Scharen von Sekretärinnen aus seinem Büro und wies ihm mit einer generösen Handbewegung einen bequemen Sessel an.

»Mein lieber Herr Archilochos«, begann er, »Ihre vorzüglichen Arbeiten sind uns Oberbuchhaltern schon seit Jahr und Tag aufgefallen, besonders Ihre Berichte über die Einführung der Geburtszange im hohen Norden, mit besonderer Berücksichtigung Alaskas, haben Aufsehen, ja ich darf ausrufen, hohe Wellen der Bewunderung erregt. Man diskutiert in unseren Kreisen darüber, und der erwähnte Bericht soll auch von der Direktion stärkstens beachtet worden sein.«

»Da muß ein Irrtum vorliegen, Herr Oberbuchhalter«, bemerkte Arnolph, »ich bearbeite nur den Kanton Appenzell Innerrhoden und das Tirol.«

»Nennen Sie mich doch einfach Petit-Pierre«, sagte OB9GZ, »wir sind unter uns und nicht unter Banausen. Ob nun der Bericht über Alaska von Ihnen stammt oder nicht, er ist von Ihnen inspiriert, atmet Ihren Geist, den unvergleichlichen Stil Ihrer klassischen Berichte über den Kanton Appenzell Innerrhoden, über das Tirol. Ein Zeichen mehr, daß Ihre Arbeiten erfreulich Schule machen. Habe immer meinem Kollegen Oberbuchhalter Schränzle zugerufen: Archilochos ist ein Dichter, ein großer Prosaist. Schränzle läßt Sie übrigens grüßen. Ebenfalls Oberbuchhalter Häberlin. Mit Schmerz habe ich immer die untergeordnete Stellung wahrgenommen, die Sie in unserem geschätzten Hause einnehmen, welche doch ganz und gar nicht den überragenden Fähigkeiten entspricht, die Sie auszeichnen. Darf ich Ihnen übrigens ein Gläschen Vermouth –«

»Danke Herr Petit-Pierre«, sagte Archilochos, »ich bin Temperenzler.«

»Besonders scheint es mir skandalös, daß Sie unter Buchhalter B121GZ arbeiten, unter dieser nun wirklich mediokren Hilfskraft, unter diesem Herrn Rummler, oder wie er nun heißt.«

»Er hat mich eben zum Vizebuchhalter vorgeschlagen.«

»Sieht ihm ähnlich«, sagte OB9GZ ärgerlich, »Vizebuchhalter! Das würde ihm so passen! Sie, ein Mann von solchen Fähigkeiten! Hat doch die Petit-Paysan-Maschinenfabrik den Aufschwung der Geburtszangenproduktion im letzten Quartal ausschließlich Ihnen zu verdanken.«

»Aber Herr Petit-Pierre ...«

»Nicht zu bescheiden, mein Verehrtester, nicht zu bescheiden. Alles hat seine Grenzen. Da habe ich nun seit Jahren geduldig gewartet, gehofft, daß Sie sich vertrauensvoll an mich wenden, an Ihren treusten Freund und Bewunderer, und Sie harren unter diesem unerträglichen Burschen von einem Buchhalter einfach weiter aus, als Unterbuchhalter unter Unterbuchhaltern, in einem Milieu, das nun wirklich nicht zu Ihnen paßt. Anstatt die Faust auf den Tisch zu schmettern! Die Bagage muß Ihnen doch greulich auf die Nerven gegangen sein. Da muß ich nun eben selber eingreifen. Ich bin zwar nicht nur ein ohnmächtiger kleiner Oberbuchhalter im Labyrinth unserer Verwaltung, ein Nichts, ein Wicht. Habe aber mein Herz in beide Hände genommen. Den Mut, zu Ihren Talenten zu stehen, gehe nun die Welt unter oder nicht, muß schließlich einmal jemand haben, und würde es ihn auch den Kopf kosten. Zivilcourage, mein Lieber! Wenn wir die nicht mehr haben, ist es mit dem ethischen Wert der Petit-Paysan-Maschinenfabrik zu Ende, und wir haben die pure Diktatur der Bürokratie, wie ich immer trompete. Habe mit dem Ober-Personalchef unserer Abteilung telephoniert, der Sie übrigens auch grüßen läßt: wollte Sie eben zum Vizedirektor vorschlagen; könnte mir auch nichts Schöneres denken, als unter Ihnen, verehrter, lieber Herr Archilochos, weiter an unserem Unternehmen zu arbeiten, an der unablässigen Verfeinerung und Verbreitung der Geburtszange, doch ist mir Petit-Paysan selbst, der liebe Gott sozusagen, oder das Schicksal, wenn Sie wollen, leider leider zuvorgekommen, ein kleines persönliches Pech, was natürlich von Ihnen aus gesehen ein großes, wenn auch nicht unverdientes Glück bedeutet.«

»Petit-Paysan?«

Archilochos glaubte zu träumen.

»Das ist doch nicht möglich!«

»Er wünscht Sie noch heute, noch diesen Morgen, noch in dieser Stunde zu sehen, Herr Archilochos«, sagte OB9GZ.

»Aber ...«

»Kein aber.«

»Ich meine ...«

»Herr Archilochos«, sagte der Oberbuchhalter ernst und strich sich über seinen gepflegten Bart, »lassen Sie uns ehrlich miteinander reden. Von Mann zu Mann, von Freund zu Freund. Hand aufs Herz: Dies ist ein historischer Tag, ein Tag der Aussprache, der Klärung. Es ist mir ein Herzensbedürfnis, Ihnen ehrenwörtlich zu versichern, daß die Tatsache, daß ich Sie zum Vizedirektor vorgeschlagen habe, und die Tatsache, daß unser verehrter Petit-Paysan, Hut ab vor ihm, Sie zu sprechen wünscht, nicht das geringste miteinander zu tun haben. Im Gegenteil. Eben hatte ich den formellen Antrag Ihrer Beförderung diktiert, als Direktor Zeus mich rufen ließ.«

»Direktor Zeus?«

»Dem die Geburtszangenabteilung untersteht.«

Archilochos entschuldigte seine Unkenntnis. Er habe diesen Namen noch nie gehört.

»Ich weiß«, antwortete der Oberbuchhalter, »die Namen der amtierenden Direktoren sind in die Kreise der Buch- und Unterbuchhalter nicht gedrungen. Wozu auch. Diese Kulis haben zu schreiben, Wische über den Kanton Appenzell Innerrhoden zu verfertigen, oder über weiß Gott was für Nester, was, unter uns gesagt, lieber Herr Archilochos, keinen Menschen interessiert – Ihre Arbeit natürlich ausgenommen, auf die stürzen wir uns, die reißen wir Oberbuchhalter einander aus den Händen, zugegeben, Ihre Berichte über Baselland etwa, oder Costa Rica sind aber auch großartig, klassisch, wie ich schon sagte, doch die übrigen – überzahlte nutzlose Hanswurste, diese Buch- und Unterbuchhalter, predige, pfeife ich seit Urzeiten den Herren der Verwaltung vor. Den ganzen Laden schmeiße ich Ihnen mit meinen Sekretärinnen alleine. Die Petit-Paysan-Maschinenfabrik ist doch keine Versorgungsanstalt für geistig Zurückgebliebene. Übrigens läßt Sie Direktor Zeus schön grüßen.«

»Danke schön.«

»Leider ist er nun im Spital.«

»Ach.«

»Nervenzusammenbruch.«

»Das tut mir aber leid.«

»Sehen Sie, lieber Freund, Sie haben die reinste Katastrophe in der Geburtszangendirektion angestellt. Sodom und Gomorrha sind ein harmloses Ofenfeuerchen dagegen. Petit-Paysan wünschte Sie zu sprechen! Nun gut, das ist sein Recht, der Herrgott kann schließlich auch den Vollmond zuspitzen, aber verwundern würden wir uns gleichwohl, täte er dies. Petit-Paysan und ein Unterbuchhalter! Das ist ungefähr das gleiche Wunder. Daß da so ein unglücklicher Direktor die Totenglocke bimmeln hört, dürfte wohl klar sein. Und der Vizedirektor? Der brach auch zusammen.«

»Aber warum denn?«

»Lieber, Verehrtester, weil sie zum Geburtszangendirektor ernannt werden sollen, das dürfte doch jedem Wickelkind einleuchten, sonst hat doch dies alles keinen Sinn. Wen Petit-Paysan rufen läßt, wird Direktor, da haben wir unsere Erfahrungen. Rausfliegen tut man durch den Oberpersonalchef.«

»Direktor? Ich?«

»Sicher. Die Beförderung ist schon Oberpersonalchef Feuz gemeldet, der Sie übrigens auch grüßen läßt.«

»Der Geburtszangenabteilung?«

»Vielleicht auch noch der Atomkanonen, wer weiß das. Oberpersonalchef Feuz hält alles für möglich.«

»Aber warum denn?« schrie Archilochos, der nichts mehr begriff.

»Liebster, Bester! Sie vergessen Ihre ausgezeichneten Berichte über Oberitalien ...«

Er bearbeite die Ostschweiz und das Tirol, verbesserte der Unterbuchhalter hartnäckig.

»Ostschweiz und Tirol, werfe die Landschaften etwas durcheinander, bin ja auch kein Geograph.«

»Das kann doch nicht ein Grund sein, mich zum Geburtszangendirektor zu ernennen.«

»Na, na.«

»Ich besitze doch gar nicht die Fähigkeit zu einem Direktor«, protestierte Archilochos.

OB9GZ schüttelte den Kopf und sah Archilochos mit einem rätselhaften Blick an, lächelte, so daß seine Goldzähne zum Vorschein kamen, und faltete die Hände über dem gepflegten Bauch. »Den Grund«, sagte er, »liebster, verehrtester Freund, den Grund, weshalb Sie zum Direktor befördert worden sind, müssen Sie wissen, nicht ich, und wenn Sie ihn nicht wissen, forschen Sie nicht. Es ist besser so. Nehmen Sie meinen Rat an. Es ist wohl das letzte Mal, daß wir uns gegenübersitzen. Direktoren und Oberbuchhalter pflegen nie miteinander zu verkehren, wäre auch ganz gegen das ungeschriebene Gesetz unseres vorbildlichen Hauses. Stand ich doch heute zum ersten Mal Direktor Zeus gegenüber, in der Stunde seines Untergangs freilich, während man den armen Vizedirektor Stüssi, der mein eigentlicher Vorgesetzter ist, und der allein mit den Oberbuchhaltern verkehrt, gerade auf einer Bahre hinaustrug, eine wahre Götterdämmerung. Schweigen wir über diese eindrucksvolle Szene. Ihr Bedenken: Sie fürchten, das Metier eines Direktors nicht zu beherrschen. Bester, liebster Freund, das Metier eines Direktors beherrscht jeder, im Vertrauen gesagt, jeder Trottel ist dazu fähig. Sie haben nichts anderes zu tun, als einfach Direktor zu sein, als Direktor zu existieren, die Würde zu übernehmen, zu repräsentieren, Inder, Chinesen, Zulukaffern durch die Räume zu führen, Mitglieder der Unesco und des Ärzteverbandes und wer sich sonst noch in Gottes großer Welt für die edle Geburtszange interessiert. Die praktischen Angelegenheiten, der Betrieb, das Technische, die Berechnungen, die Planung, dies alles wird von den Oberbuchhaltern gedrechselt, um mich etwas frei einem verehrten Freund gegenüber auszudrücken. Da brauchen Sie sich keine grauen Haare wachsen zu lassen. Wichtig freilich wird sein, wen Sie sich zum Vizedirektor aus den Reihen der Oberbuchhalter erküren, Stüssi ist ja nun erledigt, war auch höchste Zeit, war zu sehr mit Direktor Zeus verbunden, eine Kreatur des hohen Herrn – nun ja, ich will mich über die fachliche Qualität Zeusens nicht äußern. Das ziemt sich nun wohl nicht. Er hat seinen Nervenzusammenbruch. Kritik liegt mir ferne. Es war ein Kreuz mit ihm, ganz unter uns gesprochen, war er doch unfähig, die Berichte über Dalmatien, die Sie, verehrtester Freund und Gönner, verfaßt haben, auch nur zu begreifen, und auch im übrigen ohne Schimmer, ich weiß, es war nicht Dalmatien, es war das Toggenburg oder die Türkei: Schwamm drüber, Sie sind zu höheren Zielen geboren. Adlergleich schwingen Sie sich über uns staunende Oberbuchhalter ins Blaue. Jedenfalls noch einmal im Vertrauen: Wir Oberbuchhalter freuen uns, Sie nun als Direktor zu haben! Daß ich als Ihr bester Freund besonders Haleluja und Hosianna jauchze (hier wurden OB9GZ' Augen feucht), will ich nicht noch einmal betonen, das wäre nun doch zu ungehörig, sähe aus, als wollte gerade ich Vizedirektor werden, wenn ich auch der Rangälteste bin. Wie immer auch Ihre Wahl unter uns Oberbuchhaltern ausfallen wird, wen Sie nun auch zu Ihrem Stellvertreter ernennen werden, ich nehme die Wahl mit Demut entgegen, bleibe Ihr größter Verehrer – Kollege Spätzle möchte Sie noch sprechen, und dann Kollege Schränzle, aber ich fürchte, ich fürchte, ich muß Sie nun Hals über Kopf zu Petit-Paysan begleiten, um Sie in dessen Vorzimmer unbeschädigt abzuliefern, ist doch die Stunde vorgerückt. Kommen Sie nun also, Kopf hoch, genießen Sie Ihr Glück, sind ja auch der würdigste, der begabteste von uns allen, goldrichtig sozusagen, ein geniales Glückskind, die Geburtszangenabteilung wird sogar noch die Maschinengewehrabteilung mit Elan überflügeln, sehe ich voraus, mit Schwung und Kraft, verehrter, lieber Herr Direktor, wie ich nun wohl am besten gleich sage, darf ich bitten, ich habe die Ehre, es ist mir ein großes Vergnügen, wir nehmen denn auch gleich den Direktorenlift.«

Archilochos betrat mit OB9GZ niegeahnte Räume, Reiche aus Glas und unbekanntem Material, glänzend vor Sauberkeit, wunderbare Lifts, die ihn nach den oberen geheimnisvollen Stockwerken des Verwaltungsgebäudes hoben. Sekretärinnen schwebten, dufteten an ihm vorüber, lächelten, blonde, schwarze, braune und eine mit herrlichem zinnoberrotem Haar, Sekretäre machten ihm Platz, Direktoren verneigten sich, Generaldirektoren nickten ihm zu, sanfte Korridore nahmen ihn auf, über deren Türen bald rote, bald grüne Lämpchen aufleuchteten, die einzigen Anzeichen einer diskreten Verwaltungstätigkeit. Sie wandelten lautlos auf weichen Teppichen, schien doch jeder Lärm, auch das leiseste Räuspern, das verstohlenste Husten verpönt. Französische Impressionisten leuchteten an den Wänden (Petit-Paysans Bildersammlung war berühmt), eine Tänzerin von Degas, eine Badende von Renoir, Blumen dufteten in hohen Vasen. Je höher sie kamen, schwebten, desto menschenleerer wurden die Korridore und Hallen. Sie verloren das Sachliche, Übermoderne, Kalte, ohne die Proportionen zu ändern, wurden phantastischer, wärmer, menschlicher, Gobelins hingen nun an den Wänden, goldene Rokoko- und Louis XIV-Spiegel, einige Poussins, einige Watteaus, ein Claude Lorrain, und als sie das letzte Stockwerk erreichten (OB9GZ, ebenso eingeschüchtert wie Archilochos, war er doch noch nie so weit gedrungen, verabschiedete sich hier), wurde der Unterbuchhalter von einem würdigen ergrauten Herrn in tadellosem Smoking in Empfang genommen, wohl von einem Sekretär, der den Griechen durch heitere Korridore und lichte Hallen führte, mit antiken Vasen und gotischen Madonnen, mit asiatischen Götzen und indianischen Wandteppichen. Nichts errinnerte mehr an die Herstellung von Atomkanonen und Maschinengewehren, vielleicht nur, daß man beim Anblick einiger Putten und Dreikäsehochs, die dem Unterbuchhalter von einem Rubensgemälde entgegenlachten, entfernt an Geburtszangen hätte denken können. Alles war heiter hier oben. Durch die Fenster schimmerte die Sonne als warme wohlige Scheibe, obwohl sie in Wirklichkeit in einem eiskalten Himmel stand. Bequeme Sessel und Kanapees standen herum, irgendwo war ein helles Lachen zu hören, das Archilochos in seinem grauen Arbeitskittel an das Lachen Chloés erinnerte, an den heiteren Sonntag, den er erlebt hatte, und der nun eine märchenhafte Fortsetzung nahm, irgendwo zitterte Musik, Haydn oder Mozart, kein Schreibmaschinengeklimper war vernehmbar, kein Hin- und Hergehen aufgeregter Buchhalter, nichts, das ihn an die Welt erinnerte, der er eben entstiegen war, die nun tief unter ihm lag wie ein böser Traum. Dann standen sie in einem hellen Raum, mit roter Seide ausgeschlagen, mit einem großen Gemälde, eine nackte Frau darstellend, wohl der berühmte Tizian, von dem man überall sprach, dessen Preis man sich überall zuflüsterte. Zierliche Möbelchen, ein kleiner Schreibtisch, eine kleine Wanduhr mit silbernem Ticktack, ein Spieltischchen mit einigen Sesselchen waren da und Blumen, Rosen, Kamelien, Tulpen, Orchideen, Gladiolen in verschwenderischer Fülle, als gäbe es keine Jahreszeit, keine Kälte, keinen Nebel und keinen Winter. Kaum waren sie eingetreten, öffnete sich eine kleine Seitentüre und Petit-Paysan trat herein, angezogen wie der Sekretär, im Smoking, eine Dünndruckausgabe der Gedichte Hölderlins in der linken Hand, den Zeigefinger zwischen den Seiten. Der Sekretär ging hinaus. Archilochos und Petit-Paysan standen sich gegenüber.

»Nun«, sagte Petit-Paysan, »mein lieber Herr Anaximander –«

Sein Name sei Arnolph Archilochos, verbesserte der Unterbuchhalter und verneigte sich.

»Archilochos. Sehr gut. Wußte, daß Ihr Name so was Griechisches, Balkanisches war, mein lieber Herr Oberbuchhalter.«

»Unterbuchhalter«, stellte Archilochos seinen sozialen Stand richtig.

»Unterbuchhalter, Oberbuchhalter, das ist doch ziemlich dasselbe«, lächelte der Großindustrielle, »oder nicht? Wenigstens ich mache da keinen Unterschied. Wie gefällt denn Ihnen mein Aufenthaltsort da oben? Schöne Aussicht, muß ich selber sagen. Sie sehen die ganze Stadt, den Strom und sogar das Palais des Staatspräsidenten, von der Kathedrale ganz zu schweigen, und in der Ferne den Nordbahnhof.«

»Sehr schön, Herr Petit-Paysan.«

»Sie sind auch der erste der Atomkanonenabteilung, der dieses Stockwerk betritt«, gratulierte der Großindustrielle Archilochos, als hätte er eine sportliche Leistung vollbracht.

Er komme von der Geburtszangenabteilung, entgegnete Archilochos. Er bearbeite die Ostschweiz und das Tirol, gegenwärtig den Kanton Appenzell Innerrhoden.

»Schau, schau«, wunderte sich Petit-Paysan. »Sie kommen aus der Geburtszangenabteilung, wußte gar nicht, daß wir solche Apparate fabrizieren. Was ist denn das?«

Die Geburtszange, erklärte Archilochos, lateinisch ›Forceps‹, sei ein geburtshilfliches Instrument, welches bestimmt sei, beim Geburtsakt den Kopf des Kindes zu fassen, so daß die Entbindung schneller vonstatten gehen könne als bei der Wehentätigkeit allein. Die Petit-Paysan-Maschinenfabrik AG fabriziere Zangen verschiedener Konstruktion; bei allen aber unterscheide man einerseits die beiden gefensterten Löffel, die gekrümmt seien, um den Kopf zu umfassen, und eine zweite Krümmung besäßen, die Beckenkrümmung; auch wohl noch eine Dammkrümmung, die sie zur Einführung geeignet mache; andererseits die Griffe, welche, kurz oder lang, in Holz oder Metall ausgeführt seien, die mit oder ohne besondere Handhaben und Quergriffe sein könnten; und dann unterscheide man noch das Schloß, daß heißt die Vorrichtung, mittels der beiden Löffel im Augenblick des Gebrauchs kreuzweise zu einer Zange bereitet würden. Die Preise …

»Sie beherrschen Ihre Materie ja ausgezeichnet«, lächelte der Großindustrielle. »Aber die Preise wollen wir uns ersparen. Nun, mein lieber Herr –«

»Archilochos.«

»Archilochos, um es kurz zu machen und Sie nicht länger auf die Folter zu spannen, ich ernannte Sie zum Direktor der Atomkanonen. Sie gestanden mir zwar eben, Sie gehörten der Geburtszangenabteilung an, von deren Existenz ich wirklich keine Ahnung hatte. Das überrascht mich ein wenig, muß irgendwo eine Verwechslung stattgefunden haben, ständig wird ja in einem solchen Riesenbetrieb irgend etwas verwechselt. Nun gut, das macht nichts, legen wir die beiden Abteilungen zusammen, betrachten Sie sich demnach als Direktor der Atomkanonen- und der Geburtszangenabteilung, werde die Pensionierung der betreffenden Direktoren anordnen. Ich freue mich, Ihnen die Beförderung persönlich mitteilen zu dürfen, und wünsche Ihnen Glück.«

»Herr Direktor Zeus von der Geburtszangenabteilung befindet sich bereits im Krankenhaus.«

»Ach, was hat er denn?«

»Nervenzusammenbruch.«

»Ei, da wird meine Absicht schon zu ihm gedrungen sein«, schüttelte Petit-Paysan verwundert den Kopf, »und dabei wollte ich doch den Direktor Jehudi von der Atomkanonenabteilung entlassen. Irgendwo sickert immer etwas nach unten, wird viel zu viel geschwatzt, nun gut, Direktor Zeus ist mir zuvorgekommen mit seinem Nervenzusammenbruch. Hätte ihn ja nun auch entlassen müssen. Hoffen wir nur, daß Direktor Jehudi seine Sistierung mit um so größerer Fassung entgegennehmen wird.«

Archilochos nahm sich zusammen und wagte Petit-Paysan mit seinem Dünndruckband zum ersten Mal offen anzusehen. »Dürfte ich fragen«, sagte er, »was dies alles bedeutet, Sie lassen mich rufen, Sie befördern mich zum Direktor der Atomkanonen- und der Geburtszangenabteilung. Ich bin beunruhigt, wie ich gestehen muß, weil ich dies alles nicht begreife.«

Petit-Paysan sah den Unterbuchhalter ruhig an, legte den Band Hölderlin auf das grüne Spieltischchen, setzte sich, lud mit einer Handbewegung Archilochos ein, sich ebenfalls zu setzen. Sie saßen einander im Sonnenlicht gegenüber, auf weichen Polstern, Archilochos wagte kaum zu atmen, so feierlich kam ihm die Szene vor. Endlich würde er den Grund der rätselhaften Vorfälle vernehmen, dachte er.

»Herr Petit-Paysan«, begann er deshalb von neuem mit schüchterner stockender Stimme: »Ich habe Sie immer verehrt, Sie sind Nummer drei in meinem sittlichen Weltgebäude, das ich mir zusammengezimmert habe, um einen moralischen Halt zu besitzen. Sie kommen unmittelbar nach unserem verehrten Staatspräsidenten und Bischof Moser von der Altneupresbyteranischen Kirche, das sei alles gestanden; um so mehr möchte ich Sie anflehen, mir den Grund Ihres Handelns zu erklären: Buchhalter Rummel und Oberbuchhalter Petit-Pierre wollen mir einreden, es sei meiner Berichte wegen über die Ostschweiz und über das Tirol, aber die liest doch kein Mensch.«

»Lieber Herr Agesilaos«, sagte Herr Petit-Paysan feierlich –

»Archilochos.«

»Lieber Herr Archilochos, Sie waren Buchhalter oder Oberbuchhalter – ich werde aus dem Unterschied, wie gesagt, nicht klug – und sind nun Direktor; das scheint Sie zu verwirren. Sehen Sie, mein lieber Freund, Sie müssen all diese für Sie merkwürdigen Vorgänge in weltweiten Zusammenhängen sehen, als einen Teil der mannigfaltigen Tätigkeit, die meine liebe Maschinenfabrik ausübt, fabriziert sie doch – wie ich heute zum ersten Mal zu meiner Freude höre – sogar ja auch Geburtszangen. Hoffentlich rentiert diese Fabrikation auch etwas.«

Archilochos strahlte.

Allein im Kanton Appenzell Innerrhoden habe man in den letzten drei Jahren zweiundsechzig Stück abgesetzt, berichtete er.

»Hm, etwas wenig. Doch sei es. Wird sich eben mehr um eine humane Abteilung handeln. Es tut nur gut, daß wir zu den Dingen, die die Menschheit aus der Welt schaffen, auch Dinge fabrizieren, die sie hineinbringen. Ein gewisses Gleichgewicht muß eben bestehen, auch wenn nicht alles rentiert. Da wollen wir denn dankbar sein.«

Petit-Paysan machte eine Pause und sah dankbar aus.

»Höderlin nennt den Kaufmann, den Industriellen somit, in seinem Gedicht Archipelagos ›fernhinsinnend‹«, fuhr er endlich fort, etwas seufzend. »Ein Wort, das mich erschüttert. So ein Betrieb ist ungeheuer, mein lieber Herr Aristipp, die Zahl der Arbeiter und Angestellten, der Buchhalter und der Sekretärinnen ist unmäßig, nicht mehr zu überblicken, kenn ich ja kaum die Direktoren und nur etwas flüchtig die Generaldirektoren, der Kurzsichtige geht in diesem Dschungel irre, nur wer fernsichtig nicht die Einzelheiten und Einzelschicksale, sondern das Ganze im Auge behält, das Fernziel nicht verliert, fernhinsinnend ist, wie eben der Dichter sagt – Sie kennen doch seine Werke –, nur wer immer aufs neue zu planen, immer neue Unternehmen aufzuziehen versteht, in Indien, in der Türkei, in den Anden, in Kanada, geht nicht unter in den Sümpfen der Konkurrenz und der Trusts. Fernhinsinnend:

Bin eben dabei, mich mit dem Gummi- und Schmieröltrust zu verbinden. Das wird *das* Geschäft.«

Petit-Paysan machte eine neue Pause und sah fernhinsinnend aus.

»So plane, so arbeite ich«, sagte er dann, »webe ein wenig mit am sausenden Webstuhl der Zeit. Wenn auch bescheiden nur. Was ist die Petit-Paysan-Maschinenfabrik neben dem Stahl-Trust oder den Allzeit-Freuden-Hütten, den Pestalozziwerken oder der Hösler-La Biche! Nichts! Aber wie steht es nun mit meinen Arbeitern und Angestellten? Mit all den Einzelschicksalen, die ich übersehen muß, das Ganze im Auge behalten? Diese Frage beschäftigt mich oft. Sind sie glücklich? Es geht um die Freiheit der Welt; sind meine Arbeiter frei? Ich habe soziale Unternehmungen eingerichtet, Mütter-, Väter-Erholungsheime, Sporthallen, Schwimmbäder, Kantinen, Gesundheitspillen, Theaterbesuche, Konzerte. Aber bleibt nicht die Welt, die ich beschäftige, im Materiellen stecken, im schmutzigen Geld? Eine Frage, die mich bis zur Peinlichkeit berührt. Ein Direktor bricht zusammen, nur weil ein anderer an seine Stelle kommt. Das ist doch ekelhaft. Wie kann man das Geld so wichtig nehmen. Nur der Geist zählt, lieber Herr Artaxerxes, es gibt nichts Verächtlicheres, Unwichtigeres als das Geld.«

Petit-Paysan machte eine weitere Pause und sah besorgt aus.

Archilochos wagte kaum sich zu rühren.

Doch nun straffte sich die Gestalt des Großindustriellen, seine Stimme klang mächtig und kalt.

»Sie fragen, warum ich Sie zum Direktor ernannt habe. Es sei, ich will Ihnen die Antwort geben: Um die Freiheit nicht nur zu predigen, sondern auch durchzuführen. Ich kenne meine Angestellten nicht, begreife sie nicht, sie scheinen sich doch wohl nicht völlig zum rein geistigen Verstehen der Dinge durchgerungen zu haben, Diogenes, Albert Schweizer, Franziskus scheinen nicht ihre Ideale zu sein im Gegensatz zu mir. Sie wollen die Meditation, das dienende Helfen, die Beglückung der Armut für das Blendwerk des sozialen Flitters hingeben. Nun gut, man gebe der Welt, was sie will. Diese Regel des Laotse habe ich stets beachtet. Darum gerade habe ich Sie zum Direktor ernannt. Damit auch in diesem Punkt Gerechtigkeit herrsche. Wer von der Pike auf dient, wer die Sorgen und Nöte der Angestellten von Grund auf kennt, soll auch Direktor sein. Ich plane das Gesamtunternehmen, doch wer mit den Buch- und Oberbuchhaltern, mit den Sekretären und den Sekretärinnen, mit den Ausläufern und Putzfrauen des Verwaltungsapparats in Berührung kommt, soll auch aus ihrer Reihe stammen. Direktor Zeus und Direktor Jehudi stammen nicht aus ihren Reihen, ich habe sie der inzwischen ruinierten Konkurrenz einst abgekauft als fix und fertige Direktoren. Laß fahren dahin. Es ist Zeit, daß wir unsere westliche Welt radikal verwirklichen. Die Politiker haben versagt. Versagt nun auch die Großindustrie, geht alles zu Grunde, lieber Herr Agamemnon. Nur schöpferisch ist der Mensch ganz Mensch, Ihre Ernennung stellt einen schöpferischen Akt dar, eine Tat des schöpferischen Sozialismus, dem wir dem unschöpferischen Kommunismus entgegenstellen *müssen.* Das ist alles, was ich Ihnen zu sagen habe. Von nun an sind Sie Direktor, Generaldirektor. Doch zuerst nehmen Sie Ferien (fuhr er lächelnd fort), der für Sie bereitgestellte Scheck liegt an der Kasse. Richten Sie sich ein. Sah Sie neulich mit einer entzückenden Frau –«

»Meine Braut, Herr Petit-Paysan.«

»Sie sind im Begriff, sich zu verheiraten. Ich gratuliere Ihnen. Tun Sie es. Leider ist mir dieses Glück nicht beschieden. Ich ließ Ihnen ein Generaldirektorenjahresgehalt bereitstellen, wird auch noch verdoppelt, da Sie ja nun auch die Geburtszangenabteilung zur Atomkanonenabteilung übernehmen – habe ein wichtiges Gespräch mit Santiago zu führen –, leben Sie wohl, mein lieber Herr Anaxagoras ...«

Kaum hatte Generaldirektor Archilochos, einst UB122GZ31, vom Sekretär zum Lift begleitet, den heiligsten Bezirk des Verwaltungsgebäudes verlassen, wurde er wie ein Fürst empfangen, von Generaldirektoren pathetisch umarmt, von Direktoren mit Bücklingen begrüßt, Sekretärinnen gurrten, schmeichelten um ihn herum, von ferne schlichen Oberbuchhalter herbei, irgendwo lauerte OB9GZ, triefend vor Ergebenheit, und aus der Atomkanonenabteilung wurde auf einer Bahre Direktor Jehudi getragen, in einer Zwangsjacke offensichtlich, nun erschöpft, ohnmächtig. Es hieß, er hätte das ganze Mobiliar seines Büros zertrümmert. Doch lockte Archilochos nichts als der Scheck, den er denn auch gleich in Empfang nahm. Wenigstens was Sicheres, dachte er, immer noch mißtrauisch, beförderte OB9GZ zum Vizedirektor der Geburtszangenabteilung, die Nummern UB122GZ28, UB122GZ29, UB122GZ30 zu Buchhaltern, gab noch einige Anweisungen, die Geburtszangenreklame im Kanton Appenzell Innerrhoden betreffend, und verließ das Verwaltungsgebäude.

Nun saß er in einem Taxi, zum ersten Mal in seinem Leben, erschöpft, hungrig, verwirrt von seinem rasenden Aufstieg, und ließ sich zu Madame Bieler fahren.

Die Stadt lag unter einem klaren Himmel in eisiger Kälte. Überdeutlich waren die Dinge im grellen Licht, die Paläste, die Kirchen, die Brücken, die große Fahne über dem Staatspräsidenten-Palais wie erstarrt, der Strom wie ein Spiegel, die Farben lagen nebeneinander ohne ineinander zu fließen, wie abgezirkelt lagen die Schatten auf den Straßen und Boulevards.

Archilochos betrat die Pinte, die Türe klingelte wie immer, und er zog seinen schäbigen Wintermantel aus.

»Mein Gott«, sagte Georgette hinter ihrer Theke, sich

eben einen Campari einschenkend, von Flaschen und Gläsern umgeben, die im kalten Sonnenlicht funkelten: »Mein Gott, Monsieur Arnolph! Was ist denn jetzt nur los mit Ihnen? Sie sehen müde und bleich aus, übernächtig, und besuchen uns um eine Zeit, wo Sie doch längst in Ihrer Menschenschinderei beschäftigt sein sollten! Stimmt etwas nicht? Haben Sie zum ersten Mal mit einer Frau geschlafen oder Wein getrunken? Sind Sie entlassen worden?«

»Im Gegenteil«, sagte Archilochos und setzte sich in seine Ecke.

Auguste brachte die Milch.

Was hier ›im Gegenteil‹ heiße, fragte Georgette verwundert, sich eine Zigarette anzündend und den Rauch in die schrägen Sonnenstrahlen blasend.

»Ich bin diesen Vormittag zum Generaldirektor der Atomkanonen- und Geburtszangenabteilung ernannt worden. Von Petit-Paysan persönlich«, berichtete Archilochos immer noch außer Atem.

Dann brachte Auguste eine Schüssel Apfelmus, Nudeln und Salat.

»Hm«, brummte Georgette, die von der Angelegenheit nicht einmal besonders erschüttert schien: »Und wieso?«

»Aus schöpferischem Sozialismus.«

»Auch etwas. Und wie war es gestern mit der Griechin?«

»Wir haben uns verlobt«, sagte Archilochos verlegen und errötete.

»Das ist vernünftig«, lobte Madame Bieler. »Was ist sie denn von Beruf?«

»Dienstmädchen.«

»Muß eine merkwürdige Stelle sein«, meinte Auguste, »wenn sie sich einen solchen Mantel leisten kann.«

»Ruhe!« wies ihn Georgette zurecht.

Sie hätten einen Spaziergang gemacht, erzählte Arnolph, und alles sei so sonderbar gewesen, so eigenartig, fast wie im Traum. Alle Leute hätten ihn plötzlich gegrüßt, aus Autos heraus und von Autobussen herab, der Staatspräsident, Bischof Moser, der Maler Passap und der amerikanische Botschafter, der ihm Hallo zugerufen habe.

»Aha«, sagte Georgette.

»Auch Maître Dutour grüßte«, fuhr Arnolph fort, »und Hercule Wagner, wenn auch nur mit einem Zwinkern.«

»Mit einem Zwinkern«, wiederholte Georgette.

»So eine«, brummte Auguste.

»Schweig«, herrschte ihn Madame Bieler an, so heftig, daß er sich mit seinen flimmernden Beinen hinter den Ofen verkroch. »Du hast hier gar nichts zu bemerken, das ist keine Männerangelegenheit! Und nun wollen Sie Ihre Chloé wohl auch gleich heiraten, denke ich«, wandte sie sich von neuem an Archilochos und trank ihren Campari leer.

»So schnell als möglich.«

»Das ist klug. Bei Frauen muß man handeln, besonders wenn sie Chloé heißen. Und wo wollen Sie denn wohnen mit Ihrer Griechin?«

Er wisse es nicht, seufzte Archilochos ratlos, mit seinem Apfelmus und seinen Nudeln beschäftigt. »In meiner Mansarde natürlich nicht mehr, von wegen der Wasserspülungen und der schlechten Luft. Vorläufig in einer Pension.«

»Ach was, Monsieur Archilochos«, lachte Georgette, »ein Mann mit Ihren Moneten. Gehen Sie ins ›Ritz‹, da gehören Sie hin. Und von jetzt ab zahlen Sie hier den doppelten Preis. Generaldirektoren muß man schröpfen, sonst sind sie zu gar nichts mehr nütze.«

Dann schenkte sie sich einen neuen Campari ein.

Als Archilochos gegangen war, blieb es eine Zeitlang still bei ›Chez Auguste‹; Madame Bieler wusch Gläser, und ihr Mann saß regungslos hinter dem Ofen.

»So eine«, sagte endlich Auguste und rieb sich die hageren Beine. »Als ich zweiter war in der Tour de France, hätte ich auch einmal so eine haben können, mit Pelzmantel, teurem Parfüm und mit einem Großindustriellen, einem Herrn von Zünftig – besaß Kohlenbergwerke in Belgien. Wäre wohl nun auch Generaldirektor von einer Abteilung.«

»Unsinn«, sagte Georgette und trocknete sich die Hände. »Du bist nicht zu Höherem geboren. So eine heiratet dich nicht. Bei dir gibt es nichts zu erwecken. Archilochos ist ein Sonntagskind, das habe ich immer gespürt, und ein Grieche. Wirst sehen, wie sich der noch entwickelt. Der taut noch auf, und wie. Die Frau ist prima. Daß sie endlich von ihrem Geschäft loskommen will, ist nur natürlich. Es ist schließich auch anstrengend auf die Dauer und alles andere als immer angenehm. Das wollen die alle von dieser Sorte, das wollte auch ich. Den meisten gelingt es freilich nicht, die enden wirklich in der Gosse, wie man immer predigt, einigen langt es gerade zu einem Auguste mit nackten

Beinen und einem gelben Radfahrerkostüm – eh bien, ich bin auch zufrieden damit, wenn wir schon von dieser Zeit sprechen, und einen Großindustriellen habe ich nie gehabt. Da hatte ich das berufliche Format nicht. Bei mir verkehrten nur kleinbürgerliche Kreise, einige vom Finanzamt und einmal ein Aristokrat für vierzehn Tage, der Graf Dodo von Malchern, der letzte seiner Familie, schon lange beerdigt. Aber der Chloé wird es gelingen. Die hat ihren Archilochos, und das wird was Feines.«

Unterdessen fuhr Archilochos in einem Taxi zur Weltbank und dann zu einem Reisebüro am Quai de l'Etat. Er betrat einen weiten Raum, mit Landkarten und farbigen Plakaten an den Wänden: ›Besucht die Schweiz. Der sonnige Süden lockt dich. Mit der Air France nach Rio. Das grüne Irland.‹ Angestellte mit höflichen, glatten Gesichtern. Schreibmaschinengeklapper. Neonlicht. Fremde mit seltsamen Sprachen.

Er möchte nach Griechenland reisen, sagte Archilochos. Nach Korfu, nach dem Peloponnes, nach Athen.

Die Agentur vermittle keine Reisen auf Kohlendampfern, bedauerte der Angestellte.

Er möchte mit der ›Julia‹ reisen, wandte Archilochos ein. Er wünsche eine Luxuskabine für sich und seine Frau.

Der Angestellte blätterte in seinem Kursbuch, gab einem spanischen Zuhälter (Don Ruiz) die Daten eines Zugs. Es seien keine Plätze auf der ›Julia‹ mehr frei, sagte er endlich und wandte sich einem Kaufmann aus Kairo zu.

Archilochos verließ das Reisebüro und setzte sich in das wartende Taxi. Überlegte. Wer der beste Schneider in der Stadt sei, fragte er dann den Chauffeur.

Der wunderte sich. »O'Neill-Papperer in der Avenue Bikini und Vatti in der Rue St. Honoré«, gab er zur Antwort.

»Der beste Friseur?«

»José am Quai Offenbach.«

»Das erste Hutgeschäft?«

»Goschenbauer.«

»Wo kauft man die besten Handschuhe?«

»Bei De Stutz-Kalbermatten.«

»Gut«, sagte Archilochos. »Zu diesen Geschäften.« So fuhren sie zu O'Neill-Papperer in der Avenue Bikini und zu Vatti in der Rue St. Honoré, zu José am Quai Offenbach und zu De Stutz-Kalbermatten, dem Handschuh-, und zu

Goschenbauer, dem Hutgeschäft. Er kam durch tausend Hände, die an ihm nestelten, maßen, säuberten, schnitten, rieben, veränderte sich zusehends, stieg stets eleganter, duftender in das Taxi, nach Goschenbauer mit einem silbergrauen Edenhut auf dem Kopf, und fuhr am späten Nachmittag wieder vor dem Reisebüro am Quai de l'Etat vor.

Er wünsche eine Luxuskabine mit zwei Betten auf der ›Julia‹, sagte er mit unveränderter Stimme zu dem Angestellten, der ihn abgewiesen hatte, den silbergrauen Edenhut auf die Glasfläche legend.

Der Beamte begann ein Formular auszufüllen. »Die ›Julia‹ fährt nächsten Freitag. Korfu, Peloponnes, Athen, Rhodos und Samos«, sagte er. »Darf ich um Ihren Namen bitten?«

Aber nachdem Arnolph die zwei Billette bezahlt und sich entfernt hatte, wandte sich der Angestellte zum spanischen Zuhälter, der immer noch herumlungerte und Reiseprospekte durchblätterte, um hin und wieder den Besuch einiger Damen zu empfangen, die (ebenfalls Prospekte studierend) Geldscheine in seine vornehmen schmalen Hände gleiten ließen.

»Skandalös, Señor«, meinte der Angestellte angewidert und auf spanisch (das von der Abendschule stammte), »da kommt ein Straßenputzer oder Schornsteinfeger, verlangt zwei Billette für die ›Julia‹, die wirklich nur für die Aristokratie und für die allererste Gesellschaft reserviert ist (er verneigte sich vor Don Ruiz), nimmt doch der Prinz von Hessen an der nächsten Fahrt teil, Mrs. ud Mr. Weeman und die Loren – und wie man ihm dies anständigerweise verweigert, aus Menschenfreundlichkeit noch, da er sich sonst ja nur blamieren würde, kehrt der Kerl zurück in seiner ganzen Frechheit, gekleidet wie ein Lord, reich wie ein Schlotbaron, und ich muß ihm die Billette ausliefern – was vermag ich gegen das Kapital. Drei Stunden braucht so ein Schurke für seine Karriere. Schätze Bankeinbruch, Vergewaltigung, Raubmord oder Politik.«

»Wirklich empörend«, antwortete darauf Don Ruiz auf spanisch (das von der Abendschule stammte).

Archilochos dagegen, während es schon eindunkelte und die Lichter aufleuchteten, fuhr über die neue Brücke nach dem Boulevard Künnecke, zum Wohnsitz des Bischofs der

Altneupresbyteraner der vorletzten Christen, doch fand er vor der kleinen Villa im viktorianischen Stil Bibi vor, mit zerbeultem Hut, zerrissen und verschmutzt, auf dem Trottoirrand sitzend, nach Fusel stinkend und gegen eine Straßenlaterne gelehnt, eine Zeitung lesend, die er im Rinnstein gefunden hatte.

»Wie bist denn du gekleidet, Bruder Arnolph?« fragte dieser, pfiff durch die Zähne, schnalzte mit der Zunge, schneuzte mit den Fingern und faltete die schmutzige Zeitung sorgfältig zusammen.

»Was trägst denn du für Klamotten? Prima Kluft.«

»Ich bin Generaldirektor geworden«, sagte Arnolph.

»Sieh mal einer an!«

»Ich werde dich als Buchhalter einstellen in der Geburtszangenabteilung, wenn du mir versprichst, dich zusammenzunehmen. Ordnung muß sein.«

»Nein, Arnolph, meine Natur ist nicht fürs Büro geschaffen. Hast du zwanzig Lappen?«

»Was ist schon wieder?«

»Gottlieb ist eine Fassade hinuntergesaust, Arm kaputt.«

»Welche Fassade?«

»Die von Petit-Paysan.«

Archilochos wurde böse, das erste Mal in seinem Leben.

»Gottlieb hat bei Petit-Paysan nicht einzubrechen«, herrschte er den verwunderten Bruder an, »er hat überhaupt nicht einzubrechen. Petit-Paysan ist mein Wohltäter. Aus schöpferischem Sozialismus hat er mich zum Generaldirektor ernannt, und nun verlangst du noch Geld von mir, Geld, das ich schließlich von Petit-Paysan habe.«

»Wird nicht mehr vorkommen, Bruder Arnolph«, antwortete Bibi mit Würde, »war eine bloße Übung, Gottlieb hat sich auch nur verrechnet. Er wollte beim Gesandten von Chile nach Pinke suchen, dort ist die Fassade auch kommoder. Er hat sich bei der Nummer geirrt, ist ja auch noch ein unschuldiges Kind. Nun gibst du die Lappen?« – und er zeigte seine hohle Bruderhand.

»Nein«, sagte Archilochos, »solche Gaunereien kann ich nicht unterstützen. Ich muß jetzt zum Bischof.«

»Werde auf dich warten, Bruder Arnolph«, sagte Bibi unerschütterlich und entbreitete die Zeitung aufs neue: »Habe die Weltgeschichte zu übersinnen.«

Bischof Moser, dick und rosig, im schwarzen pfarrherrlichen Kleide und steifen, weißen Kragen, empfing Archilochos in seinem Studierzimmer, in einem kleinen, hohen, verrauchten Raum, nur von einem Lämpchen erleuchtet, mit Büchern umstellt, geistlichen und weltlichen, mit einem hohen Fenster hinter schweren Vorhängen, durch das der Schein der Straßenlampe fiel, unter der Bruder Bibi wartete.

Der Besucher stellte sich vor. Er sei eigentlich Unterbuchhalter, heute jedoch Generaldirektor der Atomkanonen- und der Geburtszangenabteilung der Petit-Paysan-Maschinenfabrik geworden.

Bischof Moser betrachtete ihn wohlgefällig.

»Ich weiß, guter Freund«, lispelte er. »Sie besuchen die Gottesdienste von Prediger Thürcker in der Heloisen-Kapelle, nicht war? Bin auch ein wenig im Bilde über unsere liebe altneupresbyteranische Gemeinde. Seien Sie willkommen.«

Der Bischof schüttelte dem Generaldirektor kräftig die Hand.

»Nehmen sie Platz«, sagte er, wies ihm einen bequemen Lehnstuhl an und setzte sich hinter seinen Schreibtisch.

»Danke«, sagte Archilochos.

»Bevor Sie mir Ihr Herz ausschütten, möchte ich Ihnen meines ausschütten«, lispelte der Bischof. »Nehmen Sie eine Zigarre?«

»Ich bin Nichtraucher.«

»Ein Gläschen Wein? Schnaps?«

»Ich bin Temperenzler.«

»Gestatten Sie, daß ich mir eine Zigarre genehmige? So mit einer Dannemann läßt sich gar traulich reden und köstlich beichten von Mensch zu Mensch. Sündige tapfer, sagte Luther, und ich möchte sagen: Rauche tapfer, und hinzufügen: Trinke tapfer. Sie erlauben doch?«

Er füllte ein kleines Glas mit Schnaps, den er in einer alten Flasche hinter den Büchern verwahrte.

»O bitte«, sagte Archilochos etwas verstört. Es tat ihm leid, daß sein Bischof doch nicht ganz dem Vorbild entsprach, das er stets für ihn gewesen war.

Bischof Moser steckte sich eine Dannemann in Brand.

»Sehen Sie, lieber Bruder, wie ich wohl sagen darf, es war schon längst mein Herzenswunsch, einmal mit Ihnen zu plaudern (er stieß die ersten Dannemannwolken von sich). Aber mein Gott, was hat auch so ein Bischof alles zu tun. Da muß man Altersheime besuchen, Jugendlager organisieren, gefallene Mädchen in christlichen Heimen unterbringen, den Sonntagsschul- und den Konfirmandenunterricht inspizieren, Kandidaten examinieren, die Neupresbyteraner traktieren, unseren Predigern den Kopf waschen. Man hat tausend Dinge und Dingelchen zu tun und kommt zu nichts Rechtem. Da hat mir nun unser lieber Thürcker immer von Ihnen geplaudert, haben Sie doch noch nie eine Gemeindeandacht verfehlt und einen doch wahrlich seltenen Eifer für unsere Gemeinschaft an den lieben langen Tag gelegt.«

Der Besuch der Gemeindeandachten sei ihm ein Herzensbedürfnis, stellte Archilochos schlicht fest.

Bischof Moser schenkte sich ein zweites Gläschen Schnaps ein.

»Sehen Sie. Mit Vergnügen habe ich das stets vernommen. Und nun ist unser verehrtes Mitglied des altneupresbyteranischen Weltkirchenrates vor zwei Monaten zu seinem himmlischen Vater heimgegangen, und da dachte ich schon seit einiger Zeit, ob nicht gerade Sie der geeignete Mann für diesen ehrenamtlichen Posten wären, was sich ja mit Ihrem Berufe als Generaldirektor wohl kombinieren ließe – man müßte nur die Atomkanonenabteilung vielleicht nicht zu sehr betonen –, brauchen wir doch Männer, die mit beiden Füßen mitten im harten und oft grauslichen Lebenskampf stehen, Herr Archilochos.«

»Aber Herr Bischof …«

»Nun, nehmen Sie an?«

»Es ist mir eine unverhoffte Ehre …«

»Dann darf ich Sie dem Weltkirchenrat vorschlagen?«

»Wenn Sie meinen …«

»Ich will nicht verhehlen, daß der Weltkirchenrat meinen Vorschlägen willig und oft nur allzu willig folgt. Stehe ich so doch nur allzu oft im Geruch, ein eigenwilliger Kirchenpapst zu sein. Sind alles gemütliche Herren und gute Christen freilich, das will ich dem Weltkirchenrat zubilligen, die froh sind, wenn ich ihnen das Organisatorische abnehme und hin und wieder auch für sie denke, eine Beschäftigung, die leider nicht immer jedermanns Sache ist, auch nicht die des Weltkirchenrats. Die nächste Sitzung, zu der Sie sich als Kandidat zu begeben hätten, findet in Sidney statt. Im Mai. Ist ja auch ein Gottesgeschenk, so ein Reischen, man lernt Land und Leute kennen, fremde Sitten, fremde Bräuche, die Not, die Probleme der lieben Menschheit auch in anderen Zonen. Die Spesen übernimmt selbstverständlich die altneupresbyteranische Kirche.«

»Ich bin beschämt.«

»Dies ist mein Anliegen«, lispelte der Bischof, »kommen wir nun zu Ihrem. Von Mann zu Mann gesprochen, Herr Generaldirektor. Errate ich den Grund doch schon. Sie trachten, sich zu verehelichen, sich mit einem trauten Weibe zu verbinden. Sah Sie gestern zwischen dem Krematorium und dem Landesmuseum, grüßte auch, mußte nur schleunigst in ein düsteres Nebengäßchen entwischen, ein altes, sterbendes Weiblein liegt mir dort am Herzen – auch so eine Stille im Lande.«

»Gewiß doch, Herr Bischof.«

»Nun, habe ich es erraten?«

»Es ist so.«

Bischof Moser schloß die griechische Bibel, die vor ihm lag.

»War ein schmuckes Frauchen«, sagte er. »Wünsche Ihnen Glück. Wann soll denn die Hochzeit sein?«

»Morgen. In der Heloisen-Kapelle wenn möglich – und wenn Sie die Trauung vollziehen könnten, wäre ich glücklich.«

Der Bischof war irgendwie verlegen.

»Eigentlich ist dies die Aufgabe des amtierenden Predigers«, stellte er fest. »Thürcker vollzieht die Trauungen vortrefflich, hat auch ein besonders wohltönendes Organ.«

»Ich bitte Sie, eine Ausnahme zu machen«, bat Archilochos, »wenn ich jetzt schon Weltkirchenrat werden soll.«

»Hm. Glauben Sie, mit den gesetzlichen Formalitäten durchzukommen?« fragte der Bischof. Irgend etwas war ihm sichtlich peinlich.

»Ich werde Maître Dutour damit beauftragen.«

»Dann ja«, gab der Bischof endlich nach. »Sagen wir morgen, in der Heloisen-Kapelle, nachmittags um drei? Dürfte ich den Namen der Braut noch erfahren und ihre Personalien?«

Der Bischof notierte sich das Nötige.

»Herr Bischof«, sagte Archilochos, »meine beabsichtigte Heirat ist wohl ein zureichender Grund, Ihre Zeit in Anspruch zu nehmen, doch nicht der wichtigste, wenn ich so sagen darf, wenn es nicht ein Frevel ist, so was überhaupt auszusprechen, denn es kann doch nicht leicht etwas Wichtigeres geben, als die Verpflichtung einzugehen, mit einer Frau zusammenzusein ein Leben lang. Aber dennoch ist mir in dieser Stunde etwas noch viel wichtiger, weil es mir so schwer auf dem Herzen liegt.«

»Sprechen Sie sich aus, lieber Generaldirektor«, antwortete der Bischof freundlich. »Courage. Wälzen Sie sich Ihre Sorgen von der Seele, sei es nun eine menschliche oder eine allzumenschliche Last.«

»Herr Bischof«, sagte Archilochos verzagt und setzte sich in seinem Lehnstuhl aufrechter, schlug auch die Beine übereinander, »verzeihen Sie mir, wenn ich vielleicht wirres Zeug rede. Noch diesen Morgen war ich ganz anders gekleidet, schäbig, ich sage es frei heraus, und der Anzug, den ich trug, als Sie mich Sonntag sahen, war mein Konfirmandenanzug, und jetzt stecke ich plötzlich in den teueren Kleidungsstücken von O'Neill-Papperer und Vatti. Ich bin geniert, Herr Bischof, Sie müssen doch denken, ich sei nun völlig der Welt und ihrem Blendwerk verfallen, wie Prediger Thürcker immer sagt.«

»Im Gegenteil«, lächelte der hohe geistliche Herr: »Ein angenehmes Äußeres, eine gefällige Kleidung ist nur zu loben, besonders heutzutage, wo es doch in gewissen Kreisen, die einer gottlosen Philosophie nacheifern, Mode geworden ist, sich auffällig salopp und beinahe bettlerhaft zu kleiden, mit farbigen Hemden über den Hosen und ähnlichen seltsamen Greueln. Eine anständige Mode und Christentum schließen einander keineswegs aus.«

»Herr Bischof«, fuhr Archilochos, mutiger geworden, fort: »Es kann einen Christenmenschen wohl beunruhigen, denke ich, wenn mit einem Male Unglück über Unglück über ihn hereinbricht. Wie ein Hiob mag er sich da vorkommen, dem die Söhne und Töchter dahinstarben, und der mit Armut und Aussatz behaftet wurde; aber um so mehr wird er sich dabei doch trösten können und das Unglück als eine Folge seiner Sünden ansehen dürfen. Doch wenn das Gegenteil eintritt, wenn sich Glücksfall über Glücksfall häuft, da glaube ich, muß doch erst eigentlich Grund zur Beunruhigung sein, denn das ist dann doch völlig unerklärlich: Wo wäre ein Mensch, der dies alles verdiente?«

»Mein lieber Herr Archilochos«, lächelte Bischof Moser, »die Schöpfung ist nun eben so gemacht, daß dieser Fall kaum einmal eintritt. Die Kreatur ist seufzend, wie Paulus sagt, und so seufzen denn wir alle unter mehr oder weniger sich häufenden Unglücksfällen, die wir freilich auch nicht zu tragisch nehmen dürfen und eben mehr im Sinne Hiobs begreifen sollen, was Sie so schön und richtig gesagt haben, fast wie Prediger Thürcker. Ein Fall, wie Sie ihn vorhin andeuteten, diese Häufung jedes nur möglichen Glücks, dürfte wohl schwerlich irgendwo aufzutreiben und vorzuweisen sein.«

»Ich bin so ein Fall«, sagte Archilochos.

Es war still im Studierzimmer, und es war immer dunkler geworden; der Tag draußen völlig erloschen, finstere Nacht herrschte, und von der Straße her drang fast kein Laut, nur hin und wieder das Summen eines vorbeifahrenden Autos, die verhallenden Schritte eines Fußgängers.

»Ich werde von einem Glück nach dem anderen betroffen«, fuhr der ehemalige Unterbuchhalter leise fort, in seinem tadellosen Straßenanzug, eine Chrysantheme im Knopfloch (der silbergraue Edenhut, die blendendweißen Handschuhe und der elegante Pelzmantel befanden sich in der Garderobe), »auf eine Heiratsannonce im ›Le Soir‹ hin meldet sich das reizendste Mädchen, welches mich auf den ersten Blick liebt, und das ich auf den ersten Blick liebe, wie in einem billigen Kino geht alles zu, fast schäme ich mich, davon zu reden, die ganze Stadt beginnt mich zu grüßen, wie ich mit diesem Mädchen durch die Straßen gehe, der Staatspräsident, Sie, alle möglichen wichtigen Persönlichkeiten, und heute mache ich die unwahrscheinliche Karriere in weltlichen und kirchlichen Bezirken, steige aus dem Nichts, von der jämmerlichen Existenz eines Unterbuchhalters zum Generaldirektor und zum Weltkirchenrat auf – das ist doch alles unerklärlich und beunruhigt mich tief.«

Der Bischof sagte lange kein Wort, sah mit einem Male alt und grau aus und stierte vor sich hin, hatte auch die Dannemann in den Aschenbecher gelegt, wo sie nutzlos und erkaltet liegenblieb.

»Herr Archilochos«, sagte der Bischof endlich, nun mit einem Male nicht mehr lispelnd und mit veränderter, fester Stimme, »Herr Archilochos, all diese Vorgänge, die Sie mir da an diesem stillen Abend unter vier Augen erzählen, sind freilich seltsam und außergewöhnlich. Was nun auch für Ursachen ihnen zu Grunde liegen, so glaube ich doch, daß nicht diese uns unbekannten Ursachen (hier zitterte seine Stimme, und das Lispeln machte sich einen Moment lang wieder bemerkbar) wichtig oder gar entscheidend sind, liegen sie doch in der Sphäre der Menschen, und hier sind wir alle Sünder, sondern wichtig ist, was dies alles bedeutet: daß Sie ein begnadeter Mensch sind, auf den sich eben die Gnadenbeweise aufs sichtbarste häufen. Nicht der Unterbuchhalter Archilochos hat sich nun zu behaupten, sondern der Generaldirektor und Weltkirchenrat Archilochos, und es kann sich nur darum handeln, daß Sie nun auch beweisen, ob Sie all diese Gnade verdienen. Nehmen Sie diese Ereignisse ebenso demütig hin, wie Sie es tun würden, wenn es Unglücksfälle wären, das ist alles, was ich Ihnen darüber zu sagen verstehe. Vielleicht haben Sie nun einen besonders schweren Weg zu gehen, den Weg des Glücks, der nur darum den meisten Menschen nicht auferlegt wird, weil sie ihn noch weniger zu begehen wüßten, als den Weg des Unglücks, welchen wir hienieden in der Regel zu wandeln haben. Leben Sie jetzt wohl (mit diesen Worten erhob er sich), wir sehen uns morgen in der Heloisen-Kapelle wieder, wenn Ihnen wohl vieles klarer geworden ist, und ich kann nur beten, daß Sie meine Worte nicht vergessen, was sich auch fürderhin mit Ihnen ereignet.«

Nach dem Gespräch mit Bischof Moser in dessen verrauchter Stube mit den Klassikern und den Bibeln an den Wänden, mit dem Schreibtisch und den schweren Vorhängen, und nachdem auch Bruder Bibi, zeitunglesend (›Le Soir‹) unter des Bischofs Fenster, sein Geld erhalten hatte, wäre der Weltkirchenrat am liebsten unverzüglich nach dem Boulevard Saint-Père gefahren; doch schlug es erst sechs von der Jesuitenkirche her am Place Guillaume, und so beschloß er, doch bis acht zu warten, wie es ausgemacht war, auch wenn er sich schmerzlich ausmalte, daß so Chloés Dienstmädchenexistenz um zwei unnötige Stunden verlängert wurde. Er nahm sich vor, noch heute mit ihr ins ›Ritz‹ zu ziehen, traf auch die nötigen Anstalten, bestellte zwei Zimmer, eines im ersten und eines im fünften Stock, weder das Mädchen in Verlegenheit, noch sich als Weltkirchenrat in ein falsches Licht zu bringen. Dann versuchte er Maître Dutour aufzutreiben, leider vergeblich. Es hieß, der Advokat und Notar sei ausgegangen, eine Hausübergabe zu vollziehen. So hatte er denn mehr als anderthalb Stunden Zeit. Er bereitete sich vor, kaufte Blumen, erkundigte sich nach einem geeigneten Restaurant, ins alte alkoholfreie gegenüber dem Weltgesundheitsamt wünschte er nicht zu gehen und auch ›Chez Auguste‹ kam nicht gut in Frage, fühlte er doch mit geheimem Schmerz, daß er sich mit seiner eleganten Kleidung dort ausgeschlossen hatte. Was wollte er nun in einem Anzug O'Neill-Papperers neben dem Maillot jaune Monsieur Bielers! Er beschloß deshalb, wenn auch mit schlechtem Gewissen, im ›Ritz‹ selber zu speisen, alkoholfrei natürlich, bestellte einen Tisch und begab sich mit freudiger Erwartung in die Passap-Ausstellung, die er zufällig in der Galerie Nadelör, dem ›Ritz‹ gerade gegenüber, entdeckte, und die des Andrangs wegens auch abends besucht werden konnte. Es waren auch Passaps letzte Bilder ausgestellt (Winkel von 60°, Ellipsen und Parabeln), die Archilochos mit Begeisterung inmitten von Amerikanerinnen, Journalisten und Malern andächtig betrachtete, mit seinen Blumen (weiße Rosen) durch die hellen Säle wandernd. Doch stutzte er vor einem Bild in Kobaltblau und Ocker, auf welchem doch eigentlich nichts anderes als zwei Ellipsen und eine Parabel zu sehen waren. Er starrte das Bild entgeistert mit rotem Kopf an, die Blumen krampfhaft umklammernd, schoß mit einem Male davon, von panischem Entsetzen gepackt und schweißgebadet, auch von einem Schüttelfrost überfallen, und stürzte sich in ein Taxi, nicht ohne sich vorher bei Herrn Nadelör, der im schwarzen Smoking lächelnd und händereibend neben der Kasse stand, nach der Adresse des Malers erkundigt zu haben; worauf der Kunsthändler, ohne einen Mantel zu nehmen, Archilochos sogleich nachfuhr, auch mit einem Taxi, seine Prozente sicherzustellen, vermutete er doch einen geheimen Kauf. Passap wohnte in der Rue Funèbre in der Altstadt, die das Taxi (jenes mit Nadelör dicht hinterdrein) über die Marschall-Vögeli-Allee erreichte, nur mit großer Mühe freilich, da die Anhänger Fahrcks' gerade eine Massenkundgebung veranstalteten, mit den Bildern des Anarchisten auf langen Stangen, mit roten Fahnen und riesigen Transparenten ›Weg mit dem Staatspräsidenten!‹, ›Verhindert den Vertrag von Lugano!‹ usw. Irgendwo hielt Fahrcks selbst eine Rede. Tosendes Gebrüll und Gekreisch erfüllte die Luft, Pfiffe gellten, Pferdegetrampel, und wie nun die Polizei mit Gummiknütteln und Wendrohren zu hantieren begann, wurden auch das Taxi des Generaldirektors und jenes des Kunsthändlers begossen, der unglücklicherweise wohl aus Neugier ein Fenster geöffnet hatte. Doch bogen in diesem Augenblick beide Fahrzeuge mit ihren fluchenden Chauffeuren bei Vrener und Pott in die Altstadt ein. Die schlecht gepflasterten Straßen stiegen steil hinauf an baufälligen Häusern und Kaschemmen vorbei. In Scharen standen Dirnen herum, wie schwarze Vögel, winkten und zischten, und so kalt war es, daß sich die nassen Automobile schon längst mit Eis überzogen hatten. Vor Nummer dreiundvierzig (wo Passap wohnte), in der schlecht beleuchteten Rue Funèbre, stieg Archilochos, die weißen Rosen immer noch im Arm, denn auch aus einem Märchenfahrzeug, das mit funkelnden und klirrenden Eiszapfen behangen war, und hieß den Taxifahrer warten, von Straßenjungen umlagert, die sich an seine Hosenbeine klammerten, drang dann an einer bösartigen und betrunkenen Concierge vorbei ins Innere des alten, hohen Hauses und begann endlose Treppen zu steigen, die so morsch waren, daß sein Fuß einigemale durch die Stufen brach und er, ans hölzerne Geländer geklammert, im Leeren hing. Er stieg mühsam von Etage zu Etage, Sprießen in den schmerzenden Händen, fast im Dunkeln, forschte bei den alten Türen nach, ob Passaps Name irgendwo zu finden sei, den Atem Nadelörs hinter sich, den er immer noch nicht beachtete. Es war bitter kalt im Treppenhaus, irgendwo klimperte ein Klavier, und irgendwo schlug ein Fenster auf und zu. Hinter einer Tür kreischte eine Frau und johlte ein Mann, und es roch nach wüsten Orgien. Archilochos stieg immer höher, sank wieder einmal bis zum Knie ein, geriet in ein Spinnennetz, über seine Stirne lief ein dickes, halberfrorenes Ungeziefer, welches er ärgerlich fortwischte. Endlich fand er, den Pelzmantel von Vatti und das schöne neue Kleid von O'Neill-Papperer verstaubt und die Hosen schon aufgerissen, doch mit heilen Blumen, am Ende einer schmalen und steilen Estrich-Treppe quer auf einer wackligen Türe den Namen Passaps riesenhaft mit Kreide geschmiert. Er klopfte. Zwei Treppen weiter unten lauerte in der eisigen Kälte Nadelör. Keine Antwort. Er klopfte noch ein zweites, dann ein drittes, viertes Mal. Niemand. Der Weltkirchenrat drückte die Falle nieder, die Türe war unverschlossen, und er trat ein.

Es war ein unermeßlicher Estrich, in welchem er sich nun befand, eine Tenne beinahe, ein Balkengewirr mit verschiedenen Böden. Überall standen Negergötzen herum, überall aufgestapelte Bilder, leere Rahmen, Plastiken, seltsam gebogene Drahtgestelle, ein glühender Eisenofen mit einem überlangen, sich grotesk windenden Rohr, überall Wein- und Whiskyflaschen, ausgedrückte Tuben, Farbkübel, Pinsel, überall Katzen, und auf den Stühlen türmten sich Bücher und lagen auf dem Boden herum. In der Mitte des Raums stand Passap in einem offenbar einst weißen Malermantel, nun aufs farbigste bekleckst, und spachtelte an einem Bild auf der Staffelei herum, Parabeln und Ellipsen, während vor ihm, in Ofennähe, ein fettes Mädchen auf einem wackligen Stuhle saß, splitternackt, mit langen blonden Haaren die Arme hinter dem Nacken verschränkt. Der Weltkirchenrat stand wie versteinert (sah er doch zum ersten Mal eine nackte Frau) und wagte kaum zu atmen.

»Wer sind Sie?« fragte Passap.

Archilochos stellte sich vor, etwas verwundert über die Frage, hatte ihn doch am Sonntag der Maler gegrüßt.

»Was wollen Sie?«

»Sie haben meine Braut Chloé gemalt, nackt«, würgte der Grieche hervor.

»Sie meinen das Bild: ›Venus, 11. Juli‹, das jetzt in der Galerie Nadelör hängt.«

»Eben.«

»Zieh dich an«, herrschte Passap das Modell an, das hinter einem Wandschirm verschwand, betrachtete dann Archilochos lange und aufmerksam, eine Pfeife im Mund, deren Rauch in das Gewirr der Balken kräuselte.

»Und?«

»Mein Herr«, entgegnete Archilochos aufs würdigste, »ich bin ein Verehrer Ihrer Kunst. Ich habe Ihre Tätigkeit mit Begeisterung verfolgt, ja Sie sogar zu Nummer vier meiner Weltordnung erhoben.«

»Weltordnung? Was ist denn das für ein Blödsinn?« fragte Passap, neue Farbberge (Kobaltblau und Ocker) auf seine Palette häufend.

»Ich habe eine Liste der würdigsten Vertreter unserer Zeit verfaßt, eine Liste meiner sittlichen Vorbilder.«

»Nun?«

»Mein Herr, trotz der Begeisterung, die ich für Sie empfinde, trotz meiner Verehrung, muß ich Sie bitten, eine Erklärung abzugeben. Es ist sicher nicht alltäglich, daß ein Bräutigam seine Braut nackt als Venus abgebildet sieht. Auch wenn es sich um ein abstraktes Gemälde handelt, muß doch ein empfindungsvoller Betrachter den Gegenstand erkennen.«

»Allerhand«, sagte Passap, »dazu sind meine Kritiker nicht fähig.«

Dann prüfte er Archilochos aufs neue, trat auf ihn zu, betastete ihn wie ein Pferd, trat wieder einige Schritte zurück und kniff die Augen zusammen.

»Ziehen Sie sich aus«, sagte er dann, goß sich Whisky in ein Glas, trank und stopfte sich eine neue Pfeife.

»Aber …« versuchte Arnolph zu protestieren.

»Kein aber«, herrschte ihn Passap an, mit so bösen kleinen, schwarzen, stechenden Augen, daß Archilochos verstummte. »Ich will Sie als Ares malen.«

»Ares?«

»Der Kriegsgott der Griechen«, erklärte Passap. »Ich habe jahrelang nach dem geeigneten Modell gesucht, nach dem Pendant zu meiner Venus: Sie sind es. Der typische Wüterich, der Liebhaber des Schlachtgetümmels, der Veranstalter von Blutbädern. Sie sind Grieche?«

»Gewiß, aber ...«

»Sehen Sie.«

»Herr Passap«, begann Archilochos endlich. »Sie irren sich. Ich bin kein Wüterich, weder ein Veranstalter von Blutbädern, noch ein Liebhaber des Schlachtgetümmels. Ich bin ein friedliebender Mensch, Weltkirchenrat der altneupresbyteranischen Kirche, streng alkoholfrei und enthalte mich jeglichen Rauchens. Außerdem bin ich Vegetarier.«

»Unsinn«, sagte Passap. »Was sind Sie von Beruf?«

»Generaldirektor der Atomkanonenabteilung und der ...«

»Da haben wir's«, unterbrach ihn Passap. »Doch ein Kriegsgott. Und ein Wüterich. Sie sind nur gehemmt und noch nie auf die Lebensform gekommen, die Ihnen liegt. Sie sind auch der geborene Säufer und Erotiker, der herrlichste Ares, der mir je vorgekommen ist. Ziehen Sie sich denn also aus, aber schleunigst. Ich habe zu malen und nicht zu schwatzen.«

»Nicht, wenn sich dieses Fräulein noch im Raum befindet, das Sie eben gemalt haben«, protestierte Archilochos.

»Fort mit dir, Catherine. Er schämt sich«, schrie der Maler. »Ich brauche dich erst morgen wieder, meine Fette!«

Das dicke Mädchen mit den blonden Haaren, nun angekleidet, verabschiedete sich. Als sie die Türe öffnete, stand Nadelör vor ihr, schlotternd vor Kälte und vereist.

»Ich muß protestieren«, rief der Kunsthändler heiser. »Ich muß protestieren, Herr Passap, wir haben doch abgemacht ...«

»Scheren Sie sich zum Teufel!«

»Ich schlottere vor Kälte«, rief der Kunsthändler verzweifelt aus, »wir haben abgemacht ...«

»Erfrieren Sie.«

Das Mädchen schloß die Türe, man hörte sie draußen die Treppe hinuntersteigen.

»Nun«, fragte der Maler Archilochos unwillig, »noch nicht aus den Hosen?«

»Bitte«, antwortete der Generaldirektor und entkleidete sich. »Auch das Hemd?«

»Alles.«

»Die Blumen? Sie sind nämlich für meine Braut.«

»Legen Sie sie auf den Boden.«

Der Weltkirchenrat legte die Kleider säuberlich über einen Stuhl, klopfte sie aus (so verstaubt waren sie durch das mühsame Treppensteigen) und stand endlich nackt da.

Er fror.

»Rücken Sie den Stuhl an den Ofen.«

»Aber ...«

»Stehen Sie auf den Stuhl und nehmen Sie eine Boxerstellung ein, die Arme im Winkel von 60°«, befahl Passap. »Gerade so habe ich mir einen Kriegsgott immer vorgestellt.«

Der Stuhl wackelte sehr, doch Archilochos gehorchte.

»Sind stark fett«, brummte der Maler ärgerlich, sich aufs neue Whisky einschenkend, »habe dies nur manchmal bei Weibern gern, doch das läßt sich eliminieren. Die Hauptsache ist die Visage und der Brustkasten. Die vielen Haare darauf sind gut, besonders martialisch. Auch die Schenkel sind noch in Ordnung. Legen Sie aber auch die Brille ab, die zerstört mir sonst die ganze Illusion.«

Dann begann er zu malen, Winkel von 60°, Ellipsen und Parabeln.

»Mein Herr«, begann der Weltkirchenrat von neuem (in Boxerstellung), »Sie sind mir eine Erklärung ...«

»Schweigen Sie«, donnerte Passap. »Wenn hier jemand redet, bin ich es. Daß ich Ihre Braut gemalt habe, ist die natürlichste Sache der Welt. Ein grandioses Weib. Sie werden ja ihre Brüste kennen.«

»Mein Herr ...«

»Und ihre Schenkel, ihren Nabel.«

»Ich muß doch ...«

»Nehmen Sie wieder eine anständige Boxerstellung ein, zum Teufel«, fauchte der Maler, Ocker in dicken Bergen auftragend und dann Kobaltblau. »Nicht einmal nackt kennen Sie Ihre Braut und verloben sich.«

»Sie treten auf meine Blumen. Weiße Rosen.«

»Na wenn schon. Eine Offenbarung, Ihre nackte Braut, mußte mich zwingen, nicht zum plattesten Naturalisten zu werden, oder zum frischfrommfröhlichfreien Impressionisten vor so prächtigem Fleisch, vor einer so atmenden

Haut. Ziehen Sie doch den Bauch ein, Herrgott noch einmal! Nie besaß ich ein göttlicheres Modell als Chloé mit ihrem herrlichen Rücken, den vollendeten Schultern und zwei prallen Hinterbacken, wie die beiden Hälften des Weltgebäudes; man kommt auf kosmische Ideen, sieht man so was. Das Malen machte mir Freude wie lange nicht mehr. Lieb ich doch sonst die Weiber gar nicht zum Malen, nur hin und wieder so eine fette wie eben. Geben künstlerisch nichts Besonderes her, da ist so ein Mann anders: da sind gerade die Abweichungen vom klassischen Ideal das Interessante. Aber bei Chloé! Bei der ist alles noch eine Einheit wie im Paradies, die Beine, die Arme, der Hals wachsen aufs natürlichste aus dem Leib und der Kopf ist noch ein Weiberkopf. Habe auch eine Plastik davon gemacht: Hier!«

Er wies auf ein wirres Drahtgebilde.

»Aber ...«

»Boxerstellung einnehmen«, wies Passap den Weltkirchenrat zurecht, trat dann einige Male zurück, prüfte sein Bild, änderte eine Ellipse, hob die Leinwand von der Staffelei und schraubte eine andere fest.

»So«, befahl er, »jetzt gehen Sie in die Knie. Ares nach dem Schlachtgetümmel. Neigen Sie sich mehr vor, ich habe Sie schließlich nicht alle Tage zur Verfügung.«

Archilochos, verwirrt und vom Ofen halb geröstet, wehrte sich nur noch schwach.

»Ich möchte Sie doch wirklich bitten«, sagte er, wurde jedoch von Nadelör unterbrochen, der in den Estrich hereinschlotterte, ein wandelnder, klirrender Eisklumpen, voll Mißtrauen, ein Bild werde verkauft.

Passap wurde wild.

»Hinaus mit Ihnen!« schrie er, und der Kunsthändler verzog sich aufs neue in die arktische Kälte des Treppenhauses.

»Die Kunst ist meine Erklärung«, sagte dann der Maler endlich, Whisky trinkend, malend und gleichzeitig dem Kater flattierend, der auf seine Schultern geklettert war, »und ob Ihnen diese Erklärung genügt oder nicht, ist mir gleichgültig. Ich habe etwas aus Ihrer nackten Braut gemacht, ein Meisterwerk an Proportionen, an Flächenaufteilung und Rhythmus, an Farbe, an malerischer Poesie, eine Welt von Kobaltblau und Ocker! Sie dagegen wollen aus Chloé etwas ganz anderes machen, wenn Sie die erst einmal nackt zu Ihrer Verfügung haben. Wohl ein Mammachen mit Kinderchen. Sie zerstören ein Meisterwerk der Schöpfung, mein Herr, nicht ich, der ich dieses Meisterwerk verherrliche, ins Absolute, ins Endgültige, ins Traumhafte steigere.«

»Es ist Viertel nach acht«, rief Archilochos erschrocken aus, gleichzeitig durch die Erklärung des Malers erleichtert.

»Nun?«

»Um acht habe ich mit Chloé abgemacht«, erklärte Arnolph ängstlich und wollte, nun von Katzen umschnurrt, von seinem Stuhle steigen. »Sie wartet im Boulevard Saint-Père auf mich.«

»Da soll sie eben weiter warten. Bleiben Sie in Ihrer Stellung«, schrie Passap, »die Kunst ist wichtiger als Ihre Liebesaffäre!« und malte weiter.

Archilochos stöhnte auf. Der Kater, grau mit weißen Pfoten, war nun auf seine Schulter geklettert, und seine Krallen schmerzten ihn.

»Ruhe«, befahl Passap, »bewegen Sie sich nicht.«

»Die Katze.«

»Der Kater ist in Ordnung, nicht Sie«, ärgerte sich der Maler, »wie kann man sich nur einen so enormen Bauch zulegen und dies noch ohne Alkohol.«

In der Estrichtüre kam Nadelör aufs neue zum Vorschein (eisüberzogen, erstarrt). Er sei durchfroren, klagte er, mit einer so heiseren Stimme, daß sie fast nicht zu vernehmen war.

»Kein Mensch befiehlt Ihnen, vor meiner Türe auszuharren, und in meinem Atelier will ich Sie nicht haben«, antwortete Passap grob.

»Sie machen mit mir Geschäfte«, krächzte der Kunsthändler und mußte niesen, brachte jedoch die Hand nicht aus der Tasche, da die Ärmel an der Hose festgefroren waren.

»Im Gegenteil, Sie machen mit mir Geschäfte«, donnerte der Maler. »Hinaus!«

Der Kunsthändler verzog sich zum dritten Mal.

Auch Archilochos wagte nun nichts mehr zu sagen. Passap trank Whisky, malte Winkel von 60°, Parabeln und Ellipsen, häufte Kobalt auf Ocker und Ocker auf Kobalt, und nach einer halben Stunde durfte sich der Generaldirektor anziehen.

»Hier«, sagte Passap und drückte ihm das Drahtgestell in die Arme, »stellen Sie das neben Ihr Ehebett, mein Hochzeitsgeschenk. Damit Sie sich der Schönheit Ihrer Braut erinnern, wenn sie verblüht. Und eines Ihrer Porträts schicke ich Ihnen zu, wenn es trocken ist. Und nun machen Sie, daß Sie fortkommen. Ich kann Weltkirchenräte und Generaldirektoren fast noch weniger leiden als Kunsthändler. Ihr Glück, daß Sie wie der griechische Kriegsgott aussehen, sonst hätte ich Sie schon längst hinausgeschmissen, nackt, das können Sie mir glauben!«

Nachdem Archilochos den Maler verlassen hatte, in einem Arm die weißen Rosen und im andern das Drahtgestell, das seine nackte Braut darstellen sollte, traf er auf der schmalen und steilen Estrichtreppe, die eigentlich mehr eine Leiter war, den Kunsthändler Nadelör, unter dessen Nase sich nun Eisklumpen gebildet hatten und der sich, aufs jämmerlichste durchfroren im eisigen Zugwind, da oben an die Wand preßte.

»Sehen Sie«, klagte der Vereiste, fast unhörbar und wie aus einer Gletscherspalte heraus, »ich habe es mir gedacht. Sie haben etwas gekauft, ich protestiere.«

»Es ist ein Hochzeitsgeschenk«, erklärte Arnolph und begann vorsichtig die Treppe hinunterzusteigen, durch die Blumen und die Drahtplastik behindert, ärgerlich über sein unsinniges Abenteuer, war es doch bald neun Uhr; doch ließ die Treppe ein hastigeres Hinuntersteigen nicht zu.

Der Kunsthändler folgte ihm.

»Sie sollten sich schämen«, reklamierte Nadelör, soweit seine Worte überhaupt zu verstehen waren, »hörte, wie Sie zu Passap bemerkten, Sie seien Weltkirchenrat. Skandalös. Modell zu stehen in diesem Beruf! Splitternackt!«

»Darf ich Sie bitten, mir die Plastik zu halten«, bat nach einiger Zeit Archilochos notgedrungen (zwischen dem dritten und vierten Stockwerk, in der Nähe der immer noch kreischenden Frau und des johlenden Mannes), »nur einen Augenblick, ich bin mit dem Fuß durch die Treppe gebrochen.«

»Unmöglich«, hauchte Nadelör, »ohne Prozente rühre ich keine Plastik an.«

»Dann die Blumen.«

»Kann nicht«, entschuldigte sich der Kunsthändler, »meine Ärmel sind festgefroren.«

Endlich erreichten sie die Straße. Das Auto mit den Eiszapfen glänzte silbern. Nur der Kühler war eisfrei und der Motor lief. Im Innern war es kalt, die Heizung sei nicht in Ordnung, erklärte der frierende Chauffeur.

»Boulevard Saint-Père 12«, sagte Archilochos, froh, seine Braut nun bald zu sehen.

Eben wollte sich der Wagen in Bewegung setzen, als der Kunsthändler an die Scheibe klopfte.

»Ich muß Sie bitten, mich mitzunehmen«, war aus der Eismasse undeutlich zu vernehmen, als sich Arnolph, der die Scheibe niederließ, dem schimmernden Gebilde entgegenneigte. Er sei unfähig, noch einen Schritt weiterzugehen, und in die Altstadt kämen selten Taxis.

»Unmöglich«, sagte Archilochos, er müsse dringend in den Boulevard Saint-Père und habe sich hier schon viel zu lange aufgehalten.

»Sie als Christ und Weltkirchenrat können mich doch nicht im Stich lassen«, antwortete Nadelör empört. »Ich beginne schon ans Trottoir anzufrieren.«

»Steigen Sie ein«, sagte Archilochos und öffnete die Wagentüre.

»Etwas wärmer hier, scheint mir«, meinte der Kunsthändler, als er endlich neben Archilochos saß. »Hoffentlich taue ich auf.«

Doch als sie in den Boulevard Saint-Père einbogen, war Nadelör noch nicht aufgetaut, auch mußte er das Taxi ebenfalls verlassen. Der Chauffeur wollte nicht nach dem Quai zurück. Er hatte genug von der Kälte und fuhr davon. So standen sie denn beide vor der Gittertüre mit den Putten und Delphinen, mit der roten Lampe, die nun erloschen war, und den zwei großen steinernen Sockeln. Archilochos zog an der altertümlichen Vorrichtung. Niemand kam. Der Boulevard war menschenleer, und nur von ferne drangen der Lärm und die Schreie der protestierenden Fahrcks-Anhänger herüber.

»Mein Herr«, sagte Archilochos, beunruhigt über seine Verspätung, die Blumen und die Drahtplastik in den Armen, »ich muß Sie nun verlassen.«

Er öffnete entschlossen die Gittertüre, doch folgte Nadelör auch ins Innere des Parks.

Was er denn noch wünsche, fragte Arnolph verärgert, da er den vereisten Kunsthändler nicht los wurde.

Er müsse nach einem Taxi telephonieren, erklärte der Galeriebesitzer.

»Ich kenne die Leute hier nur flüchtig –«

»Sie als Weltkirchenrat –«

»Bitte«, sagte Archilochos, »bitte. Kommen Sie –« Die Kälte war unbarmherzig. Der Kunsthändler klirrte beim Gehen wie ein Glockenspiel. Die Tannen und Ulmen standen bewegungslos, riesige Sterne funkelten am Himmel, rot und gelb, und das silberne Band der Milchstraße. Zwischen den Stämmen leuchteten die Fenster einer Villa in gedämpftem Gold, die eigentlich, da sie näher kamen, ein Rokokoschlößchen war, etwas verschnörkelt, mit schlanken Säulen, alles übersponnen vom Geäst wilden Weins, das man in der klaren Nacht deutlich erkennen konnte. Zum Eingang führte eine sanft geschwungene Treppe. Er war hell erleuchtet und ohne Schild, nur eine schwere Klingel hing herunter, doch öffnete wieder niemand.

Noch eine Minute in dieser Kälte, klagte der Kunsthändler, und er sei erfroren.

Archilochos drückte auf die Klinke. Die Tür war unverschlossen. Er gehe einmal nachschauen, sagte er.

Auch Nadelör kam mit.

»Sind Sie verrückt?« zischte Archilochos.

»Ich kann doch nicht draußen in dieser Kälte ...«

»Ich kenne dieses Haus nicht.«

»Sie als Christ ...«

»Dann warten Sie hier«, befahl Arnolph.

Sie waren in eine Halle gedrungen. Möbel, die Archilochos an die Wohnung Petit-Paysans erinnerten, Blumen und Spiegelchen, wohlige Wärme überall. Schon begann der Kunsthändler aufzutauen, und kleine Bäche flossen an ihm herunter.

»Stehen Sie nicht auf dem Teppich«, herrschte ihn der Weltkirchenrat an, nun doch etwas ängstlich beim Anblick des triefenden Galeriebesitzers.

»Bitte«, sagte der und stellte sich neben den Schirmständer. »Wenn ich nur bald telephonieren darf.«

»Ich werde den Hausherrn benachrichtigen.«

»Möglichst bald.«

»Halten Sie nun wenigstens die Drahtplastik«, schlug Archilochos vor.

»Nur gegen Prozente.«

Arnolph stellte das Kunstwerk neben Nadelör und öffnete eine Türe, blickte in einen kleinen Salon mit einem Sofa, mit einem Teetischchen, mit einem Spinett und zierlichen Sesselchen. Er räusperte sich. Der Salon war leer, doch hörte er hinter einer Flügeltüre Schritte. Offenbar Mister Weeman. Er durchquerte den Salon, klopfte.

»Herein!«

Arnolph fand zu seiner Verwunderung Maître Dutour vor.

Maître Dutour, ein kleiner, beweglicher Mann mit schwarzem Schnurrbart und einer weißen Künstlermähne, stand an einem großen schönen Tisch, in einem Raum mit hohen goldenen Spiegeln, der hell erleuchtet war, von einem Lüster voller Kerzen, der strahlend wie ein Weihnachtsbaum an der Decke hing.

»Ich habe Sie erwartet, Herr Archilochos«, sagte Maître Dutour, sich verbeugend, »darf ich bitten, Platz zu nehmen.«

Er wies dem Weltkirchenrat einen Sessel an und setzte sich ihm gegenüber. Auf dem Tisch war ein Dokument ausgebreitet.

Er begreife nicht, sagte Archilochos.

»Mein lieber Herr Generaldirektor«, lächelte der Advokat, »ich habe das Vergnügen, Ihnen dieses Haus als Geschenk übergeben zu dürfen. Es ist von keiner Hypothek belastet und in vorzüglichem Zustand, außer der Westseite des Daches, die einmal ausgebessert werden sollte.«

Er verstehe nicht, sagte Archilochos, zwar verwundert, aber durch die verschiedenen Glücksfälle nun schon etwas abgehärtet und in Übung. »Würden Sie mir erklären ...«

»Der bisherige Eigentümer des Hauses wünscht seinen Namen nicht zu nennen.«

Er sei im Bilde, erklärte Arnolph, es handle sich um Mr. Weeman, um den berühmten Archäologen und Ausgraber griechischer Altertümer, so eines alten Tempels mit kostbaren Standbildern, im Moos versunken, und goldenen Säulen.

Maître Dutour stutzte, starrte Archilochos verwundert an und schüttelte den Kopf. Er dürfe keine Auskunft geben, beteuerte er endlich, der bisherige Eigentümer wünsche sein Haus in griechischen Händen zu wissen und sei glücklich, in Archilochos einen Mann gefunden zu haben, der diesen Bedingungen entspräche. In der Zeit der Korruption und der Sittenlosigkeit, fuhr er fort, in einer Zeit, in der die unnatürlichsten Verbrechen die natürlichsten zu sein schienen, in der jegliches Rechtsdenken zerfalle und in der männiglich zu den handfesten Faustregeln primitiver Epochen greife, verlöre ein Jurist jegliche Hoffnung, je einen Sinn zu sehen in seinem Bestreben nach Ordnung, nach Gerechtigkeit, wenn nicht hie und da ein Akt der reinsten Nächstenliebe vorzubereiten und durchzuführen wäre wie eben die Übergabe dieses Schlößchens jetzt. Die Dokumente seien bereit, der Herr Generaldirektor habe sie nur flugs durchzulesen und seinen Namen darunterzusetzen. Die vom Staat geforderte Steuer – der Moloch wolle sein Opfer haben – sei ebenfalls bezahlt.

»Danke schön«, sagte Archilochos.

Der Maître las die Dokumente vor, und der Weltkirchenrat setzte seinen Namen darunter.

»Das Schlößchen gehört nun Ihnen«, sagte der Advokat und erhob sich.

Archilochos erhob sich ebenfalls. »Mein Herr«, sagte er feierlich, »lassen Sie mich die Freude ausdrücken, mit einem Manne zusammengekommen zu sein, den ich stets verehrte. Sie verteidigten den armen Hilfsprediger. Nur das Fleisch vergewaltigte den Geist, haben Sie damals ausgerufen, die Seele blieb unbesudelt, ein Wort, das sich mir tief einprägte.«

»O bitte«, meinte Dutour, »ich tat nur meine Pflicht. Leider wurde der Hilfsprediger geköpft, bin noch immer untröstlich darüber, habe ich doch zwölf Jahre Zuchthaus vorgeschlagen, wenn auch das Schlimmste vermieden werden konnte: gehängt wurde er nicht.«

Ob er ihn noch einen Augenblick belästigen dürfe, sagte Archilochos.

Dutour verneigte sich.

»Ich bitte Sie, verehrter Maître, die Papiere zu meiner Heirat vorzubereiten.«

»Sie sind vorbereitet«, antwortete der Advokat, »Ihre liebe Braut hat mich bereits gebeten.«

»O«, rief Arnolph erfreut aus, »Sie kennen meine liebe Braut!«

»Ich hatte das Vergnügen.«

»Ist sie nicht wunderbar?«

»Sehr.«

»Ich bin der glücklichste Mensch der Welt.«

»Wen schlagen Sie als Trauzeugen vor?«

Daran habe er noch gar nicht gedacht, gab Archilochos zu.

Er würde den amerikanischen Botschafter empfehlen und den Rektor der Universität, schlug Dutour vor.

Arnolph zögerte.

Er besitze bereits die Zustimmung, sagte der Maître. »Es ist nicht nötig, weitere Schritte zu unternehmen. Die Heirat erregt in der Gesellschaft Aufsehen, hat sich doch Ihre erstaunliche Karriere überall herumgesprochen, mein lieber Herr Archilochos.«

»Aber die Herren kennen doch meine Braut nicht!«

Der kleine Advokat warf die Künstlermähne zurück, strich sich über den Schnurrbart und betrachtete Arnolph beinahe boshaft.

»Oh, ich glaube doch«, sagte er.

»Ich verstehe«, leuchtete es Archilochos ein. »Die Herren waren Gäste Gilbert und Elizabeth Weemans.«

Wieder stutzte Maître Dutour und schien verwundert. »Sozusagen«, sagte er dann.

Arnolph war nicht recht begeistert. »Ich bewundere den Rektor der Universität zwar sehr.«

»Na also.«

»Doch der amerikanische Botschafter ...«

»Sie haben politische Bedenken?«

»Das nicht«, antwortete Archilochos verlegen. »Mister Forster-Monroe nimmt in meinem sittlichen Weltgebäude schließlich den fünften Platz ein, doch gehört er der altpresbyteranischen Kirche an, deren Dogma der Allversöhnung ich nicht zu teilen vermag, glaube ich doch unerschütterlich an die Ewigkeit der Höllenstrafen.«

Der Maître schüttelte den Kopf. »Ich will Ihrem Glauben nicht zu nahe treten«, sagte er, »doch brauchen Sie sich nicht zu grämen. Die Ewigkeit der Höllenstrafen und Ihre Heirat sollten doch nicht sehr viel miteinander gemeinsam haben.«

Archilochos atmete auf: »Das meine ich eigentlich auch«, sagte er.

Dann dürfe er sich verabschieden, meinte der Maître und schloß die Mappe: »Die amtliche Trauung findet Punkt zwei im Hôtel de Ville statt.«

Arnolph wollte ihn hinausbegleiten.

Er gehe lieber durch den Park, sagte der kleine Advokat, schob einen roten Vorhang auseinander und öffnete eine Glastüre: »Dies ist der kürzeste Weg.«

Eisige Luft strömte ins Zimmer.

»Er muß hier oft zu Gast gewesen sein«, dachte Archilochos, als die schnellen Schritte des Maîtres in der Nacht verhallten, und stand einige Augenblicke auf der Terrasse, zu der die Glastüre führte. Er betrachtete das Funkeln der Sterne über den Bäumen. Er fror und schritt ins Zimmer zurück, schloß die Türe. »Die Weemans müssen ein großes Haus geführt haben«, murmelte er.

Archilochos begann das kleine Rokokoschloß zu durchwandern, das nun ihm gehörte. Es hatte ihm geschienen, als seien von einem Nebenraume her leichte Schritte zu hören gewesen, doch fand er niemanden. Alles war erleuchtet, bald durch große, weiße Kerzen, bald durch Lämpchen. Er ging durch Zimmer und kleine Säle, über weiche Teppiche, an graziösen Möbelchen vorbei. An den Wänden waren alte, manchmal etwas zerschlissene kostbare Tapeten mit blaßgoldenen Lilien auf silbergrauem Grund und herrliche Bilder, die er jedoch nicht so recht anzusehen wagte, sondern deretwegen er mehrere Male errötete, waren doch auf ihnen meistens nackte Damen abgebildet, zu denen sich hin und wieder Herren im gleichen natürlichen Zustande gesellten. Chloé fand er nirgends. War er zuerst planlos herumgeirrt, so folgte er nun einer farbigen Spur, ausgeschnittenen blauen, roten und goldenen Papiersternen nämlich, die auf den weichen Teppichen lagen und offenbar die Fährte darstellten, der er nachzuspüren hatte. Er gelangte denn auch über eine schmale unvermutete Wendeltreppe, die er durch eine geheime Tapetentüre erreichte, ins obere Geschoß (lange war er unentschlossen vor der Wand stehengeblieben, an der die Sterne aufhörten, bis er die Türe entdeckt hatte); auf jeder Stufe lag entweder ein Papierstern oder ein Papierkomet und einmal auch der Planet Saturn mit seinem Ring, dann der Mond, dann die Sonne. Archilochos wurde von Schritt zu Schritt, von Stufe zu Stufe zaghafter, der Mut hatte ihn verlassen, und die alte Ängstlichkeit war wieder über ihn gekommen. Er atmete schwer und umklammerte die weißen Rosen, welche er nie aus der Hand gelassen hatte, auch beim Gespräch mit Maître Dutour nicht. Die Wendeltreppe endete in einem runden Zimmer mit einem großen Schreibtisch und drei hohen Fenstern, mit einer Weltkugel, einem hohen Lehnstuhl, einer großen Stehlampe und einer Truhe, die Möbel alle mittelalterlich wie beim Doktor Faust im Theater und mit einem vergilbten Pergamentbogen auf dem Sessel: Arnolphs Studierzimmer, war darauf mit Lippenstift geschrieben. Beim Anblick des Telephonapparates, der auf dem Schreibtisch stand, dachte Archilochos einen Augenblick lang an den wartenden und tropfenden Galeriebesitzer neben dem Schirmständer in der Halle unten, der vielleicht jetzt endlich ganz aufgetaut war, doch hatte er Nadelör schon wieder vergessen, als er die zweite Türe des Studierzimmers öffnete, wohin ihn die Sterne und Kometen führten, denn nun sah er vor sich ein Schlafzimmer mit einem mächtigen alten Himmelbett, Arnolphs Schlafzimmer, wie auf dem Pergamentbogen zu lesen war, der auf einem kleinen Renaissancetisch lag. Das nächste Zimmer – er verfolgte die Sternenspur weiter – hatte jedoch schon wieder ins Rokoko hinübergewechselt und war eigentlich kein Zimmer mehr, sondern ein reizendes Boudoir, mit roten Lämpchen erleuchtet, mit allen Möbeln und Gegenständen, die ein solches zu besitzen hat: Chloés Boudoir, stand nun geschrieben, und das Pergament mit der Lippenstiftschrift lag auf einem Sesselchen, über welches in hastiger Unordnung einige Kleidungsstücke geworfen waren, die Archilochos verwirrten: ein Büstenhalter, ein Korsett, ein Leibchen, ein Hemdchen, Höschen, blendendweiß alles, auf dem Boden lagen Strümpfe und Schuhe, und durch eine halbgeöffnete Türe sah man in ein schwarzgekacheltes Badezimmer, das in den Boden eingelassene Becken mit grünem, duftendem Wasser gefüllt, das leicht dampfte; doch wiesen die Kometen am Boden nicht nur zum Badezimmer, sondern aus ihm heraus auf eine andere Türe, die er denn öffnete, die Blumen wie einen Schild vor sich haltend. Er trat in ein Gemach mit einem zwar zierlichen, aber doch unendlich breiten Himmelbett in seiner Mitte, vor dem die Sterne und Monde aufhörten und nur wenige noch auf das Holz der Bettstatt geklebt waren, in welches sie führten; doch war niemand zu erblicken, da die Vorhänge des Himmelbetts gezogen waren. In einem Kamin brannten einige Holzscheite und warfen den Schatten Arnolphs riesengroß und flackernd auf den mit seltsamen goldenen Mustern bestickten roten Bettvorhang. Er näherte sich zaghaft dem Himmelbett. Wie er durch den Spalt des Vorhangs spähte, sah er in der Dunkelheit nichts als die weiße Wolke der

Linnen. Es schien ihm jedoch, er höre ein Atmen, und so flüsterte er leise und in tausend Ängsten: Chloé. Niemand gab Antwort. Er mußte handeln, sosehr er auch am liebsten zurückgewichen wäre, aus dem Zimmer, aus dem Schlößchen heraus, um wieder seine Mansarde zu erreichen, wo er sicher war und nicht von Sternen verwirrt. Und so schob er denn endlich schweren Herzens den Vorhang zur Seite, fand die Gesuchte im Bett liegend, von den schwarzen Locken ihres aufgelösten Haares umringelt und schlafend.

Archilochos war so verwirrt, daß er sich hilflos auf den Bettrand niederließ und Chloé scheu betrachtete, doch wagte er nur hin und wieder hinzusehen. Auch war er müde, das pausenlose Glück hatte ihn nie zur Ruhe und nie zur Besinnung kommen lassen, so daß sein Schatten am zinnoberroten luftigen Vorhang des Himmelbetts ihm gegenüber immer mehr auf die schlafende Chloé sank. Doch bemerkte er mit einem Male, daß Chloé ihre Augen leicht geöffnet hatte, wohl schon lange, und ihn unter den langen Wimpern hindurch betrachtete.

»Oh«, sagte sie wie erwachend, »Arnolph. Hast du denn den Weg gut gefunden, durch die vielen Zimmer hindurch?«

»Chloé«, rief er aus, immer noch erschrocken, »du liegst im Bett Mrs. Weemans.«

»Das Bett gehört jetzt doch dir«, lachte sie und reckte sich.

»Du hast unsere Liebe Mr. und Mrs. Weeman gestanden, nicht wahr?«

Sie zögerte mit der Antwort. »Natürlich«, sagte sie dann.

»Worauf sie uns dieses Schlößchen schenkten.«

»Sie haben noch mehrere in England.«

»Ich weiß nicht«, sagte er, »ich kann das alles noch nicht recht realisieren. Ich wußte gar nicht, daß die Engländer so sozial aufgeschlossen sind und ihren Dienstmädchen einfach ein Schloß schenken.«

»Scheint dort Brauch zu sein in gewissen Familien«, erklärte Chloé.

Archilochos schüttelte den Kopf. »Generaldirektor der Atomkanonen- und der Geburtszangenabteilung bin ich auch geworden.«

»Ich weiß.«

»Mit einem Riesengehalt.«

»Um so besser.«

»Und auch Weltkirchenrat. Im Mai muß ich nach Sidney.«

»Das wird unsere Hochzeitsreise.«

»Nein«, sagte er, »das!« und zog die beiden Billette aus der Tasche. »Wir fahren am Freitag nach Griechenland. Mit der ›Julia‹.«

Aber dann stutzte er.

»Wie weißt du denn das alles von meiner Karriere?« fragte er verwundert.

Sie richtete sich auf und war so schön, daß Archilochos die Augen niederschlug. Sie schien etwas sagen zu wollen, gab es jedoch mit einem Seufzer auf, nachdem sie Arnolph lange und nachdenklich betrachtet hatte, und sank wieder in die Kissen zurück. »Die ganze Stadt spricht davon«, sagte sie endlich mit merkwürdiger Stimme.

»Und morgen willst du mich heiraten«, stammelte er.

»Du mich nicht?«

Archilochos wagte immer noch nicht hinzuschauen, denn sie hatte nun auch die Decke abgeworfen. Überhaupt war es schwer, in diesem Schlafzimmer irgendwohin zu blicken, überall waren Bilder mit nackten Göttinnen und Göttern, was er der hageren Mrs. Weeman gar nicht zugetraut hatte.

»Diese Engländerinnen«, dachte er. »Zum Glück sind sie gut mit den Dienstmädchen, da kann man ihnen ihre Sinnenlust nachsehen«, und hätte sich am liebsten hingelegt, Chloé in den Arm genommen, um einfach zu schlafen, stundenlang, traumlos und tief im warmen Schein des Kamins.

»Chloé«, sagte er leise. »Alles was geschah, ist so verwirrend für mich und wohl auch für dich, daß ich mich manchmal kaum mehr spüre und denke, ich sei jemand anders und müßte in Wahrheit immer noch in meiner Mansarde sein, mit den Flecken an der Wand, und auch dich habe es nie gegeben. Es sei viel schwerer, das Glück zu ertragen als das Unglück, hat heute Bischof Moser gesagt, und manchmal glaube ich nun, er habe recht. Das Unglück ist nicht überraschend, sondern geschieht, weil es eben muß, aber das Glück geschieht aus Zufall, und so fürchte ich denn, es werde ebenso schnell zu Ende gehen mit unserem Glück, wie es anfing, und alles sei nur ein Spiel, das man mit dir und mir spiele, mit einem Dienstmädchen und einem Unterbuchhalter.«

»Du mußt über dies alles nun nicht nachdenken, Liebster«, sagte Chloé. »Den ganzen Tag habe ich auf dich gewartet, und nun bist du da. Und wie schön du bist. Willst du nicht den Mantel ausziehen? Er ist sicher von O'Neill-Papperer.«

Doch wie er sich anschickte, ihn auszuziehen, erkannte er, daß er immer noch die Blumen in den Händen hielt.

»Hier«, sagte er, »weiße Rosen.«

Er wollte ihr die Blumen übergeben und mußte sich weit über das Bett neigen, wurde jedoch von zwei weichen weißen Armen umfaßt und niedergezogen.

»Chloé«, konnte er noch keuchen, »ich habe dir noch gar nicht die Grunddogmen der altneupresbyteranischen Kirche erklärt.« Doch räusperte sich in diesem Augenblick jemand hinter ihm.

Der Weltkirchenrat fuhr hoch, und Chloé kroch mit einem Schrei unter die Decke. Es war der Galeriebesitzer, der vor dem Himmelbett stand, schlotternd, zähneklappernd und naß wie eine Wasserleiche, das Haar in der Stirne in dünnen Strähnen, der Schnurrbart triefend und die Kleider klebend am Leibe, Passaps Drahtplastik in Händen. Von seinen Füßen aus erstreckte sich bis zur Türe eine Lache, glänzend im Kerzenlicht, in der einige Papiersterne schwammen.

Er sei aufgetaut, sagte der Kunsthändler.

Archilochos starrte ihn an.

Er habe die Plastik gebracht, sagte der Galeriebesitzer.

Was er denn wolle, fragte Arnolph endlich verlegen.

Es liege ihm ferne zu stören, antwortete Nadelör, die Ärmel schüttelnd, aus denen das Wasser wie aus Röhren auf den Boden floß, aber er müsse ihn als Christ und Weltkirchenrat bitten, schleunigst einem Arzt zu telephonieren, er fiebere im höchsten Grade, habe Stiche in der Brust und entsetzliche Kreuzschmerzen.

»Bitte«, sagte Arnolph, ordnete seine Kleider und erhob sich. »Die Plastik stellen Sie am besten vielleicht hierher.«

Wie man wünsche, antwortete Nadelör und stellte die Plastik neben das Himmelbett, nicht ohne Ächzen; er habe auch Blasenbrennen.

»Meine Braut«, stellte Archilochos vor und wies auf die Erhöhung der Bettdecke hin.

»Sie sollten sich schämen«, sagte der Kunsthändler, wobei neue Fontänen aus ihm herausquollen, »Sie als Christ ...«

»Es ist wirklich meine Braut!«

»Sie dürfen auf meine Diskretion zählen.«

»Darf ich nun bitten«, sagte Archilochos und drängte Nadelör aus dem Zimmer, doch im Boudoir neben dem Stuhl mit dem Büstenhalter, dem Korsett und den Höschen blieb der Galeriebesitzer aufs neue stehen.

Ein Bad täte ihm gut, meinte er und wies schlotternd nach der offenen Badezimmertüre und dem dampfenden grünen Wasser im Bassin.

»Unmöglich.«

»Sie als Weltkirchenrat ...«

»Wie Sie wollen«, entgegnete Archilochos.

Nadelör zog sich aus und stieg ins Bad.

»Gehen Sie nicht fort«, bat er, splitternackt in der Wanne, weichlich, schweißübergossen und mit großen, flehenden, fiebrigen Augen: »Ich könnte ohnmächtig werden.«

Dann mußte ihn Archilochos abreiben.

Der Galeriebesitzer bekam es mit der Angst zu tun.

»Wenn nur der Hausherr nicht kommt«, jammerte er.

»Der Hausherr bin ich.«

»Sie haben doch selbst gesagt ...«

»Das Schlößchen ist mir eben übergeben worden.«

Der Mann hatte hohes Fieber und klapperte mit den Zähnen. »Hausbesitzer hin oder her«, sagte er, »ich verlasse dieses Haus nicht mehr.«

»Glauben Sie mir doch«, bat Archilochos, »vertrauen Sie mir doch!«

Einen Rest der Vernunft habe er schließlich noch behalten, keuchte Nadelör und stieg aus dem Bad. »Sie als Christ! Ich bin grenzenlos enttäuscht! Sie sind auch nicht besser als die andern.«

Archilochos hüllte ihn in einen blau gestreiften Bademantel, der im Badezimmer hing.

»Führen Sie mich nun in ein Bett«, stöhnte der Kunsthändler.

»Aber ...«

»Sie als Weltkirchenrat ...«

»Gut.«

Archilochos führte ihn zum Himmelbett im Renaissancezimmer. Da lag er nun. Er werde jetzt dem Arzt telephonieren, sagte Arnolph.

»Zuerst eine Flasche Kognak«, wünschte der Galeriebesitzer röchelnd und frierend. »Das hilft mir immer, Sie als Christ ...«

Er werde im Keller suchen gehen, versprach Archilochos und machte sich müde auf, hinunterzusteigen.

Doch schon auf der Kellertreppe, die er nach einigem Herumirren fand, hörte er ein fernes Johlen im Keller, auch war alles erleuchtet, und wie er die Gewölbe erreichte, fand er seine Ahnung bestätigt: Bruder Bibi lag mit den Zwillingen Jean-Christoph und Jean-Daniel am Boden, inmitten leergetrunkener Flaschen, Volkslieder singend.

»Was kommt dort von der Höh'!« rief Bibi begeistert, als er seinen Bruder erblickte. »Der Onkel Arnolph!«

Was er denn hier mache, fragte Arnolph besorgt.

»Schnäpse buddeln und Töne üben; ein Jäger aus Kurpfalz.«

»Bibi«, sagte Arnolph mit Würde, »ich möchte dich bitten, nicht zu singen. Das ist der Keller meines Hauses.«

»Nun«, lachte Bibi, »da hast du eine Karriere gemacht, die sich sehen läßt. Ich gratuliere dir. Pflanze dich hin, Bruder Arnolph, direktemang auf das Sofa«, und bot dem Bruder ein leeres Faß an, das in einer Rotweinpfütze stand.

»Los, Kinderchen«, forderte er die Zwillinge auf, die affenartig auf Arnolphs Knie und Schultern turnten, »schmettert einen Psalm für Onkelchen.«

»Üb immer Treu und Redlichkeit«, sangen Jean-Christoph und Jean-Daniel mit kreischenden Stimmen.

Archilochos versuchte seine Müdigkeit abzuschütteln. »Bruder Bibi«, sagte er, »ich habe ein für allemal mit dir zu reden.«

»Keine Töne mehr, Zwilling! Aufgepaßt«, lallte Bibi, »Onkel Arnolph will eine Rede halten!«

»Nicht daß ich mich deiner schäme«, sagte Arnolph, »du bist mein Bruder, und ich weiß, daß du im Grunde deines Herzens ein guter und ein stiller Mensch bist, ein vornehmes Wesen. Doch um deiner Schwäche willen muß ich nun streng mit dir sein wie ein Vater. Ich habe dich unterstützt, und es ist schlimmer mit dir und deiner Familie geworden, je mehr Geld ich dir gab, und jetzt liegst du sogar betrunken in meinem Keller.«

»Purer Irrtum, Bruder Arnolph, ich glaubte, der Keller sei der des Kriegsministers. Nur ein purer Irrtum.«

»Um so schlimmer«, antwortete Arnolph traurig, »man bricht nicht in fremde Keller ein. Du endest noch im Zuchthaus. Du gehst nun nach Hause mit deinen Zwillingen, und morgen nimmst du deine Stelle bei Petit-Paysan in der Geburtszangenabteilung ein.«

»Nach Hause? Bei der Kälte«, fragte Bibi erschrocken.

»Ich bestelle dir ein Taxi.«

»Du willst meine zarten Zwillinge erfrieren lassen«, empörte sich Bibi. »In unserer windigen Baracke gehn sie ein bei diesen Temperaturen. Celsius minus zwanzig.«

Vom Nebengewölbe her dröhnte es. Matthäus und Sebastian, zwölf und neun Jahre, brachen hervor, stürzten sich auf den Onkel, kletterten zu den Zwillingen auf seinen Knien und Schultern.

»Werft die Dolche weg, wenn ihr auf das Onkelchen kraxelt, Matthäus und Sebastian«, befahl Bruder Bibi.

»Mein Gott«, fragte Arnolph unter den vier Neffen hervor, »wen hast du denn noch hier?«

»Nur Muttchen und den Onkel Kapitän«, sagte Bibi, eine Flasche Wodka öffnend, »und dann noch Magda-Maria mit ihrem neuen Galan.«

»Mit dem Engländer?«

»Wieso Engländer«, wunderte sich Bibi, »schon lange passé, ist nun ein Chinese.«

Doch als er nun zu Nadelör zurückkehrte, schlief der schon, wenn auch in wilden Fieberdelirien, und einen Arzt anzurufen, war es zu spät. Archilochos war erschöpft. Vom Keller her dröhnten noch immer Gesänge. Er wagte nicht, ein zweites Mal die Sternen- und Kometenspur bis in Chloés Schlafzimmer zu verfolgen, legte sich auf das Sofa, nicht weit vom Stuhl mit dem Büstenhalter und dem Korsett, wo er gleich einschlief, nachdem er seinen Mantel von O'Neill-Papperer endlich ausgezogen und sich damit zugedeckt hatte.

Am Morgen wurde er gegen acht von einer Zofe mit weißer Schürze aus dem Schlaf geschüttelt.

»Rasch, Herr«, sagte die Zofe, »nehmen Sie Ihren Mantel und gehen Sie, nebenan schläft der Hausherr.« Sie öffnete eine Türe, die er vorher nicht bemerkt hatte und die nach einem breiten Korridor führte.

»Unsinn«, sagte Archilochos, »der Hausherr bin doch ich. Der nebenan ist der Galeriebesitzer Nadelör.«

»Oh«, sagte das Mädchen und machte einen Knicks.

»Wie heißt du denn?« fragte er.

»Sophie.«

»Wie alt?«

»Sechzehn Jahre, mein Herr.«

»Bist du schon lange hier?«

»Ein halbes Jahr.«

»Mrs. Weeman hat dich angestellt?«

»Mademoiselle Chloé, Monsieur.«

Archilochos dachte, es müßten da einige Verwechslungen vorliegen, unterließ es aber schamhaft, weiter zu fragen.

»Wünscht der Herr den Kaffee?« fragte das Mädchen.

»Ist Mademoiselle Chloé schon auf?«

»Sie schläft bis neun.«

Dann werde er sich um neun melden, sagte Archilochos.

»Mon Dieu, Monsieur«, schüttelte Sophie den Kopf: »Da nimmt Mademoiselle ihr Bad.«

»Um halb zehn?«

»Wird sie massiert.«

»Um zehn?«

»Kommt Monsieur Spahtz.«

Wer denn dies sei, fragte Archilochos verwundert.

»Der Schneider.«

Wann er denn seine Braut sehen könne, rief Arnolph verzweifelt aus.

»Ah non«, meinte Sophie energisch. »Die Hochzeit wird vorbereitet, da hat Mademoiselle doch viel zu viel zu tun.«

Sie solle ihn ins Frühstückszimmer führen, sagte Archilochos ergeben, er wolle wenigstens essen.

Er aß in jenem Zimmer, in welchem ihm Maître Dutour das Schlößchen übergeben hatte, von einem würdigen ergrauten Butler bedient (überall schien es plötzlich von Kammerdienern und Zofen zu wimmeln); Ei, Schinken (den er stehenließ) wurde serviert, Mokka, Orangensaft, Trauben und duftende Brötchen mit Butter und Konfitüre, während es draußen vor den hohen Fenstern hinter den Bäumen des Parks Tag wurde und die Hochzeitsgeschenke ins Schlößchen zu fluten begannen. Blumen, Briefe, Telegramme, Berge von Paketen. Tutend fuhren die Postwagen vor, stauten sich, immer gewaltiger türmten sich die Geschenke, in der Halle, im Salon, ja vor dem Bett und auf der Decke des vergessenen Galeriebesitzers, der stumm und würdig vor sich hinfieberte.

Archilochos wischte sich mit der Serviette den Mund. Er hatte beinahe eine Stunde gegessen, ernst, schweigend, hatte er doch seit den Nudeln und dem Apfelmus bei Georgette nichts zu sich genommen. Auf dem Buffet standen Flaschen mit Apéritifs und Likören, Zigarrenkisten, duftend, brüchig, Partagas, Dannemann, Costa Penna, bunte Zigarettenschachteln, die erste Anwandlung nach derartigem stieg in ihm auf, erschrocken kämpfte er das Gefühl nieder. Er genoß diese frühe Hausherrenstunde. Zwar verursachten der Gesang und das Gejohle der Bibisippe, das einige Male überdeutlich vom Keller her zu hören war, einige Aufregung: die dicke Köchin, die sich hinunterbegeben hatte, kam arg zerzaust und beinahe vom Onkel Kapitän vergewaltigt zurück.

Eine Räuberbande sei eingedrungen, bemerkte der Butler erschrocken und wollte der Polizei telephonieren. Archilochos winkte ab:

»Nur meine Familie.«

Der Butler verneigte sich.

Wie er denn heiße, fragte Arnolph.

»Tom.«

»Wie alt?«

»Fünfundsiebzig, mein Herr.«

»Sind Sie schon lange hier?«

»Zehn Jahre.«

»Mr. Weeman hat Sie angestellt?«

»Mademoiselle Chloé.«

Da müsse wieder eine Verwechslung vorliegen, dachte Archilochos, unterließ es jedoch ein zweites Mal, weiter zu fragen. Er genierte sich vor dem fünfundsiebzigjährigen Butler ein wenig.

Um neun komme O'Neill-Papperer, sagte der. Den Hochzeitsfrack vorzubereiten. Den Zylinder habe Goschenbauer schon geschickt.

»In Ordnung.«

»Um zehn der Standesbeamte. Es seien noch einige Formalitäten zu erledigen.«

»Sehr gut.«

»Halb elf wird Monsieur Wagner vorsprechen, den Ehrendoktor der medizinischen Fakultät zu überbringen, der Verdienste des Herrn Archilochos um die Geburtszange halber.«

»Ich erwarte ihn.«

»Um elf kommt der amerikanische Botschafter mit einem Glückwunschschreiben des Präsidenten der Vereinigten Staaten.«

»Sehr erfreut.«

»Um eins findet ein kleiner Imbiß mit den Trauzeugen statt und um zwanzig vor zwei die Abfahrt zum Standesamt. Nach der Heloisen-Kapelle das Essen im ›Ritz‹.«

Wer denn dies alles organisiert habe, wunderte sich Archilochos.

»Mademoiselle Chloé.«

»Wie viele Gäste?«

Mademoiselle wünsche eine intime Feier. Ausschließlich die engsten Freunde.

»Ganz meine Meinung.«

»Deshalb haben wir nur zweihundert eingeladen.«

Archilochos war etwas verwirrt. »Gut«, sagte er endlich. »Ich kenne mich da nicht aus. Lassen Sie um halb zwölf ein Taxi kommen.«

»Soll Sie nicht Robert führen?«

Wer denn dies wieder sei, fragte Archilochos.

»Der Chauffeur«, antwortete der Butler. Der gnädige Herr besitze den schönsten roten Studebaker der Stadt.

»Merkwürdig«, dachte Archilochos, doch da kam schon O'Neill-Papperer.

So fuhr er denn kurz vor halb zwölf nach dem ›Ritz‹, Mr. und Mrs. Weeman aufzusuchen. Er fand die beiden in der Hotelhalle, in einem feudalen Raum mit Plüschsofas und Lehnstühlen von allen Sorten, mit so dunklen Bildern an den Wänden, daß die dargestellten Objekte, teils Früchte, teils allerlei Wildbret, kaum zu erkennen waren. Das Ehepaar saß auf einem Sofa und las Zeitschriften. Er die Neue Archäologische Rundschau, sie das Fachorgan für Altertumswissenschaft.

»Mrs. und Mr. Weeman«, sprach er sie an, leidenschaftlich erregt, indem er der erstaunt aufblickenden Engländerin zwei Orchideen überreichte: »Sie sind die besten Menschen, die ich kenne.«

»Well«, sagte Mr. Weeman, zog an seiner Pfeife und legte die Neue Archäologische Rundschau auf die Seite.

»Ich erhebe Sie zu Nummer eins und zwei meiner sittlichen Weltordnung!«

»Yes«, sagte Mr. Weeman.

»Ich verehre Sie noch mehr als den Staatspräsidenten und den Bischof der Altneupresbyteraner.«

»Well«, sagte Mr. Weeman.

»Wer von Herzen schenkt, verdient von Herzen Dank.«

»Yes«, sagte Mr. Weeman und glotzte seine Frau an.

»Thank you very much!«

»Well«, sagte Mr. Weeman und dann wieder »Yes« und zog sein Portemonnaie, doch war Archilochos schon verschwunden.

»Liebenswert, aber doch etwas reserviert, diese Engländer«, dachte er in seinem roten Studebaker (dem schönsten der Stadt).

Es waren nicht nur einige Weiblein der altneupresbyteranischen Gemeinde, die vor der Heloisen-Kapelle den Hochzeitszug erwarteten, sondern riesige Menschenmassen häuften sich halberfroren in der Emil-Kappeler-Straße und bildeten lange Reihen auf den Trottoirs. Die Fenster des schmutzigen Quartiers waren dicht besetzt. Zerlumpte Straßenjungen hingen wie mit Kalk verschmutzte Trauben an den Straßenlaternen und in den wenigen kümmerlichen Bäumen. Nun bog die Wagenkolonne vom Boulevard Merkling ein, vom Stadthaus her, mit dem roten Studebaker an der Spitze, dem Chloé und Archilochos entstiegen. Die Menge schrie und tobte vor Begeisterung. »Hoch Archilochos«, »Evviva Chloé«, die Radsportfreunde schrien sich heiser, und Madame Bieler und ihre Auguste (diesmal nicht im Radfahrerkostüm) weinten beide. Etwas später kam die verschnörkelte Karosse des Staatspräsidenten angefahren, sechs Schimmel, die Leibwache mit goldenen Helmen und weißen Federbüschen auf tänzelnden Rappen. Die Heloisen-Kapelle füllte sich. Sie war ein nicht eben schönes Gebäude, mehr einer kleinen Fabrik ähnlich, ohne Turm, mit schon stark beschädigten, einst weißen Wänden, ein in jeder Hinsicht mißglücktes Produkt moderner Kirchenbaukunst, von einigen traurigen Zypressen umgeben, und da man einst das Mobiliar einer uralten demolierten Kirche, die einem Kino hatte Platz machen müssen, billigst übernommen, entsprach auch das Innere ihrem Äußeren. Es war arm und kahl, mit groben Holzbänken und einer klobigen Kanzel, die einsam in den Raum hineinragte, mit einem großen halbverfaulten Kreuz an der schmalen, dem Eingang gegenüberliegenden Mauer, die Archilochos an seine alte Mansarde erinnerte mit ihren gelben und grünlichen Flecken und mit hohen, schießschartenähnlichen Fenstern, durch die schräge Strahlen fielen, in deren Licht die Staubpartikel tanzten. Doch während nun die Hochzeitsgäste diese arme, fromme, muffige Welt zu besiedeln begannen, die nach alten Weiblein roch, nach billigem Parfüm und wohl auch etwas nach Knoblauch, strahlte sie auf, wurde sie freundlich und warm, das Glitzern der Geschmeide und der Perlenketten füllte den Raum, Schultern und Brüste leuchteten auf, und Wolken besten Parfüms stiegen in die Höhe, in das halb verkohlte Gebälk (die Kirche war einmal fast verbrannt). Bischof Moser bestieg die Kanzel, würdig in seiner schwarzen altneupresbyteranischen Amtsrobe. Er legte die Bibel mit ihrem leuchtenden Goldschnitt auf das sprießige Kanzelpult, faltete die Hände und sah hinunter, etwas verlegen, wie es schien, das rosige Gesicht schweißübergossen. Gerade unter ihm saß das Brautpaar, Chloé mit großen, schwarzen, gläubigen Augen, strahlend vor Freude, in einer zarten Schleierwolke, in der ein Sonnenstrahl zitterte, und Archilochos steif daneben, nun auch verlegen, im Frack (O'Neill-Papperer) kaum mehr zu erkennen – stammte doch nur noch die randlose, staubige Brille von einst, die etwas schräg in seinem Gesicht lag – den Zylinder (Goschenbauer), die weißen Handschuhe (De Stutz-Kalbermatten) auf den Knien; und hinter ihnen, jedoch von den übrigen getrennt, saß der Staatspräsident, spitzbärtig, das Antlitz von unzähligen Fältchen überzogen, die Haare weiß, goldübersät, in der Uniform eines Generals der Kavallerie, den langen Säbel zwischen den hageren Beinen, die in glänzenden Stiefeln steckten, und hinter dem Staatspräsidenten saßen die Trauzeugen: der amerikanische Botschafter mit Orden auf der weißen Frackbrust, der Rector magnificus in allen seinen Würden, dann die Gäste, etwas unbequem auf den Holzbänken, Petit-Paysan, Maître Dutour an der Seite seiner gewaltigen Gattin, die wie ein mit Perlen verschneites Urgebirge in den Raum ragte, Passap, auch er im Frack, die Hände noch mit Kobaltblau verschmiert, dazu Herren (hauptsächlich Herren) der oberen Tausend, der Crème der Crème der Hauptstadt, mit feierlichen Gesichtern, und wie nun der Bischof mit seiner Festansprache beginnen wollte, kam sogar noch Fahrcks herein, wenn auch verspätet, der Revolutionär, der letzte, unterste in Arnolphs sittlichem Weltgebäude, das riesige, massige Haupt mit dem struppigen Schnauz und den feuerroten Locken zwischen den mächtigen Schultern, das Doppelkinn auf der Frackbrust, wo ein goldener, mit Rubinen besetzter Kreml-Orden baumelte.

Die Worte, begann Bischof Moser seine Ansprache mit leiser, lispelnder Stimme und sichtlich ungemütlich auf seiner Kanzel hin und her rutschend, die Worte, die er in Gegenwart der lieben Festgemeinde der heutigen Feier voranstellen möchte, stünden im zweiundsiebzigsten Psalm, in einem Psalme Salomons, wo geschrieben stehe, gelobet sei Gott der Herr, der Gott Israels, der allein Wunder tue. Er hätte heute, fuhr der Bischof fort, zwei Menschenkinder miteinander fürs Leben zu verbinden, die nicht nur ihm, sondern wohl auch allen, die in der Heloisenkapelle sich eingefunden hätten, lieb und teuer geworden seien. Da sei einmal die Braut (hier stockte Bischof Moser ein wenig), die wohl alle Anwesenden mit großer Zärtlichkeit an ihr Herz geschlossen hätten, eine Braut, die je und je allen hier Versammelten (hier wurde Bischof Moser dichterisch) aufs anmutigste so viel Liebe, so viel Schönes und Erhabenes geschenkt habe, kurz, so viele schöne Stunden, daß man ihr nicht genug danken könne (der Bischof wischte sich den Schweiß von der Stirne), und da sei der Bräutigam, fuhr der Bischof erleichtert fort, auch er ein liebenswerter, edler Mensch, der nun all der Liebe teilhaftig würde, die seine Braut so verschwenderisch zu verschenken in der Lage sei, ein Bürger unserer Stadt, der in wenigen Tagen die Aufmerksamkeit der Welt auf sich gelenkt habe, indem er, aus einfachem Milieu stammend, Generaldirektor, Weltkirchenrat, Ehrendoktor der medizinischen Fakultät und Ehrenkonsul der USA geworden sei. So sehr es nun auch stimme, daß alles, was der Mensch unternehme, und alles, was er erlange, all seine Titel und Verdienste, vergänglich sei, Spreu im Wind, ein Nichts im Angesicht des Ewigen, so zeige dieser Aufstieg dennoch, daß Gnade eingewirkt habe (hier räusperte sich Fahrcks vernehmlich). Doch dies alles sei nun eben nicht eine Gnade, die vom Menschen stamme (nun räusperte sich Petit-Paysan), sondern von Gott, wie der Bibeltext es lehre; nicht Menschengunst habe Archilochos erhoben, sondern der Herr alleine, der sich freilich dazu der menschlichen Herzen bediene, die Er lenke, ja, der die menschliche Schwachheit, die menschliche Hinfälligkeit zu Seinen Zielen benutze, und so gehöre denn auch Ihm allein die Ehre.

So predigte Bischof Moser, und immer gewaltiger, schwungvoller wurde seine Stimme, immer prächtiger, salbungsvoller seine Worte, je mehr er vom Besonderen ins Allgemeine kam, je mehr er vom Ausgangspunkte seiner Ausführungen, vom Brautpaar eben, ins Unendliche, ins Göttliche schweifen durfte, ein Bild der doch im Grunde so vortrefflich und weise eingerichteten Weltordnung entrollend, in der Gottes Ratschluß schließlich alles zum Guten wende. Doch als er nun geendet, als er nun von der Kanzel gestiegen war und die Trauung vollzogen hatte, indem die beiden ihr Ja hauchten, und Archilochos nun dastand, seine liebliche Frau mit den großen, schwarzen, glücklichen Augen am Arm und nun, wie erwachend, die Festversammlung betrachtete, durch die er schreiten sollte, den würdigen Staatspräsidenten, diese mit Orden und Edelsteinen überladenen Damen und Herren, diese Mächtigen, Einflußreichen und Berühmten im Lande, und als er auch Fahrcks bemerkte, mit seinem struppigen roten Haar, der ihn spöttisch musterte, das Gesicht zu einer bösartigen Grimasse verzogen, und nun die kleine Orgel über der Empore Mendelssohns Brautmarsch zu quieken begann, da begriff der Grieche plötzlich auf dem Höhepunkt seines Glücks, von der Menge draußen beneidet, die immer noch wartete. Er erbleichte, taumelte. Schweiß floß über sein Gesicht.

»Ich habe eine Kurtisane geheiratet«, schrie er auf, verzweifelt, wie ein tödlich verwundetes Tier, riß sich von seiner Frau los, die ihm angsterfüllt in ihrem wehenden Schleier bis zum Portal nachlief, und rannte aus der Heloisen-Kapelle, wo ihn die Menschenmasse mit Lachen und Johlen empfing, die, als sie den Bräutigam allein erscheinen sah, mit einem Schlag begriffen hatte, was geschehen war. Archilochos zögerte einen Augenblick zwischen den dürftigen Zypressen, erschrocken, da ihm die Unzahl der Zuschauer erst jetzt bewußt wurde. Dann rannte er an der Karosse des Staatspräsidenten und der wartenden Reihe der Rolls-Royce und Buicks vorbei und im Zickzack durch die

Emil-Kappeler-Straße, da ihm bald dieser, bald jener in den Weg trat, wie gehetzt, wie ein von Hunden gejagtes Wild.

»Es lebe der Hahnrei der Stadt!«

»Nieder mit ihm!«

»Reißt ihm die Kleider vom Leib!«

Pfiffe gellten an sein Ohr, Schmährufe, Steine wurden nach ihm geworfen, Straßenjungen rannten ihm nach, stellten ihm ein Bein, mehrere Male schlug er hin, bis er sich blutverschmiert im Hausgang einer Mietskaserne unter einer Treppe verstecken konnte, ins Dunkel gekauert, die polternden Schritte der Meute über seinem Haupt, welches er in den Armen vergraben hatte, bis sich die Verfolger mit der Zeit verliefen, da sie ihn nicht mehr zu finden vermochten.

Stundenlang kauerte er nun unter der Treppe, frierend, leise schluchzend, während es im ungeheizten Korridor des Mietshauses immer dunkler und dunkler wurde. Mit allen habe sie geschlafen, mit allen, mit dem Staatspräsidenten, mit Passap und Maître Dutour, mit allen, wimmerte er. Das ganze Riesengewicht seines moralischen Weltgebäudes war zusammengebrochen und hatte ihn zermalmt. Dann raffte er sich auf. Er torkelte durch den fremden Korridor, fiel über ein Fahrrad und betrat die Straße. Es war schon Nacht. Er schlich zum Strom hinunter, durch schlecht erleuchtete, schmutzige Gassen, geriet unter den Brücken in Horden von krächzenden Bettlern, die in Zeitungspapier gewickelt dalagen, ein Hund schnappte nach ihm, schattenhaft im Dunkel, Ratten huschten pfeifend vorbei, und gurgelndes Wasser netzte seine Füße. Irgendwo heulte ein Schiff.

»Schon der dritte diese Woche«, krächzte die Stimme eines Bettlers. »Los, spring rein!«

»Unsinn«, keuchte ein anderer. »Ist viel zu kalt.«

Gelächter.

»Häng dich, häng dich«, bellten die Bettler im Takt: »Das ist am angenehmsten, das ist am angenehmsten.«

Er entfernte sich vom Strom, irrte durch die Altstadt, planlos. Irgendwo klimperte die Heilsarmee, er geriet in die Rue Funèbre, wo Passap wohnte, begann zu rennen, irrte stundenlang durch Quartiere, die er noch nie betreten hatte, durch Villenviertel, durch Arbeitersiedlungen, erfüllt von Radiolärm, an üblen Kneipen vorbei, aus denen die Spottlieder der Fahrcks-Anhänger dröhnten, durch Fabrikbezirke mit gespenstischen Hochöfen, und erreichte gegen Mitternacht seine alte Mansarde. Er machte nicht Licht, er stand gegen die Tür gelehnt, die er hinter sich geschlossen hatte, zitternd, verschmutzt, der Frack von O'Neill-Papperer zerrissen, den Zylinder von Goschenbauer hatte er längst verloren. Die Wasserspülungen rauschten immer noch, und vom Schein der kleinen Fenster an der gegenüberliegenden Fassade, der durch die verstaubten Scheiben fiel, wurden bald der Vorhang (mit dem alten Sonntagsanzug dahinter), baöd das Eisenbett, bald der Stuhl und der wacklige Tisch mit der Bibel, bald die Bilder seiner einstigen Weltordnung an der unbestimmten Tapete erhellt. Er öffnete das Fenster, Gestank schlug ihm entgegen und ein verstärktes Brausen. Er riß ein Bild nach dem anderen von der Wand, schmetterte den Präsidenten, den Bischof, den amerikanischen Botschafter, sogar die Bibel in die dunkle Tiefe des schachtähnlichen Hofes. Nur Bruder Bibi mit seinen Kinderchen ließ er hängen. Dann schlich er sich in den Estrich, wo undeutlich in langen Reihen Wäsche hing, knüpfte ein Seil los, ließ die Leintücher irgendeiner Familie achtlos liegen und tappte sich in die Mansarde zurück. Er stellte den Tisch unter die Lampe, kletterte auf ihn, befestigte das Seil am Haken, an dem die Lampe hing. Es hielt. Dann knüpfte er die Schlinge. Das Fenster klappte auf und zu, ein eisiger Luftzug strich über seine Stirne. Schon stand er da, den Kopf in der Schlinge, und schon wollte er sich vom Tische werfen, als sich die Mansardentüre öffnete und Licht gemacht wurde.

Es war Fahrcks, noch im Frack wie bei der Hochzeit, einen pelzgefütterten Mantel übergeworfen, das massige Gesicht unbeweglich, riesenhaft über dem Kreml-Orden, das struppige Haar eine böse Flamme. Zwei Männer begleiteten ihn. Der eine war Petit-Paysans Sekretär, der nun die Türe verriegelte, während der andere, ein hünenhafter Kerl in der Kleidung eines Taxichauffeurs, das Fenster schloß, Kaugummi kauend, und den Stuhl vor die Türe stellte. Archilochos stand auf dem schwankenden Tisch, den Kopf in der Schlinge und von der Lampe gespenstisch beleuchtet. Fahrcks nahm auf dem Stuhl Platz, verschränkte die Arme. Der Sekretär setzte sich auf das Bett. Die drei schwiegen, das Brausen der Wasserspülungen war nun gedämpfter vernehmbar, und der Anarchist betrachtete den Griechen aufmerksam.

»Nun, Herr Archilochos«, begann er endlich, »meinen Besuch sollten Sie eigentlich erwartet haben.«

»Auch Sie haben mit Chloé geschlafen«, zischte Archilochos vom Tisch herunter.

»Natürlich«, antwortete Fahrcks, »das ist schließlich der Beruf der schönen Dame.«

»Gehen Sie!«

Der Revolutionär regte sich nicht. »Von jedem ihrer Liebhaber haben Sie ein Hochzeitspräsent bekommen«, sagte er. »Nun ist es an mir: Luginbühl, übergib ihm *mein* Geschenk.«

Der Riese in der Chauffeuruniform trat kauend an den Tisch und legte einen runden, eiähnlichen eisernen Gegenstand zwischen Arnolphs Füße.

»Was ist das für ein Ding?«

»Die Gerechtigkeit.«

»Eine Handgranate?«

Fahrcks lachte: »Eben.«

Archilochos nahm den Kopf aus der Schlinge, kletterte vorsichtig vom wackligen Tisch herunter und nahm die Bombe zögernd in die Hände. Sie war kalt und schimmerte im Licht.

»Was soll ich damit?«

Der Alte antwortete nicht sofort. Unbeweglich, lauernd saß er auf dem Stuhl, die mächtigen Hände über die Knie gespreizt.

»Sie wollten sich das Leben nehmen«, sagte er. »Wieso?«

Archilochos schwieg.

»Es gibt zwei Möglichkeiten dieser Welt gegenüber«, sagte Fahrcks langsam und trocken: »Man geht an ihr zu Grunde oder ändert sie.«

»Schweigen Sie«, schrie Archilochos.

»Bitte. Hängen Sie sich eben auf.«

»Reden Sie.«

Fahrcks lachte. »Gib mir eine Zigarette, Schubert«, wandte er sich zu Petit-Paysans Sekretär. Luginbühl gab ihm aus einem klobigen Apparat Feuer, und so saß er da, rauchte gemächlich, große bläuliche Wolken paffend.

»Was soll ich tun?« schrie Archilochos.

»Annehmen, was ich Ihnen biete.«

»Wozu?«

»Die Gesellschaftsordnung muß gestürzt werden, die Sie zu einem Narren machte.«

»Das ist unmöglich.«

»Nichts ist einfacher«, antwortete Fahrcks. »Sie sollen den Staatspräsidenten ermorden. Das weitere besorge ich selber«, und er tippte auf den Kreml-Orden.

Archilochos taumelte.

»Lassen Sie die Bombe nicht fallen«, mahnte ihn der alte Brandstifter, »sie explodiert sonst.«

»Ich soll ein Mörder werden?«

»Nun, was ist dabei? Schubert, zeig ihm den Plan.«

Der Sekretär Petit-Paysans trat zum Tisch und entfaltete ein Papier.

»Sie sind mit Petit-Paysan im Bunde«, rief Archilochos entsetzt.

»Unsinn!« sagte Fahrcks: »Den Sekretär habe ich bestochen. Solche Kerls kriegt man für Kleingeld.«

Dies sei der Plan des Staatspräsidentenpalais, begann der Sekretär zu erläutern, sachlich, mit dem Finger über den Plan fahrend. Hier die Mauer, die das Palais an drei Seiten umgebe. Die Vorderfront werde durch ein vier Meter hohes Eisengitter abgeschlossen. Die Mauer sei zweimeterfünfunddreißig hoch. Links vom Palais das Wirtschaftsministerium, rechts das Palais des Nuntius. Im Winkel, den der Hof des Wirtschaftsministeriums mit der Mauer bilde, stehe eine Leiter.

Ob diese Leiter immer da sei, wollte Archilochos wissen.

»Sie befindet sich in der heutigen Nacht da, das mag Ihnen genügen«, antwortete der Sekretär. »Wir führen Sie mit dem Wagen bis zum Quai. Sie erklettern die Mauer, ziehen die Leiter nach und steigen an ihr hinunter. Jenseits befinden Sie sich im Schatten einer Tanne. Treten Sie hinter den Stamm und warten Sie, bis die Wache vorbeigekommen ist. Dann gehen Sie nach der Hinterfront des Palais. Sie finden eine kleine Türe, zu der einige Stufen führen. Die Türe ist verschlossen, hier haben sie den Schlüssel.«

»Und dann?«

»Das Schlafzimmer des Präsidenten befindet sich im ersten Stock, den Sie von der kleinen Türe über die Haupttreppe erreichen, und liegt hinten. Werfen Sie die Handgranate auf sein Bett.«

Der Sekretär schwieg.

»Und wenn ich die Bombe geworfen habe?«

»Gehen Sie den gleichen Weg zurück«, sagte der Sekretär. »Die Wache wird durch das Hauptportal ins Palais dringen, und Sie haben Zeit, sich über den Hof des Wirtschaftsministeriums zu entfernen, vor dem Sie unser Wagen erwartet.«

Es war still in der Mansarde und kalt. Sogar das Brausen der Wasserspülungen hatte aufgehört. An der schmutzigen Tapete hing einsam Bruder Bibi mit seinen Kinderchen.

»Nun?« unterbrach Fahrcks das Schweigen. »Was sagen Sie zu diesen Ausführungen?«

»Nein«, schrie Archilochos, bleich, geschüttelt von Entsetzen, »nein!«

Der Alte ließ die Zigarette auf den Boden fallen, der primitiv war (sprießiges Holz mit großen Astlöchern), wo sie weiterqualmte.

»So schreien sie alle zuerst«, sagte er. »Als ob die Welt ohne Mord zu ändern wäre.«

Nebenan, durch Arnolphs Schreien erwacht, polterte ein Dienstmädchen an die Wand der Mansarde. Archilochos sah sich im Geiste, Chloé am Arm, durch die winterliche Stadt gehen. Nebel über dem Strom, mit großen schattenhaften Schiffen und Lichtern. Er sah die Leute grüßen von den Tramwagen herab, aus Autos heraus, junge, schöne, elegante Männer, dann sah er die Hochzeitsgäste, goldübergossen, diamantenübersät, schwarze Fräcke und Abendkleider, rote Orden, weiße Gesichter im goldenen Sonnenlicht, mit den tanzenden Staubpartikeln, und überall ein wohlwollendes Lächeln, das doch so gemein war; er spürte noch einmal den jähen, grausamen Augenblick seines Erkennens, seiner Scham, sah sich aus der Heloisen-Kapelle stürzen, zwischen den Zypressen hervor, sah sich zögern und endlich seinen Zickzacklauf durch die Emil-Kappeler-Straße aufnehmen, mitten durch die brüllende, lachende, jauchzende Menge, er sah die Schatten seiner Verfolger vor sich auf dem Asphalt der Straße ins Riesengroße wachsen, spürte noch einmal sein Hinfallen, sein Aufschlagen auf dem harten Boden, der sich mit Blut rötete, die Steine, die Fäuste, die ihn trafen, wie Hämmer, und sein zitterndes Ducken unter die Treppe des fremden Hausgangs, mit den polternden Schritten über ihm.

»Ich will es tun«, sagte er.

Archilochos, entschlossen, sich an der Welt zu rächen, wurde von Fahrcks und seinen Begleitern mit einem amerikanischen Wagen an den Quai Tassigni gebracht, dem entlang er bis zum Quai de l'Etat (wo sich der Präsidentenpalais befand) zehn Minuten zu gehen hatte. Es war Viertel nach zwei. Der Quai war menschenleer und ein Viertelsmond war hinter der St. Lukas-Kathedrale aufgegangen, in dessen Licht die Eisflächen, die sich im Strom gebildet hatten, und die bizarren Zacken und Bärte am zugefrorenen Cäcilienbrunnen schimmerten. Er bewegte sich in den Schatten der Palais und der Hotels, kam am ›Ritz‹ vorüber mit dem frierenden Türhüter davor, der auf und ab ging; doch begegnete er sonst niemandem, nur Fahrcks Wagen fuhr einige Male wie zufällig vorbei, prüfend, ob Archilochos den Befehl ausführe, hielt auch beim Polizisten vor dem Wirtschaftsministerium, um irgendeine fingierte Frage zu stellen, so daß Archilochos unbemerkt in den Hof gelangen konnte. Dort fand er die Leiter an der Mauer. Er fühlte in der Tasche seines alten, geflickten Mantels, den er von der Mansarde mitgenommen hatte, die Bombe, kletterte die Leiter hoch, zog sie, oben auf der schmalen Mauer sitzend, nach und ließ sie auf der anderen Seite hinab, stieg hinunter. Er stand auf einem hartgefrorenen Rasen und befand sich im Schatten einer Tanne, wie der Sekretär gesagt hatte. Von der Quaiseite her fielen grelle Lichter, und ein Auto tutete irgendwo, vielleicht Fahrcks, auch kam der Viertelsmond nun hinter dem Präsidentenpalais hervor, einem plumpen überladenen Barockgebäude (in allen Kunstbüchern abgebildet und von allen Kunsterklärern gepriesen). In der Nähe des Monds funkelte ein großer Stern, und die Bordlichter eines Flugzeugs zogen weit oben vorbei. Dann hallten Schritte über den gepflasterten Weg, der sich am Palais vorbeiwand. Er preßte sich gegen den Stamm, verborgen im Geäst der Tanne, das bis zum Boden reichte, ihn harzig umfing und mit den Nadeln sein Gesicht ritzte. Es waren zwei der Leibwache, die im Gleichschritt herankamen, zuerst nur als dunkle Silhouetten sichtbar, mit geschulterten Gewehren und aufgepflanzten Bajonetten, die weißen Federbüsche wippend im Mond. Vor der Tanne blieben sie stehen. Einer schob mit dem Gewehr die Äste zur Seite, doch gingen sie wieder weiter, da sie den Griechen nicht bemerkten, der den Atem anhielt, sich schon entdeckt geglaubt und die Handgranate bereit gemacht hatte. Sie waren nun hell beschienen vom Mond, so daß ihre goldenen Helme und Brustpanzer auf der historischen Uniform blitzten. Sie bogen um die Ecke des Palais. Er löste sich von der Tanne und eilte gegen die Hinterfront. Hier lag alles grell im Mondlicht, große Tannen und kahle Trauerweiden, ein vereister Teich und das Palais des Nuntius. Die Türe fand er sogleich. Der Schlüssel paßte. Er drehte ihn um, aber die Türe öffnete sich nicht. Sie mußte von innen verriegelt sein. Archilochos stutzte, jeden Augenblick konnte die Wache wiederkommen. Er trat in den Hinterhof und schaute die Fassade des Palais hoch. Die Hintertüre befand sich zwischen zwei nackte Marmorriesen gebettet, Kastor und Pollux offenbar, die auf ihren Schultern einen geschwungenen Balkon trugen (der sich nach seiner Berechnung vor dem Schlafzimmer des Präsidenten befand). Er begann entschlossen zu klettern, in einer Art Raserei, das Attentat dennoch auszuführen, einen Schenkel, einen Bauch, eine Brust hinan, krallte sich in einen Marmorbart, hielt sich an einem Marmorohr, stemmte sich an einem riesigen Haupte hoch und gelangte auf den Balkon. Vergeblich. Die Türe war nicht zu öffnen, und die Scheiben einzuschlagen wagte er nicht, hörte er doch nun die Schritte der Wache. Er legte sich auf den kalten Boden des Balkons nieder, die Wache kam im Gleichschritt wie das erste Mal, zog unter ihm vorbei. Die Balkontüre war von verschiedenen nackten Männern und Weibern umgeben, von überlebensgroßen Gestalten, mit Pferdeköpfen dazwischen, alle vom Mond hell beschienen, die miteinander in den fürchterlichsten und kompliziertesten Stellungen kämpften und sich zerfleischten, wie er, noch auf dem Balkon liegend, feststellte, eine Amazonenschlacht offenbar, und mitten im Getümmel der Leiber bemerkte er die offene Höhle eines runden Fensters. Er wagte sich in die Marmorgötterwelt hinauf, geriet zwischen gewaltige Brüste und Schenkel, in beständiger Sorge, die Bombe in seiner Manteltasche könnte explodieren, kroch an Heldenbäuchen, an gebogenen und verrenkten Rücken entlang, konnte sich einmal nur noch am gezückten Schwert eines Kriegers halten, da er sich schon abgestürzt glaubte, und preßte sich angstvoll in die Arme einer sterbenden Amazone, deren mondenes Antlitz ihn zärtlich betrachtete, während nun tief unter ihm die Leibwache zum dritten Mal die Runde vollendete und stehenblieb.

Archilochos sah, wie die Wache in den hellen Park trat und die Schloßfassade betrachtete.

»Da ist jemand hinaufgeklettert«, sagte einer der beiden nach langem Spähen.

»Wo?« fragte der andere.

»Dort.«

»Unsinn, nur ein Schatten zwischen den Göttern.«

»Sind keine Götter, sind Amazonen.«

»Was ist denn dies?«

»Weiber mit nur einer Brust.«

»Haben aber zwei.«

»Vergeßlicher Bildhauer«, meinte der erste. »Aber es klebt doch einer da oben. Will ihn mal herunterholen.«

Er legte das Gewehr an. Archilochos rührte sich nicht.

Der andere reklamierte: »Willst du das ganze Quartier wecken mit deiner Schießerei?«

»Es ist aber einer.«

»Es ist keiner. Da hinauf käme auch niemand.«

»Hast eigentlich recht.«

»Siehst du? Gehen wir!«

Die zwei zogen davon, im Taktschritt, die Gewehre wieder geschultert. Arnolph kletterte weiter, erreichte endlich das Fenster, kroch hindurch. Er befand sich im zweiten Stock, in einem hohen, kahlen Abort, erfüllt mit Mondlicht, das durch das offene Fenster fiel. Er war todmüde, von der Kletterei mit Staub und Vogeldreck überzogen und vom jähen Wechsel zwischen der marmornen Götterwelt und seinem jetzigen Aufenthalt ernüchtert. Er atmete schwer. Er öffnete die Türe und befand sich in einer weiten Halle, die sich zu beiden Seiten in Säle öffnete, auch sie vom Mond erhellt, mit Statuen zwischen den Säulen; nur undeutlich erriet er die breitgeschwungene Treppe. Er schritt vorsichtig nach dem ersten Stockwerk hinunter, erreichte den Korridor, von dem ihm der Sekretär erzählt hatte, spähte durch die hohen Fenster auf der Quaiseite, erschrak, als ihn die Lichter der Stadt blendeten. Unten auf dem Hof fand eine Wachablösung statt, eine feierliche Zeremonie mit Salutieren, Hacken zusammenschlagen, Strammstehen und Stechschritt. Er glitt ins Dunkel zurück, schlich gegen die Schlafzimmertüre am anderen Ende des Korridors und öffnete sie leise, die Handgranate in der Rechten. Durch die hohe Balkontüre fiel schimmerndes Mondlicht, es war die Türe, vor der er draußen gestanden hatte. Er trat in den Raum, nach dem Bett zu spähen und die Handgranate zu werfen, doch befand sich kein Bett in ihm, kein schlafender Staatspräsident, nur ein Korb mit Geschirr. Sonst war das Zimmer leer. Nichts stimmte. Auch Anarchisten mußten bisweilen falsch orientiert sein. Verwirrt zog er sich zurück und begann trotzig nach seinem Opfer zu suchen. Er stieg in den zweiten Stock, die Bombe bereit, dann in den dritten, durchwanderte Prunk- und Staatssäle, Konferenzzimmer, Korridore, kleine Salonzimmer, drang in Büros mit verhüllten Schreibmaschinen, in Gemäldegalerien, in einen Waffensaal mit alten Rüstungen, Kanonenrohren und hängenden Fahnen, wo ihm eine Hellebarde den Ärmel aufschlitzte. Endlich, als er in den vierten Stock stieg, vorsichtig der Marmorwand entlang, schimmerte auf ihr ein Schein. Irgend jemand mußte Licht gemacht haben. Er faßte Mut und schritt weiter. Die Handgranate verlieh ihm ein Gefühl von Macht. Er betrat den Korridor. Die Müdigkeit war verschwunden. Er spähte den Korridor entlang, der bei einer Türe endete. Sie war halb offen. Im Zimmer brannte Licht. Er eilte über den weichen Teppich, doch stand, als er die Türe aufriß, die Hand mit der Granate erhoben, der Staatspräsident vor ihm, im Schlafrock, so überraschend, daß Archilochos eben noch die Bombe in seiner Manteltasche verbergen konnte.

»Entschuldigen Sie«, stammelte der Attentäter.

»Da sind Sie ja, lieber verehrter Herr Archilochos«, rief der Staatspräsident freudig und schüttelte dem verwirrten Griechen die Hand: »Habe Sie erwartet, den ganzen Abend, und nun sah ich Sie zufällig von meinem Fenster aus über die Mauer steigen. Eine gute Idee. Meine Leibwache ist viel zu pedantisch. Die Kerle hätten Sie nie eingelassen. Doch nun sind Sie da, was mich ungemein freut. Wie sind Sie denn nur ins Haus gekommen? Wollte gerade den Kammerdiener hinunterschicken. Ich wohne erst seit einer Woche im vierten Stock, hier ist es gemütlicher als im ersten, nur, freilich, funktioniert der Lift nicht immer.«

Die Hintertüre sei unverschlossen gewesen, stammelte Archilochos, der den richtigen Augenblick verpaßt hatte und auch zu nahe bei seinem Opfer stand.

»Das trifft sich gut«, freute sich der Staatspräsident. »Mein Kammerdiener, der uralte Ludwig, Ludewig, wie ich ihn nenne (sieht ja auch viel mehr einem Staatspräsidenten ähnlich als ich), hat denn auch ein kleines Essen improvisiert.«

»Bitte«, sagte Archilochos errötend, er wolle nicht stören.

Das tue er ganz und gar nicht, beteuerte der alte spitzbärtige Herr freundlich. »In meinem Alter schläft man nicht gerade viel, kalte Füße, Rheumatismus, Sorgen, private und geschäftliche als Präsident bei der heutigen Tendenz der Staaten, zusammenzukrachen, und da esse ich öfters eine Kleinigkeit in den langen Nächten in meinem einsamen Palais. Zum Glück ist voriges Jahr die Zentralheizung eingerichtet worden.«

»Es ist wirklich angenehm warm«, stellte Archilochos fest.

»Wie sehen Sie denn aus?« wunderte sich der Staatspräsident: »Ganz von Staub überzogen. Ludewig, bürste ihn doch ein bißchen.«

»Gestatten«, sagte der Kammerdiener und reinigte den Attentäter vom Staub und dem Vogeldreck der Fassade. Archilochos wagte sich nicht zu wehren, fürchtete, die Bombe in seiner Manteltasche könne durch das Bürsten explodieren, und war froh, als ihm der Kammerdiener aus dem Mantel half.

»Sie ähneln meinem Butler in dem Boulevard Saint-Père«, sagte er.

»Das ist auch mein Halbbruder«, bemerkte der Kammerdiener. »Zwanzig Jahre jünger als ich.«

»Wir haben uns viel vorzuplaudern, denke ich«, sagte der Staatspräsident, seinen Mörder durch den hell erleuchteten Korridor führend.

Sie betraten ein kleines Zimmerchen, gegen den Quai gelegen, mit Kerzen erhellt und einem Tischchen in einer Fensternische, auf dem kostbares Geschirr auf weißem Linnen bereitstand und funkelnde Kristallgläser.

»Ich werde ihn erdrosseln«, dachte Archilochos trotzig, »so ist es am einfachsten.«

»Setzen wir uns, Liebster, Bester«, sagte der höfliche, alte Präsident, Arnolphs Arm leise berührend, »von hier aus können wir in den Hof spähen, wenn es uns Freude macht, auf die Herren von der Wache hinunter mit den weißen Federbüschen, die überrascht wären, jemand bei mir eingedrungen zu wissen. Die Idee mit der Leiter ist vortrefflich und freut mich um so mehr, weil auch ich manchmal mit einer Leiter über die Mauer steige, zu nächtlicher Stunde, gerade wie Sie eben, doch dies ganz unter uns. Ein alter Staatspräsident muß eben manchmal auch zu solchen Mitteln greifen, gibt es doch im Leben Angelegenheiten, die zwar einen Ehrenmann, aber nicht die Herren von der Presse angehen. Ludewig, schenk uns den Champagner ein.«

»Danke schön«, sagte Archilochos, »aber ermorden werde ich ihn trotzdem«, dachte er.

»Und dazu Hähnchen«, freute sich der alte Herr, »das haben wir immer in der Küche, Ludewig und ich, Champagner und Hähnchen nachts um drei. Das ist etwas Vernünftiges. Ich nehme an, Ihre Mauerbesteigung hat Sie ordentlich hungrig gemacht.«

»Etwas«, sagte Archilochos ehrlicherweise und dachte an seine Fassadenkletterei. Der Kammerdiener servierte aufs würdigste, wenn auch mit bedenklichem Zittern.

»Kümmern Sie sich nicht um Ludewigs Schlottern«, sagte der Staatspräsident. »Er hat schon sechs meiner Vorgänger bedient.«

Arnolph reinigte seine Brille mit der Serviette. Die Bombe wäre bequemer gewesen, dachte er. Er wußte immer noch nicht, wie er vorgehen sollte. Er konnte nicht gut »entschuldigen Sie« sagen und mit Würgen beginnen; auch mußte noch der Kammerdiener umgebracht werden, damit er nicht die Wache holte, was das Unternehmen komplizierter gemacht hätte. So aß und trank er, zuerst Zeit zu gewinnen, sich den neuen Umständen anzupassen, dann, weil es ihm gefiel. Der würdige alte Herr tat ihm wohl. Es war ihm, als säße er bei einem Vater, dem er alles gestehen könne.

Das Hähnchen munde vortrefflich, lobte der Staatspräsident.

»Wirklich«, gab Archilochos zu.

»Auch der Champagner ist in Ordnung.«

»Ich habe nie gedacht, daß es so was Köstliches gibt«, bekannte Archilochos.

»Plaudern wir dabei, kneifen wir nicht voreinander, kommen wir auf Ihre schöne Chloé zu reden, um die es ja geht, die Sie verwirrt«, forderte der Alte auf.

»Ich bin eben heute in der Heloisen-Kapelle sehr erschrocken«, sagte Archilochos, »als ich mit einem Male die Wahrheit erkannte.«

»Ich hatte auch etwas den Eindruck«, bestätigte der Präsident.

»Während ich Sie so dasitzen sah«, bekannte Arnolph, »in der Kirche, mit allen Ihren Orden, fuhr es mir mit einem Male durch den Sinn, daß Sie nur zur Hochzeit gekommen seien, weil Sie mit Chloé –«

»Sie verehrten mich sehr?« fragte der alte Herr.

»Sie waren mein Vorbild. Ich hielt Sie für einen strengen Alkoholgegner«, bemerkte Archilochos schüchtern.

»Das hat mir die Presse eingebrockt«, brummte der Staatspräsident, »weil die Regierung einen Kampf gegen den Alkoholismus führt, photographiert man mich immer mit einem Glas Milch.«

»Ebenso hieß es, Sie seien auch in moralischer Hinsicht äußerst streng.«

»Nur die Meinung des Frauenvereins. Sie sind Temperenzler?«

»Ebenfalls Vegetarier.«

»Nun trinken Sie Champagner, nun essen Sie Hähnchen?«

»Ich habe keine Ideale mehr.«

»Das tut mir leid.«

»Es sind alle Heuchler.«

»Auch Chloé?«

»Sie wissen genau, was Chloé ist.«

»Die Wahrheit«, bemerkte der Staatspräsident, legte einen abgenagten Hähnchenknochen zur Seite und rückte den Kerzenständer zwischen ihnen etwas weg, »die Wahrheit ist immer etwas Genierliches, wenn sie an den Tag kommt, nicht nur bei Frauenzimmern, bei allen Menschen und besonders beim Staate. Ich möchte manchmal auch aus meinem Palais stürzen – das ich schon rein architektonisch scheußlich finde – wie Sie aus der Heloisen-Kapelle, aber eben, ich habe nicht so recht die Courage und klettere heimlich über die Mauer. Ich will niemanden von den Betroffenen verteidigen«, fuhr er fort, »am wenigsten mich, es ist dies überhaupt ein Gebiet, von dem sich schicklich nur schwer reden läßt, und wenn schon, so nur nachts unter vier Augen, weil bei jedem Reden Ansichten und Moralitäten hineingeraten, die nicht dazugehören, und weil die Tugenden, Leidenschaften und Fehler der Menschen so nahe beieinanderliegen, daß leicht Verachtung und Haß aufkommen, wo Verehrung und Liebe allein das Gegebene wären. Ich will Ihnen daher nur eines sagen, Bester, Guter: Wenn es einen Menschen gibt, den ich beneide, sind Sie es, und wenn es einen gibt, für den ich fürchte, sind Sie es auch. – Ich hatte Chloé mit vielen zu teilen«, sagte er dann nach einer Weile, zurückgesunken in den Biedermeiersessel und Archilochos beinahe zärtlich unterrichtend, »sie war eine Königin in einem dunklen elementaren Reich. Sie war eine Kurtisane. Die berühmteste der Stadt. Ich will dies nicht beschönigen, und ich bin zu alt, es zu tun. Ich bin dankbar, daß sie mir ihre Liebe schenkte, und denke an keinen Menschen mit größerer Dankbarkeit zurück. Nun hat sie sich abgewandt von uns allen und ist zu Ihnen gekommen, so war denn ihr Freudentag für uns ein Abschieds- und Dankfest.«

Der greise Staatspräsident schwieg, strich mit der Rechten wie verträumt über seinen gepflegten Spitzbart, der Kammerdiener schenkte Champagner ein, und draußen hörte man die zackigen Befehle, den Stechschritt der Leibwache. Auch Archilochos hatte sich in seinen Sessel zurückgelehnt und dachte mit Befremden an die nun so nutzlose Bombe in seiner Manteltasche, als er zwischen den Vorhängen des Fensters hindurchspähte und Fahrcks' Wagen vor dem Wirtschaftsministerium warten sah.

»Was nun Sie betrifft, Bester, Liebster«, fuhr der Staatspräsident nach einer Weile leise fort, sich eine kleine helle Zigarre anzündend, die ihm der Kammerdiener gereicht hatte (auch Archilochos rauchte), »so begreife ich Ihre stürmischen Gefühle. Welcher Mann wäre in Ihrer Situation nicht beleidigt. Doch sind es gerade diese so natürlichen Gefühle, die es zu bekämpfen gilt, da doch sie den größten Unfug anrichten. Helfen kann ich nicht, wer vermöchte dies auch, ich kann nur hoffen, daß Sie über eine Tatsachc hinwegkommen, die niemand zu leugnen vermag, die nur dann hinfällig und unbedeutend wird, wenn Sie die Kraft haben, an die Liebe zu glauben, die Ihnen Chloé entgegenbringt. Das Wunder, das da zwischen euch beiden geschah, ist nur durch die Liebe möglich und glaubwürdig und wird außerhalb dieser Liebe zu einer Farce. So wandeln Sie denn auf einer schmalen Brücke, über gefährliche Abgründe, auf einem Schwert wie die Mohammedaner, wenn sie in ihr Paradies einziehen, habe wenigstens einmal so was gelesen; aber nehmen Sie doch noch etwas vom Hähnchen«, forderte er seinen verhinderten Mörder auf, »es ist wirklich vortrefflich und immer etwas Tröstliches.« Archilochos saß da, von Kerzen umschimmert, versunken in die wohlige Wärme des Raumes. An den Wänden hingen in schweren goldenen Rahmen ernste, längst verblichene Staatsmänner und Helden und betrachteten ihn nachdenklich, fremd, erhaben, eingegangen in die Ewigkeit. Eine ihm sonst unbekannte Ruhe war in seine Seele eingezogen, eine unbegreifliche Heiterkeit, nicht nur durch die Worte des Staatspräsidenten bewirkt, was waren auch Worte, doch durch dessen gütige, väterliche, höfliche Art.

»Sie sind begnadet worden«, bemerkte der alte Herr noch, »der Grund dieser Gnade kann zweierlei sein, und es hängt von Ihnen ab, was er sei: die Liebe, wenn Sie an diese Liebe glauben, oder das Böse, wenn Sie an diese Liebe nicht glauben. Die Liebe ist ein Wunder, das immer wieder möglich, das Böse eine Tatsache, die immer vorhanden ist. Die Gerechtigkeit verdammt das Böse, die Hoffnung will bessern, und die Liebe übersieht. Nur sie ist imstande, die Gnade anzunehmen, wie sie ist. Es gibt nichts Schwereres, ich weiß es. Die Welt ist schrecklich und sinnlos. Die Hoffnung, ein Sinn sei hinter all dem Unsinn, hinter all diesen Schrecken, vermögen nur jene zu bewahren, die dennoch lieben.«

Er schwieg, und zum ersten Male konnte Archilochos wieder an Chloé denken, ohne Grauen, ohne Entsetzen.

Dann, als die Kerzen niedergebrannt waren, half der Staatspräsident Archilochos in den Mantel mit der nun nutzlosen Bombe und begleitete ihn, da der Lift gerade nicht funktionierte, zum Hauptportal hinunter, weil er, wie er sagte, Ludewig nicht embêtieren wolle, der steif und korrekt neben dem Sessel seines Herrn stehend eingeschlafen war, ein Kunststück, worüber der alte Herr äußerte, es sei unter allen Umständen zu respektieren. So gingen sie denn beide durch das leere Staatspalais nach unten, die breite, geschwungene Treppe hinab, Archilochos getröstet, mit der Welt zufrieden, sich nach Chloé sehnend, der Staatspräsident mehr wie ein Museumsdirektor, bald in diesem, bald in jenem Saal die Lichter anzündend und die nötigen Erklärungen abgebend. Hier repräsentiere er, sagte er etwa und deutete in einen monumentalen Prunksaal, oder hier nehme er die Demission der Ministerpräsidenten entgegen, zweimal im Monat, und hier in diesem intimen Salon mit dem beinahe ganz echten Raffael habe er mit der englischen Königin und ihrem Prinzgemahl den Tee genommen und sei dabei fast eingeschlafen, als der Prinzgemahl auf die Marine zu sprechen gekommen sei, nichts langweile ihn eben so wie Marinegeschichten, und nur die Geschicklichkeit des Chefs des Protokolls habe ein Unglück verhütet; der habe ihn im entscheidenden Augenblick geweckt und ihm eine marinegemäße Antwort zugeflüstert. Sonst seien sie ganz nett gewesen, die Engländer. Dann nahmen sie Abschied, zwei Freunde, die sich ausgesprochen, die Frieden miteinander geschlossen hatten. Vom Hauptportal winkte der Alte noch einmal lächelnd, heiter. Archilochos blickte zurück. Das Palais ragte in die kalte Nacht, nun düster, wie eine riesenhafte, verschnörkelte Kommode, der Viertelsmond war nicht mehr zu sehen. Er schritt zwischen den salutierenden Leibwachen hindurch und gelangte auf den Quai de l'Etat, schwenkte jedoch in die Ruelle Etter zwischen der Nuntiatur und der Schweizerischen Gesandtschaft ein, da er vom Wirtschaftsministerium her Fahrcks' Wagen heranbrausen sah, gelangte in der Rue Stäbi vor die Pfyffersche Bar und nahm dort ein Taxi; mit Fahrcks wünschte er nicht mehr zusammenzutreffen. Dann rannte er durch den Park, nur von dem Gedanken beherrscht, Chloé in die Arme zu schließen. Das Rokokoschlößchen war hell erleuchtet. Wilder Gesang dröhnte ihm entgegen. Die Haustüre war offen. Zigarren- und Pfeifenrauch qualmte in dicken gelben Schwaden, Bruder Bibi mit seinen Kinderchen hatte nun vom ganzen Haus Besitz ergriffen. Überall saßen und lagen Mitglieder der Bande betrunken und lallend herum, auf den Sofas, unter den Tischen, eingewickelt in die heruntergerissenen Vorhänge, die Vaganten, Zuhälter und Strichjungen der Stadt schienen versammelt, in den Betten kreischten Weiber, entblößte Busen schimmerten, Galgenvögel saßen in der Küche und fraßen, schmatzten, soffen die Vorratskammer und den Keller leer, Matthäus und Sebastian spielten mit zwei Holzbeinen im Eßzimmer Hockey, im Korridor übte der Onkel Kapitän Messerwerfen mit Mammachen, während Jean-Christoph und Jean-Daniel mit dessen Glasauge Murmeln spielten und Theophil und Gottlieb, Dirnen auf dem Schoß, die Treppengeländer hinunterrutschten; Arnolph rannte, von böser Ahnung gepeinigt, ins obere Stockwerk, am Galeriebesitzer Nadelör vorbei, der immer noch fiebernd in seinem Bett lag, durch das Boudoir, wo aus dem Badezimmer Männergesang und Wasserplantschen zu vernehmen war und die schrille Stimme Magda-Marias, und als er ins Schlafzimmer stürzte, lag im Bett Bruder Bibi mit einer Mätresse (unbekleidet); Chloé war nirgends, wo er auch gesucht, geforscht, gestöbert hatte.

»Wo ist Chloé?«

»Was denn, Bruder«, sagte Bibi vorwurfsvoll, eine Zigarre schmauchend: »Betritt nie ein Schlafzimmer, ohne anzuklopfen.«

Bibi kam nicht weiter in seiner Rede. Mit seinem Bruder hatte sich eine Wandlung vollzogen. War er mit den zärtlichsten Gefühlen in sein Schlößchen gestürzt, voll Liebe, voll Sehnsucht nach Chloé, so verwandelten sich nun diese Gefühle in Zorn. Der Unsinn, diese Familie jahrelang unterhalten zu haben, die Frechheit, mit der sie sein Schlößchen erobert hatte, die Angst, Chloé durch eigene Schuld verloren zu haben, verwandelten ihn in einen Wüterich. Er wurde ein Ares, ein griechischer Kriegsgott, wie es Passap vorausgesagt hatte, mit dessen Drahtplastik er denn auch auf den zigarreschmauchenden und sich mit seiner Mätresse im Ehebett seines Bruders breitmachenden Bibi einhieb, daß der mit einem Schrei hochfuhr und, von einem Kinnhaken getroffen, zur Türe torkelte, wo ihn Arnolph noch einmal zusammenschlug, doch nun schon mit der Mätresse beschäftigt, die er an den Haaren in den Korridor schleppte und dem durch Bibis Gebrüll gewarnten und herbeirasenden Kapitän entgegenschmiß, worauf beide die Treppe hinunterpolterten. Aus allen Türen stürzten sich nun Messerstecher, Zuhälter und anderes Gesindel auf ihn, bald Mitglieder seiner Familie, wie Theophil und Gottlieb, die er die Wendeltreppe hinunterschmetterte, samt Nadelör, der mit dem Renaissancebett folgte, bald Sebastian und Matthäus, die er verprügelte, bald Magda-Maria mit ihrem Verehrer (Chinese), die er nackt durch die zersplitternden Scheiben zum Fenster hinaus in den Park hinunterwarf, bald unbekanntes Gelichter. Prothesen pfiffen durch die Luft, Stuhlbeine, Blut spritzte, Dirnen flohen, Mammachen wurde ohnmächtig, Strichjungen, Falschmünzer huschten davon, die Köpfe geduckt, vor Angst pfeifend wie Ratten. Er hieb um sich, würgte, kratzte, stieß zu, schmetterte zu Boden, schlug Köpfe ein, Stirnen zusammen, vergewaltigte eine Mätresse, während Holzbeine, Schlagringe, Gummiknüttel, Flaschen auf ihn niederbrausten, kam wieder hoch, befreite sich, schäumend, splitterbesät, brauchte einen runden Tisch als Schild, Vasen, Stühle, Ölgemälde, Jean-Christoph und Jean-Daniel als Geschosse, und trieb so, vorrükkend, alles niederstampfend, zerfetzend, mit unermeßlichen Flüchen, die ganze Mörderbande aus seinem Haus, in welchem nun die Tapeten in Fetzen herunterhingen, wehende Fahnen in der eisigen Zugluft, in dem sich verziehenden Tabaksqualm, der jaulenden Meute noch die Handgranate nachwerfend, die den Garten zugleich mit der ersten Dämmerung erhellte.

Dann stand er lange vor dem Eingang seines demolierten Schlößchens und starrte in den Morgen, der heraufstieg, silbern hinter den Ulmen und Tannen des Parks. Warme Windstöße brausten, peitschten die Bäume, schüttelten sie,

Tauwetter brach herein. Das Eis auf dem Dach schmolz, Wasser rauschte im Kännel. Alles tropfte, riesige Wolkenwände fegten über die Dächer und Gärten, schwer, trächtig; Regen rieselte in dünnen Schleiern. Zerschlagen, notdürftig angezogen, hinkte, schlotterte Nadelör an ihm vorbei in den nassen Morgen.

»Sie als Christ.«

Archilochos beachtete ihn nicht. Er stierte aus verschwollenen Augen vor sich hin, blutverkrustet, den Hochzeitsfrack zerfetzt, mit heraushängendem Futter, die Brille verloren.

Ende I

(Es folgt das Ende für Leihbibliotheken.)

Er begann nach Chloé zu suchen.

»Mein Gott, Herr Arnolph«, rief Georgette, als er vor der Theke stand und einen Pernod verlangte, »mein Gott, was haben Sie denn?«

»Ich kann Chloé nicht finden.«

Das Lokal war voller Gäste, Auguste bediente. Archilochos trank seinen Pernod leer und verlangte einen zweiten.

»Haben Sie denn überall gesucht?« fragte Madame Bieler.

»Bei Passap, beim Bischof, überall.«

»Sie wird schon zum Vorschein kommen«, tröstete Georgette, »Frauen gehen nicht so schnell verloren und sind oft gerade dort, wo man sie nicht vermutet.«

Dann schenkte sie ihm einen dritten Pernod ein.

»Endlich«, sagte Auguste erleichtert zu den Radsportfreunden:

»Jetzt säuft er.«

Archilochos suchte weiter. Er drang in die Klöster, in die Pensionen, in die Appartementshäuser; Chloé blieb verschwunden. Er irrte durch sein leeres Schlößchen, durch den leeren Park, stand im nassen Laub. Nur die Bäume brausten, nur die Wolken jagten über die Dächer. Jähes Heimweh überfiel ihn, Sehnsucht nach Griechenland, nach rötlichen Felsen und dunklen Hainen, nach dem Peloponnes.

Zwei Stunden später schiffte er sich ein, und das heranbrausende Auto mit den Fahrcks-Banditen sandte der ›Julia‹, die aufheulend in den Nebel glitt, verfangen in den Rauch ihres Kamins, einige Kugeln nach, die dem abtrünnigen Attentäter galten, jedoch nur die müde wehende grüngoldene Landesfahne zerfetzten.

Auf der ›Julia‹ befanden sich Mr. und Mrs. Weeman, die ihn besorgt betrachteten, als er eines Nachmittags vor sie trat.

Mittelmeer. Das Deck voll Sonne. Überall Liegestühle. Archilochos sagte:

»Ich hatte schon einige Male die Ehre, mit Ihnen zu sprechen.«

»Well«, brummte Mr. Weeman.

Arnolph entschuldigte sich. Es sei nur ein Mißverständnis gewesen.

»Yes«, meinte Mr. Weeman.

Dann bat Archilochos, bei den Ausgrabungen in seiner alten Heimat mithelfen zu dürfen.

»Well«, entgegnete Mr. Weeman, faltete das Fachorgan für Altertumswissenschaft zusammen, und dann sagte er, seine kurze Pfeife stopfend: »Yes –«

So grub er denn in Griechenland nach Altertümern, in einer Gegend des Peloponnes, welche der Vorstellung, die er sich von seiner Heimat gemacht hatte, auch nicht im geringsten entsprach. Er schaufelte unter einer unbarmherzigen Sonne. Steingeröll, Schlangen, Skorpione und einige verkrüppelte Ölbäume gegen den Horizont hin. Niedrige kahle Berge, versiegte Quellen, nicht einmal Sträucher. Ein kreisender Geier über seinem Haupt, hartnäckig, nicht zu verscheuchen. Er pickelte wochenlang an einem Hügel herum, schweißüberströmt, den er langsam aushöhlte, Sand kam in einem endlich freigelegten schäbigen Gemäuer zum Vorschein; Sand, der in der Sonne glühend wurde, unter seine Nägel schlich, seine Augen entzündete. Mr. Weeman hoffte einen Tempel des Zeus freigelegt zu haben, Mrs. Weeman vermutete eine Kultstätte der Aphrodite. Das Zanken der beiden war meilenweit zu hören. Die Griechen hatten sich längst verzogen. Stechmücken summten, Fliegen bedeckten sein Gesicht, krochen über seine Augen. Dämmerung brach herein, von ferne schrie ein Maultier, schrill und klagend. Die Nacht war kalt. Archilochos lag in seinem Zelt neben der Ausgrabungsstätte, Mrs. und Mr. Weeman in der zehn Kilometer entfernten Hauptstadt des Distrikts, in einem armseligen Nest. Nachtvögel umstrichen das Zelt, Fledermäuse. In der Nähe heulte ein unbekanntes Tier, vielleicht ein Wolf, dann war es wieder still. Er schlief ein. Gegen Morgen meinte er einige leichte Schritte zu hören. Er schlief weiter. Sobald die Sonne rot und glühend von den sinnlosen kahlen Hügeln her sein Zelt berührte, erhob er sich. Er torkelte zu seiner einsamen

Arbeitsstätte, zum Gemäuer. Es war immer noch kalt. Hoch oben kreiste wieder der Geier. Im Gemäuer war es fast noch dunkel. Die Glieder schmerzten. Er machte sich an die Arbeit und setzte die Schaufel an. Vor ihm lag ein länglicher Haufen Sand, schimmernd im Halbdunkel, doch schon nach dem ersten vorsichtigen Zustoßen spürte er Widerstand. Die Liebesgöttin oder der Zeus, dachte er, neugierig, wer nun recht habe, die Archäologin oder der Archäologe, griff er mit beiden Händen zu, scharrte den Sand weg und legte Chloé frei.

Er wagte kaum zu atmen und starrte auf die Geliebte.

»Chloé«, rief er, »Chloé, wie kommst du denn hierher?«

Sie öffnete die Augen, blieb jedoch im Sand liegen.

»Ganz einfach«, sagte sie, »ich bin dir nachgereist. Wir hatten zwei Fahrscheine.«

Dann saßen sie auf dem Gemäuer und schauten in die griechische Gegend, nach den niedrigen, kahlen Bergen mit der gewaltigen Sonne darüber, den verkrüppelten Ölbäumen in der Ferne und nach dem weißen Schimmer der Hauptstadt des Distrikts am Horizont.

»Das ist die Heimat«, sagte sie, »die deine und die meine.«

»Wo bist du denn gewesen?« fragte er. »Ich habe dich gesucht in der ganzen Stadt.«

»Bei Georgette. Oben in der Wohnung.«

Zwei Punkte bewegten sich in der Ferne, kamen näher. Mr. und Mrs. Weeman.

Dann hielt sie ihm ihre Liebesrede, ein wenig wie einst Diotima dem Sokrates (eine nicht ganz so tiefsinnige freilich, als Kind eines griechischen Großkaufmanns war Chloé Saloniki robuster, praktischer – (damit sei auch ihre Herkunft berichtigt).

»Siehst du«, sagte sie, während der Wind mit ihren Haaren spielte und die Sonne immer höher in den Himmel rollte und die Engländer immer näher rückten auf ihren Maultieren, »du weißt nun, was ich gewesen bin, dies ist klar geworden zwischen uns. Ich hatte meinen Beruf satt, der ein harter Beruf war, wie jeder ehrliche Beruf. Aber ich war traurig dabei. Ich hatte Sehnsucht nach Liebe, danach, für jemanden zu sorgen, nicht nur zu seiner Freude dazusein, sondern auch für sein Leid, und wie ich eines Morgens, als der Nebel mein Schlößchen umgab, winterlich, dunkel, seit Wochen schon, in ›Le Soir‹ las, daß ein Grieche eine Griechin suche, war ich entschlossen, *diesen* Griechen zu lieben, nur ihn und niemand anderen, geschehe was wolle, wie er auch wäre. So bin ich zu dir gekommen, an jenem Sonntagmorgen um zehn, mit der Rose. Ich wollte mich nicht verstellen. Ich kam mit meinen besten Kleidern. Wie ich dich annehmen wollte, so wie du warst, solltest du mich annehmen, so wie ich war, und als ich dich am Tische sitzen sah, verlegen, unbeholfen, mit der dampfenden Milch und die Brille reinigend, geschah es, daß ich dich liebte. Doch da du glaubtest, ich sei noch ein Mädchen, da du so wenig Kenntnis der Welt aufwiesest, daß du meinen Beruf nicht zu erraten vermochtest, wie es doch Georgette und ihr Mann taten, wagte ich deinen Traum nicht zu zerstören. Ich fürchtete, dich zu verlieren, und machte alles nur schlimmer. Deine Liebe wurde lächerlich, und als du in der Heloisenkapelle die Wahrheit erkanntest, brach mit deiner Welt auch deine Liebe zusammen. Es war gut so. Du vermochtest mich nicht zu lieben ohne die Wahrheit, und nur die Liebe ist stärker denn sie, die uns zu vernichten drohte. Die Liebe deiner Blindheit mußte zerstört werden um der Liebe willen, die sieht und die allein zählt.«

Doch dauerte es einige Zeit, bis Chloé und Archilochos zurückkehren konnten. Der Staat krachte zusammen. Fahrcks mit den Kreml-Orden unter dem Doppelkinn kam ans Ruder, rot färbte sich der Nachthimmel. Überall Fahnen, überall Sprechchöre: Ami go home; überall Transparente, überall Riesenbilder Lenins und des gerade nicht gestürzten russischen Ministerpräsidenten. Doch der Kreml war fern, der Dollar notwendig, die eigene Macht verlokkend. Fahrcks zog ins westliche Lager, ließ den Chef der Geheimpolizei (Petit-Paysans Sekretär) aufknüpfen und residierte aufs würdigste im Staatspalais am Quai de l'Etat, von der gleichen Leibwache mit den goldenen Helmen und den weißen Federbüschen beschützt wie sein Vorgänger, das rote Haar sorgfältig frisiert, den Schnurrbart gestutzt. Er milderte sein Regiment, seine Weltanschauung verblich, und eines schönen Ostertags besuchte er die Sankt Lukas-Kathedrale. Die bürgerliche Ordnung kehrte wieder ein, doch fanden sich Chloé und Archilochos nicht mehr zurecht. Sie versuchten es noch einige Zeit lang. Sie eröffneten im Schlößchen eine Pension. Passap mietete sich ein, außer Kurs gekommen (auf dem Gebiet der Kunst hielt Fahrcks am sozialistischen Realismus fest), Maître Dutour, auch er verkracht, Hercule Wagner mit seiner gewaltigen Gattin, auch er abgesetzt, und der gestürzte Staatspräsident, höflich, den Gang der Dinge betrachtend, schließlich Petit-Paysan (die Verbindung mit dem Gummi- und Schmieröl-Trust war sein Pech), Hausarbeit verrichtend: eine bankerotte Gesellschaft. Nur der Bischof fehlte. Er war zu den Neupresbyteranern der vorletzten Christen übergetreten. Die Pensionäre tranken Milch und sonntags Perrier, lebten still, sommers unter den Bäumen des Parks, verträumt, eingesponnen in eine milde Welt. Archilochos war bestürzt. Er wanderte zu seinem Bruder, der in der Vorstadt mit Mammachen, dem Onkel Kapitän und den Kinderchen eine Kleingärtnerei betrieb, hatte doch die Prügelei Wunder bewirkt (Matthäus bestand das Lehrerexamen, Magda-Maria die Kindergärtnerinnenprüfung, die andern gingen teils in die Fabrik, teils in die Heilsarmee). Doch blieb er nicht lange dort. Die wackere Atmosphäre, der pfeifeschmauchende Kapitän und die strickende Mama langweilten ihn samt Bibi, der nun an seiner Stelle die Heloisen-Kapelle besuchte. Viermal in der Woche.

»Sie sehen bleich aus, Monsieur Arnolph«, sagte Georgette, während er wieder einmal bei ihr an der Theke stand (hinter ihr über den Schnaps- und Likörflaschen nun Fahrcks im Edelweißrahmen), »haben Sie Kummer?«

Sie reichte ihm ein Glas Pernod.

»Alles trinkt Milch«, brummte er. »Die Radsportfreunde und nun auch Ihr Mann.«

»Was will unsereiner«, sagte Auguste, immer noch im Maillot jaune, und rieb sich die flimmrigen Beine: »Die Regierung hat eine neue Antialkoholkampagne beschlossen. Außerdem bin ich schließlich ein Sportler.«

Dann bemerkte Archilochos, wie Georgette eine Flasche Perrier öffnete.

»Auch sie«, dachte er schmerzlich. Und während er neben Chloé im Himmelbett lag, hinter den roten Vorhängen, und im Kamin die Holzscheite brannten, sagte er: »Es ist ja ganz schön in unserem kleinen Schlößchen mit den zufriedenen, alternden Pensionären, ich möchte nicht klagen, doch kommt mir die tugendhafte Welt, in der wir nun leben, unheimlich vor. Es scheint mir, als hätte ich die Welt bekehrt und sie mich, so daß die Sache wieder aufs gleiche hinauskomme und alles unnütz gewesen sei.«

Chloé hatte sich aufgerichtet.

»Ich muß an unser Gemäuer denken, die ganze Zeit, in unserer Heimat«, sagte sie. »Als ich mich damals mit Sand bedeckte, dich zu überraschen, und so dalag an diesem dunklen Morgen und nach dem Geier spähte, der über dem Gemäuer kreiste, spürte ich etwas Hartes unter mir, etwas Steiniges, wie zwei große Halbkugeln.«

»Die Liebesgöttin«, schrie Archilochos und sprang aus dem Bett. Auch Chloé hatte es verlassen.

»Wir dürfen nie aufhören, nach der Liebesgöttin zu suchen«, flüsterte sie, »sonst werden wir von ihr verlassen.«

Sie zogen sich an, geräuschlos, packten einen Koffer, und als Sophie am andern Morgen das Schlafzimmer gegen elf nach langem vergeblichem Klopfen betrat, von den besorgten Pensionären begleitet, fand sie es leer.

Ende II

Die Panne
Eine noch mögliche Geschichte

Erster Teil

Gibt es noch mögliche Geschichten, Geschichten für Schriftsteller? Will einer nicht von sich erzählen, romantisch, lyrisch sein Ich verallgemeinern, fühlt er keinen Zwang, von seinen Hoffnungen und Niederlagen zu reden, durchaus wahrhaftig, und von seiner Weise, bei Frauen zu liegen, wie wenn Wahrhaftigkeit dies alles ins Allgemeine transponieren würde und nicht viel mehr ins Medizinische, Psychologische bestenfalls, weil einer dies nicht tun, vielmehr diskret zurücktreten, das Private höflich wahren, den Stoff vor sich wie ein Bildhauer sein Material, an ihm arbeitend und an ihm sich entwickelnd und als eine Art Klassiker versuchen, nicht gleich zu verzweifeln, wenn auch der bare Unsinn kaum zu leugnen ist, der überall zum Vorschein kommt, dann wird Schreiben schwieriger und einsamer, auch sinnloser, eine gute Note in der Literaturgeschichte interessiert nicht – wer bekam nicht schon gute Noten, welche Stümpereien wurden nicht schon ausgezeichnet –, die Forderungen des Tags sind wichtiger. Doch auch hier ein Dilemma und ungünstige Marktlage. Bloße Unterhaltung bietet das Leben, am Abend das Kino, Poesie die Tageszeitung unter dem Strich, für mehr, doch sozialerweise schon von einem Franken an, wird Seele gefordert, Geständnisse, Wahrhaftigkeit eben, höhere Werte sollen geliefert werden, Moralien, brauchbare Sentenzen, irgend etwas soll überwunden oder bejaht werden, bald Christentum, bald gängige Verzweiflung, Literatur, alles in allem. Doch wenn dies zu produzieren der Autor sich weigert, immer mehr, immer hartnäckiger, weil er sich zwar im klaren ist, daß der Grund seines Schreibens bei ihm liegt, in seinem Bewußten und Unbewußten in je nach Fall dosiertem Verhältnis, in seinem Glauben und Zweifeln, jedoch auch meint, gerade dies gehe das Publikum nun wirklich nichts an, es genüge, was er schreibt, gestaltet, formt, man zeige appetitlicherweise die Oberfläche und nur diese, arbeite an ihr und nur dort, im übrigen sei der Mund zu halten, weder zu kommentieren noch zu schwatzen? Angelangt bei dieser Erkenntnis, wird er stocken, zögern, ratlos werden, dies wird kaum zu vermeiden sein. Die Ahnung steigt auf, es gebe nichts mehr zu erzählen, die Abdankung wird ernstlich in Erwägung gezogen, vielleicht sind einige Sätze noch möglich, sonst aber Schwenkung in die Biologie, um der Explosion der Menschheit, den vorrückenden Milliarden, den unablässig liefernden Gebärmüttern wenigstens gedanklich beizukommen, oder in die Physik, in die Astronomie, sich ordnungshalber über das Gerüst Rechenschaft abzulegen, in welchem wir pendeln. Der Rest für die Illustrierte, für ›Life‹, ›Match‹, ›Quick‹ und für sie ›Sie und Er‹: der Präsident unter dem Sauerstoffzelt, Onkel Bulganin in seinem Garten, die Prinzessin mit ihrem Tausendsassa von Flugkapitän, Filmgrößen und Dollargesichter, auswechselbar, schon aus der Mode, kaum wird von ihnen gesprochen. Daneben der Alltag eines jeden, westeuropäisch in meinem Fall, schweizerisch genauer, schlechtes Wetter und Konjunktur, Sorgen und Plagen, Erschütterungen durch private Ereignisse, doch ohne Zusammenhang mit dem Weltganzen, mit dem Ablauf der Dinge und Undinge, mit dem Abspulen der Notwendigkeiten. Das Schicksal hat die Bühne verlassen, auf der gespielt wird, um hinter den Kulissen zu lauern, außerhalb der gültigen Dramaturgie, im Vordergrund wird alles zum Unfall, die Krankheiten, die Krisen. Selbst der Krieg wird abhängig davon, ob die Elektronen-Hirne sein Rentieren voraussagen, doch wird dies nie der Fall sein, weiß man, gesetzt die Rechenmaschinen funktionieren, nur noch Niederlagen sind mathematisch denkbar; wehe nur, wenn Fälschungen stattfinden, verbotene Eingriffe in die künstlichen Hirne, doch auch dies weniger peinlich als die Möglichkeit, daß eine Schraube sich lockert, eine Spule in Unordnung gerät, ein Taster falsch reagiert, Weltuntergang aus technischem Kurzschluß, Fehlschaltung. So droht kein Gott mehr, keine Gerechtigkeit, kein Fatum wie in der fünften Symphonie, sondern Verkehrsunfälle, Deichbrüche infolge Fehlkonstruktion, Explosion einer Atombombenfabrik, hervorgerufen durch einen zerstreuten Laboranten, falsch eingestellte Brutmaschinen. In diese Welt der Pannen führt unser Weg, an dessen staubigem Rande nebst Reklamewänden für

Bally-Schuhe, Studebaker, Eiscreme und den Gedenksteinen der Verunfallten sich noch einige mögliche Geschichten ergeben, indem aus einem Dutzendgesicht die Menschheit blickt, Pech sich ohne Absicht ins Allgemeine weitet, Gericht und Gerechtigkeit sichtbar werden, vielleicht auch Gnade, zufällig aufgefangen, widergespiegelt vom Monokel eines Betrunkenen.

Zweiter Teil

Unfall, harmlos zwar, Panne auch hier: Alfredo Traps, um den Namen zu nennen, in der Textilbranche beschäftigt, fünfundvierzig, noch lange nicht korpulent, angenehme Erscheinung, mit genügenden Manieren, wenn auch eine gewisse Dressur verratend, indem Primitives, Hausiererhaftes durchschimmert – dieser Zeitgenosse hatte sich eben noch mit seinem Studebaker über eine der großen Straßen des Landes bewegt, konnte schon hoffen, in einer Stunde seinen Wohnort, eine größere Stadt, zu erreichen, als der Wagen streikte. Er ging einfach nicht mehr. Hilflos lag die rotlackierte Maschine am Fuße eines kleineren Hügels, über den sich die Straße schwang; im Norden hatte sich eine Kumuluswolke gebildet, und im Westen stand die Sonne immer noch hoch, fast nachmittäglich. Traps rauchte eine Zigarette und tat dann das Nötige. Der Garagist, der den Studebaker schließlich abschleppte, erklärte, den Schaden nicht vor dem andern Morgen beheben zu können, Fehler in der Benzinzufuhr. Ob dies stimmte, war weder ausfindig zu machen, noch war ratsam, es zu versuchen; Garagisten ist man ausgeliefert wie einst Raubrittern, noch früher Ortsgöttern und Dämonen. Zu bequem, die halbe Stunde zur nächsten Bahnstation zurückzulegen und die etwas komplizierte, wenn auch kurze Reise nach Hause zu unternehmen, zu seiner Frau, zu seinen vier Kindern, alles Jungen, beschloß Traps zu übernachten. Es war sechs Uhr abends, heiß, der längste Tag nahe, das Dorf, an dessen Rand sich die Garage befand, freundlich, verzettelt gegen bewaldete Hügel hin, mit einem kleinen Bühl samt Kirche, Pfarrhaus und einer uralten, mit mächtigen Eisenringen und Stützen versehenen Eiche, alles solide, proper, sogar die Misthaufen vor den Bauernhäusern sorgfältig geschichtet und herausgeputzt. Auch stand irgendwo ein Fabriklein herum und mehrere Pinten und Landgasthöfe, deren einen Traps schon öfters hatte rühmen hören, doch waren die Zimmer belegt, eine Tagung der Kleinviehzüchter nahm die Betten in Anspruch, und der Textilreisende wurde nach einer Villa gewiesen, wo hin und wieder Leute aufgenommen würden. Traps zögerte. Noch war es möglich, mit der Bahn heimzukehren, doch lockte ihn die Hoffnung, irgendein Abenteuer zu erleben, gab es doch manchmal in den Dörfern Mädchen, wie in Großbiestringen neulich, die Textilreisende zu schätzen wußten. So schlug er denn neubelebt den Weg zur Villa ein. Von der Kirche her Glockengeläute. Kühe trotteten ihm entgegen, muhten. Das einstöckige Landhaus lag in einem größeren Garten, die Wände blendend weiß, Flachdach, grüne Rolläden, halb verdeckt von Büschen, Buchen und Tannen, gegen die Straße hin Blumen, Rosen vor allem, ein betagtes Männchen dazwischen mit umgebundener Lederschürze, möglicherweise der Hausherr, leichte Gartenarbeit verrichtend.

Traps stellte sich vor und bat um Unterkunft.

»Ihr Beruf?« fragte der Alte, der an den Zaun gekommen war, eine Brissago rauchend und die Gartentüre kaum überragend.

»In der Textilbranche beschäftigt.«

Der Alte musterte Traps aufmerksam, nach der Weise der Weitsichtigen über eine kleine randlose Brille blickend: »Gewiß, hier kann der Herr übernachten.«

Traps fragte nach dem Preis.

Er pflege dafür nichts zu nehmen, erklärte der Alte, er sei allein, sein Sohn befinde sich in den Vereinigten Staaten, eine Haushälterin sorge für ihn, Mademoiselle Simone, da sei er froh, hin und wieder einen Gast zu beherbergen.

Der Textilreisende dankte. Er war gerührt über die Gastfreundschaft und bemerkte, auf dem Lande seien eben die Sitten und Bräuche der Altvordern noch nicht ausgestorben. Die Gartentüre wurde geöffnet. Traps sah sich um. Kieswege, Rasen, große Schattenpartien, sonnenbeglänzte Stellen.

Er erwarte einige Herren heute abend, sagte der Alte, als sie bei den Blumen angelangt waren, und schnitt sorgfältig an einem Rosenstock herum. Freunde kämen, die in der Nachbarschaft wohnten, teils im Dorf, teils weiter gegen die Hügel hin, pensioniert wie er selber, hergezogen des milden Klimas wegen und weil hier der Föhn nicht zu spüren sei, alle einsam, verwitwet, neugierig auf etwas Neues, Frisches, Lebendiges, und so sei es ihm denn ein Vergnügen, Herrn Traps zum Abendessen und zum nachfolgenden Herrenabend einladen zu dürfen.

Der Textilreisende stutzte. Er hatte eigentlich im Dörfchen essen wollen, im allseits bekannten Landgasthof eben, doch wagte er nicht, die Aufforderung abzulehnen. Er fühlte sich verpflichtet. Er hatte die Einladung angenommen, kostenlos zu übernachten. Er wollte nicht als ein unhöflicher Stadtmensch erscheinen. So tat er erfreut. Der Hausherr führte ihn in den ersten Stock. Ein freundliches Zimmer. Fließendes Wasser, ein breites Bett, Tisch, bequemer Sessel, ein Hodler an der Wand, alte Lederbände im Büchergestell. Der Textilreisende öffnete sein Köfferchen, wusch, rasierte sich, hüllte sich in eine Wolke von Eau de Cologne, trat ans Fenster, zündete eine Zigarette an. Eine große Sonnenscheibe rutschte gegen die Hügel hinunter, umstrahlte die Buchen. Er überschlug flüchtig die Geschäfte dieses Tages, den Auftrag der Rotacher AG, nicht schlecht, die Schwierigkeiten mit Wildholz, fünf Prozent verlangte der, Junge, Junge, dem würde er schon den Hals umdrehen. Dann tauchten Erinnerungen auf. Alltägliches, Unordentliches, ein geplanter Ehebruch im Hotel Touring, die Frage, ob seinem Jüngsten (den er am meisten liebte) eine elektrische Eisenbahn zu kaufen sei, die Höflichkeit und eigentlich die Pflicht, seiner Frau zu telephonieren, Nachricht von seinem ungewollten Aufenthalt zu geben. Doch unterließ er es. Wie schon oft. Sie war daran gewöhnt und würde ihm außerdem auch nicht glauben. Er gähnte, genehmigte eine weitere Zigarette. Er sah zu, wie drei alte Herren über den Kiesweg anmarschiert kamen, zwei Arm in Arm, ein dicker, glatzköpfiger hintendrein. Begrüßung, Händeschütteln, Umarmungen, Gespräche über Rosen. Traps zog sich vom Fenster zurück, ging zum Büchergestell. Nach den Titeln, die er las, war ein langweiliger Abend zu erwarten: Hotzendorff, Das Verbrechen des Mordes und die Todesstrafe; Savigny, System des heutigen römischen Rechts; Ernst David Hölle, Die Praxis des Verhörs. Der Textilreisende sah klar. Sein Gastgeber war Jurist, vielleicht ein gewesener Rechtsanwalt. Er machte sich auf umständliche Erörterungen gefaßt, was verstand so ein Studierter vom wirklichen Leben, nichts, die Gesetze waren ja danach. Auch war zu befürchten, daß über Kunst oder ähnliches geredet würde, wobei er sich leicht blamieren konnte, na gut, wenn er nicht mitten im Geschäftskampf stehen würde, wäre er auch auf dem laufenden in höheren Dingen. So ging er denn ohne Lust hinunter, wo man sich in der offenen, immer noch sonnenbeschienenen Veranda niedergelassen hatte, während die Haushälterin, eine handfeste Person, nebenan im Speisezimmer den Tisch deckte. Doch stutzte er, als er die Gesellschaft sah, die ihn erwartete. Er war froh, daß ihm fürs erste der Hausherr entgegenkam, nun fast geckenhaft, die wenigen Haare sorgfältig gebürstet, in einem viel zu weiten Gehrock. Traps wurde willkommen geheißen. Mit einer kurzen Rede. So konnte er seine Verwunderung verbergen, murmelte, die Freude sei ganz auf seiner Seite, verneigte sich, kühl, distanziert, spielte den Textilfachmann von Welt und dachte mit Wehmut, daß er doch nur in diesem Dorfe geblieben sei, irgendein Mädchen aufzutreiben. Das war mißlungen. Er sah sich drei weiteren Greisen gegenüber, die in nichts dem kauzigen Gastgeber nachstanden. Wie ungeheure Raben füllten sie den sommerlichen Raum mit den Korbmöbeln und den luftigen Gardinen, uralt, verschmiert und verwahrlost, wenn auch ihre Gehröcke die beste Qualität aufwiesen, wie er gleich feststellte, wollte man vom Glatzköpfigen absehen (Pilet mit Namen, siebenundsiebzig Jahre alt, gab der Hausherr bei der Vorstellerei bekannt, die nun einsetzte), der steif und würdig auf einem äußerst unbequemen Schemel saß, obgleich doch mehrere angenehme Stühle herumstanden, überkorrekt hergerichtet, eine weiße Nelke im Knopfloch und ständig über seinen schwarzgefärbten buschigen Schnurrbart streichend, pensioniert offenbar, vielleicht ein ehemaliger, durch Glücksfall wohlhabend gewordener Küster oder Schornsteinfeger, möglicherweise auch Lokomotivführer. Um so verlotterter dagegen die beiden andern. Der eine (Herr Kummer, zweiundachtzig), noch dicker als Pilet, unermeßlich, wie aus speckigen Wülsten zusammengesetzt, saß in einem Schaukelstuhl, das Gesicht hochrot, gewaltige Säufernase, joviale Glotzaugen hinter einem goldenen Zwicker, dazu, wohl aus Versehen, ein Nachthemd unter dem schwarzen Anzug und die Taschen vollgestopft mit Zeitungen und Papieren, während der andere (Herr Zorn, sechsundachtzig) lang und hager, ein Monokel vor das linke Auge geklemmt, Schmisse im Gesicht, Hakennase, schlohweiße Löwenmähne, eingefallener Mund, eine vorgestrige Erscheinung alles in allem, die Weste falsch geknöpft hatte und zwei verschiedene Socken trug.

»Campari?« fragte der Hausherr.

»Aber bitte«, antwortete Traps und ließ sich in einen Sessel nieder, während der Lange, Hagere ihn interessiert durch sein Monokel betrachtete:

»Herr Traps wird wohl an unserem Spielchen teilnehmen?«

»Aber natürlich. Spiele machen mir Spaß.«

Die alten Herren lächelten, wackelten mit den Köpfen.

»Unser Spiel ist vielleicht etwas sonderbar«, gab der Gastgeber vorsichtig, fast zögernd zu bedenken. »Es besteht darin, daß wir des Abends unsere alten Berufe spielen.«

Die Greise lächelten aufs neue, höflich, diskret.

Traps wunderte sich. Wie er dies verstehen solle?

»Nun«, präzisierte der Gastgeber, »ich war einst Richter, Herr Zorn Staatsanwalt und Herr Kummer Advokat, und so spielen wir denn Gericht.«

»Ach so«, begriff Traps und fand die Idee passabel. Vielleicht war der Abend doch noch nicht verloren.

Der Gastgeber betrachtete den Textilreisenden feierlich. Im allgemeinen, erläuterte er mit milder Stimme, würden die berühmtesten historischen Prozesse durchgenommen, der Prozeß Sokrates, der Prozeß Jesus, der Prozeß Jeanne d'Arc, der Prozeß Dreyfus, neulich der Reichstagsbrand, und einmal sei Friedrich der Große für unzurechnungsfähig erklärt worden.

Traps staunte. »Das spielt ihr jeden Abend?«

Der Richter nickte. Aber am schönsten sei es natürlich, erklärte er weiter, wenn am lebenden Material gespielt werde, was des öfteren besonders interessante Situationen ergebe, erst vorgestern etwa sei ein Parlamentarier, der im Dorfe eine Wahlrede gehalten und den letzten Zug verpaßt hätte, zu vierzehn Jahren Zuchthaus wegen Erpressung und Bestechung verurteilt worden.

»Ein gestrenges Gericht«, stellte Traps belustigt fest.

»Ehrensache«, strahlten die Greise.

Was er denn für eine Rolle einnehmen könne?

Wieder Lächeln, fast Lachen.

Den Richter, den Staatsanwalt und den Verteidiger hätten sie schon, es seien dies ja auch Posten, die eine Kenntnis der Materie und der Spielregeln voraussetzten, meinte der Gastgeber, nur der Posten eines Angeklagten sei unbesetzt, doch sei Herr Traps in keiner Weise etwa gezwungen mitzuspielen, er möchte dies noch einmal betonen.

Das Vorhaben der alten Herren erheiterte den Textilreisenden. Der Abend war gerettet. Es würde nicht gelehrt zugehen und langweilig, es versprach lustig zu werden. Er war ein einfacher Mensch, ohne allzu große Denkkraft und Neigung zu dieser Tätigkeit, ein Geschäftsmann, gewitzigt, wenn es sein mußte, der in seiner Branche aufs Ganze ging, daneben gerne gut aß und trank, mit einer Neigung zu handfesten Späßen. Er spiele mit, sagte er, es sei ihm eine Ehre, den verwaisten Posten eines Angeklagten anzunehmen.

Bravo, krächzte der Staatsanwalt und klatschte in die Hände, bravo, das sei ein Manneswort, das nenne er Courage.

Der Textilreisende erkundigte sich neugierig nach dem Verbrechen, das ihm nun zugemutet würde.

Ein unwichtiger Punkt, antwortete der Staatsanwalt, das Monokel reinigend, ein Verbrechen lasse sich immer finden.

Alle lachten.

Herr Kummer erhob sich. »Kommen Sie, Herr Traps«, sagte er beinahe väterlich, »wir wollen doch den Porto noch probieren, den es hier gibt; er ist alt, den müssen Sie kennenlernen.«

Er führte Traps ins Speisezimmer. Der große runde Tisch war nun aufs festlichste gedeckt. Alte Stühle mit hohen Lehnen, dunkle Bilder an den Wänden, altmodisch, solide alles, von der Veranda her drang das Plaudern der Greise, durch die offenen Fenster flimmerte der Abendschein, drang das Gezwitscher der Vögel, und auf einem Tischchen standen Flaschen, weitere noch auf dem Kamin, die Bordeaux in Körbchen gelagert. Der Verteidiger goß sorgfältig und etwas zittrig aus einer alten Flasche Porto in zwei kleine Gläser, füllte sie bis zum Rande, stieß mit dem Textilreisenden auf dessen Gesundheit an, vorsichtig, die Gläser mit der kostbaren Flüssigkeit kaum in Berührung bringend.

Traps kostete. »Vortrefflich«, lobte er.

»Ich bin Ihr Verteidiger, Herr Traps«, sagte Herr Kummer. »Da heißt es zwischen uns beiden: Auf gute Freundschaft!«

»Auf gute Freundschaft!«

Es sei am besten, meinte der Advokat und rückte mit seinem roten Gesicht, mit seiner Säufernase und seinem Zwikker näher an Traps heran, so daß sein Riesenbauch ihn berührte, eine unangenehme weiche Masse, es sei am besten, wenn der Herr ihm sein Verbrechen gleich anvertraue. So könne er garantieren, daß man beim Gericht auch durchkäme. Die Situation sei zwar nicht gefährlich, doch auch nicht zu unterschätzen, der lange hagere Staatsanwalt, immer noch im Besitz seiner geistigen Kräfte, sei zu fürchten, und dann neige der Gastgeber leider zur Strenge und vielleicht sogar zur Pedanterie, was sich im Alter – er zähle siebenundachtzig – noch verstärkt habe. Trotzdem aber sei es ihm, dem Verteidiger, gelungen, die meisten Fälle durchzubringen, oder es wenigstens nicht zum Schlimmsten kommen zu lassen. Nur einmal bei einem Raubmord sei wirklich nichts zu retten gewesen. Aber ein Raubmord komme hier wohl nicht in Frage, wie er Herrn Traps einschätze, oder doch?

Er habe leider kein Verbrechen begangen, lachte der Textilreisende. Und dann sagte er: »Prosit!«

»Gestehen Sie es mir«, munterte ihn der Verteidiger auf. »Sie brauchen sich nicht zu schämen. Ich kenne das Leben, wundere mich über nichts mehr. Schicksale sind an mir vorübergegangen, Herr Traps, Abgründe taten sich auf, das können Sie mir glauben.«

Es tue ihm leid, schmunzelte der Textilreisende, wirklich, er sei ein Angeklagter, der ohne Verbrechen dastehe, und im übrigen sei es die Sache des Staatsanwaltes, eines zu finden, er habe es selber gesagt, und da wolle er ihn nun beim Wort nehmen. Spiel sei Spiel. Er sei neugierig, was herauskomme. Ob es denn ein richtiges Verhör gebe?

»Will ich meinen!«

»Da freue ich mich aber darauf.«

Der Verteidiger machte ein bedenkliches Gesicht.

»Sie fühlen sich unschuldig, Herr Traps?«

Der Textilreisende lachte: »Durch und durch«, und das Gespräch kam ihm äußerst lustig vor.

Der Verteidiger reinigte seinen Zwicker.

»Schreiben Sie sich's hinter die Ohren, junger Freund, Unschuld hin oder her, auf die Taktik kommt es an! Es ist halsbrecherisch – gelinde ausgedrückt –, vor unserem Gericht unschuldig sein zu wollen, im Gegenteil, es ist am klügsten, sich gleich eines Verbrechens zu bezichtigen, zum Beispiel, gerade für Geschäftsleute vorteilhaft: Betrug. Dann kann sich immer noch beim Verhör herausstellen, daß der Angeklagte übertreibt, daß eigentlich kein Betrug vorliegt, sondern etwa eine harmlose Vertuschung von Tatsachen aus Reklamegründen, wie sie im Handel öfters üblich ist. Der Weg von der Schuld zur Unschuld ist zwar schwierig, doch nicht unmöglich, dagegen ist es geradezu hoffnungslos, seine Unschuld bewahren zu wollen, und das Resultat verheerend. Sie verlieren, wo Sie doch gewinnen könnten, auch sind Sie nun gezwungen, die Schuld nicht mehr wählen zu dürfen, sondern sich aufzwingen zu lassen.«

Der Textilreisende zuckte amüsiert die Achseln, er bedaure, nicht dienen zu können, aber er sei sich keiner Übeltat bewußt, die ihn mit dem Gesetz in Konflikt gebracht habe, beteuerte er.

Der Verteidiger setzte seinen Zwicker wieder auf. Mit Traps werde er Mühe haben, meinte er nachdenklich, das werde hart auf hart gehen. »Doch vor allem«, schloß er die Unterredung, »überlegen Sie sich jedes Wort, plappern Sie nicht einfach vor sich hin, sonst sehen Sie sich plötzlich zu einer langjährigen Zuchthausstrafe verurteilt, ohne daß noch zu helfen wäre.«

Dann kamen die übrigen. Man setzte sich um den runden Tisch. Gemütliche Tafelrunde, Scherzworte. Zuerst wurden verschiedene Vorspeisen serviert, Aufschnitt, russische Eier, Schnecken, Schildkrötensuppe. Die Stimmung war vortrefflich, man löffelte vergnügt, schlürfte ungeniert.

»Nun, Angeklagter, was haben Sie uns vorzuweisen, ich hoffe einen schönen, stattlichen Mord«, krächzte der Staatsanwalt.

Der Verteidiger protestierte: »Mein Klient ist ein Angeklagter ohne Verbrechen, eine Seltenheit in der Justiz sozusagen. Behauptet unschuldig zu sein.«

»Unschuldig?« wunderte sich der Staatsanwalt. Die Schmisse leuchteten rot auf, das Monokel fiel ihm beinahe in den Teller, pendelte hin und her an der schwarzen Schnur. Der zwerghafte Richter, der eben Brot in die Suppe brockte, hielt inne, betrachtete den Textilreisenden vorwurfsvoll, schüttelte den Kopf, und auch der Glatzköpfige, Schweigsame mit der weißen Nelke starrte ihn erstaunt an. Die Stille war beängstigend. Kein Löffel- und Gabelgeräusch, kein Schnaufen und Schlürfen war zu vernehmen. Nur Simone im Hintergrund kicherte leise.

»Müssen wir untersuchen«, faßte der Staatsanwalt sich endlich. »Was es nicht geben kann, gibt es nicht.«

»Nur zu«, lachte Traps. »Ich stehe zur Verfügung!«

Zum Fisch gab es Wein, einen leichten spritzigen Neuchâteller. »Nun denn«, sagte der Staatsanwalt, seine Forelle auseinandernehmend, »wollen mal sehen. Verheiratet?«

»Seit elf Jahren.«

»Kinderchen?«

»Vier.«

»Beruf?«

»In der Textilbranche.«

»Also Reisender, lieber Herr Traps?«

»Generalvertreter.«

»Schön. Erlitten eine Panne?«

»Zufällig. Zum ersten Mal seit einem Jahr.«

»Ach. Und vor einem Jahr?«

»Nun, da fuhr ich noch den alten Wagen«, erklärte Traps. »Einen Citroën 1939, doch jetzt besitze ich einen Studebaker, rotlackiertes Extramodell.«

»Studebaker, ei, interessant, und erst seit kurzem? Waren wohl vorher nicht Generalvertreter?«

»Ein simpler, gewöhnlicher Reisender in Textilien.«

»Konjunktur«, nickte der Staatsanwalt.

Neben Traps saß der Verteidiger. »Passen Sie auf«, flüsterte er.

Der Textilreisende, der Generalvertreter, wie wir jetzt sagen dürfen, machte sich sorglos hinter ein Beefsteak Tartar, träufelte Zitrone darüber, sein Rezept, etwas Kognak, Paprika und Salz. Ein angenehmeres Essen sei ihm noch nie vorgekommen, strahlte er dabei, er habe stets die Abende in der Schlaraffia für das Amüsanteste gehalten, was seinesgleichen erleben könne, doch dieser Herrenabend bereite noch größeren Spaß.

»Aha«, stellte der Staatsanwalt fest, »Sie gehören der Schlaraffia an. Welchen Spitznamen führen Sie denn dort?«

»Marquis de Casanova.«

»Schön«, krächzte der Staatsanwalt freudig, als ob die Nachricht von Wichtigkeit wäre, das Monokel wieder eingeklemmt. »Uns allen ein Vergnügen, dies zu hören. Darf von Ihrem Spitznamen auf Ihr Privatleben geschlossen werden, mein Bester?«

»Aufgepaßt«, zischte der Verteidiger.

»Lieber Herr«, antwortete Traps. »Nur bedingt. Wenn mir mit Weibern etwas Außereheliches passiert, so nur zufälligerweise und ohne Ambition.«

Ob Herr Traps die Güte hätte, der versammelten Runde sein Leben in kurzen Zügen bekannt geben zu wollen, fragte der Richter, Neuchâteller nachfüllend. Da man ja beschlossen habe, über den lieben Gast und Sünder zu Gericht zu sitzen und ihn womöglich auf Jahre hinaus zu verknurren, sei es nur angemessen, Näheres, Privates, Intimes zu erfahren, Weibergeschichten, wenn möglich gesalzen und gepfeffert.

»Erzählen, erzählen!« forderten die alten Herren den Generalvertreter kichernd auf. Einmal hätten sie einen Zuhälter am Tisch gehabt, der hätte die spannendsten und pikantesten Dinge aus seinem Métier erzählt und sei zu alledem mit nur vier Jahren Zuchthaus davongekommen.

»Nu, nu«, lachte Traps mit, »was gibt es schon von mir zu erzählen. Ich führe ein alltägliches Leben, meine Herren, ein kommunes Leben, wie ich gleich gestehen will. Pupille!«

»Pupille!«

Der Generalvertreter hob sein Glas, fixierte gerührt die starren, vogelartigen Augen der vier Alten, die an ihm hafteten, als wäre er ein spezieller Leckerbissen, und dann stießen die Gläser aneinander.

Draußen war die Sonne nun endlich untergegangen, und auch der Höllenlärm der Vögel verstummt, aber noch lag die Landschaft taghell da, die Gärten und die roten Dächer zwischen den Bäumen, die bewaldeten Hügel und in der Ferne die Vorberge und einige Gletscher, Friedensstimmung, Stille einer ländlichen Gegend, feierliche Ahnung von Glück, Gottessegen und kosmischer Harmonie.

Eine harte Jugend habe er durchgemacht, erzählte Traps, während Simone die Teller wechselte und eine dampfende Riesenschüssel auftischte. Champignons à la Crème. Sein Vater sei Fabrikarbeiter gewesen, ein Proletarier, den Irrlehren von Marx und Engels verfallen, ein verbitterter, freudloser Mann, der sich um sein einziges Kind nie gekümmert habe, die Mutter Wäscherin, früh verblüht.

»Nur die Primarschule durfte ich besuchen, nur die Primarschule«, stellte er fest, Tränen in den Augen, erbittert und gerührt zugleich über seine karge Vergangenheit, während man mit einem Réserve des Maréchaux anstieß.

»Eigenartig«, sagte der Staatsanwalt, »eigenartig. Nur die Primarschule. Haben sich aber mit Leibeskräften heraufgearbeitet, mein Verehrter.«

»Das will ich meinen«, prahlte dieser, vom Maréchaux angefeuert, beschwingt vom geselligen Beisammensein, von der feierlichen Gotteswelt vor den Fenstern. »Das will ich meinen. Noch vor zehn Jahren war ich nichts als ein Hausierer und zog mit einem Köfferchen von Haus zu Haus. Harte Arbeit, tippeln, übernachten in Heuschobern, zweifelhaften Herbergen. Von unten fing ich an in meiner Branche, ganz von unten. Und jetzt, meine Herren, wenn Sie mein Bankkonto sähen! Ich will mich nicht rühmen, aber hat jemand von euch einen Studebaker?«

»Seien Sie doch vorsichtig«, flüsterte der Verteidiger besorgt.

Wie denn das gekommen sei, fragte der Staatsanwalt neugierig.

Er solle aufpassen und nicht zuviel reden, mahnte der Verteidiger.

Er habe die Alleinvertretung der ›Hephaiston‹ auf diesem Kontinent übernommen, verkündete Traps und schaute sich triumphierend um. Nur Spanien und der Balkan seien in anderen Händen.

Hephaistos sei ein griechischer Gott, kicherte der kleine Richter, Champignons auf seinen Teller häufend, ein gar großer Kunstschmied, der die Liebesgöttin und ihren Galan, den Kriegsgott Ares, in einem so feingeschmiedeten und unsichtbaren Netz gefangen habe, daß sich die übrigen Götter nicht genug über diesen Fang hätten freuen können, aber was der Hephaiston bedeute, dessen Alleinvertretung der verehrte Herr Traps übernommen habe, sei ihm schleierhaft.

»Und doch sind Sie nahe daran, verehrter Gastgeber und Richter«, lachte Traps. »Sie sagen selbst: schleierhaft, und der mir unbekannte griechische Gott fast gleichen Namens mit meinem Artikel habe ein gar feines und unsichtbares Netz gesponnen. Wenn es heute Nylon, Perlon, Myrlon gibt, Kunststoffe, von denen das hohe Gericht doch wohl gehört hat, so gibt es auch Hephaiston, den König der Kunststoffe, unzerreißbar, durchsichtig, doch dabei gerade für Rheumatiker eine Wohltat, ebenso verwendbar in der Industrie wie in der Mode, für den Krieg wie für den Frieden. Der vollendete Stoff für Fallschirme und zugleich die pikanteste Materie für Nachthemden schönster Damen, wie ich aus eigener Forschung weiß.«

»Hört, hört«, quakten die Greise, »eigene Forschung, das ist gut«, und Simone wechselte aufs neue die Teller, brachte einen Kalbsnierenbraten.

»Ein Festessen«, strahlte der Generalvertreter.

»Freut mich«, sagte der Staatsanwalt, »daß Sie so etwas zu würdigen wissen, und mit Recht! Beste Ware wird uns vorgesetzt und in genügenden Mengen, ein Menü wie aus dem vorigen Jahrhundert, da die Menschen noch zu essen wagten. Loben wir Simone! Loben wir unseren Gastgeber! Kauft er doch selber ein, der alte Gnom und Gourmet, und was die Weine betrifft, sorgt Pilet für sie als Ochsenwirt im Nachbardörfchen. Loben wir auch ihn! Doch wie steht es nun mit Ihnen, mein Tüchtiger? Durchforschen wir Ihren Fall weiter. Ihr Leben kennen wir nun, es war ein Vergnügen, einen kleinen Einblick zu erhalten, und auch über Ihre Tätigkeit herrscht Klarheit. Nur ein unwichtiger Punkt ist noch nicht geklärt: Wie kamen Sie beruflich zu einem so lukrativen Posten? Allein durch Fleiß, durch eiserne Energie?«

»Aufpassen«, zischte der Verteidiger. »Jetzt wird's gefährlich.«

Das sei nicht so leicht gewesen, antwortete Traps und sah begierig zu, wie der Richter den Braten zu tranchieren begann, er habe zuerst Gygax besiegen müssen, und das sei eine harte Arbeit gewesen.

»Ei, und Herr Gygax, wer ist denn dies wieder?«

»Mein früherer Chef.«

»Er mußte verdrängt werden, wollen Sie sagen?«

»Auf die Seite geschafft mußte er werden, um im rauhen Ton meiner Branche zu bleiben«, antwortete Traps und bediente sich mit Sauce. »Meine Herren, Sie werden ein offenes Wort ertragen. Es geht hart zu im Geschäftsleben, wie du mir, so ich dir, wer da ein Gentleman sein will, bitte schön, kommt um. Ich verdiene Geld wie Heu, doch ich schufte auch wie zehn Elefanten, jeden Tag spule ich meine sechshundert Kilometer mit meinem Studebaker herunter. So ganz fair bin ich nicht vorgegangen, als es hieß, dem alten Gygax das Messer an die Kehle zu setzen und zuzustoßen, aber ich mußte vorwärtskommen, was will einer, Geschäft ist schließlich Geschäft.«

Der Staatsanwalt sah neugierig vom Kalbsnierenbraten

auf. »Auf die Seite schaffen, das Messer an die Kehle setzen, zustoßen, das sind ja ziemlich bösartige Ausdrücke, lieber Traps.«

Der Generalvertreter lachte: »Sie sind natürlich nur im übertragenen Sinne zu verstehen.«

»Herr Gygax befindet sich wohl, Verehrtester?«

»Er ist letztes Jahr gestorben.«

»Sind Sie toll?« zischte der Verteidiger aufgeregt. »Sie sind wohl ganz verrückt geworden!«

»Letztes Jahr«, bedauerte der Staatsanwalt. »Das tut mir aber leid. Wie alt ist er denn geworden?«

»Zweiundfünfzig.«

»Blutjung. Und woran ist er gestorben?«

»An irgendeiner Krankheit.«

»Nachdem Sie seinen Posten erhalten hatten?«

»Kurz vorher.«

»Schön, mehr brauche ich einstweilen nicht zu wissen«, sagte der Staatsanwalt. »Glück, wir haben Glück. Ein Toter ist aufgestöbert, und das ist schließlich die Hauptsache.«

Alle lachten. Sogar Pilet, der Glatzköpfige, der andächtig vor sich hin aß, pedantisch, unbeirrbar, unermeßliche Mengen hinunterschlingend, sah auf.

»Fein«, sagte er und strich sich über den schwarzen Schnurrbart.

Dann schwieg er und aß weiter.

Der Staatsanwalt hob feierlich sein Glas. »Meine Herren«, erklärte er, »auf diesen Fund hin wollen wir den Pichon-Longueville 1933 goutieren. Ein guter Bordeaux zu einem guten Spiel!«

Sie stießen aufs neue an, tranken einander zu.

»Donnerwetter, meine Herren!« staunte der Generalvertreter, den Pichon in einem Zuge leerend und das Glas dem Richter hinhaltend: »Das schmeckt aber riesig!«

Die Dämmerung war angebrochen und die Gesichter der Versammelten kaum mehr zu erkennen. Die ersten Sterne waren in den Fenstern zu ahnen, und die Haushälterin zündete drei große schwere Leuchter an, die das Schattenbild der Tafelrunde wie den wunderbaren Blütenkelch einer phantastischen Blume an die Wände malten. Trauliche, gemütliche Stimmung, Sympathie allerseits, Lockerung der Umgangsformen, der Sitten.

»Wie im Märchen«, staunte Traps.

Der Verteidiger wischte sich mit der Serviette den

Schweiß von der Stirne. »Das Märchen, lieber Traps«, sagte er, »sind Sie. Es ist mir noch nie ein Angeklagter begegnet, der mit größerer Seelenruhe so unvorsichtige Aussagen gemacht hätte.«

Traps lachte: »Keine Bange, lieber Nachbar! Wenn erst einmal das Verhör beginnt, werde ich schon den Kopf nicht verlieren.«

Totenstille im Zimmer, wie schon einmal. Kein Schmatzen mehr, kein Schlürfen.

»Sie Unglücksmensch!« ächzte der Verteidiger. »Was meinen Sie damit: Wenn erst einmal das Verhör beginnt?«

»Nun«, sagte der Generalvertreter, Salat auf den Teller häufend, »hat es etwa schon begonnen?«

Die Greise schmunzelten, sahen pfiffig drein, verschmitzt, meckerten endlich vor Vergnügen.

Der Stille, Ruhige, Glatzköpfige kicherte: »Er hat es nicht gemerkt, er hat es nicht gemerkt!«

Traps stutzte, war verblüfft, die spitzbübische Heiterkeit kam ihm unheimlich vor, ein Eindruck, der sich freilich bald verflüchtigte, so daß er mitzulachen begann: »Meine Herren, verzeihen Sie«, sagte er, »ich dachte mir das Spiel feierlicher, würdiger, förmlicher, mehr Gerichtssaal.«

»Liebster Herr Traps«, klärte ihn der Richter auf, »Ihr bestürztes Gesicht ist nicht zu bezahlen. Unsere Art, Gericht zu halten, scheint Ihnen fremd und allzu munter, sehe ich. Doch, Wertgeschätzter, wir vier an diesem Tisch sind pensioniert und haben uns vom unnötigen Wust der Formeln, Protokolle, Schreibereien, Gesetze und was sonst noch für Kram unsere Gerichtssäle belastet, befreit. Wir richten ohne Rücksicht auf die lumpigen Gesetzbücher und Paragraphen.«

»Mutig«, entgegnete Traps mit schon etwas schwerer Zunge, »mutig. Meine Herren, das imponiert mir. Ohne Paragraphen, das ist eine kühne Idee.«

Der Verteidiger erhob sich umständlich. Er gehe Luft schnappen, verkündete er, bevor es zum Hähnchen und zum übrigen komme, ein kleines Gesundheits-Spaziergänglein und eine Zigarette seien nun an der Zeit, und er lade Herrn Traps ein, ihn zu begleiten.

Sie traten von der Veranda in die Nacht hinaus, die nun endlich hereingebrochen war, warm und majestätisch. Von den Fenstern des Eßzimmers her lagen goldene Lichtbänder über dem Rasen, erstreckten sich bis zu den Rosenbeeten. Der Himmel voller Sterne, mondlos, als dunkle Masse standen die Bäume da, und die Kieswege zwischen ihnen waren kaum zu erraten, über die sie nun schritten. Sie hatten sich den Arm gegeben. Beide waren schwer vom Wein, torkelten und schwankten auch hin und wieder, gaben sich Mühe, schön gerade zu gehen, und rauchten Zigaretten, Parisiennes, rote Punkte in der Finsternis.

»Mein Gott«, schöpfte Traps Atem, »war dies ein Jux da drinnen«, und wies nach den erleuchteten Fenstern, in denen eben die massige Silhouette der Haushälterin sichtbar wurde. »Vergnüglich geht's zu, vergnüglich.«

»Lieber Freund«, sagte der Verteidiger wankend und sich auf Traps stützend, »bevor wir zurückgehen und unser Hähnchen in Angriff nehmen, lassen Sie mich ein Wort an Sie richten, ein ernstes Wort, das Sie beherzigen sollten. Sie sind mir sympathisch, junger Mann, ich fühle zärtlich für Sie, ich will wie ein Vater zu Ihnen reden: Wir sind im schönsten Zuge, unseren Prozeß in Bausch und Bogen zu verlieren!«

»Das ist Pech«, antwortete der Generalvertreter und steuerte den Verteidiger vorsichtig den Kiesweg entlang um die große schwarze, kugelrunde Masse eines Gebüschs herum. Dann kam ein Teich, sie ahnten eine Steinbank, setzten sich. Sterne spiegelten sich im Wasser, Kühle stieg auf. Vom Dorfe her Handharmonikaklänge und Gesang, auch ein Alphorn war jetzt zu hören, der Kleinviehzüchterverband feierte.

»Sie müssen sich zusammennehmen«, mahnte der Verteidiger. »Wichtige Bastionen sind vom Feind genommen; der tote Gygax, unnötigerweise aufgetaucht durch Ihr hemmungsloses Geschwätz, droht mächtig, all dies ist schlimm, ein ungeübter Verteidiger müßte die Waffen strecken, doch mit Zähigkeit, unter Ausnützung aller Chancen und vor allem mit der größten Vorsicht und Disziplin Ihrerseits kann ich noch Wesentliches retten.«

Traps lachte. Das sei ein gar zu komisches Gesellschaftsspiel, stellte er fest, in der nächsten Sitzung der Schlaraffia müsse dies unbedingt auch eingeführt werden.

»Nicht wahr?« freute sich der Verteidiger, »man lebt auf. Hingesiecht bin ich, lieber Freund, nachdem ich meinen Rücktritt genommen hatte und plötzlich ohne Beschäftigung, ohne meinen alten Beruf in diesem Dörfchen das Alter genießen sollte. Was ist denn hier auch los? Nichts, nur der Föhn nicht zu spüren, das ist alles. Gesundes Klima? Lächerlich, ohne geistige Beschäftigung. Der Staatsanwalt lag im Sterben, bei unserem Gastfreund vermutete man Magenkrebs, Pilet litt an einem Diabetes, mir machte der Blutdruck zu schaffen. Das war das Resultat. Ein Hundeleben. Hin und wieder saßen wir traurig zusammen, erzählten sehnsüchtig von unseren alten Berufen und Erfolgen, unsere einzige spärliche Freude. Da kam der Staatsanwalt auf den Einfall, das Spiel einzuführen, der Richter stellte das Haus und ich mein Vermögen zur Verfügung – na ja, ich bin Junggeselle, und als jahrzehntelanger Anwalt der oberen Zehntausend legt man sich ein hübsches Sümmchen auf die Seite, mein Lieber, kaum zu glauben, wie sich ein freigesprochener Raubritter der Hochfinanz seinem Verteidiger splendide erweist, das grenzt an Verschwendung –, und es wurde unser Gesundbrunnen, dieses Spiel; die Hormone, die Mägen, die Bauchspeicheldrüsen kamen wieder in Ordnung, die Langeweile verschwand, Energie, Jugendlichkeit, Elastizität, Appetit stellten sich wieder ein; sehen Sie mal«, und er machte trotz seinem Bauch einige Turnübungen, wie Traps undeutlich in der Dunkelheit bemerken konnte. »Wir spielen mit den Gästen des Richters, die unsere Angeklagten abgeben«, fuhr der Verteidiger fort, nachdem er sich wieder gesetzt hatte, »bald mit Hausierern, bald mit Ferienreisenden, und vor zwei Monaten durften wir gar einen deutschen General zu zwanzig Jahren Zuchthaus verurteilen. Er kam hier durchgewandert mit seiner Gattin, nur meine Kunst rettete ihn vor dem Galgen.«

»Großartig«, staunte Traps, »diese Produktion! Doch das mit dem Galgen kann nicht gut stimmen, da übertreiben Sie ein bißchen, verehrter Herr Rechtsanwalt, denn die Todesstrafe ist ja abgeschafft.«

»In der staatlichen Justiz«, stellte der Verteidiger richtig, »doch wir haben es hier mit einer privaten Justiz zu tun und führten sie wieder ein: Gerade die Möglichkeit der Todesstrafe macht unser Spiel so spannend und eigenartig.«

»Und einen Henker habt ihr wohl auch, wie?« lachte Traps.

»Natürlich«, bejahte der Verteidiger stolz; »haben wir auch. Pilet.«

»Pilet?«

»Überrascht, wie?«

Traps schluckte einige Male. »Der ist doch Ochsenwirt und sorgt für die Weine, die wir trinken.«

»Gastwirt war er immer«, schmunzelte der Verteidiger gemütlich. »Übte seine staatliche Tätigkeit nur nebenberuflich aus. Ehrenamtlich beinah. War einer der tüchtigsten seines Fachs im Nachbarlande, nun auch schon zwanzig Jahre pensioniert, doch immer noch auf dem laufenden in seiner Kunst.«

Ein Automobil fuhr durch die Straße, und im Lichte der Scheinwerfer leuchtete der Rauch der Zigaretten auf. Sekundenlang sah Traps auch den Verteidiger, die unmäßige Gestalt im verschmierten Gehrock, das fette, zufriedene, gemütliche Gesicht. Traps zitterte. Kalter Schweiß lag auf seiner Stirne.

»Pilet.«

Der Verteidiger stutzte: »Aber was haben Sie denn auf einmal, guter Traps? Spüre, daß Sie zittern. Ist Ihnen nicht wohl?«

Er sah den Kahlköpfigen vor sich, der doch eigentlich ziemlich stumpfsinnig mitgetafelt hatte, es war eine Zumutung, mit so einem zu essen. Aber was konnte der arme Kerl für seinen Beruf – die milde Sommernacht, der noch mildere Wein stimmten Traps human, tolerant, vorurteilslos, er war schließlich ein Mann, der vieles gesehen hatte und die Welt kannte, kein Mucker und Spießer, nein, ein Textilfachmann von Format, ja es schien Traps nun, der Abend wäre ohne Henker weniger lustig und ergötzlich, und er freute sich schon, das Abenteuer bald in der Schlaraffia zum besten geben zu können, wohin man den Henker sicher auch einmal kommen lassen würde gegen ein kleines Honorar und Spesen, und so lachte er denn schließlich befreit auf: »Bin reingefallen! Habe mich gefürchtet! Das Spiel wird immer lustiger!«

»Vertrauen gegen Vertrauen«, sagte der Verteidiger, als sie sich erhoben hatten und Arm in Arm, vom Licht der Fenster geblendet, gegen das Haus hintappten. »Wie brachten Sie Gygax um?«

»Ich soll ihn umgebracht haben?«

»Na, wenn er doch tot ist.«

»Ich brachte ihn aber nicht um.«

Der Verteidiger blieb stehen. »Mein lieber junger Freund«, entgegnete er teilnehmend, »ich begreife die Bedenken. Von den Verbrechen sind die Morde am peinlichsten zu gestehen. Der Angeklagte schämt sich, will seine Tat nicht wahrhaben, vergißt, verdrängt sie aus dem Gedächtnis, ist überhaupt voller Vorurteile der Vergangenheit gegenüber, belastet sich mit übertriebenen Schuldgefühlen und traut niemandem, selbst seinem väterlichen Freunde nicht, dem Verteidiger, was gerade das Verkehrteste ist, denn ein rechter Verteidiger liebt den Mord, jubelt auf, bringt man ihm einen. Her damit, lieber Traps! Mir wird erst wohl, wenn ich vor einer wirklichen Aufgabe stehe, wie ein Alpinist vor einem schwierigen Viertausender, wie ich als alter Bergsteiger sagen darf. Da fängt das Hirn an zu denken und zu dichten, zu schnurren und zu schnarren, daß es eine Freude ist. So ist denn auch Ihr Mißtrauen der große, ja ich darf sagen, der entscheidende Fehler, den Sie machen. Darum, heraus mit dem Geständnis, alter Knabe!«

Er habe aber nichts zu gestehen, beteuerte der Generalvertreter.

Der Verteidiger stutzte. Grell beschienen vom Fenster, aus dem Gläserklirren und Lachen immer übermütiger schwoll, glotzte er Traps an.

»Junge, Junge«, brummte er mißbilligend, »was heißt das wieder? Wollen Sie denn Ihre falsche Taktik immer noch nicht aufgeben und immer noch den Unschuldigen spielen? Haben Sie denn noch nicht kapiert? Gestehen muß man, ob man will oder nicht, und zu gestehen hat man immer was, das dürfte Ihnen doch langsam dämmern! Wohlan denn, lieber Freund, weder geziert noch gezaudert, sondern frisch von der Leber weg gesprochen: Wie brachten Sie Gygax um? Im Affekt, nicht? Da müßten wir uns auf eine Anklage auf Totschlag gefaßt machen. Wette, daß der Staatsanwalt dahinsteuert. Habe so meine Vermutung. Kenne den Burschen.«

Traps schüttelte den Kopf. »Mein lieber Herr Verteidiger«, sagte er, »der besondere Reiz unseres Spiels besteht darin – wenn ich als Anfänger und ganz unmaßgeblich meine Meinung äußern darf –, daß es einem dabei unheimlich und gruselig wird. Das Spiel droht in die Wirklichkeit umzukippen. Man fragt sich auf einmal, ob man nun eigentlich ein Verbrecher sei oder nicht, ob man den alten Gygax umgebracht habe oder nicht. Es ist mir bei Ihrer Rede fast wirblig geworden. Und darum, Vertrauen gegen Vertrauen: Ich bin unschuldig am Tode des alten Gangsters. Wirklich.« Damit traten sie wieder ins Speisezimmer, wo das Hähnchen schon serviert war und ein Château Pavie 1921 in den Gläsern funkelte.

Traps, in Stimmung, begab sich zum Ernsten, Schweigenden, Glatzköpfigen, drückte ihm die Hand. Er habe vom Verteidiger seinen ehemaligen Beruf erfahren, sagte er, er wolle betonen, daß es nichts Angenehmeres geben könne, als einen so wackeren Mann am Tische zu wissen, er kenne keine Vorurteile, im Gegenteil, und Pilet, über seinen gefärbten Schnurrbart streichend, murmelte errötend, etwas geniert und in einem entsetzlichen Dialekt: »Freut mich, freut mich, werd mir Mühe geben.«

Nach dieser rührenden Verbrüderung mundete denn auch das Hähnchen vortrefflich. Es war nach einem Geheimrezept Simones zubereitet, wie der Richter verkündete. Man schmatzte, aß mit den Händen, lobte das Meisterwerk, trank, stieß auf jedermanns Gesundheit an, leckte die Sauce von den Fingern, fühlte sich wohl, und in aller Gemütlichkeit nahm der Prozeß seinen Fortgang. Der Staatsanwalt, eine Serviette umgebunden und das Hähnchen vor dem schnabelartigen, schmatzenden Munde, hoffte, zum Geflügel ein Geständnis serviert zu bekommen. »Gewiß, liebster und ehrenhaftester Angeklagter«, forschte er, »haben Sie Gygax vergiftet.«

»Nein«, lachte Traps, »nichts dergleichen.«

»Nun, sagen wir: erschossen?«

»Auch nicht.«

»Einen heimlichen Autounfall arrangiert?«

Alles lachte, und der Verteidiger zischte wieder einmal: »Aufpassen, das ist eine Falle!«

»Pech, Herr Staatsanwalt, ausgesprochen Pech«, rief Traps übermütig aus: »Gygax starb an einem Herzinfarkt, und es war nicht einmal der erste, den er erlitt. Schon Jahre vorher erwischte es ihn, er mußte aufpassen. Wenn er nach außen auch den gesunden Mann spielte, bei jeder Aufregung war zu befürchten, daß es sich wiederhole, ich weiß es bestimmt.«

»Ei, und von wem denn?«

»Von seiner Frau, Herr Staatsanwalt.«

»Von seiner Frau?«

»Aufpassen, um Himmelswillen«, flüsterte der Verteidiger.

Der Château Pavie 1921 übertraf die Erwartungen. Traps war schon beim vierten Glas, und Simone hatte eine Extraflasche in seine Nähe gestellt. Da staune der Staatsanwalt, prostete der Generalvertreter den alten Herren zu, doch damit das hohe Gericht nicht etwa glaube, er verheimliche was, wolle er die Wahrheit sagen und bei der Wahrheit bleiben, auch wenn ihn der Verteidiger mit seinem »Aufpassen!« umzische. Mit Frau Gygax nämlich habe er was gehabt, nun ja, der alte Gangster sei oft auf Reisen gewesen und habe sein gutgebautes und leckeres Frauchen aufs grausamste vernachlässigt; da habe er hin und wieder den Tröster abgeben müssen, auf dem Kanapee in Gygaxens Wohnstube und später auch bisweilen im Ehebett, wie es eben so komme und wie es der Lauf der Welt sei.

Auf diese Worte Trapsens erstarrten die alten Herren, dann aber, auf einmal, kreischten sie laut auf vor Vergnügen, und der Glatzköpfige, sonst Schweigsame schrie, seine weiße Nelke in die Luft werfend: »Ein Geständnis, ein Geständnis!«, nur der Verteidiger trommelte verzweifelt mit den Fäusten auf seine Schläfen.

»So ein Unverstand!« rief er. Sein Klient sei toll geworden und dessen Geschichte nicht ohne weiteres zu glauben, worauf Traps entrüstet und unter erneutem Beifall der Tischrunde protestierte. Damit begann ein langes Gerede zwischen dem Verteidiger und dem Staatsanwalt, ein hartnäckiges Hin und Her, halb komisch, halb ernst, eine Diskussion, deren Inhalt Traps nicht begriff. Es drehte sich um das Wort dolus, von dem der Generalvertreter nicht wußte, was es bedeuten mochte. Die Diskussion wurde immer heftiger, lauter geführt, immer unverständlicher, der Richter mischte sich ein, ereiferte sich ebenfalls, und war Traps anfangs bemüht hinzuhorchen, etwas vom Sinn des Streitgesprächs zu erraten, so atmete er nun auf, als die Haushälterin Käse auftischte, Camembert, Brie, Emmentaler, Gruyère, Tête de Moine, Vacherin, Limburger, Gorgonzola, und ließ dolus dolus sein, prostete mit dem Glatzköpfigen, der allein schwieg und auch nichts zu begreifen schien, und griff zu – bis auf einmal, unerwartet, der Staatsanwalt sich wieder an ihn wandte: »Herr Traps«, fragte er mit gesträubter Löwenmähne und hochrotem Gesicht, das Monokel in der linken Hand, »sind Sie immer noch mit Frau Gygax befreundet?«

Alle glotzten zu Traps hinüber, der Weißbrot mit Camembert in den Mund geschoben hatte und gemütlich kaute. Dann nahm er noch einen Schluck Château Pavie. Irgendwo tickte eine Uhr, und vom Dorfe her drangen noch einmal ferne Handorgelklänge, Männergesang – ›Heißt ein Haus zum Schweizerdegen‹.

Seit dem Tode Gygaxens, erklärte Traps, habe er das Frauchen nicht mehr besucht. Er wolle die brave Witwe schließlich nicht in Verruf bringen.

Seine Erklärung erweckte zu seiner Verwunderung aufs neue eine gespenstische, unbegreifliche Heiterkeit, man wurde noch übermütiger als zuvor, der Staatsanwalt schrie: »Dolo malo, dolo malo!«, brüllte griechische und lateinische Verse, zitierte Schiller und Goethe, während der kleine Richter die Kerzen ausblies, bis auf eine, die er dazu benutzte, mit den Händen hinter ihrer Flamme, laut mekkernd und fauchend, die abenteuerlichsten Schattenbilder an die Wand zu werfen, Ziegen, Fledermäuse, Teufel und Waldschrate, wobei Pilet auf den Tisch trommelte, daß die Gläser, Teller, Platten tanzten: »Es kommt zum Todesurteil, es kommt zum Todesurteil!« Nur der Verteidiger machte nicht mit, schob die Platte zu Traps hin. Er solle nehmen, sie müßten sich am Käse gütlich tun, es bliebe nichts anderes mehr übrig.

Ein Château Margaux wurde gebracht. Damit kehrte die Ruhe wieder ein. Alle starrten auf den Richter, der die verstaubte Flasche (Jahrgang 1914) vorsichtig und umständlich zu entkorken begann, mit einem sonderbaren, altertümlichen Zapfenzieher, der es ihm ermöglichte, den Zapfen aus der liegenden Flasche zu ziehen, ohne sie aus dem Körbchen zu nehmen, eine Prozedur, die unter atemloser Spannung erfolgte, galt es doch, den Zapfen möglichst unbeschädigt zu lassen, war er doch der einzige Beweis, daß die Flasche wirklich aus dem Jahre 1914 stammte, da die vier Jahrzehnte die Etikette längst vernichtet hatten. Der Zapfen kam nicht ganz, der Rest mußte sorgfältig entfernt werden, doch war auf ihm noch die Jahrzahl zu lesen, er wurde von einem zum andern gereicht, berochen, bewundert und schließlich feierlich dem Generalvertreter übergeben, zum Andenken an den wunderschönen Abend, wie der Richter sagte. Der kostete den Wein nun vor, schnalzte, schenkte ein, worauf die andern zu riechen, zu schlürfen begannen, in Rufe des Entzückens ausbrachen, den splendiden Gastgeber priesen. Der Käse wurde herumgereicht, und der Richter forderte den Staatsanwalt auf, sein »Anklageredchen« zu halten. Der verlangte vorerst neue Kerzen, es solle feierlich dabei zugehen, andächtig, Konzentration sei vonnöten, innere Sammlung. Simone brachte das Verlangte. Alle waren gespannt, dem Generalvertreter kam die Angelegenheit leicht unheimlich vor, er fröstelte, doch gleichzeitig fand er sein Abenteuer wundervoll, und um nichts auf der Welt hätte er darauf verzichten wollen. Nur sein Verteidiger schien nicht ganz zufrieden.

»Gut, Traps«, sagte er, »hören wir uns die Anklagerede an. Sie werden staunen, was Sie mit Ihren unvorsichtigen Antworten, mit Ihrer falschen Taktik angerichtet haben. War es vorher schlimm, so ist es nun katastrophal. Doch Courage, ich werde Ihnen schon aus der Patsche helfen, verlieren Sie nur nicht den Kopf dabei, wird Sie Nerven kosten, da heil durchzukommen.«

Es war soweit. Allgemeines Räuspern, Husten, noch einmal stieß man an, und der Staatsanwalt begann unter Gekicher und Geschmunzel seine Rede.

»Das Vergnügliche unseres Herrenabends«, sagte er, indem er sein Glas erhob, doch sonst sitzen blieb, »das Gelungene ist wohl, daß wir einem Mord auf die Spur gekommen sind, so raffiniert angelegt, daß er unserer staatlichen Justiz natürlicherweise mit Glanz entgangen ist.«

Traps stutzte, ärgerte sich mit einem Male. »Ich soll einen Mord begangen haben?« protestierte er, »na hören Sie, das geht mir etwas zu weit, schon der Verteidiger kam mit dieser faulen Geschichte«, aber dann besann er sich und begann zu lachen, unmäßig, kaum daß er sich beruhigen konnte, ein wunderbarer Witz, jetzt begreife er, man wolle ihm ein Verbrechen einreden, zum Kugeln, das sei einfach zum Kugeln.

Der Staatsanwalt sah würdig zu Traps hinüber, reinigte das Monokel, klemmte es wieder ein.

»Der Angeklagte«, sagte er, »zweifelt an seiner Schuld. Menschlich. Wer von uns kennt sich, wer von uns weiß von seinen Verbrechen und geheimen Untaten? Eins jedoch darf schon jetzt betont werden, bevor die Leidenschaften unseres Spiels von neuem aufbrausen: Falls Traps ein Mörder ist, wie ich behaupte, wie ich innig hoffe, stehen wir vor einer besonders feierlichen Stunde. Mit Recht. Es ist ein freudiges Ereignis, die Entdeckung eines Mordes, ein Ereignis, das unsere Herzen höher schlagen läßt, uns vor neue Aufgaben, Entscheidungen, Pflichten stellt, und so darf ich denn vor allem unserem lieben voraussichtlichen Täter gratulieren, ist es doch ohne Täter nicht gut möglich, einen Mord zu entdecken, Gerechtigkeit walten zu lassen. Auf ein besonderes Wohl denn unserem Freund, unserem bescheidenen Alfredo Traps, den ein wohlmeinendes Geschick in unsere Mitte brachte!«

Jubel brach aus, man erhob sich, trank auf das Wohl des Generalvertreters, der dankte, Tränen in den Augen, und versicherte, es sei sein schönster Abend.

Der Staatsanwalt, nun ebenfalls mit Tränen: »Sein schönster Abend, verkündete unser Verehrter, ein Wort, ein erschütterndes Wort. Denken wir an die Zeit zurück, da im Dienste des Staats ein trübes Handwerk zu verrichten war. Nicht als Freund stand uns damals der Angeklagte gegenüber, sondern als Feind; wen wir nun an unsere Brust drükken dürfen, hatten wir von uns zu stoßen. An meine Brust denn!«

Bei diesen Worten sprang er auf, riß Traps hoch und umarmte ihn stürmisch.

»Staatsanwalt, lieber, lieber Freund«, stammelte der Generalvertreter.

»Angeklagter, lieber Traps«, schluchzte der Staatsanwalt. »Sagen wir du zueinander. Heiße Kurt. Auf dein Wohl, Alfredo!«

»Auf dein Wohl, Kurt!«

Sie küßten sich, herzten, streichelten sich, tranken einander zu, Ergriffenheit breitete sich aus, die Andacht einer erblühenden Freundschaft. »Wie hat sich doch alles geändert«, jubelte der Staatsanwalt; hetzten wir einst von Fall zu Fall, von Verbrechen zu Verbrechen, von Urteil zu Urteil, so begründen, entgegnen, referieren, disputieren, reden und erwidern wir jetzt mit Muße, Gemütlichkeit, Fröhlichkeit, lernen den Angeklagten schätzen, lieben, seine Sympathie schlägt uns entgegen, Verbrüderung hüben und drüben. Ist die erst hergestellt, fällt alles leicht, wird Verbrechen schwerelos, Urteil heiter. So laßt mich denn zum vollbrachten Mord Worte der Anerkennung sprechen. (Traps dazwischen, nun wieder in glänzendster Laune: »Beweisen, Kurtchen, beweisen!«) Berechtigterweise, denn es handelt sich um einen perfekten, um einen schönen Mord. Nun könnte der liebenswerte Täter darin einen burschikosen Zynismus finden, nichts liegt mir ferner; als ›schön‹ vielmehr darf seine Tat in zweierlei Hinsicht bezeichnet werden, in einem philosophischen und in einem technischvirtuosen Sinne: Unsere Tafelrunde nämlich, verehrter

Freund Alfredo, gab das Vorurteil auf, im Verbrechen etwas Unschönes zu erblicken, Schreckliches, in der Gerechtigkeit dagegen etwas Schönes, wenn auch vielleicht mehr Schrecklichschönes, nein, wir erkennen auch im Verbrechen die Schönheit als die Vorbedingung, die erst Gerechtigkeit möglich macht. Dies die philosophische Seite. Würdigen wir nun die technische Schönheit der Tat. Würdigung. Ich glaube das rechte Wort getroffen zu haben, will doch meine Anklagerede nicht eine Schreckensrede sein, die unseren Freund genieren, verwirren könnte, sondern eine Würdigung, die ihm sein Verbrechen aufweist, aufblühen läßt, zu Bewußtsein bringt: Nur auf dem reinen Sockel der Erkenntnis ist es möglich, das fugenlose Monument der Gerechtigkeit zu errichten.«

Der sechsundachtzigjährige Staatsanwalt hielt erschöpft inne. Er hatte trotz seinem Alter mit lauter schnarrender Stimme und mit großen Gesten geredet, dabei viel getrunken und gegessen. Nun wischte er sich den Schweiß mit der umgebundenen fleckigen Serviette von der Stirne, trocknete den verrunzelten Nacken. Traps war gerührt. Er saß schwer in seinem Sessel, träge vom Menu. Er war satt, doch von den vier Greisen wollte er sich nicht ausstechen lassen, wenn er sich auch gestand, daß der Riesenappetit der Alten und deren Riesendurst ihm zu schaffen machten. Er war ein wackerer Esser, doch eine solche Vitalität und Gefräßigkeit war ihm noch nie vorgekommen. Er staunte, glotzte träge über den Tisch, geschmeichelt von der Herzlichkeit, mit der ihn der Staatsanwalt behandelte, hörte von der Kirche her mit feierlichen Schlägen zwölf schlagen, und dann dröhnte ferner, nächtlich der Chor der Kleinviehzüchter: »Unser Leben gleicht der Reise ...«

»Wie im Märchen«, staunte der Generalvertreter immer wieder, »wie im Märchen«, und dann: »Einen Mord soll ich begangen haben, ausgerechnet ich? Nimmt mich nur wunder, wie.«

Unterdessen hatte der Richter eine weitere Flasche Château Margaux 1914 entkorkt, und der Staatsanwalt, wieder frisch, begann von neuem.

»Was ist nun geschehen«, sagte er, »wie entdeckte ich, daß unserem lieben Freund ein Mord nachzurühmen sei, und nicht nur ein gewöhnlicher Mord, nein, ein virtuoser Mord, der ohne Blutvergießen, ohne Mittel wie Gift, Pistolen und dergleichen durchgeführt worden ist?«

Er räusperte sich, Traps starrte, Vacherin im Mund, gebannt auf ihn.

Als Fachmann müsse er durchaus von der These ausgehen, fuhr der Staatsanwalt fort, daß ein Verbrechen hinter jedem Vorgang, hinter jeder Person lauern könne. Die erste Ahnung, in Herrn Traps einen vom Schicksal Begünstigten und mit einem Verbrechen Begnadeten getroffen zu haben, sei dem Umstand zu verdanken gewesen, daß der Textilreisende noch vor einem Jahr einen alten Citroën gefahren habe und nun mit einem Studebaker herumstolziere. »Nun weiß ich allerdings«, sagte er weiter, »daß wir in einer Zeit der Hochkonjunktur leben, und so war die Ahnung noch vage, mehr dem Gefühl vergleichbar, vor einem freudigen Erlebnis zu stehen, eben vor der Entdeckung eines Mords. Daß unser lieber Freund den Posten seines Chefs übernommen hat, daß er den Chef verdrängen mußte, daß der Chef gestorben ist, all diese Tatsachen waren noch keine Beweise, sondern erst Momente, die jenes Gefühl bestärkten, fundierten. Verdacht, logisch unterbaut, kam erst hoch, als zu erfahren war, woran dieser sagenhafte Chef starb: an einem Herzinfarkt. Hier galt es anzusetzen, zu kombinieren, Scharfsinn, Spürsinn aufzubieten, diskret vorzugehen, sich an die Wahrheit heranzupirschen, das Gewöhnliche als das Außergewöhnliche zu erkennen, Bestimmtes im Unbestimmten zu sehen, Umrisse im Nebel, an einen Mord zu glauben, gerade weil es absurd schien, einen Mord anzunehmen. Überblicken wir das vorhandene Material. Entwerfen wir ein Bild des Verstorbenen. Wir wissen wenig von ihm; was wir wissen, entnehmen wir den Worten unseres sympathischen Gastes. Herr Gygax war der Generalvertreter des Hephaiston-Kunststoffes, dem wir all die angenehmen Eigenschaften, die ihm unser liebster Alfredo nachsagt, gerne zutrauen. Er war ein Mensch, dürfen wir folgern, der aufs Ganze ging, seine Untergebenen rücksichtslos ausnutzte, der Geschäfte zu machen verstand, wenn auch die Mittel, mit denen er diese Geschäfte abschloß, oft mehr als bedenklich waren.«

»Das stimmt«, rief Traps begeistert, »der Gauner ist vollendet getroffen!«

»Weiter dürfen wir schließen«, fuhr der Staatsanwalt fort, »daß er gegen außen gern den Robusten, den Kraftmeier, den erfolgreichen Geschäftsmann spielte, jeder Situation gewachsen und mit allen Wassern gewaschen, weshalb Gygax denn auch die schwere Herzkrankheit aufs sorgsamste geheimhielt, auch hier zitieren wir Alfredo, nahm er doch dieses Leiden in einer Art trotziger Wut hin, wie wir uns denken können, als einen persönlichen Prestigeverlust sozusagen.«

»Wunderbar«, staunte der Generalvertreter, das sei geradezu Hexerei, und er würde wetten, daß Kurt mit dem Verstorbenen bekannt gewesen sei.

Er solle doch schweigen, zischte der Verteidiger.

»Dazu kommt«, erklärte der Staatsanwalt, »wollen wir das Bild des Herrn Gygax vervollständigen, daß der Verstorbene seine Frau vernachlässigte, die wir uns als ein leckeres und gutgebautes Frauenzimmerchen zu denken haben – wenigstens hat sich unser Freund so ungefähr ausgedrückt. Für Gygax zählte nur der Erfolg, das Geschäft, das Äußere, die Fassade, und wir können mit einer gewissen Wahrscheinlichkeit vermuten, daß er von der Treue seiner Frau überzeugt und der Meinung gewesen war, eine zu außergewöhnliche Erscheinung zu sein und ein zu exzeptionelles Mannsbild, um bei seiner Gattin auch nur den Gedanken an einen Ehebruch hochkommen zu lassen, weshalb es denn für ihn ein harter Schlag gewesen sein müßte, hätte er von der Untreue seiner Frau mit unserem Casanova von der Schlaraffia erfahren.«

Alle lachten, und Traps schlug sich auf die Schenkel. »Er war es auch«, bestätigte er strahlend die Vermutung des Staatsanwalts. »Es gab ihm den Rest, als er dies erfuhr.«

»Sie sind einfach toll«, stöhnte der Verteidiger.

Der Staatsanwalt hatte sich erhoben und sah glücklich zu Traps hinüber, der mit seinem Messer am Tête de Moine schabte. »Ei«, fragte er, »wie erfuhr er denn davon, der alte Sünder? Gestand ihm sein leckeres Frauchen?«

»Dazu war es zu feige, Herr Staatsanwalt«, antwortete Traps, »es fürchtete sich vor dem Gangster gewaltig.«

»Kam Gygax selber dahinter?«

»Dazu war er zu eingebildet.«

»Gestandest etwa du, mein lieber Freund und Don Juan?«

Traps bekam unwillkürlich einen roten Kopf: »Aber nein, Kurt«, sagte er, »was denkst du auch. Einer seiner sauberen Geschäftsfreunde klärte den alten Gauner auf.«

»Wieso denn?«

»Wollte mich schädigen. War mir immer feindlich gesinnt.«

»Menschen gibt's«, staunte der Staatsanwalt. »Doch wie erfuhr denn dieser Ehrenmann von deinem Verhältnis?«

»Habe es ihm erzählt.«

»Erzählt?«

»Na ja – bei einem Glase Wein. Was erzählt man nicht alles.«

»Zugegeben«, nickte der Staatsanwalt, »aber du sagtest doch eben, daß dir der Geschäftsfreund des Herrn Gygax feindlich gesinnt war. Bestand da nicht von *vornherein* die Gewißheit, daß der alte Gauner alles erfahren würde?«

Nun mischte sich der Verteidiger energisch ein, erhob sich sogar, schweißübergossen, der Kragen seines Gehrocks aufgeweicht. Er möchte Traps darauf aufmerksam machen, erklärte er, daß diese Frage nicht beantwortet werden müsse.

Traps war anderer Meinung.

»Warum denn nicht?« sagte er. »Die Frage ist doch ganz harmlos. Es konnte mir doch gleichgültig sein, ob Gygax davon erführe oder nicht. Der alte Gangster handelte mir gegenüber derart rücksichtslos, daß ich nun wirklich nicht den Rücksichtsvollen spielen mußte.«

Einen Augenblick war es wieder still im Zimmer, totenstill, dann brach Tumult aus, Übermut, homerisches Gelächter, ein Orkan an Jubel. Der Glatzköpfige, Schweigsame umarmte Traps, küßte ihn, der Verteidiger verlor den Zwicker vor Lachen, einem solchen Angeklagten könne man einfach nicht böse sein, während der Richter und der Staatsanwalt im Zimmer herumtanzten, an die Wände polterten, sich die Hände schüttelten, auf die Stühle kletterten, Flaschen zerschmetterten, vor Vergnügen den unsinnigsten Schabernack trieben. Der Angeklagte gestehe aufs neue, krächzte der Staatsanwalt mächtig ins Zimmer, nun auf der Lehne eines Stuhles sitzend, der liebe Gast sei nicht genug zu rühmen, er spiele das Spiel vortrefflich. »Der Fall ist deutlich, die letzte Gewißheit gegeben«, fuhr er fort, auf dem schwankenden Stuhl wie ein verwittertes barockes Monument. »Betrachten wir den Verehrten, unseren liebsten Alfredo! Diesem Gangster von einem Chef war er also ausgeliefert, und er fuhr in seinem Citroën durch die Gegend. Noch vor einem Jahr! Er hätte stolz darauf sein können, unser Freund, dieser Vater von vier Kinderchen, dieser Sohn eines Fabrikarbeiters. Und mit Recht. Noch im Kriege war er Hausierer gewesen, nicht einmal das, ohne Patent, ein Vagabund mit illegitimer Textilware, ein kleiner Schwarzhändler, mit der Bahn von Dorf zu Dorf oder zu Fuß über Feldwege, oft kilometerweit durch dunkle Wälder nach fernen Höfen, eine schmutzige Ledertasche umgehängt, oder gar einen Korb, einen halbgeborstenen Koffer in der Hand. Nun hatte er sich verbessert, in ein Geschäft eingenistet, war Mitglied der liberalen Partei, im Gegensatz zu seinem Marxistenvater. Doch wer ruht auf dem Aste aus, der endlich erklettert ist, wenn über ihm, dem Wipfel zu, poetisch gesagt, sich weitere Äste mit noch besseren Früchten zeigen? Zwar verdiente er gut, flitzte mit seinem Citroën von Textilgeschäft zu Textilgeschäft, die Maschine war nicht schlecht, doch unser lieber Alfredo sah links und rechts neue Modelle auftauchen, vorbeisausen, ihm entgegenbrausen und ihn überholen. Der Wohlstand stieg im Land, wer wollte da nicht mittun?«

»Ganz genau so war es, Kurt«, strahlte Traps. »Ganz genau so.«

Der Staatsanwalt war nun in seinem Element, glücklich, zufrieden wie ein reich beschertes Kind.

»Das war leichter beschlossen als getan«, erläuterte er, immer noch auf der Lehne seines Stuhls, »sein Chef ließ ihn nicht hochkommen, bösartig, zäh nützte er ihn aus, gab ihm Vorschüsse auf neue Bindungen, wußte ihn immer unbarmherziger zu fesseln!«

»Sehr richtig«, schrie der Generalvertreter empört. »Sie haben keine Ahnung, meine Herren, wie ich in die Zange genommen wurde vom alten Gangster!«

»Da mußte aufs Ganze gegangen werden«, sagte der Staatsanwalt.

»Und wie!« bestätigte Traps.

Die Zwischenrufe des Angeklagten befeuerten den Staatsanwalt, er stand nun auf dem Stuhl, die Serviette, die er wie eine Fahne schwang, bespritzt mit Wein, Salat auf der Weste, Tomatensauce, Fleischreste. »Unser lieber Freund ging zuerst geschäftlich vor, auch hier nicht ganz fair, wie er selber zugibt. Wir können uns ungefähr ein Bild machen, wie. Er setzte sich heimlich mit den Lieferanten seines Chefs in Verbindung, sondierte, versprach bessere Bedingungen, stiftete Verwirrung, unterredete sich mit anderen Textilreisenden, schloß Bündnisse und gleichzeitig

Gegenbündnisse. Doch dann kam er auf die Idee, noch einen anderen Weg einzuschlagen.«

»Noch einen andern Weg?« staunte Traps.

Der Staatsanwalt nickte. »Dieser Weg, meine Herren, führte über das Kanapee in der Wohnung Gygaxens direkt in dessen Ehebett.«

Alles lachte, besonders Traps. »Wirklich«, bestätigte er, »es war ein böser Streich, den ich da dem alten Gangster spielte. Die Situation war aber auch zu komisch, denke ich zurück. Ich habe mich zwar bis jetzt eigentlich geschämt, dies zu tun, wer ist sich gern über sich selber im klaren, ganz saubere Wäsche hat ja keiner, doch unter so verständnisvollen Freunden wird die Scham etwas Lächerliches, Unnötiges. Merkwürdig! Ich fühle mich verstanden und beginne auch mich zu verstehen, als mache ich mit einem Menschen Bekanntschaft, der ich selber bin, den ich vorher nur von ungefähr kannte als einen Generalvertreter in einem Studebaker, mit Frau und Kind irgendwo.«

»Wir stellen mit Vergnügen fest«, sagte darauf der Staatsanwalt mit Wärme und Herzlichkeit, »daß unserem Freunde ein Lichtchen aufgeht. Helfen wir weiter, damit es taghell werde. Spüren wir seinen Motiven nach mit dem Eifer fröhlicher Archäologen, und wir stoßen auf die Herrlichkeit versunkener Verbrechen. Er begann mit Frau Gygax ein Verhältnis. Wie kam er dazu? Er sah das leckere Frauenzimmerchen, können wir uns ausdenken. Vielleicht war es einmal spät abends, vielleicht im Winter, so um sechs herum (Traps: »Um sieben, Kurtchen, um sieben!«), als die Stadt schön nächtlich war, mit goldenen Straßenlaternen, mit erleuchteten Schaufenstern und Kinos und grünen und gelben Leuchtreklamen überall, gemütlich, wollüstig, verlockend. Er war mit dem Citroën über die glitschigen Straßen nach dem Villenviertel gefahren, wo sein Chef wohnte (Traps begeistert dazwischen: »Ja, ja, Villenviertel!«), eine Mappe unter dem Arm, Aufträge, Stoffmuster, eine wichtige Entscheidung war zu fällen, doch befand sich Gygaxens Limousine nicht an ihrem gewohnten Platz am Trottoirrand, trotzdem ging er durch den dunklen Park, läutete, Frau Gygax öffnete, ihr Gatte käme heute nicht nach Hause und ihr Dienstmädchen sei ausgegangen, sie war im Abendkleid, oder, noch besser, im Bademantel, trotzdem solle doch Traps einen Aperitif nehmen, sie lade ihn herzlich ein, und so saßen sie im Salon beieinander.«

Traps staunte. »Wie du das alles weißt, Kurtchen! Das ist ja wie verhext!«

»Übung«, erklärte der Staatsanwalt. »Die Schicksale spielen sich alle gleich ab. Es war nicht einmal eine Verführung, weder von seiten Trapsens noch von jener der Frau, es war eine Gelegenheit, die er ausnützte. Sie war allein und langweilte sich, dachte an nichts Besonderes, war froh, mit jemandem zu sprechen, die Wohnung angenehm warm, und unter dem Bademantel mit den bunten Blumen trug sie nur das Nachthemd, und als Traps neben ihr saß und ihren weißen Hals sah, den Ansatz ihrer Brust, und als sie plauderte, böse über ihren Mann, enttäuscht, wie unser Freund wohl spürte, begriff er erst, daß er hier ansetzen müsse, als er schon angesetzt hatte, und dann erfuhr er bald alles über Gygax, wie bedenklich es mit seiner Gesundheit stehe, wie jede große Aufregung ihn töten könne, sein Alter, wie grob und böse er mit seiner Frau sei und wie felsenfest überzeugt von ihrer Treue, denn von einer Frau, die sich an ihrem Mann rächen will, erfährt man alles, und so fuhr er fort mit dem Verhältnis, denn nun war es eben seine Absicht, denn nun ging es ihm darum, seinen Chef mit allen Mitteln zu ruinieren, komme was da wolle, und so kam denn der Augenblick, wo er alles in der Hand hatte, Geschäftspartner, Lieferanten, die weiße, mollige, nackte Frau in den Nächten, und so zog er die Schlinge zu, beschwor den Skandal herauf. Absichtlich. Auch darüber sind wir nun schon im Bilde: Trauliche Dämmerstunde, Abendstunde auch hier. Unseren Freund finden wir in einem Restaurant, sagen wir in einer Weinstube der Altstadt, etwas überheizt, alles währschaft, patriotisch, gediegen, auch die Preise, Butzenscheiben, der stattliche Wirt (Traps: »Im Ratskeller, Kurtchen!«), die stattliche Wirtin, wie wir nun korrigieren müssen, umrahmt von den Bildern der toten Stammgäste, ein Zeitungsverkäufer, der durchs Lokal wandert, es wieder verläßt, später Heilsarmee, Lieder singend, ›Laßt den Sonnenschein herein‹, einige Studenten, ein Professor, auf einem Tisch zwei Gläser und eine gute Flasche, man läßt sich's was kosten, in der Ecke endlich, bleich, fett, schweißbetaut mit offenem Kragen, schlagflüssig wie das Opfer, auf das nun gezielt wird, der saubere Geschäftsfreund, verwundert, was dies alles zu bedeuten, weshalb Traps ihn auf einmal eingeladen habe, aufmerksam zuhörend, aus Trapsens eigenem Munde den Ehebruch vernehmend, um dann, Stunden später, wie es nicht anders sein konnte und wie es unser Alfredo vorausgesehen hatte, zum Chef zu eilen, aus Pflichtgefühl, Freundschaft und innerem Anstand den Bedauernswerten aufzuklären.«

»So ein Heuchler!« rief Traps, gebannt mit runden glänzenden Augen der Schilderung des Staatsanwalts zuhörend, glücklich, die Wahrheit zu erfahren, seine stolze, kühne, einsame Wahrheit.

Dann:

»So kam denn das Verhängnis, der genau berechnete Augenblick, da Gygax alles erfuhr, noch konnte der alte Gangster heimfahren, stellen wir uns vor, wuterfüllt, schon im Wagen Schweißausbruch, Schmerzen in der Herzgegend, zitternde Hände, Polizisten, die ärgerlich pfiffen, Verkehrszeichen, die übersehen wurden, mühsamer Gang von der Garage zur Haustüre, Zusammenbruch, noch im Korridor vielleicht, während ihm die Gattin entgegentrat, das schmucke leckere Frauenzimmerchen; es ging nicht sehr lange, der Arzt gab noch Morphium, dann hinüber, endgültig, noch ein unwichtiges Röcheln, Aufschluchzen von seiten der Gattin, Traps, zu Hause im Kreise seiner Lieben, nimmt das Telephon ab, Bestürzung, innerer Jubel, Es-ist-erreicht-Stimmung, drei Monate später Studebaker.«

Erneutes Gelächter. Der gute Traps, von einer Verblüffung in die andere gerissen, lachte mit, wenn auch leicht verlegen, kratzte sich im Haar, nickte dem Staatsanwalt anerkennend zu, doch nicht unglücklich. Er war sogar guter Laune. Er fand den Abend aufs beste gelungen; daß man ihm einen Mord zumutete, bestürzte ihn zwar ein wenig und machte ihn nachdenklich, ein Zustand, den er jedoch als angenehm empfand, stieg doch eine Ahnung von höheren Dingen, von Gerechtigkeit, von Schuld und Sühne in ihm hoch, erfüllte ihn mit Staunen. Die Furcht, die er nicht vergessen hatte, die ihn im Garten, und dann später bei den Heiterkeitsausbrüchen der Tafelrunde überfallen hatte, kam ihm jetzt unbegründet vor, erheiterte ihn. Alles war so menschlich. Er war gespannt auf das Weitere. Die Gesellschaft siedelte in den Salon zum schwarzen Kaffee über, torkelnd, mit stolperndem Verteidiger, in einen mit Nippsachen und Vasen überladenen Raum. Enorme Stiche an den Wänden, Stadtansichten, Historisches, Rütlischwur, Schlacht bei Laupen, Untergang der Schweizergarde, das Fähnlein der sieben Aufrechten, Gipsdecke, Stukkatur, in der Ecke ein Flügel, bequeme Sessel, niedrig, riesig, Stickereien darauf, fromme Sprüche, ›Wohl dem, der den Weg des Gerechten wandelt‹, ›Ein gutes Gewissen ist das beste Ruhekissen‹. Durch die offenen Fenster sah man die Landstraße, ungewiß zwar in der Dunkelheit, mehr Ahnung, doch märchenhaft, versunken, mit schwebenden Lichtern und Scheinwerfern der Automobile, die in dieser Stunde nur spärlich rollten, ging es doch gegen zwei. Was Mitreißenderes als die Rede Kurtchens habe er noch gar nicht erlebt, meinte Traps. Im wesentlichen sei dazu nicht viel zu bemerken, einige leise Berichtigungen, gewiß, die seien angebracht. So sei der saubere Geschäftsfreund etwa klein und hager gewesen, und mit steifem Kragen, durchaus nicht verschwitzt, und Frau Gygax habe ihn nicht in einem Bademantel empfangen, sondern in einem freilich weit ausgeschnittenen Kimono, so daß ihre herzliche Einladung auch bildlich gemeint gewesen sei – das war einer seiner Witze, ein Exempel seines bescheidenen Humors –, auch habe der verdiente Infarkt den Obergangster nicht im Hause, sondern in seinen Lagerräumen getroffen, während eines Föhnsturms, noch eine Einlieferung ins Spital, dann Herzriß und Abgang, doch dies sei, wie gesagt, unwesentlich, und vor allem stimme es genau, was da sein prächtiger Busenfreund und Staatsanwalt erläutert habe, er hätte sich wirklich mit Frau Gygax nur eingelassen, um den alten Gauner zu ruinieren, ja, er erinnere sich nun deutlich, wie er in dessen Bett über dessen Gattin auf dessen Photographie gestarrt habe, auf dieses unsympathische, dicke Gesicht mit der Hornbrille vor den glotzenden Augen, und wie die Ahnung als eine wilde Freude über ihn gekommen sei, mit dem, was er nun so lustig und eifrig betreibe, ermorde er recht eigentlich seinen Chef, mache er ihm kaltblütig den Garaus.

Man saß schon in den weichen Sesseln mit den frommen Sprüchen, als dies Traps erklärte, griff nach den heißen Kaffeetäßchen, rührte mit den Löffelchen, trank dazu einen Kognak aus dem Jahre 1893, Roffignac, aus großen bauchigen Gläsern.

Somit komme er zum Strafantrag, verkündete der Staatsanwalt, quer in einem monströsen Backensessel sitzend, die Beine mit den verschiedenen Socken (grauschwarz kariert – grün) über eine Lehne hochgezogen. Freund Alfredo habe nicht dolo indirecto gehandelt, als wäre der Tod nur zufällig erfolgt, sondern dolo malo, mit böswilligem Vorsatz, worauf ja schon die Tatsachen wiesen, daß er einerseits selbst den Skandal provoziert, anderseits nach dem Tode des Obergangsters dessen leckeres Frauchen nicht mehr besucht habe, woraus zwangsläufig folge, daß die Gattin nur ein Werkzeug für seine blutrünstigen Pläne gewesen sei, die galante Mordwaffe sozusagen, daß somit ein Mord vorliege, auf eine psychologische Weise durchgeführt, derart, daß, außer einem Ehebruch, sich nichts Gesetzwidriges ereignet habe, freilich scheinbar nur, weshalb er denn, da sich dieser Schein nun verflüchtigt, ja nachdem der teure Angeklagte selbst aufs freundlichste gestanden, als Staatsanwalt das Vergnügen habe – und damit komme er an den Schluß seiner Würdigung –, vom hohen Richter die Todesstrafe für Alfredo Traps zu fordern als Belohnung für ein Verbrechen, das Bewunderung, Staunen, Respekt verdiene und ein Anrecht darauf habe, als eines der außerordentlichsten des Jahrhunderts zu gelten.

Man lachte, klatschte Beifall und stürzte sich auf die Torte, die Simone nun hereinbrachte. Zur Krönung des Abends, wie sie sagte. Draußen stieg als Attraktion ein später Mond auf, eine schmale Sichel, mäßiges Rauschen in den Bäumen, sonst Stille, auf der Straße nur selten noch ein Automobil, dann irgendein verspäteter Heimkehrer, vorsichtig, leicht im Zickzack. Der Generalvertreter fühlte sich geborgen, saß neben Pilet in einem weichen plauschigen Kanapee, Spruch: ›Hab oft im Kreise der Lieben‹, legte den Arm um den Schweigsamen, der nur von Zeit zu Zeit ein staunendes »Fein« mit windigem, zischendem F verlauten ließ, schmiegte sich an seine pomadige Eleganz. Mit Zärtlichkeit. Mit Gemütlichkeit. Wange an Wange. Der Wein hatte ihn schwer und friedlich gemacht, er genoß es, in der verständnisvollen Gesellschaft wahr, sich selber zu sein, kein Geheimnis mehr zu haben, weil keines mehr nötig war, gewürdigt zu sein, verehrt, geliebt, verstanden, und der Gedanke, einen Mord begangen zu haben, überzeugte ihn immer mehr, rührte ihn, verwandelte sein Leben, machte es schwieriger, heldischer, kostbarer. Er begeisterte ihn geradezu. Er hatte den Mord geplant und ausgeführt – stellte er sich nun vor –, um vorwärtszukommen, aber dies nicht eigentlich beruflich, aus finanziellen Gründen etwa, aus dem Wunsche nach einem Studebaker heraus, sondern – das war das Wort – um ein wesentlicher, ein tieferer Mensch zu werden, wie ihm schwante – hier an der Grenze seiner Denkkraft –, würdig der Verehrung, der Liebe von gelehrten, studierten Männern, die ihm nun – selbst Pilet – wie jene urweltlichen Magier vorkamen, von denen er einmal im ›Reader's Digest‹ gelesen hatte, die jedoch nicht nur das Geheimnis der Sterne, sondern mehr, auch das Geheimnis der Justiz kannten (er berauschte sich an diesem Wort), welche er in seinem Textilbranchenleben nur als eine abstrakte Schikane gekannt hatte und die nun wie eine ungeheure, unbegreifliche Sonne über seinen beschränkten Horizont stieg, als eine nicht ganz begriffene Idee, die ihn darum nur um so mächtiger erschauern, erbeben ließ; und so hörte er denn, goldbraunen Kognak schlürfend, zuerst tief verwundert, dann immer entrüsteter den Ausführungen des dicken Verteidigers zu, diesen eifrigen Versuchen, seine Tat in etwas Gewöhnliches, Bürgerliches, Alltägliches zurückzuverwandeln. Er habe mit Vergnügen der erfindungsreichen Rede des Herrn Staatsanwalts zugehört, führte Herr Kummer aus, den Zwicker vom roten, aufgequollenen Fleischklumpen seines Gesichts hebend und mit kleinen, zierlichen geometrischen Gesten dozierend. Gewiß, der alte Gangster Gygax sei tot, sein Klient habe schwer unter ihm zu leiden gehabt, sich auch in eine wahre Animosität gegen ihn hineingesteigert, ihn zu stürzen versucht, wer wolle dies bestreiten, wo komme dies nicht vor, phantastisch sei es nur, diesen Tod eines herzkranken Geschäftsmannes als Mord hinzustellen (»Aber ich habe doch gemordet!« protestierte Traps, wie aus allen Wolken gefallen). Im Gegensatz zum Staatsanwalt halte er den Angeklagten für unschuldig, ja nicht zur Schuld fähig (Traps dazwischen, nun schon erbittert: »Aber ich bin doch schuldig!«). Der Generalvertreter des Hephaiston-Kunststoffes sei ein Beispiel für viele. Wenn er ihn als der Schuld unfähig bezeichne, so wolle er damit nicht behaupten, daß er schuldlos sei, im Gegenteil. Traps sei vielmehr verstrickt in alle möglichen Arten von Schuld, er ehebrüchle, schwindle sich durchs Leben mit einer gewissen Bösartigkeit bisweilen, aber nicht etwa so, daß sein Leben nur aus Ehebruch und Schwindelei bestände, nein, nein, es habe auch seine positiven Seiten, durchaus seine Tugenden. Freund Alfredo sei fleißig, hartnäckig, ein treuer Freund seiner Freunde, versuche seinen Kindern eine bessere Zukunft zu ermöglichen, staatspolitisch zuverlässig, man nehme alles nur in allem, nur sei er vom Unkorrekten wie angesäuert, leicht verdorben, wie dies eben bei manchem Durchschnittsleben der Fall sei, der Fall sein müsse, doch gerade deshalb wieder sei er zur großen, reinen, stolzen Schuld, zur entschlossenen Tat, zum eindeutigen Verbrechen nicht fähig. (Traps: »Verleumdung, pure Verleumdung!«) Er sei nicht ein Verbrecher, sondern ein Opfer der Epoche, des Abendlandes, der Zivilisation, die, ach, den Glauben (immer wolkiger werdend), das Christentum, das Allgemeine mehr und mehr verloren habe, chaotisch sei, so daß dem Einzelnen kein Leitstern blinke, Verwirrung, Verwilderung als Resultat auftrete, Faustrecht und Fehlen einer wahren Sittlichkeit. Was sei nun geschehen? Dieser Durchschnittsmensch sei gänzlich unvorbereitet einem raffinierten Staatsanwalt in die Hände gefallen. Sein instinktives Walten und Schalten in der Textilbranche, sein Privatleben, all die Abenteuer eines Daseins, das sich aus Geschäftsreisen, aus dem Kampf um den Brotkorb und aus mehr oder weniger harmlosen Vergnügungen zusammengesetzt habe, seien nun durchleuchtet, durchforscht, seziert worden, unzusammenhängende Tatsachen seien zusammengeknüpft, ein logischer Plan ins Ganze geschmuggelt, Vorfälle als Ursachen von Handlungen dargestellt worden, die auch gut hätten anders geschehen können, Zufall hätte man in Absicht, Gedankenlosigkeit in Vorsatz verdreht, so daß schließlich zwangsläufig dem Verhör ein Mörder entsprungen sei wie dem Zylinder des Zauberers ein Kaninchen. (Traps: »Das ist nicht wahr!«) Betrachte man den Fall Gygax nüchtern, objektiv, ohne den Mystifikationen des Staatsanwalts zu erliegen, so komme man zum Resultat, daß der alte Gangster seinen Tod im wesentlichen sich selbst zu verdanken habe, seinem unordentlichen Leben, seiner Konstitution. Was die Managerkrankheit bedeute, wisse man zur Genüge, Unrast, Lärm, zerrüttete Ehe und Nerven, doch sei am eigentlichen Infarkt der Föhnsturm schuld gewesen, den Traps erwähnt habe, gerade der Föhn spiele bei Herzgeschichten eine Rolle (Traps: »Lächerlich!«), so daß es sich eindeutig um einen bloßen Unglücksfall handle. Natürlich sei sein Klient rücksichtslos vorgegangen, doch sei er eben den Gesetzen des Geschäftslebens unterworfen, wie er ja selber immer wieder betone, natürlich hätte er oft seinen Chef am liebsten getötet, was denke man nicht alles, was tue man nicht alles in Gedanken, aber eben nur in Gedanken, eine Tat außerhalb dieser Gedanken sei weder vorhanden noch feststellbar. Es sei absurd, dies anzunehmen, noch absurder jedoch, wenn sich sein Klient nun selber einbilde, einen Mord begangen zu haben, er habe gleichsam zu seiner Autopanne noch eine zweite, eine geistige Panne erlitten, und somit beantrage er, der Verteidiger, für Alfredo Traps den Freispruch usw. usw. Immer mehr ärgerte den Generalvertreter dieser wohlmeinende Nebel, mit dem sein schönes Verbrechen zugedeckt wurde, in welchem es sich verzerrte, auflöste, unwirklich, schattenhaft, ein Produkt des Barometerstandes wurde. Er fühlte sich unterschätzt, und so begehrte er denn auch weiterhin auf, kaum hatte der Verteidiger geendet. Er erklärte, entrüstet und sich erhebend, einen Teller mit einem neuen Stück Torte in der Rechten, sein Glas Roffignac in der Linken, er möchte, bevor es zum Urteil komme, nur noch einmal auf das bestimmteste beteuern, daß er der Rede des Staatsanwalts zustimme – Tränen traten hier in seine Augen –, es sei ein Mord gewesen, ein bewußter Mord, das sei ihm jetzt klar, die Rede des Verteidigers dagegen habe ihn tief enttäuscht, ja entsetzt, gerade von ihm hätte er Verständnis erhofft, erhoffen dürfen, und so bitte er um das Urteil, mehr noch, um Strafe, nicht aus Kriecherei, sondern aus Begeisterung, denn erst in dieser Nacht sei ihm aufgegangen, was es heiße, ein *wahrhaftes* Leben zu führen (hier verwirrte sich der Gute, Wackere), wozu eben die höheren Ideen der Gerechtigkeit, der Schuld und der Sühne nötig seien wie jene chemischen Elemente und Verbindungen, aus denen sein Kunststoff zusammengebraut werde, um bei seiner Branche zu bleiben, eine Erkenntnis, die ihn neu geboren habe, jedenfalls – sein Wortschatz außerhalb seines Berufs gestalte sich etwas dürftig, man möge verzeihen, so daß er kaum auszudrücken in der Lage sei, was er eigentlich meine – jedenfalls scheine ihm Neugeburt der gemäße Ausdruck für das Glück zu sein, das ihn nun wie ein mächtiger Sturmwind durchwehe, durchbrause, durchwühle.

So kam es denn zum Urteil, das der kleine, nun auch schwerbetrunkene Richter unter Gelächter, Gekreisch, Jauchzen und Jodelversuchen (des Herrn Pilet) bekanntgab, mit Mühe, denn nicht nur, daß er auf den Flügel in der Ecke geklettert war, oder besser, in den Flügel, denn er hatte ihn vorher geöffnet, auch die Sprache selbst machte hartnäckige Schwierigkeiten. Er stolperte über Wörter, andere verdrehte er wieder oder verstümmelte sie, fing Sätze an, die er nicht mehr bewältigen konnte, knüpfte an an solche, deren Sinn er längst vergessen hatte, doch war der Gedankengang im großen und ganzen noch zu erraten. Er ging von der Frage aus, wer denn recht habe, der Staatsanwalt oder der Verteidiger, ob Traps eines der außerordentlichsten Verbrechen des Jahrhunderts begangen habe oder unschuldig sei. Keiner der beiden Ansichten könne er so recht beistimmen. Traps sei zwar wirklich dem Verhör des Staatsanwaltes nicht gewachsen gewesen, wie der Verteidiger meine, und habe aus diesem Grunde vieles zugegeben, was sich in dieser Form nicht ereignet habe, doch habe er dann wieder gemordet, freilich nicht aus teuflischem Vorsatz, nein, sondern allein dadurch, daß er sich die Gedankenlosigkeit der Welt zu eigen gemacht habe, in der er als Generalvertreter des Hephaiston-Kunststoffes nun einmal lebe. Er habe getötet, weil es ihm das Natürlichste sei, jemanden an die Wand zu drücken, rücksichtslos vorzugehen, geschehe, was da wolle. In der Welt, die er mit seinem Studebaker durchsause, wäre ihrem lieben Alfredo nichts geschehen, hätte ihm nichts geschehen können, doch nun habe er die Freundlichkeit gehabt, zu ihnen zu kommen in ihre stille weiße Villa (hier wurde nun der Richter nebelhaft und brachte das Folgende eigentlich nur noch unter freudigem Schluchzen hervor, unterbrochen hin und wieder von einem gerührten, gewaltigen Niesen, wobei sein kleiner Kopf von einem mächtigen Taschentuch umhüllt wurde, was ein immer gewaltigeres Gelächter der übrigen hervorrief), zu vier alten Männern, die in seine Welt hineingeleuchtet hätten mit dem reinen Strahl der Gerechtigkeit, die freilich seltsame Züge trage, er wisse, wisse, wisse es, aus vier verwitterten Gesichtern grinse, sich im Monokel eines greisen Staatsanwaltes spiegle, im Zwicker eines dicken Verteidigers, aus dem zahnlosen Munde eines betrunkenen, schon etwas lallenden Richters kichere und auf der Glatze eines abgedankten Henkers rot aufleuchte (die andern, ungeduldig über diese Dichterei: »Das Urteil, das Urteil!«), die eine groteske, schrullige, pensionierte Gerechtigkeit sei, aber auch als solche eben *die* Gerechtigkeit (die andern im Takt: »Das Urteil, das Urteil«), in deren Namen er nun ihren besten, teuersten Alfredo zum Tode verurteile (der Staatsanwalt, der Verteidiger, der Henker und Simone: Hallo und Juchhei; Traps, nun auch schluchzend vor Rührung: »Dank, lieber Richter, Dank!«), obgleich juristisch nur darauf gestützt, daß der Verurteilte sich selbst als schuldig bekenne. Dies sei schließlich das Wichtigste. So freue es ihn denn, ein Urteil abgegeben zu haben, das der Verurteilte so restlos anerkenne, die Würde des Menschen verlange keine Gnade, und freudig nehme denn auch ihr verehrter Gastfreund die Krönung seines Mordes entgegen, die, wie er hoffe, unter nicht weniger angenehmen Umständen erfolgt sei als der Mord selber. Was beim Bürger, beim Durchschnittsmenschen als Zufall in Erscheinung trete, bei einem Unfall, oder als bloße Notwendigkeit der Natur, als Krankheit, als Verstopfung eines Blutgefäßes durch einen Embolus, als ein malignes Gewächs, trete hier als notwendiges, moralisches Resultat auf, erst hier vollende sich das Leben folgerichtig im Sinne eines Kunstwerkes, werde die menschliche Tragödie sichtbar, leuchte sie auf, nehme eine makellose Gestalt an, vollende sich (die andern: »Schluß! Schluß!«), ja man dürfe es ruhig aussprechen: Erst im Aktus der Urteilsverkündigung, der aus dem Angeklagten einen Verurteilten mache, vollziehe sich der Ritterschlag der Gerechtigkeit, nichts Höheres, Edleres, Größeres könne es geben, als wenn ein Mensch zum Tode verurteilt werde. Dies sei nun geschehen. Traps, dieser vielleicht nicht ganz legitime Glückspilz – da im Grunde nur eine bedingte Todesstrafe zulässig wäre, von der er aber absehen wolle, um ihrem lieben Freunde keine Enttäuschung zu bereiten –, kurz, Alfredo sei ihnen jetzt ebenbürtig und würdig geworden, in ihr Kollegium als ein Meisterspieler aufgenommen zu werden usw. (die andern: »Champagner her!«).

Der Abend hatte seinen Höhepunkt erreicht. Der Champagner schäumte, die Heiterkeit der Versammelten war ungetrübt, schwingend, brüderlich, auch der Verteidiger wieder eingesponnen in das Netz der Sympathie. Die Kerzen niedergebrannt, einige schon verglommen, draußen die erste Ahnung vom Morgen, von verblassenden Sternen, fernem Sonnenaufgang, Frische und Tau. Traps war begeistert, zugleich müde, verlangte nach seinem Zimmer geführt zu werden, taumelte von einer Brust zur andern. Man lallte nur noch, man war betrunken, gewaltige Räusche füllten den Salon, sinnlose Reden, Monologe, da keiner mehr dem andern zuhörte. Man roch nach Rotwein und Käse, strich dem Generalvertreter durch die Haare, liebkoste, küßte den Glücklichen, Müden, der wie ein Kind war im Kreise von Großvätern und Onkeln. Der Glatzköpfige, Schweigende brachte ihn nach oben. Mühselig ging es die Treppe hoch, auf allen vieren, in der Mitte blieben sie stekken, ineinander verwickelt, konnten nicht mehr weiter, kauerten auf den Stufen. Von oben, durch ein Fenster, fiel eine steinerne Morgendämmerung, vermischte sich mit dem Weiß der verputzten Wände, dazu, von außen, die ersten Geräusche des werdenden Tages, vom fernen Bahnhöfchen her Pfeifen und andere Rangiergeräusche als vage Erinnerungen an seine verpaßte Heimreise. Traps war glücklich, wunschlos wie noch nie in seinem Kleinbürgerleben. Blasse Bilder stiegen auf, ein Knabengesicht, wohl sein Jüngster, den er am meisten liebte, dann dämmerhaft, das Dörfchen, in welches er gelangt war infolge seiner Panne, das lichte Band der Straße, sich über eine kleine Erhöhung schwingend, der Bühl mit der Kirche, die mächtige rauschende Eiche mit den Eisenringen und den Stützen, die bewaldeten Hügel, endloser leuchtender Himmel dahinter, darüber, überall, unendlich. Doch da brach der Glatzköpfige zusammen, murmelte »will schlafen, will schlafen, bin müde, bin müde«, schlief dann auch wirklich ein, hörte nur noch, wie Traps nach oben kroch, später polterte ein Stuhl, der Glatzköpfige, Schweigsame wurde wach auf der Treppe, nur sekundenlang, noch voll von Träumen und Erinnerungen an versunkene Schrecken und Momente voll Grauens, dann war ein Wirrwarr von Beinen um ihn, den Schlafenden, denn die andern stiegen die Treppe herauf. Sie hatten, piepsend und krächzend, auf dem Tisch ein Pergament mit dem Todesurteil vollgekritzelt, ungemein rühmend gehalten, mit witzigen Wendungen, mit akademischen Phrasen, Latein und altem Deutsch, dann waren sie aufgebrochen, das Produkt dem schlafenden Generalvertreter auf das Bett zu legen, zur angenehmen Erinnerung an ihren Riesentrunk, wenn er des Morgens erwache. Draußen die Helligkeit, die Frühe, die ersten Vogelrufe grell und ungeduldig, und so kamen sie die Treppe herauf, trampelten über den Glatzköpfigen, Geborgenen. Einer hielt sich am andern, einer stützte sich auf den andern, wankend alle drei, nicht ohne Schwierigkeit, in der Wendung der Treppe besonders, wo Stockung, Rückzug, neues Vorrücken und Scheitern unvermeidlich waren. Endlich standen sie vor der Türe des Gastzimmers. Der Richter öffnete, doch erstarrte die feierliche Gruppe auf der Schwelle, der Staatsanwalt mit noch umgebundener Serviette: Im Fensterrahmen hing Traps, unbeweglich, eine dunkle Silhouette vor dem stumpfen Silber des Himmels, im schweren Duft der Rosen, so endgültig und so unbedingt, daß der Staatsanwalt, in dessen Monokel sich der immer mächtigere Morgen spiegelte, erst nach Luft schnappen mußte, bevor er, ratlos und traurig über seinen verlorenen Freund, recht schmerzlich ausrief: »Alfredo, mein guter Alfredo! Was hast du dir denn um Gotteswillen gedacht? Du verteufelst uns ja den schönsten Herrenabend!«

Mister X macht Ferien
Fragment

Mister X, dessen Existenz uns seit jeher etwas befremdet, verließ den makabren Ort seiner Tätigkeit (noch von einigen schwefelgelben Flammen umzüngelt) und gelangte nach endlosem Aufstieg über verschiedene Treppen und Leitern zu den Büroräumen des Mister U, dessen Beruf und Namen wir ebenso verschweigen wie den seines Besuchers. Mister X hatte sich herausgeputzt, sein Besuch war wichtig und seit undenkbaren Zeiten nicht mehr unternommen: herausgeputzt, soweit dies bei seiner zwar ehrlichen, aber von Natur aus nun eben schmutzigen Tätigkeit in den ungelüfteten und, wie alle Welt weiß, heißen Räumen möglich war, die er bewohnte. So schlotterte ihm ein zerschlissener Gehrock um die schmächtige Gestalt, die Hosen waren sorgfältig gebürstet und die Hände sauber – wenn wir von den schwarzumränderten Fingernägeln absehen; das gleiche galt vom Gesicht – wo wir die Ohren übergehen –, das einen bescheidenen und – für die meisten von uns vielleicht wider Erwarten – durchaus vertrauenerweckenden Eindruck machte. Kurz vor der Türe jedoch, die in Mister Us Büroräume führte, verließ ihn der Mut, der ihn getrieben hatte, den Aufstieg zu wagen, war er doch im Begriff, vor seinen Chef zu treten. Die Hühnerleiter, die zu der morschen Türe führte (womit wir am besten die Art Leiter beschreiben), bestieg er zwar noch entschlossen, aber es vergingen einige Augenblicke, bis er zaghaft an der Klingel zog, in der Hoffnung, sie sei gerade noch zu hören. Doch verhielt sich die Klingel anders, als er glaubte: ihr gewaltiger, jenem der Kirchenglocke ähnliche Klang ließ ihn zusammenzucken. Er brauchte nicht lange zu warten. Ein Klappfenster öffnete sich, und das rosige Antlitz eines weißbärtigen, alten Mannes schaute heraus, um gleich wieder hinter dem zufallenden Fensterchen zu verschwinden: Ebenso erschrocken wurde kurz darauf, wie sich das Fensterchen in der Türe zum zweiten Mal öffnete, der Besucher in seinem noch nicht von allem Kohlenstaub gereinigten Gehrock von einem diesmal bartlosen Gesicht betrachtet, welches, seiner Humorlosigkeit nach, wohl einem der Angestellten in Mister Us Verwaltung angehören mußte: einem Wesen, das voll böser Ahnungen den Unterbruch des ewigen Einerlei in der Wirtschaft da oben mit einem ergebenen Seufzer wahrnahm. Doch wurde Mister X schneller vorgelassen, als wohl auch die beiden hinter der Tür geglaubt hatten. Der Chef ließ bitten. Der Angestellte – auch seinen Namen wollen wir verschweigen –, der noch jugendliche Oberangestellte Y, führte Mister X durch den Korridor, an dessen äußerem Ende Mister Us Studierzimmer lag, und so luftig war das Gebilde, daß der Besucher durch den morschen Boden immer wieder einsank, indem bald sein linker Fuß, bald sein rechtes Bein über namenlosen Tiefen schwebte. Doch auch diesen letzten Weg bestand er. Mister U, dem Aussehen nach einem lutherischen Landgeistlichen angenähert, empfing ihn freundlich. »Es ist alles in Ordnung bei Ihnen da unten, will ich hoffen«, sagte er und betrachtete Mister X nicht ohne Sorge, nicht ohne Mißtrauen. »Gewiß«, antwortete der, »alles ist in Ordnung.« Mister U atmete auf. »Gott sei Dank«, sagte er. »Wollen Sie sich setzen.« Der Besucher tat dies mit Vorsicht, denn der ihm angewiesene Stuhl war brüchig. Das Studierzimmer, irgendwo da oben, war groß und geräumig, doch ebenso luftig, wie der Korridor vorhin, mehr ein Verschlag, mit bloßen Latten als Wänden, durch deren Risse und Astlöcher die Kälte des Raumes drang; der Besucher, an andere Räume gewöhnt und an andere Temperaturen, fror beträchtlich. Er war etwas geniert. Wenn ihn der Chef hinter seinem Schreibtisch auch mit Wohlwollen betrachtete und die vielen Tauben in den offenen Fenstern freundlich gurrten, so verwirrte ihn doch die Menge der Telephonbücher, die überall herumlagen, das alte, lange, verrostete Teleskop, schon eingestellt und auf einen fernen Punkt im Weltall gerichtet, den es zu kontrollieren galt (eine blaue, unermeßliche Sonne drohte zu explodieren), und besonders war es die Miene des Oberangestellten Y, die ihn in Verlegenheit setzte: die Theologie war ihm unheimlich, wenn auch ihre Anfeindungen ihn mit einem gewissen Stolz erfüllten. Doch entließ Mister U den Oberangestellten Y, und X war allein mit seinem Chef.

»Was willst du nun?« fragte Mister U, zum vertraulichen Du übergehend (sie hatten sich in einer historischen Nacht näher kennengelernt und angefreundet, eine Tatsache, die U vor seinen Angestellten nicht etwa verschwieg, weil er sich dessen schämte, sondern weil er, in Kenntnis ihrer einfachen und oft allzu pedantischen Gemüter, nicht Verwirrung stiften wollte). »Was willst du nun, mein lieber X? Ich weiß, Verbesserungen wären nötig bei dir da unten, gewisse hygienische Erleichterungen sollten geschaffen werden, wenn auch nicht für die Insassen, wo es aus prinzipiellen Gründen beim Stand der Dinge bleiben muß, so doch für das Aufsichtspersonal, aber eine Reform ist unmöglich, die Mittel fehlen, der Betrieb wirft nichts ab, soll ja auch nichts abwerfen, und so müssen wir uns denn einschränken. Du siehst selbst, daß wir uns auch hier oben nichts erlauben, und daß alles beim Alten, Provisorischen bleibt.« Mister X mußte niesen. Er sei nun seit Anbeginn im Betrieb, sagte er zögernd, seit sechstausend Jahren, oder seit sieben – so genau wisse auch er es nicht mehr –, und die schwere Arbeit, die ihm zugewiesen worden sei, habe er treulich getan. Das gebe er zu, antwortete der Chef, er könne sich nicht beklagen. Er habe sich immer geplagt, fuhr der Besucher fort, und, schon kühner geworden, fügte er bei, manchmal habe er das Gefühl, er sei der einzige im Betrieb, der wirklich arbeite. Es wurde dunkel im Studierzimmer, die Tauben hörten auf zu gurren, eine vorüberziehende Kumuluswolke verdeckte die Sonne, die Kälte des Raumes (des Weltraumes) wurde bedrohlich. Fröstelnd saßen die beiden im milchigen Weiß des Gewölks. »Auch damit gebe ich dir recht«, sagte der Chef, »du arbeitest zielbewußt, und wir hier oben sind stärker im Planen als im Ausführen. Kein Wunder (hier schien es, als ob Mister U seinen Untergebenen einen Moment lang beneide), deine Arbeit ist handfest und unsere geistig.« Der andere war froh, daß die Tauben wieder gurrten und die Wolke sich lichtete (es hatte auch ein wenig zu schneien begonnen in dieser schwindelerregenden Höhe). Pausenlos habe er seit Anbeginn gearbeitet, sagte er, mit beträchtlichem Erfolg, das sei nicht zu bestreiten, wenn man den Zustand der Welt in Betracht ziehe, und die Anzeichen, die man von der Zukunft habe, würden noch weitere, noch großartigere Erfolge versprechen. Dies alles könnte ihn mit Stolz erfüllen, fuhr Mister X fort, wenn es sich nicht eben um Erfolge handeln würde, die jeden Mitfühlenden mit Besorgnis erfüllen müßten. Die Welt drohe nach und nach zum Teufel zu gehen. Mister U wunderte sich, daß gerade er, Mister X, sich solche Gedanken mache. Er sei wohl überarbeitet. »Eben«, rief da der Besucher aus, glücklich, das Stichwort für seine Bitte gefunden zu haben: »Ich brauche Ferien.« Mister U wunderte sich, war geradezu verblüfft. Eine solche Bitte war ihm noch nie begegnet. »Ferien?« fragte er vorsichtshalber, er hätte sich ja auch verhört haben können. »Ferien« bestätigte der Besucher sein Anliegen, »nach sechstausend Jahren zum ersten Mal.« »Wie lange?« forschte der Chef weiter. »Drei Wochen«, antwortete der Besucher, das scheine ihm bescheiden. »Was willst du denn in den drei Wochen tun?« »Gutes«, antwortete Mister X. Der Chef traute seinen Ohren nicht. »Du willst Gutes tun?« flüsterte er. »Warum nicht«, antwortete der Besucher, das Gute sei immer seine Sehnsucht gewesen, und nun wolle er drei Wochen seiner Neigung leben. »Und wo willst du hin?« fragte Mister U gespannt. Der Besucher zögerte mit der Antwort. Er wurde rot und senkte zaghaft den Kopf. »Ins Zäzilienstiftchen«, sagte er endlich, »ins Zäzilienstiftchen in Ck ...« Der Landgeistliche rollte den Weltenplan zusammen, den er gedankenverloren aufgerollt hatte. »Mein Gott«, rief er aus, »ins Zäzilienstiftchen? In den einzigen Ort dort unten, wo man meine Gebote hält? Warum denn nur?« Nun war für Mister X der Augenblick gekommen, den er am meisten befürchtete (möge er gnädig vorübergehen), um dessentwillen er noch kurz vor der Türe zu den Büroräumen irgendwo da oben gezögert hatte. Es galt, ein Geständnis abzulegen. Wenn Mister U sich entschließen könnte, nachzusehen, was denn über dem Kamin im Salon des Zäzilienstiftchens hange, nicht weit vom Schreibtisch der Schwester Eugenia von der schauerlichen Apokalypse, so würde der Chef alles begreifen, sagte er schüchtern. Der erhob sich. »Dann komm«, sagte er befremdet, »es nimmt mich nun doch wunder, was ausgerechnet du mit der Schwester Eugenia von der schauerlichen Apokalypse zu tun hast«, und führte den Besucher in eine weit entlegene Ecke seines Studierzimmers. Sie räumten Folianten, Himmelsglocken und anderen Kram weg und fanden zwischen morschen Balken, voll von Spinnweben, einen alten, halb zerfallenen Fernsehapparat. »Hoffentlich funktioniert er noch«, sagte Mister U und hantierte an den Drehknöpfen, die Erde finde er bald, er habe einige Übung darin, und das Zäzilienstiftchen betrachte er am liebsten. Die beiden nahmen vor dem Apparat Platz, eingewoben in die Spinnwebnetze, die von den Balken flatterten und in denen einige Kreuzspinnen aufgescheucht herumkletterten. Auf der verstaubten Scheibe erschien eine breiige Kugel, stark abgeplattet und gelblich, um die sich verschiedene Kügelchen drehten. »Das ist sie«, sagte der Chef, stolz auf seine Geschicklichkeit, doch der Besucher warf vorsichtig ein, er glaube nicht, die Erde habe doch nur einen Mond. »Du hast recht«, sagte Mister U, nachdem er in einem Fachwerk nachgelesen hatte, »dies ist möglicherweise der Jupiter«, und drehte weiter. Von ferne gurrten die Tauben herüber, und die Sonne, abgeschwächt durch die Weite des Zimmers, malte Kringel auf das alte Holz der Wände. Bei der bläulichen Kugel mit den weißen Polkappen und rötlich grünen Kontinenten, die auf dem Fernsehbild erschien, über das gerade eine Spinne wanderte, hatte der Chef das Rechte getroffen. »Da wären wir«, sagte er, »nun die Stadt Ck ..., da muß man, glaube ich, nach rechts drehen.« Ein Meer war zu sehen, eine steile Küste, Wälder, Hügel, ein Fluß, silbern im Licht, und ein Schäfer grüßte herauf, den Hut schwenkend. Ck ... schob sich ihnen entgegen, verrußt und golden zugleich. Blöcke von Stahl und Glas ragten in den Himmel, und aus den Schloten kroch dunkles Gewölk. Weithin endlose Reihen von Mietskasernen, weithin Plätze und Anlagen, durchsetzt mit Kirchen und Palästen und durchzogen von Bahngeleisen und Brücken. Stumm sahen die beiden hinunter. Gegen innen verdichtete sich die Stadt zu einem Wirrwarr alter Häuser. Enge Gassen erschienen. Sie waren schmutzig und zerfallen, mit Wäsche zwischen den hochgiebeligen Häusern. Der Chef schraubte sich näher. Ein Menschengewimmel erschien auf der Scheibe, Bettler, Zuhälter, Dirnen, bis auf die Zähne bewaffnete Polizisten dazwischen, und der Taschendieb Coucou le Lilas stahl einem Reisenden das Portemonnaie aus der Hose. »Eine böse Gegend«, bemerkte Mister U, »da hast du ganze Arbeit geleistet«, und er blickte etwas neidisch auf den Besucher. Ein Automobil raste durch die Gassen schräg in eine Kurve. »Viel zu schnell«, brummte der Chef. Die Insassen schossen mit Maschinenpistolen. »Das sollte verboten werden«, murmelte der Landgeistliche. Die Menschen stoben zur Seite. Die Polizei verkroch sich. Ein

Marktstand wurde umgeworfen. Ein zweites Automobil jagte heran. »Bébé la Rose«, erläuterte Mister X. Der Chef runzelte die Stirne, um so mehr, als nun auch der Gangsterkönig Pipi le Lis sichtbar wurde, Kaugummi kauend und unrasiert, in der Türe eines Bordells, der Chef war nahe daran, abzustellen, auch Mister X war es peinlich. Pipi warf sein Messer, federnd glitt es Bébé ins linke Hinterrad. Der Wagen rutschte weg, die Polizei strömte zusammen, und Bébé la Rose schwang sich durch ein Fenster in Sicherheit (in die Arme der schönen Gangsterbraut May McMay). Oben in seinem Studierzimmer erwog Mister U eine neue Sintflut. Doch dann lächelte der Chef, und seine betrübten Züge glätteten sich. Das Zäzilienstiftchen war sichtbar geworden. Es lag am Ende eines großen Platzes, auf dem Kinder spielten. Es war von wilden Rosen umrankt, ein zierliches Rokokoschlößchen, halb verwittert, von einem verschnörkelten Eisenzaun umgeben. Schwestern huschten herum in altmodischer Tracht, Psalmen summend, auf leisen Schuhen, Gutes tuend: Schwester Marie vom Aussatz Naemans, Schwester Blanche vom siebenten Apostel, Henriette vom abgeschnittenen Busen der heiligen Agathe, Claire von Neros Fackelallee der brennenden Christen, und wie sie alle hießen. Auf gebogenen Sesselchen saßen sie und strickten Pullover von der Art, wie Mister U mit Befremden feststellte (indem er zurückschraubte), wie sie der Gangsterkönig trug. Aus einem alten Saal tönte Orgelmusik, und die jüngste, Röschen von den zehntausend Martern, beschenkte hungrige Kinder mit Butterbroten. Mister Us Züge verklärten sich immer mehr, die Tauben, die lange verängstigt geschwiegen hatten, gurrten wie noch nie, und die Sonnenkringel an der Wand leuchteten im intensivsten Gold. Doch dauerte dies nur einen Augenblick, der Umschwung war um so peinlicher: Denn wie nun auf der verstaubten Scheibe die Domina Schwester Eugenia von der schauerlichen Apokalypse im Salon die Bibel las, hing neben ihr, über dem Kamin, rosenumkränzt, sichtbar hochgeehrt, ein Portrait. Mister X senkte verlegen das Haupt. Der Chef starrte verwundert auf die Scheibe und stellte deutlicher ein. »Wie ist es möglich«, sagte er, und seine Stimme war so gewaltig, daß sich vor den Fenstern Gewitterwolken zusammenballten, »wie ist es möglich, daß dein Bild über dem Kamin des Zäzilienstiftchens hängt? Ich bitte dich, mir darüber Auskunft zu geben.« Mister X schwieg lange. »Mein Hang zum Guten«, antwortete er endlich, von schlechtem Gewissen geplagt. »Erkläre«, befahl der Chef, und nun donnerte es draußen. »Wenn du vielleicht bei mir in der Vergangenheit nachsehen würdest«, stotterte der Besucher. »Bitte«, brummte Mister U. Er drückte einen Hebel am Fernsehapparat nieder. Nach verschiedenen verunglückten Experimenten erblickten die beiden Mister X (von schwefelgelben Flammen umzüngelt) am düsteren Ort seiner Tätigkeit. Er nahm eine Amtshandlung vor. Er untersuchte einen Diplomaten. Schwitzend, in einem immer noch eleganten Frack, stand der Verstorbene vor ihm. Mister X arbeitete gründlich. Nichts entging ihm, keine Sünde, kein Schandlohn. Die Sünden trug er ins Register ein, die Banknoten legte er auf seinen halbverkohlten Schreibtisch. Dabei schob er, wie der Chef nun feststellte, einige Scheine in einen Kasten, der die Inschrift trug: Zäzilienstiftchen. »Du unterstützest meine Schäfchen«, sagte der Landgeistliche mit zitternder Stimme, »mit Geld, das dir deine amtlichen Untersuchungen einbringen?« Das stimme, gab Mister X kleinlaut zu, wovon sollten die Schwesterchen denn auch leben? Nichts koste so sehr wie Wohltaten. Das Geld komme dem Stiftchen mit der Post zu, die Schwesterchen hielten ihn für den reichen Gutsbesitzer Soederbloem (in der Fensterscheibe sah man Mister X ein Mandat ausfüllen), und als die Domina einmal um sein Bild gebeten, habe er es eben der nächsten Sendung beigelegt. Wer wisse dort unten schon, wie er aussehe. Dem Chef ging die Sache zu Herzen. Seufzend drehte er den Apparat ab. Die beiden kehrten zum Schreibtisch zurück (verstaubt, mit Spinnweben im Haar). Wie es nun mit seinen Ferien stehe, wollte Mister X wissen. Das sei ihm peinlich und ganz gegen den Weltenplan (den er wieder entrollt hatte), aber er wolle seinen Oberangestellten Y fragen, der sei in dergleichen besser orientiert als er selber, antwortete der Chef. Der Oberangestellte erschien. Wenn man ihn schon frage, sagte er, so möchte er gestehen, daß er den Sinn von Mister X' Betätigung nie begriffen habe, es stehe doch im Weltplan, daß dessen Unternehmen dereinst eingehen solle, was ihn doch im Grunde schon jetzt überflüssig mache. Der Chef nahm ein Stück altes Brot aus der Tasche. Er ging zum Fenster (die Wolken hatten sich verzogen) und fütterte die Tauben, warf dann durch das Teleskop einen Blick auf den fernen Punkt im

Raume (auf die Sonne, die nun explodierte). »Mister X tut Gutes, und Y ist der Meinung, Mister X sei überflüssig«, sagte er endlich und musterte die beiden streng. »Es scheint sich um eine Rebellion zu handeln.« Mister X und der Oberangestellte Y verneigten sich verlegen, der Besucher nieste dabei, er hatte sich erkältet. »Nun gut«, sagte der Chef, »wir müssen es versuchen. Drei Wochen. Sie haben meine Schäfchen unterstützt, Mister X, und sollen Ihre Belohnung haben.« Es werde sich im Weltenplan nichts ändern, versuchte der Oberangestellte Y die letzten Bedenken zu beschwichtigen. Wenn auch Mister X nicht mehr zum Bösen verführen werde, drei Wochen lang, so würden die Menschen dennoch nicht davon ablassen, es zu tun, und dies allein aus Gewohnheit. »Das mag sein«, antwortete der Chef, sich schon anderen, wichtigeren Aufgaben zuwendend und seine beiden Untergebenen entlassend: »Das mag sein. Ich befürchte nur, daß die Versuchung des Guten zu mächtig sein wird. Leben Sie wohl, Mister X Soederbloem« – worauf der Oberangestellte, den Besucher hinausbegleitend, insgeheim den Kopf schüttelte. Aufatmend und erfreut über das Gelingen seines Unterfangens kehrte Mister X in seine Behausung zurück, nicht ohne beim übermütigen Abstieg die Treppengeländer hinunterzurutschen, soweit solche vorhanden waren. Unten angekommen, schrieb er der Domina einige Zeilen, in denen er seine, des Gutsherrn Soederbloems, Ankunft für übermorgen ankündigte – er werde drei Wochen bleiben –, und übergab den Brief einem seiner Angestellten, der eben nach oben fuhr – es war ein unterer Beamter der Abteilung für Sinnlichkeit –, mit dem Auftrag, ihn in den nächstbesten irdischen Briefkasten zu werfen. Der Brief des Mister X (Gutsherr Soederbloem) an die Schwester Eugenia von der schauerlichen Apokalypse war der letzte, den der Briefträger Emilio am nächsten Morgen zu besorgen hatte. Emilio war fünfundvierzig Jahre alt und stand fünfundzwanzig Jahre im Dienste der Post. Die monatlichen Geldsendungen, die er ins Zäzilienstiftchen bringen mußte (immer am dreizehnten), hatten ihn gezeichnet. Sein linkes Ohr war zerfetzt, seine rechte Hand durchlöchert; er hinkte und war eben von einem Lungenschuß kuriert worden. Auch diesmal machte er sich widerwillig auf den Weg. Er nahm ein Fahrrad, obgleich es ihn behindern mußte. Doch die Furcht verleitete ihn, die Altstadt stand in schlimmem Ruf. So bog er denn von der Marschall-Vögeli-Allee nach links, fuhr am Pantheon vorbei und gelangte bei Vrener und Pott durch die Keßlergasse in die gefährliche Gegend. Seine Befürchtung erwies sich als richtig. Es fiel ihm auf, daß die Keßlergasse nicht wie sonst voll Geschrei und Lärm war, sondern leer. Kein Lebewesen war zu sehen – nicht einmal Ratten. Das Portal der Synagoge war verbarrikadiert, das Schulhaus niedergebrannt – es schwelte noch –, die Fenster der Häuser mit Brettern vernagelt, und die Geschäfte geschlossen. Der Briefträger wäre umgekehrt, aber da die Keßlergasse bei Vrener und Pott steil abfällt und das holprige Pflaster das Fahren gefährlich machte, bemerkte er die Veränderung erst, als er sich mitten in der Altstadt befand. Nun fuhr er an der Privatbank Wilhelm und Ernst vorbei. Ausgeraubt. Er spähte nach der Polizei. Vergeblich. Emilio erinnerte sich: Als ihm die Hand durchlöchert wurde, war es auch so gewesen. Es blieb ihm nichts anderes übrig, als den Weg fortzusetzen. Er fing an zu pfeifen ›Üb immer Treu und Redlichkeit, bis an dein kühles Grab‹. Er fühlte, wie man durch die Ritzen der verrammelten Türen und der vernagelten Fenster ängstlich nach ihm Ausschau hielt. Er fuhr durch die Metzgergasse, die beim Denkmal des unbekannten Polizisten beginnt und an deren Ende der Zäzilienplatz liegt. Emilio fuhr so schnell als möglich, doch war die Metzgergasse noch schlechter gepflastert als die Keßlergasse. Er kam langsam vorwärts und wurde hin- und hergerüttelt. Dabei wäre gerade hier Schnelligkeit am Platze gewesen, denn in den niedrigen Türen der Metzgergasse, die unverrammelt waren, standen die Gangster. Emilio kannte sie wohl. Es waren Namen, die man in Ck ... nur zu flüstern wagte. Dodo la Tulipe, der finstere Witwenwürger, Froufrou le Pavot, der berüchtigte Fassadenkletterer, Dada la Lavande, der Kirchenschänder, Sissi la Rhubarbe, der Abtreiber, Coucou le Lilas, der Taschendieb, Chichi la Violette, der Vergewaltiger, und andere, nicht minder prominente Persönlichkeiten. Der Briefträger fuhr schwitzend durch ihre Reihen, pfeifend vor Furcht. Von der Presse war nur JP Whiteblacke zugegen, der Reporter der ›Epoche‹. Die Gangster standen gegen die Türpfosten gelehnt und starrten in den Himmel hoch über der Häuserschlucht (in einen strahlenden Sommerhimmel). ›Weiche keinen Finger breit von Gottes Wegen ab‹, pfiff der Briefträger. Die Gangster pfiffen mit. Schauerlich stieg die fromme Melodie zum Himmel. Die Gangster rührten sich nicht. Nun lag der Zäzilienplatz vor Emilio, mit Tauben und spielenden Kindern, sonnenbeschienen, und jenseits lag das Stiftchen, wo er, um aller Sorgen ledig zu sein, nur noch den Kamillentee trinken mußte, den ihm die Schwester Marie vom Aussatz Naemans, die Pförtnerin, aufnötigte, wenn er die Post brachte. Der Briefträger schien gerettet. Er hatte nur noch die Schenke ›Zum Frommen Wunsche‹ zu passieren, ein baufälliges, einstöckiges Haus mit Geranien vor den staubigen Scheiben und einem blankgeputzten himmelblauen Schild mit goldener Inschrift. Der Briefträger wollte spurten. Da lachte ihm aus der Schenkentüre May McMay entgegen und zwinkerte mit dem linken Auge (Mister U oben sah es mit Mißbehagen). Emilio bremste und stieg vom Rad. Zwar hatte May auch damals gezwinkert, als er den Lungenschuß bekommen hatte, von dem er eben kuriert worden war. Aber sosehr sich der Briefträger auch vor den Gangstern fürchtete (und vor einem neuen Lungenschuß), Frauen gegenüber war er ein Held. Er lehnte das Rad an den Rand des Gehsteigs und sah May an. Sie war schön. Größer als der kleingewachsene Emilio. Vollschlank und blond, ganz anders als seine Gattin zu Hause in der Apostelgasse mit den fünf Kindern und der Windelwäsche. »Willst du einen Pernod mit mir trinken?« fragte May McMay und zwinkerte wieder. Die Gangster pfiffen weiter, an die Türpfosten gelehnt. Sie schienen sich nicht um den Briefträger zu kümmern. »Gerne«, stammelte Emilio. Schließlich hatte er nur einen Brief ins Stiftchen zu überbringen und kein Geld. Heute war nicht der dreizehnte, das mußten auch die Gangster wissen. Wie träumend betrat er an der schönen May Seite die Schenke ›Zum Frommen Wunsche‹. Die Sonne fiel durch die staubigen Scheiben. In der Apostelgasse lag die Wohnung gegen Norden. Nur noch von ferne hörte er die Gangster pfeifen ›Üb immer Treu und Redlichkeit‹. Die Schenke war leer (damals beim Lungenschuß auch). Hinter dem Schanktisch stand der blinde Celio. Pluto, der alte Schäferhund, hob nicht einmal den Kopf. Auf dem Tisch neben dem Fenster standen zwei Gläser mit Pernod, grünlichweiß im Sonnenlicht. Emilio war zu glücklich, zu verwegen, um Verdacht zu schöpfen. Mays Parfum duftete: Robe de nuit. Das letzte Mal war es Nuit d'amour gewesen. May setzte sich. Emilio setzte sich. Sie lächelten und stießen an. Emilio nahm einen Schluck und fiel in einen tiefen Schlaf. »Wenigstens eine neue Variante«, war das letzte, was er noch zu denken vermochte.

Schema einer Fortsetzung

Der Gangsterkönig Pipi le Lis betritt mit seinen Gangstern die Schenke ›Zum Frommen Wunsche‹ durch eine Hintertüre. May verschwindet, ebenfalls der blinde Celio und Pluto der alte Schäferhund. Ein Postsachverständiger nimmt dem eingeschläferten Emilio den Brief aus der Tasche und öffnet ihn sorgfältig. Der Inhalt wird vorgelesen. Bébé la Rose, der Rivale, betritt die Schenke ›Zum Frommen Wunsche‹. Er liest den Brief ebenfalls. Homerische Reden des Gangsterkönigs und Bébé la Rose's, jeder hat den Ehrgeiz, schlechter, verworfener, lasterhafter als der andere zu sein. Zweikampf, der unentschieden endet. Beide schießen gleich gut mit ihren Maschinenpistolen, so daß sich die Kugeln in der Luft treffen. Gangsterfrieden. Feierlicher Schwur Pipi le Lis' und Bébé la Rose's, einander ihre Abstammung von Huren und Verbrechern zu glauben (Pipi ist in Wirklichkeit ein Lehrers- und Bébé ein Pfarrersohn). Sie beschließen, das Zäzilienstiftchen zu überfallen. Der Gutsherr Soederbloem soll gefangengenommen werden, wenn er das Stiftchen besucht. Dann legen sie den wieder sorgfältig verschlossenen Brief in Emilios Brieftasche zurück.

Emilio erwacht. Die Schenke ist leer, May verschwunden, aber der Brief ans Zäzilienstiftchen ist noch vorhanden. Hinter dem Schanktisch der blinde Celio, auf dem Boden der alte Schäferhund. Draußen in der Metzgergasse lehnen immer noch die Gangster an den Türpfosten und pfeifen ›Üb immer Treu und Redlichkeit‹. Der Briefträger gelangt mit seinem Rad zum Zäzilienstiftchen, vorsichtig durch das Getümmel der spielenden Kinder und der flatternden Tauben fahrend. Nachdem er den Brief der Pförtnerin abgegeben hat, wird er mit Kamillentee bewirtet.

Im Stiftchen herrscht Freude. Die Domina verkündigt, daß Gutsherr Soederbloem für drei Wochen eintreffen werde. Das Gästezimmer wird bereit gemacht. Schwester Röschen von den zehntausend Martern sieht Bébé la Rose, der sie um ein Stück Brot bittet, als Bettler verkleidet und in der Absicht gekommen, das Stiftchen auszuspionieren.

Er erhält ein Butterbrot, das er mit großem Behagen verspeist, in den Anblick des errötenden Röschens versunken. In der Küche beginnen die Schwestern, zum großen Empfang Kuchen und Torten zu bereiten.

Mister X fährt als Gutsherr Soederbloem zur Erde herauf. Zuerst erscheint er einigen Bankiers, denen er Betrügereien nachweist. Zitternd sinken die Bankiers, einer nach dem andern, in ihre Schreibtischsessel zurück und füllen Mister X Schecks aus. Im Besitz eines unermeßlichen Vermögens geht Mister X nun für das Stiftchen einkaufen: zu Dior, zu Fath, in die Parfümerien, in die Bijouterien, in die Warenhäuser. Er kauft die elegantesten Büstenhalter, fantastische Abendkleider, den teuersten Schmuck, die besten Weine, den ältesten Kognak, usw.

Einzug Mister X ins Zäzilienstiftchen mit einer Karawane von Dienstmännern, die seine Geschenke tragen. Überall in den Haustüren und hinter den Mauern warten die Gangster mit Maschinenpistolen und Messern.

Mister X wird im Zäzilienstiftchen empfangen. Frommer Gesang der Schwesterchen, Rede des gerührten Mister X über das Thema ›Tut nur Gutes‹. Dann läßt er seine Geschenke auspacken. Die Schwesterchen flüchten bestürzt, als sie die Büstenhalter, die Abendkleider, den Schmuck sehen, kommen dann aber wieder langsam, eins nach dem andern, hervor. Probieren in ihren Zellen verschämt die Kleider, das Parfüm. Nur die Domina bleibt standhaft.

Droben beobachtet Mister U in seinem Fernsehapparat die Verwandlung im Zäzilienstiftchen. Der Oberangestellte Y ist nachdenklich geworden. Schmuck und Abendkleider sind etwas Schlechtes, wie er glaubt. Er kann es nicht verstehen, daß sich die Schwesterchen damit kleiden, um so mehr, als Mister X ja nun Ferien genommen hat und das Schlechte nicht mehr vorhanden ist. Und gar das Parfüm. Der Oberangestellte ringt die Hände. Mister U dagegen schmunzelt. Ihm gefallen die Schwesterchen in ihren schönen Kleidern fast mehr denn zuvor.

Das Fest im Zäzilienstiftchen. Die Schwesterchen haben sich nun in ihren Abendkleidern und in ihrem Schmuck hervorgewagt. Nur die Domina ist standhaft geblieben. Durch das Fenster starren Kinder und die Bewohner des Quartiers. Die Domina tanzt mit Mister X zu den Klängen eines Harmoniums einen Walzer, wenn auch gezwungenermaßen und mit schlechtem Gewissen. Sie möchte Mister X hinausweisen, aber da sie sein Geld nötig hat, beschließt sie, ihn zu dulden.

Die Gangster bereiten am anderen Morgen ihren Sturmangriff vor. Der Gangsterkönig geht bedächtig über den Platz. Sobald er die andere Seite erreicht habe, solle der Sturmangriff beginnen, ist seine Geheimordre. Pipi le Lis erreicht die Platzmitte. Da rollt ihm ein Kinderball vor die Füße. Er hebt ihn auf und wirft ihn einem Mädchen zu. Das kleine Mädchen lacht den Gangsterkönig an. Pipi le Lis wird wunderlich zu Mute. Er setzt sich auf eine Bank mitten auf dem Platz, lächelt hilflos zurück. Das Mädchen setzt sich auf seine Knie. Pipi le Lis wird gerührt, putzt sich die Nase. Der Gangsterkönig ist mit Kindern und Tauben bedeckt. Selig erzählt er den Kindern Märchen. Die Versuchung des Guten war zu groß. Die Gangster warten und warten. Sie wissen nicht, was sie tun sollen. Es wird Mittag, ein Uhr, zwei Uhr. Mister X kommt aus dem Zäzilienstiftchen, um sich auf einen Spaziergang zu begeben. Er sieht die Kinder, den Märchen erzählenden Gangsterkönig. Mister X macht Zauberkunststücke. Die Kinder und Pipi le Lis klatschen Beifall. Ringelreihen des Mister X und Pipi le Lis' mit den Kindern. Die Gangster mit ihren Maschinenpistolen sind verzweifelt.

Bébé la Rose beschließt, allein vorzugehen. Er schleicht durch ein Fenster ins Stiftchen hinein. Pipi le Lis und Mister X sind Freunde geworden und haben sich in das Zimmer von Mister X begeben, um Schmollis zu trinken. Mister X trinkt Champagner, Pipi le Lis Milch. Sie stoßen an. Bébé la Rose schleicht mit seiner Maschinenpistole durchs Haus. Im Korridor prallt er mit Röschen von den zehntausend Martern zusammen, die eine Torte in das Zimmer von Mister X tragen will (Mister X liebt vor allem Torten, die alle die Inschrift tragen müssen: ›Es lebe das Gute‹). Röschen hält die Torte ängstlich umklammert, die beiden fallen langsam auf die Knie. Bébé la Rose sieht Röschen von den zehntausend Martern an, und Röschen von den zehntausend Martern sieht Bébé la Rose an. Sie küssen sich.

Das Gute bricht in die Welt hinein. Das Erlebnis des Taschendiebs Coucou le Lilas. Er stiehlt eine mit fünfzig Tausendernoten gefüllte Brieftasche, rein aus Routine. Wie es ihm bewußt wird, will er sie dem Bestohlenen zurückgeben. Dieser weigert sich, das Geld anzunehmen. Wenn Coucou le Lilas schon stehlen müsse, werde er das Geld auch nötig haben. Die beiden Boxer, die sich nicht mehr boxen wollen. Usw.

Die Domina findet in der Kammer Röschen und Bébé schlafend. An der Wand hängt die Maschinenpistole mit einer Rose im Lauf. Die Domina ist verzweifelt, sie eilt zu Mister U hinauf. Doch da sie die Klingel der Bürotüre zu heftig zieht, ist kein Ton zu hören. Die Klingel reagiert nur bei zaghaftem Klingeln.

Mister X tut Gutes. In der Stadt Ck ... bricht das Paradies aus. Gangster und Polizisten verbrüdern sich, usw. Pipi le Lis als Heilsarmeesoldat. Die Welt steht still, da nur das Gute existiert. Kein Kälbchen kann getötet, keine Ähre geschnitten werden. Die Wirtschaft bricht zusammen, weil der völlige Mangel an Korruption und Börsenschwindel sie stillegt.

Mister U an seinem Fernsehapparat beschließt einzugreifen. Er findet vor der Bürotüre die verzweifelte Domina. Er steigt mit ihr zur Erde hinunter. Gespräch Mister U mit Mister X, der einsieht, daß er wieder zu seiner Arbeit zurückkehren muß. Doch solle er, wie Mister U bittet, sie vielleicht lieber nicht so peinlich exakt ausführen wie bisher.

Mister X nimmt Abschied vom Zäzilienstiftchen. Die Schwestern, die Kinder winken und singen, auch die getröstete Domina.

Die Welt jedoch verwandelt sich zurück. Pipi le Lis wird mitten in einer Heilsarmeeversammlung wieder der alte Gangsterkönig. Er eilt zu seinen Gangstern zurück, um den vom Stiftchen kommenden Mister X in der Metzgergasse zu überfallen. Tritt ihm mit der Maschinenpistole entgegen, worauf Mister X vor den Augen der entsetzten Gangsterkollegen mit Pipi le Lis in die Tiefe fährt. Nur eine kreisrunde Öffnung bleibt in der Straße zurück, woraus einige pechschwarze Wölkchen in die Höhe streben.

Röschen von den zehntausend Martern und Bébé la Rose aber verwandeln sich nicht mehr zurück und wandern davon.

Abu Chanifa und Anan ben David

Nicht immer kommen die Theologen besser davon. Auch ihre Lehren enthalten Sprengstoff. Auch hier weisen das Judentum und der Islam eine Gemeinsamkeit auf, die im Wesen der Theologie zu liegen scheint. Als Religionen, die auf einer ›offenbarten‹ Schrift gründen, begnügen sich beide nicht mit ihren Offenbarungen. Wie die Juden mit dem Talmud die Bibel erweitern, den Pentateuch dialektisch kommentierend, ergänzen die Muslime den Koran mit der mündlichen Überlieferung von Taten und Worten des Propheten, Sunna und Hadith: Als der Abbaside al-Mansur um 760 den Gottesgelehrten Abu Chanifa verhaften läßt, als offizieller Nachfolger des Propheten mit dem großen Korankenner theologisch in einen leidigen Streit geraten, befiehlt er, verärgert über die Theologen, bevor er sich von den täglichen Staatsgeschäften eher widerwillig, doch pflichtbewußt in den Harem zurückzieht, einen Rabbi namens Anan ben David ebenfalls einzukerkern. Niemand wagt al-Mansur zu fragen warum, vielleicht weiß er es selbst nicht. Wahrscheinlich handelt er bloß aus einem dumpfen Gefühl einer gewissen boshaften Gerechtigkeit, die den Kalifen als Herrscher über Gläubige und Ungläubige auszeichnet. Doch ist es auch möglich, daß er sich halb erinnert, eine Bittschrift flüchtig gelesen zu haben, ohne daß freilich al-Mansur noch weiß, von wem diese Bittschrift stammt, ob von einem Büro seiner Verwaltung, das sich mit jüdischen Angelegenheiten beschäftigt, oder gar von mehreren, ja es kommt ihm plötzlich vor, als habe er nur von ihr geträumt, von einem halb leserlichen Schreiben, worin die Verhaftung Anans gefordert wurde, weil dessen Anhänger den Rabbi, der aus dem sektenreichen Innern Persiens aufgetaucht war, widerrechtlich zum Exarchen über die babylonische Gemeinde ausgerufen hatten. Al-Mansur läßt Anan ben David in das schmutzige Verlies werfen, wo schon Abu Chanifa haust. Der hünenhafte Wärter, der Anan ben David hinführt, öffnet eine kleine eiserne Türe, mit zwei eichenen Querbalken verrammelt, die ihm kaum zur Hüfte reicht, zwingt den Rabbi nieder und befördert ihn mit einem gewaltigen Fußstoß in die Zelle. Lange liegt der Rabbi bewußtlos auf dem steinernen Boden. Wie er zu sich kommt, erkennt er allmählich das Verlies, worin er sich befindet. Es ist quadratisch, eng und hoch. Die einzige Lichtquelle bildet ein kleines vergittertes Fenster, unerreichbar über ihm, irgendwo in der rohen Mauer. In einer Ecke kauert eine Gestalt. Anan ben David kriecht zu ihr, erkennt Abu Chanifa, kriecht zurück, kauert sich in die Ecke nieder, die jener des Muslim diagonal gegenüberliegt. Die beiden Theologen schweigen, jeder glaubt vom anderen, dieser sei im Unrecht, wenn auch nicht al-Mansur gegenüber, der sie beide schändlich behandelt hat, aber in Hinsicht auf die ewige Wahrheit. Ein uralter Wärter, der sich, um in Ruhe gelassen zu werden, als Sabier ausgibt, aber in Wirklichkeit einen verrosteten einäugigen Götzen anbetet und Muslime, Juden und Christen als gottlose Esel verachtet, setzt ihnen täglich eine Schüssel mit Speisen vor und einen Krug mit Wein. Die Speise ist köstlich zubereitet, auf Befehl al-Mansurs, dessen Grausamkeit nie gemein, doch stets exquisit ist: Die Beleidigung besteht für beide darin, daß der Jude und der Muslim aus der gleichen Schüssel essen müssen; der Wein beleidigt allein Abu Chanifa. Eine Woche essen die Theologen nicht. Standhaft bis zum Exzeß will jeder der Frömmste sein und seinen Gegner durch Ergebenheit in den Willen Gottes beschämen. Bloß den Wein kosten sie gemeinsam, sich hin und wieder die Lippen netzend, der Muslim, um nicht zu verdursten – was Allah gegenüber ja auch eine Sünde gewesen wäre –, Anan ben David, dem Wein erlaubt ist, um Abu Chanifa gegenüber nicht unmenschlich zu erscheinen, dessen Durst er verdoppeln würde, tränke er in vollen Zügen. Ratten fallen über die Schüssel her, Ratten gibt es überall. Zuerst wagen sie sich zögernd hervor, dann täglich frecher. Nach einer Woche findet Abu Chanifa die Demut des Juden empörend, es kann sich unmöglich um eine echte Demut handeln wie bei ihm, dem Muslim; der Jude muß aus gotteslästerlichem Trotz handeln oder aus teuflischer Heimtücke, in der Absicht, den Diener des Propheten, den profunden Kenner des Korans, der Sunna des Hadith durch gespielte

Demut zu demütigen: Abu Chanifa ißt die Schüssel leer, blitzschnell, bevor noch die Ratten wie bisher über sie herzufallen vermögen, so flink die Bestien auch sind. Nur einen kleinen Rest läßt der Gottesgelehrte zurück, den Anan ben David aufleckt, bescheiden, mit niedergeschlagenen Augen, wenn auch nicht gänzlich ohne Hast, der Hunger ist allzu rasend, aber er denkt an den Talmud, der das Martyrium verwirft, und die enttäuschten Ratten bedrängen nun ihn, ja schnappen nach ihm. Schlagartig, wie eine Erleuchtung, wird es Abu Chanifa bewußt, daß die Demut des Juden echt ist. Dadurch beschämt, zerschmettert, vor Allah zerknirscht, ißt nun Abu Chanifa am anderen Tag nichts, aber Anan ben David, der seinerseits Abu Chanifa nicht demütigen will, weil dieser doch am Vortage gegessen hat, und von dessen Frömmigkeit er überzeugt worden ist, dazu noch von der Demut des Muslim ihm und Jehova gegenüber gedemütigt, ißt, schlingt, so eilig hat er es, frißt die Schüssel leer, all die köstlich zubereiteten Speisen, noch hastiger als Abu Chanifa am Vortage, weil die Ratten noch gieriger geworden sind, noch unverschämter, noch ungestümer, doch auch er leert sie nur beinahe, wie der Muslim vorher, so daß nun Abu Chanifa, glücklich darüber, sich endlich vor dem Rabbi auf dieselbe Weise demütigen zu dürfen, den Rest auflecken kann, auch er nun wieder von Ratten beklettert, ja überhäuft, überschwemmt, kaum ist es noch auszumachen, was Abu Chanifa, was Ratten sind, worauf sich die Biester mit der Zeit schwer enttäuscht und gekränkt zurückziehen. Beide, der Muslim und der Jude, kauern sich von da an zufrieden in gleicher Frömmigkeit gegenüber, beide gleich gedemütigt, beide gleich demütig, beide gleicherweise erschöpft durch den frommen Zweikampf. Sie haben einander überzeugt, nicht durch den Glauben, der bei beiden verschieden bleibt, unversöhnlich, doch durch ihre ebenbürtige Frömmigkeit, durch dieselbe mächtige Kraft, womit sie ihren unterschiedlichen Glauben glauben. So beginnt ein theologisches Gespräch, durch den Mondschein begünstigt, der schräg und grell durch die vergitterte Fensterlücke fällt. Die beiden sprechen miteinander, zögernd, vorsichtig zuerst, von langen Pausen tiefster Versunkenheit unterbrochen, bald fragt Abu Chanifa, und Anan ben David antwortet, bald fragt der Rabbi, und der Muslim antwortet. Der Morgen graut, irgendwo wird schon gefoltert. Das Schreien und Stöhnen macht das Gespräch der beiden unmöglich, Rabbi Anan und Abu Chanifa beten so laut und mächtig, jeder in seiner Sprache, daß die Folterknechte erschrocken von ihren Opfern lassen. Der Tag kommt, die Sonne flammt in die Zelle, scharf gestochen, ein Lichtstrahl, der freilich nicht den Boden des Kerkers erreicht, einen Augenblick nur glänzt in ihm Abu Chanifas weißes Haar auf. Ein Tag folgt dem anderen, eine Nacht der anderen, sie essen gemeinsam nur das Notwendige, nur wenig von der Speise, die immer schlechter wird, weil der Befehl des Kalifen allmählich vergessen wird. Statt Wein ist längst Wasser im Krug. Den Rest des undefinierbaren Breis, den der wortlose Wärter ihnen schließlich hinschmeißt, überlassen sie den Ratten, die ihre Freunde werden, sie freundlich umpfeifen, die Nasen an ihnen reiben. Die beiden streicheln sie gedankenverloren, so sehr sind sie in ihr mächtiges Gespräch vertieft. Der Muslim und der Jude loben denselben majestätischen Gott und finden es über alle Maßen wundersam, daß er sich gleich in zwei Büchern offenbart hat, in der Bibel und im Koran, in der Bibel dunkler, unvorausberechenbar in seiner Gnade und in seinem Zorn, in seiner unbegreiflichen Ungerechtigkeit, die sich immer als Gerechtigkeit herausstellt, im Koran dichterischer, hymnischer, auch etwas praktischer in seinen Geboten. Doch indem die beiden Theologen Gott preisen, bedauern sie allmählich den menschlichen Aberwitz, die göttlichen Originalschriften zu ergänzen: Anan ben David verflucht den Talmud, Abu Chanifa Sunna und Hadith. Jahre vergehen. Der Kalif hat die beiden Theologen längst vergessen. Die Meldung seines Geheimdienstes, der Glaube breite sich aus, daß allein der Koran Geltung habe, nimmt er kaum zur Kenntnis, vielleicht kann man diesen neuen Glauben einmal politisch verwerten, so oder so, und wie der jüdische Minister für jüdische Angelegenheiten berichten will, der Zweifel an der Gültigkeit des Talmud verbreite sich unter den Juden in Babylonien immer mehr, unterbricht er den Vortrag, so sehr gähnt al-Mansur. Mit steigendem Alter macht diesem – mehr noch als sein Riesenreich – der Harem zu schaffen, die Eunuchen reißen schon Witze, außerdem ist dem Großwesir nicht recht zu trauen; und weil der Großwesir spürt, daß ihm der Kalif nicht mehr traut, vergißt er die beiden Gefangenen ebenfalls, mit gutem Gewissen, ist es doch Aufgabe der Verwaltung, sich um Anan ben David und Abu Chanifa zu kümmern. Aber die Verwaltung ist überlastet, das Gefängnis längst zu klein bei den politischen Wirren, die einsetzen: Sklavenaufstände, Rebellionen von mazdakischen Kommunisten, ein Harem nach dem anderen läuft zu ihnen über, da sie auch die Frauen gemeinsam haben. Neue Gefängnisse werden gebaut, zuerst neben dem alten, seine Außenmauern als Stützmauern zu weiteren Kerkern benutzend, eine ganze Gefängnisstadt entsteht, über die sich mit der Zeit eine zweite und eine dritte Gefängnisstadt erhebt, planlos, doch solid, Quader auf Quader getürmt. Al-Mansur ist längst gestorben und auch dessen Nachfolger al-Mahdi und dessen Nachfolger al-Hadi ibn al-Mahdi, den seine Mutter ermorden ließ, um ihrem Lieblingssohn Harun al-Raschid ibn al-Mahdi zur Macht zu verhelfen; dann stirbt der und dessen Nachfolger und so weiter, alle sinken sie dahin. Das Gefängnis, in welchem sich Abu Chanifa und Anan ben David gegenüberkauern, tief unter all den Gefängnissen, die daneben und darüber gebaut worden sind und wiederum darüber und daneben gebaut werden, weil der Aufstand der Negersklaven den Kalifen al-Mutamid ibn al-Mutawakkil zu neuen riesigen Gefängnissen zwingt, dieses wenige Quadratmeter messende Verlies im ursprünglichen Gefängnis ist längst verschollen und mit ihm Abu Chanifa und Anan ben David, ohne daß sich die beiden dessen bewußt sind, sitzen sie sich doch immer noch im Dunkeln gegenüber, im beinahe Dunkeln, denn tagsüber dringt von irgendwo oben, gebrochen durch unzählige Schächte, die kreuz und quer laufen, wie es sich bei der endlosen Bauerei ergab, ein schwacher Lichtschimmer zu ihnen herunter, gerade genügend, daß sie, neigen sie sich einander entgegen, ihre Gesichtszüge erkennen können. Aber sie kümmern sich nicht darum, ihr Gegenstand, mit dem sie sich beschäftigen, ist unerschöpflich, ja er scheint immer unerschöpflicher zu werden, je tiefer sich die beiden in ihn versenken. Ihr Gegenstand ist Gott in seiner Erhabenheit, demgegenüber alles unbedeutend ist: das jämmerliche Essen, die feuchten Pelze der Ratten, die längst den Koran und die Thora aufgefressen haben, die beiden einzigen Bücher, die ihnen al-Mansur hatte als Gefängnislektüre gestatten müssen; daß sie diese heiligen Schätze nicht mehr besitzen, ist von ihnen nicht einmal mehr bemerkt worden: Abu Chanifa und Anan ben David strichen zärtlich über die Pelze der Bestien, als diese ihr Zerstörungswerk begannen. Abu Chanifa ist längst gleichsam der Koran und Anan ben David die Thora geworden; spricht der Jude eine Stelle aus der Thora, spricht der Araber eine Sure aus dem Koran, die zur Stelle aus der Thora paßt. Auf eine geheimnisvolle Weise scheinen sich die beiden Bücher zu ergänzen; auch wenn ihrem Wortlaut nach keine Übereinstimmung vorliegt, sie stimmen doch überein. Der Friede der beiden Gefangenen ist vollkommen, doch rechnen sie in ihrer Versunkenheit in die göttlichen Offenbarungen, die sich scheinbar widersprechen und doch ergänzen, mit einem nicht, mit dem Nächsten, mit dem Wärter, mit dem wie die beiden nun uralten Sabier, der im geheimen immer noch seinen Götzen anbetet und, je unbarmherziger der rohe einäugige Götze schweigt, desto trotziger den Araber und den Juden verachtet. Er ist wie die beiden längst vergessen worden, die Gefängnisverwaltung weiß nichts mehr von seiner Existenz, er muß sich sein Essen bei anderen Gefängniswärtern zusammenbetteln, die ihrerseits vergessen worden sind und ihr Essen zusammenbetteln müssen. Das wenige, das der Sabier erbettelt, teilt er mit den Gefangenen mechanisch, aus einem gewissen Pflichtgefühl heraus, das stärker als die Verachtung ist, die er den beiden gegenüber empfindet, eine Verachtung, die sich langsam zum Haß steigert, zu einem ohnmächtigen dunklen Zorn, der in ihm nagt, ihn ausfüllt, so daß er eigentlich nichts mehr ist als dieser Haß auf alle Juden und Araber und darüber hinaus auf deren Gott, der einmal geredet haben soll, auf diesen Dichtergott, wie er ihn nennt, ohne eigentlich zu wissen, wo er dieses Wort aufgeschnappt hat, denn was ein Dichter sein soll, weiß er auch nicht. Da erläßt irgendein Kalif, sei es al-Qadir ibn Ishaq ibn al-Maqtadir oder al-Qaim ibn al-Quadir, nach einer glücklichen Liebesnacht mit einer gefangenen Venezianerin namens Amanda, Annunciata oder Annabella mit langen zinnoberroten Haaren, den Befehl, alle Staatsgefangenen, deren Namen mit A beginnen, freizulassen. Durch einen Zufall dringt der Befehl zweihundert Jahre später, in den letzten Tagen al-Mustansir ibn az-Zahirs, des vorletzten aller Kalifen, bis zum uralten Sabier vor, der Anan ben David brummend freiläßt, nach einigem Zögern freilich, hat er doch das Gefühl, auch Abu Chanifa freilassen zu müssen, eigentlich könnte er sich, denkt er, nach dem ›Abu‹ richten, niemand würde es bemerken, aber sein Haß, den er gegen die beiden hegt, bewegt ihn, sich an ›Chanifa‹ zu halten und die beiden Theologen zu trennen. So läßt er schadenfroh nur Anan ben David frei. Bestürzt nimmt der Jude von Abu Chanifa Abschied, tastet noch einmal über das Gesicht des vertrauten Freundes, starrt in seine Augen, die wie aus Stein sind, und hat auf einmal das Gefühl, daß Abu Chanifa den Abschied nicht mehr wahrnimmt, daß dieser das Gefühl für jede Veränderung verloren hat, stolpert darauf verwirrt durch dunkle Gänge, von einer dumpfen Furcht vor der Freiheit ergriffen, erklimmt Leitern, die an nassen Mauern entlang in weitere Gefängnisse hinaufführen, irrt durch immer neue Gänge und gelangt zu steilen Treppen, bis er sich plötzlich im grellen Sonnenlicht in einem Hof befindet, blinzelnd, alt, unsäglich schmutzig, in Lumpen. Wie erlöst sieht er, daß die eine Hälfte des Hofes im Schatten liegt, schließt die Augen, tastet sich zur Mauer, läßt sich an ihr nieder. Ein Wärter oder ein Gefängnisbeamter findet ihn, fragt ihn aus, versteht nichts, schließt ihm kopfschüttelnd das Gefängnistor auf. Der Alte will seinen Platz an der Mauer nicht verlassen, der Wärter (oder der Gefängnisbeamte) droht, Gewalt anzuwenden, der Alte muß gehorchen: Die endlose Wanderung Anan ben Davids durch die Welt beginnt, unfreiwillig, denn kaum vor dem Gefängnistor, kaum unter Menschen, wird er von allen angestarrt; er ist anders als sie gekleidet, in zerrissenen, verschmutzten Lumpen zwar, aber doch in einer altertümlichen Kleidung. Auch sein Arabisch klingt anders; als er nach einer bestimmten Gasse fragt, versteht man ihn nicht, außerdem gibt es diese Gasse nicht mehr, die Stadt hat sich verändert; dunkel erinnert er sich, einige Moscheen schon einmal gesehen zu haben. Er sucht die jüdische Gemeinde auf, meldet sich beim Rabbiner, einem berühmten Talmudkenner. Auch hier hat man Mühe, den Alten zu verstehen, aber man läßt ihn vor den heiligen Mann, der das arabisch geschriebene Buch des berühmten Rabbi Saadia ben Joseph studiert: ›Die Widerlegung des Anan‹. Das eisgraue uralte Männchen umklammert die Knie des großen Talmudisten, nennt seinen Namen. Der Rabbi stutzt, fragt noch einmal, wird streng, entweder sei Anan ben Davids ein Narr oder ein Betrüger, der echte Rabbi Anan sei schon vor fast fünfhundert Jahren gestorben und ein Ketzer gewesen, von persischen Geheimlehren verseucht, er solle sich davontrollen. Dann wendet er sich wieder seinem Buche zu. Anan ben Davids uraltes Gesicht verfärbt sich: Ob er denn immer noch an den Talmud glaube, fragte er den Rabbi, an dieses erbärmliche Menschenwerk? Nun richtet sich der berühmte Talmudkenner auf, ein Riese von Gestalt, mit einem wilden pechschwarzen Bart, nicht umsonst nennt ihn die Gemeinde ›Heiliger Koloß‹. »Weiche von mir, du jämmerlicher Geist Anan ben David!«, donnert er, »du längst Verfaulter! Laß ab von mir und von meiner Gemeinde. Du hast uns ins Unglück geführt, als du noch lebtest, und so seist du nun verflucht als schon längst Verscharrter!« Entsetzt stürzt Anan ben David aus dem Haus des Heiligen, die Flüche des Juden gellen ihm nach. Er irrt ziellos durch die Straßen und Plätze der Riesenstadt. Gassenjungen bewerfen ihn mit Steinen, Hunde schnappen nach ihm, ein Betrunkener schlägt ihn zu Boden. Er weiß sich keinen anderen Rat mehr, als sich wieder am Gefängnistor zu melden, das er mit großer Mühe findet. Verwundert wird ihm das Tor aufgeschlossen, aber niemand erinnert sich seiner, der Gefängnisbeamte (oder der Wärter), der ihn entlassen hatte, ist nicht aufzutreiben. Der alte Jude berichtet von Abu Chanifa, niemand hat je von einem solchen Gefangenen gehört. Ein junger Subdirektor in der Leitung aller Gefängnisse der Stadt nimmt sich, historisch interessiert, des alten Juden an. Abu Chanifa ist für ihn ein vager Begriff, wenn es sich wohl auch um eine Verwechslung des Juden handelt, aber irgend etwas Wahres muß sich hinter der Geschichte verbergen. Er weist dem Alten eine Zelle im neuen Gefängniskomplex an, eigentlich für vermögende Untersuchungsgefangene bestimmt, mit Aussicht auf die Harun-al-Raschid-Moschee, läßt ihn verpflegen und neu einkleiden. Der Subdirektor wundert sich selbst über seine Großzügigkeit. Er forscht in alten Verzeichnissen, besichtigt alte Pläne, aber nichts läßt darauf schließen, daß unter all den Gefängnisbauten sich noch ein Gefängnis befinde, das Urgefängnis sozusagen. Der Subdirektor läßt alte Wärter zu sich kommen, auch uralte, die sich schon längst im Ruhestand befinden, niemand hat je von einem Sabier als Wärter gehört. Sicher, niemand kennt das ganze Gefängnis, zugegeben, die Pläne sind unvollständig, aber irgendeine Spur müßte immerhin vorhanden sein, wäre am Bericht des alten Juden etwas Wahres. Das sieht denn der Subdirektor schließlich ein, betrübt, denn irgendwie glaubt er dem Juden, fühlt sich ihm verpflichtet, seltsam, er gibt es zu, fühlt sich wie willenlos, spricht mit dem Direktor, ob man dem Alten nicht eine Zelle zur Verfügung stellen könne, am besten die Zelle, in der er schon haust, mit der Aussicht auf die Moschee. Das sei leider ausgeschlossen, der Direktor ist leicht indigniert über seinen Subdirektor, dieser könne doch nicht im Ernst annehmen, daß zwischen dem alten Juden und dem seit Jahrhunderten verstorbenen Abu Chanifa ein Zusammenhang bestehe. Er sei Gefängnisdirektor und kein Irrenhausleiter, der Subdirektor solle den Juden in ein solches einweisen. Aber Anan ben David ist verschwunden, als dieser Entscheid gefällt wird. Niemand weiß zu sagen, wie er seine Zelle verlassen konnte, vielleicht war sie auch verschlossen, vielleicht fand ein Wärter den Juden tot auf seiner Pritsche und ließ die Leiche wegschaffen, ohne den unbedeutenden Vorfall zu melden. Als aber fünfzehn Jahre später Hülägu, ein Enkel Dschingis-Khans, die Stadt mit ihren Moscheen, Krankenhäusern und Bibliotheken niederbrennt, achthunderttausend Einwohner niedermetzelt und den schriftstellernden al-Mustasim ibn az-Zahir, einen Abbasiden von einer beispielhaften Sanftheit, in einen Teppich gerollt zu Tode schütteln läßt, um, abergläubisch wie der Mongole ist, nicht den Boden des Abbasidenreiches, das er erobert hat, mit dem Blut des letzten Kalifen zu erzürnen, sieht ein Panzerreiter aus einer eingeäscherten Synagoge einen kleinen gebückten, uralten Juden entweichen und schickt ihm, verwundert, daß da noch jemand lebt, einen Pfeil nach, ohne schwören zu können, im ungewissen rauchigen Licht getroffen zu haben. Zweihundert Jahre später spricht in Granada ein unscheinbarer Jude unbestimmbaren Alters den Vorsteher der jüdischen Gemeinde an, er ist kaum zu verstehen, endlich begreift der Vorsteher, der Alte wolle mit Rabbi Moses ben Maimon diskutieren, und antwortet freundlich, der ›Rambam‹ sei schon vor fast dreihundert Jahren in Kairo gestorben, worauf sich der Fremde erschrocken zurückzieht. Unter den ersten Jahren Karls V. als spanischer König fällt ein jüdischer Greis in die Hände der Inquisition, er wird als Kuriosum dem Großinquisitor vorgeführt. Der Jude beantwortet keine Fragen, ob er stumm ist oder nicht, ist nicht auszumachen. Der Großinquisitor schweigt lange, starrt den Juden an, wie andächtig, macht eine unbestimmte Handbewegung, läßt ihn laufen als ohnehin dem Tode verfallen. Ob es sich in all diesen Berichten um Anan ben David handelt, wissen wir nicht, sicher ist nur, daß er durch die Welt irrt, ohne sich je wieder zu erkennen zu geben, daß er seinen Namen verschweigt. Er wandert von einem Land zum anderen, von einer Judengemeinde zur anderen und sagt kein Wort mehr. In den Synagogen hüllt er sich in einen alten zerschlissenen Gebetsmantel, so daß man den Uralten, wie der Großinquisitor, für taubstumm hält. Bald taucht er in diesem, bald in jenem Getto auf, kauert bald in diesem, bald in jenem Lehrhaus. Keiner kümmert sich um ihn, er ist eben der alte taubstumme Jude, der von irgendwoher gekommen ist, dem man das Notwendigste zuschiebt, den zwar jede Generation kennt, aber immer für jemand anderen hält, der einem anderen uralten, taubstummen Juden gleicht, den angeblich die ältere Generation gekannt haben soll. Er ist auch eigentlich so gut wie nichts, ein Schatten bloß, eine Erinnerung, eine Legende; was er braucht, etwas Brot, etwas Wasser, etwas Wein, etwas Schnaps, je nachdem, er nippt ja nur, starrt mit seinen großen Augen ins Leere, nickt nicht einmal zum Dank. Wahrscheinlich verblödet, altersschwach. Es ist ihm auch gleichgültig, was man von ihm denkt, gleichgültig, wo er sich befindet, die Verfolgungen, die Pogrome berühren ihn nicht, er ist nun so alt, daß sich auch niemand mehr von den Feinden seines Volkes gegen ihn wendet; der Großinquisitor war der letzte, der ihn beachtete. Anan ben David ist längst in Osteuropa untergetaucht, im Lehrhaus des großen Maggids von Mesritsch heizt er während Jahren im Winter den Ofen, wohl eine chassidische Sage; wo er sich sommers über aufhält, weiß niemand zu berichten. Im zweiten Weltkrieg endlich holt ihn ein Naziarzt aus einer langen Schlange nackter Juden, die sich einer der Gaskammern von Auschwitz zuwälzen; er hat mit dem kleinen Greis einige Experimente vor, friert ihn ein, fünf, zehn, fünfzehn Stunden minus hundert Grad, zwei Wochen, zwei Monate, der Jude lebt noch immer, denkt an irgend etwas, ist eigentlich nie da; der Arzt gibt es auf. Zurückschicken mag er ihn auch nicht, er läßt ihn in Ruhe, hin und wieder befiehlt er ihm, das Laboratorium zu säubern. Plötzlich ist der Jude verschwunden, und schon hat ihn der Nazi vergessen. Aber indem die Jahrhunderte versinken, werden für Anan ben David die Jahrhunderte, die er mit Abu Chanifa im Gefängnis zugebracht hat, in diesem elenden Verlies in Bagdad, immer bedeutender, gewaltiger, strahlender. Zwar hat er

Abu Chanifa längst vergessen, er bildet sich ein, allein im finsteren Kerker gewesen zu sein, in den ihn al-Mansur hatte werfen lassen (auch an dessen Namen erinnert er sich nicht mehr), aber es scheint ihm nun, als habe er während all den endlosen Jahren mit Jahwe geredet, und nicht nur geredet, als habe er seinen Atem gespürt, ja sein unermeßliches Antlitz gesehen, so daß dieses erbärmliche Loch, das ihn gefangengehalten hatte, ihm immer mehr als das gelobte Land vorkommt und sich sein ganzes Denken, wie das Licht in einem Brennpunkt, auf diesen einen Ort konzentriert und zur übermächtigen Sehnsucht wird, dahin zurückzukehren, zurück an diesen heiligen Ort, ja, daß er nur noch lebt, weil diese Sehnsucht der Rückkehr in ihm ist und nichts anderes mehr, wobei er freilich längst vergessen hat, wo sich dieser heilige Ort nun eigentlich befindet, so wie er Abu Chanifa vergessen hat: Dieser indessen, immer noch in seinem Verlies kauernd, von den von Zeit zu Zeit herabfallenden Wassertropfen zu einer Art Stalagmit geworden, mit einem Funken Leben, hat Anan ben David ebenfalls seit Jahrhunderten vergessen, so wie auch der alte Sabier Abu Chanifa vergessen hat; er ist immer seltener gekommen und schließlich ganz ausgeblieben. Vielleicht daß der einäugige, verrostete Götze ihn erschlug, als er sich von der Wand löste. Dennoch bleibt die Schüssel von Abu Chanifa nicht leer, die Ratten, die einzigen Lebewesen, die sich in den über- und durcheinandergebauten Gefängnissen auskennen, schleppen ihm das Wenige herbei, das er zu seiner Nahrung braucht. Ihr Leben ist kurz, aber die Sorge für den vergessenen Gefangenen vererbt sich, er ist ihr Freund seit unzähligen Rattengenerationen, er teilte einst sein Essen mit ihnen, und nun teilen sie das ihre mit ihm. Er nimmt dennoch ihren Dienst wie selbstverständlich hin, kaum daß er hin und wieder ihre Pelze streichelt, immer seltener, je mehr er versteinert, sind doch seine Gedanken anderswo: Auch ihm kommt es vor, als habe er während Jahrhunderten mit Allah geredet, allein in diesem finsteren Kerker, und das elende Verlies, in welchem er kauert, ist für ihn längst kein Verlies mehr. Den Kalifen hat er längst vergessen, manchmal gibt er sich Mühe, sich an den Namen zu erinnern; die lächerliche Meinungsverschiedenheit, die ihn ins Gefängnis gebracht hat – er weiß nicht einmal mehr, worum es sich in diesem Streit gehandelt hat; auch ist es ihm nicht bewußt, daß er eigentlich schon längst den

Kerker hätte verlassen können, daß niemand ihn hindern würde. Was ihn erfüllt, ist die Gewißheit, sich an einem heiligen Ort aufzuhalten, nur schwach hin und wieder erhellt, roh behauene Steinquader, schimmernd im Dunkeln, aber geheiligt durch den, der zu ihm gesprochen hat, durch Allah selbst; und was ihn am Leben erhält, ist die Aufgabe, diesen Ort durch sein Ausharren zu hüten als sein, Abu Chanifas Eigentum, ihm von Allah selbst übergeben. So wartet Abu Chanifa denn auf die Stunde, da Allah in seiner Barmherzigkeit wieder zu ihm sprechen, da er wieder seinen Atem spüren und sein unermeßliches Antlitz sehen würde. Er wartet mit der ganzen Sehnsucht seines Herzens, mit der glühenden Kraft seines Geistes auf diese Stunde, und sie kommt auf ihn zu, wenn auch anders als erwartet: Anan ben David ist auf seinen Irrfahrten nach Istanbul gekommen, zufällig, er weiß nicht einmal, daß er in Istanbul ist. Er hockt seit Wochen vor einer alten Synagoge, fast eins mit dem Gemäuer, grau und verwittert wie dessen Steine, bis ihn ein Betrunkener Schweizer entdeckt, ein Bildhauer, der, wenn er nicht betrunken ist, gewaltige eiserne Geräte und Blöcke zusammenschweißt. Der Schweizer starrt den kleinen, uralten, zwerghaften Juden an, legt ihn über seine mächtigen Schultern und schleppt ihn zu einem verrosteten zusammengeflickten Volkswagenbus. Das heißt, in Istanbul ist der Schweizer noch nicht eigentlich betrunken, nur angesäuselt, aber dann durch Anatolien hindurch von Station zu Station berauschter, offenbar versucht er, in seinem Kleinbus Whisky zu schmuggeln, um sich Geld für seine Eisenplastiken zusammenzuverdienen, nicht ohne Geschick offenbar, wobei freilich der Whisky sich bedenklich vermindert und damit der Gewinn: Bei jedem Grenzposten, bei jeder Polizeistation, bei jeder Kontrolle zeigt er großzügig den Whisky vor, und ein unendliches Fest beginnt, mit dem Erfolg, daß die Grenzposten, die Polizeistationen und Kontrollen noch betrunkener sind als der Schweizer. Anan ben David hatte jedesmal bezeugt, indem er, wie immer sich stumm stellend, den Kopf schüttelte, daß der Whisky im Koran nicht verboten ist; dazu hat ihn der Schweizer auch mitgenommen, in der Meinung, das uralte Wesen sei ein Moslem, ein Zusammenhang, auf den Anan ben David, in Jahwe versenkt und in Erwartung seines Wiedertreffens mit ihm, nicht kommt. In Bagdad aber, ohne daß Anan ben David freilich weiß, daß er in Bagdad ist, glaubt er doch in Argentinien oder in Wladiwostok zu sein, so sehr sind ihm die Kontinente und die Erinnerungen durcheinandergeraten nach jahrhundertelangem Irren, in Bagdad aber saust der Schweizer in eine Verkehrsinsel, mit über hundertzwanzig Sachen auf dem Gashebel, wo man doch nur sechzig – die Verkehrsinsel, Verkehrspolizist, Bildhauer und Kleinbus stehen lichterloh in Benzin- und Whiskyflammen, alles explodiert, verpufft in einer gelben Rauchsäule Old Smuggler, samt einer der größten Kunsthoffnungen Helvetiens. Nur Anan ben David verschwindet in der Menschenmenge, die sich zusammenstaut, die tutenden Polizei- und Sanitätswagen am Herankommen hindert: Vom Schweizer ist nur noch eine schwörende Hand übrig, auf was sie schwor, ist nicht mehr auszumachen. Anan ben David eilt Luxusgeschäften entlang, biegt um ein Hochhaus, als er bemerkt, daß er von einem weißen Hund verfolgt wird. Der Hund ist hochbeinig und nackt, seine Haare sind ihm ausgefallen. Anan ben David flieht in eine Seitengasse, die Häuser sind uralt oder scheinen uralt, so verwahrlost sind sie, obgleich doch das Hochhaus ganz in der Nähe sein muß, auch wenn es nicht mehr sichtbar ist. Anan ben David erblickt den Hund nicht mehr, aber er weiß, daß dieser ihm folgt. Er öffnet die Tür eines alten baufälligen Hauses, betritt einen Hof voller Schutt, über den er klettert, im Boden findet er eine Öffnung, halb ein Brunnenschacht, halb eine Höhle. Eine Ratte starrt ihn bösartig an, verschwindet, in der Haustür erscheint der weiße nackte Hund, bleckt die Zähne. Anan ben David steigt in die Höhle hinab, ertastet Stufen, steigt hinunter, befindet sich in endlosen Gängen, die Finsternis ist vollkommen, aber er geht weiter. Er weiß, daß der nackte weiße Hund ihm nachschleicht, daß ihn die Ratten erwarten. Plötzlich fühlt er sich heimatlich, zu Hause, er bleibt stehen. Er weiß, ohne es zu sehen, daß vor ihm ein Abgrund ist, bückt sich, seine Hände sind im Leeren, fassen eine Leiter, er steigt hinab, furchtlos, gelangt auf festen Boden, ein neuer Abgrund, wieder tasten seine Hände im Nichts, wieder ist auf einmal eine neue Leiter da. Er steigt hinunter, die Leiter schwankt, oben kläfft der Hund. Jetzt weiß er den Weg, geht durch die niedrigen Gänge, findet die niedrige eiserne Tür, die Querbalken sind verfault, die Tür zerfällt in Staub, wie er sie berührt, so sehr ist sie verrostet, er kriecht in das gelobte Land: in seine Zelle, in sein

Verlies, in sein Gefängnis, in seinen Kerker, in welchem er mit Jahwe geredet hat, an die unbehauenen rohen Quader, den feuchten Boden. Er läßt sich nieder. Ein unendlicher Friede senkt sich auf ihn, der Friede seines Gottes, der Friede Jahwes. Doch plötzlich schließen sich zwei Hände um seinen Hals. Abu Chanifa fällt ihn an, als sei Anan ben David ein wildes Tier, eine Bestie, die in sein, Abu Chanifas Reich gedrungen ist, das doch Allah gehört, und Abu Chanifa ist nur von der heiligen Pflicht beseelt, diesen Eindringling, der seine Freiheit bedroht, zu töten: denn seine Freiheit besteht nicht bloß darin, daß dieses erbärmliche Verlies sein Verlies ist, Abu Chanifas Verlies, sondern daß es von Allah als sein, Abu Chanifas Verlies geschaffen worden ist, während sich Anan ben David mit der gleichen Wut verteidigt: Der, welcher ihn angreift, hat von seinem, Anan ben Davids gelobtem Land Besitz ergriffen, vom Ort, wo Er, Jahwe, mit ihm, seinem unwürdigen Diener, gesprochen hat, wo er dessen Atem gespürt, dessen unermeßliches Antlitz geschaut hat. Der Kampf ist mörderisch, ohne Gnade; jeder verteidigt mit seiner Freiheit die Freiheit seines Gottes, einen Ort für den zu bestimmen, der an ihn glaubt. Und der Kampf ist um so schwerer für Anan ben David, als ihn unzählige Ratten überfallen, sich wütend, blutgierig in ihn verbeißen. Ermattet weichen die beiden Kämpfer voneinander, Anan ben David am Ende seiner Kraft, er weiß, einem neuen Angriff seines Gegners und der Ratten ist er nicht mehr gewachsen. Da schmiegen sich allmählich, zögernd zuerst, die Ratten, die Anan ben David doch angegriffen haben, diese fürchterlichen Bestien, an ihn und lecken seine Wunden; sie haben ihn im vererbten Instinkt unzähliger Generationen wiedererkannt, und wie sie ihn lecken, spürt er die unmittelbare Nähe Jahwes, seines Gottes, er beugt sich unwillkürlich vor, um im ungewissen dämmerhaften Licht seinen Gegner zu erkennen, und sein Gegner beugt sich ihm entgegen, mühsam, den Kalksandstein zerbrechend, der ihn wie ein Panzer umgibt, doch schon zerbrochen, da vorhin sein Haß ihn aufbrach. Anan ben David starrt Abu Chanifa ins Gesicht und Abu Chanifa ins Gesicht Anan ben Davids: Jeder, uralt geworden durch die unzähligen Jahrhunderte, starrt sich selber an, ihre Gesichter sind sich gleich. Aber allmählich weicht in ihren fast blinden, steinernen Augen der Haß, sie starren sich an, wie sie auf ihren Gott gestarrt haben, auf Jahwe und Allah, und zum erstenmal formen ihre Lippen, die so lange geschwiegen haben, jahrtausendelang, das erste Wort, nicht einen Spruch des Korans, nicht ein Wort des Pentateuchs, nur das Wort: Du. Anan ben David erkennt Abu Chanifa, und Abu Chanifa erkennt Anan ben David. Jahwe ist Abu Chanifa und Allah Anan ben David gewesen, ihr Kampf um die Freiheit war eine Sinnlosigkeit. Abu Chanifas versteinerter Mund formt sich zu einem Lächeln, Anan ben David streicht zögernd durch das weiße Haar seines Freundes, fast scheu, als betaste er ein Heiligtum. Abu Chanifa begreift gegenüber dem uralten kleinen Juden, der da vor ihm hockt, und Anan ben David erkennt gegenüber dem Araber, der vor ihm auf den Fliesen des Kerkers kauert, daß beider Eigentum, das Gefängnis des Abu Chanifa und der Kerker des Anan ben David, die Freiheit des einen und die Freiheit des anderen ist.

Smithy

Seine Schwierigkeiten begannen schon am Morgen, sie waren unerwartet und deprimierten um so mehr, als sich J. G. Smith – diesen Namen hatte er nach vielen anderen schließlich angenommen –, wenn nicht arriviert, so doch gesichert gefühlt hatte; sein Einkommen erreichte eine Höhe, auf der sich gerade leben ließ, die Behörde tolerierte ihn, zwar nicht offiziell, aber mehr oder weniger; um so blödsinniger nun Leibnitz' Schwanken. Natürlich war Leibnitz zu ersetzen, durch jeden Medizinstudenten mit einiger Übung im Sezieren; aber J. G. Smith hing nun einmal an Leibnitz, der Mensch verdiente weiß Gott anständig, und wenn Leibnitz auch die Erlaubnis bekommen hatte – eben diesen Morgen war sie ihm zugestellt worden –, wieder eine Arztpraxis zu eröffnen, so mußte er sich doch im klaren sein, daß ihm diese Erlaubnis nichts mehr nützte, nicht der früheren Verfehlungen wegen – Abtreibungen und ähnliches –, sondern weil Leibnitz nun bald vier Jahre bei J. G. Smith gearbeitet hatte, eine zu lange Zeit, um sich noch zurückziehen zu können; angenehm, das Leibnitz unter die Nase reiben zu müssen, war es gerade nicht, aber schließlich hatte Leibnitz kapiert, auch daß er die Lohnerhöhung nicht erhielt, da war Smith unerbittlich, man droht nicht mit einer Kündigung, bei ihm nicht, eine Haltung, die Smith bei dem neuen Bullen natürlich nicht einnehmen konnte: der ging auf Pulver aus und erhielt das Pulver, gegen Naturgesetze ließ sich nichts ausrichten. »Sehn Sie mal, Smithy«, hatte der Neue gleich zu Beginn der Unterredung erklärt, wobei er in den Zähnen herumstocherte – sie standen an der Ecke Lexington/52. Straße, gegenüber baute die City Bank –, »sehn Sie mal, Smithy, gewiß der alte Miller hatte vier Kinder, und ich bin ledig, aber ich habe nun eben einen höheren Begriff vom Leben«, und auf die vage Drohung Smithys, sich an den Hafeninspektor zu wenden, der ihn schließlich auch toleriere, überhaupt, mit dem er befreundet sei, antwortete der Bulle nur, na ja, dann fliege die Angelegenheit eben auf. Schwierigkeiten, nichts als Schwierigkeiten. Dazu die Hitze, und erst dritter Mai, man hätte denken können, es sei Hochsommer, Smithy schwitzte unaufhörlich, schon als Leibnitz mit seinen Forderungen aufgetaucht war, hatte er geschwitzt, alles flimmerte vor Hitze, Brooklyn war kaum zu sehen, Air-Conditioning konnte Smithy sich jetzt nicht mehr leisten, man roch die Leichen, dem Hausmeister war es gleichgültig, und Smithy hatte seine Wohnung woanders, und telefonisch war er auch noch bei Simpson zu erreichen, auch war Leibnitz an alles gewöhnt, aber peinlich war es doch, hin und wieder verirrte sich ein Kunde, geriet in den Sezierraum, statt sich bei Simpson an die Bar zu setzen, und immer konnte Leibnitz die Leichen auch nicht im Kühlraum aufbewahren, er mußte sie auf den Seziertisch schleppen, wenn er sich an die Arbeit machte, überhaupt, überlegte Smithy, sollte man das Ganze als Laboratorium tarnen, als etwas Technisches, Blitzblankes, Weißgekacheltes – was jetzt unter der Triboro Bridge installiert war, hatte einen dubiosen Anstrich. Sicher, schätzenswerte Vorzüge mußten erwähnt werden: die Nähe des West Rivers vor allem. Smithy fluchte; nach Hause zu gehen, zu duschen, das Hemd zu wechseln, fehlte die Zeit. Zur Hitze kam der Gestank. Nicht der Leichengeruch am Morgen, dieser Geruch gehörte zu seinem Beruf und störte ihn ebensowenig wie der Geruch von Leder einen Gerber, nein, der Geruch der Stadt machte ihn rasend, dieser Geruch, den er haßte, der allen Dingen anhaftete, glühend und klebrig, verpappt mit unendlichen Staub- und Kohlemolekülen, Ölpartikelchen, eins mit dem Asphalt, mit den Häuserfronten, den dampfenden Straßen. Er soff. Schon während der Unterredung mit Leibnitz hatte er getrunken. Gin. Mit dem neuen Bullen war er in den Drugstore vom Belmont gegangen. Zwei Schlitz. Später trank er mit dem Hafeninspektor irgendwo in der 50. Bourbon. Der Hafeninspektor trank Bier, aß zwei Steaks, Smithy rührte sein Steak nicht an, der Polizeichef, der dann später doch kam, wie der Hafeninspektor versprochen hatte, war ein ekelhafter Intellektueller, überhaupt kein Bullentyp, irgendein Eierkopf, der sich seinen Posten durch schwule Querverbindungen ergattert hatte, stellte sich Smithy vor, die Fronten wurden immer undurchsichtiger, der Gangster neulich, dem Smithy die Millionärstochter hatte verschwinden lassen, auch ein Schwuler, war früher Priester gewesen. Lief noch so herum. Aber vielleicht war der Polizeichef gar kein Schwuler, die Kellnerin vorhin hatte er geil angesehen, vielleicht war er ein Kommunist. Er war über den Priester im Bilde, hatte ihn ja an Smithy vermittelt, nicht der Hafeninspektor, wie Smithy zuerst geglaubt hatte. Nun mußte Smithy dem Polizeichef noch die Millionärstochter bezahlen, dabei hatte er schon den Hafeninspektor bezahlt, ein verdammtes Verlustgeschäft. Smithy trank den Bourbon aus. Eigentlich hätte er zu Simpson gehen sollen, aber der Polizeichef kam ins Reden. Der Kerl konnte sich das Schwafeln ja leisten, für den spielte Zeit keine Rolle, dazu die Sauhitze trotz Air-Conditioning: Es sei besser, der Sanitätsdienst übernehme das Ganze, natürlich Geheimhaltung, auch Holy (der Priester) meine, es sei zu riskant, die Angelegenheit einer Privatperson wie Smithy zu überlassen, der Priester sei der neue heimliche Boss im Revier. Smithy ging wieder zu Gin über. Das Steak ließ er immer noch unberührt, der Polizeichef quatschte weiter: die alte Art, die Verbrechen zu bekämpfen, sei unwirksam geworden, der Staat müsse heute mit dem Verbrechen leben, seit er sich mit Holy verstehe, gingen auch die Verbrechen zurück, es liege an der Toleranz, Smithy müsse kapieren, daß sein ständiges Lavieren zwischen dem legalen und dem illegalen Lager vorbei sei, weil nun die Legalität die Illegalität wenn auch nicht ausgerottet habe, so doch steuere, sonst würde, wenn Smithy kein Einsehen habe, eben der Sanitätsdienst eingeschaltet, schlimmstenfalls die Hafenpolizei, auch wenn gewisse hygienische Bedenken bestünden. Smithy verlangte Kaffee, nahm drei Stück Zucker, rührte mit dem Löffel. »Wieviel?« »Die Hälfte pro Fall«, sagte der Polizeichef, nahm seine randlose Brille, hauchte sie an, reinigte sie, setzte sie wieder auf, betrachtete Smithy wie ein Forscher eine Laus. Der Hafeninspektor stocherte in den Zähnen wie der Bulle gegenüber der City Band. Der Polizeichef setzte seine Brille wieder ab, reinigte sie noch einmal, Smithys Anblick widerte ihn an. Zu dem Tarif sei nicht zu arbeiten, sagte Smithy, er müsse Leibnitz das Doppelte zahlen, das Schwein sei wieder ein legitimer Mediziner. Schön, sagte der Polizeichef, nachdem er noch einen Kaffee bestellt hatte, er rede mit dem Sanitätsdienst. Smithy bestellte noch einen Gin. »Tut mir leid, Smithy«, sagte der Hafeninspektor. Smithy gab nach, in der Hoffnung, sich irgendwo hinter dem Rücken der Polizei mit Holy zu arrangieren, es gab immer wieder Abmachungen, von denen der Polizeichef nichts wissen durfte, so wie es Abmachungen gab, die Holy nichts angingen – und bestellte noch ein Schlitz. Aber als er gegen Mitternacht in Tommey's französischem Restaurant, von dem niemand wußte, warum es ein französisches Restaurant sein sollte, nun doch ein Steak aß und Pommes frites, setzte sich statt Holy van der Seelen zu ihm, der sich als Russe oder Pole ausgab, je nach Bedarf, aber wahrscheinlich ein Italiener oder Grieche war und ganz anders hieß; einige behaupteten auch, er sei wirklich ein Holländer, aber heiße nicht van der Seelen, sondern wie Käse auf dänisch; auf alle Fälle war er vor zwei Jahren als halbkrepierter Emigrant aus dem verfluchten Europa herübergeschwommen, das all diese Ratten erzeugte – der Präsident sollte einmal einschreiten –, jetzt steckte er in einem verdammt teuren Anzug, Seide, unerträglich parfümiert, eine Havanna rauchend, Monte Christo. Holy sei leider verhindert, sagte van der Seelen. »Geschäftlich?« fragte Smithy, den es nichts anging, verärgert, weil er sich mit Holy absprechen mußte. »Eigentlich schon«, antwortete van der Seelen, bestellte sich einen Hummersalat und sagte, Holy liege wahrscheinlich schon in Smithys Kühlraum oder vielleicht gar auf Leibnitz' Seziertisch. »Schade um den Schwulen«, bedauerte Smithy, betrachtete van der Seelen nachdenklich und nahm sich vor, einmal nachzufragen, was Käse auf dänisch heiße, ein Straßenbulle unter der Triboro Bridge war Schwede, und dann dachte er, ob der Polizeichef wohl schon wisse, daß nun ein anderer als Holy der Boss war. Van der Seelen grinste ihm väterlich zu: »Einer war zu viel im Revier. Wir werden schon miteinander auskommen, Smithy.« Er müsse leider den Tarif erhöhen, sagte Smithy, Leibnitz sei teurer geworden. Van der Seelen schüttelte den Kopf. »Ich habe geheiratet, Smithy, letzte Woche«, meinte er. »Na und?« fragte Smithy. Seine Frau habe einen Bruder, Medizinstudent, bloß fixe der leider, verdammt teurer Spaß. Smithy begriff: »Machen wir's zum alten Tarif«, schlug er vor. »Zehn Prozent weniger«, antwortete van der Seelen, »schließlich muß ich meinen Schwager unterstützen.« Smithys Geschäft stand schlechter denn je, dazu immer noch diese Mordshitze, es war, als tauche er in eine heiße Brühe, als er aus Tommey's französischem Restaurant trat. Eigentlich wollte er nach Hause, in seine drei möblierten Zimmer mit Küche und Bad, scheußlich eingerichtet, deutsch, mit unleserlichen Büchern vollgestopft, eine Wohnung, die er vom Professor übernommen hatte, Leibnitz' Vorgänger, ein muffiger Stall, nie gelüftet, nie gereinigt, aber ein Luxus, dachte er an den Verschlag zurück, worin er jahrelang in der Bronx gehaust hatte. Nun, wenn es geschäftlich so weiterging mit den neuen Partnern, würde er bald in einem Kellerloch landen, der Polizeichef war ein Kommunist, das war Smithy klar, und van der Seelen ein Jude, das war noch klarer, ein vielleicht holländischer Jude, der wie Käse auf dänisch hieß; das beste war, Smithy haute ab, nach Los Angeles oder so, abhauen und dort einen neuen Laden aufmachen, einen wie Smithy hatte man überall nötig. Leichen mußten überall verschwinden. Gegenüber Tommey's französischem Restaurant war eine kleine Bar. Smithy ging über die Straße, ein Auto stoppte, schlitterte, der Fahrer fluchte. In der Bar verlangte Smithy noch einen Gin, am besten, man besoff sich. Durch die offene Bartür sah er van der Seelen in seinen Cadillac steigen, zu Sam, seinem Fahrer. Smithy kippte den Gin hinunter und ging dann doch nicht nach Hause. Van der Seelens fettes Gesicht hatte ihn plötzlich traurig gemacht, Holy tat ihm leid. Smithy schneuzte sich, als er dem Taxifahrer eine Straße in der Nähe der Triboro Bridge nannte. Holy hatte noch an eine Gerechtigkeit geglaubt, überhaupt ständig von Gott geredet, komisch bei seinem Job, Smithy war sicher, daß der Schwule heimlich seinen Rosenkranz gebetet hatte, wenn Smithy sich darunter auch nichts vorstellen konnte. Der Taxifahrer redete vor sich hin, auf spanisch, unaufhörlich, Smithy war froh, als das Taxi die angegebene Straße erreicht hatte, der Taxifahrer kam ihm irre vor, aber die Hitze machte allen zu schaffen. Smithy hatte noch einige Häuserblöcke entlang zu gehen und dann zum West River hinunter, nach alter Gewohnheit ließ er sich nie an seinem Arbeitsplatz absetzen. Die Straßen, enge Schluchten, in eine sinnlose Urlandschaft gesprengt, waren scheinbar leer, aber auf den Gehsteigen, den Mauern entlang und auf den Balkonen lagen Menschen und schliefen, halbnackt und nackt, bei der schlechten Beleuchtung kaum zu erkennen, aber überall anwesend als etwas Tierisches, Schwammiges, Smithy lief wie durch heiße, schnarchende, nasse Wände, er schwitzte, er hatte zuviel getrunken. Er erreichte das halbzerfallene Lagerhaus. Im vierten Stock befand sich Leibnitz' Arbeitsraum, nicht gerade praktisch, aber Leibnitz hatte auf diesen Räumlichkeiten bestanden, überhaupt, wie im einzelnen Leibnitz' Arbeit vor sich ging und wie er es schaffte, die Überreste – irgendwelche mußte es doch geben, wenn auch offenbar minimale – fortzuschaffen, irgendwohin, vom vierten Stock aus, das war Smithy nie recht klargeworden, vielleicht löste sich alles in Flüssigkeit auf und rauschte in die Kanalisation. Smithy schauderte, dachte er daran, daß vor Leibnitz der Professor seine Arbeit noch in der Wohnung verrichtet hatte, in der Smithy jetzt hauste, wenn auch damals der Umsatz noch gering war, nur eine Leiche im Monat. Schon hatte Smithy die Tür aufgeschlossen, in der vagen Hoffnung, Holy doch noch einmal zu sehen, wenn auch als Leiche, als in diese Hoffnung hinein, betrunken wie Smithy nun einmal war, voll sentimentaler Pietät, eine Stimme hinter ihm von der Straße her sagte: »Ich will mit dir schlafen.« Smithy, die Klinke der halbgeöffneten Tür in der Hand, im Begriff, über die Schwelle zu treten, schaute zurück. Eine Frau stand dicht hinter ihm vor der Türe, nur als Silhouette zu erkennen, Smithy hatte die Treppenbeleuchtung nicht eingeschaltet. Irgendeine Nutte, dachte er. Smithy wollte schon die Türe vor ihr zuschlagen, als ihn plötzlich ein wilder Humor packte. »Komm«, sagte er und tappte ohne Licht zum Lift. Die Frau folgte, er spürte sie in der Brutofenwärme des Korridors, der Lift kam von oben herab. Sie standen dicht beieinander, es dauerte einige Zeit, bis der Lift – ein Warenlift, alt, langsam – unten war, Smithy in seiner Betrunkenheit vergaß die Frau. Erst als er sich im hell erleuchteten Lift an die Wand lehnte, fiel sie ihm wieder auf, erinnerte er sich, daß er sie mitgenommen hatte. Sie war etwa dreißig, schlank, strähniges dunkles Haar, große Augen, vielleicht schön, vielleicht nicht, in seiner Besoffenheit brachte Smithy die Erscheinung nicht ganz zusammen, der Eindruck von etwas Vornehmem, von etwas Ungewöhnlichem drang durch seinen Rausch, ein irgendwie ungemütlicher Eindruck, ihr Kleid mußte wahnsinnig teuer sein, und die Figur darunter war zwar in Ordnung, paßte jedoch nicht in die Umgebung, wieso, wußte Smithy nicht, er fühlte es nur, ihr Körper war einfach kein Nuttenleib, und obwohl ihm nebelhaft schwante, daß er sich in dieses Abenteuer nicht einlassen sollte, setzte er den Lift in

Bewegung. Die Frau starrte ihn an, nicht spöttisch, auch nicht ängstlich, nur gleichgültig. Er schätzte sie jetzt auf fünfundzwanzig, er war es gewohnt, das Alter der Menschen abzuschätzen. Beruflich. »Wieviel?« fragte Smithy. »Gratis.« Wieder wurde Smithy von einem teuflischen Humor gepackt, die sollte etwas erleben, er stellte sich vor, wie sie die Fassung verlieren würde, das verdammt Vornehme, das ihn auf einmal störte, wie sie schreien würde, die Treppe hinunterrasen, zu den Bullen womöglich, und wie die einfach grinsen würden. Als er sich das vorstellte, grinste er sie an, doch sie verzog keine Miene, starrte ihm einfach ins Gesicht. Der Lift hielt, Smithy trat heraus, öffnete die Türe zum Sezierraum, ging hinein, ohne sich nach der Frau umzusehen. Sie folgte ihm, blieb in der Türe stehen. Smithy trat zum Seziertisch, starrte auf Holy, der nackt und tot dalag, Einschüsse in der Brust, erstaunlich sauber, Leibnitz mußte die Leiche gewaschen haben. Über der Rückenlehne eines Stuhls lag Holys Priesterrock, sorgsam zusammengefaltet, und Holys Unterwäsche, zinnoberrot, Seide. »Kein Rosenkranz?« fragte Smithy. »Sonst nichts«, sagte Leibnitz, »außer dem da«, und deutete in die Ecke neben dem Fenster: Gurte mit Munition, Revolver, eine Maschinenpistole, einige Handgranaten. »Alles unter dem Priesterrock versteckt, ein Wunder, daß das Ganze nicht hochging!« Leibnitz ließ Wasser in eine alte Badewanne laufen, die Smithy zum ersten Mal sah. »Ich glaube, der war überhaupt kein Priester. Nur ein Schwuler.« »Auch möglich«, sagte Smithy, »eine Neuanschaffung?« Er betrachtete die Kanister und Flaschen, die herumstanden. »Was?« fragte Leibnitz. »Die Wanne«, sagte Smithy. Die sei schon immer dagewesen, antwortete Leibnitz und schob den Wagen mit den chirurgischen Instrumenten zum Seziertisch. »Du kannst auch nicht Dänisch?« »Nein«, antwortete Leibnitz. Smithy wandte sich enttäuscht ab, sah die Frau, die immer noch in ihrem teuren Kleid in der Tür stand, nachlässig mit der linken Schulter an den Türpfosten gelehnt. Er hatte sie wieder vergessen und erinnerte sich plötzlich, daß er sich vorgestellt hatte, sie würde schreien, zu den Bullen rennen. »Hau ab«, sagte Smithy wütend, aber er wußte schon, daß es eine Phrase war. Sie schwieg. Ihr Gesicht war nicht geschminkt, ihr Haar hing in langen weichen Strähnen. Smithy fror, es war so heiß, daß ihm plötzlich eiskalt wurde, dann fragte Smithy: »Leibnitz, wo schläfst du eigentlich?«, ohne die Frau aus den Augen zu lassen, die immer noch an dem Türpfosten lehnte. »Ein Stockwerk höher«, sagte Leibnitz, während er schon in Holy hineinschnitt. Smithy ging zu der Frau. Sie sagte nichts, betrachtete ihn gleichgültig. »Geh in den Lift«, sagte Smithy. Wieder lehnten sie einander gegenüber an den Liftwänden, minutenlang einander betrachtend. Smithy schloß das Gitter, durch die offene Tür des Sezierraums konnte er Leibnitz eifrig an Holy herumschneiden sehen. Dann fuhr der Lift nach oben, hielt. Die beiden bewegten sich nicht. Smithy betrachtete die Frau, die Frau betrachtete ihn, als sei er irgend etwas Nebensächliches, überhaupt nicht vorhanden und doch vorhanden, sie schaute nicht einfach ins Leere, sie tat nicht, als ob sie ihn nicht sähe, das war das Wahnsinnige. Im Gegenteil, sie beobachtete ihn, erforschte ihn, tastete mit ihrem Blick jede Pore seines unrasierten, verschwitzten Gesichts ab, glitt jeder Falte nach, und dennoch blieb er ihr gleichgültig, sie wollte einfach bestiegen werden wie ein Tier von einem Tier, und Tiere, dachte Smithy, sind einander wohl auch gleichgültig, er dachte es nebenbei, während er sie betrachtete, ihre Schultern, ihre Brüste unter dem raffinierten Kleid, und dabei dachte Smithy an Holys nackten Leichnam, den Leibnitz ein Stockwerk tiefer auseinanderschnitt. Kalter Schweiß lief über Smithys Gesicht, er fürchtete sich, er brauchte etwas Nahes, Weiches, Warmes in dieser Kälte, zu der die Hitze erstarrt war, er riß die Frau mit sich, stieß die Tür dem Lift gegenüber auf, zog die Frau ins Zimmer, sah undeutlich eine Matratze, warf die Frau darauf, nur vom Lift her drang Licht durch die offene Türe, und als er die Frau genommen hatte, die alles hatte geschehen lassen, suchte er seine Hose, auf allen vieren, er hatte sie irgendwohin geschleudert, und sie lag außerhalb des Lichtscheins, den der Lift ins Zimmer warf, lächerlich das Ganze, idiotisch. »Taxi«, sagte die Frau ruhig. Smithy stieg in die Hose, stopfte das Hemd hinein, suchte seinen Kittel, fand ihn, über Bücher stolpernd, das ganze Zimmer schien voller Bücher zu sein, wie zu Haus, wo immer noch die Bücher des Professors herumlagen, nur daß hier keine Möbel waren außer der Matratze, unsagbar, wie Leibnitz heruntergekommen war, dabei verlangte der Strolch noch mehr Prozente. Licht machte Smithy nicht, er schämte sich, obgleich er wieder dachte, vor einer Hure brauche er sich nicht zu schämen, aber er wußte plötzlich, daß sie keine Hure war. Die Frau lag immer noch auf der Matratze, im Licht des Lifts, nackt, weiß, Smithy wunderte sich, er konnte sich eigentlich an nichts mehr erinnern, er mußte ihr das Kleid heruntergerissen haben, schön, sollte sie eben sehen, wie sie es zusammenflickte, offenbar hatte ihn das teure Kleid wütend gemacht, überhaupt konnte sie sich nun selber kümmern, sie war ihm nachgestiegen, nicht er ihr, aber dann ging Smithy doch zu Leibnitz hinunter, trat in die immer noch offene Tür des Sezierraumes, von Holy war nur noch der Rumpf übrig, unglaublich, was Leibnitz leistete, plötzlich war Smithy stolz auf ihn. Leibnitz hatte weiß Gott seine Prozente verdient, er schaute ihm zu, wie Leibnitz immer wieder in der Badewanne herumrührte, in irgendeinem breiigen Schaum, dann gurgelte es, und die Badewanne leerte sich langsam. Eigentlich praktisch, Smithy wurde andächtig ob der Hinfälligkeit alles Irdischen, dann sah er die Frau wieder in der Tür stehen, wie vorhin, wieder im Kleid, das unbeschädigt war, sie mußte es doch wohl selbst ausgezogen haben. Smithy wurde verlegen, wahrscheinlich weil er sich über die Hinfälligkeit des Irdischen Gedanken gemacht hatte, aber er glaubte kaum, daß sie es bei dieser Hitze bemerkt haben konnte, die er auf einmal wieder spürte, die ihn anfiel, der Schweiß rann an ihm nieder, er kam sich ekelhaft vor. Er ging ans Telefon auf dem Fensterbrett, rief van der Seelen an, den er noch nie angerufen hatte, aber von Sam kannte er seine Nummer. Es dauerte, bis van der Seelen den Anruf entgegennahm, jedesmal kam wieder ein anderer an den Apparat und sagte, van der Seelen sei nicht zu sprechen, aber als er endlich doch zu sprechen war, weil Smithy einfach immer wieder anläutete, und van der Seelen brüllte, was Smithy denn eigentlich einfalle, brüllte Smithy zurück, er verlange zwanzig Prozent mehr, sonst schließe er seinen Laden. »Gut, gut«, antwortete van der Seelen auf einmal stinkfreundlich, »zwanzig Prozent mehr.« Aber jetzt wolle er schlafen. Und dann wolle er noch Sam mit dem Cadillac, schrie Smithy. Wohin er denn kommen solle, fragte van der Seelen, immer noch stinkfreundlich. Unter die Triboro Bridge, sagte Smithy, und er möchte nicht lange warten. »Kommt, kommt«, sagte van der Seelen begütigend, und Smithy legte den Hörer auf. Inzwischen war von Holy nichts mehr zu sehen, nur das Priesterkleid, das Leibnitz als letztes zusammen mit der zinnoberroten Unterwäsche in die Badewanne warf. Smithy ging mit der Frau nach unten. Die Haustür stand noch offen. Es war immer noch nicht kühler geworden, aber es dämmerte schon, der Morgen kam wie ein Überfall, es war taghell, als Sam mit dem Cadillac vorfuhr. Smithy setzte sich neben Sam, die Frau setzte sich hinter Smithy. »Wohin?« fragte Smithy. »Ins Coburn«, sagte die Frau. Sam grinste. »Schön«, sagte Smithy, »zum Coburn.« Sie fuhren durch die noch leeren Straßen. Die Sonne kam. Im Wagen war es angenehm kühl. Air-Conditioning. Im zweiten Rückspiegel, den noch Holy hatte anbringen lassen, als Sam ihn fuhr, weil Holy sich immer von van der Seelen verfolgt glaubte – na ja, so unrecht hatte Holy ja nicht gehabt –, beobachtete Smithy die Frau. Am Hals hatte sie blaue Flecken. Er mußte sie gewürgt haben, er erinnerte sich an nichts, aber wenigstens war er jetzt nüchtern, und morgen würde er mit diesem Kommunisten von einem Polizeichef reden, wie er mit van der Seelen geredet hatte. Smithy wurde gebraucht, das war ihm nun deutlich geworden. Dann hielt Sam vor dem Coburn, Hauptportal. Ein Hoteldiener riß die Tür des Cadillacs auf, die Frau stieg aus, der Hoteldiener verbeugte sich, ein zweiter verbeugte sich vor der Tür, deren Scheiben automatisch zur Seite glitten. »Donnerwetter«, staunte Sam, »ich hätte gewettet, die würden sie wieder auf die Straße setzen.« »Fahr mich nach Hause, Sam«, sagte Smithy, plötzlich todmüde, und als er seine Wohnung betreten hatte, warf er sich aufs Bett, ohne sich auszuziehen. Überall Büchergestelle, ein Schreibtisch im anderen Zimmer, und auch das dritte war mit Büchern vollgestopft, deutsche Bücher, Namen darauf, die ihm nichts sagten, Titel, die er nicht verstand. Was der Professor eigentlich getrieben hatte, wußte kein Mensch, er brauchte immer Stoff, und den Stoff hatte ihm Smithy geliefert, und als der Professor für den Stoff nicht mehr zahlen konnte, kam Smithy auf seine Idee, und so begann der Professor, für die gute Gesellschaft Leichen verschwinden zu lassen und für die weniger gute, und als der Professor zuviel Stoff erwischt hatte, übernahm Leibnitz die Arbeit, als Probe seiner Tüchtigkeit hatte er den Professor aufgelöst. Smithy schlief ein und schlief so tief, daß er lange nicht begriff, daß ihn das Telefon störte. Er warf einen Blick auf den Wecker, er hatte kaum zwei Stunden geschlafen. Es war der Polizeichef. Was er denn wolle, fragte Smithy. »Kommen sie ins Coburn.« »Na schön«, sagte

Smithy. – »Ich habe Ihnen einen Wagen geschickt.« »Nett«, sagte Smithy, tappte ins Badezimmer, fand das Waschbekken, ließ es vollaufen, tauchte das Gesicht hinein, auch das Wasser war warm, es erfrischte ihn nicht, die Stadt schien langsam ins Kochen zu geraten. An der Wohnungstüre läutete es, Smithy tauchte sein Gesicht noch einmal ins Waschbecken, wollte dann das Hemd wechseln, doch weil es immer noch läutete, ging er zur Wohnungstür. Es waren zwei Polizisten, schwitzend, ihre Hemden klebten am Körper. »Los, mitkommen!« sagte der eine zu Smithy, der andere kehrte Smithy schon den Rücken zu, um die Treppe hinunterzugehen. Er wolle noch die Kleider wechseln und sich rasieren, sagte Smithy, dem das Wasser vom Gesicht über Kittel und Hemd tropfte. »Mach keinen Unsinn und komm«, sagte der Polizist auf der Treppe und gähnte. Smithy schloß die Wohnungstür hinter sich zu, und jetzt erst wurde ihm bewußt, wie elend er sich fühlte, Kopfschmerzen, Stiche im Hinterkopf, vorher hatte er nichts gefühlt, kam es ihm vor, weder die Schmerzen noch die Hitze, nur das eklige warme Wasser im Becken. Sie zwängten ihn in einen Chevy, er mußte vorn zwischen den beiden sitzen, beim Coburn setzten sie ihn vor dem Lieferanteneingang ab. Detektiv Cover war da und ein aufgeregter, eleganter, schwarzgekleideter Mann mit einem weißen Kavalierstuch. »Das ist der Mann«, sagte Cover und deutete auf Smithy. »Friedli«, stellte sich der Mann mit dem Kavalierstuch vor, »Jakob Friedli.« Smithy verstand nicht, was er meinte, es klang wie Deutsch, offenbar hieß er so, oder es sollte guten Morgen heißen auf deutsch oder auf holländisch, es war schließlich gegen sieben morgens, und auf einmal hatte Smithy den Wunsch, den Mann zu fragen, was denn Käse auf dänisch heiße, aber dann sprach der Mann, der sich mit seinem Kavalierstuch den Schweiß abwischte, doch Englisch. »Bitte folgen Sie mir«, sagte er. Smithy folgte ihm, der Detektiv blieb im Lieferanteneingang. »Ich bin Schweizer«, sagte der Mann mit dem Kavalierstuch, als sie einen Korridor entlangschritten, der offenbar zu den Wirtschaftsräumen führte. Smithy war es völlig gleichgültig, was der Mann war und warum er ihm sagte, was er war, er konnte seinetwegen auch Italiener sein oder Grönländer. Das sei ihm noch nie vorgekommen, noch nie, sagte der Schweizer. Smithy nickte, obgleich er sich wunderte, daß es dem Schweizer noch nie vorgekommen war, eine Leiche, mehr oder weniger legal zustande gekommen, gab es in jedem Hotel, und daß es sich um eine Leiche handeln mußte, war klar, der Polizeichef hätte Smithy sonst nicht in dieser Herrgottsfrühe herbeischleppen lassen. Sie fuhren mit einem Warenlift hoch, endlos, es war Smithy gleichgültig wohin, doch nach dem zwanzigsten Stockwerk hatte Smithy das Gefühl, daß es sich um eine verdammt noble Leiche handeln mußte. Der Lift hielt. Sie betraten eine Art Küche, wahrscheinlich ein Zubereitungsraum, wo den Speisen aus der Hauptküche der letzte Pfiff gegeben wurde, um sie den ganz noblen Herrschaften hier oben aufzutischen, wie sich Smithy ausmalte, und in diesem Zubereitungsraum oder halt in dieser Küche, mittendrin, vor einem blitzblanken Tisch, stand der Polizeichef und trank schwarzen Kaffee. »Das ist der Mann, Nick«, meinte der Schweizer. »Guten Tag, Smithy«, sagte der Polizeichef. »Du siehst miserabel aus. Willst du auch Kaffee?« Er habe einen nötig. »Gib Smithy einen, Jack«, sagte der Polizeichef. Der Schweizer ging zu einer Anrichte, brachte Smithy eine Tasse schwarzen Kaffee, wischte sich mit seinem Kavalierstuch den Schweiß ab. Smithy war froh, daß ein so vornehmer Mann auch schwitzte. »Überlassen Sie das Weitere mir, Jack«, sagte der Polizeichef. Der Schweizer verließ die Küche. Der Polizeichef schlürfte Kaffee. »Holy ist verschwunden.« »Möglich«, sagte Smithy. »Lag er auf Leibnitz' Seziertisch?« »Ich schau nie hin«, sagte Smithy. »Van der Seelen?« »Nicht verschwunden«, antwortete Smithy, stellte seine leere Tasse auf den blitzblanken Tisch und fragte, was Nick denn von ihm wolle. Es war das erstemal, daß er den Polizeichef Nick nannte. Den alten hatte er Dick genannt. Nick grinste, ging zur Anrichte, kam mit einer Kaffeekanne zurück. Wieviel Smithy van der Seelen abgeben müsse, fragte Nick und goß Kaffee zuerst in seine, dann in Smithys Tasse. »Zwanzig Prozent weniger als bei Holy«, sagte Smithy. »Er hatte zinnoberrote seidene Unterwäsche.« »Wer?« fragte Nick. »Holy«, antwortete Smithy. »Na ja«, meinte Nick, van der Seelen müsse sich eben erst mal richtig etablieren, und schlürfte wieder Kaffee. Dann sagte er: »Smithy, wir beide haben uns doch gestern geeinigt beim Mittagessen. Auf wieviel denn? Ich habe die ganze Abmachung vergessen.« »Auf dreißig Prozent«, sagte Smithy. »Dreißig Prozent für dich?« fragte Nick. »Dreißig Prozent für dich«, sagte Smithy. Nick schwieg, trank seinen Kaffee aus, schenkte sich wieder ein. »Smithy«, sagte er ruhig, »wir haben uns auf die Hälfte geeinigt. Dabei will ich im großen ganzen bleiben. Nur heute nicht. Heute wirst du dich mit zehn Prozent begnügen, das heißt, wenn du die Klappe hältst und van der Seelen nichts von dem erfährt, was heute vorgeht, sonst mußt du ihm ja noch abliefern.« Zehn Prozent, sagte Smithy, komme nicht in Frage. Er schließe seinen Laden. Nick könne sich an den Sanitätsdienst wenden. Es gehe um fünfhunderttausend, sagte Nick ruhig, das mache für Smithy fünfzigtausend. Das sei etwas anderes, sagte Smithy, da sei er einverstanden. Nick solle ihm die Leiche schicken. Nick betrachtete Smithy nachdenklich. Bei einer so hohen Summe müsse Smithy schon selber verhandeln, meinte er endlich. Smithy goß sich Kaffee ein. Verstehe, sagte er, damit sich Nick heraushalten könne. »Eben«, sagte Nick, »gehen wir.« Smithy nahm noch einen Schluck Kaffee und trat mit Nick durch eine Schiebetür. Sie kamen in einen Raum, der ähnlich war wie der, den sie verlassen hatten, nur ohne Fenster, mit einer weiteren Schiebetür, und betraten einen breiten feudalen Korridor, eigentlich mehr ein länglicher Saal, an dessen beiden Enden hinter riesigen Glaswänden der heiße Himmel wie eine Betonmauer stand. Es war angenehm kühl. Sie schritten über einen grünen Spannteppich. »Kannst du Dänisch?« »Nein«, sagte Nick, »gehen wir zum Kunden.« »Gehen wir zur Leiche«, sagte Smithy. Nick blieb stehen. »Wozu? Die wird dir geliefert!« Smithy antwortete: »Dann läßt es sich nachher besser verhandeln.« Nick klopfte ihm auf die Schulter: »Smithy, du wirst noch ein Geschäftsmann.« Sie hatten den Korridor überquert, Nick drückte auf einen Knopf. »Apartment 10«, sagte er. Ein älterer Mann öffnete, glatzköpfig, offenbar im Smoking, Smithy war nicht sicher, er kannte solche Kleidungsstücke nur vom Kino. »Wir gehen zu ihr«, sagte Nick. Der Glatzkopf antwortete nichts, trat zur Seite, ein kleiner Salon, goldfarbener Spannteppich, vornehme Möbel, wie Smithy sie bezeichnen würde, hätte er sie beschreiben sollen, dann öffnete Nick eine Tür, weiß, die Füllungen mit Gold eingefaßt, ein Schlafzimmer, ein weißer Teppich, ein weißes breites Himmelbett, der Bettgiebel vergoldet, vom Betthimmel hingen Wolken von weißen Schleiern herunter, die Nick auseinanderschob. Auf dem aufgeschlagenen, noch unbenutzten Bett lag die Frau, noch im gleichen Kleid, das sie nicht viel mehr als drei Stunden vorher getragen hatte, als sie aus dem Cadillac an den sich verbeugenden Hoteldienern vorbei ins Coburn gehuscht war. Ihre Augen waren weit geöffnet, sie schien Smithy anzustarren, wie sie ihn immer angestarrt hatte, gleichgültig und aufmerksam, ihre dunklen Haare lagen auf ihren Schultern und waren auf dem weißen Bettlaken ausgebreitet, nur ihr Hals war nun wirklich häßlich zugerichtet, da mußte sie einer weit energischer gewürgt haben als Smithy, und als Smithy die Tote anstarrte, bemerkte er verwundert, wie schön sie war. »Nutte?« fragte er, mehr um überhaupt etwas zu sagen und auf einmal verlegen, denn die Frage kam ihm, kaum hatte er sie gestellt, schmutzig vor. »Nein«, sagte Nick hinter ihm, am Fenster gelangweilt zwischen den Vorhängen durch auf die tief unten liegende Straße blickend, »sonst hätten wir nicht fünfhunderttausend verlangen können.« »Gehen wir zum Kunden«, sagte Smithy müde. Im kleinen Salon, der wahrscheinlich nur ein Vorzimmer war, wie sich Smithy überlegte, wieder geniert vom noblen Milieu, von all diesen Möbeln und Bildern, stand der Glatzkopf. Offenbar ein Butler, wie es Smithy durch den Kopf schoß, nicht unglücklich über diese Erleuchtung, er war immer froh, in verwickelten Situationen etwas Übersicht zu haben. »Schläft er?« fragte Nick. »Der Arzt ...«, wollte der Glatzkopf fortfahren. »Holen Sie ihn raus«, sagte Nick, öffnete die Tür, die gegenüber jener zum Schlafzimmer mit der Leiche lag, stieß sie auf und ging hinein. Smithy folgte ihm. Ein großer Raum, vor der Fensterfront eine Terrasse, ein Schreibtisch. Nick flegelte sich in einen Riesensessel. »Setz dich, Smithy«, sagte er und wies auf einen anderen Sessel. Smithy setzte sich, es war ihm unangenehm, daß er nicht rasiert war. »Der Arzt«, begann der Glatzkopf wieder. »Es gibt Schwierigkeiten«, sagte Nick. »Sehr wohl«, sagte der Glatzköpfige, öffnete eine Tür hinter dem Schreibtisch. »Nun, Smithy«, sagte Nick, »jetzt kommt deine große Stunde.« »Wo sind wir hier?« fragte Smithy. Nick räkelte sich in seinem Riesensessel, versank in ihm, legte die Beine auf den gepolsterten Hocker, die gespreizten Fingerspitzen aufeinander, setzte die Daumen auf die Brust, massierte mit seinen beiden Zeigefingerkuppen die Nase und betrachtete Smithy belustigt. »Zeitunglesen ist wohl nicht deine Sache?« sagte er. »Nein«, antwortete Smithy. »Von Politik keinen Schimmer?« Er interessiere sich nur für Eishockey, antwortete Smithy. Nick schwieg, dann meinte er, für Eishockey sei jetzt keine geeignete Jahreszeit. Überhaupt hasse er den Sommer, sagte Smithy, legte nun auch die Beine auf den Hocker vor ihm. »Außerordentliche UNO-Vollversammlung«, sagte Nick. »Und?« fragte Smithy. »Nur so«, sagte Nick und schwieg wieder. Die Tür hinter dem Schreibtisch öffnete sich, den Mann erkannte Smithy sofort, das heißt, er wußte zwar nicht, wer der Mann war, aber er hatte ihn schon oft im Fernsehen gesehen. Smithy dachte nach, er kam nicht darauf, jedenfalls mußte der Mann in seinem eleganten Pyjama irgend jemand aus Europa sein, irgendein Regierungschef oder Ministerpräsident oder Außenminister oder sonst irgend jemand Wichtiges, enorm berühmt, ein Mann, der Smithy nur flüchtig mit einem Blick streifte, als ob Smithy überhaupt niemand wäre, so gleichgültig, wie ihn die Frau diese Nacht betrachtet hatte, aber nicht so aufmerksam, sondern überhaupt nicht, mit einem Blick, der Smithy plötzlich in Wut versetzte, ohne daß Smithy diese Wut erklären konnte, aber er preßte nun auch die Fingerspitzen aufeinander, nahm auf einmal die Haltung ein, die Nick in seinem Riesensessel eingenommen hatte, bevor der Mann erschienen war, dieser Mann, der so gelassen, so erhaben war, wie der liebe Gott persönlich, für den Smithy eben bloß eine Laus darstellte, noch weniger, eine Laus war Smithy ja schon für Nick, aber Smithy wußte nicht, was noch weniger als eine Laus war, was er doch für den lieben Gott darstellen mußte. »Schwierigkeiten?« fragte der Himmelsvater Nick, der sich erhoben hatte. »Schwierigkeiten, der Mann macht Schwierigkeiten.« »Der da?« fragte der Herr-o-mein-Gott in seinem weinroten Schlafanzug, ohne einen zweiten Blick auf Smithy zu werfen. »Der da«, sagte Nick, die Hände in den Hosentaschen. »Was will er denn?« fragte der Herr der Heerscharen. Smithy hatte sich all die Gottesnamen unwillkürlich gemerkt, die Holy zu zitieren pflegte, sie schossen nun aus seinem Gedächtnis, aber er unterdrückte den Wunsch, den Herrgott zu fragen, ob er denn Dänisch könne. »Weiß nicht«, sagte Nick. Der Herr des Himmels und der Erden setzte sich hinter den Schreibtisch, spielte mit einem goldenen Kugelschreiber. »Nun?« fragte er. »Wer ist die Leiche?« fragte Smithy. Jahwe schwieg, spielte weiter mit dem goldenen Kugelschreiber, blickte erstaunt zu Nick hinüber, der hinter dem Sessel stand, in dem er vorher gesessen hatte. Nick wandte sich Smithy zu, verblüfft, aber dann plötzlich belustigt, als sei ihm ein Licht aufgegangen. »Ihre Tochter?« fragte Smithy. Der Herr Zebaoth legte den goldenen Kugelschreiber auf den Schreibtisch zurück, nahm aus einer grünen Schachtel eine gedrungene, flache Zigarette, zündete sie mit einem goldenen Feuerzeug an. »Wozu diese Frage?« sagte er, Smithy immer noch keinen Blick schenkend. »Ich muß wissen, ob ich die Leiche verschwinden lassen will«, sagte Smithy. »Nennen Sie Ihren Preis, dann wissen Sie es«, antwortete Jehova gelangweilt. Smithy blieb hartnäckig. Er könne den Preis erst nennen, wenn er wisse, wer die Leiche sei, behauptete er, durchaus zur Erheiterung Nicks, wie Smithy spürte, und nun blickte ihn Gott der Allmächtige zum erstenmal wirklich an, nahm endgültig Notiz von ihm, einen Moment ärgerlich, ja zornig, als wolle er Smithy im nächsten Augenblick mit einem Blitzstrahl entzweispalten, aber weil er ja kein Gott war, sondern wie Smithy bloß ein Mensch, wenn auch ein ungleich wichtigerer, gesellschaftlich, geschichtlich, auch in Hinsicht auf Bildung, Vermögen und überhaupt, blieb die Wut im berühmten, vielleicht etwas zu aufgedunsenen Gesicht des doch eher dünneren Repräsentanten der Geschichte im weinroten Pyjama hinter dem Schreibtisch nur sekundenlang, genauer, den Bruchteil einer Sekunde lang sichtbar, noch genauer, ahnbar, und dann lächelte er Smithy geradezu freundlich an: »Die Leiche ist meine Frau.« Smithy studierte das aufgedunsene rote Gesicht des berühmten Mannes hinter dem Schreibtisch und kam immer noch nicht darauf, wessen Landes Staatspräsident oder Ministerpräsident oder Außenminister oder Kanzler oder Vizekanzler er war oder wie der Job auch hieß, wenn er überhaupt ein Politiker war und nicht ein berühmter Großindustrieller oder Bankier oder vielleicht nur ein Schauspieler, der in einem Film einen Staatspräsidenten oder Außenminister gespielt hatte, weshalb ihn Smithy jetzt verwechselte, aber es war Smithy plötzlich gleichgültig, der hinter dem Schreibtisch war der Mann der Frau, mit der Smithy geschlafen hatte, kaum eine Stunde vor dem Morgen, der sich hinter den großen Fenstern nun schon wieder zu einer blendend weißen Wolke verdichtete, in die zu tauchen es höllischer noch als tags zuvor sein würde. »Wer hat sie getötet?« fragte Smithy mechanisch. »Ich«, antwortete der Mann hinter dem Schreibtisch gelassen. »Weshalb?« fragte Smithy. Der hinter dem Schreibtisch schwieg, rauchte. »Sie wollen mich wohl verhören?« stellte er fest. »Ich muß mich entscheiden«, sagte Smithy. Der Typ im weinroten Pyjama ließ die Zigarette in einem runden Emailaschenbecher verschwinden, öffnete die grüne Schachtel, zündete sich eine neue Zigarette an, alles ohne Hast, ohne Verlegenheit, irgend etwas nachsinnend, sich dann Smithy zuwendend. »Ich habe die Nerven verloren«, sagte er dann, lächelte und schwieg, betrachtete Smithy plötzlich neugierig. »Meine Frau«, fuhr er fort, sorgfältig ein Wort um das andere wählend, in seinem Schulbuchenglisch, das Smithy nur von englischen Filmen her kannte, das vielleicht auch gar kein Schulbuchenglisch war, sondern ein Englisch, von irgendeiner europäischen Sprache grob verfärbt, das sich aber natürlich gegenüber dem Englisch, das Smithy sprach, wie klassisches Englisch ausnahm, wie sich Smithy plötzlich bewußt wurde, er wußte nicht, warum er sich darüber ärgerte. »Meine Frau verließ vor zwei Tagen dieses Haus. Sie schlief seitdem wahllos mit vielen Männern, sagte sie, als sie diesen morgen ins Hotel zurückkehrte. Kurz nach vier. Oder gegen halb fünf.« Der Kerl hinter dem Schreibtisch beobachtete Smithy amüsiert, und Smithy dachte, eigentlich hätte er sich Holy auch so vornehm wie diesen da hinter dem Schreibtisch vorstellen können, und so eine Visage wie diese da, rot und aufgedunsen über dem weinroten Pyjama, gäbe es tausendfach. »Deshalb haben Sie Ihre Frau erwürgt«, stellte Smithy fest. Sie müsse ihm doch aus irgendeinem Grunde davongelaufen sein. Die Type hinter dem Schreibtisch lächelte. »Sie wollte mich bloß ärgern«, sagte er. »Und es ist ihr gelungen. Ich habe mich geärgert. Zum erstenmal in meinem Leben.« Die Visage hinter dem Schreibtisch kam Smithy ekelhaft vor. »Zum erstenmal in meinem Leben«, wiederholte er, gähnte und fragte: »Wieviel?« »Fünfhunderttausend hat er mir gesagt«, antwortete Nick anstelle Smithys. »Gehen Sie nicht drauf ein, eine Schweinerei, ich werde den Scheißkerl verhaften lassen. »Schön«, sagte die schäbige Ratte hinter dem Schreibtisch, »fünfhunderttausend.« »Wenn Sie durchaus wollen«, sagte Nick, »bin ich machtlos.« »Nein«, sagte Smithy. »Eine Million«, lächelte die lausige Wanze im weinroten Pyjama, Nick starrte sie verdattert an, strahlte. »Ihre Frau lasse ich gratis verschwinden«, sagte Smithy zur schäbigen Laus hinter dem Schreibtisch, ohne recht zu wissen, was er sagte, während er an die Tote dachte, vielleicht acht, neun, zehn Meter von ihm entfernt hinter den Wänden auf den Laken des Himmelbetts. Er dachte an ihre Schönheit und wie sie ihn mit ihren toten Augen angestarrt hatte, und dann sagte er, indem er sich erhob: »Von Ihnen nehme ich nichts!« Er verließ das große Zimmer, das Apartment, schaute sich in der Halle mit dem grünen Teppich kurz um, der Schweizer mit dem lächerlichen Kavalierstuch kam auf ihn zu, begleitete ihn zum Warenaufzug. Smithy fuhr hinunter, im Lieferanteneingang stand immer noch Cover, wischte sich den Schweiß ab. »Nick kann mir die Ware zuschicken«, sagte Smithy, während er in die unbarmherzige Hitze hineinschritt, die sich in der Straßenschlucht staute, aber Smithy war alles gleichgültig, die ungeheure Sonne über der Riesenstadt, die Riesenstadt und die Menschen, die sich in ihr bewegten, der Dampf, der aus den Kanalisationsdeckeln quoll, die kriechenden, stinkenden Wagenkolonnen, er ging und ging, ob durch die Fünfte Straße, durch die Madison, Park oder Lexington Avenue oder durch die Dritte, Zweite oder Erste Straße, er wußte es nicht, er ging, trank irgendwo ein Bier, aß in einem schmierigen Drugstore, er wußte nicht was, saß lange im Park auf einer Bank, er wußte nicht wie lange, einmal saß eine junge Frau neben ihm, einmal eine alte Frau, dann kam es ihm vor, als hätte jemand neben ihm Zeitung gelesen, es war ihm gleichgültig, er dachte nur an die Tote, wie sie am frühen Morgen ins Coburn gegangen war, an den Hoteldienern vorbei, wie er sie beobachtet hatte im Rückspiegel des Cadillac, wie sie oben in der Tür des Sezierraums mit der linken Schulter an dem Pfosten gelehnt hatte, wie sie auf Leibnitz' Matratze nackt gewesen war, wie sie sich ihm hingegeben, wie sie ihn im Lift angestarrt hatte und wie er nichts begriffen hatte. Eine wilde Zärtlichkeit war in ihm und ein wilder Stolz, Smithy war ihrer würdig, er hatte es dem dreckigen lieben Gott hinter dem Schreibtisch gezeigt, wie sie es ihm gezeigt hatte, und dann war es plötzlich Nacht. Die Straßenlampen brannten, und wahrscheinlich war die Nacht noch heißer, noch höllischer als der Tag zuvor und die Nacht zuvor und als der Tag gewesen war, der nun in die Nacht geglitten war, die ihn umgab, aber er achtete nicht darauf. Er tat alles ohne zu wissen, in Gedanken an die Frau, von der er nichts wußte, keinen Namen, keinen Vornamen, nichts, eigentlich nur, wie sie als Tote aussah, aber er hatte sie geliebt, und als er in Leibnitz' Sezierraum stand, war alles schon vorüber, nur das Kleid der Toten lag über der Lehne des Stuhls, fein säuberlich zusammengefaltet, wie das nun einmal Leibnitz' Gewohnheit war. Smithy nahm das Kleid. Er fuhr mit dem Lift in Leibnitz' Zimmer, aber Leibnitz war auch hier nicht. Leibnitz mußte ausgegangen sein, was doch sonst um diese Zeit nie der Fall war, aber schon im Lift hatte Smithy gewußt, daß er die dreckige, dunkle, dumpfe Bude leer finden würde. Smithy ließ die Tür zum Lift offen, das Licht vom Lift fiel auf ihn, er setzte sich auf die Matratze, mit dem Rücken gegen die Wand gelehnt, auf seinem Schoß lag das Kleid der Frau, die nun tot war, die er auf dieser Matratze geliebt hatte, ohne daß er sich daran erinnern konnte, im Rechteck des Fensters undeutliches Licht, der Lift fuhr hinunter, nur das unbestimmte Licht im Fenster blieb, Smithy fühlte nichts als den Stoff des Kleides, über das seine Hände fuhren, ein leichter Fetzen, mehr nicht. Auf einmal war der Lift wieder da, ein Schatten schob sich zwischen sein Licht und Smithy, füllte die Türe, plötzlich wurde es grell im Zimmer, van der Seelen hatte das Licht angedreht, und hinter van der Seelen war Sam. Smithy schloß die Augen, das Licht blendete ihn, und seine Hände streichelten das Kleid. »Du hast das Geschäft deines Lebens vermasselt«, sagte van der Seelen nicht einmal sonderlich verärgert, mehr erstaunt, und Smithy antwortete stolz: »Nicks Geschäft«, worauf van der Seelen zur Seite trat. Sam hielt etwas in den Händen, das auf Smithy keinen Eindruck mehr machte, er fürchtete sich nicht vor dem, was Sam nun tun mußte, und als es Sam getan hatte, meinte van der Seelen, schon im Lift und jetzt doch etwas verärgert: »Schade um meine Prozente.«

Das Sterben der Pythia

Die delphische Priesterin Pannychis XI, wie die meisten ihrer Vorgängerinnen lang und dürr, hatte, verärgert über den Unfug ihrer Orakelsprüche und über die Leichtgläubigkeit der Griechen, den Jüngling Ödipus angehört; wieder einer, der danach fragte, ob seine Eltern seine Eltern seien, als wäre das in aristokratischen Kreisen so einfach zu entscheiden, wirklich, gab es doch Eheweiber, die angaben, Zeus selbst habe ihnen beigewohnt, und Ehemänner, die das sogar glaubten. Zwar hatte die Pythia in solchen Fällen, da die Fragenden ohnehin schon zweifelten, einfach geantwortet: teils – teils, aber heute war ihr das Ganze zu dumm, vielleicht nur, weil es schon nach fünf war, als der bleiche Jüngling angehumpelt kam, eigentlich hätte sie das Heiligtum schließen müssen, und so prophezeite sie ihm denn, sei es, um ihn von seinem Aberglauben an die Orakelkunst zu heilen, sei es, weil es ihr in einer boshaften Laune gerade einfiel, den blasierten Prinzen aus Korinth zu ärgern, etwas möglichst Unsinniges und Unwahrscheinliches, von dem sie sicher war, daß es nie eintreffen würde, denn, dachte Pannychis, wer wäre auch imstande, seinen eigenen Vater zu ermorden und seiner eigenen Mutter beizuschlafen – die inzestbeladenen Götter- und Halbgöttergeschichten hielt sie ohnedies für Märchen. Zwar beschlich sie ein leises Unbehagen, als der linkische Prinz aus Korinth auf ihr Orakel hin erbleichte, sie bemerkte es, obgleich sie auf ihrem Dreifuß von Dämpfen umhüllt war – der junge Mann mußte wirklich außerordentlich leichtgläubig sein. Als er sich dann behutsam aus dem Heiligtum zurückgezogen und beim Oberpriester Merops XXVII bezahlt hatte, der bei Aristokraten persönlich kassierte, schaute Pannychis Ödipus noch einen Augenblick lang nach, kopfschüttelnd, weil der junge Mann nicht den Weg nach Korinth einschlug, wo doch seine Eltern wohnten; daß sie mit ihrem scherzhaften Orakel vielleicht irgendein Unheil angestiftet haben könnte, verdrängte sie, und indem sie dieses ungute Gefühl verdrängte, vergaß sie Ödipus.

Alt, wie sie war, schleppte sie sich durch die endlosen Jahre, ständig im Hader mit dem Oberpriester, der ein Heidengeld mit ihr verdiente, weil ihre Orakel immer übermütiger ausfielen. Sie glaubte nicht an ihre Sprüche, vielmehr wollte sie mit ihrer Orakelei jene verspotten, die an sie glaubten, so daß sie bei den Gläubigen nur einen immer unbedingteren Glauben erweckte. Pannychis orakelte und orakelte, an eine Pensionierung war nicht zu denken. Merops XXVII war überzeugt, je älter und geistesschwacher eine Pythia sei, um so besser, und am besten eine sterbende, die prächtigsten Orakel habe die Vorgängerin der Pannychis, Krobyle IV, sterbend produziert. Pannychis nahm sich vor, nichts zu orakeln, wenn es einmal so weit wäre, wenigstens sterben wollte sie würdig, ohne Unsinn zu treiben; daß sie ihn jetzt noch treiben mußte, war entwürdigend genug. Dazu kamen die tristen Arbeitsbedingungen. Das Heiligtum war feucht und zugig. Von außen sah es prächtig aus, reinster frühdorischer Stil, innen war es eine schäbige, schlecht abgedichtete Kalksteinhöhle. Pannychis' einziger Trost war, daß die Dämpfe, die aus der Felsspalte unter dem Dreifuß heraufquollen, den Rheumatismus linderten, den die Zugluft verursachte. Was in Griechenland vorging, kümmerte sie längst nicht mehr; ob es in Agamemnons Ehe kriselte oder nicht, war ihr gleichgültig; mit wem es Helena wieder trieb, egal; sie orakelte blind drauflos, und weil man ihr ebenso blind glaubte, störte es niemanden, daß das Prophezeite nur selten eintraf und, traf es doch einmal ein, auch gar nicht anders hätte eintreffen können: Bei den Bärenkräften des Herkules etwa gab es für den Helden, der keinen Gegner fand, weil niemand ihm gewachsen war, keinen anderen Ausweg, als sich zu verbrennen, und das nur, weil ihm die Pythia den Floh ins Ohr gesetzt hatte, er werde nach seinem Tode unsterblich; ob er es dann wirklich wurde, war gänzlich unkontrollierbar. Und die Tatsache, daß Jason Medea überhaupt geheiratet hatte, erklärte hinreichend, warum er seinem Leben schließlich ein Ende setzte, hatte doch, als er mit seiner Braut in Delphi erschien, um das Orakel des Gottes zu erflehen, die Pythia blitzartig instinktiv geantwortet, er solle sich lieber in sein Schwert stürzen, als ein solches Vollweib zur Frau nehmen. Unter diesen Umständen war der Aufschwung des delphischen Orakels nicht mehr aufzuhalten, auch wirtschaftlich nicht. Merops XXVII plante kolossale Neubauten, einen riesigen Apollotempel, eine Musenhalle, eine Schlangensäule, verschiedene Banken und sogar ein Theater. Er verkehrte nur noch mit Königen und Tyrannen; daß sich nach und nach die Pannen häuften, daß der Gott immer nachlässiger zu werden schien, beunruhigte ihn längst nicht mehr. Merops kannte seine Griechen, je toller das Zeug war, das die Alte zusammenschwafelte, um so besser, sie war ohnehin nicht mehr vom Dreifuß herunterzubringen und dämmerte in den Dämpfen vor sich hin, in ihren schwarzen Mantel gehüllt. Wurde das Heiligtum geschlossen, saß sie noch eine Weile vor dem Seitenportal, hinkte dann ins Innere ihrer Hütte, kochte sich einen Brei, ließ ihn stehen, schlief ein. Jede Änderung in ihrem Tagesablauf war ihr verhaßt. Nur unwillig erschien sie bisweilen im Büro Merops XXVII, brummend und knurrend, ließ sie der Oberpriester doch nur rufen, wenn für einen seiner Klienten irgendein Seher ein von ihm formuliertes Orakel verlangte. Pannychis haßte die Seher. Wenn sie auch nicht an die Orakel glaubte, so sah sie in ihnen doch nichts Unsauberes, die Orakel waren für sie ein von der Gesellschaft verlangter Blödsinn; aber die von den Sehern formulierten Orakel, die sie auf deren Bestellung hin orakeln mußte, waren etwas ganz anderes, sie verfolgten einen bestimmten Zweck, da steckte Korruption dahinter, wenn nicht gar Politik; und daß Korruption und Politik dahintersteckten, dachte sie an jenem Sommerabend sofort, als Merops, sich hinter seinem Schreibtisch räkelnd, ihr auf seine stinkfreundliche Art erklärte, der Seher Tiresias habe einen Wunsch.

Pannychis erhob sich, kaum hatte sie Platz genommen, und erklärte, sie wolle mit Tiresias nichts zu tun haben, sie sei zu alt und zu textunsicher, um noch Orakel auswendig zu lernen und zu rezitieren. Adieu. Moment, sagte Merops, Pannychis nacheilend und sie zwischen Tür und Angel stellend, Moment, es sei ganz unnötig, sich aufzuregen, auch ihm sei der Blinde unangenehm, Tiresias sei Griechenlands größter Intrigant und Politiker und, bei Apoll, korrupt bis auf die Knochen, aber er zahle nun einmal am besten, und was er verlange, sei vernünftig, in Theben sei wieder einmal die Pest ausgebrochen. Die breche in Theben immer wieder aus, knurrte Pannychis; wenn man die hygienischen Verhältnisse um die Burg Kadmeia herum in Betracht ziehe, sei das auch kein Wunder, die Pest sei in Theben sozusagen endemisch. Sicher, beschwichtigte Merops XXVII Pannychis XI, Theben sei grausig, ein schmutziges Nest in jeder Beziehung, nicht umsonst gehe die Sage um, selbst die Adler des Zeus seien nur mühsam imstande, Theben zu überfliegen, mit nur einem Flügel flatternd, weil sie sich mit dem anderen die Nasenlöcher zuhielten, und die Verhältnisse am Königlichen Hofe – na ja. Tiresias schlage vor, seinem Klienten, der morgen vorsprechen werde, zu orakeln, die Pest verschwinde erst, wenn der Mörder des thebanischen Königs Laios entdeckt sei. Pannychis wunderte sich, das Orakel war banal, Tiresias mußte senil geworden sein. Nur der Form halber fragte sie noch, wann denn der Mord begangen worden sei. Irgendwann, vor Jahrzehnten, ohne Bedeutung, finde man den Mörder, gut, meinte Merops, finde man ihn nicht, auch gut, die Pest gehe ohnehin vorüber, und die Thebaner würden glauben, die Götter hätten, um ihnen zu helfen, den Mörder irgendwo in der Einsamkeit, wohin er sich verkrochen, zerschmettert und so die Gerechtigkeit eigenhändig hergestellt. Die Pythia, froh, wieder in ihre Dämpfe zu kommen, fauchte, wie denn der Klient des Tiresias heiße.

»Kreon«, sagte Merops XXVII.

»Nie gehört«, sagte Pannychis. Er auch nicht, bestätigte Merops.

»Wer ist der König von Theben?« fragte Pythia.

»Ödipus«, antwortete Merops XXVII.

»Auch nie gehört«, entgegnete Pannychis XI, die sich wirklich nicht mehr an Ödipus erinnerte.

»Ich auch nicht«, bestätigte Merops, froh, die Alte loszuwerden, und übergab ihr den Zettel mit dem von Tiresias kunstvoll formulierten Orakel.

»Jamben«, seufzte sie noch, einen Blick auf den Zettel werfend, »natürlich, das Dichten kann er nie lassen.«

Und als am anderen Tag, kurz vor Schließung des Heiligtums, die Pythia, auf dem Dreifuß hin und her wiegend, wohlig in die Dämpfe gehüllt, eine schüchterne, lammfromme Stimme vernahm, die Stimme eines gewissen Kreon aus Theben, sagte sie den Spruch auf, nicht ganz so flüssig wie früher, einmal mußte sie sogar von vorn beginnen:

»Mit klarem Wort gebietet dir Apoll, die Blutschuld, die in diesem Lande wuchert, unheilbar – mit klarem Wort gebietet dir Apoll, die Blutschuld, die in diesem Lande wuchert, unheilbar nicht zu machen: auszutreiben. Ihn zu verbannen oder Blut mit Blut zu sühnen. Blut befleckt das Land. Für Laios' Tod heißt Phoibos Rache nehmen an seinen Mördern. Das ist sein Befehl.«

Die Pythia schwieg, froh, mit dem Text über die Runde gekommen zu sein, das Versmaß war nicht unkompliziert, sie war plötzlich stolz, ihren Hänger hatte sie schon vergessen. Der Thebaner – wie hieß er doch? – hatte sich längst davongemacht, Pannychis dämmerte wieder vor sich hin.

Manchmal trat sie vor das Heiligtum. Vor ihr ein ausgedehnter Bauplatz, der Apollotempel, weiter unten standen schon drei Säulen der Musenhalle. Die Hitze war unerträglich, aber ihr fröstelte. Diese Felsen, diese Wälder, dieses Meer – alles Schwindel, ein Traum von ihr, einmal würde dieser Traum vorüber und alles würde nicht mehr sein, sie wußte, alles war erstunken und erlogen, sie, die Pythia, die man als Priesterin Apolls ausgab und die doch nichts als eine Schwindlerin war, die nach Launen Orakel zusammenphantasierte. Und nun war sie sehr alt geworden, steinalt, uralt, wie alt, wußte sie nicht. Die Alltagsorakel gab die Nachwuchs-Pythia ab, Glykera V; Pannychis hatte die ewigen Dämpfe satt, hin und wieder, na gut, einmal wöchentlich, bei einem zahlungskräftigen Prinzen oder bei einem Tyrannen, setzte sie sich noch auf den Dreifuß, orakelte, auch Merops hatte ein Einsehen.

Und wie sie so in der Sonne saß, die ihr wohltat, so daß sie die Augen schloß, um die delphische Kitschlandschaft nicht mehr zu sehen, vor dem Seitenportal des Heiligtums an die Mauer gelehnt, in sich versunken, der halbfertigen Schlangensäule gegenüber, fühlte sie plötzlich, daß etwas vor ihr stand, wohl schon seit Stunden, etwas, das sie herausforderte, das sie anging, und als sie die Augen öffnete, nicht sofort, sondern zögernd, war ihr, als ob sie erst lernen müsse zu gehen, und als sie endlich sah, nahm sie eine ungeheure Gestalt wahr, die sich auf eine andere nicht minder ungeheure Gestalt stützte, und während Pannychis XI schärfer hinblickte, sanken die ungeheuren Gestalten auf Menschenmaß zusammen, und sie erkannte einen zerlumpten Bettler, der sich auf eine zerlumpte Bettlerin stützte. Die Bettlerin war ein Mädchen. Der Bettler glotzte Pannychis an, aber er hatte keine Augen, an Stelle der Augen waren Löcher, gefüllt mit schwarzem, verkrustetem Blut.

»Ich bin Ödipus«, sagte der Bettler.

»Ich kenne dich nicht«, antwortete die Pythia und blinzelte in die Sonne, die über diesem blauen Meer nicht untergehen wollte.

»Du hast mir geweissagt«, keuchte der Blinde.

»Möglich«, sagte Pannychis XI, »ich habe Tausenden geweissagt.«

»Dein Orakel ging in Erfüllung. Ich habe meinen Vater Laios getötet und meine Mutter Iokaste geheiratet.«

Pannychis XI betrachtete den Blinden, dann das zerlumpte Mädchen, verwundert überlegend, was das denn alles zu bedeuten habe, noch ohne Erinnerung.

»Iokaste hat sich erhängt«, sagte Ödipus leise.

»Wer?« fragte Pannychis.

»Meine Frau und Mutter«, antwortete Ödipus.

»Tut mir leid, kondoliere.«

»Und dann habe ich mich selbst geblendet.«

»So, so«, und dann deutete die Pythia auf das Mädchen. »Wer ist denn die?« fragte sie, nicht aus Neugier, sondern nur um etwas zu sagen.

»Meine Tochter Antigone«, antwortete der Geblendete, »oder meine Schwester«, fügte er verlegen hinzu, und erzählte eine verworrene Geschichte.

Die Pythia, die Augen nun weit geöffnet, hörte nur flüchtig zu, starrte auf den Bettler, der vor ihr stand, auf seine Tochter und Schwester zugleich gestützt, und hinter ihm waren die Felsen, die Wälder, weiter unten das angefangene Theater, endlich das unerbittlich blaue Meer, und hinter allem der eherne Himmel, diese grelle Fläche des Nichts, in das, um es auszuhalten, die Menschen alles mögliche projizierten, Götter und Schicksale, und als ihr die Zusammenhänge aufgingen, als sie sich mit einem Mal erinnerte, daß sie mit ihrem Orakel doch nur einen ungeheuerlichen Witz hatte machen wollen, um Ödipus den Glauben an das Orakel für immer auszutreiben, begann Pannychis XI plötzlich zu lachen, ihr Lachen wurde immer unermeßlicher, und sie lachte noch, als der Blinde mit seiner Tochter Antigone schon längst davongehumpelt war. Doch ebenso plötzlich, wie sie zu lachen begonnen hatte, verstummte die Pythia, alles konnte nicht Zufall sein, fuhr es ihr durch den Kopf.

Die Sonne ging hinter dem Bauplatz des Apollotempels unter, kitschig wie eh und je, sie haßte die Sonne; sie sollte man einmal untersuchen, dachte sie, das Märchen mit dem Sonnenwagen und den Sonnenrossen war doch allzu lächerlich, sie wette: nichts als eine Masse von stinkenden, feurigen Gasen. Pannychis ging zum Archiv, sie humpelte. Wie Ödipus, fuhr es ihr durch den Sinn. Sie blätterte im Orakelbuch, suchte, alle vom Heiligtum herausgegebenen Orakel waren hier verzeichnet. Sie stieß auf ein Orakel, verkündet einem gewissen Laios, König von Theben: Werde ihm ein Sohn geboren, werde dieser ihn ermorden.

»Ein Abschreckorakel«, überlegte die Pythia, »da muß meine Vorgängerin dahinterstecken, Krobyle IV«, Pannychis kannte deren Nachgiebigkeit gegenüber den Wünschen der Oberpriester. Sie forschte in der Buchhaltung und fand einen Beleg über fünftausend Talente, gezahlt von Menoikeus, dem Drachenmann, dem Schwiegervater des Königs von Theben, Laios, mit der flüchtigen Anmerkung: »Für ein Orakel hinsichtlich Laios' Sohn, formuliert von Tiresias.« Die Pythia schloß die Augen, blind sein wie Ödipus war das beste. Sie saß im Archiv am Lesetisch und dachte nach. Ihr wurde klar: War ihr Orakel ein grotesker Zufallstreffer, so hatte einst Krobyle IV geweissagt, um Laios zu hindern, einen Sohn und damit einen Nachfolger zu zeugen; sein Schwager Kreon sollte dessen Nachfolge antreten. Das erste Orakel, das Laios bewog, Ödipus auszusetzen, kam durch Korruption zustande, das zweite traf durch Zufall ein, und das dritte, das die Untersuchung des Falles in Gang setzte, hatte wiederum Tiresias formuliert. »Um Kreon auf den Thron Thebens zu bringen – ich bin sicher, daß er jetzt darauf sitzt«, dachte sie. »Aus lauter Nachgiebigkeit Merops gegenüber habe ich das von Tiresias formulierte Orakel geweissagt«, murmelte Pannychis wütend, »auch noch in miserablen Jamben, ich bin noch schlechter als Krobyle IV, die orakelte wenigstens nur in Prosa.«

Sie erhob sich vom Lesetisch und verließ das verstaubte Archiv, so lange hatte niemand mehr in ihm gestöbert, wer kümmerte sich schon darum, im Delphischen Orakel herrschte eine legere Schlamperei. Doch nun sollte ja auch das Archiv umgebaut werden, ein pompöser Neubau an die Stelle der alten Steinhütte treten, auch war schon eine Priesterschaft des Archivs geplant, um die legere durch eine stramme organisierte Schlamperei zu ersetzen.

Die Pythia sah über die nächtlichen Bauplätze, Quader und Säulen lagen herum, es war, als blicke sie über Ruinen; einmal würden hier nur Ruinen sein. Der Himmel war eins mit Felsen und Meer, im Westen stand ein heller roter Stern über einer schwarzen Wolkenbank, böse und fremdartig. Es war ihr, als ob Tiresias herüberdrohte, Tiresias, der ihr immer wieder seine strategischen Orakel aufgezwungen hatte, auf die er als Seher so stolz war, und die doch ebenso dummes Zeug waren wie ihre eigenen Orakel, Tiresias, der noch älter war als sie, der schon gelebt hatte, als Krobyle IV die Pythia war und vor Krobyle Melitta und vor dieser Bakchis. Auf einmal, als sie über den maßlosen Bauplatz des Apollotempels humpelte, wußte die Pythia, daß es ans Sterben ging, es war auch höchste Zeit. Sie schmiß den Stock an die halbfertige Schlangensäule, auch so ein Kitschmonument, und humpelte nicht mehr. Sie betrat das Heiligtum: Sterben war feierlich. Sie war gespannt, wie denn das Sterben wohl vor sich ginge: Ihr war abenteuerlich zumute. Sie ließ das Hauptportal offen, setzte sich auf den Dreifuß und wartete auf den Tod. Die Dämpfe, die aus der Felsspalte stiegen, hüllten sie ein, Schwaden um Schwaden, leicht rötlich, und durch ihre Schleier sah sie das grauhelle Licht der Nacht, das durch das Hauptportal drang. Sie spürte den Tod näherrücken, ihre Neugier wuchs.

Zuerst tauchte ein finsteres, zusammengedrängtes Gesicht auf, schwarzhaarig, niedere Stirn, stumpfe Augen, ein erdiges Gesicht. Pannychis blieb ruhig, es mußte sich um einen Vorboten des Todes handeln; doch plötzlich wußte sie, daß es das Gesicht des Menoikeus war, des Drachenmannes. Das dunkle Gesicht sah sie an. Es redete zu ihr oder vielmehr es schwieg, aber so, daß die Pythia den Drachenmann begriff.

Er war ein Kleinbauer gewesen, untersetzt, er war nach Theben gezogen, hatte hart gearbeitet, als Taglöhner zuerst, dann als Vorarbeiter, endlich als Bauunternehmer, und als er den Auftrag zugeschanzt bekam, die Burg Kadmeia umzubauen, war sein Glück gemacht: Bei den Göttern, das wurde eine Burg! Daß er sein Glück nur seiner Tochter Iokaste verdanke, war übles Gerede; sicher, der König Laios hatte sie geheiratet, aber Menoikeus war nicht irgendwer, er stammte von den Drachenmännern ab, die aus dem lehmigen Boden Thebens gewachsen waren, in den Kadmos die Zähne des erschlagenen Drachen gesät hatte. Zuerst waren nur die Speerspitzen sichtbar gewesen, dann die Helmbüsche, dann die Köpfe, die sich haßerfüllt anspieen; als die Drachenmänner bis zur Brust aus dem Lehmboden gewachsen waren, schlugen sie aufeinander ein, rüttelten an den Speeren, die noch halb in der Erde steckten, und endlich aus den Furchen entlassen, in die sie gesät worden waren, fielen sie sich an wie Raubtiere; aber Menoikeus' Urgroßvater Udaios hatte den mörderischen Kampf überlebt und auch den Felsen, den Kadmos auf die sich niedermetzelnden Drachenmänner schmetterte. Menoikeus glaubte an die alten Geschichten, und weil er an sie glaubte, haßte er Laios, diesen dünkelhaften Aristokraten, der sein Geschlecht aus der Ehe des Kadmos mit der Harmonia herleitete, der Tochter des Ares und der Aphrodite, na ja, es mußte eine Bombenhochzeit gewesen sein – aber vorher hatte Kadmos den Drachen getötet und dessen Zähne gesät, das stand fest: Menoikeus der Drachenmann fühlte sich über Laios den König erhaben, die Zeugung seines Geschlechts war die ältere und die wunderbarere, Harmonia samt Ares und Aphrodite hin und her, und als Laios Iokaste heiratete, das stolze helläugige Mädchen mit den wilden roten Haaren, dämmerte in Menoikeus die Hoffnung, er oder wenigstens sein Sohn Kreon könnten einmal zur Herrschaft kommen, Kreon, der schwarzhaarige, finstere, pockennarbige, vor dessen leiser Stimme die Arbeiter auf dem Bau gezittert hatten und vor der nun die Soldaten zitterten, denn jetzt war Kreon, der Schwager des Königs, Oberbefehlshaber der Armee. Nur die Palastwache war ihm nicht unterstellt. Doch Kreon hatte etwas entsetzlich Treues, er war stolz auf seinen Schwager Laios, ja sogar dankbar, und er hing an seiner Schwester, er hatte sie immer in Schutz genommen, trotz der häßlichen Gerüchte, die umliefen; so kam es nie zu einer Revolution. Es war zum Verzweifeln, wie oft war Menoikeus drauf und dran, Kreon zuzurufen: Rebelliere endlich, mach dich zum König!, aber er wagte es dann doch nicht, und so hatte er seine Hoffnung schon aufgegeben, als er in der Schenke des Poloros – auch der Urenkel eines Drachenmannes gleichen Namens – Tiresias traf, den gewaltigen, harten, blinden, von einem Knaben geführten Seher. Tiresias, mit den Göttern persönlich bekannt, beurteilte die Chance Kreons, König zu werden, durchaus nicht pessimistisch, den Ratschluß der Götter wisse man nicht, oft wüßten diese ihn sogar selber noch nicht, sie seien manchmal unentschieden und geradezu froh, wenn sie von seiten der Menschen gewisse Hinweise – na ja, in seinem, Menoikeus' Falle koste das fünfzigtausend Talente. Menoikeus erschrak, weniger über die riesige Summe, als über die Tatsache, daß diese riesige Summe genau seinem riesigen, an der Kadmeia und anderen königlichen Bauten verdienten Vermögen entsprach, Menoikeus hatte immer nur fünftausend versteuert: Menoikeus zahlte.

Vor den geschlossenen Augen der Pythia, die sich in den längst dichteren Dämpfen rhythmisch wiegte, stieg eine hochmütige Gestalt auf, zweifellos königlich, aber gelangweilt, blond, gepflegt, müde. Pannychis wußte, daß es Laios war. Natürlich war der Monarch erstaunt gewesen, als Tiresias ihm das Orakel Apolls überbrachte, sein Sohn, falls Iokaste einmal gebäre, werde ihn ermorden. Aber Laios kannte Tiresias, die Preise eines bei Tiresias bestellten Orakels waren unverschämt, nur reiche Leute konnten sich Tiresias leisten, die meisten waren gezwungen, sich persönlich nach Delphi zu begeben und die Pythia zu befragen, was weitaus unzuverlässiger ausfiel: Wenn nämlich Tiresias die Pythia befragte, so, war man überzeugt, sprang die Kraft des Sehers auf die Pythia über, Unsinn natürlich, Laios war ein aufgeklärter Despot, die Frage war nur, wer Tiresias bestochen hatte, ein derart heimtückisches Orakel zu bewirken, jemand mußte ein Interesse daran haben, daß Laios und Iokaste keine Kinder zeugten, entweder Menoikeus oder Kreon, der den Thron erbte, falls die Ehe kinderlos blieb. Aber Kreon war aus prinzipieller Sturheit treu, sein politischer Dilettantismus war zu eklatant. Also Menoikeus. Der sah sich wohl schon als Vater eines Königs, bei Zeus, mußte der an der Staatskasse verdient haben, die Preise, die Tiresias verlangte, überstiegen bei weitem das Vermögen, welches Menoikeus versteuerte. Schön, der Drachenmann war sein Schwiegervater, seine Konspiration nicht der Rede wert, aber ein Riesenvermögen für ein Orakel zu verschleudern, wo es doch so billig zu haben war ... Zum Glück züngelte, wie jedes Jahr in Theben, eine kleine Pest rund um die Kadmeia, raffte einige Dutzend dahin, meist unnützes Gesindel, Philosophen, Rhapsoden und andere Dichter. Laios schickte seinen Sekretär nach Delphi, mit gewissen Vorschlägen und zehn Goldmünzen:

für zehn Talente tat der Oberpriester alles; elf Talente hätte er schon ins Hauptbuch eintragen müssen. Das Orakel, das der Sekretär von Delphi zurückbrachte, lautete, die Pest, die sich inzwischen verzogen hatte, werde erlöschen, wenn ein Drachenmann sich opfere. Nun, die Pest konnte wieder auflodern. Poloros, der Wirt, beteuerte, er stammte überhaupt nicht von Poloros, dem Drachenmann ab, das sei ein bösartiges Gerücht. Menoikeus, als nun einziger noch vorhandener Drachenmann, mußte auf die Stadtmauer steigen und sich hinabstürzen, es ging nicht anders, aber eigentlich war Menoikeus ganz froh, sich der Stadt opfern zu dürfen, seine Begegnung mit Tiresias hatte ihn finanziell ruiniert: er war zahlungsunfähig, die Arbeiter murrten, der Marmorlieferant Kapys hatte seine Lieferungen längst eingestellt, ebenso die Ziegelbrennerei; der Ostteil der Stadtmauer war eine hölzerne Attrappe, die Statue des Kadmos auf dem Ratsplatz aus bronzebemaltem Gips, beim nächsten Platzregen hätte sich Menoikeus ohnehin das Leben nehmen müssen. Sein Sturz vom Südteil der Stadtmauer glich dem Fall einer ohnmächtig gewordenen Riesenschwalbe, feierliche Gesänge der Ehrenjungfrauen bildeten den akustischen Hintergrund; Laios drückte Iokastes Hand, Kreon salutierte. Aber als Iokaste Ödipus gebar, wurde Laios stutzig. Natürlich glaubte er dem Orakel nicht, es war absurd, daß sein Sohn ihn töten werde, aber, bei Hermes, hätte er nur gewußt, ob Ödipus wirklich sein Sohn war, er gab ja zu, irgend etwas hatte ihn gehindert, mit seiner Frau zu schlafen, die Ehe war ohnehin eine Vernunftehe, er hatte sich mit Iokaste vermählt, um etwas volkstümlicher zu werden, denn, bei Hermes, Iokaste mit ihrem vorehelichen Lebenswandel war populär, die halbe Stadt war mit Laios liiert; wahrscheinlich war es nur ein Aberglaube, der ihn hinderte, mit Iokaste zu schlafen, doch die Idee, sein Sohn könne ihn töten, war irgendwie ernüchternd, und, offengestanden, Frauen mochte Laios überhaupt nicht, er zog ihnen die jungen Rekruten vor, aber im Suff mußte er vielleicht doch wohl hin und wieder mit seiner Frau geschlafen haben, wie Iokaste behauptete, er wußte es nicht so recht, und dann dieser verdammte Gardeoffizier – am besten, man ließ das Balg, das da plötzlich in der Wiege lag, aussetzen.

Die Pythia hüllte sich fester in ihren Mantel, die Dämpfe wurden plötzlich eisig, sie fror, und wie sie fror, sah sie wieder das blutverkrustete Antlitz des zerlumpten Bettlers vor sich, das Blut schwand aus den Augenhöhlen, blaue Augen blickten sie an, ein wildes, aufgerissenes, ungriechisches Gesicht, ein Jüngling stand vor ihr, es war wie einst, als Pannychis Ödipus mit ihrem erfundenen Orakel zum Narren halten wollte. Er wußte damals, dachte sie, daß er nicht der Sohn des Königs von Korinth, Polybos, und seiner Gemahlin Merope war, er hat mich getäuscht!

»Natürlich«, antwortete der Jüngling Ödipus durch die Dämpfe hindurch, welche die Pythia immer dichter umgaben, »ich wußte es immer. Die Mägde und Sklaven haben es mir erzählt und auch der Hirte, der mich im Gebirge Kithairon fand, einen hilflosen Säugling, dem man die Füße mit einem Nagel durchbohrt und zusammengebunden hatte. Ich wußte, daß ich so dem König Polybos von Korinth übergeben worden war. Zugegeben, Polybos und Merope waren gut zu mir, aber sie waren nie ehrlich, sie fürchteten sich, mir die Wahrheit zu sagen, weil sie sich etwas vormachten, weil sie einen Sohn haben wollten, und so brach ich nach Delphi auf. Apoll war die einzige Instanz, an die ich mich wenden konnte. Ich sage dir, Pannychis, ich glaubte an Apoll, und ich glaube noch immer an ihn, ich hatte Tiresias als Vermittler nicht nötig, aber ich kam nicht mit einer echten Frage zu Apoll, ich wußte ja, daß Polybos nicht mein Vater war; ich kam zu Apoll, um ihn hervorzulocken, und ich lockte ihn aus seinem göttlichen Versteck heraus: Sein Orakel, das mir aus deinem Munde entgegendröhnte, war nun wirklich scheußlich, wie es die Wahrheit ja wohl immer ist, und so scheußlich ging das Orakel denn auch in Erfüllung. Als ich dich damals verließ, überlegte ich: Wenn Polybos und Merope nicht meine Eltern waren, mußten es nach dem Orakel jene sein, an denen sich der Orakelspruch vollziehen würde. Als ich bei einem Kreuzweg einen alten, hitzigen, eitlen Mann tötete, wußte ich, schon bevor ich tötete, daß es mein Vater war, wen sonst hätte ich töten können als meinen Vater – wen ich außerdem noch tötete, das war später, ein nebensächlicher Gardeoffizier, dessen Namen ich vergessen habe.«

»Noch jemanden hast du getötet«, warf die Pythia ein.

»Wen denn?« fragte Ödipus verwundert.

»Die Sphinx«, antwortete Pannychis. Ödipus schwieg einen Augenblick, als müsse er sich erinnern, lächelte. »Die Sphinx«, sagte Ödipus, »war ein Ungeheuer mit einem

Frauenkopf, einem Löwenleib, einem Schlangenschwanz, mit Adlerflügeln und mit einem läppischen Rätsel. Es stürzte sich vom Berge Phikion in die Ebene hinab, und darauf, als ich in Theben Iokaste heiratete – weißt du, Pannychis, dir sei es gesagt, du wirst bald sterben, und darum darfst du es wissen: Ich haßte meine wirklichen Eltern mehr als etwas anderes, sie wollten mich den wilden Tieren vorwerfen, ich wußte nicht, wer sie waren, aber das Orakel Apolls erlöste mich: Mit einer heiligen Raserei stürzte ich im Engpaß zwischen Delphi und Daulis Laios vom Wagen, und wie er sich in den Zügeln verfangen hatte, peitschte ich die Rosse, daß sie meinen Vater zu Tode schleiften, und wie er verröchelte, staubverschmiert, bemerkte ich im Straßengraben seinen von meinem Speer verwundeten Wagenlenker. ›Wie hieß dein Herr?‹ fragte ich ihn. Er starrte mich an und schwieg. ›Nun?‹ herrschte ich ihn an. Er nannte mir den Namen, ich hatte den König von Theben zu Tode schleifen lassen, und dann nannte er, als ich ungeduldig weiterfragte, den Namen der Königin von Theben. Er hatte mir den Namen meiner Eltern genannt. Es durfte keine Zeugen geben. Ich zog den Speer aus seiner Wunde und stieß noch einmal zu. Er verschied. Und als ich den Speer aus dem Leib des toten Wagenlenkers gezogen hatte, bemerkte ich, daß Laios mich ansah. Er lebte immer noch. Schweigend durchbohrte ich ihn. Ich wollte König von Theben werden, und die Götter wollten es so, und im Triumph beschlief ich meine Mutter, immer wieder, und pflanzte boshaft vier Kinder in ihren Bauch, weil die Götter es wollten, die Götter, die ich noch mehr hasse als meine Eltern, und jedesmal, wenn ich meine Mutter bestieg, haßte ich sie mehr als zuvor. Die Götter hatten das Ungeheuerliche beschlossen, und so sollte denn das Ungeheuerliche geschehen, und als Kreon mit dem Orakel des Apoll von Delphi zurückkehrte, die Pest werde sich erst besänftigen, wenn der Mörder des Laios gefunden sei, wußte ich endlich, warum die Götter ein so grausames Schicksal ausgeheckt hatten, wen sie zum Fraße wollten: mich, der ich ihren Willen erfüllt hatte. Im Triumph führte ich selbst den Prozeß gegen mich, im Triumph fand ich Iokaste in ihrem Gemach erhängt, und im Triumph stach ich meine Augen aus: Schenkten mir doch die Götter das größte nur denkbare Recht, die erhabendste Freiheit, jene zu hassen, die uns hervorgebracht haben, die Eltern, die Ahnen, die die

Eltern hervorgebracht hatten, und darüber hinaus die Götter, die Ahnen und Eltern hervorbrachten, und wenn ich jetzt als blinder Bettler in Griechenland herumziehe, so nicht, um die Macht der Götter zu verherrlichen, sondern sie zu verhöhnen.«

Pannychis saß auf dem Dreifuß. Sie fühlte nichts mehr. Vielleicht bin ich schon tot, dachte sie, und erst allmählich wurde ihr bewußt, daß vor ihr ein Weib in den Dämpfen stand, helläugig, mit wilden roten Haaren:

»Ich bin Iokaste«, sagte das Weib, »ich wußte es nach der Hochzeitsnacht, Ödipus erzählte mir sein Leben. Er war doch so treuherzig und offen und, bei Apoll, wie naiv er war, wie stolz darüber, daß er dem Ratschluß der Götter entkommen konnte, indem er nicht nach Korinth zurückgekehrt und Polybos nicht erschlagen und Merope nicht geheiratet hatte, die er immer noch für seine Eltern hielt, als wäre es möglich, dem Ratschluß der Götter zu entgehen. Ich ahnte es schon vorher, daß er mein Sohn war, gleich in der ersten Nacht, kaum daß er in Theben angekommen war. Ich wußte noch gar nicht, daß Laios tot war. Ich erkannte ihn an den Narben an seinen Fersen, als er nackt neben mir lag, aber ich klärte ihn nicht auf, warum auch, Männer sind immer so sensibel, und so sagte ich ihm denn auch nicht, daß Laios keineswegs sein Vater sei, wie er jetzt natürlich glaubt; sein Vater war der Gardeoffizier Mnesippos, ein gänzlich unbedeutender Schwätzer mit erstaunlichen Fähigkeiten auf einem Gebiet, wo er nicht zu reden brauchte. Daß er Ödipus in meinem Schlafzimmer überfiel, als mich mein Sohn und späterer Gatte zum ersten Male aufsuchte, mich kurz und ehrerbietig grüßte und gleich zu mir ins Bett stieg, war wohl nicht zu vermeiden. Offenbar wollte er die Ehre des Laios verteidigen, ausgerechnet Mnesippos, der es doch mit dessen Ehre nie sonderlich genau genommen hat. Ich konnte Ödipus gerade noch sein Schwert in die Hand drücken, ein kurzes Gefecht, Mnesippos war nie ein starker Fechter. Ödipus ließ ihn den Geiern aussetzen, nicht aus Grausamkeit, sondern weil Mnesippos ein so schlechter Fechter gewesen war, aus sportlicher Kritik. Na ja, die fiel verheerend aus, Sportler sind strenge Leute. Aber weil ich Ödipus nicht aufklären durfte, um nicht gegen den Ratschluß der Götter zu handeln, konnte ich ihn auch nicht daran hindern, mich zu heiraten, grauenerfüllt, weil dein Orakel, Pannychis, wahr wurde, ohne daß ich etwas dagegen tun konnte: ein Sohn, der zu seiner Mutter ins Bett steigt, Pannychis, ich glaubte, vor Entsetzen ohnmächtig zu werden, aber ich wurde ohnmächtig vor Lust, nie war sie gewaltiger, als wenn ich mich ihm hingab; der herrliche Polyneikes schoß aus meinem Leib, Antigone, rothaarig wie ich, Ismene, die zarte, Eteokles, der Held. Ich hatte mich mit meiner Hingabe an Ödipus nach dem Ratschluß der Götter an Laios gerächt, dafür, daß er meinen Sohn den wilden Tieren zum Fraße vorsetzen wollte und daß ich jahrelang um meinen Sohn bitterlich geweint hatte, und so war ich denn immer, wenn Ödipus mich umfing, eins mit dem Ratschluß der Götter, die meine Hingabe an den gewaltigen Sohn und mein Opfer wollten. Beim Zeus, Pannychis, unzählige Männer sind noch über mich gestiegen, geliebt aber habe ich nur Ödipus, den die Götter zu meinem Gatten bestimmten, damit ich als einzige der sterblichen Weiber nicht einem fremden, sondern dem von mir geborenen Manne untertan werde: mir selbst. Daß er mich liebte, ohne zu wissen, daß ich seine Mutter war, ist mein Triumph; daß das Unnatürlichste zum Natürlichsten wurde, macht das Glück, das die Götter mir bestimmten. Ihnen zu Ehren habe ich mich erhängt – das heißt, nicht eigentlich ich erhängte mich, sondern der Nachfolger des Mnesippos, der erste Gardeoffizier des Ödipus, Molorchos. Denn als dieser vernahm, daß ich die Mutter des Ödipus sei, raste er, eifersüchtig auf den zweiten Gardeoffizier Meriones, in mein Schlafzimmer, rief: ›Wehe dir, Blutschänderin!‹ und hängte mich an den Türbalken. Alle glauben, ich hätte es selbst getan. Auch Ödipus glaubt es, und weil er mich nach dem Ratschluß der Götter mehr liebt als sein Leben, blendete er sich: So gewaltig ist seine Liebe zu mir, die ich seine Mutter und sein Weib zugleich gewesen bin. – Aber vielleicht war Molorchos gar nicht auf Meriones eifersüchtig, sondern auf den dritten Gardeoffizier Melontheus – komisch, alle meine Gardeoffiziere begannen nach dem Ratschluß der Götter mit M – aber das ist nun wirklich gleichgültig, die Hauptsache, denke ich, ist, daß ich nach dem Ratschluß der Götter meinem Leben freudig ein Ende setzen lassen durfte. Ödipus, meinem Sohn und Gatten zum Lobe, Ödipus, den ich nach dem Ratschluß der Götter mehr liebte, als ich je einen Mann geliebt habe, und Apollo zum Preise, der aus deinem Munde, Pannychis, die Wahrheit verkündete.«

»Du Luder«, schrie die Pythia heiser, »du Luder, mit deinem Ratschluß der Götter, ich habe doch nur geschwindelt mit meinem Orakel!«

Aber es war kein Schreien mehr, es war ein heiseres Flüstern, und nun stieg ein ungeheurer Schatten aus der Erdspalte, das Licht der grauhellen Nacht verdeckte eine undurchdringliche Wand vor der Pythia.

»Weißt du, wer ich bin?« fragte der Schatten, der ein Gesicht bekam, dessen eisgraue Augen sie ruhig betrachteten.

»Du bist Tiresias«, antwortete die Pythia, sie hatte ihn erwartet.

»Du weißt, warum ich dir erscheine«, sagte Tiresias, »auch wenn es mir in diesen Dämpfen recht ungemütlich ist, ich leide nicht unter Rheumatismus.«

»Ich weiß«, sagte die Pythia erleichtert, das Geschwätz der Iokaste hatte ihr das Leben endgültig verleidet. »Ich weiß, du kommst, weil ich jetzt sterben muß. Das war mir schon lange klar. Längst bevor die Schatten heraufstiegen, Menoikeus, Laios, Ödipus, die Hure Iokaste und jetzt du. Steig wieder hinab, Tiresias, ich bin müde.«

»Auch ich muß jetzt sterben, Pannychis«, sagte der Schatten, »mit uns beiden wird es im gleichen Augenblick vorüber sein. Eben habe ich, mit meinem wirklichen Körper, erhitzt aus der Quelle Tilphussa getrunken.«

»Ich hasse dich«, zischte die Pythia.

»Laß deinen Groll«, lachte Tiresias, »fahren wir beide versöhnt in den Orkus«, und auf einmal bemerkte Pannychis, daß der gewaltige uralte Seher gar nicht blind war, denn er zwinkerte ihr mit seinen hellen grauen Augen zu.

»Pannychis«, meinte er väterlich, »allein das Nichtwissen der Zukunft macht uns die Gegenwart erträglich. Ich wunderte mich immer maßlos darüber, daß die Menschen so erpicht sind, die Zukunft zu erfahren. Sie scheinen das Unglück dem Glück vorzuziehen. Nun gut, wir lebten von diesem Hang der Menschen, ich, zugegeben, weitaus besser als du, wenn es auch nicht ganz leicht war, jene sieben Leben lang, die mir die Götter schenkten, den Blinden zu spielen. Aber die Menschen wünschen nun einmal blinde Seher, und seine Kunden darf man nicht enttäuschen. Was nun das erste von mir in Delphi bestellte Orakel betrifft, worüber du dich so geärgert hast, das Orakel über Laios, nimm es nicht so schlimm. Ein Seher braucht Geld, eine vorgetäuschte Blindheit kostet, der Knabe, der mich führte, mußte bezahlt werden, jedes Jahr ein anderer, hatte er doch unbedingt siebenjährig zu sein, dann das Spezialpersonal, dazu überall in Griechenland Vertrauensleute, und da kommt dieser Menoikeus – ich weiß, ich weiß, im Archiv hast du nur fünftausend Talente verbucht gefunden, die ich für das Orakel bezahlte, während mir Menoikeus fünfzigtausend – aber es war ja auch kein Orakel, sondern eine Warnung, denn Laios, an den die Warnung ging, sein Sohn werde ihn töten, hatte nicht nur keinen Sohn, es war ihm auch unmöglich, einen zu haben, ich mußte schließlich seine für einen Dynasten verhängnisvolle Veranlagung in Betracht ziehen.«

»Pannychis«, fuhr Tiresias begütigend fort, »ich bin wie du ein vernünftiger Mensch, ich glaube auch nicht an die Götter, aber ich glaube an die Vernunft, und weil ich an die Vernunft glaube, bin ich überzeugt, daß der unvernünftige Glaube an die Götter vernünftig anzuwenden ist. Ich bin Demokrat. Es ist mir bewußt, daß schon unser Uradel heruntergekommen und verrottet ist, durch und durch bestechlich, für jedes Geschäft zu haben, sein sittlicher Zustand ist unbeschreiblich: Wenn ich nur an den ewig betrunkenen Prometheus denke, der seine Leberzirrhose lieber den Adlern des Zeus zuschreibt als dem Alkohol, oder an den völlig verfressenen Tantalos, der die Einschränkungen, die ihm seine Diabetesdiät auferlegt, so maßlos übertreibt. Und erst unser Hochadel, ich bitte dich. Thyestes verspeist seine Kinder, Klytämnestra erschlägt ihren Gatten. Leda treibt es mit einem Schwan, die Gattin des Minos mit einem Stier – ich danke schön. Dennoch, wenn ich mir die Spartaner vorstelle mit ihrem totalen Staat – verzeih, Pannychis, ich möchte dich nicht mit Politik belästigen –: aber die Spartaner leiten sich nun einmal auch von den Drachenmännern ab, von Chthonios, einem der fünf Berserker, die am Leben blieben, und Kreon stammt von Udaios ab, der sich erst nach dem Gemetzel aus dem Boden herauswagte – meine verehrte Pythia, Kreon ist treu, zugegeben, die Treue ist etwas Wunderbares und Hochanständiges, auch zugegeben, aber ohne Treue gibt es keine Diktatur, die Treue ist der Fels, auf dem der totale Staat ruht, ohne Treue würde er im Sand versinken; während für die Demokratie eine gewisse maßvolle Treulosigkeit vonnöten ist, etwas Flatterhaftes, Charakterloses, Phantasievolles. Hat Kreon Phantasie? Ein fürchterlicher Staatsmann brütet sich da aus, Kreon ist ein Drachenmann, wie die Spartaner Drachenmänner sind. Mein Wink an Laios, er solle sich vor seinem Sohne hüten, den er doch nicht haben konnte, war eine Warnung vor dem Erben Kreon, den Laios an die Macht bringen würde, wenn er nicht vorsorgte: Einer seiner Generäle war schließlich Amphitryon, bester, noch anständiger Uradel, seine Frau Alkmene von noch anständigerem Uradel, sein oder nicht sein Sohn Herkules – lassen wir die Klatschgeschichten; mit den Kadmiden war es zu Ende, das wußte Laios bei seiner Veranlagung, und ich wollte ihm ja nur mit meinem Orakel den Hinweis geben, es sei klug, Amphitryon zu adoptieren: aber er adoptierte ihn nicht. Laios war nicht so klug, wie ich dachte.«

Tiresias schwieg, wurde düster, finster.

»Alle lügen«, stellte die Pythia fest.

»Wer lügt?« fragte Tiresias, immer noch in sich versunken.

»Die Schatten«, antwortete die Pythia, »keiner sagt die ganze Wahrheit, ausgenommen Menoikeus, aber der ist zu dumm, um zu lügen. Laios lügt und die Hure Iokaste lügt. Sogar Ödipus ist nicht ehrlich.«

»Im großen und ganzen schon«, meinte Tiresias.

»Möglich«, antwortete die Pythia bitter, »bloß mit der Sphinx schwindelt er. Ein Ungeheuer mit einem Frauenkopf und mit einem Löwenleib. Lächerlich.«

Tiresias betrachtete die Pythia: »Willst du wissen, wer die Sphinx ist?« fragte er.

»Nun?« fragte Pannychis. Der Schatten des Tiresias rückte näher, hüllte sie ein, beinahe väterlich.

»Die Sphinx«, erzählte er, »war so schön, daß ich die Augen aufriß, als ich sie zum ersten Male sah, von ihren gezähmten Löwinnen umgeben, vor ihrem Zelt auf dem Berge Phikion bei Theben. ›Komm, Tiresias, du alter Gauner, jag deinen Knaben ins Gebüsch und setze dich zu mir‹, lachte sie. Ich war froh, daß sie es nicht vor dem Knaben sagte, sie wußte, daß ich meine Blindheit nur spielte, doch sie behielt es für sich. So saß ich denn bei ihr auf einem Fell vor dem Zelt, die Löwinnen schnurrten um uns herum. Sie hatte lange weiche weißgoldene Haare, sie war geheimnisvoll und hell, sie war einfach etwas Wahres; nur wenn sie wie Stein wurde – dann erschrak ich, Pannychis, einmal nur erlebte ich sie so: als sie mir ihr Leben erzählte. Du kennst ja die Unglücksfamilie des Pelops. Bester Hochadel. Na ja, der junge Laios hatte, kaum war er König von Theben geworden, die berühmte Hippodameia verführt, auch Hochadel. Ihr Gatte rächte sich im Stile der Familie: Pelops entmannte Laios und ließ den Winselnden laufen. Die Tochter, die Hippodameia gebar, nannte die Mutter selbst höhnisch Sphinx, die Würgerin, und weihte sie dem Hermes zur Priesterin, um sie zur ewigen Keuschheit zu verdammen, aber auch, damit Hermes, der Gott des Handels, dem Export nach Kreta und Ägypten gnädig sei, von dem die Pelopse lebten; und dabei hatte Hippodameia den Laios verführt, nicht umgekehrt, aber wie alle Aristokraten wußte auch sie das Angenehme mit dem Grausamen und das Grausame mit dem Nützlichen zu verbinden. Warum aber die Sphinx auf dem Berge Phikion ihren Vater in Theben belagerte und jeden, der ihr Rätsel nicht lösen konnte, von ihren Löwinnen zerfleischen ließ, verriet sie mir nicht, vielleicht nur, weil sie erriet, daß ich sie im Auftrage des Laios aufgesucht hatte, um ihre Absichten zu erforschen. Sie gab mir nur den Befehl mit, Laios solle Theben mit seinem Wagenlenker Polyphontes verlassen. Laios gehorchte zu meiner Verwunderung.«

Tiresias dachte nach: »Was dann geschah«, sagte er, »weißt du ja, Pythia: das unglückliche Zusammentreffen im Engpaß zwischen Delphi und Daulis, die Ermordung des Laios und des Polyphontes durch Ödipus und dessen Begegnung mit der Sphinx auf dem Berge Phikion. Na schön. Ödipus löste das Rätsel, und die Sphinx stürzte sich auf die Ebene hinab.« Tiresias schwieg.

»Du plapperst, Alter«, sagte die Pythia, »warum erzählst du mir diese Geschichte?«

»Sie quält mich«, sagte Tiresias. »Darf ich mich zu dir setzen? Ich friere, der kalte Trunk aus der Quelle Tilphussa verbrennt mich.«

»Nimm den Dreifuß Glykeras«, antwortete die Pythia, und der Schatten des Tiresias setzte sich zu ihr über die Erdspalte. Die Dämpfe kamen dichter und rötlicher.

»Warum quält sie dich denn?« fragte die Pythia fast freundschaftlich, »was ist die Geschichte der Sphinx anderes als der unbedeutende Bericht, wie das jämmerliche Geschlecht der Kadmos endete? Mit einem kastrierten König und einer zur ewigen Keuschheit verdonnerten Priesterin.«

»Etwas stimmt nicht an dieser Geschichte«, sagte Tiresias nachdenklich.

»Nichts stimmt daran«, antwortete die Pythia, »und es spielt auch keine Rolle, daß nichts stimmt, weil es für Ödipus keine Rolle spielt, ob Laios schwul oder kastriert war, so oder so war er nicht sein Vater. Die Geschichte der Sphinx ist vollkommen nebensächlich.«

»Gerade das beunruhigt mich«, brummte Tiresias, »es gibt keine nebensächlichen Geschichten. Alles hängt zusammen. Rüttelt man irgendwo, rüttelt man am Ganzen. Pannychis«, schüttelte er den Kopf, »warum mußtest du mit deinem Orakel die Wahrheit erfinden! Ohne dein Orakel hätte Ödipus Iokaste nicht geheiratet. Er wäre jetzt ein braver König von Korinth. Aber ich will dich nicht anklagen. Die größte Schuld trage ich. Ödipus tötete seinen Vater, gut, kann vorkommen, er beschlief seine Mutter, na und? Aber daß alles so exemplarisch ans Tageslicht kommen mußte, ist das Katastrophale. Dieses vermaledeite letzte Orakel auf Grund dieser ewigen Pest! Statt einer anständigen Kanalisation mußte wieder einmal ein Orakel her.

Dabei war ich im Bilde, Iokaste hatte mir alles gebeichtet. Ich wußte, wer der wirkliche Vater des Ödipus war: ein unbedeutender Gardeoffizier. Ich wußte, wen er geheiratet hatte: seine Mutter. Nun gut, überlegte ich, jetzt gilt es, Ordnung zu schaffen. Inzest hin oder her, Ödipus und Iokaste haben immerhin vier Kinder, da galt es eine Ehe zu retten. Der einzige, der ihr noch gefährlich werden konnte, war der kreuzehrliche Kreon, der treu zu seiner Schwester und zu seinem Schwager hielt, doch käme er dahinter, daß sein Schwager sein Neffe und die Kinder seines Schwagers seine seinen Neffen gleichgesetzte Neffen – dem wäre seine Weltanschauung nicht gewachsen, er würde Ödipus stürzen, allein aus Treue zum Sittengesetz. Wir würden wie in Sparta den totalen Staat bekommen, Blutsuppen, die anomalen Kinder liquidiert, tägliches Exerzieren, Heldentum als Bürgerpflicht, und so inszenierte ich damals die größte Dummheit meines Lebens: Ich war überzeugt, Kreon hätte Laios damals im Engpaß zwischen Delphi und Daulis umgebracht, um selbst König zu werden, aus Treue natürlich, diesmal zu seiner Schwester, deren Sohn er rächen wollte, da er ja glauben mußte, der ausgesetzte Ödipus sei ein Sohn des Laios gewesen, vermochte sich Kreons simples Gemüt einen Ehebruch doch einfach nicht vorzustellen; und das alles kombinierte ich bloß, weil mir Iokaste verschwieg, daß Ödipus Laios getötet hatte. Denn ich glaube, daß sie es wußte. Ich bin sicher, daß Ödipus ihr den Vorfall im Engpaß zwischen Delphi und Daulis erzählt hat und daß sie nur so tat, als wisse sie nicht, wem Laios zum Opfer gefallen war. Iokaste muß es sofort erraten haben.

Warum, Pannychis, sagen die Menschen nur die ungefähre Wahrheit, als ob es bei der Wahrheit nicht vor allem auf die Details ankomme? Vielleicht weil die Menschen selbst nur etwas Ungefähres sind. Diese verfluchte Ungenauigkeit. In diesem Falle schlich sie sich wohl nur deshalb ein, weil Iokaste es einfach vergaß, weil der Tod des Laios sie nichts anging, sie überging eine Lappalie, weiter nichts, aber eine Lappalie, die mir die Augen geöffnet und mich gehindert hätte, den Verdacht, der Mörder des Laios zu sein, auf Ödipus zu lenken, ich hätte dich orakeln lassen: Apollo befiehlt, eine Kanalisation zu bauen, und Ödipus wäre immer noch König von Theben, Iokaste immer noch Königin. Statt dessen? Jetzt herrscht der treue Kreon auf der Kadmeia und errichtet seinen totalen Staat. Was ich vermeiden wollte, ist eingetroffen. Steigen wir hinab, Pannychis.«

Die Alte blickte zum offenen Hauptportal. Das Rechteck schimmerte hell durch den roten Dampf, eine violette Fläche, die sich verbreiterte, auf der ein undeutlicher Knäuel erschien, der schärfer, gelb, schließlich zu Löwinnen wurde, die einen Fleischklumpen zerrissen; dann würgten die Löwinnen das Verschlungene wieder heraus, ihren Tatzen entwand sich ein menschlicher Leib, Stoffetzen wuchsen zusammen, die Löwinnen wichen zurück, und im Portal stand eine Frau im weißen Gewande einer Priesterin.

»Ich hätte nie Löwinnen zähmen sollen«, sagte sie.

»Es tut mir leid«, sagte Tiresias, »dein Ende war wirklich schrecklich.«

»Sah nur so aus«, begütigte die Sphinx, »man ärgert sich so, daß man nichts spürt. Aber nun, da alles vorüber ist und ihr beiden bald auch nur Schatten sein werdet, die Pythia hier, Tiresias bei der Quelle Tilphussa und gleichzeitig in dieser Höhle, sollt ihr die Wahrheit erfahren. Bei Hermes, diese Zugluft!« Sie raffte ihr dünnes, durchsichtiges Gewand zusammen.

»Du hast dich immer gewundert, Tiresias«, fuhr sie fort, »warum ich mit meinen Löwinnen Theben belagert habe. Nun, mein Vater war nicht der, für den er sich ausgab und für den du ihn gehalten hast, um dein Gewissen zu beruhigen. Er war ein heimtückischer und abergläubischer Tyrann. Er wußte genau, daß jede Tyrannei dann unerträglich wird, wenn sie auf Grundsätzen beruht; nichts erträgt der Mensch weniger als eine sture Gerechtigkeit. Gerade sie empfindet er als ungerecht. Alle Tyrannen, die ihre Herrschaft auf Prinzipien gründen, auf die Gleichheit aller oder darauf, daß alles allen gemeinsam sei, erwecken in denen, über die sie herrschen, ein ungleich größeres Gefühl, unterdrückt zu sein, als jene Tyrannen wie Laios, die, zu faul für Ausreden, sich damit begnügen, Tyrannen zu sein, auch wenn sie weit schändlichere Tyrannen sind: Da ihre Tyrannei launisch ist, haben ihre Untertanen das Gefühl einer gewissen Freiheit. Sie sehen sich nicht von einer willkürlichen Notwendigkeit diktiert, die ihnen keine Hoffnung läßt, sondern sind einer zufälligen Willkür unterworfen, die ihnen ihre Hoffnung beläßt.«

»Donnerwetter«, sagte Tiresias, »du bist aber klug.«

»Ich habe über die Menschen nachgedacht, ich habe sie ausgefragt, bevor ich ihnen mein Rätsel aufgab und sie von meinen Löwinnen zerreißen ließ«, antwortete die Sphinx.

»Es interessierte mich, warum sich die Menschen beherrschen ließen: Aus Bequemlichkeit, die oft so weit geht, daß sie die unsinnigsten Theorien erfinden, um sich eins mit ihren Beherrschern zu fühlen, und die Beherrscher ersinnen ebenso unsinnige Theorien, um sich einbilden zu können, sie beherrschen jene nicht, über die sie herrschen. Nur meinem Vater war das alles gleichgültig. Er war noch einer jener Gewaltherrscher, die stolz darauf waren, Gewaltherrscher zu sein. Er hatte es nicht nötig, eine Ausrede für seine Gewaltherrschaft zu erfinden. Was ihn quälte, war sein Schicksal: daß er kastriert und dem Geschlecht der Kadmos ein Ende gesetzt worden war. Ich spürte seine Trauer, seine bösen Gedanken, die undurchsichtigen Pläne, die er wälzte, wenn er mich besuchte, wenn er vor mir saß, stundenlang, und mich belauerte, und so fürchtete ich meinen Vater, und weil ich mich fürchtete, begann ich Löwinnen zu zähmen. Mit Recht. Als die Priesterin gestorben war, die mich aufgezogen hatte, und ich im Heiligtum des Hermes im Gebirge Kithairon mit den Löwinnen allein hauste – Pannychis, dir will ich es sagen, und auch Tiresias soll es meinetwegen wissen –, da besuchte mich Laios mit seinem Wagenlenker Polyphontes.

Sie traten aus dem Wald, irgendwo wieherten ängstlich

ihre Pferde, die Löwinnen fauchten, ich fühlte etwas Böses, aber ich war gelähmt. Ich ließ sie ins Heiligtum. Mein Vater verriegelte die Tür und befahl Polyphontes, mich zu vergewaltigen. Ich wehrte mich. Mein Vater half Polyphontes, und während mich mein Vater umklammerte, kam Polyphontes seinem Befehl nach. Die Löwinnen brüllten um das Heiligtum. Sie schlugen mit den Pranken gegen die Tür. Sie hielt stand. Ich schrie, als Polyphontes mich nahm; die Löwinnen verstummten. Sie ließen Laios und Polyphontes ziehen.

Zur gleichen Zeit, als Iokaste ihrem Gardeoffizier einen Knaben gebar, brachte auch ich einen Knaben zur Welt: Ödipus. Ich wußte nichts von dem dummen Orakel, das du, Tiresias, formuliert hattest. Ich weiß, du wolltest meinen Vater warnen und verhindern, daß Kreon an die Herrschaft käme, und du wolltest den Frieden sichern. Doch abgesehen davon, daß Kreon an die Macht gekommen ist und ein endloser Krieg beginnt, weil die sieben Fürsten gegen Theben anrücken, hast du vor allem Laios falsch eingeschätzt. Ich kenne seine Sprüche: Er gab sich aufgeklärt, aber vor allem er glaubte an das Orakel, vor allem er erschrak, als ihm verkündet wurde, sein Sohn werde ihn töten. Laios bezog das Orakel auf meinen Sohn, seinen Enkel; daß er sich vorsichtigerweise auch noch des Sohnes der Iokaste und ihres Gardeoffiziers entledigte, verstand sich von selbst: Fingerübungen eines Diktators, sicher ist sicher.

Und so erschien denn eines Abends ein Hirte des Laios bei mir mit einem Säugling, dessen Füße durchbohrt und zusammengebunden waren. Er übergab mir einen Brief, worin Laios mir befahl, meinen Sohn, seinen Enkel, samt dem Sohn Iokastes den Löwinnen vorzuwerfen. Ich machte den Hirten betrunken, er gestand mir, von Iokaste bestochen worden zu sein; er sollte ihren Sohn einem befreundeten Hirten des Königs Polybos von Korinth übergeben, ohne die Herkunft des Kindes zu verraten. Als der Hirte schlief, warf ich den Sohn Iokastes den Löwinnen vor und durchstach meinem Sohn die Fersen, und am nächsten Morgen zog der Hirte mit dem Menschenbündel weiter, ohne den Austausch zu bemerken.

Kaum war er davon, kam mein Vater mit Polyphontes; die Löwinnen räkelten sich faul, zwischen ihnen lag eine Kinderhand, ausgeblutet, weiß und klein wie eine Blume. ›Haben die Löwinnen beide Kinder zerfleischt?‹ fragte mein Vater ruhig. ›Beide‹, sagte ich. ›Ich sehe nur eine Hand‹, sagte er, wendete sie mit seinem Speer um. Die Löwinnen knurrten. ›Die Löwinnen haben beide zerfleischt‹, sagte ich, ›aber nur eine Hand übriggelassen, damit mußt du dich zufriedengeben.‹ ›Wo ist der Hirte?‹ fragte mein Vater. ›Ich habe ihn fortgeschickt‹, sagte ich. ›Wohin?‹ ›Zu einem Heiligtum‹, sagte ich, ›er war dein Werkzeug, aber ein Mensch. Er hat das Recht, sich von seiner Schuld, dein Werkzeug gewesen zu sein, zu reinigen – und nun geh.‹ Mein Vater und Polyphontes zögerten, aber die Löwinnen erhoben sich zornig, jagten die beiden davon und kehrten gemächlich zurück.

Mein Vater wagte mich nicht mehr zu besuchen. Achtzehn Jahre hielt ich mich still. Dann begann ich, mit meinen Löwinnen Theben zu belagern. Unsere Feindschaft war offen ausgebrochen, ohne daß mein Vater es wagte, den Grund dieses Krieges zu nennen. Argwöhnisch und immer noch vom Orakel verängstigt, wußte er mit Sicherheit nur, daß ein Kind tot war; wenn aber eines lebte, wußte er nicht welches, er fürchtete, daß sein Enkel noch irgendwo lebe und ich mit ihm im Bunde sei. Er schickte dich zu mir, Tiresias, um mich auszuhorchen.«

»Er sagte mir nicht die Wahrheit, und du sagtest mir nicht die Wahrheit«, antwortete Tiresias bitter.

»Hätte ich dir die Wahrheit gesagt, du hättest nur wieder ein Orakel inszeniert«, lachte die Sphinx.

»Und warum befahlst du deinem Vater, Theben zu verlassen?« fragte Tiresias.

»Weil ich wußte, daß er in seiner Todesangst nach Delphi wollte. Ich ahnte ja nicht, welch genialische Orakelei dort inzwischen mit Pannychis eingerissen hatte, ich dachte, käme Laios, würde, um Widersprüche zu vermeiden, im Archiv nachgeschaut und das alte Orakel wiederholt, das hätte ihn noch mehr in Furcht und Schrecken versetzt! Nun wissen die Götter allein, was geschehen wäre, hätte Laios Pannychis befragt, was die ihm vorgeflunkert und was er geglaubt hätte. Aber es kam nicht dazu, Laios und Polyphontes trafen im Engpaß zwischen Delphi und Daulis auf Ödipus, und der Sohn erstach nicht nur seinen Vater Polyphontes, sondern ließ auch seinen Großvater Laios von den Rossen zu Tode schleifen.«

Die Sphinx schwieg. Die Dämpfe hatten aufgehört, der Dreifuß neben der Pythia war leer, Tiresias war wieder ein mächtiger Schatten, kaum zu unterscheiden von den Quadern, die das Hauptportal umtürmten, in welchem die Sphinx stand, nur noch eine Silhouette.

»Dann wurde ich die Geliebte meines Sohnes. Man kann über seine glücklichen Tage nicht viel sagen«, fuhr die Sphinx nach langem Schweigen fort, »das Glück haßt die Worte. Bevor ich Ödipus kennenlernte, verachtete ich die Menschen. Sie waren verlogen, und weil sie verlogen waren, kamen sie nicht darauf, daß das Rätsel, welches Wesen allein die Zahl seiner Füße wechsle, am Morgen sei es vier-, am Mittag zwei- und am Abend dreifüßig, aber wenn es die meisten Füße bewege, seien Kraft und Schnelligkeit seiner Glieder am geringsten, sie selber meine, und so ließ ich die Unzähligen, die keine Lösung wußten, von meinen Löwinnen zerfleischen. Sie schrien um Hilfe, während sie zerfetzt wurden, und ich half ihnen nicht, ich lachte nur.

Doch als Ödipus kam, humpelnd, von Delphi her, und mir antwortete, das sei der Mensch, er krieche als Säugling auf allen vieren, stehe in seiner Jugend fest auf zwei Beinen und stütze sich im hohen Alter auf einen Stock, warf ich mich nicht vom Berge Phikion hinab in die Ebene. Warum auch? Ich wurde seine Geliebte. Er fragte mich nie nach meiner Herkunft. Er bemerkte natürlich, daß ich eine Priesterin war, und weil er ein frommer Mann war, glaubte er, es sei verboten, mit einer Priesterin zu schlafen, und weil er dennoch mit mir schlief, stellte er sich unwissend, und darum fragte er mich nicht nach meinem Leben, und ich fragte ihn nie nach dem seinen, nicht einmal nach seinem Namen, denn ich wollte ihn nicht in Verlegenheit bringen. Ich wußte wohl, daß, hätte er mir seinen Namen und seine Herkunft genannt, er sich vor Hermes gefürchtet hätte, dem ich geweiht war, der nun auch seinen Namen gekannt hätte, und als frommer Mann hielt er die Götter für entsetzlich eifersüchtig, und vielleicht ahnte er auch, daß, hätte er nach meiner Herkunft geforscht, welches er doch aus der Neugier eines Liebenden hätte tun sollen, er darauf gestoßen wäre, daß ich seine Mutter war. Aber er fürchtete sich vor der Wahrheit, und auch ich fürchtete mich vor ihr. So wußte er nicht, daß er mein Sohn, und ich nicht, daß ich seine Mutter war. Ich zog mich, glücklich über einen Geliebten, den ich nicht und der mich nicht kannte, mit meinen Löwinnen in mein Heiligtum im Gebirge Kithairon zurück; Ödipus besuchte mich immer wieder, unser Glück war rein wie ein vollkommenes Geheimnis.

Nur die Löwinnen wurden unruhiger, bösartiger, nicht gegen Ödipus, sondern gegen mich. Sie fauchten mich an, immer erregter, unberechenbarer, und schlugen mit ihren Tatzen gegen mich. Ich schlug mit meiner Peitsche zurück. Sie duckten sich, knurrten, und als Ödipus nicht mehr kam, griffen sie an, und ich wußte plötzlich, daß etwas Unfaßbares geschehen war – nun, ihr habt ja gesehen, was mit mir geschah und nun in der Unterwelt immer wieder geschieht. Und als von der Erdspalte her, über der Pannychis sitzt, eure Stimmen zu mir herunterwehten, vernahm ich die Wahrheit, hörte ich, was ich schon längst hätte wissen müssen und was doch nichts geändert hätte, daß mein Geliebter mein Sohn gewesen ist, und du, Pannychis, hast die Wahrheit verkündet.«

Die Sphinx begann zu lachen, wie vorher die Pythia bei Ödipus gelacht hatte. Auch ihr Lachen wurde immer unermeßlicher, selbst als sich die Löwinnen wieder auf sie stürzten, lachte sie, auch als sie ihr das weiße Kleid vom Leibe rissen und als die Löwinnen sie zerfleischten, lachte sie immer noch. Dann war nicht mehr auszumachen, was da von den gelben Bestien verschlungen wurde, das Lachen verhallte, als die Löwinnen das Blut aufgeleckt hatten und verschwanden. Dampf stieg wieder aus der Erdspalte. Mohnrot. Die sterbende Pythia war allein mit dem kaum noch sichtbaren Schatten des Tiresias. »Ein bemerkenswertes Weib«, sagte der Schatten.

Die Nacht war einem bleiernen Morgen gewichen, schlagartig war er in die Höhle eingebrochen. Aber es war weder ein Morgen noch eine Nacht, sondern etwas Wesenloses, das unaufhaltsam hereingeflossen kam, weder Licht noch Dunkelheit, schatten- und farblos. Wie immer in dieser ersten Frühe, legten sich die Dämpfe als kalte Feuchtigkeit auf den Steinboden, klebten an den Felswänden, bildeten schwarze Tropfen, die langsam ihrer Schwere nachgaben und als lange dünne Fäden in der Erdspalte verschwanden.

»Nur eines verstehe ich nicht«, sagte die Pythia. »Daß mein Orakel zutraf, wenn auch nicht so, wie Ödipus es sich nun einbildet, ist ein unglaublicher Zufall; aber wenn Ödipus dem Orakel von Anfang an glaubte und der erste Mensch, den er tötete, der Wagenlenker Polyphontes war und die erste Frau, die er liebte, die Sphinx, warum kam ihm dann nicht der Verdacht, sein Vater sei der Wagenlenker gewesen und seine Mutter die Sphinx?«

»Weil Ödipus lieber der Sohn eines Königs als der Sohn eines Wagenlenkers sein wollte. Er wählte sein Schicksal selber aus«, antwortete Tiresias.

»Wir mit unserem Orakel«, stöhnte Pannychis verbittert, »nur dank der Sphinx kennen wir die Wahrheit.«

»Ich weiß nicht«, meinte Tiresias nachdenklich, »die Sphinx ist eine Priesterin des Hermes, des Gottes der Diebe und der Betrüger.«

Die Pythia schwieg; seit der Dampf nicht mehr aus der Erdspalte stieg, fror sie.

»Seit sie das Theater bauen«, behauptete sie, »dampft es hier viel weniger«, und dann meinte sie noch, die Sphinx habe nur in Hinsicht auf den thebanischen Hirten nicht die Wahrheit gesagt, »sie hat ihn wohl kaum zu einem Heiligtum geschickt, sondern den Löwinnen vorgeworfen wie den Ödipus, den Sohn der Iokaste; und ihren Ödipus, ihren Sohn, den übergab sie eigenhändig dem korinthischen Hirten. Die Sphinx wollte sichergehen, daß ihr Sohn am Leben blieb.«

»Kümmere dich nicht darum, Alte«, lachte Tiresias, »laß sein, was doch anders war und immer wieder anders sein wird, je mehr wir forschen. Sinne nicht mehr nach, sonst steigen weitere Schatten herauf und hindern dich am Sterben. Was weißt du denn, vielleicht gibt es einen dritten Ödipus. Wir wissen nicht, ob der korinthische Hirte statt den Sohn der Sphinx – falls es der Sohn der Sphinx war – der Königin Merope seinen Sohn ausgeliefert hat, nachdem er ihm ebenfalls die Fersen durchbohrt und den echten Ödipus, der ja auch nicht der echte war, den wilden Tieren ausgesetzt hatte, oder ob Merope den dritten Ödipus nicht ins Meer geworfen hat, um ihren eigenen Sohn, den sie heimlich geboren – womöglich auch von einem Gardeoffizier –, dem treuherzigen Polybos als vierten Ödipus zu präsentieren? Die Wahrheit ist nur insofern, als wir sie in Ruhe lassen.

Vergiß die alten Geschichten, Pannychis, sie sind unwichtig, wir sind in all dem wüsten Durcheinander die Hauptpersonen. Wir befanden uns beide derselben ungeheuerlichen Wirklichkeit gegenüber, die ebenso undurchschaubar ist wie der Mensch, der sie herbeiführt. Möglich, die Götter, gäbe es sie, hätten außerhalb dieses gigantischen Knäuels von phantastischen Fakten, die, ineinander verstrickt, die unverschämtesten Zufälle bewirken, einen gewissen, wenn auch oberflächlichen Überblick, während wir Sterblichen, die sich inmitten dieses heillosen Wirrwarrs befinden, hilflos darin herumtappen. Wir beide hofften, mit unseren Orakeln einen zaghaften Anschein von Ordnung, die zarte Ahnung einer Gesetzmäßigkeit in die trübe, geile und oft blutige Flut der Ereignisse zu bringen, die auf uns zuschoß und uns mit sich riß, gerade weil wir sie – wenn auch nur ein wenig – einzudämmen versuchten.

Du orakelst mit Phantasie, mit Laune, mit Übermut, ja mit einer geradezu respektlosen Frechheit, kurz: mit lästerlichem Witz. Ich ließ mit kühler Überlegung orakeln, mit unbestechlicher Logik, auch kurz: mit Vernunft. Zugegeben, dein Orakel war ein Volltreffer. Wäre ich ein Mathematiker, könnte ich dir genau sagen, wie unwahrscheinlich die Wahrscheinlichkeit war, daß dein Orakel zutreffen würde: Sie war phantastisch unwahrscheinlich, unendlich unwahrscheinlich. Aber dein unwahrscheinliches Orakel traf ein, während meine wahrscheinlichen Orakel, vernünftig abgegeben, in der Absicht, Politik zu machen und die Welt im Sinne der Vernunft zu ändern, ins Nichts verpufften. Ich Tor. Ich setzte mit meiner Vernunft eine Kette von Ursache und Wirkungen frei, die das Gegenteil von dem bewirkte, was ich beabsichtigte. Und dann kamst du, ebenso töricht wie ich, mit deiner blühenden Unbefangenheit, einfach drauflos und möglichst boshaft zu orakeln, aus welchen Gründen, spielt ja längst keine Rolle mehr, auch wem gegenüber, war dir gleichgültig; zufällig orakeltest du denn auch einmal einem blassen, humpelnden Jüngling namens Ödipus gegenüber. Was nützt es dir, daß du ins Schwarze getroffen hast und ich mich irrte? Der Schaden, den wir beide angerichtet haben, ist gleichermaßen ungeheuerlich. Wirf deinen Dreifuß weg, Pythia, in die Erdspalte mit dir, auch ich muß ins Grab, die Quelle Tilphussa hat ihr Werk getan. Lebe wohl, Pannychis, aber glaube nicht, daß wir uns entkommen. So wie ich, der die Welt seiner Vernunft unterwerfen wollte, in dieser feuchten Höhle mit dir konfrontiert worden bin, die du die Welt mit deiner Phantasie zu bezwingen versuchtest, so werden auf ewige Zeiten jene, für welche die Welt eine Ordnung, solchen ge-

genüberstehen, für welche die Welt ein Ungeheuer ist. Die einen werden die Welt für kritisierbar halten, die anderen nehmen sie hin. Die einen werden die Welt für so veränderbar halten, wie man einem Stein mit einem Meißel eine bestimmte Form zu geben vermag, die anderen werden zu bedenken geben, daß sich die Welt samt ihrer Undurchschaubarkeit verändere, wie ein Ungeheuer, das immer neue Fratzen annimmt, und daß die Welt nur insoweit zu kritisieren sei, wie die hauchdünne Schicht des menschlichen Verstandes einen Einfluß auf die übermächtigen tektonischen Kräfte der menschlichen Instinkte besitzt. Die einen werden die anderen Pessimisten schelten, die anderen jene Utopisten schmähen. Die einen werden behaupten, die Geschichte verlaufe nach bestimmten Gesetzen, die anderen werden sagen, diese Gesetze existieren nur in der menschlichen Vorstellung. Der Kampf zwischen uns beiden, Pannychis, wird auf allen Gebieten entbrennen, der Kampf zwischen dem Seher und der Pythia; noch ist unser Kampf emotional und wenig durchdacht, aber schon baut man ein Theater, schon schreibt in Athen ein unbekannter Dichter eine Ödipustragödie. Doch Athen ist Provinz, und Sophokles wird vergessen werden, aber Ödipus wird weiterleben, als ein Stoff, der uns Rätsel aufgibt. Ist sein Schicksal nun durch die Götter bestimmt oder dadurch, daß er sich gegen einige Prinzipien, welche die Gesellschaft der Zeit stützten, versündigt hat, wovor ich ihn mit Hilfe des Orakels zu bewahren suchte, oder gar, weil er dem Zufall zum Opfer fiel, hervorgerufen durch deine launische Orakelei?«

Die Pythia antwortete nicht mehr, und auf einmal war sie nicht mehr da, und auch Tiresias war verschwunden, und mit ihm der bleierne Morgen, lastend über Delphi, das auch versunken war.

Der Winterkrieg in Tibet

Ich bin Söldner und stolz darauf, es zu sein. Ich kämpfe gegen den Feind, nicht nur im Namen der Verwaltung, sondern auch als ein – wenn auch bescheidenes – Vollzugsorgan ihrer Aufgabe, das heißt jenes Teils ihrer Aufgabe, der sie zwingt, gegen ihre Feinde zu kämpfen, denn sie ist nicht nur da, dem Bürger zu helfen, sondern ihn auch zu beschützen.

Ich kämpfe im Winterkrieg in Tibet. Winterkrieg deshalb, weil an den Hängen des Chomo-Lungma, des Chooyu, des Makalu und des Manaslu ja immer Winter ist. Wir bekämpfen den Feind in phantastischen Höhen, in Gletschern und an Steilhängen, an Geröllhalden, Schründen und unter Überhängen, in einem Labyrinth von Schützengräben und Bunkern, dann wieder im grellsten Sonnenlicht, das uns erblinden läßt. Und der Kampf ist um so schwieriger, weil Freund und Feind die gleichen weißen Uniformen tragen. Dieser Krieg ist ein grausamer und unkontrollierbarer Nahkampf. Die Kälte auf den Gipfeln und an den Felshängen der Achttausender ist unmenschlich, unsere Ohren und Nasen sind abgefroren.

Das Söldnerheer der Verwaltung setzt sich aus allen Rassen der Erde zusammen: Ein riesiger Kongo-Neger kämpft neben einem Malaien, ein blonder Skandinavier neben einem australischen Buschmann, und es sind nicht nur ehemalige Soldaten, die kämpfen, auch Mitglieder ehemaliger Untergrundorganisationen, Terroristen aller Ideologien sowie Berufskiller, Mafiosi und gewöhnliche Knastbrüder. Auch beim Feind ist es so.

Sind wir nicht im Einsatz, verkriechen wir uns in die Eislöcher und in Felsen gesprengten Gänge und Schächte, die miteinander in Verbindung stehen und in den gewaltigen Massiven ein unübersichtliches Geäder bilden, so daß auch in ihnen die feindlichen Parteien unvermutet aufeinanderstoßen und sich niedermachen.

Nirgends herrscht Sicherheit. Nicht einmal im Bordell unter dem Kangchendzönga, den ›fünf Schatzkammern des großen Schnees‹, mit Prostituierten aller Landstriche. Das primitive Etablissement wird auch vom Feind besucht, die Puffoffiziere beider Seiten haben sich verständigt. Ich mache der Verwaltung keinen Vorwurf: Beischlafen ist eine schwer kontrollierbare Notwendigkeit. Doch schon mancher meiner Kameraden ist, auf einer Hure liegend, erdolcht worden, so mein Kommandant, der schon im letzten Weltkrieg mein Kommandant gewesen war und der schon damals die Mannschaftspuffs den Offiziersbordellen vorgezogen hatte. Ich entsinne mich noch genau, wie ich ihn wiederfand.

Vor zwanzig, dreißig Jahren – wer zählt noch die Zeit – rückte ich mit dem Ausweis der Verwaltung in einer nepalesischen Kleinstadt ein. Ich wurde von einem weiblichen Armee-Offizier empfangen und fertiggemacht. Ich war schlapp wie ein Tattergreis, als sie eine rostige Eisentür aufschloß und wieder zusammensackte. Alles hatte sich in einem kahlen Raum abgespielt, an der Wand eine Matratze, am Boden lagen die Offiziersuniform der Frau und meine Zivilklamotten in Fetzen umher, die Tür war weit offen, alles war voller Gören. Zerkratzt wie ich war und durch die johlende Kinderschar verärgert, stieg ich über das nackte Gewaltsweib und taumelte durch die Tür, ohne zu bemerken, daß dahinter eine steile Treppe nach unten führte. Ich stürzte hinunter, überschlug mich, landete auf einem Betonboden, blieb blutend liegen, nicht ohnmächtig, aber froh, daß ich lag. Dann schaute ich mich vorsichtig um.

Ich befand mich in einem rechteckigen Raum. An der Wand hingen weiße Uniformen, Maschinenpistolen und mit weißem Stoff bespannte Stahlhelme. Hinter einem Schreibtisch saß ein Söldner, sein Alter unbestimmbar, sein Gesicht wie aus Lehm modelliert, sein Mund zahnlos. Er war in einer weißen Uniform und trug einen Stahlhelm wie jene, die an der Wand hingen. Auf dem Schreibtisch lag eine Maschinenpistole, daneben ein Stapel Pornohefte, in denen der Söldner blätterte.

Endlich nahm er von mir Kenntnis: »Da ist er also, der Neue«, sagte er, »schlappgemacht, wie es sich gehört.«

Er zog eine Schublade auf, nahm ein Formular heraus, schloß die Schublade wieder, langsam, umständlich, spitzte mit einem Klappmesser mühsam einen Bleistiftstummel, schnitt sich dabei, fluchte, endlich konnte er schreiben, wobei das Formular ganz blutig wurde.

»Steh auf«, sagte er.

Ich stand auf. Ich fror. Erst jetzt wurde mir wieder bewußt, daß ich nackt war. Meine Nase und meine Hände waren aufgeschürft, meine Stirn blutete.

»Du hast die Nummer FD 256323«, sagte er, ohne nach meinem Namen zu fragen. »Glaubst du an Gott?«

»Nein«, sagte ich.

»Glaubst du an eine unsterbliche Seele?«

»Nein«, sagte ich.

»Ist auch nicht Vorschrift«, meinte er, »nur nicht so kommod, wenn man daran glaubt. Glaubst du an einen Feind?«

»Ja«, sagte ich.

»Siehst du«, sagte er, »das ist Vorschrift. Zieh dir eine Uniform an, nimm einen Stahlhelm und eine Maschinenpistole. Sie sind geladen.«

Ich gehorchte.

Er verschloß das Formular mit der gleichen Umständlichkeit und erhob sich.

»Kannst du umgehen mit so einer MP?« fragte er.

»Blöde Frage.«

»Na ja«, sagte er, »es sind nicht alles alte Frontschweine wie du, Dreiundzwanzig.«

»Wieso Dreiundzwanzig?«

»Weil deine Nummer mit dreiundzwanzig endet«, sagte er, nahm seine Maschinenpistole vom Schreibtisch und öffnete ein niedriges, halbzerfallenes Holzgitter. Ich hinkte ihm nach.

Wir drangen in einen schmalen nassen Stollen ein. Er war in den bloßen Felsen gehauen und nur notdürftig von kleinen, roten elektrischen Glühbirnen erhellt, deren Leitungen lose an den Wänden entlangliefen. Irgendwo toste ein Wasserfall. Irgendwo wurde geschossen, dann eine dumpfe Explosion. Der Söldner blieb stehen.

»Wenn uns jemand entgegenkommt, schieß einfach«, sagte er, »es kann ein Feind sein, und wenn es keiner ist, dann ist es auch nicht schade.«

Der Stollen schien sich zu senken, doch war ich mir dessen nicht sicher, da wir oft klettern mußten, so steil stieg er an, dann wieder seilten wir uns ab in ungewisse Tiefen. Bald war das Geäder von Stollen und Schächten ausgebaut, beförderten uns unübersichtliche Liftsysteme, bald war alles unsäglich primitiv, wie vor Urzeiten gebaut, dem Einsturz nahe: Sich vom Labyrinth, in dem wir Söldner leben, ein ›geographisches Bild‹ zu machen – und wenn es auch nur ein roher, ungefährer Plan wäre – ist wohl nie möglich. Meine Hände bluteten stark. In einer Höhle schliefen wir einige Stunden, wir hatten uns wie Tiere verkrochen.

Das Labyrinth schien einfacher zu werden. Der Stollen verlief schnurgerade, doch war nicht auszumachen, in welche Richtung. Manchmal schritten wir kilometerweit durch eiskaltes Wasser, das uns bis zu den Knien reichte. Links und rechts zweigten nun wieder andere Stollen vom unsrigen ab. Überall tropfte es, doch manchmal war es totenstill, nur unsere Schritte waren zu hören.

Der Söldner schritt auf einmal vorsichtiger voran, die Maschinenpistole schußbereit, und bei der Einmündung eines Stollens in den unsrigen pfiff es an meinem Kopf vorbei: ich war wieder im Dritten Weltkrieg. Wir liefen geduckt zu einer Art Wendeltreppe aus morschem Holz, von der aus der Söldner sinnlos – es war niemand zu sehen – in den Stollen hineinschoß, bis seine Maschinenpistole leer war.

Nach kurzem Abstieg erreichten wir eine etwas besser beleuchtete Höhle, in die weitere Wendeltreppen führten, einige von oben, wie die, auf der wir heruntergekommen waren, einige von unten her. Von der Höhle führte ein breiter Stollen zu einer Lifttüre. Der Söldner drückte auf den Knopf. Wir warteten. Etwa eine Viertelstunde.

»Wenn wir rausgehen«, sagte der Söldner, »wirf gleich die MP hinaus und nimm die Hände hoch.«

Die Türe öffnete sich, wir betraten den Aufzug. Er war klein und schmal und seltsamerweise mit einem zerschlissenen bordeauxroten Brokat tapeziert. Ich weiß nicht mehr, ob der Lift nach oben oder nach unten fuhr. Er besaß zwei Türen. Ich bemerkte es erst, als sich nach einer Viertelstunde die Türe hinter meinem Rücken öffnete.

Der Söldner warf seine Maschinenpistole hinaus, ich warf meine nach. Ich trat mit erhobenen Armen hinaus, auch der Söldner hatte seine hochgerissen.

Ich blieb entsetzt stehen: Vor mir in einem Rollstuhl saß ein beinloser Söldner. Statt Arme hatte er Prothesen, die linke war eine Stahlstangenkonstruktion, die in eine Maschinenpistole überging. Die rechte endete in einer künstlichen Hand, die aus Zangen, Schraubenziehern, Messern und einem Stahlgriffel bestand. Der untere Teil des Gesichts war ebenfalls aus Stahl, an der Stelle des Mundes war ein Schlauch. Das Wesen rollte von uns weg, machte mit der Maschinenpistole ein Zeichen, wir sollten nähertreten. Wir ließen die Arme sinken.

In der Mitte der Höhle hing ein nackter bärtiger Mann an den Händen, und man hatte ihm einen schweren Stein an die Füße gebunden. Der Mann hing bewegungslos, ab und zu röchelte er. An der Wand, direkt am Felsen, auf einer dürftigen Pritsche, mitten unter Haufen von Waffen und Munitionskisten, umgeben von Kognakflaschen, saß ein riesenhafter alter Offizier, mit geöffnetem Waffenrock, unter dem eine haarige weiße Brust schimmerte, naß vor Schweiß. Die Uniform war mir vertraut, ich kannte sie noch vom Krieg: Der Offizier war mein alter Kommandant. Er hob eine Flasche an den Mund und trank.

»Jonathan, roll in die Ecke«, sagte er schwerfällig, mit Zungenschlag. Das Wesen rollte zur Höhlenwand, begann etwas auf den Felsen zu kritzeln.

»Jonathan ist ein Denker«, erklärte der Kommandant und musterte mich. Plötzlich ging ihm ein Licht auf.

»Hänschen«, lachte er heiser, »kennst du mich denn nicht mehr? Ich bin ich, dein alter Kommandant.« Er strahlte. »Ich schlug mich nach Bregenz durch. Komm her.«

»Exzellenz«, stammelte ich.

Ich ging zu ihm, er bettete meinen Kopf an seine feuchte Brust.

»Da bist du ja«, fuhr die heisere Stimme über mir fort, »da bist du ja wieder, mein Hurensöhnchen.« Er packte mich an den Haaren und schüttelte meinen Kopf hin und her.

»Hätte mich gewundert, wenn die Verwaltung mein Hänschen hätte zähmen können. Soldat bleibt Soldat«, und dann versetzte er mir mit seinem rechten angezogenen Knie einen solchen Stoß, daß ich, da er mich gleichzeitig losließ, gegen den Hängenden taumelte, der laut aufstöhnte und wie ein gewaltiger Glockenklöppel hin und her baumelte.

Ich richtete mich wieder auf. Der Kommandant lachte.

»Einen Stumpen, Dreckskerl!« rief er zum Söldner hinüber, der mich hergebracht hatte. »Ich habe meine Portion verraucht.«

Der Söldner reichte ihm schweigend eine Zigarre, zog ein Notizbuch, und notierend sagte er: »Sie schulden mir schon sieben, Kommandant.«

»Schön, schön«, brummte der Kommandant und steckte die Zigarre an mit einem goldenen Feuerzeug, das seltsam von seiner verwahrlosten Uniform und der Dürftigkeit der Höhle abstach.

Ich erinnerte mich, dieses Feuerzeug schon im Kurhotel im Unterengadin bei ihm gesehen zu haben, was mich mit Genugtuung erfüllte: Die guten alten Zeiten waren nicht ganz verschwunden.

»Hau ab«, sagte der Kommandant zum Söldner, der salutierte, sich umdrehte und sich nach seiner Maschinenpistole bückte. In diesem Augenblick wurde er vom Kommandanten mit einer Salve durchsiebt.

Der Kommandant legte seine Maschinenpistole zufrieden auf die Pritsche zurück. Jonathan rollte auf die Leiche zu und durchsuchte sie mit der rechten Armprothese.

»Hat er keine Zigarren mehr?« wollte der Kommandant wissen.

Jonathan schüttelte den Kopf.

»Auch kein Pornoheft?«

Jonathan schüttelte erneut den Kopf, befestigte die Leiche an einem Haken seines Wagens und schleifte sie weg.

»Jetzt weiß niemand mehr den Weg zu mir«, sagte der Kommandant, »Außenposten sind gefährlich. Sie laufen gern zum Feind über. Das Schwein ist auch übergelaufen, vorher brachte er mir immer Pornohefte.«

Dann starrte er den hängenden nackten Mann an.

»Hänschen«, sagte er und paffte eine Rauchschwade von sich, »Hänschen, du scheinst dich zu wundern, so einen bei uns hängen zu sehen. Die Armee, wirst du doch hoffentlich noch wissen, hatte nichts für Schinder übrig, und daß dein alter Kommandant kein Schinder ist, wirst du auch nicht vergessen haben. Ich liebte meine Soldaten wie meine Kinder, und meine Söldner liebe ich auch wie meine Kinder.«

»Jawohl, Exzellenz«, sagte ich.

Er nickte mir zu, erhob sich, schwankte gegen die Höhlenwand neben Jonathan, der wieder hervorgerollt war und aufs neue etwas an die Felswand kritzelte. Der Kommandant pißte.

»Wenn da einer nackt an einem Strick baumelt«, sagte er

dabei, »wird das gegen meine Sentimentalität sein, nicht wahr, Hänschen, du bist ein anständiger Kerl, du weißt, daß ich mit dem Kerl Mitleid habe. Aus Sentimentalität. Und die Sentimentalität ist etwas Menschliches. Tiere sind nicht sentimental. Nimm Haltung an, wenn ich mit dir rede.«

Ich nahm Haltung an: »Jawohl, Exzellenz.«

Der Alte drehte sich um, knöpfte die Hose zu und schaute mich mit zusammengekniffenen Augen an.

»Hänschen«, fragte er, »was meinst du denn zu diesem Hundsfott? Was glaubst du, warum hängt er hier?«

Ich überlegte.

»Er ist ein Gefangener, Exzellenz«, antwortete ich, immer noch in Achtungstellung, »ein Feind.«

Der Kommandant stampfte auf den Boden. »Er ist einer aus meiner Kompanie«, sagte er, »ein Söldner. Du willst ja auch einer werden, Oberst.«

Er musterte mich schweigend, fast feindselig, und ich antwortete unbeweglich:

»Ich bin dazu entschlossen.«

Der Kommandant nickte.

»Ich sehe, du bist immer noch der gleiche brave Lumpenkerl«, sagte er, »brauchbar zu allem, wie damals im Kurhotel. Sieh nur gut zu, Kindchen, was ich jetzt mache.«

Er wankte langsam gegen die Mitte der Höhle und drückte die brennende Zigarre auf dem Bauch des hängenden Söldners aus.

»So, jetzt darfst du auch pissen«, sagte der Kommandant.

Der Söldner stöhnte nur.

»Der arme Kerl kann nicht mehr pissen«, sagte der Kommandant, »es ist ein Jammer«, und er schaukelte den Söldner.

»Hänschen«, fragte der Kommandant.

»Exzellenz?«

»Der Hund baumelt seit zwölf Stunden«, sagte er und schaukelte weiter. »Und er ist ein braver Hund, ein guter Söldner, ein Söhnlein, das ich liebhabe.«

Er stellte sich vor mich hin. Der greise Riese überragte mich um eine Kopflänge.

»Weißt du, wer diese Schweinerei angeordnet hat, Hänschen?« fragte er drohend.

»Nein, Exzellenz«, antwortete ich und schlug die Absätze zusammen.

Der Kommandant schwieg.

»Ich, Hänschen«, sagte er traurig. »Und weißt du, weshalb? Weil mein Söhnlein sich einbildete, es gebe keine Feinde. Nimm deine Maschinenpistole, Hänschen. Es ist für mein Söhnlein das beste.«

Ich feuerte die Maschinenpistole leer.

Am Felsen hing nur noch eine blutige Masse Fleisch.

»Hänschen«, sagte der Kommandant zärtlich, »gehen wir zum Lift. Ich ersticke hier unten. Ich muß wieder an die Front.«

Wir benutzten mehr als einen Lift. Der erste war feudal. Wir rekelten uns auf einem Kanapee, an der Wand gegenüber hing ein Bild: ein nacktes Mädchen bäuchlings auf einem Kanapee.

»Diesen Boucher habe ich aus der Alten Pinakothek«, erklärte der Kommandant. »Ganz München war ein einziger Schutthaufen. Ein Paradies für Plünderer.«

Die weiteren Aufzüge jedoch wurden immer schäbiger – bald waren ihre Wände nur noch mit Seiten von Pornoheften beklebt, und überall waren Zoten hingekritzelt –, bis es keine Aufzüge mehr gab. Wir kletterten in Masken und mit den schweren Sauerstoffgeräten auf dem Rücken steile Schächte hoch, doch der Kommandant ermüdete nicht, der Riese wurde immer vitaler und, da er unzählige Verstecke kannte, in denen Kognak gelagert war, auch immer übermütiger: bei den schwierigen Kletterpartien johlte und jodelte er vor Vergnügen. Wir krochen durch niedere Stollen immer weiter hinan, wurden dann wieder in Förderkörben hochgeseilt, bis wir wenige Meter unter dem Gosainthan den Befehlsbunker des Kommandanten bezogen.

Ich schlief lange und traumlos. Ich war, seit ich den Söldner mit meiner Maschinenpistole durchlöchert hatte, selber ein Söldner geworden: Ich hatte zum ersten Mal im Dienst der Verwaltung eine Pflicht erfüllt.

Die Frage nach dem Feind darf ein Söldner nicht aufkommen lassen, aus dem einfachen Grund, weil sie ihn umbringt. Stellt er den Feind in Frage – und sei es auch nur im Unbewußten –, kann er nicht kämpfen. Hat ihn die Frage gar so weit getrieben, daß er zu fragen wagt, ist er nicht mehr zu retten; dann gilt es für den Kommandanten und für die anderen Söldner, alles zu retten. Darum bin ich stolz, gefeuert zu haben, ich feuerte im Namen aller.

Die Frage nach dem Feind wurde seitdem nie mehr gestellt. Der Winterkrieg erzieht den Söldner, Fragen zu stellen, die zwar auch nicht zu beantworten sind, die aber einen Sinn haben. Ihn interessiert nicht, wer der Feind ist, ihn interessiert, wofür er kämpft und wer befiehlt. Diese Fragen sind sinnvoll, während die Frage nach dem Feind die Versuchung in sich birgt, die Existenz des Feindes, den wir doch täglich bekämpfen, den es gibt, weil wir ihn töten, zu leugnen. Ein Krieg ohne Feind wäre sinnlos, *die* Sinnlosigkeit, darum stellt ein Söldner diese Frage auch nicht, oder er stellt sich selber der nächsten Maschinenpistole als Zielscheibe hin: die einzige Gewißheit, die ihm bleibt, es gibt keine andere. Phantastische Siege werden gemeldet, stets ist der Endsieg nahe, eigentlich schon errungen, dennoch geht der Winterkrieg weiter.

Die Söldner wissen nicht, wofür sie kämpfen, wofür sie sterben, in primitiven Lazaretten amputiert, mit rohen Prothesen wieder an die höllische Front geschickt werden, manche mit Haken und Schrauben statt Händen, manche blind, das Gesicht nur noch eine rohe Fleischmasse, an eine Front, die überall ist. Sie wissen nur, daß sie gegen den Feind kämpfen.

Sie begehen unmenschliche und unsinnige Heldentaten, ohne zu wissen warum; sie haben schon längst vergessen, daß sie sich freiwillig gemeldet hatten; sie beginnen, nach einem Sinn des Winterkriegs zu suchen, entwickeln phantastische Gedankensysteme – warum dieser Krieg notwendig sei, warum vielleicht das Schicksal der Menschheit von ihnen abhänge –, weil allein diese Fragen noch einen Sinn für sie haben.

Die Hoffnung auf einen Sinn gibt ihnen die Kraft, die sie benötigen, sie ist der Prozeß, durch den das Gemetzel möglich und erträglich wird. Daß aus diesem Grund der Söldner nicht nur den Feind, sondern auch die Söldner in seinen eigenen Reihen bekämpft, ist verständlich. So kennt der Söldner nicht nur einen Feind, sondern auch einen Gegner, den Söldner, der den Sinn des Winterkriegs anders sieht als er; diesen Gegner haßt er, der Feind ist ihm gleichgültig; dem Gegner gegenüber ist er grausam, den mordet er, den Feind tötet er nur.

Darum bilden die Söldner Sekten, laufen zu jenen über, die sie zwar für eine gegnerische Sekte halten, die ihnen aber erträglicher scheint als jene, mit der sie wohl in der Hauptsache einer Meinung sind, von der sie sich jedoch durch eine unwichtige Nebenmeinung oder durch die Variation einer Nebenmeinung getrennt sehen: Nuancen, die sie mit einem Male für wichtiger als die Hauptmeinung halten.

Einige Sekten entwickeln die seltsamsten Theorien darüber, wer diese Kämpfe leite, in welchen Bergmassiven der feindliche Generalstab verborgen läge, unter dem Changtse oder unter dem Lhotse, während man den eigenen unter dem Anapurna oder unter dem Dhaulagiri wähnt. Eine – freilich seltene – Sekte, die von allen, auch vom Feind verfolgt wird, glaubt nur an *einen* Generalstab, und zwar im Innern des fernen dreigipfligen Broad Peak; ja, es soll eine Sekte gegeben haben – sie wurde ausgerottet –, die verkündete, es gebe nur einen einzigen Oberbefehlshaber, einen uralten blinden Generalfeldmarschall, der unter dem mächtigen K2 gleichsam gegen sich selbst Krieg führe, weil die beiden Mächte ihn zugleich bestochen hätten; und es soll immer noch eine Sekte geben, die glaubt, dieser Generalfeldmarschall sei zugleich irr. Diese verschiedenen Sekten bilden wiederum Fronten, die sich untereinander bekämpfen, die Fronten zerfallen ihrerseits in weitere Fronten und Gegenfronten.

So ist denn die Disziplin der Söldner nicht die beste, sie gruppieren sich während der mörderischen Schlächtereien allzuoft um und mähen – statt die Feinde – einander nieder, sie werden von den eigenen Granatsplittern zerfetzt, von den eigenen Maschinengewehrsalven durchlöchert, von den eigenen Flammenwerfern verbrannt, sie erfrieren in Eisspalten, krepieren an Sauerstoffmangel in den phantastischen Höhen, wo sie sich verzweifelt eingegraben haben, da sie sich nicht mehr ins eigene Lager zurücktrauen, aus Angst, dort könnten sich inzwischen neue Gruppierungen gebildet haben, während immer neuer Nachschub aus allen Ländern und von allen Rassen in den Sog des Massakers stürzt. Aber dem Feind wird es nicht anders gehen, falls es diesen Feind überhaupt gibt – diese Frage darf ich mir nun stellen: Ich bin längst der Kommandant.

Als man ihn nackt und riesig von der Hure hob, als man seinen Leichnam wegschaffte, zog ich seine Uniform an und wurde von den Söldnern respektiert.

Ich weiß, daß die Söldner wissen, daß ich ihn erdolchte; daß es sein Wunsch war, brauchen die Söldner nicht zu wissen.

»Hänschen«, lachte er, bevor wir ins Bordell gingen, und stellte sich in seiner alten Höhle gegen die Felswand, wo zwei Jahre vorher der Söldner gehangen hatte, »Hänschen, durchlöchere mich mal. Daß es einen Feind gebe, ist Stumpfsinn. Na los, mein Söhnlein.«

Ich schwieg und tat, als hätte ich ihn nicht verstanden, während Jonathan in seinem Rollstuhl etwas in die Wand des Hauptstollens ritzte. Dann machten wir uns auf, durch die endlosen Höhlen- und Stollensysteme die Bordelle zu erreichen.

Als er auf seiner Hure aufstöhnte, stieß ich zu, mein Kommandant hatte einen guten Tod verdient. Die Hure schrie auf, andere Huren legten ihn auf den Boden, standen nackt und schwer um ihn. Ich wischte den Dolch an einem Laken ab. Ich sah, daß der Kommandant mir zuschaute.

»Hänschen«, flüsterte er, und ich mußte niederknien, um ihn zu verstehen, »Hänschen, hast du studiert?«

»Philosophie«, sagte ich.

»Promoviert?«

»Über Platon«, antwortete ich, »vor der mündlichen Prüfung brach der Dritte Weltkrieg aus.«

Der Kommandant röchelte. Ich begriff erst allmählich, daß er lachte.

»Ich studierte Literatur, Hänschen, Hofmannsthal.«

Ich erhob mich.

»Er ist tot«, sagte eine Hure.

Der Kommandant war ein großer Kommandant gewesen. Jetzt wäre er mir doppelt dankbar, daß ich ihn getötet habe: die Bordelle sind längst eingegangen, sie waren seine einzige Leidenschaft, der Kognak war nur eine seiner Gewohnheiten.

Dafür haben weibliche Söldner in die Kämpfe eingegriffen. Ich gebe zu, daß sie an Tollkühnheit die Söldner übertreffen, und durch den Sex ist die Front noch höllischer geworden: man tötet und fickt um die Wette, Blut, Spermen, Gedärme, Fruchtwasser, Gekröse, Embryos, Kotze, schreiende Neugeborene, Gehirne, Augen, Mutterkuchen schießen in Strömen die riesigen Gletscher hinab, versikkern in den abgrundtiefen Spalten.

Mich stört das nicht mehr. Ohne Beine sitze ich in einem Rollstuhl in der alten Höhle, auch meine Hände sind weg, mein linker Arm geht unmittelbar in eine Maschinenpistole über. Ich feuere auf jeden, der sich blicken läßt, die Stollen sind mit Leichen besät; zum Glück gibt es Ratten. Meine rechte Hand ist ein vielseitiges Instrumentarium: Zangen, Hammer, Schraubenzieher, Scheren, Griffel und so weiter, alles aus Stahl. In einer der Nebenhöhlen ein riesiges Lager von Konserven und bestem Kognak – mein Vorgänger hatte vorgesorgt.

Gewiß, es ist still geworden, meinen linken Maschinenpistolenarm benötige ich nicht mehr; vor Jahren bebte alles, vielleicht hatte die Verwaltung eine Bombe abgeworfen.

Gleichgültig. Ich habe Zeit nachzudenken und Zeit, meine Gedanken in die Felswände zu ritzen mit dem Stahlgriffel an meiner rechten Prothese. Jonathan brachte mich auf die Idee, auch auf die Methode. Felswände gibt es genug, Hunderte von Kilometern, und sie sind stellenweise immer noch erleuchtet, wenn auch die Glühbirnen, die durchbrennen, nicht mehr ersetzt werden. Aber ich kann – muß es sein – auch im Finstern in den Fels ritzen: den Winterkrieg und wie ich ihn antrat, meine Begegnung mit dem Kommandanten und dessen Tod habe ich schon beschrieben, die Wände der Höhle sind mit meinen Inschriften bedeckt; nun beschreibe ich die Wände des großen Hauptstollens, der zu den Bordellen führte, eine Zeile zweihundert Meter lang, dann rolle ich zurück und schreibe wieder eine zweihundert Meter lange Zeile; so bringe ich es auf sieben zweihundert Meter lange Zeilen untereinander. Bin ich fertig, ritze ich in die gegenüberliegende Wand des Stollens; sind auch an dieser zweihundert Meter geschafft, schreibe ich an der ersten Wand weiter, wo ich aufgehört habe, wieder zweihundert Meter usw.; auf jeder Wand sieben zweihundertmeter-zeilige Inschriften. Man wird dabei zum Stilisten.

[Längere unleserliche Strecke, entstanden, weil der Schreibende übersah, oder nicht sehen konnte, daß er seine Inschrift in eine schon beschriftete Wand kratzte, und zwar derart, daß beide Schriften unleserlich wurden. Nach einigen Metern unbeschriebener Wand fährt die Inschrift fort.]

... daß es nicht etwa ein mystisches Gleichnis ist, das ich hier aufzeichne, eine Art Beschreibung der irren Träume eines mühsam zusammengebastelten, kampfunfähigen Söldners – auch meine Schädeldecke besteht schließlich aus Chromstahl. Ich versuche hier nichts anderes, als das Wesen der Verwaltung darzustellen.

Gewiß, es wäre einzuwenden, daß mir zur Darstellung dieser Realität die Distanz fehle, die uns befähigt, die Wirklichkeit zu beurteilen, in den Höhlen und Stollen ungeheurer Bergmassive könne ich unmöglich mehr eine Distanz besitzen. Dieser Einwand ist nicht zu widerlegen. Es wäre lächerlich, das zu versuchen, es sei denn, man ziehe in Betracht, daß mir auf meinem Rollstuhl nur meine Gedanken, meine stählerne Handprothese und endlose Felswände übrigbleiben: Ich bin zum apriorischen Denken gezwungen.

Daß die Verwaltung aus dem Dritten Weltkrieg hervorging, war unumgänglich. Ich kann mir die Gesetze, denen die menschliche Gesellschaft unterworfen ist, nur als Naturgesetz vorstellen. Die Gesetze, die der Dialektische Materialismus entdeckt haben will, sind für mich Unsinn: als ob sich irgendein Naturgesetz mit der Hegelschen Logik darstellen ließe.

Ebensowenig ist die Auffassung der Kausalität zu verteidigen: Die Gesamtheit der Vorgänge lasse sich in Paare aufteilen, die zueinander in der Beziehung von Ursache und Wirkung stünden; der Satz vom Grunde, daß nichts ohne Grund sei, ist eine Platitüde, kein Vorgang hat nur *einen* Grund, sondern unendlich viele; weist doch ein Vorgang nicht auf *einen* anderen Vorgang als dessen Ursache hin, er ist vielmehr mit allen Gründen, mit der ganzen Vergangenheit der Welt ›kausal‹ verknüpft.

Aber auch die These, die ich bei einem alten vergessenen Schriftsteller gelesen habe, das Gesetz der großen Zahl bedinge das Primat der Gerechtigkeit, ist falsch: Von einem mathematischen Begriff kann nicht auf ethische Bereiche geschlossen werden, wobei ich Gerechtigkeit und Ungerechtigkeit für bloß ästhetische Begriffe halte – ob ich ohne Beine und mit zwei Armprothesen gerechterweise oder ungerechterweise die Felswände meines Labyrinths vollkritzle, ist gleichgültig, weil weder die Gerechtigkeit noch die Ungerechtigkeit meine Lage ändert; höchstens daß mich die Fragestellung erheitert – von einem mathematischen Begriff kann nur auf physikalische oder, im Humanen, auf Institutionen geschlossen werden: nur hier spielt das Gesetz der großen Zahl eine Rolle.

Wie die thermodynamischen Gesetze erst dann auftreten, wenn ›sehr viele‹ Moleküle beteiligt sind, so treten die institutionellen Naturgesetze, sei es in der Wirtschaft, sei es im Staat, erst bei ›sehr vielen‹ Menschen auf, unabhängig von den Werten und Ideologien, an die diese Menschen glauben: sie entsprechen den thermodynamischen Naturgesetzen. Ein grausamer Satz. Ich darf ihn Tausende von Meter unter dem Gosainthan in die Wand ritzen.

Von meiner Studienzeit – der Dritte Weltkrieg brach sie ab – ist mir nur noch die Loschmidtsche Konstante im Gedächtnis geblieben, obgleich sie mit meinem Fachgebiet nichts zu tun hatte, ich weiß nicht einmal mehr, wo ich sie aufgeschnappt habe: bei 0° Celsius und einer Atmosphäre Druck enthalten 22415 cm^3 eines idealen Gases $6.023 \cdot 10^{23}$ Moleküle. Mit anderen Worten, die Loschmidtsche Konstante drückt genau das Verhältnis von Volumen, Masse, Druck und Temperatur eines Gases aus: Erhöht sich die Masse und bleibt das Volumen gleich, erhöhen sich Druck und Temperatur, erweitert sich das Volumen und bleibt die Masse gleich, verringern sich der Druck und die Temperatur. $6.023 \cdot 10^{23}$ ist eine ›große Zahl‹. Sie ist jedoch klein gegenüber der Anzahl der Atome, die an einem Stern beteiligt sind; ich schätze auf eine Zahl von 10^{53}.

Die Bewegung eines einzelnen Atoms ist unberechenbar, Sterne sind zu berechnen, sie sind Institutionen von Atomen. Diese Institutionen sind Gesetzen unterworfen, welche die Atome notwendigerweise deformieren. Ebenso notwendigerweise deformieren die Institutionen der Menschen den Menschen. Eine Institution von Menschen ist der Staat. Wenn ich daher im Innern des Himalaja über die Sterne nachdenke, denke ich über die Staaten nach. Nur so ist ein Nachdenken über den Menschen in meiner Lage noch möglich. Es gibt für mich keinen anderen Ansatzpunkt des Denkens mehr als jenen, den ich aus der Zeit vor dem Dritten Weltkrieg in meine Höhle herübergerettet habe, auch wenn mein Wissen nur noch eine ungefähre Erinnerung an einige ungefähre Hypothesen ist. Was ich widerlegen möchte, ist die Ansicht, der Dritte Weltkrieg sei ausgebrochen, weil es keine Verwaltung gegeben habe, die ihn hätte verhindern können. Er brach in Wirklichkeit aus, weil es noch keine Verwaltung geben konnte.

Eine Ursonne, ein Protostern, langsam aus einem konfusen Gasnebel herauskondensiert – wie etwa jener im Orion –, ist von gewaltiger Ausdehnung, der Durchmesser beträgt ein Lichtjahr, die Dichte ist lächerlich (aber doch schon für sein späteres Schicksal entscheidend), beinahe ein Vakuum, die Zusammensetzung der Gase: 80 % Wasserstoff, 2 % schwere Elemente, hineingeschossen aus einer Supernova-Explosion (fehlen die schweren Elemente, entstehen keine Planeten), 1 % Kohlenstoff, Stickstoff, Sauerstoff, Neon, der Rest Helium; der Drehimpuls kaum 10 cm in der Sekunde, die Temperatur tief; das Gas ist ein Gemisch von kosmischem Staub, sogar ›organische‹ Moleküle aus Kohlenstoffverbindungen kommen vor. Die Gravitation läßt die ungeheure Ursonne zusammenschrumpfen, sie wird zu einem Roten Überriesen, ihr Durchmesser beträgt eine Lichtstunde, ihr Drehimpuls wird immer größer.

Wenn sie sich etwa auf die Größe der Merkur-Bahn zusammengeballt hat, auf einen Durchmesser von drei Lichtminuten, schleudert die Sonne, durch ihre äquatoriale Rotationsgeschwindigkeit von 100 km pro Sekunde zu einer Scheibe geworden, Materie in den Weltraum. Der größte Teil dieser weggeschleuderten Materie, vor allem der Wasserstoff, entweicht der Anziehungskraft der Sonne für immer; Kohlenstoff, Stickstoff, Sauerstoff und Neon bilden die äußeren großen, Eisen, Magnesium, Silizium die inneren kleinen Planeten; die Sonne ist auf den zehnbillionsten Teil ihrer einstigen Größe zusammengefallen, sie ist ein Gelber Zwerg geworden, ihr Durchmesser beträgt nun eine Million Kilometer, ihre äquatoriale Rotationsgeschwindigkeit, durch das Wegschleudern von Materie gebremst, ist zwei Kilometer die Stunde, ihr Zustand ist stabil geworden.

Zwar ist der Druck auf das Sonneninnere auf etwa 100 Milliarden Kilo pro Kubikzentimeter angewachsen – unter diesem Gewicht müßte sie zusammenstürzen –, aber die Temperatur des Sonneninnern beträgt 13 Millionen Grad, so daß ein Druckgleichgewicht zustande kommt. Bei einer so enormen Innentemperatur findet ein Kernprozeß statt, der Wasserstoff in Helium umwandelt; die erzeugte Energie wird durch Lichtquanten abgestrahlt, doch das Sonneninnere ist vollkommen dunkel. Bei der ungeheuren Temperatur des Sonneninnern wird das Licht schon nach Bruchteilen von Zentimetern absorbiert, so daß die Lichtquanten in ständigen Abstrahlungs- und Einfangprozessen die Energie in die kühlere Konvektionszone schaffen, die wie ein Mantel das Sonneninnere umschließt; dieser Transport dauert 10 Millionen Jahre.

In der Konvektionszone werden heiße mit kühleren Gasmassen durchmischt, doch gelingt es dem größten Teil der

Lichtquanten nicht, die Konvektionszone zu durchschießen, ein Teil der Energie strahlt wieder ins Zentrum zurück, aber die in die Konvektionszone gelangte Energie bringt diese zum Brodeln: die äußeren konvektiven Zonen werden instabil, Sonnenflecke bilden sich, Protuberanzen steigen in die Sonnenatmosphäre, fallen wieder auf die Oberfläche zurück, die Lichtquanten werden endlich frei und gelangen durch die Photosphäre, dic Chronosphäre und durch die Korona in den Weltraum. Zum Druckgleichgewicht im Innern sind das Oberflächen- und das Energiegleichgewicht gekommen, die Photosphäre strahlt soviel Energie in den Raum, wie sie von der konvektiven Zone zugeliefert bekommt: Der Energiehaushalt der Sonne ist geordnet – obgleich sie täglich 360 Milliarden Tonnen Materie verliert, eine Lappalie bei ihrer Größe.

Doch kann dieser ideale Zustand nicht ewig währen; der Kernprozeß im Sonneninnern dringt in die Konvektionszone vor, die Sonnenoberfläche wird heißer: kaum ist auf der Erde noch zu leben. Die Sonne bläht sich auf, bis sie wieder die Merkur-Bahn erreicht: das Leben auf der Erde erlischt, die Atmosphäre, die Meere verdampfen. Die Sonnenoberfläche beginnt sich abzukühlen, die Sonne schrumpft; damit nimmt die Oberflächentemperatur wieder zu. Die Sonne wird wieder so groß, wie sie heute ist, nur ungemein heller und heißer, sie wird ein Blauer Stern.

Das Druckgleichgewicht hat sich zwar wiederhergestellt, doch schon verbrennt die Sonne das Helium ihres Innern und erhitzt den Wasserstoff, der das Sonneninnere umgibt. Der erhitzte Wasserstoff expandiert, doch ist er nicht schnell genug, um der Sonne entweichen zu können, nur ein hundertstel Prozent der Gesamtmasse der Sonne entkommt. Während der Expansion leuchtet die Sonne wochenlang hunderttausendmal so hell wie die heutige Sonne, sie ist eine Nova geworden. Nach tausend solcher Expansionen ist die Sonne vom Wasserstoff befreit, nun ein Weißer Zwerg, nicht größer als die Erde; das Gas ist entartet, nur noch wenige Elektronen bewegen sich frei, die Sonne hat ihre nuklearen Energievorräte erschöpft, sie ist zum Molekül geworden. Die Gravitation hat die Expansion besiegt, die Sonne erkaltet, sie wird zu einem erdgroßen Kristall, zu einem unsichtbaren Schwarzen Zwerg endlich, wenn auch die Zeit, die sie dazu braucht, größer als das Alter unseres Milchstraßensystems ist.

Aber nicht alle Sonnen nehmen dieses Ende, Sterne, deren Masse kleiner ist als die der Sonne, die Roten Zwerge, konnten wahrscheinlich nie eine nennenswerte Konvektionszone entwickeln, sie wurden vorzeitig zu einer kleinen Nova, aber der übriggebliebene Kern hatte zu wenig Masse, um zu einem Weißen Zwerg zusammenzusacken.

Sterne, deren Masse die der Sonne um das 1,44fache übertrifft, werden um so schneller instabil, je schwerer sie sind, weder das Druck- noch das Oberflächen- noch das Energiegleichgewicht wird auf längere Zeit erreicht, sie gehen mit ihrem Energiehaushalt zu verschwenderisch um, wie die Blauen Riesen etwa: Der immense Innendruck bewirkt im Kern Temperaturen von über 3 Milliarden Grad; in dieser Hölle wandeln sich alle Elemente in Helium um. Je übertriebener die Masse der Sonne ist, desto rapider wächst die Gefahr, daß sie zur Supernova wird: Eine ungeheuerliche Explosion fegt die Konvektionszone der Sonne in den Raum und strahlt mehr Licht ab als ein galaktisches System mit seinen hundert Milliarden Sonnen, während es dem Kern, liegt er über 1,44 Sonnenmassen – über der berüchtigten Grenze Chandrasekhars –, nicht mehr gelingt, den Gleichgewichtszustand eines Weißen Sterns zu erreichen; er sinkt unter seiner eigenen Schwere in sich zusammen, er wird eine winzige Sonne von grotesker Dichte, deren Durchmesser zehn Kilometer beträgt, die sich dreißigmal in einer Sekunde um sich selber dreht. Dieser Neutronenstern vermag nicht mehr zu explodieren, seine Atome sind zusammengebrochen, die Atomkerne durch das Zusammenquetschen von Elektronen und Protonen in Neutronen zerfallen, sie bilden ein entartetes Neutronengas. Ist der Kern noch schwerer, wird der Gravitationskollaps vollkommen; diese besonders massenreichen Sonnenkerne fallen aus Raum und Zeit, sie werden zu Schwarzen Löchern, die durch ihre Schwerkraft ihre Umgebung in sich saugen. Es entbehrt nicht der Ironie, daß ich in der totalen Dunkelheit, die mich umgibt, dieses Sonnenende in die Stollenwand ritze.

[Die Inschrift bricht ab, Fortsetzung in einem anderen Stollen.]

Ich fand nicht mehr in die Haupthöhle zurück. Ich wußte nicht, durch welche Stollen ich rollte, in welche Wand ich meine Inschrift ritzte. Die Nahrungsmittel, die ich in der Finsternis durch Zufall auftrieb, Dosen einer billigen Kraftbrühe, stammen aus dem Lager einer Höhle, die viel kleiner ist als jene des Kommandanten. Ich fand einen Lift, auch er funktioniert nicht mehr, die Wände leer, kein Boucher.

Die Kiste mit den Dosen befestigte ich in tagelanger Arbeit mit der rechten Prothese an meinem Rollwagen – es ist schwierig, mit der Prothese in der Dunkelheit etwas zu suchen –, und mein linker Maschinenpistolenarm ist sinnlos geworden. Ich versuchte immer wieder, ihn abzumontieren, bis jetzt vergeblich. Ich schleppte die Kiste mit den Suppendosen hinter mir her, ich wußte nicht, in welche Richtung, manchmal hielt ich an, Notizen zu meiner Inschrift in die Wand zu ritzen, Notizen, die ich zwar nicht lesen konnte, aber die einzuritzen nötig war: Ich bin weder Astronom noch Physiker, mein Wissen über die Sterne ist nur ein ungefähres. Ich las vor dem Dritten Weltkrieg einige Bücher darüber, die heute sicher veraltet sind. Ich versuchte, mich an sie zu erinnern und aus meiner Erinnerung die Entwicklung der Sterne zu rekonstruieren. Deshalb habe ich diese Inschrift in drei Versionen dargestellt.

[Es wurde bis jetzt nur eine gefunden, die sich aus den Inschriften vieler Stollen zusammensetzt; sie kann sich aber auch aus allen drei Inschriften zusammensetzen.]

Bei der Darstellung der letzten Version muß ich mich endgültig verirrt haben. Auch in die zweite Höhle fand ich nicht mehr zurück. Es werden sich weitere finden. So rolle ich einfach dahin. Ich nehme an, daß ich mich immer noch in einem Stollen unter dem Chomo-Lungma befinde. Der Fels hier ist glatt, ich arbeite immer möglichst sorgfältig an meinen Inschriften.

Nicht nur der Gedanke an ein Schwarzes Loch erheitert mich: Der Chomo-Lungma hieß früher Gaurisankar, so daß ich unter dem Gaurisankar über das Gesetz von Chandrasekhar nachdenke. Vielleicht mußte ich aus diesem Grund in den Winterkrieg geraten: ein Name hat mich verführt. Schicksale sind, nachträglich betrachtet, logisch. Das Eisen der Prothesen meines zusammengeflickten Rumpfes und der Riesenberg Gaurisankar entstammen beide jener Sonne, die Chandrasekhars Grenze mißachtete und zu jener Supernova wurde, die vor sechs Milliarden Jahren eine Protosonne verschmutzte und sie dadurch befähigte, unsere Erde zu gebären: das meiste an mir ist älter als die Erde.

Mit Ehrfurcht ritze ich den Namen ›Chandrasekhar‹ in

den Fels. Einige Beobachtungen weisen darauf hin, daß im Sonneninnern Veränderungen vor sich gegangen sind, die innerhalb der nächsten zehn Millionen Jahre die Erde für alle Zeiten unbewohnbar machen werden, doch besteht eine gewisse Chance, daß auf der mondartigen Erde das Himalaja-Gebirge erhalten bleibt, wie es ja auch auf dem Mond Gebirge gibt. Und es gibt eine, wenn auch lächerlich geringe Chance, daß in den vielen Milliarden Jahren, in denen die ausgebrannte Erde um den Weißen Zwerg kreisen wird, den wir jetzt unsere Sonne nennen, und in den unzähligen Milliarden Jahren, da sie sich um die zum Schwarzen Zwerg gewordene Sonne bewegen wird, Raumfahrer einer anderen zukünftigen Welt die Erde betreten. Und es gibt eine noch unsäglich geringere Chance, eine Chance, die eigentlich unwahrscheinlich ist, daß diese fremden Wesen das Höhlensystem im Himalaja entdecken und erforschen werden. Meine Inschrift wird das einzige sein, was sie von der Menschheit wissen werden.

Auf diesen unwahrscheinlichen Fall hin habe ich geschrieben. In meiner Lage gibt es keine andere Aufgabe. Ich hatte eine Inschrift zu finden, aus der heraus das Schicksal der Menschheit zu lesen ist: Diese Inschrift kann nicht etwas Privates sein, etwas, was nur mich angeht, auch wenn ich zur Menschheit gehöre; ja, es darf nichts sein, was mit der Menschheit zu tun hat. Die fremden Wesen, welche die Inschrift einmal lesen, in unzähligen Milliarden Jahren, würden nichts begreifen, denn sicher sind, falls die Unwahrscheinlichkeit eintritt, daß diese Inschrift gelesen wird, diejenigen, die sie lesen, keine Menschen: Die Natur, so stur sie ist, wird die Dummheit, Primaten zu schaffen, kaum wiederholen; der Zufall, der uns als Gattung schließlich schuf, wird kaum ein zweites Mal eintreten. Mit diesen Wesen läßt sich nicht über uns, sondern nur über etwas reden, das sie und uns gemeinsam angeht: über die Sterne.

Sie werden zwar aus meinen Inschriften nichts über unsere Religionen, Ideologien, Kulturen, Künste, Gefühle erfahren, ebensowenig darüber, wie wir uns ernähren und vermehren, jedoch werden sie aus meinen drei Inschriften auf unser Denken schließen, gleichgültig, welche Stümpereien meine Inschriften enthalten. Sie werden aus ihnen den Stand unseres Wissens erraten, aber auch, daß wir Atom- und Wasserstoffbomben besaßen und daß es zum Dritten Weltkrieg kommen mußte. Sie werden den Code meiner Inschriften erraten, denn der Mensch beschreibt, was immer er beschreibt, sich selber. Die fremden Wesen werden aus meinen Inschriften folgern, daß auf dem nackten, versengten Steinplaneten, den sie betreten haben, einmal mit Intelligenz begabte Wesen existierten, die in ihrer Gesamtheit die Grenze Chandrasekhars überschritten.

Ist die Sonne eine Ansammlung von Wasserstoff, ist der Staat eine Ansammlung von Menschen. Beide sind den gleichen Gesetzen unterworfen. Beide sind stabil, wenn ein Druck-, Energie- und Oberflächengleichgewicht besteht. Bei beiden wirkt die Gravitation. Sie beginnt einen Kern und um ihn herum eine Konvektionszone zu bilden. Zuerst unmerklich: Der Kern und die Konvektionszone einer Protosonne sind noch kaum ausgebildet, sie sind mehr die Anlagen dazu.

Auf den Staat bezogen: Die Konvektionszone stellt die Behörden, der Kern das Volk dar. Einst zog ein Kaiser mit seinem Kanzler auf einem Ochsenkarren von Kloster zu Kloster und von Reichsstadt zu Reichsstadt, um sich verköstigen zu lassen. Der Kaiser und sein Kanzler waren die Behörde: Ihr Heiliges Römisches Reich Deutscher Nation war mit einer Protosonne vergleichbar. Kaum fünfhundert Jahre später war diese Protosonne zu einer instabilen Sonne geworden: zum Dritten Reich. Doch brauchen nicht weitere historische und daher unverständliche Beispiele gegeben zu werden.

Die Funktion des Staates bestand ursprünglich darin, Schutz nach außen, Schutz nach innen und Schutz gegen die Beschützer zu geben, um deren willen der Einzelne seine Macht an den Staat abtrat. Wird diese Funktion dem Druck-, Energie- und Oberflächengleichgewicht einer stabilen Sonne gleichgesetzt, so lassen sich in diesem das Verhältnis des Staates zu jedem Einzelnen sowie das Verhältnis der Einzelnen untereinander darstellen.

Das Druckgleichgewicht eines stabilen Staates besteht darin, daß sich der Einzelne möglichst frei bewegt, so frei nämlich, wie es den anderen Einzelnen gegenüber möglich ist; je größer deren Masse, desto beschränkter wird die Freiheit des Einzelnen: der Druck auf den Einzelnen ist angestiegen und damit die Temperatur innerhalb der Masse; sie beginnt, den Staat zu spüren, Emotionen gegen den Staat werden frei usw.

Das Energiegleichgewicht besteht bei der Sonne darin,

daß sie nicht mehr Materie in Energie umsetzt, als sie auszustrahlen vermag, bei den Staaten, daß sie nicht mehr produzieren, als sie ausgeben. Das Energiegleichgewicht bricht zusammen, wenn der Druck nachläßt oder wenn er zunimmt. Bei einem Blauen Riesen wie S-Doradus, achtzigtausendmal heller als die Sonne, ist die Konvektionszone zu schwach; damit wird der Druck nach innen ungenügend, der Stern setzt die Materie seines Kerns ungehindert in Energie um, er zerstrahlt. Es gab auch solche Staaten.

Bei den meisten freilich, vor dem Dritten Weltkrieg, siegte die Konvektionszone: die Behörde. Die Macht des Staates stieg an. Besonders die überschweren Staaten begannen weniger abzustrahlen, als sie umsetzten. Sie wurden die Gefangenen ihrer Behörde. Ein Energiegleichgewicht stellt sich dann ein, wenn sich das Angebot nach der Nachfrage richtet.

Bei einem Blauen Riesen, einer Sonne mit einer schwachen Konvektionszone – obgleich diese, verglichen mit der Konvektionszone unserer Sonne, um vieles mächtiger ist –, übertrifft das Angebot die Nachfrage, ein Konkurrenzkampf ohnegleichen findet im Innern eines solchen Sterns statt. Das gleiche ließ sich vor dem Dritten Weltkrieg eine Zeitlang in den Industriestaaten beobachten.

Bei einer überschweren Sonne dagegen beginnt die Nachfrage das Angebot zu übertreffen, sie setzt zwar ihre Materie in Energie um, aber diese wird von der Konvektionszone absorbiert. Ein solcher Staat wird von der Behörde mißbraucht. Diese benötigt Waffen, um sich gegen innen und außen abzusichern. Und nicht nur Waffen, sie benötigt auch eine Ideologie, sie baut gleichsam ein gewaltiges geistiges Kraftfeld auf. Die Konvektionszone duldet keine andere Ideologie als die ihre, wer anders denkt, wird für asozial oder für verrückt erklärt oder gar wie ein Landesverräter behandelt. Damit erhöht ein solcher Staat seine Dichte und damit seinen Druck nach innen. Der Kernprozeß, der im größten Teil seiner Bevölkerung vor sich geht, kommt nur dem Staat zugute, genauer: seiner Behörde, deren Machtpotential ständig zunimmt, nicht aus Böswilligkeit, sondern aus Hilflosigkeit. Überschwere Staaten sind durchgeplant. Ein Energiegleichgewicht ist damit an sich unmöglich, weil ihr Druck nur noch zunehmen und nicht abnehmen kann, so daß es zum Gravitationskollaps kommt.

So waren die politischen Zustände vor dem Dritten Weltkrieg. Die überschweren Sterne wollten die Welt nicht erobern, aber sie erpreßten sie dank ihrer Schwere. Ihre Gravitation saugte gleichsam die zerstrahlte Materie der Blauen Riesen in sich auf. Dadurch schrumpften diese, und nun nahm auch ihr Druck zu; aus dem ökonomischen Gleichgewicht gebracht, ›sozialisierten‹ sie, wurden nun ihrerseits zu überschweren Sonnen – unabhängig von ihrer wirtschaftlichen, gesellschaftlichen und ideologischen Struktur –, denn auch ›freiheitliche‹ Staaten begannen nach innen durch Erlasse gegen Andersdenkende Druck auszuüben.

Der Prozeß war irreversibel. Ein Wettrüsten setzte ein. Jeder Staat produzierte nun mehr, als er an Energie abgab. Der Innendruck jedes Staates stieg ins Unerträgliche. Der gewaltige Druck ließ im Sonneninnern jede Gesellschaft entarten: die Großfamilien krachten zu Kleinfamilien zusammen, selbst diese wurden unstabil und verklumpten zu Kommunen oder Wohngemeinschaften, die wieder zerstrahlten, eine ungeheure Hektik herrschte, ein Wahnsinnsbetrieb, ein unbarmherziger Lebenskampf, verbunden mit einem unstillbaren Lebenshunger.

Die Gesellschaft zerfiel immer mehr in zwei Klassen, in jene, die in der Konvektionszone angesiedelt waren, sich abgesichert hatten, und in jene, die schutzlos dem Druck und der ebenso ungeheuren Temperatur des Sonneninnern ausgesetzt waren. Doch die gewaltige Energie des Sonneninnern, die aus dieser Hektik entstand, wurde auch hier von der Konvektionszone aufgesogen, von der Behörde, die immer höhere Steuern benötigte, um dem Sonneninnern standzuhalten. Die Politik spielte sich daher nur noch auf der Sonnenoberfläche ab, ohne auf die Kernprozesse des Sonneninnern einwirken zu können, sie wurde zur Phrase, und so geriet denn auch das Geschehen im Sonneninnern außer Kontrolle: der Druck wurde zu groß, immer häufiger wurde die Konvektionszone von innen durchstoßen, mächtige Wirtschaftsimperien stiegen auf, fielen wieder zurück, Krisen wüteten, Inflationen, phantastische Schiebereien, irrsinnige Terrorakte, die Kriminalität und die Katastrophenanfälligkeit nahmen explosionsartig zu – die Staaten wurden instabil.

Diesen ungeheuren Protuberanzenausbrüchen gegenüber hilflos, wurde die Politik zynisch und damit wie eine tote Kirche kultisch, okkultisch endlich. Man predigte entweder Klassenkampf oder Liberalismus, ahnungslos, daß alles davon abhängt, wie sich Masse in Energie umwandelt; ohne daran zu denken, wie ein Volk sich verhält, wenn es zur Masse wird: unberechenbar. Man propagierte den sozialen Staat, den liberalen Staat, den Wohlfahrtsstaat, den christlichen, jüdischen, mohammedanischen, buddhistischen, kommunistischen, maoistischen Staat ohne den leisesten Verdacht, ein überlasteter Staat könnte ein ebenso gefährliches Gebilde wie ein überschwerer Stern werden.

Er wurde es auch: der Dritte Weltkrieg brach aus. Die nicht vorausgeahnte Wirkung von Wasserstoffbomben auf Ölfelder war nur noch ein gleichsam symbolischer Hinweis, daß es zu einer Supernova gekommen war, von der Wirkung der anderen Bomben ganz zu schweigen.

Der Innendruck und damit die Innentemperatur waren zu gewaltig geworden, das Oberflächengleichgewicht gab nach, die riesigen Konvektionszonen – die von der Behörde unmäßig aufgerüsteten Armeen, die als Teil der Behörde diese längst kontrollierten – fegten in den Raum: um so katastrophaler, weil hier Sonne an Sonne grenzte, während im Weltraum eine durchschnittliche Distanz von dreieinhalb Lichtjahren die Sterne trennt.

Nach der Supernova der Endzustand: die Menschheit als Neutronenstern. Der auf wenige bewohnbare und bewohnbar gemachte Landstriche zusammengepferchte Rest der Menschen, wie viele mögen allein beim Sahara-Projekt umgekommen sein – ist zu einer einzigen Konvektionszone geworden, astronomisch mit einem ›entarteten Neutronengas‹ zu vergleichen, zu einer total verwalteten Masse, zur ›Verwaltung‹ eben, wobei Verwalter und Verwaltete nicht mehr unterschieden werden können.

Freilich blieb, wie bei einem Neutronenstern, auch der Menschheit vorerst ihr alter Drehimpuls, ihre Aggressivität, erhalten. Daß er abgebaut wird, dafür sorgt bei einem Neutronenstern die Zeit, bei der Menschheit der Winterkrieg im Gaurisankar: In ihm schlachten sich jene gegenseitig ab, deren Aggressivität ein Feindbild braucht, unter welchem Vorwand, ist gleichgültig. (Vor dem Dritten Weltkrieg waren die Vorwände der Terroristen am groteskesten, eine Art Selbsthypnose. Sie bildeten sich wirklich ein, sie kämpften für eine brüderliche Weltordnung: Hätte man sie in jene versetzt, wären sie in ihr vor Langeweile umgekommen.) Chandrasekhars Berechnung war aufgegangen.

Doch bevor ich fortfahre, muß ich an dieser Stelle einem Einwand begegnen, den vielleicht auch die fremden Wesen vorbringen werden, wenn sie einmal meine Inschriften lesen: Die Materie ist der Entropie unterworfen und strebt ihrem wahrscheinlichsten Zustand zu. Ihr Anfang, die Zusammenballung aller Materie in einem Raum von der Größe der Neptun-Bahn: so viel Platz nahmen die Elementarteilchen des Universums ein, solange sie aneinandergedrängt waren. Dieser Zustand war der unwahrscheinlichste Zustand, den die Materie einnehmen konnte. Ihr wahrscheinlichster Zustand ist ihr Ende: die Materie zu fünfundneunzig Prozent zerstrahlt, die Trümmer der Sterne als schwarze Rote Zwerge, schwarze Weiße Zwerge, Schwarze Löcher, Haufen von toten Planeten, Asteroiden, Meteoren usw.

Umgekehrt das Leben: Die Bedingungen, unter denen es entstand, waren zwar auch unwahrscheinlich, aber diese Unwahrscheinlichkeit erzeugte das Wahrscheinlichste, den Virus, darauf den Einzeller. Von ihm aus gesehen wird das Leben immer unwahrscheinlicher, ein denkendes Wesen ist das unwahrscheinlichste, weil komplizierteste Wesen des Weltalls.

Dieses Wesen scheint dem Weltgesetz, der Entropie, zu widerstehen, um so mehr als es sich im Verlauf von drei Millionen Jahren aus einer seltenen Spezies zu einer Masse von sechs Milliarden entwickelt hatte. Doch der Schein trügt: Je unwahrscheinlicher das Leben ist, desto wahrscheinlicher ist sein Endzustand: der Tod. Ein Virus, ja ein Einzeller, vermag ›ewig‹ zu leben; die Tiere sterben zwar, haben aber kein Wissen davon. Indem der Mensch weiß, daß er sterben muß, wird sein Tod mehr als sein wahrscheinlichster Endzustand, er wird sein gewisser Endzustand. Der Tod und die Entropie sind das gleiche Weltgesetz, sie sind identisch; damit sind wir ›Menschen‹ (dieses Wort wird Euch nichts sagen) und Ihr, die Ihr diese Inschriften lesen werdet, identisch: denn auch Ihr werdet sterben.

[Die folgende Inschrift in einem anderen Stollen.]

Der Verwaltung liegt das Gesetz homo homini lupus zugrunde: der Mensch ist für den Menschen ein Wolf. Merkwürdigerweise dachte ich an den Taubstummen, während ich diesen Satz in den Felsen ritzte, und der Gedanke schoß mir durch den Kopf, der Taubstumme könnte Jonathan gewesen sein. Ein unsinniger Verdacht, der wahrscheinlich nur zustande kam, weil ich mich erst wieder an Jonathan erinnerte, als ich an den Taubstummen dachte: Jonathan war verschwunden, als ich mich in die Höhle des Kommandanten rollte. Vielleicht kratzt er wie ich irgendwo in die Stollenwände.

Den Taubstummen traf ich nach dem Dritten Weltkrieg in meiner alten Heimatstadt: Schon vor dessen Ausbruch hatten sich die Regierung, die Staatsbehörde und die beiden Parlamente in die großen Bunker unter der Blümlisalp zurückgezogen, schien doch eine gegen jeden Angriff geschützte Legislative und Exekutive die Vorbedingung jeder Landesverteidigung. Das Parlamentsgebäude der Hauptstadt war unter der Blümlisalp genau nachgebildet, samt der Geheimanlage darunter und den Funkanlagen. Sogar die gleiche Aussicht, Dekorateure vom Stadttheater hatten mit vergrößerten Photographien und Scheinwerfern dafür gesorgt. Um die Anlage herum waren die Wohnungen, die Kinos, die Kapelle, die Bars, die Kegelbahnen, das Spital und das Fitness-Center in die Blümlisalp gebaut. Darum herum lagerten sich die drei ›Ringe‹: der Versorgungsring mit den Lebensmitteln und den Weinkellern (besonders Waadtländer), der innere und der äußere Verteidigungsring. Unter der ganzen Riesenanlage die Tresorräume mit den gehorteten Goldbarren der halben Welt, und unter diesen ein Atomkraftwerk.

Die Regierung und das Parlament tagten in Permanenz. Die Behörden arbeiteten auf Hochtouren.

Als ich meinen Geheimauftrag entgegengenommen hatte und mich abmeldete, um offiziell meine Funktion als Verbindungsoffizier beim Kommandanten aufzunehmen, hatten sie eben eine neue Landesverteidigungskonzeption verabschiedet und beschlossen, innerhalb der nächsten zehn Jahre hundert Gepard-9-Panzer und fünfzig Vampir-3-Bomber anzuschaffen. Ich salutierte, die Regierung und die beiden Parlamente hatten sich erhoben und sangen ›Trittst im Morgenrot daher‹. Die Stimmung war gedrückt.

Zwar glaubte eigentlich niemand an den Ausbruch des Dritten Weltkriegs, wenn auch mobilisiert worden war, aber man hoffte, daß die Bomben es nicht dazu kommen lassen würden, und Bomben besaßen schließlich alle, auch wir. Trotz des erbitterten Widerstands der Progressiven,

Atomkraftgegner, Dienstverweigerer, Pfarrer und noch anderer mieser Kreise hatten wir die Bombe hergestellt – sogar erst nach dem Fürstentum Liechtenstein –, jeder afrikanische Staat besaß sie längst!

So waren wir denn überzeugt, es käme, wenn überhaupt, nur ein konventioneller Krieg in Frage, an den wir aber nicht glaubten, weil uns einerseits die Herstellung der Bomben so viel gekostet hatte, daß wir für einen konventionellen Krieg zu wenig gerüstet waren, und weil wir andrerseits die Bombe ja gerade gebaut hatten, um einen konventionellen Krieg zu verhindern. Was uns bedrückte, war die außenpolitische Misere. Immer wieder beteuerten wir den Standpunkt der politischen bewaffneten Neutralität, aber uns beschlich immer bedrohlicher die Ahnung, daß weder die eine noch die andere Seite an unser heiliges politisches Credo glaubte. Für die einen gehörten wir ihrem politischen und damit militärischen Lager an, für die anderen waren wir militärisch potentielle Feinde.

So waren wir denn gezwungen, unser mobilisiertes Heer – immerhin achthunderttausend Mann – an die Ostgrenze zu verlegen; die Westmächte wären sonst zu unberechenbar geworden, sie hätten in ihrer Front eine geschwächte Stelle vermutet. Auch läßt sich nicht verschweigen, daß die Bevölkerung der Regierung mißtraute und die Soldaten nur mitmachten, weil sie mußten: Seit einiger Zeit waren wir gezwungen, Dienstverweigerer zu lebenslänglichem Zuchthaus zu verurteilen; der Erschießung – wie das Militärdepartement sie forderte – entgingen sie nur durch Gnadenakte. Die Haltung der Bevölkerung gegenüber der Regierung war geradezu feindselig. Sie wußte die Regierung, die Behörden und das Parlament – fünftausend Leute – unter der Blümlisalp in Sicherheit, sich selber aber nicht; zum Glück konnte noch vor den allgemeinen Wahlen mobilisiert werden.

Der Dritte Weltkrieg begann die ersten zwei Tage konventionell und für unsere Armee zum erstenmal seit 1512, als wir Mailand eroberten, durchaus ruhmvoll: Als die große Bombe auf die Blümlisalp fiel und die anderen großen Bomben auf die Regierungsbunker der anderen Länder – eine einzige Kettenreaktion von Schlägen und Gegenschlägen –, hatten wir die Russen bei Landeck aufgehalten, während sie in Oberitalien einfielen.

Die Nachricht, daß die verbündeten und die feindlichen

Armeen kapituliert hätten, erreichte den Kommandanten in einem Kurhotel im Unterengadin. Wir saßen in der großen Halle in bequemen Ohrensesseln, um uns der Stab. Getränke waren noch reichlich vorhanden. Eine Bombenstimmung. Der Kommandant frönte seiner musischen Neigung. Ein Quartett spielte Schubert: ›Der Tod und das Mädchen‹. Der Ordonnanzoffizier überreichte das Telegramm.

»Da, Hänschen, lies den Wisch vor«, grinste der Kommandant, nachdem er ihn überflogen hatte.

Draußen Freudengeschrei, der Funker hatte den Inhalt des Telegramms schon verkündet. Der Kommandant ergriff die Maschinenpistole. Ich erhob mich. Das Quartett verstummte. Ich las das Telegramm vor. Die Wirkung war ungemein. Das Quartett fiedelte eine Ungarische Rhapsodie von Liszt. Die Offiziere jubelten und lagen sich in den Armen.

Die Maschinenpistole des Kommandanten mähte sie nieder. Er ließ drei Magazine durch. Der Saal bot ein unbeschreibliches Durcheinander von Leichen, zerfetzten Sesseln, Glasscherben, zerschmetterten Champagner-, Whisky-, Kognak-, Gin- und Rotweinflaschen; das Quartett spielte auf Leben und Tod das Andante con moto des Schubert-Quartetts, die Variationen über ›Sei guten Muts. Ich bin nicht wild, sollst sanft in meinen Armen schlafen‹.

Im Jeep sagte der Kommandant: »Alles Hosenscheißer und Landesverräter.« Dann kehrte er noch einmal zurück und schoß das Quartett über den Haufen.

In Scuol nahmen wir voneinander Abschied. Der Kommandant setzte sich Richtung Innsbruck ab, ich fuhr ins Oberengadin.

Vor Zernez zählte ich am Straßenrand, schön aneinandergereiht, über dreihundert Offiziere, vom Korpskommandanten bis zum Leutnant, alle von ihren Soldaten erschossen. Ich salutierte im Vorbeifahren.

In Sankt Moritz wurde geplündert, die Luxushotels brannten lichterloh, das Chalet des Stardirigenten zischte in die Wolken. Ich kleidete mich zivil ein, in einer piekfeinen Herrenboutique für den Jet-set, ich wählte einen Jeans-Anzug, das Preisschild hing noch daran: 3000; in einem Discount-Geschäft hätte er keine 300 gekostet, vom Personal ließ sich niemand blicken. Treibstoff war nicht mehr aufzutreiben.

Ich ließ meinen Jeep stehen und meine zwei Maschinenpistolen liegen, lud meinen Revolver, fand ein Velo und radelte über den Maloja. Nach der Paßhöhe die erste klare Nacht, die dunkle Seite des Halbmonds von einem bösartigen Rot: auf der Erde mußten unermeßliche Brände wüten.

Vor der ehemaligen Grenze suchte ich in einem kleinen Dorf Unterkunft. Es lag im Halbschatten, die gegenüberliegende Talseite leuchtete wie Zinnober.

Ich schlich mich zu einem Gebäude, das ich für eine unbewohnte Scheune hielt. Ich fand hinter dem Gebäude eine Treppe, die nach oben führte. Die Türe ließ sich leicht öffnen. Das Innere war dunkel, ich leuchtete mit einer Taschenlampe herum. Ich befand mich im Atelier eines Malers. An einer Wand stand ein Bild: verschiedene Personen, alle wie hingeworfen, die Leere des Bildes war gespenstisch, die lose aufgespannte, kaum grundierte Leinwand wirkte wie ein Netz, in dem sich Menschen verfangen hatten. Das Bild an der anderen Wand stellte einen Friedhof dar: weiße Grabmonumente, in die das überlebensgroße Porträt eines Menschen hineingefetzt war, unsinnig, als ob durch einen hintergründigen Protest der Maler sein Bild absichtlich hätte zerstören wollen: Der Untergang der Welt schien sich in diesem Atelier schon abgespielt zu haben.

In der Mitte des Ateliers stand ein scheußliches Eisenbett mit einer gestreiften Matratze, aus der überall Roßhaar herausquoll. Neben dem Bett stand ein uralter, farbverklebter, zerfetzter Ledersessel. Im Hintergrund unter einem Fenster stand das Bild einer krepierenden Hündin, verloren in einer Unendlichkeit von Ocker. Dann tauchte das Porträt eines Menschen auf, der dem Kommandanten glich. Er lag nackt und dick auf einem Bett, sein Bart quoll wirr auf die Brust, die vom geblähten Bauch hochgedrückt wurde, die Leber war geschwollen, die Beine gespreizt, sein Blick stolz und irr.

Ich fror. Ich schnitt das Bild aus dem Rahmen, legte mich aufs Bett und benutzte die nach Ölfarbe stinkende Leinwand als Decke.

Im schmutzigen Licht des Morgens wachte ich auf. Ich griff nach meinem Revolver. Vor dem leeren Holzrahmen, dessen Leinwand ich herausgeschnitten hatte, stand in klobigen Schuhen ein schwarz gekleidetes altes Weib mit einer spitzen Nase und nach hinten geknoteten weißen Haaren. In den Händen hielt sie eine große bauchige Tasse. Sie schaute mich mit unbeweglichen rotunterlaufenen Augen an.

»Wer bist du?« fragte ich. Sie antwortete nicht.
»Chi sei?« fragte ich auf italienisch.
»Antonia«, antwortete die Alte.
Sie kam feierlich auf mich zu und reichte mir die Tasse. Sie war mit Milch gefüllt. Ich trank und rollte mich aus der Leinwand.
Sie starrte darauf, lachte, »l'attore«, und als ich an ihr vorbeiging, sagte sie feierlich: »Non andare nelle montagne. Tu sei il nemico.«
Wie viele, war sie verrückt geworden.
Ich ging aus dem Atelier. Mein Fahrrad war gestohlen, das Dorf verlassen, die Grenze unbewacht. Das Städtchen Chiavenna wurde von türkischen Offizieren geplündert, die sich vor ihrer Mannschaft zu retten versuchten. In einer Garage nahm ich ein Motorrad, der Besitzer sah mir gleichgültig zu, man hatte seine Frau und seine zwei Töchter vergewaltigt und erschlagen.
Auf dem Splügen warf ich einen russischen Offizier in den Stausee, das Motorrad versank ebenfalls. Er hatte mich überfallen, als ich angehalten hatte, den Atompilz zu bewundern, der am westlichen Himmel stand. Ich sah den Pilz zum ersten Mal.
Etwas später stieß ich auf einen zerschellten Helikopter. Ich durchsuchte ihn und fand Papiere, die dem Offizier gehört hatten. Seinen Namen habe ich vergessen, ich erinnere mich nur noch, daß er aus Irkutsk stammte.
Thusis war verwüstet. Ich begann zu begreifen, was sich in unserem Lande abspielte.
Daß ich zwei Jahre brauchte, um mein Ziel zu erreichen, sagt alles. Meine Wanderung durch das Inferno dieser Zeit braucht deshalb nur angedeutet zu werden: Die Menschen, welche die Bombe überlebt hatten, wenn es überhaupt ein Überleben gab –, machten die gesamte Technik und die Bildung für den Dritten Weltkrieg verantwortlich. Nicht nur die Atomkraftwerke, auch die Staudämme und die Elektrizitätswerke wurden zerstört, Aberhunderttausende kamen in den Fluten um und in den Giftgaswolken der brennenden Chemiewerke, vor denen die Wut der Bevölkerung nicht haltgemacht hatte. Überall explodierten Tankstellen, brennende Autos; die sinnlos gewordenen Rundfunk- und Fernsehgeräte, die Plattenspieler, die Waschmaschinen, die Schreibmaschinen, die Computer wurden zertrümmert; die Museen, die Bibliotheken, die Spitäler

wurden vernichtet. Es war wie der Selbstmord eines ganzen Landes. Chur zum Beispiel war ein Tollhaus. In Glarus verbrannte man ›Hexen‹: Stenotypistinnen und Laborantinnen. Die Appenzeller verwüsteten das Kloster St. Gallen unter dem Vorwand, das Christentum hätte die Wissenschaft hervorgebracht. Die kostbare Bibliothek mit dem Nibelungenlied ging in Flammen auf. Im riesigen Schutthaufen, der einst Zürich gewesen war, übernahmen Rocker die Macht. Sie ersäuften in der Limmat die Progressiven und die Sozis sowie die Professoren und die Assistenten beider Hochschulen. In der Ruine des Schauspielhauses versammelte sich eine Sekte. Sie glaubte an die Hohlwelt-Theorie. Ihre Priesterinnen waren schwanger. Sie brachten scheußliche Mißgeburten zur Welt, die auf der Bühne geboren und geschlachtet wurden. Der Gottesdienst war eine Orgie. Die Gläubigen fielen übereinander her in der Hoffnung, noch fürchterlichere Mißgeburten zu zeugen. In Olten waren an großen Gerüsten Tausende von Primar- und Sekundarlehrern aufgeknüpft. Man hatte sie aus dem ganzen Land zusammengetrieben.

Das ›große Sterben‹ dagegen hatte schon in Graubünden eingesetzt. Gaben sich die Menschen zuerst unbeschreiblichen Ausschweifungen hin, plünderten, zertrümmerten, vernichteten, was ihnen in die Hände fiel, entfachten ungeheure Brände und legten jeden Verkehr lahm, wurden sie später apathisch. Sie wurden von einer bleiernen Müdigkeit befallen. Sie saßen vor den Ruinen ihrer Häuser, die sie selber zerstört hatten, und stierten vor sich hin, blieben irgendwo liegen, starben. Allmählich ließen die Zerstörungen nach. Es gab keine Autos, keine Bahnen mehr, nur Ruinen, ungeheure Ansammlungen von Lebensmitteln, gedacht für ein Acht-Millionen-Volk, das nun nicht einmal mehr hunderttausend zählte. Mit den Menschen starben auch die Tiere. Auf den Feldern lag Kadaver an Kadaver. Nur die Vögel hatten sich ins Unermeßliche vermehrt.

Die Menschen beerdigten die Toten feierlich. Särge wurden gezimmert, aber man hatte nie genug Särge, man plünderte die alten Friedhöfe, scharrte heraus, was noch an Särgen vorhanden war, oder beerdigte die Leichen in Schränken. Endlose feierliche Leichenzüge; in der enormen Hitze, die auch im Herbst nicht abnahm, schritten alle schwarzgekleidet den Särgen nach oder zogen mit langen Seilen die Karren, auf denen die Särge geschichtet waren.

Gewaltige Beerdigungsessen wurden abgehalten, die für die meisten die letzte Mahlzeit waren, dann wurden auch sie begraben, und die Leichenzüge, kleiner geworden, zogen aufs neue den Totenäckern entgegen. Es war, als ob das Volk sich selbst begrübe.

Dann muß sich unser N-Bombenlager in der Schrattenfluh von selbst entzündet haben. Im Emmental ging ich durch ein Dorf mit einer großen Milchsiederei. Es war sauber, gepflegt, die Geranien vor den Fenstern von einem feurigen Rot, doch die Straßen menschenleer. Ich hatte Hunger. Ich betrat einen Gasthof ›Zum Kreuz‹! In der Gaststube war niemand. In der Küche lag der tote Wirt, ein friedlicher Koloß, mit dem Gesicht in einer Eisbombe. Ich betrat den Speisesaal. Etwa hundert Menschen saßen an feierlich gedeckten Tischen, Männer, Frauen jeden Alters, auch Mädchen und Knaben. Am langen Tisch in der Mitte saßen Braut und Bräutigam. Die Braut im weißen Brautkleid, neben dem Bräutigam eine mächtige Frau in Berner Tracht. Alle waren tot und überaus friedlich in ihren sonntäglichen Gewändern. Ihre Teller halb leergegessen, sie mußten nachgefüllt worden sein. Zwischen den Tischen lagen die Leichen der Serviertöchter. Auf den Tischen standen mächtige ›Bernerplatten‹: Bauernschinken, Schweinerippchen, Siedfleisch, Speck, Zungenwurst, Bohnen, Sauerkraut, Salzkartoffeln. Neben der Braut war ein Sessel zur Seite geschoben, am Boden lag ein älterer Mann, sein mächtiger Bart wie ein Schleier über seine Brust ausgebreitet. In der rechten Hand hielt er ein Blatt Papier, ich schaute hin, ein Gedicht. Ich nahm seinen Sessel, setzte mich neben die Braut, häufte von der Bernerplatte auf meinen Teller, das Essen war noch warm.

Doch ritze ich diese Erinnerungen nur zögernd in die Stollenwände: sie sind mir in vielem unglaubhaft geworden. So ist mir vor allem, als ob die Hitze auch den ganzen Winter über nicht nachgelassen hätte: denke ich zurück, sehe ich immer wieder gewaltige Überschwemmungen. Zu meiner Heimatstadt gelangte ich auf der leeren Autobahn wandernd. Je mehr ich mich ihr näherte, desto menschenleerer wurde das Land. Kilometerlang war die Autobahn schon von Gras überwuchert, es hatte den Beton gesprengt, auch kam ich an Autoschlangen vorbei, die von Efeu überwuchert waren. Einmal glaubte ich, im Himmel ein Flugzeug zu erspähen, es flog so hoch, daß es nicht zu hören war.

Als ich die Stadt erreichte, waren ihre Vorstädte Ruinen: sinnlos gewordene Einkaufszentren, ausgebrannte Hochhäuser. Ich verließ die Autobahn. In der Abendsonne sah ich dann die Altstadt vor mir. Sie lag scheinbar unberührt auf dem Felsrücken über dem Fluß. Das Licht durchbrach die Mauern wie warmes Gold. Die Stadt schien von einer so wunderbaren Schönheit, daß in der Erinnerung an sie sogar der Anblick des Makalu und des Chomo-Lungma verblaßt. Doch die Brücken zu ihr hinüber waren zerstört. Ich kehrte zur Autobahn zurück, auf ihren Ruinen ließ sich der Fluß überqueren. Der Atompilz stand nun im Süden. Er wurde zu einer strahlenden Glocke, die sich über die Alpen stülpte und den nächtlichen Himmel erhellte, als ich in den Wald eindrang.

Die Bunker waren unberührt, die Betten sauber bezogen. Ich wartete. Bürki kam nicht. Ich schlief ein.

Am Morgen machte ich mich auf den Weg zur Innenstadt. Die Universität war eine Ruine, der Raum des Philosophischen Seminars verkohlt, die Fensterseite eingestürzt, die Bücher der Bibliothek eine schwarze zusammengepappte Masse. Der Tisch, an dem wir gesessen hatten, war zusammengebrochen. Nur die Wandtafel war unversehrt. Vor ihr stand ein Mann. Er kehrte mir den Rücken zu und hatte seine Hände in einem zerschlissenen Soldatenmantel vergraben.

»Hallo«, sagte ich. Der Mann regte sich nicht.

»He!« rief ich. Der Mann schien mich nicht zu hören.

Ich ging zu ihm hin und berührte seine Schulter. Er kehrte mir sein Gesicht zu. Es war strahlenverbrannt und ausdruckslos.

Er nahm ein Stück Kreide, das unter der Wandtafel lag, und schrieb: »Kopfschuß. Taubstumm. Lippen lesen. Langsam sprechen.« Dann wandte er sich mir zu.

»Wer bist du?« fragte ich langsam. Er zuckte die Achseln.

»Wo ist die Soldatenfürsorge?« fragte ich.

Er nahm die Kreide und schrieb auf die Wandtafel: »Tibet. Krieg.« Er schaute mich an.

»Die Soldatenfürsorge«, sagte ich langsam, jede Silbe betonend, »wo befindet sie sich?«

Er schrieb 60231023, eine sinnlose Zahl, die ich behalten habe, nur weil ich als Offizier gewohnt bin, mir Nummern einzuprägen: sechzig, dreiundzwanzig, zehn, dreiundzwanzig. Er schaute mich an. Sein verbrannter

Mund verzog sich. Es war nicht auszumachen, ob er lächelte oder grinste. Ich tippte an meine Stirn.

Der Taubstumme schrieb: »Denken genügt«, und betrachtete mich wieder.

Ich nahm ihm die Kreide aus der Hand, strich durch, was er geschrieben hatte, schrieb »Quatsch« darunter, warf die Kreide auf den Boden, zertrat sie und verließ die Ruine der Universität.

Vor der ausgebrannten Mensa kam mir ein kleiner Mann entgegen. Auf seiner rechten Wange war ein großes schwarzes Geschwür. Er schob einen Handkarren mit Büchern vor sich her. Er komme vom Deutschen Seminar, sagte er und wies in die Richtung der Ruinenfelder hinter der Universität. Die Bücher habe er noch gefunden. Ich nahm ein Buch aus dem Handkarren, ›Emilia Galotti‹.

»Ich bin Buchbinder«, erklärte der Mann, »und ein Buchdrucker, nun, der arbeitet auch mit. Und jetzt geben wir ein Buch heraus, hundert Stück und dann noch einmal hundert Stück. Die Leute lesen wieder, richtige Leseratten werden die Leute noch. Ein Bombengeschäft.« Er strahlte.

»Ich sterbe nämlich nicht. Ich habe es überstanden. Auf meiner Backe ist nur ein Melanom.«

Ich meinte, Lessing sei eine etwas schwierige Lektüre. Der Mann fragte, wer Lessing sei. Ich zeigte ihm das Buch.

»Das da?« wunderte sich der Mann, »das ist doch nicht zum Lesen, das ist zum Verbrennen. Ich drucke ›Heidi‹. Von der Johanna Spyri. Merken Sie sich den Namen: Johanna Spyri. Ein Klassiker.« Dann wurde er argwöhnisch. »Bist du Soldat gewesen?«

Ich nickte.

»Offizier?« fragte er drohend.

Ich schüttelte den Kopf.

»Und vorher?« fragte er.

»Student«, sagte ich.

Er blickte auf seinen Handkarren. »Solche Bücher gelesen?« fragte er finster.

»Auch«, sagte ich.

»Einen Riesenmist habt ihr gebaut mit eurer Bildung«, brummte er. »Ihr mit diesen Scheißbüchern.«

Ich erkundigte mich nach der Soldatenfürsorge.

»Beim Rathaus«, antwortete er. »Vielleicht bist du doch Offizier gewesen.« Er trottete mit seinem Handkarren davon.

Ich ging in die Ruinen zurück. Sie waren überwuchert. Der Wald, der im Norden der Stadt lag, war in sie hineingewachsen. Im zerstörten Seminar fand ich nur noch Teile einer ›Tragischen Literaturgeschichte‹ und einige Seiten einer Einleitung, die von ›Grundbegriffen der Poetik‹ handelte.

Der Bahnhof unter der Universität war ein einziger Schutthaufen. Die Häuser, die Spital- und die Marktgasse waren verwahrlost, die Fenster der leeren Geschäfte eingeschlagen. Das Münster stand noch. Ich ging zum Hauptportal, das ›Jüngste Gericht‹ war zertrümmert. Als ich am Mittelschiff vorbeikam, prasselte ein Wasserspeier hinter mir aufs Pflaster.

Am Eingang der Kreuzgasse lehnte sich ein zerlumpter Mann gegen eine Hausmauer.

»Macht Lebensgefahr Spaß?« fragte er.

Ich erkundigte mich, wer das ›Jüngste Gericht‹ zerschlagen habe.

»Ich«, sagte der Mann. »Wir brauchen kein ›Jüngstes Gericht‹ mehr.«

Die Soldatenfürsorge befand sich nicht weit vom Rathaus und mußte einmal eine Kapelle gewesen sein, wie ich mich zu erinnern glaubte. An den Mauern entlang lagen einige Matratzen und ein Stapel Wolldecken. Um den Taufstein drei Stühle und auf ihm ein Teller mit einem Stück Torte. An den Wänden waren die blassen Überreste eines Freskos, doch es war nicht mehr zu erkennen, was es einmal dargestellt hatte. Die Kapelle war leer.

Ich ging einige Male hin und her. Es kam niemand. Ich öffnete eine Tür seitlich des Taufsteins. Ich betrat die Sakristei. Hinter einem Tisch saß eine dicke alte Frau mit einer Nickelbrille und aß Torte.

Auf meine Frage, ob hier die Soldatenfürsorge sei, antwortete die Frau mampfend: »Ich bin die Soldatenfürsorge«, und nachdem sie den Bissen hinuntergeschluckt hatte, fragte sie: »Wer bist du denn?«

In nannte meinen Decknamen: »Rückhardt.«

Die dicke Frau dachte nach. »Von einem Rückhardt hat mein Vater ein Buch gehabt«, sagte sie dann, »›Brahms Weisheiten‹.«

»›Die Weisheiten des Brahmanen‹ von Friedrich Rükkert«, korrigierte ich sie.

»Möglich«, sagte die dicke Frau und schnitt sich ein Stück Torte ab.

»Rüeblitorte«, erklärte sie.

»Wo ist der Stadtkommandant?« fragte ich. Sie aß.

»Die Armee hat kapituliert«, sagte sie. »Es gibt keinen Stadtkommandanten mehr. Es gibt nur noch die Verwaltung.« Das war das erste Mal, daß ich von ihr hörte.

»Was meinen Sie damit?« fragte ich. Die Frau leckte ihre Finger ab.

»Womit?« fragte sie.

»Mit der Verwaltung«, sagte ich.

»Die Verwaltung ist die Verwaltung«, erklärte sie. Ich schaute zu, wie sie die Rüeblitorte verschlang.

Auf meine Frage, wie viele Soldaten sie betreue, antwortete sie: »Einen Blinden.«

»Bürki?« fragte ich vorsichtig. Die Frau aß und aß.

»Stauffer«, sagte sie endlich. »Der Blinde heißt Stauffer. Vorher hatte ich noch mehrere Soldaten. Sie sind alle gestorben. Sie waren alle blind. Du kannst auch hier wohnen, du bist ja auch Soldat gewesen, sonst wärst du nicht hierhergekommen.«

»Ich wohne anderswo«, sagte ich.

»Das ist deine Sache«, antwortete sie und schob den Rest der Torte in den Mund. »Wir essen Punkt zwölf mittags und Punkt acht abends Rüeblitorte.«

Ich ging. In der Kapelle saß ein alter Mann am Taufstein. Ich setzte mich ihm gegenüber.

»Ich bin blind«, sagte er.

»Wie hat es dich erwischt?« fragte ich.

»Ich habe den Blitz gesehen«, sagte er. »Die andern haben auch den Blitz gesehen. Sie sind alle tot.« Er schob den Teller von sich. »Ich mag keine Rüeblitorte. Nur die Alte mag Rüeblitorte.«

»Stauffer?« fragte ich.

»Nein«, antwortete er, »Hadorn. Ich heiße Hadorn. Stauffer ist tot. Heißt du Rüeger?«

»Ich heiße Rückhardt«, sagte ich.

»Schade«, sagte er, »wenn du Rüeger wärest, hätte ich etwas für dich.«

»Was denn?«

»Etwas von Stauffer.«

»Der ist doch tot.«

»Er hatte es auch von einem Toten.«

»Von welchem Toten denn?«

»Von Zaugg.«

»Kenn ich nicht.«

»Der hatte es noch von einem anderen Toten.« Ich überlegte.

»Von Bürki?« fragte ich. Er dachte nach.

»Nein«, entschied er dann, »Burger.«

Ich gab nicht nach. »Vielleicht doch Bürki.« Er dachte wieder nach.

»Ich habe ein schlechtes Namengedächtnis«, meinte er dann.

»Ich heiße nämlich doch Rüeger«, sagte ich.

»Dann hast du eben auch ein schlechtes Namengedächtnis«, sagte er, »vorher hast du gesagt, du bist nicht Rüeger. Aber es ist mir egal, wer du bist.«

Er schob mir etwas zu. Es war Bürkis Schlüssel.

»Wer ist die Verwaltung?« fragte ich.

»Edinger«, antwortete der Blinde.

»Wer ist Edinger?« fragte ich.

»Ich weiß es nicht«, antwortete der Blinde.

Ich erhob mich und steckte den Schlüssel in meine Manteltasche.

»Ich gehe«, sagte ich.

»Ich bleibe«, sagte er, »ich muß ohnehin bald sterben.«

Die Metzgergasse war ein Schutthaufen, der Zytgloggeturm zusammengebrochen.

Es war Nacht, als ich das Regierungsgebäude erreichte, aber so hell, als schiene der Vollmond. Den beiden Statuen neben dem Haupteingang fehlte der Kopf. Die Kuppel war eingebrochen, das große Treppenhaus nur mit Gefahr passierbar, doch der Saal der Großen Kammer war erstaunlich unbeschädigt, sogar das scheußliche Riesenfresko war erhalten, die Bänke der Abgeordneten dagegen waren weg. Der Saal war statt dessen mit zerschlissenen Sofas ausgestattet, auf denen in ebenso zerschlissenen Morgenröcken Frauen saßen, einige barbusig, alle von einigen Petroleumlampen nur spärlich beleuchtet. Die Zuschauerlogen waren mit Vorhängen zugedeckt. Die Rednertribüne war erhalten. Auf dem Platz des Parlamentspräsidenten saß eine Frau mit einem runden, energischen Gesicht. Sie trug die Uniform eines Heilsarmee-Offiziers. Es roch nach Zwiebeln.

Ich blieb unschlüssig in der Eingangstüre stehen.

»Komm her«, befahl die Salutistin, »such dir eine aus.«

»Ich habe kein Geld«, antwortete ich. Die Frau starrte mich an.

»Mein Sohn«, sagte sie, »woher kommst du denn?«
»Von der Front.«
Sie staunte. »Da mußt du aber lange gewandert sein. Hast du einen Radiergummi?«
»Wofür denn?«
»Für ein Mädchen natürlich«, sagte sie. »Wir nehmen, was wir nötig haben. Noch besser wäre ein Bleistiftspitzer.«
»Ich besitze bloß einen Revolver«, sagte ich.
»Mein Sohn«, sagte die Frau, »her damit, sonst muß ich dich der Verwaltung melden.«
»Edinger?« fragte ich.
»Wem denn sonst?« antwortete die Frau.
»Wo ist die Verwaltung?« fragte ich.
»Am Eigerplatz«, antwortete die Frau.
»Ließ Edinger diesen Puff –«
»Dieses Etablissement, mein Sohn!«
»– dieses Etablissement einrichten?«
»Natürlich«, antwortete sie. »Wir sind von der Bombe verseucht, mein Sohn. Wir müssen sterben. Jede Freude, die ein Mensch dem Menschen gewährt, ist ein göttlicher Liebesdienst. Ich bin Major. Ich bin stolz, daß meine Brigade es begriffen hat.«
Sie wies auf die Frauen auf den zerschlissenen Sofas. »Dem Tode geweiht, zur Liebe bereit.«
»Ich suche Nora«, sagte ich.
Die Majorin ergriff die Glocke, läutete. »Nora«, rief sie.
Oben in der Diplomatenloge öffnete sich ein Vorhang, Noras Kopf wurde sichtbar.
»Was ist?« fragte Nora.
»Ein Kunde«, sagte die Majorin.
»Ich hab noch zu tun«, antwortete Nora, verschwand wieder.
»Sie ist noch im Dienst«, stellte die Majorin fest.
»Ich warte«, sagte ich.
Die Majorin nannte den Preis: »Für den Revolver.«
Ich gab ihr den Revolver.
»Setz dich, mein Sohn«, sagte sie, »und warte.«
Ich setzte mich zwischen zwei Frauen auf eines der zerschlissenen Sofas. Die Majorin nahm eine Gitarre hinter ihrem Präsidentensitz hervor, stimmte an, und alle sangen:
»Nichts kann unsre Reinheit nehmen,
wenn im Herz die Liebe haust.
Alle Qualen sind nur Schemen,

wenn des Todes Sense saust.
Daß Gott einst am Kreuz gehangen,
war für den nicht allzu schwer.
Seit die Bombe losgegangen,
sind wir schlimmer dran als er.«

Nora kam. Zuerst glaubte ich, sie trage einen Knaben, aber es war ein etwa sechzigjähriger Beinloser mit einem zerknitterten Kindergesicht.

»So, mein Hopser«, sagte Nora und setzte ihn auf ein Sofa. »Jetzt geht es dir seelisch besser.«

»Nora«, sagte die Majorin, »dein nächster Kunde.«

Nora schaute mich an und tat, als kenne sie mich nicht. Sie war nackt unter ihrem Morgenrock.

»Dann rauf mit uns beiden, mein Bester«, sagte sie und ging durch die Türe, die zum Wandelgang führte. Ich folgte ihr.

Die Majorin begann wieder Gitarre zu spielen, und die Brigade sang:

»Schwestern öffnet eure Mieder,
gebt euch hin und spendet Freud.
Wer so tief fiel, legt sich nieder,
will die Lust der Ewigkeit.«

»Hast du den Schlüssel?« fragte Nora.

Ich nickte.

»Gehen wir«, sagte sie.

Wir gingen vorsichtig durch die zerstörte Kuppelhalle und durch die Passage zum Ostflügel. Wir drangen in den Korridor ein und blieben unwillkürlich stehen.

»Ich sehe nichts«, sagte ich.

»Wir müssen uns an die Dunkelheit gewöhnen«, antwortete sie, »etwas sieht man immer.«

Wir standen unbeweglich.

»Wie konntest du nur!« sagte ich.

»Was?« fragte sie.

»Du weißt schon, was ich meine«, sagte ich.

Sie schwieg. Die Finsternis vor uns war undurchdringlich.

»Die Stellung hier mußte behauptet werden«, antwortete sie.

»Hat Edinger dich gezwungen?«

Sie lachte.

»Aber nein. Aber es hätte sonst keinen Grund für mich gegeben, hier zu wohnen. Siehst du jetzt etwas?«

Ich log: »Etwas.«

»Gehen wir.«

Wir gingen vorsichtig in den Korridor hinein. Ich kam mir wie ein Blinder vor.

»Warum bist du vorhin wütend gewesen?« fragte Nora. »Ich trieb es doch vorher auch mit euch allen ziemlich tüchtig.«

Ich tappte mich weiter in die Dunkelheit hinein.

»Ja, aber mit uns«, sagte ich verärgert.

»Mein Lieber«, sagte Nora, »ich glaube, eure Zeit ist ganz schön vorbei.«

Wir stiegen in den Keller hinunter.

»Hier«, sagte sie, »paß auf, die Treppe, zweiundzwanzig Stufen.«

Ich zählte sie im Hinabsteigen.

Sie blieb stehen. Ich hörte ihr Atmen.

»Jetzt rechts«, sagte sie, »in dieser Mauer.«

Ich tastete die getäfelte Wand ab, fand die Stelle, sie schnappte auf. Ich tastete nach dem Schlüsselloch, der Schlüssel paßte.

»Schließ die Augen«, sagte ich.

Die Bunkertüre öffnete sich. Wir spürten, daß es hell wurde. Wir tasteten uns hinein, die Türe schloß sich hinter uns. Wir öffneten die Augen und standen im Computer-Raum.

Nora überprüfte die Instrumente.

»Die Generatoren sind in Ordnung«, sagte sie.

Wir gingen zur Funkanlage. Nora stellte sie ein, und zu unserer Überraschung ertönte ›Trittst im Morgenrot daher‹ mit einer solchen Lautstärke, daß wir zusammenfuhren.

»Die Blümlisalp«, schrie Nora.

»Die automatische Funkanlage«, beruhigte ich sie, »es ist unmöglich, daß dort noch jemand lebt.«

Aber dann ertönte eine Stimme. Es war Hosmann, der populäre Sprecher der Nachtsendung mit leichter Musik, Anekdoten und Interviews: ›Aus den Hosen, jetzt kommt Hosmann‹.

»Meine lieben Hörerinnen und Hörer«, sagte die Stimme, »es ist jetzt zweiundzwanzig Uhr.« Dann nannte Hosmann das Datum und kündigte die Wiederholung einer patriotischen Sendung an.

»Sie leben noch«, schrie Nora, »sie leben noch. Das Datum ist von heute.«

Und dann ertönte im Lautsprecher die Stimme des Vorstehers des Militär-Departements.

»Mein Chef!« Nora war außer sich.

Der Vorsteher hielt mit seiner sonoren Stimme eine Rede an das Volk. Er erklärte, daß sie alle, Regierung, Parlament, Behörde, viertausend im ganzen, Frauen und Männer, wenn auch hauptsächlich Männer, dazu tausend Stenotypistinnen, unter der Blümlisalp heil davongekommen seien, ohne Strahlenschäden, mit Lebensmitteln noch für zwei, drei Generationen, daß das Atomkraftwerk arbeite, ihnen Licht und Luft spende – womit die Einwände der Atomkraftgegner wohl ein für allemal widerlegt worden seien –, daß die Regierung, das Parlament und die Behörde daher imstande seien, das Land weiter zu regieren und dem Volk weiter zu dienen, wenn es auch unmöglich sei, die Blümlisalp zu verlassen, weil doch der Feind so heimtückisch gewesen sei, gerade auf die Blümlisalp eine Bombe zu werfen; doch hätten sie nicht zu klagen, die Exekutive, die Legislative und die Staatsverwaltung hätten sich zu opfern und nicht das Volk, und so hätten sie sich denn geopfert.

Und während der Vorsteher des Militär-Departements weiterredete, starrte ich Nora an. Sie stand da, ihr Morgenrock hatte sich geöffnet, und sie hörte ihrem Chef atemlos zu. Ich fiel über sie her, riß sie nieder, riß ihre Schenkel auf, eine Ewigkeit hatte ich keine Frau gehabt.

Und der Chef redete, daß er mit großer Freude vom Sieg über den heimtückischen Feind in Landeck gehört habe, und er sei überzeugt, daß die Armee mit ihren tapferen Alliierten schon tief in den Steppen Asiens dem Endsieg entgegeneile, ja ihn wahrscheinlich schon errungen habe, daß er aber leider samt der übrigen Regierung noch nichts von der Außenwelt gehört habe, weil die überaus starke Radioaktivität der Blümlisalp offenbar jeden Funkempfang verhindere.

Er redete und redete. Nora hörte ihm immer noch zu. Ich keuchte, stöhnte, sie preßte ihre rechte Hand auf meinen Mund, um ihren Chef zu hören, kein Wort von ihm zu verlieren. Ich war auf ihr, auf und ab, unersättlicher, weil sie nur dieser Stimme im Lautsprecher zuhörte, während ihr Leib alles mit sich geschehen ließ.

Natürlich sei es möglich, erklärte der Chef in nicht überhörbarer Besorgnis, natürlich sei es nicht ganz ausgeschlossen, wenn auch unwahrscheinlich, daß der Krieg einen anderen Verlauf genommen habe als vorausgesehen, daß bei der numerischen und in den klassischen Waffensystemen geradezu gigantischen Überlegenheit des Feindes dieser obsiegt, das Land erobert habe, aber eben nur das Land und nicht das Volk, das unbezwingbar sei, wie in den Tagen von Morgarten, Sempach und Murten.

Ich raste, tobte auf Noras Leib, immer wütender, weil sie immer noch zuhörte, weil ich ihr immer noch gleichgültig war.

Gerade diese Tatsache müsse dem Feind nun wohl allmählich klargeworden sein, nicht allein durch den heldenhaften Widerstand, den das Volk immer noch leiste – wer zweifle daran –, sondern vor allem deshalb, weil die rechtmäßige, vom Volk gewählte Regierung, Parlament und Behörde des Landes, unter der Blümlisalp frei ihrer Pflicht nachgehe, Tag und Nacht; sie regiere, sie verordne, sie beschließe Gesetze, sie sei das eigentlich wahre Volk und niemand anders, und damit allein befugt, mit dem Feind zu verhandeln, nicht als Besiegte, sondern als Siegerin, denn möge das Land noch so verwüstet sein – dieser unwahrscheinliche Fall einmal angenommen –, ja möge das Land keinen Widerstand mehr leisten, oder – auch das sei leider denkbar – existiere es gar nicht mehr, seine intakte Regierung, sein von ihm gewähltes Parlament und seine perfekte Behörde existierten. Diese kapitulierten nie. Im Gegenteil, sie seien bereit, im Interesse des Weltfriedens erneut ihre Unabhängigkeit, gestützt auf ihre ewigwährende bewaffnete Neutralität, zu bekräftigen.

Eigentlich sind es nur Wortfetzen, an die ich mich erinnere, die ich zusammenfüge, es kam mir, wie es mir noch nie gekommen war, mir war, als ob es nie aufhöre, und als ich von Nora ließ, tönte aus dem Lautsprecher wieder ›Trittst im Morgenrot daher‹.

Wir erhoben uns. Ich war schweißüberströmt. Wir gingen ins Labor, beide nackt. Sie entnahm mir Blut und untersuchte es. »Du bleibst am Leben«, sagte sie.

»Und du?« fragte ich.

»Die Verwaltung hat mich untersucht«, sagte sie. »Ich hatte auch Glück. Wie du.«

Ich warf mich noch einmal auf sie, riß sie neben dem Labortisch auf den Boden, aber wieder wurde ich wütend, weil sie, während ich sie zu nehmen versuchte, mit kalter, sachlicher Stimme sagte:

»Eine intakte Regierung ohne Volk ist für die Regierung doch eigentlich ideal«, und dann lachte sie und hörte nicht auf zu lachen, und ich ließ sie los.

»Wie viele arbeiten in der Verwaltung?« fragte ich, nachdem sie sich beruhigt hatte.

»Zwanzig, dreißig Leute, mehr nicht«, antwortete sie, erhob sich und blieb vor mir stehen.

»Wo wohnt denn Edinger?« fragte ich, immer noch auf dem Boden sitzend, nackt, erschöpft. Sie schaute mich nachdenklich an.

»Warum willst du das wissen?«

»Nur so«, antwortete ich.

»In Bethlehem. In einem Penthouse«, sagte sie endlich.

»Weißt du seinen Vornamen?« Sie zögerte.

»Jeremias«, sagte sie dann.

Ich ging zum Computer. Nur wenige Edinger waren gespeichert, darunter auch Jeremias Edinger. Ich überflog die Fakten: Philosophiestudium ohne Abschluß. Umweltschützler. Dienstverweigerer, zum Tode verurteilt, vom Parlament zu lebenslänglichem Zuchthaus begnadigt.

Ich ging noch einmal in den Funkraum, schloß die Tür, der Code lag im Geheimfach.

Ich kehrte zu Nora zurück, kleidete mich an. Sie war wieder im Morgenrock. Ich ging ins Arsenal, wählte eine Pistole mit Schalldämpfer, sagte ihr, sie solle den Schlüssel behalten und abschließen, ich hätte etwas vor, das nicht ungefährlich sein könnte. Nora schwieg. Ich verließ das Regierungsgebäude durch eine Tür im Ostflügel.

In Bethlehem stand nur noch ein Hochhaus, wenn auch mehr einem gespenstischen Gerüst ähnlich. Ich betrat das Gebäude, unten war alles ausgebrannt, die Liftschächte leer. Endlich fand ich eine Treppe. Die Stockwerke bestanden nur noch aus Eisenträgern, die eine Betondecke trugen. Das oberste Stockwerk war leer, nur vom überaus hellen Nachthimmel beleuchtet. Ich glaubte schon, ich hätte mich getäuscht, das Hochhaus sei unbewohnt, als ich eine Leiter entdeckte. Ich kletterte hoch und stand auf dem Flachdach unmittelbar vor der dunklen Fläche eines Penthouses, durch dessen Türritzen ein Lichtschein fiel. Ich klopfte. Ich hörte im Penthouse Schritte, dann öffnete sich die Türe, und in der hellen, bläulichen Fläche stand eine Silhouette.

»Ist Jeremias Edinger hier?« fragte ich.

»Mein Papa ist noch im Büro«, antwortete eine Mädchenstimme.

»Ich warte unten auf ihn«, sagte ich.

»Wart doch bei mir«, sagte das Mädchen. »Komm herein. Mein Muetti ist auch noch nicht gekommen.«

Das Mädchen ging ins Penthouse, und ich folgte ihm, die Hände in den Jackentaschen.

Der Tür gegenüber war eine riesige Glaswand, und ich begriff, warum das Innere des Penthouses erleuchtet schien. Hinter der Glaswand stand die helle Nacht, aber sie war nicht so blausilbern durchscheinend, weil der Mond schien, sondern weil die Berge gleichsam phosphoreszierten, die Blümlisalp leuchtete so stark, daß sie Schatten warf.

Ich schaute das Mädchen an. Es sah im Licht gespenstisch aus, es war schmal, die Augen sehr groß und die Haare vom gleichen Weiß wie die Blümlisalp, die in den Raum hineinleuchtete.

An der einen Wand waren zwei Betten, in der Mitte des Raumes ein Tisch mit drei Stühlen. Auf dem Tisch lagen zwei Bücher, ›Heidi‹ und Schweglers ›Geschichte der Philosophie im Umriß – Ein Leitfaden zur Übersicht‹. An der anderen Wand stand ein Kochherd und an der Glaswand ein Schaukelstuhl.

Das Mädchen zündete einen Leuchter mit drei Kerzen an. Das warme Licht verwandelte den Raum. An den Wänden waren farbige Kinderzeichnungen. Das Mädchen war in einem roten Trainingsanzug, seine Augen waren groß und fröhlich, sein Haar weißblond, es mußte etwa zehn Jahre alt sein.

»Du bist erschrocken«, sagte es, »weil die Blümlisalp so leuchtet.«

»Na ja«, sagte ich, »etwas bin ich schon erschrocken.«

»In den letzten Wochen hat das Leuchten zugenommen. Papa ist besorgt«, sagte das Mädchen. »Papa glaubt, ich müsse mit Muetti fortgehen.«

Ich schaute nach den Zeichnungen.

»›Heidi‹«, sagte das Mädchen. »Ich habe das ganze ›Heidi‹ gezeichnet, das ist der Alp-Öhi, und das ist der Geißen-Peter. Willst du dich nicht setzen?« fragte das Mädchen. »In den Schaukelstuhl, der ist für die Gäste da.«

Ich ging zur Glaswand, schaute nach der Blümlisalp und setzte mich in den Schaukelstuhl. Das Mädchen las am Tisch ›Heidi‹.

Es mußte gegen drei Uhr morgens sein, als ich Schritte hörte. In der Tür erschien ein großer, dicker Mann. Er schaute mich flüchtig an, wandte sich dem Mädchen zu.

»Du solltest längst im Bett sein, Gloria«, sagte er. »Marsch, in die Federn.« Das Mädchen schloß das Buch.

»Ich kann nicht schlafen, bevor du kommst, Papa«, sagte es. »Und Muetti ist auch noch nicht gekommen.«

»Es kommt gleich, dein Muetti«, sagte der große, schwerfällige Mann und kam zu mir. »Mein Büro befindet sich am Eigerplatz«, sagte er.

»Ich möchte Sie persönlich sprechen, Edinger«, sagte ich.

»Wollen Sie sich nicht vorstellen?« fragte er. Ich schaukelte.

»Mein Name tut nichts zur Sache«, antwortete ich.

»Schön«, sagte er, »trinken wir einen Kognak.«

Er ging zur Kochstelle, bückte sich, holte eine Flasche hervor und zwei Kognakgläser. Er kehrte wieder in den Raum zurück, strich dem Mädchen, das schon im Bett lag, über das Haar, blies die Kerzen aus, öffnete die Türe, winkte mir, und wir traten beide auf das Flachdach hinaus, das im gespenstischen Licht der phosphoreszierenden Berge wie eine von Trümmern, Gestrüpp und kleinen Bäumen übersäte Ebene vor uns lag.

Wir setzten uns auf die Trümmer eines Kamins, unter uns das verwüstete Bethlehem. Hinter einem der niedergesackten Hochhäuser in der Ferne nur ahnbar die Stadt mit der hochgereckten, schmalen Silhouette des Münsters.

»Soldat gewesen?«

Ich sei noch Soldat, antwortete ich.

Er gab mir ein Glas, schenkte mir ein, dann sich.

»Von der französischen Botschaft«, sagte er. »Auch die Gläser. Kristall.«

Ob die noch existiere, fragte ich.

»Nur der Keller«, antwortete er, die Verwaltung habe auch ihre Geheimnisse.

Wir tranken.

Was ich vorher gewesen sei, fragte er.

»Student, beim alten Katzbach«, antwortete ich. »Ich war dabei, eine Dissertation zu schreiben.«

»So«, sagte er.

»Über Platon.«

Und dann fragte er: »Über was denn bei Platon?«

»Über den ›Staat‹«, antwortete ich, »über das Siebente Buch.«

Er habe auch bei Katzbach studiert, meinte er.

»Ich weiß«, sagte ich.

Ich sei über ihn im Bilde, stellte er fest, doch ohne sich zu verwundern, und trank.

»Was ist aus Katzbach geworden?« fragte ich.

Als die Bombe gefallen sei, habe seine Wohnung Feuer gefangen, berichtete er und schwenkte den Kognak im Glas, »zu viele Manuskripte.«

Philosophenpech, sagte ich, vom Seminar sei auch nichts übriggeblieben. Nur der Schwegler, sagte er, das einzige, was er noch gefunden habe.

»Ich hab ihn auf Ihrem Tisch gesehen«, antwortete ich.

Wir schwiegen, starrten nach der Blümlisalp.

»Kommen Sie morgen zur Untersuchung«, sagte Edinger, »Eigerplatz.«

»Ich werde leben«, antwortete ich, »schon untersucht.«

Er fragte nicht, wer mich denn untersucht habe, schenkte mir wieder Kognak ein und sich auch.

»Wo ist die Armee, Edinger?« fragte ich. »Wir haben achthunderttausend Mann mobilisiert.«

»Die Armee«, sagte er, »die Armee.« Er trank. »Auf Innsbruck fiel eine Bombe.« Er trank wieder. »Ein Spätzünder. Sie kommen von der Armee. Dann hatten Sie Glück.«

Wir schwiegen, starrten auf die Stadt, tranken.

Dieses Land müsse man wahrscheinlich aufgeben, sagte Edinger. Überhaupt Europa. Auch was im mittleren und südlichen Afrika geschehen sei, ließe sich nicht beschreiben. Von den anderen Kontinenten nicht zu reden. Von den Vereinigten Staaten hätte man bis jetzt noch kein Lebenszeichen. Es gäbe auf der Erde kaum noch hundert Millionen Menschen. Und vorher seien es zehn Milliarden gewesen. Ich schaute zur Blümlisalp hinüber. Sie war heller als der Vollmond.

»Wir haben eine Weltverwaltung gegründet«, sagte er. Ich schwenkte den Kognak im Glase.

»Wir?« fragte ich. Er antwortete nicht gleich.

»Du bist ein Dienstverweigerer gewesen, Edinger«, sagte ich und hielt mein Glas gegen die Blümlisalp. Es leuchtete gespenstisch auf. »Du lebst, weil die Zuchthausmauern dich schützten. Ein Witz. Hätte das Parlament etwas Courage gehabt, wärst du längst erschossen.«

»Du hättest wohl die Courage gehabt«, meinte er. Ich nickte.

»Darauf kannst du zählen, Edinger.« Ich trank einen Schluck, genoß ihn.

Von der Stadt her war eine dumpfe Explosion zu hören. Die Silhouette des Münsters neigte sich, dann ein fernes Donnern, und eine bläuliche Staubwolke erhob sich, senkte sich, vom Münster war nichts mehr zu sehen.

»Die Münsterterrasse ist eingestürzt und hat das Münster mit sich gerissen«, sagte er gleichgültig. »Wir haben das längst erwartet. Im übrigen hast du recht, Oberst«, fuhr er fort. »Wir Dienstverweigerer haben hier die Verwaltung gegründet, anderswo sind es die Dissidenten oder die Opfer der Radikalenerlasse.«

Edinger hatte sich verraten. Er wußte, wer ich war. Aber das war vorerst nicht wichtig. Wichtiger war, etwas über die Verwaltung zu erfahren.

»Anderswo gibt es also auch Zweigstellen eurer Weltverwaltung«, sagte ich, »darum bist du informiert, Edinger.«

»Durch Funk«, sagte er.

»Es gibt keine Elektrizität mehr«, warf ich ein.

»Einige von uns sind Bastler«, antwortete er. Sein Gesicht war geisterhaft im Licht der Nacht, und irgend etwas Unerklärliches ging von ihm aus, etwas merkwürdig Starres.

»Einmal glaubte ich, ein Flugzeug zu sehen«, berichtete ich. Er trank.

»Von der Zentralverwaltung in Nepal«, sagte er. Sie besitze eines zur Überprüfung der Radioaktivität. Ich überlegte. Etwas stimmte nicht an der Geschichte.

»Du weißt, wer ich bin, Edinger«, stellte ich fest.

»Ich wußte, daß du kommen würdest, Oberst«, antwortete er. »Bürki bereitete mich vor.« Wir schwiegen.

»Gab er dir auch den Schlüssel?« fragte ich.

»Auch«, sagte er.

»Nora?« fragte ich.

Die wisse nichts davon, antwortete er. Der Bunker unter dem Ostflügel sei leicht zu finden gewesen. Er hätte sich einige Reden der Regierung angehört, dann den Schlüssel Bürki zurückgegeben. Der sei gestorben, und über Zaugg, Stauffer, Rüeger und Hadorn sei der Schlüssel zu mir gekommen.

»Du bist im Bilde«, sagte ich. Er trank seinen Kognak aus.

»Die Verwaltung ist im Bilde«, antwortete er. Ich deutete auf die glühende Blümlisalp.

»Dort ist die Verwaltung, Edinger«, sagte ich, »eine intakte Regierung, ein intaktes Parlament, eine intakte Behörde. Wenn wir die befreien, haben wir eine bessere Verwaltung als eure Weltverwaltung von Dienstverweigerern und Dissidenten. Die wird gewaltig zusammenimprovisiert sein. Schenk mir noch einmal ein, Edinger.« Er schenkte mir ein.

»Vor allem sollte dir eines langsam klar sein, Edinger«, fuhr ich fort, »von uns beiden bin ich der Stärkere.«

»Du meinst, weil du eine Waffe hast?« fragte er und trank.

»Meinen Revolver gab ich der von deiner Verwaltung eingesetzten Puffmutter im Regierungsgebäude«, sagte ich. Er lachte.

»Oberst, im Bunker unter dem Ostflügel stand dir ein Waffenlager zur Verfügung. Und der Code.« Ich stutzte.

»Was weißt du vom Code?«

Er antwortete nicht gleich. Er starrte auf die Blümlisalp, und sein großes, schweres Gesicht hatte wieder etwas sonderbar Starres.

Bürki habe ihm den Code im Geheimfach unter dem Ostflügel gezeigt, erzählte er, und dann hätten sie zusammen einige Geheimbotschaften entziffert, welche die Regierung von der Blümlisalp gesendet habe. Übrigens sei das nur möglich, weil das unterirdische Kabel intakt sei, der Radiosender in der Blümlisalp sei durch die Radioaktivität außer Betrieb gesetzt, die Regierung sei nur noch vom Ostflügel des Regierungsgebäudes zu erreichen. Die Regierung sei verzweifelt. Sie habe vergeblich versucht, mit mir in Kontakt zu kommen, und habe den Versuch jetzt aufgegeben. Sie hätte gehofft, daß ich sie befreie, und nun richte sie diese Bitte an die, von denen sie überzeugt sei, daß sie gewonnen hätten, an die Feinde, ahnungslos, daß es keine Sieger, sondern nur Besiegte gebe; daß sich die Soldaten aller Armeen geweigert hätten weiterzukämpfen und ihre Offiziere erschossen hätten; daß die Weltverwaltung die Macht übernommen habe und daß diejenigen Soldaten, welche die Katastrophe überlebt hätten, nun versuchten, die Sahara fruchtbar zu machen: Vielleicht sei es so für die Menschheit möglich, doch noch davonzukommen. Er schwieg.

Ich hatte mir seinen Bericht angehört und überlegte.

»Was schlägst du mir vor?« fragte ich. Er trank sein Glas leer.

»Die Menschen in der Sahara arbeiten, um zu überleben«, sagte er. Die Möglichkeit, daß die Radioaktivität auch dorthin vordringe, sei nicht auszuschließen. Die Menschen versuchten, die Wüste mit unglaublich primitiven Mitteln zu bewässern. Sie arbeiteten wie Urmenschen. Sie haßten die Technik. Sie haßten alles, was sie an die alte Welt erinnere. Sie lebten unter einem Schock. Diesen Schock müßten wir überwinden. Ich hätte wie er Philosophie studiert. Er besitze den Schwegler. Wir hätten einmal über diese ›Philosophie im Umriß‹ gelacht, aber vielleicht könne ich den Menschen in der Sahara beibringen, daß Denken nicht nur etwas Gefährliches sei. Er schwieg. Der Vorschlag war grotesk.

»Denken lernen anhand des Schwegler«, lachte ich.

»Wir haben nichts anderes«, sagte er.

»Eine andere Möglichkeit hast du mir wohl nicht anzubieten?« fragte ich. Er zögerte.

»Doch«, antwortete er endlich, »aber ich biete dir diese Möglichkeit nur ungern an.«

»Die wäre?« fragte ich.

»Macht«, sagte er.

Ich betrachtete Edinger nachdenklich, er verschwieg mir irgend etwas.

»Du willst mich in die Verwaltung aufnehmen, Edinger?« fragte ich.

»Nein«, antwortete er, »in die Verwaltung kannst du nicht aufgenommen werden, Oberst.« Er kehrte mir sein schweres Gesicht zu.

»Die Verwaltung ist ein Schiedsgericht, sonst nichts. Es steht jedem Einzelnen frei zu entscheiden, ob er die Ohnmacht will oder die Macht, ob er ein Bürger sein will oder ein Söldner. Auch du kannst wählen. Deine Wahl muß von der Verwaltung angenommen werden.« Ich überlegte.

»Worin besteht die Macht eines Söldners?« fragte ich mißtrauisch.

»Worin jede Macht besteht«, antwortete er, »in Macht über Menschen.«

»Über welche Menschen?« forschte ich weiter.

»Über Menschen, die den Söldnern ausgeliefert werden«, antwortete Edinger undurchsichtig.

»Red nicht um den Brei herum, Edinger«, sagte ich.

»Du hast keine Übersicht, Oberst«, antwortete er. »Der Dritte Weltkrieg ist noch nicht zu Ende.«

»Ach«, sagte ich, »wo geht er denn noch weiter?« Er zögerte wieder, starrte aufs neue in sein Glas.

»In Tibet«, antwortete er endlich, »dort kämpft man weiter.«

»Wer?« fragte ich.

»Die Söldner.« Die Angelegenheit kam mir unglaubwürdig vor.

»Wer greift die Söldner an?« fragte ich.

»Der Feind«, antwortete Edinger.

»Wer ist dieser Feind?« wollte ich wissen.

»Angelegenheit der Söldner«, antwortete er ausweichend. »Die Verwaltung mischt sich nicht in ihre Angelegenheiten.«

Unser Gespräch drehte sich im Kreise. Entweder mußte der Feind mächtiger sein, als Edinger zugeben wollte, oder der Krieg in Tibet war eine Falle. Ich durfte nichts riskieren.

»Edinger«, sagte ich, »ich bin der Verbindungsoffizier unserer Armee beim Kommandanten gewesen. Als die Alliierten kapitulierten und der Stab diese Kapitulation feierte, erschoß der Kommandant eigenhändig seinen Stab.«

»Und?« fragte Edinger. Ich schaute ihn an.

»Edinger«, sagte ich, »am Straßenrand vor Zernez lagen über dreihundert Offiziere. Von unseren Soldaten erschossen.« Edinger trank sein Glas aus.

»Unsere Soldaten wollten nicht mehr kämpfen«, sagte er. Ich zog die Pistole mit dem Schalldämpfer.

»Schenk dir noch einmal ein, Edinger«, sagte ich. »Die Söldner in Tibet gehen mich nichts an, und deine Verwaltung auch nicht. Mich geht nur die Regierung etwas an, unter der Blümlisalp. Das Land ist voller Sterbender. Mit ihnen, die ohnehin sterben, werde ich die Regierung retten.« Edinger füllte sein Glas, schwenkte es.

»Du wirst trotzdem nach Tibet gehen, Oberst«, sagte er ruhig und stellte die Flasche neben sich aufs Flachdach, kostete den Kognak.

»Steh auf«, befahl ich, »geh an den Rand des Flachdachs. Du bist ein Dienstverweigerer und ein Landesverräter.«

Edinger gehorchte, wandte sich am Rand des Flachdaches noch einmal mir zu, eine Silhouette gegen die leuchtende Blümlisalp.

»Die Blümlisalp«, sagte er, lachte und fragte mich: »Weißt du, woran ich denken muß, Oberst, wenn ich die Blümlisalp so leuchten sehe?« Ich schüttelte den Kopf.

»Daran«, sagte er, »daß ich bei meinem Prozeß, als man mich zum Tode verurteilte, vorschlug, mit dem Geld, das man sparen könnte, würde man die Armee abschaffen, etwas Verrücktes zu tun: Man solle auf der Blümlisalp die größte Sternwarte der Welt errichten.« Er lachte. Er winkte mir zu. Dann leerte er das Glas, warf es hinter sich in die Ruinen, kehrte mir den Rücken zu.

»Im Namen meiner Regierung«, sagte ich und schoß dreimal in die Silhouette. Sie versank. Der helle Nachthimmel vor mir war leer. Ich hörte, wie Edinger tief unten aufschlug. Mir begann etwas zu fehlen. Ich nahm die Flasche, warf sie ihm nach.

Ich spürte, daß jemand hinter mir stand. Ich fuhr herum, die Pistole in der Hand. Es war Nora. Sie trug einen Overall, wie ihn Arbeiter tragen. Ihr Haar fiel ihr über die Schultern. Es schien in der Nachthelle ebenso weiß wie jenes des Mädchens im Penthouse.

»Nora«, sagte ich, »ich habe den Landesverräter Edinger getötet. Es war nicht nötig, daß du mir folgst.«

Sie sagte nichts.

Ich ging einige Schritte zum Rande des Flachdachs, kehrte um.

»Nora«, sagte ich verwirrt, »mir fehlt etwas, und ich weiß nicht, was mir fehlt.«

»Ich bin schon lange hier«, antwortete sie. »Ich habe euch zugehört. Gloria ist mein Kind, und Edinger war mein Mann.« Ich starrte sie an.

»Davon stand nichts im Computer«, sagte ich.

»Hätte es im Computer gestanden, wäre ich nicht im Regierungsdienst gewesen«, antwortete sie, ging an mir vorbei bis an den Rand des Flachdaches und schaute hinunter.

»Ich bin froh, daß du ihn getötet hast. Als die Bombe fiel, arbeitete er mit anderen Häftlingen auf dem Großen Moos. Er war nicht mehr zu retten. Seine Schmerzen waren schlimm. Er mußte durch eine Hölle.« Sie wandte sich um und kam auf mich zu.

»Ich weiß, was du jetzt denkst, weil du nur in einer Kategorie zu denken vermagst.« Sie blieb vor mir stehen, eine dunkle Gestalt vor dem immer heller werdenden Himmel.

»Aber ich bin keine Verräterin. Edinger war mein Mann und nicht mehr. Ein Mann. Aber ich dachte, er sei ein Narr. Ich glaubte an den ganzen Unsinn der Landesverteidigung. Ich war schwanger, als er acht Jahre vor Kriegsausbruch als Dienstverweigerer zum Tod und dann zu lebenslänglichem Zuchthaus verurteilt wurde. Ich hatte ihm das Studium ermöglicht. Er nannte mich im Scherz seine Xanthippe. Diese Frau, sagte er, habe mehr für die Philosophie getan als alle anderen Frauen. Er wurde Dienstverweigerer, weil es ihm die denkerische Redlichkeit vorschrieb: was einer denke, müsse er vollziehen. Es gebe keine Gewissensnotwendigkeit, sondern eine Denknotwendigkeit. Gewissen und Denken seien eins. Er liebte unser Land, aber er warf ihm vor, es drücke sich vor dem Denken. Er haßte niemanden. Aber ich fühlte mich von ihm im Stich gelassen. Ich hatte Angst. Mein Instinkt sagte mir, daß wir die Landesverteidigung brauchten. Er sagte mir, daß sich die Regierung, das Parlament und die Staatsverwaltung als einzige retten würden. Er sah alles voraus, was dann geschah. Ich glaubte ihm nicht. Als er ins Zuchthaus kam, begann ich mich zu rächen: ich ging mit jedem von euch ins Bett.«

Es war so hell geworden, daß ich nun ihr Gesicht erkennen konnte. Es war steinern und von einer vollkommenen Ruhe.

»Und weil ich mich an dem Manne rächte, den ich liebte, und weil ich mit jedem von euch von der höheren Militärverwaltung ins Bett ging, wurde ich eine Patriotin, und ich bin eine geblieben, auch als alles eintraf, was Edinger vorausgesagt hatte.«

Sie lächelte, und auf einmal bekam ihr Gesicht etwas Zartes, das ich ihr nie zugetraut hätte.

»Ich blieb so sehr Patriotin, daß ich im Bordell mitmachte, welches er im Regierungsgebäude einrichten ließ, auch das aus reiner Logik: weil die Sterbenden ein Bordell brauchten. Er war es auch, der die Heilsarmee überzeugte.« Sie lachte: »Und so wurde ich eine Dirne, um auf dich zu warten und auf deinen Auftrag. Ich dachte, Edinger wisse nichts davon, aber nun weiß ich, daß er doch davon wußte.«

»Du bist ihm gleichgültig gewesen«, sagte ich.

Sie schaute mich an.

»Jede Nacht um diese Zeit kam ich hierher. Er konnte

vor Schmerzen nicht mehr schlafen, aber nie hatte ich eine schönere Zeit mit einem Menschen als diese Stunden vor dem Morgengrauen. Wir sprachen miteinander, und wenn er zum Buch griff, das er in den Ruinen der Universität gefunden hatte, wußte ich, daß er nun weiterdenken wollte, und ich schlief ein. Er habe die ganze Philosophie in sich wiederaufgebaut, sagte er mir einmal, aus einem lächerlichen Lehrbuch. Manchmal kam ein Taubstummer in der Nacht zu ihm. Sie bauten zusammen die Mathematik, die Physik und die Astronomie wieder auf. Alles sei wiederaufbaubar, sagte er, weil kein Gedanke verlorengehen könne.«

Ich trat an den Rand des Flachdachs und schaute hinunter. Tief unten lag Edinger, ob auf dem Rücken, war nicht auszumachen, die Arme ausgebreitet, die Beine gespreizt.

Ob Edinger ein Genie gewesen sei, hin oder her, sagte ich, indem ich zu Nora zurückkehrte, darum hätten wir uns jetzt nicht zu kümmern.

»Du willst die Sterbenden organisieren«, sagte sie.

Es gelte, meinen Auftrag zu erfüllen, antwortete ich, darum wolle ich so schnell als möglich die Regierung in der Blümlisalp informieren, bevor mich die Verwaltung daran hindere.

»Das kannst du nicht mehr«, sagte sie ruhig. »Nachdem du den Bunker unter dem Ostflügel verlassen hast, stellte ich die automatische Sprenganlage ein und folgte dir. Ich sah dich ins Penthouse gehen. Ich wartete draußen. Auch Edinger sah mich nicht. Ich stand hinter euch, als die Explosion erfolgte. Der Rest der Kuppel blieb stehen. Aber das Münster versank. Es gibt keine Verbindung mehr mit der Regierung.«

Ich starrte sie entsetzt an. Ich begriff nichts mehr. Nora war verrückt geworden. Sie schaute nach der Blümlisalp.

»Als wir im Funkraum waren und plötzlich die Stimme des Rundfunksprechers hörten und dann diese Rede unseres Chefs, begriff ich plötzlich, daß Edinger recht hatte«, sagte sie.

»Ich habe dich genommen«, schrie ich. Sie trat auf mich zu und blieb vor mir stehen.

»Oberst«, sagte sie ruhig, »hast du denn nicht begriffen, was der Chef sagte?«

»Ich habe dich genommen«, schrie ich sie an.

»Kann sein«, antwortete sie. »Es ist mir egal, was du mit

mir angestellt hast. Aber ich habe auf die Rede gehört und mit einem Schlag begriffen, was man mit uns angestellt hat: Eine Regierung, ein Parlament, eine Behörde, die sich für das Volk halten, für die das Volk nur eine Ausrede ist, sich in Sicherheit zu bringen, das ist doch alles saukomisch; Oberst, die sollen doch in alle Ewigkeit in ihrer Blümlisalp sitzen! Und nun kommst du mit deiner idiotischen Idee, diese Regierung ohne Volk mit Sterbenden aus ihrem selbstgeschaufelten Grab zu kratzen. Kapierst du eigentlich immer noch nicht, daß jeder Patriotismus lächerlich ist? Wozu ist diese Regierung überhaupt noch da? Und meinst du, es sei die einzige Regierung, die in ihrer Blümlisalp sitzt? Die Regierungen der ganzen Welt sind in ihren Bunkern gefangen, behauptete Edinger, Regierungen wie die unsrige, Regierungen ohne Volk und ohne Feinde.«

Plötzlich begriff ich, was mir fehlte, seit ich Edinger getötet hatte.

»Der Feind«, sagte ich langsam. »Ich habe keinen Feind mehr.« Ich war plötzlich unsäglich müde und ohne Hoffnung.

Es war taghell geworden, die Blümlisalp verschwamm. Der Morgen war da. Das Mädchen huschte an mir vorbei, schmiegte sich an seine Mutter, die vor mir stand, stolz und schön.

»Geh nach Tibet«, sagte sie, »in den Winterkrieg ...«

[Hier bricht die Inschrift ab. Teile der Fortsetzung sind in einem weit entlegenen Stollen gefunden worden.]

... bin ich seit einiger Zeit (Monaten, Jahren?) verwirrt. Nicht etwa, weil ich in völliger Dunkelheit lebe, ich kenne mich aus und finde immer wieder zu meiner Munition und zu meinen Konserven zurück. Gewiß, für den Feind ist es möglich, in das Stollensystem vorzudringen, das ich unter Kontrolle hatte, als die Beleuchtung funktionierte – vielleicht ist er schon eingedrungen –, aber dafür schwieriger, mich zu finden.

Auch Schreiben macht mir Mühe: Ich muß mit dem winzigen Teil meines rechten Oberarms, der noch nicht Prothese ist, oder manchmal mit meinen Wangen an der Felswand nachspüren, ob ich sie schon beschrieben habe. Ich schreibe Zeilen von zwei Kilometer Länge, wie ich an den Drehungen meines Rollstuhls abschätze, und schreibe nur noch zwei Zeilen untereinander.

Doch beunruhigen mich weder die Möglichkeiten eines feindlichen Überfalls noch die persönlichen Beschwerlichkeiten. Ich habe mich mit meiner Lage abgefunden. Sie erfüllt mich mit Stolz, habe ich doch Edingers Position übernommen: Ich bin in diesem Labyrinth unter dem Chomo-Lungma der einzige Verteidiger der Verwaltung. Ich sühne Edingers Tod; auch wenn es nur der Gnadenschuß war, den ich ihm gab. Sein Vorschlag, jenen, die die Sahara bewässern, Philosophie beizubringen, ist verständlich. Er versuchte, die Philosophie zu rekonstruieren. Doch Nora hatte recht: Der Verwaltung bin ich im Winterkrieg durch meine Funktion und durch mein Schicksal nützlicher. Mag dies auch grausam sein, es ist sinnvoll.

Ich erinnere mich an jene Nacht unter dem Gipfel des Gosainthan im Befehlsstand des Kommandanten, als wir das ›Trittst im Morgenrot daher‹ vernahmen. Auf Kurzwellen. Zufällig mußte der Sender auf der Blümlisalp die Radioaktivität durchbrochen haben. Wir hörten auch eine Rede des Regierungspräsidenten: er sei bereit, mit dem Feind ehrenvoll zu verhandeln. Der Gedanke, dieser Regierung gedient zu haben, war mir peinlich.

Bisweilen hörten wir auch andere Landeshymnen und andere Regierungschefs, die sich zum Frieden bereit erklärten, endlos redete einmal einer verzweifelt in russischer Sprache, aber wir verstanden kein Russisch. Am Schluß bot er in allen Sprachen die Kapitulation an. Die Verwaltung, der ich jetzt diene, kennt solche Erwägungen nicht. Sie wird sich nie dem Feind ergeben. Was mich jedoch verwirrt, ist ein Ereignis, das ich nicht begreife. Daß der Winterkrieg eine für die Verwaltung fatale Wendung genommen hat, ist jedoch auszuschließen. Ich glaube an den Endsieg. Das ist selbstverständlich.

Aber als ich letzthin mit meinen Inschriften bis an eine Stelle vorgerückt war, die nicht weit vom Bordell sein konnte, das schon lange geschlossen ist, bemerkte ich von ferne einen Lichtschein. Es konnte der Feind sein, der sich seit Jahren nicht mehr bemerkbar gemacht hatte. Vielleicht war er zur Generaloffensive angetreten. Ich rollte mich vorsichtig vorwärts, fand die große Bordellhalle taghell erleuchtet und voller Menschen: Männer, Frauen, ganze Familien, viele fotografierten, und andere, uniformierte Männer, erläuterten die Anlagen. Ich war so überrascht, daß ich mitten unter die Masse rollte; vom Licht geblendet, hätte ich beinahe geschossen, erkannte jedoch noch, daß ich mich nicht unter feindlichen Söldnern, sondern unter Reisenden befand.

Ich gab eine Warnsalve ab aus meiner Maschinenpistole: Die Reisenden waren in Gefahr, sie konnten vom Feind angegriffen werden. Es war leichtsinnig, diesen Besuch des alten Bordells zu erlauben und zu organisieren. Die Reisenden schrien entsetzt auf und rannten durch einen großen Stollen davon. Ich rollte ihnen nach, es war möglich, daß es sich um Feinde handelte, die sich als Reisende getarnt hatten. Der Stollen war wie das Bordell erleuchtet, der Boden asphaltiert. Plötzlich gelangte ich ins Freie. Aus einer Gletscherhöhle starrten mir Söldner mit Sauerstoffmasken und Maschinenpistolen entgegen. Ich schoß. Glas splitterte: die Söldner waren Wachsfiguren, ausgestellt hinter einer Glasscheibe und kunstvoll beleuchtet. Ich befand mich in einer großen Ausstellungshalle, hinter weiteren Glasscheiben waren mit Wachsfiguren immer neue Szenen aus dem Winterkrieg dargestellt. Ich erschrak, als ich hinter einer Glasscheibe den Kommandanten und mich erkannte; unser Gefechtsstand im Gipfel des Gosainthan war täuschend genau dargestellt. Ich war in ein Museum geraten.

Wütend schoß ich in die Schaufenster hinein. Schattenhaft sah ich Menschen in Uniformen flüchten, es waren Museumsdiener. Ich rollte ihnen nach und befand mich plötzlich dem Ausgang gegenüber. Draußen ein Park voll Rhododendron, ein blauer, wolkenloser Himmel, ein Mann in einem weißen Kittel, kahlköpfig, bebrillt, ein weißes Tuch schwenkend, als sei er Arzt. Ich schoß ihn nieder und rollte durch das Museum zurück in den Stollen und in das verlassene Bordell. Ich hob mit der Greifzange meiner rechten Handprothese einen Prospekt vom Boden auf. Es war ein ›Führer durch das Söldnerbordell im Gasherbrum III‹, der ›Leuchtenden Wand‹. Ich griff weitere Prospekte auf, alle mit dem gleichen Titel. Erst nach Tagen erreichte ich die alte Höhle.

In undurchdringlicher Finsternis ritze ich diese Inschrift in einen neuen Stollen. Ich bin nicht durch das Vordringen des Feindes verwirrt. Ich bin irritiert, weil ich seit jeher angenommen habe, das Bordell sei unter dem Kangchendzönga, in den ›fünf Schatzkammern des großen Schnees‹, im östlichen Himalaja; der Gasherbrum jedoch, von dem die Prospekte behaupteten, daß sich unter ihm das Bordell befinde, liegt im Karakorum-Gebirge, über tausend Kilometer entfernt in nordwestlicher Richtung. Es kann natürlich auch sein, daß diese Prospekte vom Feind absichtlich gefälscht wurden.

Wie dem auch sei, mein alter Aufenthalt ist nicht mehr sicher. Ich erinnere mich an eine Höhle, wo ich als Leutnant meinen ersten Stoßtrupp zusammenstellte, eine grausame Auswahl: kaum ein Drittel der Söldner übersteht. Ich beschließe, dieses Übungslager aufzusuchen, vielleicht finde ich meine Truppe wieder, wenn auch die Gefahr besteht, daß das Lager vom Feind besetzt worden ist, eine Möglichkeit, mit der ich nun zu rechnen habe. Zwar weist der Umstand, daß Reisende das Bordell besuchen, wie man früher Ausgrabungen besuchte, darauf hin, daß die Kämpfe nun weit westlicher toben, aber der Feind kann auch schon weite Teile des von der Verwaltung regierten Gebiets erobert haben; was ich freilich nicht glaube. Dennoch: Den Mann im weißen Kittel erschoß ich, obwohl er wahrscheinlich der Verwaltung angehörte. Er war vielleicht doch ein Feind. Ich beende die Inschrift in diesem Stollen.

[Ende der Inschrift.]

Ich rollte vorsichtig in das Stollensystem hinein, das zum Ausbildungslager führt, mit Proviant für mehrere Tage ausgerüstet. Ich hatte den Weg noch genau in Erinnerung – ohne ein vollkommenes Gedächtnis ist dieser Krieg nicht zu überstehen.

Bei einer Kreuzung zweier Stollen, die sich durch die fast unmerkliche Zugluft bemerkbar machte, die bei jeder Kreuzung entsteht, schien es mir, als höre ich in einem Nebenstollen ein Kratzen. Es tönte, als ritze jemand in die Felswand. Ich rollte langsam in den Stollen hinein, Zentimeter um Zentimeter, hielt an, das Kratzen war nicht mehr zu vernehmen. Dagegen war es, als rolle mir etwas entgegen. Dann Stille. Ich rollte vorsichtig vorwärts, wieder Zentimeter um Zentimeter, hielt an, horchte: Wieder rollte es mir entgegen, wieder Stille. Ich rollte weiter, hielt an, horchte. Das Einander-näher-Rollen dauerte Stunden. Plötzlich atmete jemand dicht vor mir, ich blieb unbeweglich, hielt den Atem an. Es atmete wieder. Da sich noch mehrere Feinde in der Nähe befinden konnten, war es besser, die Maschinenpistole nicht zu verwenden. Ich holte mit meiner rechten Greifprothese aus, schlug zu und ins

Leere, rollte vor, schlug wieder zu, es klang, als ob Stahl gegen Stahl pralle. Ich schlug weiter zu, fiel aus meinem Rollstuhl, wälzte mich mit etwas anderem auf dem Boden herum, schlug immer wieder zu, bald auf Metall, bald in etwas Weiches. Dann war das andere unbeweglich. Ich suchte meinen Rollstuhl. Es war ein Durcheinander von Stahl. Ich kroch auf meinen Stümpfen, suchte, fiel in einen Schacht, prallte irgendwo mit dem Gesicht auf, wälzte mich herum und fiel in einen weiteren Schacht.

Ich muß lange ohnmächtig gelegen haben. Als ich wieder zu mir kam, lag ich in etwas Klebrigem, das mein Gesicht bedeckte. Ich wollte losschießen – ich konnte mitten unter die Feinde gestürzt sein –, aber meine linke Armprothese fehltc. Ich war waffenlos.

Ich bin es noch. Ich befinde mich offenbar in einer Höhle. Ich spüre, daß mein Gesicht eine blutige Masse ist. Der Boden ist Geröll. Ich schleppe mich mühsam der Höhlenwand entlang, die Höhle muß unermeßlich sein. Manchmal ist die Zugluft eisig, manchmal herrscht unerträgliche Hitze: Wahrscheinlich liegen in der Nähe die gewaltigen Werkstätten, wo die Waffen hergestellt werden; ob die unsrigen oder die des Feindes, weiß ich nicht.

Meine Lage ist hoffnungslos. Jetzt nur noch auf mich angewiesen, der Wand der ungeheuren Höhle nachkriechend, die oft die seltsamsten Windungen macht, darf ich mir aber die Frage stellen, die ich mir während des Kämpfens nie gestattet habe: Wer ist der Feind? Die Frage vermag mich nicht mehr zu lähmen, und auch die Antwort nicht. Ich habe nichts mehr zu verlieren. Das ist meine Stärke. Ich bin unüberwindlich geworden. Ich habe das Rätsel des Winterkriegs gelöst.

Zwar habe ich keinen Rollstuhl mehr, meine Maschinenpistolen-Armprothese liegt irgendwo hinter mir in einem der Stollen, aber mit dem Stahlgriffel ritze ich mit winziger Schrift meine Erkenntnis in den Fels, nicht damit sie gelesen wird, sondern damit ich meine Gedanken besser formen kann. Denn indem ich sie in den Fels grabe, grabe ich sie in mein Hirn: Der Weg, der zur Erkenntnis führt, ist schwer zu begehen, schwerer noch als die Wege, die ich zurückgelegt habe, seit ich in einer nepalesischen Kleinstadt nackt eine schmierige Treppe hinuntergestürzt bin. Ohne das Wagnis von Fiktionen ist der Weg zur Erkenntnis nicht begehbar. So stelle ich mir im absoluten Dunkel, das um mich herrscht, ein Licht vor; nicht das absolute Licht, sondern ein Licht, das meiner Lage entspricht:

Ich stelle mir nämlich Menschen in einer Höhle vor, Menschen, die von Jugend auf an Schenkeln und Hals in Fesseln eingeschmiedet sind, so daß sie unbeweglich sitzen bleiben und nur vorwärts, auf die Wand der Höhle, zu schauen vermögen. In den Händen halten sie Maschinenpistolen. Über ihnen scheint ein Feuer. Zwischen dem Feuer und den Gefesselten ist ein Querweg. Längs diesem stelle ich mir eine kleine Mauer vor. Auf dieser Mauer würden von mächtigen Gefängniswärtern Menschen vorgeführt, die ebenfalls gefesselt wären und ebenfalls Maschinenpistolen in den Händen hätten.

Aber dann, über das Geröll des Höhlenbodens weiterrutschend und meine Inschrift weitergrabend, frage ich mich, ob ich wohl von mir und von anderen je etwas anderes zu sehen bekomme als die Schatten, die das Feuer auf die Höhlenwand wirft, die meinem Gesicht gegenüberliegt, und ob ich wohl nichts anderes als die Schatten jener Gestalten für wahr halte. Ja, und wenn eine Stimme von irgendwoher mir zuriefe, diese Schatten, die ja auch die Schatten von Maschinenpistolen aufweisen, seien meine Feinde, ob ich da nicht auf die Schatten auf der Wand der Höhle vor mir schießen und auf diese Weise, weil die Kugeln von der Wand zurückprallten, gewissermaßen jene töten würde, die wie ich an Schenkeln und Hals gefesselt wären; und ob nicht die, weil sie ja das gleiche glaubten und handelten wie ich, mich auch töten würden. Wenn ich aber entfesselt und genötigt würde, plötzlich aufzustehen, den Kopf zu drehen, herumzugehen, in das Licht zu sehen, und wenn ich dabei Schmerzen empfände und wegen des grellen Lichts nicht jene Menschen anschauen könnte, deren Schatten ich vorher zu sehen pflegte, Menschen in der gleichen Lage wie ich: wäre ich da nicht der Meinung, die vorher geschauten Schattengestalten hätten mehr Realität als die, welche ich jetzt gezeigt bekomme? Und wenn man mich zwänge, in das Licht selbst zu sehen, so würde ich vor Schmerzen davonlaufen und mich wieder jenen Schattenmenschen zuwenden, die ich ansehen konnte; und ich bliebe dabei, diese seien wirklich deutlicher als die, welche ich gezeigt bekommen habe, denn diese seien meine Feinde; und würde ich nicht wieder zu schießen beginnen, um sie wieder zu töten und mich von ihnen immer wieder töten zu lassen?

Ich brauche mir keine weiteren Antworten zu geben. Irgendeinmal schlug ich mich schon mit diesem Gleichnis herum; vielleicht las ich es irgendwo, oder ich erdachte es, ich weiß es nicht mehr. Wahrscheinlich erfand ich es, während ich es in den Fels ritzte.

Das Feuer, das die Schatten wirft, muß vor Urzeiten entstanden sein, nicht umsonst fürchtet sich jedes Tier vor dem Feuer, das Feuer ist etwas Feindliches, und des Menschen Feind ist sein Schatten.

Darum habe ich Edinger und den in der Höhle hängenden Mann erschossen, den Kommandanten getötet: sie glaubten nicht mehr, daß die Schatten Feinde sind; sie glaubten, sie seien Gefesselte wie ich einer bin.

Und jetzt, da ich dies denke, begreife ich plötzlich die Verwaltung: indem sie aus den drei Weltkriegen als Sieger hervorging, verwaltet sie eine Menschheit, die, dadurch, daß sie verwaltet wird, ihren Sinn verlor: Das Tier Mensch hat keinen Sinn, sein Dasein auf Erden hat kein Ziel mehr. Wozu Mensch überhaupt? ist eine Frage ohne Antwort. Der Wille für Mensch und Erde fehlt. Der Mensch leidet auch sonst, er ist in der Hauptsache ein krankhaftes Tier; aber nicht das Leiden selbst ist sein Problem, sondern daß die Antwort fehlt auf den Schrei der Frage ›wozu leiden‹? Der Mensch, das tapferste und leidgewohnteste Tier, verneint das Leiden an sich nicht; er will es, er sucht es selbst, vorausgesetzt, man zeigt ihm einen Sinn dafür, einen Sinn des Leidens. Die Sinnlosigkeit des Leidens, nicht das Leiden, ist der Fluch, den die Verwaltung nicht vom Menschen nehmen konnte, es sei denn, sie gäbe ihm den alten Sinn wieder, von dem sie ihn, grotesk genug, befreit hatte: den Feind.

Der Mensch ist nur als Raubtier möglich. Auch wenn kein schwereres Los zu ersinnen ist als das des Raubtiers, welches von der nagendsten Qual durch das Stollengenist unter dem Chomo-Lungma, dem Chooyu, dem Makalu und dem Manaslu oder dem Gosainthan gejagt wird, selten befriedigt, und auch dies nur so, daß die Befriedigung zur Pein wird, im zerfleischenden Kampf mit anderen Raubtieren oder durch ekelhafte Gier und Übersättigung in den unterirdischen Bordellen. So blind und toll am Leben zu hängen, um keinen höheren Preis; fern davon zu wissen, daß und warum man so gestraft wird, sondern gerade nach dieser Strafe wie nach einem Glück zu lechzen – das heißt Raubtier sein; und wenn die gesamte Natur sich zum Rauben hindrängt, so gibt sie dadurch zu verstehen, daß dies zu ihrer Erlösung vom Fluche des Lebens nötig ist und daß endlich in ihm das Dasein sich einen Spiegel vorhält, auf dessen Grund das Leben nicht mehr sinnlos, sondern in seiner metaphysischen Bedeutsamkeit erscheint. Doch überlege man wohl: Wo hört das Raubtier, dieser grausame, blutige Raubaffe auf, der sich Mensch nennt, wo fängt der Übermensch an? Bei dem, der die Hölle der Höhle übersieht, in die er verbannt ist; der der Täuschung nicht erliegt, die Schatten seien die seiner Feinde und nicht sein eigener Schatten; der auch diesen raffiniertesten Schleier vor der Wahrheit zerreißt, hinter dem sie sich versteckt: Das Ziel des Menschen ist, sich Feind zu sein – der Mensch und sein Schatten sind eins. Wer diese Wahrheit begreift, dem fällt die Welt zu, der gibt der Verwaltung den Sinn zurück.

Der Herr der Welt bin ich. Im übergrellen Licht sehe ich mich in meinem Rollwagen aus einem Stollen in eine Höhle gelangen; und aus dem Stollen mir gegenüber rolle ich mir entgegen, beide haben wir nun je zwei Maschinenpistolen-Prothesen, in die Wand zu ritzen gibt es nichts mehr, wir richten unsere vier Maschinenpistolen auf uns und feuern gleichzeitig.

[Der Leichnam des Söldners wurde von Bergsteigern am Fuße des Gasherbrum III, 7952 m, im Karakorum-Gebiet, auf einer Geröllhalde gefunden. Der Söldner hatte sich den Felsen entlang etwa 150 m weitergeschleppt und mit seiner rechten Prothese die Inschrift in die Wand und auf größere Steine geritzt, die er offenbar auch für die hier sehr steile Wand des Gasherbrum III oder eines anderen Berges hielt. Sein Gesicht war eine blutige Masse. Er muß blind gewesen sein. Im übrigen war die Leiche von einem Aasfresser (Geier, Schakal?) angefallen, dann aber in Ruhe gelassen worden.

Die Inschrift war insofern schwer zu entziffern, als sie sehr bald auch in den Stollen des Gasherbrum III fast ausschließlich von rechts nach links geschrieben war statt von links nach rechts, ebenso auf der gegenüberliegenden Wand, wahrscheinlich durch den Rollwagen bedingt: weil es dem Söldner in der Finsternis leichter fiel, so zu schreiben. Draußen, auf der Geröllhalde, am Fuße des Gasherbrum III, muß er weitergeritzt haben, ein 150 m langes Band von rechts nach links, von sehr kleinen, oft fast nicht entzifferbaren

Buchstaben, ohne Lücke zwischen den Wörtern und ohne Interpunktion.

Der Schlußtext bestätigt seine früheren Philosophiestudien, sie sind offenbar Reminiszenzen, eine Collage von Platon (›Staat‹, Höhlengleichnis) und Nietzsche (›Genealogie der Moral‹, ›Schopenhauer als Erzieher‹). Kaum noch fähig, selbst zu denken, sind ihm Zitate geblieben. Er baute, ohne zu wollen, zwar nicht die Philosophie, sondern seine Philosophie auf. Jedenfalls müssen wir das annehmen, seit wir in Jamestown (Australien) zufällig die Bibliothek, offenbar eines Philosophen, gefunden haben, unsere wichtigste Ergänzung zum Schwegler. (Außer Platons ›Staat‹ und Nietzsches ›Gesammelten Werken‹ enthielt die Bibliothek noch den ›Mythos des zwanzigsten Jahrhunderts‹ von Rosenberg. Da weder Nietzsche noch Rosenberg bei Schwegler vorkommen, werden sie von der heutigen Forschung als philosophische Fiktionen betrachtet.)

Doch ist diese Inschrift widersprüchlich. Die schwierige Lage, in der sich die Menschheit nach dem Dritten Weltkrieg immer noch befindet, erlaubte es der Verwaltung nicht, mehr als eine Forschergruppe für das Gasherbrum-Massiv zu finanzieren. Kurz nach Abschluß ihrer Arbeit brach das Massiv in sich zusammen, die Söldner müssen es zu sehr ausgehöhlt haben. Warum sie glaubten, sich im Himalaja zu befinden, ist unerfindlich.

Von der Inschrift existiert nur eine Abschrift. Verschiedene Forscher glauben, die Inschrift sei von zwei ›Ichs‹ geschrieben. Die Zahl 60231023, welche der Taubstumme auf die Wandtafel schrieb, kann auch als identisch mit der Loschmidtschen Konstanten $6.023 \cdot 10^{23}$ *gelesen werden. Übrigens verdanken wir die Wiederentdeckung dieser Konstanten der Inschrift.*

Das andere ›Ich‹ wäre dann der Taubstumme. Knührböhl, Hoppler und Arthur Poll glauben, dieser Taubstumme sei Jonathan. Auch dieser habe in den Fels geritzt. Es sei auffällig, daß er später nicht mehr vorkomme. Nora erzähle dem ›Oberst‹, Edinger habe mit dem Taubstummen die Mathematik, die Physik und die Astronomie wieder aufgebaut, den ›Oberst‹ beschäftige die Frage nach dem Feind, ein Teil der Inschrift beschäftige sich aber mit dem Schicksal der Menschheit und verbinde diese Frage mit den ›Sonnen‹; es sei unmöglich, daß dieser Teil der Inschrift auch vom ›Oberst‹ stamme.

Andere, wie Stirnknall, de la Poudre und Theilhard von Zähl, weisen darauf hin, daß im Archiv der Verwaltung ein ›Edinger‹ nicht vorkomme, die Inschrift sei eine Art Traum, den der Oberst erfunden habe, indem er sich in seiner hoffnungslosen Lage gleichsam aufgeteilt hätte in einen handelnden und in einen denkenden Söldner.

Zu all dem ist zu bemerken, daß wir vom untergegangenen Europa eigentlich nichts Konkretes wissen. Nur seine Musik ist erhalten. Sie war die Leistung dieses Kontinents. Auch die Melodie ›Trittst im Morgenrot daher‹ gibt es. Daß sie allerdings letzthin ein Radiobastler auf Kurzwelle gehört haben will, bezweifeln wir: der Mann ist ein notorischer Säufer.]

Mondfinsternis

Tief im Winter, kurz vor Neujahr, fährt ein immenser Cadillac durchs Dorf Flötigen am Ausgang des Flötenbachtals, pflügt sich mühsam durch die verschneite Dorfstraße, hält an einer Garage.

Walt Lotcher, ein fast zwei Meter großer Koloß, der sich samt dem Cadillac mit einem gecharterten Flugzeug aus Kanada nach Kloten transportieren ließ, quält sich aus dem Wagen, ein brutales Muskelpaket, etwa fünfundsechzig, krauses graues Haar, struppiger grauer Bart mit schwarzen Strähnen, Pelzmantel, Pelzstiefel.

»Schneeketten«, befiehlt er dem Garagisten und fragt ihn, ob er Willu Grabers seiner sei.

Er sei sein Jüngster, antwortet der Garagist, verdutzt, daß der Riese Berndeutsch redet und dazu noch im Flötenbacher Dialekt, Graber sei seit mehr als dreißig Jahren tot. Ob er seinen Vater denn gekannt habe?

»Als Velohändler«, entgegnet Lotcher.

Der Garagist schaut ihn mißtrauisch an. Wohin er denn wolle, fragt er endlich.

»Ins Tal hinauf«, sagt Lotcher.

Da hinauf komme er auch mit Ketten nicht, brummt der Garagist, die Wilderer da oben weigerten sich, einen Schneepflug anzuschaffen, nicht einmal das Postauto fahre.

»Mach sie trotzdem dran«, sagt Lotcher, stapft im Schnee herum, während der Garagist arbeitet. Er zahlt, steigt ein und fährt ins Tal hinauf, an schlittelnden Kindern vorbei und läßt – schon arg schleudernd – die letzten Bauernhäuser hinter sich. Wie die Straße flacher wird, gibt er Gas, prallt seitlich an eine Telefonstange, die knickt ab, aber der Cadillac kommt wieder auf die Straße, die steigt, führt in den Wald; in einer Kurve rutscht der Wagen trotz der Schneeketten ab, halb eine steile Böschung hinunter, und bleibt im metertiefen Schnee stecken.

Lotcher zwängt sich aus dem Wagen, im tiefen Schnee läßt sich die Türe kaum öffnen, Lotcher steht bis zum Bauch im Schnee, arbeitet sich zur Straße hinauf, rutscht wieder herunter, arbeitet sich wieder hinauf, steht auf der Straße, schüttelt sich, Schnee fällt von seinem Pelz.

Er stampft weiter. Die Straße ist manchmal kaum zu erkennen. Die weißen Tannen mit den schwer hängenden Ästen wachsen zu einer unförmigen Schneemasse zusammen. Lotcher stapft wie durch eine Gletscherspalte. Der Himmel über ihm gleißendes Silber. Er stolpert über etwas, fällt hin, steht auf, reißt hoch, worüber er gestolpert ist, hält eine Leiche in den Fäusten, schüttelt sie: ein alter Mann mit weißen Bartstoppeln im schneebedeckten Gesicht starrt ihn an. Lotcher läßt die Leiche fallen, stapft weiter, kommt zu einer Lichtung, auf den Tannenwipfeln blutiges Licht, die Sonne sinkt hinter einen schwarzen Bergrücken, doch der Himmel blendet immer noch, nur zwischen den Tannen ist es blaudunkel. Ein Reh überquert die Straße, auch es hat Mühe im Schnee, dann ein zweites, glotzt ihn mit Augen voll Todesangst an, fast ist Lotcher bei ihm, da taucht es in den Wald zurück. Vom Schnee niedergedrücktes Unterholz versperrt ihm den Weg, Lotcher zwängt sich durch, steht als ungeheurer Schneemann da und schüttelt die Schneemassen von sich, die auf ihn geprasselt sind. Alles in einem verschwimmenden Zwielicht, der Schnee auf den Tannen, der Himmel, zuerst gläsern gleißend, jetzt rasch zudunkelnd, einmal rutscht Lotcher einen Hang hinunter, kracht gegen eine Tanne, aufs neue prasselt Schnee auf ihn herab, es dauert mehr als eine halbe Stunde, bis Lotcher wieder den Weg erreicht. Lotcher streckt sich, er spürt, wie sein Atem dampft, die Finsternis ist nun vollkommen, er bricht durch Schneemassen, die er nicht mehr sieht, ist plötzlich frei.

Die Tannen weichen zurück, vom Himmel brennen Sterne, fast im Zenit Capella, Orion halb von einem gezackten Grat verdeckt, Lotcher kennt sich in den Sternen aus. Vor ihm wächst in unbestimmbaren Umrissen ein Felsblock auf, hausgroß, er tastet vorsichtig um ihn herum, erreicht den Weg wieder, Lichter tauchen auf, eine Straßenlaterne, drei, vier erleuchtete Fenster. Auf einmal ist die Straße frei von Schnee, gesalzen.

Lotcher betritt den Hotel-Gasthof ›Bären‹, geht durch den schmalen Korridor, öffnet die Türe mit der Aufschrift

›Gaststube‹, steht auf der Schwelle, sieht sich um, am Tisch neben der Reihe kleiner Fenster sitzen Bergbauern, ein dikker Polizist und der Bärenwirt, am Tischende unter dem Foto General Guisans jassen vier.

Lotcher setzt sich an den Tisch neben der Standuhr, ohne den Pelzmantel auszuziehen, sagt, ein Toter liege im Schnee auf der Straße im Flötenbachwald.

»Das ist der alte Aebiger«, sagt der Bärenwirt und zündet sich einen Stumpen an.

Lotcher bestellt einen Liter Bäzi. Die Serviertochter schaut fragend zum langen Tisch hinüber, der Bärenwirt, ein dicker, untersetzter Mann, erhebt sich, sein Hemd hat keinen Kragen und die Weste ist offen. Er geht zu Lotcher.

Einen Liter Bäzi gebe es hier nicht, sagt er, nur einen Zweier. Lotcher betrachtet ihn.

»Schlaginhaufens Seppu ist also der neue Bärenwirt. Wohl auch Gemeindepräsident, he?«

»Denk wohl«, antwortet der Bärenwirt. »Kennt Ihr mich denn?«

»Denk mal nach«, sagt Lotcher.

»Mein Gott«, geht dem Bärenwirt ein Licht auf, »bist du nicht Lochers Wauti?«

»Du bist immer langsam im Denken gewesen«, meint Lotcher, »kommt jetzt der Liter Bäzi oder kommt er nicht?«

Auf einen Wink des Bärenwirts bringt die Serviertochter das Verlangte, schenkt ein. Lotcher, immer noch in seinem nassen, verschneiten Pelzmantel, stürzt ein Glas Schnaps hinunter und schenkt sich darauf selber ein.

»Wo, zum Teufel, kommst du denn her?« fragt der Bärenwirt.

»Aus Kanada«, antwortet Lotcher, schenkt sich wieder ein und dann noch einmal. Der Bärenwirt zündet sich einen Stumpen an.

»Da wird sich Kläri wundern«, sagt er.

»Welche Kläri?« fragt Lotcher.

»He, Zurbrüggens Kläri«, antwortet der Bärenwirt. »Die dir damals vom Döufu Mani ausgespannt worden ist.«

»Ach so«, sagt Lotcher und schenkt sich wieder ein, »Zurbrüggens Kläri ist jetzt Döufu Manis Frau. Das habe ich ganz vergessen.«

»Trotzdem die Kläri damals von dir schwanger war«, stellt der Bärenwirt fest, »ist sie Frau Mani geworden.« Lotcher stutzt einen Augenblick, trinkt dann.

»Was hat's denn gegeben?« fragt er darauf.

»Einen Buben. Auch schon vierzig. Er jaßt dort unter dem General Guisan.«

Lotcher schaut nicht einmal hin.

»Was ist denn in Kanada aus dir geworden?« fragt der Bärenwirt stumpenrauchend.

»Der Walt Lotcher bin ich geworden«, antwortet der andere.

»Wout Laatscher«, sagt der Bärenwirt erstaunt. »Ein kurliger Name.«

»So spricht man eben Locher drüben aus«, sagt Lotcher.

»Und warum bist du zurückgekommen?« fragt der Bärenwirt und wird auf einmal mißtrauisch, er weiß nicht warum.

»Euch geht's immer noch dreckig«, grinst Lotcher und schwitzt nicht einmal in seinem Pelzmantel, obgleich er Bäzi wie Wasser trinkt.

He nun, in diesem Regen- und Schneeloch sei es halt so, meint der Bärenwirt. Das Tal habe den Anschluß an die modernen Zeiten verpaßt, die meisten seien ins Unterland gezogen, und eigentlich seien bloß die Dümmeren geblieben, denen es gleichgültig sei, arm wie Kirchenmäuse zu bleiben. Ihm selber sei es auch nicht besonders gegangen. Abgesehen davon, daß es keine Ehre sei, Gemeindepräsident der jämmerlichsten Gemeinde des Oberlandes sein zu müssen, habe er auch persönlich Pech gehabt, seine erste Frau sei Ochsenblutts Emmi gewesen, die sei und sei nicht schwanger geworden, erst ein Wunderdoktor im Appenzell habe geholfen, sie habe Sämu geboren, aber sie sei offenbar schon zu alt gewesen und daran gestorben. Dann habe er ein Jahr später eine Junge geheiratet aus Flötigen, von der habe er Änni, die sei gerade konfirmiert, aber ihre Mutter sei erst zweiunddreißig und er zu alt für so ein Donnersweib, er müsse höllisch aufpassen.

Lotcher trinkt unterdessen Schnaps, und es ist nicht festzustellen, ob ihn das Gerede des Bärenwirts interessiert.

»In Kanada«, bemerkt er trocken, »besitze ich ein Gebiet, größer als das Berner Oberland. Uran, Öl, Eisen.« Und dann fragt er den Bärenwirt: »Wie viele Haushalte seid ihr denn hier oben noch?«

»Sechzehn«, antwortet der, »die andern sind alle abgewandert.«

»Woher kommen der Lehrer und der Polizist?« fragt Lotcher.

»Die Lehrerin kommt aus der Hauptstadt und der Polizist aus Konigen«, antwortet der Bärenwirt. »Er ist auch Wildhüter.«

»Die Lehrerin und der Polizist zählen nicht«, entgegnet Lotcher. »Das macht vierzehn Familien. Ich vermache euch vierzehn Millionen.«

»Vierzehn Millionen?« staunt der Bärenwirt, und dann lacht er: »Das kannst du dir gar nicht leisten.«

»Ich kann mir noch viel mehr leisten«, antwortet Lotcher. Dem Bärenwirt wird es ungemütlich.

»Vierzehn Millionen? Einfach so?« fragt er.

»Nein«, sagt Lotcher, »ihr müßt mir dafür Döufu Mani umbringen.«

»Döufu Mani?« Der Bärenwirt traut seinen Ohren nicht.

»Döufu Mani«, wiederholt Lotcher.

»Totschlagen?« fragt der Bärenwirt. »Den?« und weiß nicht, was er denken soll.

»Glötz nicht so blöd«, sagt Lotcher. »Ich habe einst geschworen, mich zu rächen, ich erinnere mich jetzt auf einmal, und den Schwur halte ich.« Der Bärenwirt starrt Lotcher an.

»Du spinnst.«

»Wieso?« sagt Lotcher.

»Du hast einfach zuviel gesoffen«, meint der Bärenwirt und friert plötzlich.

»Ich saufe nie zuviel«, sagt Lotcher und gießt sich wieder Bäzi ein.

»Kläri Mani ist ein altes Fraueli«, meint der Bärenwirt nachdenklich.

»Schwur ist Schwur«, sagt Lotcher.

»Du bist einfach verrückt, Wout Laatscher«, stellt der Bärenwirt fest und holt sich auch ein Bäzi, setzt sich wieder. »Einfach übergeschnappt.«

»Auch das kann ich mir leisten«, sagt Lotcher.

»An wem willst du dich eigentlich rächen?« fragt der Bärenwirt, dem langsam aufgeht, daß es dem andern ernst ist, »am Kläri oder am Döufu?« Lotcher denkt nach.

»Vergessen«, antwortet er endlich, »nur daß ich mich rächen muß, weil ich es geschworen habe, habe ich nicht vergessen.«

»Toll, das ist einfach toll«, sagt der Bärenwirt und schüttelt den Kopf.

»Möglich«, sagt Lotcher. Der Bärenwirt schweigt, trinkt.

»Dreißig Millionen«, schlägt er endlich zögernd vor.

»Vierzehn«, beharrt Lotcher und trinkt. »Mit denen wißt ihr sowieso nichts Gescheites anzufangen.«

»Wann?« fragt der Bärenwirt.

»In zehn Tagen«, antwortet Lotcher.

»Ich rufe morgen die Gemeindeversammlung zusammen«, schlägt der Bärenwirt vor, »ohne den Polizist.«

»Tu das«, sagt Lotcher.

»Sie wird ablehnen«, behauptet der Bärenwirt. Lotcher lacht.

»Sie wird annehmen. Auch Döufu Mani, ich kenne den Tschumpel.« Dann steht er auf.

»Bring mir die Flasche aufs Zimmer.«

»Frieda, richte Nummer vierzehn her«, befiehlt der Bärenwirt.

Die Serviertochter flitzt die Treppe hinauf, Lotcher sieht ihr nach.

»Eine gute Serviertochter, Binggu Koblers Älteste«, meint der Bärenwirt.

»Hauptsache, sie ist gut gewachsen«, sagt Lotcher und steigt die Treppe hoch. Der Bärenwirt folgt ihm.

»Hast du denn kein Gepäck?« fragt er.

»Im Wagen«, antwortet Lotcher, »er liegt bei Flötigen am Waldrand im Schnee, unten an der Böschung. Samt den vierzehn Millionen. In Tausenderscheinen.«

Sie betreten das Zimmer, wo Frieda das Bett herrichtet. Lotcher wirft den Mantel in die Ecke, öffnet eines der zwei kleinen Fenster, Schnee weht ins Zimmer, er steht in einem Trainingsanzug da, dunkelblau mit gelben Doppelstreifen. Lotcher zieht die Stiefel aus. In der Türe erscheint ein junger Mann, groß, aber etwas zu dick für sein Alter.

»Das ist mein Sohn Sämu, achtzehnjährig«, stellt ihn der Bärenwirt vor.

Lotcher zieht den blauen Trainingsanzug aus, unter dem er einen roten mit weißen Doppelstreifen trägt, und zieht auch den roten Trainingsanzug aus, geht nackt zum Nachttischchen mit der Schnapsflasche, dreht sie auf, trinkt, Schnee weht wieder durchs Fenster. Lotcher ist riesig, ohne Fett, braungebrannt, nur die Haare sind grau, wuchern überall. In der Türe steht der Bärenwirt, Sämu glotzt, Frieda deckt gesenkten Hauptes das frisch gemachte Bett auf.

»Frieda, zieh dich aus«, befiehlt Lotcher, »ich schlafe nie ohne Frau.«

»Aber«, sagt Sämu.

»Hau ab!« herrscht ihn der Bärenwirt an und schließt die Türe. »Komm!«

Er poltert die Treppe hinunter.

»Du Trottel«, sagt er zu seinem Sohn. »Spann die Rosse vor den Schlitten und sag Ochsenblutts Mäxu, er soll auch mit seinen zwei kommen. Wir müssen Wauti Lochers Wagen heraufschleppen. Du hast keine Ahnung, was wir sonst für eine Chance verpassen. Ewig wird es dich sonst reuen, daß du ihn mit deiner Frieda nicht hast schlafen lassen.«

Sie schaffen es mit den vier Rossen, zwar rutscht, saust und poltert eines von Ochsenblutts Tieren die Flötenbachschlucht hinunter, aber am Morgen steht der Cadillac im Hof des ›Bären‹. Blauer Himmel, stechende Sonne, in der Küche sitzt die Bärenwirtin mit ihrer Tochter Änni, und auch Frieda sitzt am Tisch, übernächtigt. Sie trinken Milchkaffee, der Bärenwirt schenkt sich eine Tasse ein. Es solle wieder eine zu ihm hinauf, sagt Frieda und streicht sich Butter aufs Brot. Sie habe heute frei, meint der Bärenwirt. Seine Frau könne servieren. Er wolle aber eine neue, insistiert Frieda und beißt in die Butterschnitte. Der Bärenwirt trinkt Milchkaffee. Übrigens nenne Locher sich jetzt Laatscher, Wout Laatscher, bemerkt er. Die Frauen schweigen. Was denn eigentlich los sei, fragt die Bärenwirtin. Die Chance sei gekommen, die Riesenchance, schreit der Bärenwirt, erhebt sich und poltert die Treppe hinauf, öffnet die Türe.

Das Fenster ist zu, im Bett ißt Lotcher Spiegeleier mit Schinken, trinkt aus einer großen Tasse Milchkaffee, die Schnapsflasche ist leer. Den Wagen hätten sie heraufgeschleppt, meldet der Bärenwirt. Was mit dem Toten sei, fragt Lotcher. Den hätten sie auch mitgebracht, es sei der alte Aebiger gewesen, sagt der Bärenwirt, warum er sich denn für den Toten so interessiert? Man könne nie wissen, antwortet Lotcher. Ob der Zündschlüssel noch im Anlasser stecke? Ein ganzes Bündel von Schlüsseln, sagt der Bärenwirt. Der Zündschlüssel passe auch für den Kofferraum, sagt Lotcher, er solle den Koffer drin heraufbringen, und im übrigen wisse der Bärenwirt, was er noch herbeizuschaffen habe.

Der Bärenwirt hopst im Zimmer herum, stürmt die Treppe hinunter, hastet zum Wagen, kommt nach einer Weile mit einem großen alten Koffer, stürmt die Treppe wieder hinauf, legt den Koffer bei Lotcher auf den Tisch unter dem kleinen Fenster, dem Bettende gegenüber, öffnet ihn und starrt auf lauter Bündel von Tausendernoten. Wieviel da drin sei, keucht er. Exakt vierzehn Millionen, sagt Lotcher. Er habe also über sie im Dorf Bescheid gewußt, geht dem Bärenwirt ein Licht auf. Er sei eben immer informiert, meint Lotcher.

Der Bärenwirt öffnet die Türe, schreit »Änni, Änni«, vielleicht zehnmal. Änni erscheint unten an der Türe mit großen Augen, was er denn wolle. Sie solle heraufkommen. Und wie sie heraufkommt, stößt er sie in Lotchers Zimmer. »Da, da«, schreit er, zeigt auf die Tausender, das sei die Chance, sie solle sich ausziehen und sich zu ›Laatscher‹ legen. Sie sei doch erst konfirmiert, protestiert Änni. »Ach was«, fährt ihr der Bärenwirt über den Mund, mit Hinterchrachens Chrigu habe sie auch schon geschlafen, und ihre Mutter habe es noch vor der Konfirmation getrieben. Änni zieht sich aus, und der Bärenwirt beginnt, mit dem Rücken gegen das Bett, die Tausendernoten zu zählen. Hinter ihm schreit Änni auf.

Der Bärenwirt zählt und zählt, alles Bündel von zehn Tausendernoten, die Sonne scheint ihm durch die Scheiben des Fensters direkt ins Gesicht, er zählt und zählt, Änni hinter ihm keucht. Er sieht im Fenster, dessen unterer Teil dank dem Dach des Nachbarhauses wie ein Spiegel wirkt, Ännis nackten Rücken auf und ab tanzen, er zählt, fünfhunderttausend hat er schon geschafft, er will es genau wissen, jetzt wölbt sich hinter ihm der gewaltige Leib Lotchers, schiebt sich nach vorne, schiebt sich zurück, wie eine rangierende Dampfmaschine aus Fleisch. Er zählt, er zählt, Änni schreit, er zählt, eine Million endlich, noch dreizehn Millionen, jeden Tausender muß er sehen. Er wolle jetzt wieder Frieda, kommandiert Lotcher. Sie habe noch nicht genug, keucht Änni. Dann werde er es ihr zeigen, lacht Lotcher. Das Bett fährt hin und her, steht schräg im Zimmer, der Bärenwirt zählt und zählt, die Sonne ist jetzt aus dem Fenster verschwunden, die Scheiben werden immer mehr zum Spiegel, zwei Millionen. Sie könne nicht mehr, schreit Änni. Frieda herbei, befiehlt jetzt der Bärenwirt, und Änni solle auch Ochsenblutts Eusi herbeischaffen. Und Schnaps müsse er auch wieder haben, reklamiert Lotcher, und der Bärenwirt zählt und zählt, und dann fängt es hinter ihm wieder an, zuerst langsam und dann immer schneller, und nicht nur Frieda ist dabei, auch Änni. Ob denn Ochsenblutts Eusi komme, fragt der Bärenwirt, zählend, eine Tausendernote um die andere. Die Mutter hole sie, keucht Änni, in Pausen, stöhnend, und die Mutter hole auch Hackers Züsi, er zählt und zählt, die Finger zittern ihm immer mehr, und wenn er glaubt, er habe sich verzählt, fängt er beim Bündel wieder von vorne an. Stunden sind vergangen, der Himmel verdunkelt sich, er macht Licht, um besser zählen zu können, seit Stunden ist es hinter ihm ruhig geworden, kein Keuchen, Knarren, Hin- und Herrücken und Auf-und-ab-Tanzen mehr, er zählt und zählt. Auf einmal tanzt in der Fensterscheibe wieder ein nackter Rücken auf und ab, Ochsenblutts Eusi oder Hakkers Züsi, er zählt und zählt, die Nacht ist draußen hereingebrochen, immer gewaltiger stöhnt, keucht, röchelt, brüllt es wieder hinter ihm. Plötzlich springt der Bärenwirt auf, »exakt vierzehn Millionen«, schreit er, »exakt«, und rennt aus dem Zimmer, die Treppe hinunter, in der Gaststube sind die Bauern schon versammelt, der Bärenwirt ist bachnaß, »exakt vierzehn Millionen, genau«, er habe sie nachgezählt, keucht er, stolpert fast über drei, die auf der zweituntersten Stufe der Treppe sitzen und begibt sich hinter den langen Tisch, neben Hegu Hinterkrachen, den Gemeindeschreiber, überall sitzen die Bauern, an allen Tischen.

Ob er protokollieren solle, fragt Hegu.

Ob er verrückt sei, regt sich der Bärenwirt auf, hier gebe es nichts zu schreiben, und dann fragt er seinen Sohn, der unten am langen Tisch mit Manis Jöggu, Ochsenblutts Mäxu und Hakkers Miggu wie am Abend vorher jaßt, ob er das mit dem Polizisten erledigt habe?

Einen Korb Roten habe er ihm gebracht, antwortet Sämu, und nun sei er stockbesoffen und schlafe.

Ob man eigentlich zur Sache kommen könne, fragt Hermännli Zurbrüggen, es gehe schließlich um diesen ›Uhung‹, um den Mann seiner Schwester, um Döufu Mani, er sei immer gegen diese Heirat gewesen, man solle ihn am besten gleich hinter dem ›Bären‹ erschlagen und auf dem Flötenbachbödeli begraben, vierzehn Millionen seien vierzehn Millionen, inzwischen könne ja einer zur Lehrerin, damit sie nicht zufällig erscheine, um die Bärenwirtin zu besuchen, zum Beispiel Manis Jöggu, den habe sie doch ganz gern, und Jöggu solle sie bitten, ihm etwas von ihren Reimen vorzulesen, die reime doch immer.

Wo die Lehrerin denn sei, fragt der Bärenwirt.

Die orgele in der Kapelle, das dauere mindestens noch zwei Stunden, sagt Ochsenblutts Röufu, Ochsenblutts Mäxus Bruder.

Schön, dann könne man ja beginnen, überlegt der Bärenwirt, aber er glaube, vor allem habe Döufu Mani das Recht zu reden, sie seien schließlich eine Demokratie.

Er habe gar nicht zu reden, sagt Mani, ein hagerer, leicht gebückter Bauer, überhaupt etwas schief, als er sich erhebt, er habe wie alle im Dorf das Geld nötig, er sei nicht so blöd, das nicht einzusehen, auch wenn es ihn das Leben koste, das Leben mache ihm sowieso längst keinen Spaß mehr, sie sollten nur zuschlagen, am besten wie Hermännli Zurbrüggen es vorgeschlagen habe, gerade jetzt. Mani setzt sich wieder. Die Bauern trinken ihren Roten und schweigen.

Das mit dem ›Uhung‹ nehme er zurück, meint Zurbrüggen, Mani habe sehr anständig, ungemein anständig gesprochen, nun müsse man einfach wählen, wer ihn hinter dem ›Bären‹ mit dem Beil erschlage.

Aber da sagt eine Mädchenstimme von der Treppe her, Woult Laatscher lasse ausrichten, es dürfe dann erst in der nächsten Vollmondnacht geschehen. Es ist Hinterkrachens Mariannli, splitternackt steht es auf der Treppe; die vor ihm sitzen, wenden sich verblüfft um, aber schon verschwindet es nach oben.

Ein gutgewachsenes Töchterchen habe er aber, meint Miggu Hacker zum Gemeindeschreiber und mischt die Karten.

Er solle das Maul halten, entgegnet der Gemeindeschreiber, sich eine Brissago anzündend, Miggu seine sei auch oben gewesen. Und Sämu sagt, die Karten in seiner Hand ordnend, seine Braut wolle gar nicht mehr aus Wauti Lochers Zimmer, so heiße der schließlich, nicht ›Laatscher‹. Im Dorf gehe es plötzlich wie in den deutschen Illustrierten zu, die man am Kiosk kaufen könne, und dann sagt er, seine Karten betrachtend, Schaufel.

Vor der nächsten Vollmondnacht gehe es nicht, überlegt der Bärenwirt bedächtig, sonst hätten sie einen Toten, und der Locher zahle keinen Rappen.

Was denn das für ein Tag sei, der nächste Vollmond, fragt ein mickriger steinalter Bauer mit weißem strähnigem Haar, bartlos, und mit einem verwitterten Gesicht, als sei er über hundert.

Er wisse es nicht, antwortet der Bärenwirt, zuerst habe Locher in zehn Tagen gesagt, und jetzt sage er, es müsse am nächsten Vollmond sein. Kurlig.

Weil am nächsten Vollmond ein Sonntag sei, und zwar der übernächste Sonntag, in genau zehn Tagen, sagt der Bauer und trinkt seinen Roten, da würden sie nur ihre Seelen verspielen. Wauti Locher wisse eben, wann Vollmond sei, und noch der erste im Jahr, aber er wisse das auch, ihn führe Wauti nicht hinters Licht.

Hermännli Zurbrüggen schnellt hoch. Das wisse er auch, daß Nobi Geißgraser immer alles besser wisse und hinter allem den Teufel und seine Schwiegermutter vermute, aber ihm sei das scheißegal.

Er nehme nichts vom Geld, antwortet der Alte, keinen Zehner.

»Um so besser, Vater«, schreit Geißgrasers Ludi, sein Sohn, auch schon gegen die Siebzig, dem Alten entgegen, dann nehme er alles, und er könne verrecken, wie er ja immer gewünscht habe, daß er, sein Sohn, und seine Enkel verreckten, und vom Tisch mit allen acht Geißgrasers kommt's wie im Chor, alles nähmen sie.

Schweigen.

Da werde er doch wohl noch etwas zu bemerken haben, gibt der Alte seinem Sohn zurück.

Aber der lacht nur, nichts habe er zu bemerken, das Maul habe er zu halten, sonst gehe er zum Statthalter in Oberlottikofen und erzähle ihm, von wem seine Schwester ihre zwei unehelichen Idioten habe und von wem seine jüngste Tochter, Bäbi, schwanger sei; wenn einer ein alter Sünder sei, dann sei es Nobi, der alte Geißbock, während sie, wenn sie Mani töteten, es nur tun würden, weil sie eine Million nötig hätten.

Ob noch jemand etwas zu sagen habe, fragt der Bärenwirt und wischt sich den Schweiß ab.

»Henusode«, sagt Mani und geht zur Türe, sich zwischen den Bauern hindurchzwängend, »so lebt recht wohl.« Er geht hinaus.

Schweigen.

Jemand müsse Mani bewachen, damit er nicht abhaue, noch besser zwei, am besten, man wechsle ab, sagt Ochsenblutts Mäxu.

Das müsse man eben organisieren, meint der Gemeindeschreiber.

Wieder Schweigen.

Oben auf der Treppe erscheint Frieda, nackt wie Mariannli, und verlangt keuchend und strahlend Schnaps.

Sämu solle Bäzi holen, befiehlt der Bärenwirt und setzt sich zufrieden unter den Glasschrank mit dem Silberbecher vom Schwingverein, der schon längst eingegangen ist, schwingt doch der letzte Schwinger des Dorfes, Ochsenblutts Röufu, beim Schwingverein Flötigen.

Binggu Kobler murmelt, indem er Frieda anstarrt, das sei doch seine Tochter.

Aber wie Sämu seiner splitternackten Verlobten den Schnaps bringt und sich dabei galant verbeugt, klatschen alle in die Hände. Sämu habe etwas für das Gemeinwohl getan. Sie schwankt nach oben.

Nur Res Stierer sinnt vor sich hin, ein dicker Bauer mit einem roten Schnauz und Metzgerhänden, verkündet plötzlich in die Stille hinein, die wieder hereingebrochen ist, es müsse wie ein Unfall aussehen. Mani müsse unter einer Tanne sitzen, und dann müsse man die umschlagen.

»Unter einer Buche«, schlägt der Gemeindeschreiber vor und wird sachlich, geschäftsmäßig. Am besten unter der Blüttlibuche. Man habe dem Pfarrer schon längst neue Balken fürs Kirchlein versprochen. Buchige machten sich besser.

Dann müsse die Blüttlibuche aber jemand ansägen, meint der Bärenwirt, sonst müßten sie zu lange warten.

Das mache er schon mit seinem Bruder Mäxu, meldet sich Ochsenblutts Röufu.

Wer denn mit dem Beil schlagen solle, fragt Kobler.

Alle, sagt der Bärenwirt, und dann fragt er, wer dafür sei, und alle außer dem alten Geißgraser heben die Hand.

Wenn Nobi zur Polizei gehe –, aber der Bärenwirt braucht nicht weiterzureden. Er hindere niemanden daran, zur Hölle zu fahren, antwortet der alte Bauer.

Und dann sagt der Bärenwirt noch, das habe er fast vergessen, der alte Aebiger dürfe erst, nachdem die Sache erledigt sei, begraben werden, ein Begräbnis ziehe Leute an wie frischer Mist Fliegen, und Aebiger habe viele Verwandte in Flötigen und noch anderswo.

Das sei kein Problem, die Leiche sei stockgefroren und schon zugenagelt, damit die Füchse nicht drangingen hinter dem Schopf, sagt Aebigers Friedu.

Der Bärenwirt will die Sitzung aufheben, da steht zu

aller Verblüffung Mani, das Opfer, wieder in der Türe der Gaststube, er habe es sich noch einmal überlegt, sagt er und schneuzt in ein großes rotkariertes Taschentuch.

Alle starren ihn entsetzt an, jetzt müsse man ihn doch auf der Stelle totschlagen, denkt der Bärenwirt wie gelähmt.

Mani faltet das große Taschentuch sorgfältig zusammen, steht in der Tür, hager, leicht gebückt und schief. Nächster Vollmond sei übernächsten Sonntag, habe Nobi gesagt, am Samstag davor sei die Landwirtschaftliche Ausstellung in Oberlottikofen, die möchte er sich doch anschauen und vielleicht seine Buben, den Jöggu und den Alex, beraten, was sie sich für das viele Geld anschaffen könnten, das sie dann erhielten, er denke sich immer, mit einem neuen Stall und mit einem Traktor wäre sein Leben ein ganz anderes gewesen. Mani schweigt verlegen.

Der junge Geißgraser kichert nervös, und Hermännli Zurbrüggen leert seinen Roten, er wisse nicht, er wisse nicht, murmelt er, aber dann leeren auch der Bärenwirt und der Gemeindeschreiber ihre Gläser, und der Bärenwirt beschließt:

»Gehen wir am Samstag vor dem Vollmondsonntag alle nach Oberlottikofen.«

Und sie gehen. Schon im Morgengrauen stampfen sie gemeinsam durch den Schnee hinunter nach dem Dorf Flötigen am Talausgang. Döufu Mani zwischen Seppu Schlaginhaufen, dem Bärenwirt und Ochsenblutts Röufu, der beim letzten Schwinget in Brienz den drittletzten Platz gewonnen hat, und dann besteigen sie den Zug nach Oberlottikofen, Mani immer umklammert, man läßt ihn nicht laufen, morgen ist Vollmond.

Durch die Landwirtschaftliche Ausstellung werden sie von einem Männlein mit einem Schnäuzchen und einer rosigen Glatze geführt, das einen ›schottischen‹ Anzug trägt.

»Benno von Lafrigen«, stellt sich das Männlein vor, hochdeutsch, und schlägt die Hacken zusammen, »Auslandschweizer.«

Von Lafrigen führt sie zuerst über die Festwiese, wo auf einem Marmorsockel aus Plastik eine Kuh aus Plastik steht, davor spielt eine Ländlerkapelle, dann führt er sie zu den Modellställen mit richtigen Kühen.

Von Lafrigen winkt den Flötenbachern zu, sich um ihn zu scharen. Er führt aus, daß im modernen Stall bei der Aufstallung von Rindvieh verschiedene Stallarten gebräuchlich seien. Es gebe Anbindeställe, Laufställe und Freiluftlaufställe, und beim Stallneubau werde berücksichtigt, daß sie für andere Tiere Verwendung finden können, ohne daß teure Umbauten vorzunehmen seien.

»Das ist ein Laferi, dieser Lafrigen«, sagt Hermännli Zurbrüggen.

Der Landwirt könne sich somit bei der Veredelungswirtschaft der Marktlage anpassen, fährt von Lafrigen fort und rückt seine Krawatte zurecht. Die Anbindeställe seien in Europa die gebräuchlichsten. Hier würden die Tiere in einer oder mehreren Reihen in Längsrichtung nebeneinander im Stall angebunden, der zweckmäßigerweise so breit sei, daß man mit einem Wagen durchfahren könne, um das Futter, Grünfutter, in die Tröge abkippen zu können.

»Abkippen«, sagt Mani begeistert, »so ein Wagen muß auch her.« Er solle doch still sein, zischt sein Sohn Jöggu hinter ihm.

Die Entmistung werde entweder manuell oder automatisch erledigt, erläutert von Lafrigen. Die Laufställe seien weniger aufwendige Bauarten, hier werde das Vieh in einer oder mehreren großen Boxen lose aufgestallt.

Wenn eine Kuh etwas fallen lasse, werde dieses Auslandschweizerlein vom Kuhfladen begraben, meint Miggu Hakker.

Der Dung werde erst im Frühjahr oder Herbst mit Frontlader oder Greifer entnommen, versichert von Lafrigen und schneuzt in ein weißes seidiges Tuch; so gering sei der tägliche Arbeitsaufwand, da nur eingestreut werden müsse, gemolken werde in einem separaten Melkstand, wo unter anderem die Milchkühe entsprechend ihrem Bedarf auch gleichzeitig Kraftfutter erhalten würden.

»Kraftfutter, Alex«, sagt Mani, »das müßt ihr euch dann auch anschaffen«, und trottet, immer noch eingeklemmt zwischen dem Bärenwirt und Ochsenblutts Röufu, dem Auslandschweizer nach.

Vorwiegend werde der Laufstall jedoch für die Aufstallung von Mastvieh verwendet, sagt von Lafrigen, und sie betreten einen neuen Stall. Eine Kuh muht. Etwas platscht dumpf. Der Freiluftlaufstall sei die einfachste Art der Aufstallung, ein nach der witterungsgünstigsten Seite offener Stall ermögliche dem Vieh ständigen Auslauf. Wieder ein Muhen und Platschen. Beim Anbindestall drüben werde dagegen nach der Länge der Standfläche der Tiere in Langstand, Mittellangstand und Kurzstand unterschieden. »Bitte folgen.« Wieder muht und platscht es.

»Er kommt, meiner Seel, jedesmal davon«, sagt Ochsenblutts Mäxu.

Der Vortrag geht in einem neuen Stall weiter. Durch die Mechanisierung der Entmistung werde bei neuen Stallungen vorwiegend der Kurzstand bevorzugt, die Standlänge sei hier 10–20 cm kürzer als die Rumpflänge der Tiere, anschließend an die Standfläche sei die Kotrinne, die etwas tiefer liege, diese werde entweder mit Schiebern, die von Seilwinden gezogen oder von kleinen Einachsschleppern geschoben werden, geräumt.

»Großartig«, staunt Mani.

Bei Schubstangenentmistungsanlagen, erklärt von Lafrigen, werde der Kot, der mit der Einstreu, das heiße mit Stroh, und Futterresten vermischt sei, schubweise weiterbefördert und bis zu einem Kettenförderer bewegt, der den Stalldung dann bis zum Dunghaufen fördere. In den letzten Jahren habe jedoch die noch weniger arbeitsaufwendige Schwemmentmistung immer mehr an Bedeutung gewonnen. Hierbei entfalle das Einstreuen der Tiere ganz. An die Standfläche schließe sich ein Rost an, »bitte nähertreten«, unterhalb dessen eine Kotrinne mit einem leichten Gefälle zu einem Behälter, zu der Güllengrube außerhalb des Stalles verlaufe.

Es sei Zeit, den Schwätzer selber in die Gülle zu spülen, schlägt Hermännli Zurbrüggen vor, aber von Lafrigen versteht kein Oberländerdeutsch.

Der Kot und der Harn fließen dann vermischt in die Güllengrube, erläutert er, die Tiere lägen nicht mehr auf Stroh, sondern auf dem gut isolierten Boden. Er sei entweder aus Kunststoff, Holz oder auch aus Steingut. Die Sauberhaltung der Stallungen sei damit sehr vereinfacht, und die Krankheitserreger seien leichter zu bekämpfen. Die Tiere stünden sauberer, so daß auch die Milchgewinnung hygienischer sei.

Der schwätze ständig von Kühen und könne eine Geiß nicht von einem Kalb unterscheiden, meint Hegu Hinterkrachen und zündet sich einen Stumpen an.

Von Lafrigen doziert, neben der Mechanisierung des Stalls sei auch die Ausbringung des Stalldungs von größter Wichtigkeit, da die Entmistung von Hand sehr schwer sei und nicht gerade zu den angenehmsten Arbeiten der Landarbeit zähle. Die selbständig in die Grube geflossene Gülle entmische sich bei der Lagerung in den Behälter sehr stark; schwere Teile setzten sich ab und leichte Bestandteile bildeten sogenannte Schwimmdecken, deshalb müßten Güllegruben gemischt werden: mechanisches Mischen, pneumatisches Mischen und hydraulisches Mischen.

»Das ist alles schön und gut«, erklärt Mani, eingeklemmt zwischen dem Bärenwirt und Ochsenblutt, aber jetzt wolle er einen Traktor sehen, das sei das Wichtigste, sein Traum, ob man neue Ställe brauche, könne man sich erst überlegen, wenn man einen Traktor besitze.

»Dann bitte«, sagt von Lafrigen, führt sie an der Plastikkuh mit der Ländlerkapelle vorbei und in die Maschinenausstellungshalle. Irgendwo singt ein Männerchor.

Der Schlepper sei die wichtigste Landmaschine im modernen Bauernbetrieb, beginnt von Lafrigen einen neuen Vortrag und wischt sich den Schweiß von der Stirne; denn neben seiner Aufgabe als Zugmaschine diene der Schlepper immer mehr als Energiequelle für angehängte Maschinen.

Wenn er nur besser Schriftdeutsch verstünde, murrt Res Stierer. Warum die denn einen fremden Fötzel schicken müßten, er habe noch nie gehört, daß ein Schweizer ›von Lafrigen‹ heiße, mault Geißgrasers Ludi ganz laut und ungeniert; und der alte Geißgraser, der auch mitgekommen ist, meckert, mit der Schweiz gehe es bachab.

An den sogenannten Zapfwellen, fährt von Lafrigen fort, die aus dem Getriebeblock des Schleppers herausragen, werde die Energie abgezapft, der moderne Schlepper besitze drei Zapfwellen: zwei am Ende des Getriebeblocks unter der Anhängekuppelung, mittels einer Gelenkwelle könne von hier aus die Energie an eine angehängte Maschine abgegeben werden, die dritte Zapfwelle stehe nach vorne aus dem Getriebeblock und diene speziell dem Antrieb eines Anbaumähwerkes.

So eines wolle er sehen, aber eines, das für das Flötenbachtal geeignet sei, verlangt Mani, und Röufu und der Bärenwirt umklammern ihn ängstlich, und dann schauen sie sich alle die landwirtschaftlichen Maschinen an, die man an den Schlepper anhängen kann, damit sie Winden und Pflüge heraufziehen, und alle anderen Geräte für steile Hänge.

So was müßten sie kaufen, sagt Mani zu seinen Söhnen Jöggu und Alex, und dann verlassen sie von Lafrigen und die Ausstellung.

Wie sie auf die Bahnstation von Oberlottikofen wollen, müssen sie am ›Mönch‹ vorbei, in welchem der Oberländische Trachtenverein sein Jahrhundertfest abhält, darauf gehen sie zum ›Eidgenossen‹, zum ›Löwen‹, zum ›Eiger‹, zur ›Jungfrau‹, zur ›Blümlisalp‹, zum ›Wildstrubel‹ und zum ›Wilden Mann‹. Alles ist überfüllt, sie wollen immer noch zur Bahnstation, kommen aber wieder zum ›Mönch‹. Die Frau vom Präsidenten, Aelligs Christine, steht gerade draußen auf der Terrasse und ruft zur Bahnhofstraße hinüber, da komme ja Res Stierer, und schon sind sie im großen Saal und nehmen an der Tanzerei teil. Sämu, Miggu Hacker und Hermännli Zurbrüggen hopsen wie wild und auch Res Stierer. Und Mani, zwischen dem Bärenwirt und Röufu an eine Holzwand hinter einem Tisch gepreßt, daß er sich kaum zu rühren vermag, einen Liter Roten auf dem Tisch, ist verwundert, daß der dicke Stierer noch so tanzen kann. Und als Christine bei den dreien vorbeikommt und fragt, warum sie denn so steif an der Wand säßen, meint der Bärenwirt, es sei nichts, nur sei es dem Mani nicht ganz gut, und sie seien schließlich Freunde.

»Prost, Döufu«, sagt er und trinkt ihm zu.

Wie's denn dem Kläri gehe, will Christine wissen.

Der gehe es gut, antwortet Mani.

Da kommen einige von Unterflötigen und Hinterkrachen, Emmis Unehelicher von Mittellottikofen vom ›Eiger‹ herüber in den ›Mönch‹. Sie sind schon ganz betrunken, es gibt eine Mordsschlägerei mit dem Oberlottikofer Trachtenverein, und dann rücken von der ›Blümlisalp‹ die Unterlottikofer heran, die schlagen noch wilder drein. Einer wirft Ochsenblutts Röufu einen Bierkübel an den Kopf, der rührt sich nicht einmal, wischt auch das Blut auf der Stirne nicht ab. Nur keine Polizei, denkt er, nur keine Polizei.

Aber es kommt schlimmer. Vom oberen Säli, wo sie gesessen haben, kommen Ständerat Aetti, eigentlich Härdu Aetti, der in Oberlottikofen aufgewachsen ist, Regierungsrat Schafroth und Gemeindepräsident Emil Müetterli. Die Unter-, Mittel- und Oberlottikofer erstarren, die Ehre ist für sie ungemein. Sie sollen sich ruhig weiterprügeln, meint der Ständerat. Gelächter.

»Super-Aetti«, schreit einer, alles setzt sich.

Das Trachtenfest geht weiter, aber der Ständerat, der Regierungsrat und der Gemeindepräsident nehmen ausgerechnet gegenüber dem Bärenwirt und Röufu mit Mani dazwischen Platz. Der Mönchswirt serviert persönlich, die drei Ehrengäste nehmen eine Flasche Dézaley, und der Ständerat, ein noch nicht vierzigjähriger wuchtiger Bauer, wie man meinen könnte, der aber in Wirklichkeit sowohl der erfolgreichste Rechtsanwalt als auch der gerissenste Politiker im Kanton ist, fragt die drei an der Wand ihm gegenüber, woher sie denn kämen, von Oberlottikofen auf alle Fälle nicht.

Der sei der Bärenwirt aus dem Flötenbachtal, sagt Müetterli und weist auf Schlaginhaufen, und er erlebe es zum ersten Mal, daß der auf seinem Maul hocke, er führe sonst ein besonders großes.

So so, die Mannen kämen aus dem Flötenbachtal, ei ei, er habe in seinem Departement sagen hören, sie wollten die Straße nicht schneefrei machen, potz potz, so etwas Störrisches habe er seit langem nicht erlebt.

Da könne er nichts dafür, antwortet der Bärenwirt endlich, in Todesängsten, der Mani könnte reden. Sie seien nicht blöd, das Postauto gehöre der Postdirektion, und darum müsse der Herr Regierungsrat den Schneepflug bezahlen.

Die Straße brauche ja nicht nur sein Departement, sondern auch die Gemeinde, entgegnet der Regierungsrat.

Das sei ihnen egal, meint der Bärenwirt, worauf der Regierungsrat lacht, dann würden sie eben noch lange im Schnee steckenbleiben, ihretwegen lasse er die Straße nicht auf Kantonskosten räumen, und plötzlich wird er wütend und sagt, aber er lasse sie räumen und werde ihnen die Rechnung samt Buße schicken.

Der Ständerat Aetti lacht und schenkt den drei Flötenbachern ein, eine weitere Flasche Dézaley bestellend. Wenn er Schafroth wäre, würde er als Sozi sich mit den Bauern im Oberland nicht einlassen, wenn die keinen Schneepflug wollten, dann wollten sie eben keinen, und wozu sollten die Flötenbacher einen brauchen. Das seien noch echte Bergbauern, und ihr Tal sei noch wie früher, Gott sei Dank, während hier in Oberlottikofen auf jeden Hügel ein Sesselilift hinaufführe, und Emil Müetterli, der da neben ihm sitze, wolle sogar die Idee durchstieren, innen im Ödhorn einen Liftschacht bis zum Gipfel anzulegen, weil es so verschissen sei, kein Wunder, Tausende Touristen würden von den Bergführern hinaufgeschoben, und dutzendweise fielen jene, die es im Alleingang versuchten, herunter, es gehöre zur Mode, auf dem Ödhorn gewesen zu sein.

Was denn Härdu Aetti plötzlich gegen den Fortschritt habe, fragt der Gemeindepräsident Müetterli verwundert.

Nichts, sagt der Ständerat, aber daß man nichts als Geld im Kopf habe, ekle ihn langsam an, die Eidgenossenschaft habe nichts anderes mehr im Kopf als Geld, Luxus, Ferien, Schweinereien; was eine Hure verdiene, sei unwahrscheinlich, mehr als ein Gymnasiallehrer; doch wenn einmal einfache Bergbauern, wie diese drei, den Tanz ums Goldene Kalb nicht mitmachen und ihre einfachen sauberen Sitten bewahren wollten und die Schönheit ihres Tals – denn was gebe es Erhabeneres als ein eingeschneites Dorf –, dann käme prompt die Regierung mit Repressalien. Aber nun müßten sie zu den Unterlottikofern, sonst gebe es böses Blut.

Die drei verabschieden sich, und der Bärenwirt ist so erleichtert, daß er auch einen Dézaley bestellt und dann noch zwei und dann Kaffee und Schnaps. Er zahle alles.

So ist es denn schon Morgen, als sie von Oberlottikofen mit dem Frühzug ins Dorf am Talende kommen. Wie sie an der Kirche und dem Pfarrhaus vorbei die hier noch schneefreie Straße hinaufgehen, steht plötzlich der Pfarrer vor ihnen.

So, ihr Steckköpfe, sagt er, weil sie ihren Beitrag nicht leisten wollten für den Schneepflug, müsse er nun auch zu Fuß zu ihnen hinauf für seine monatliche Predigt.

Dafür schlügen sie auch heute nacht die Blüttlibuche für das Gebälk des Kirchendachs, antwortet der Bärenwirt.

Endlich einmal eine christliche Tat, für die er sich gern revanchiere, strahlt der Pfarrer: Er habe heute vor, seiner seelsorgerischen Pflicht mit besonderer Genauigkeit nachzukommen und jede Familie zu besuchen, es nehme ihn doch wunder, wo ihnen der Schuh drücke, auch wolle er nachsehen, wie es seine ehemaligen Konfirmandinnen trieben, Schlaginhaufens Änneli, Ochsenblutts Elseli, Hackers Züseli und Hinterkrachens Mariannli seien ja besonders fröhliche und fromme Kinder gewesen; auch so richtig essen wolle er im ›Bären‹, Bernerplatte, und am Abend Spiegelei und Rösti, Zeit habe er ja, heute sei Vollmond, er freue sich, in dessen mildem Licht wieder ins Tal hinunterzuwandeln.

Die Bauern, dicht um den Pfarrer geschart, geraten von der Dorfstraße auf die noch immer tiefverschneite Flötenbachtalstraße. Neben dem Bärenwirt stapft der Pfarrer durch den Schnee und zwischen dem Bärenwirt und Ochsenblutt, in sich versunken wie ein Verhafteter, Mani.

Eigentlich begreift er nicht, warum alle so mißtrauisch sind, er ist ja einverstanden; und der Pfarrer denkt, eigentlich sei es ein Glück heute morgen, sonst sei es ein Kreuz mit diesen Berggemeinden, ein wahres Golgatha, so primitiv seien diese Leute, aber jetzt sei es möglich, sich etwas populär zu machen, es sei eben leider so, daß der Dogmatiker Wunderborn stolz darauf sei, einmal in Ömiswyl ein beliebter Dorfpfarrer gewesen zu sein. In Ömiswyl, ausgerechnet in diesem bigotten Kaff, und jetzt predige Wunderborn die Theologie ohne Gott, aber jeder, der sein Nachfolger werden wolle, müsse wie er ein populärer Pfarrer gewesen sein, möglichst auch in einer Berggemeinde, das sei die Hauptbedingung.

Sie kommen in den Wald, und der Bärenwirt denkt, was man nur mit dem Pfarrer machen solle, diese verflixte Predigt, und dann noch die Hausbesuche, wenn nur einer rede, seien die Millionen bachab, auf Nimmerwiedersehen, und Hackers Miggu denkt, er schmeiße den Pfarrer einfach in den Flötenbach, die andern würden schon das Maul halten.

Die Sonne bricht durch die verschneiten Tannen. Den Pfarrer überfällt ein Glücksgefühl. Sein ›Fundament Freude‹, eben vierbändig erschienen, sei wirklich der theologische Wurf, leuchtet es ihm nun auch selber ein, der das dritte Jahrtausend einläute, wie Niederhauer in der Rundschau geschrieben habe, Hut ab vor Niederhauer, aber das Problem, wie Barth in Bloch und beide zusammen unter Berücksichtigung von Sölle, Söltermann und Gläuberich in Hegel zurückzuintegrieren wären, sei nun einmal die letzte theologische Aufgabe des zwanzigsten Jahrhunderts gewesen, und er, der Pfarrer der kleinen Berggemeinde Flötigen, habe diese Aufgabe gelöst, unmöglich, daß Wunderborn ihn jetzt übergehen könne.

Ob es denn überhaupt einen lieben Gott gebe, fragt Mani plötzlich und bleibt stehen.

Ochsenblutts Röufu bleibt stehen, der Pfarrer bleibt stehen, nur der Bärenwirt geht weiter, weil er gerade überlegt – als ob er Hacker Miggus Gedanken wüßte –, wie es wäre, wenn man den Pfarrer in die Flötenbachschlucht würfe, man könnte dann ja sagen, er sei ausgerutscht; aber wie er zurückschaut, weil er plötzlich allein durch den

Schnee stapft, befindet sich zu seinem Entsetzen neben Mani schon der Pfarrer, erschüttert von der Dummheit der Frage:

Da neige sich das zwanzigste Jahrhundert dem Ende zu, und die Bauern hätten theologisch überhaupt noch nichts begriffen, stellt er bitter fest, und da solle er bei diesen Neandertalern noch populär sein.

Die Bauern rücken zusammen, nah an den Pfarrer. Mani werde reden, spüren sie alle instinktiv, und auch wenn es bis zum Flötenbach fast eine Stunde dauere, müsse man dem Pfarrer jetzt das Handwerk legen. Ihre Augen glitzern.

Aber der Pfarrer legt los, zorniger als er eigentlich will, »Bauer«, sagt er, ob er nun Locher, Ochsenblutt oder sonstwie heiße, wer könne sich schon diese komplizierten Namen merken, das gehe ja zu wie in russischen Romanen, ob er ihm wirklich allen Ernstes eine so dumme Frage stelle, ›Gott‹, das Wort könne er als Pfarrer gar nicht mehr hören. Ob er ihm denn das Märchen aufbinden solle, in der Eiger-Nordwand, auf dem Wetterhorn, in der Blümlisalp, im Finsteraarhorn oder auf dem Ödhorn sitze ein alter Mann mit einem weißen Bart und regiere die Welt? Auf die Freude komme es an, Bauer, habe man die, so brauche man nicht zu fragen, wie Kinder fragen. Da seien sie vom Bahnhof gekommen, fröhlich, glücklich, nach einer Tanzerei in Oberlottikofen, wie er sich denken könne, und vorher hätten sie voller Freude die Landwirtschaftliche Ausstellung bewundert, doch kaum hätten sie ihren Pfarrer gesehen, sei die Freude von ihnen gewichen, weil er sie eben an bestimmte Fragen erinnere, zum Beispiel, ob es einen Herrgott gebe, ob Christus wirklich Gottes Sohn gewesen sei, ob er auferstanden sei und ob sie selber einmal auferständen, da werde man düster; aber wenn man etwas Schönes, Einfaches erblicke, ein neugeborenes Kälblein oder ein hübsches Fraueli oder diesen prächtigen Wald oder den Vollmond, da würden sie auf einmal wieder freudig, und so sei es mit dem Christentum, es sei die Freude selbst, und weil es die Freude selbst sei, stellten sich alle die Fragen, die sich sonst stellten, überhaupt nicht mehr, das seien angesichts der Freude gleichgültige Fragen.

Und während der Pfarrer so weiterredet von der Freude als dem Urfundament, wird der Bärenwirt selbst freudig, er hat auf einmal eine Idee, bleibt stehen, bis er, wie die Bauern an ihm vorbeistampfen, zu Hackers Miggu kommt, der immer noch entschlossen ist, den Pfarrer in den Flötenbach zu schmeißen.

»Miggu«, sagt der Bärenwirt, »der Pfarrer schwatzt und schwatzt«, so komme Mani zum Glück nicht dazu, ihm etwas zu verraten, Miggu solle ins Dorf abhauen und das Kirchlein leerhalten, niemand dürfe hinein.

Da beginnt Miggu zu spurten, schießt an den Bauern vorbei, talaufwärts, und der Pfarrer, immer noch mit der Freude beschäftigt, merkt es nicht einmal.

Wie sie ins Dorf kommen, dankt Mani dem Pfarrer für den Bescheid und geht zu seinem Hof neben Ochsenblutts Scheune. Auch die andern Bauern gehen auseinander, der Pfarrer steht mit dem Bärenwirt allein vor dem ›Bären‹.

Es sei höchste Zeit, sagt der Pfarrer, in das Kirchlein zu gehen, die Fraueli und die Mädchen würden schon auf ihn warten. Daß die Bauern heute nicht kämen, verstehe er, aber dann stutzt er: ein Mädchen huscht an ihnen vorbei in den ›Bären‹, ohne sie zu grüßen.

Ob das nicht Hackers Züseli sei, fragt der Pfarrer verdutzt.

Er habe nicht hingeschaut, antwortet der Bärenwirt.

Doch, doch, sagt der Pfarrer, Hackers Züseli, sein liebstes Konfirmandenkind, es wundere ihn aber sehr, daß es in den ›Bären‹ statt in das Kirchlein gehe, doch nun eile es mit der Predigt, im übrigen freue er sich nach den ersten Hausbesuchen auf die Bernerplatte.

So macht er sich denn auf zum Kirchlein, das zwischen dem ›Bären‹ und Stierers Gehöft etwas einsam am Hang klebt, doch wie er hineinkommt, bleibt er verwundert stehen, das Kirchlein ist leer, nur an der Orgel über der Empore sitzt Fräulein Claudine Zäpfel, die Lehrerin, auch sie fassungslos.

Was denn los sei, warum denn niemand hier sei, stottert der Pfarrer, warum denn niemand läute (was ihm erst jetzt auffällt).

»Also gut«, wenn er es denn durchaus wissen wolle, sagt der Bärenwirt hinter ihm, der dem Pfarrer gefolgt ist, die Kirche sei leer, weil die Gemeinde mit ihm nichts anfangen könne. Eben, als sie das Tal hinaufgegangen seien, habe ihn Mani gefragt, ob es einen Gott gebe, und er, der Herr Pfarrer, habe geantwortet, das spiele keine Rolle, er solle sich nichts als freuen, das aber wollten sie nicht hier oben, was der Herr Pfarrer da predige, seit er in ihr Dorf gekommen sei, das sei nichts für sie, sie wollten den alten lieben Herrgott wieder und den Heiland und die Auferstehung, was er denn, der Bärenwirt, etwa denken solle, wenn sein letztes Stündlein schlage, oder Mani, wenn er beim Holzen unter eine Tanne käme oder unter eine Buche? Punktum, sie verlangten andere Predigten, fromme Predigten, sonst würden sie lieber katholisch, und weil der Herr Pfarrer die nicht zustande bringe, weil er ja nicht einmal an den lieben Gott glaube, möchten sie ihn alle da oben nicht mehr als Pfarrer haben, darum sei die Kirche leer, er selbst, der Gemeindepräsident, werde das der Kirchenbehörde schreiben. Der Bärenwirt kehrt dem Pfarrer den Rücken zu und geht durch die Kirchentüre in den Schnee hinaus.

Der Pfarrer glaubt einen Augenblick, er falle in Ohnmacht, Wunderborns wegen, dessen Professur er doch haben möchte und die er nur bekommt, wenn er ein ebenso populärer Pfarrer ist wie Wunderborn in Ömiswyl. Einen Augenblick nur schwankt er, dann fragt er Claudine Zäpfel, ob sie ihm in der Sakristei in den Talar helfe, da der Sigrist offenbar auch nicht da sei, und nachdem Claudine Zäpfel ihm in den Talar geholfen und ihm auch das Beffchen umgebunden hat, schickt er die Lehrerin fort und besteigt die Kanzel, schlägt die Bibel auf, blättert, beginnt mit plötzlich heiserer Stimme die Predigt:

»Ich lese aus der Apostelgeschichte Kapitel 23 Vers 26: Claudius Lysias, dem teuren Landpfleger: Freude zuvor!

Liebe Bänke, lieber Taufstein, liebe Orgel, liebe Empore, liebe Fenster, liebe Mauern, liebe Balken, liebes Dach, meine liebe leere Kirche. Die Worte der Bibel, die ihr vernommen habt, sind der Beginn eines Briefes. Claudius Lysias ist der Absender, der Landpfleger der Empfänger, ›Freude zuvor‹ der Gruß.

Wenn ich euch aber jetzt erklären würde, wer Claudius Lysias und wer der Landpfleger gewesen ist, so wären euch dieser Claudius Lysias und dieser Landpfleger, oder gar der Mann, um dessentwillen dieser Brief geschrieben wurde, der Apostel Paulus nämlich, mit Recht völlig gleichgültig, denn was begreift ihr Balken oder Mauern schon, wer diese Leute sind, aber wenn jetzt – wie sonst jeden vierten Sonntag – die Bauern und Bäuerinnen auf euch säßen, meine Bänke, wie wären sie neugierig darauf, denn sie interessieren sich in ihren Bergen seit eh und je nur für das Nebensächliche. Aber das Wichtigste, wichtiger als alles Vergangene, das, was lebt, einst, jetzt und immerdar, das, was diese Bauern und Bäuerinnen nicht fühlen, das Wesentliche vom Wesentlichen, das fühlst du jetzt, meine leere Kirche, dieses ›Freude zuvor‹, indem du diese ›Zuvor-Freude‹, diese Urfreude, geradezu körperlich erlebst, erfüllen dich doch die Ausdünstungen dieser Bauern und Bäuerinnen nicht mehr, so wie auf euch, ihr Bänke, ihr Gewicht nicht mehr lastet, und von euch, ihr Mauern, ihr Schnarchen nicht mehr widerhallt und ihr jämmerlicher Gesang, den du, Orgel, begleiten mußt.

Du bist befreit, leere Kirche, und weil du befreit bist, begreifst du auch, die du mit deinem Holz, Stein, Metall und Glas schlechthin Staub bist, den Briefschreiber, den Oberhauptmann Claudius Lysias, und den Grund seines Briefes, den Apostel Paulus, und den Empfänger des Briefes, den Landpfleger, sind sie doch auch schlechthin Staub geworden, und werde ich doch auch einmal schlechthin Staub sein, so wie diese Bauern und Bäuerinnen einmal Staub werden, ja schon Staub sind, ohne es zu wissen.

Weil aber Staub Staub begreift, erkennen wir uns alle ineinander wieder, ein Spiegel in einem anderen Spiegel, und bekennen: Freude zuvor dem Landpfleger, wobei nebensächlich ist, wie wir diesen Landpfleger nennen, ob Felix, wie in der Apostelgeschichte, ob Gott, ob Weltall, Hauptsache, daß jeglicher Staub, ob Holz, Steinklotz, Gewürm, Getier, Mensch, Erde, Sonne, Milchstraßensysteme, ins Nichts hineinjauchzet: Freude zuvor!

Deshalb nämlich, leere Kirche, weil wir als Staub, als Staub von Staub, als Stäublein eines Stäubleins existieren, und sei es nur kurze Zeit, einige Jahre, einige Monate, einige Stunden, ja einige Sekunden oder gar, wie einige Teilchen eines Millionstel Stäubchens, nur einige Millionstel Sekunden: Auch diese jubilieren! Gibt es doch für alles und jegliches kein anderes Fundament als dieses: Freude zuvor, denn allein die Freude fragt nicht, allein die Freude grübelt nicht und allein die Freude tröstet nicht, weil allein die Freude keinen Trost braucht, ist sie doch zuvor, die Freude zuvor. Amen.«

Damit schmettert der Pfarrer von Flötigen die große schwere Bibel zu, steigt würdig von der Kanzel, begibt sich in die Sakristei, bindet sich das Beffchen ab, zieht den Talar aus, legt ihn zusammen und steht, wie er ins Freie treten will, vor Claudine Zäpfel.

Die Lehrerin glüht mit großen Augen, der Pfarrer sei gewaltig gewesen, stottert sie, sie habe die ganze Predigt gehört. Er starrt Claudine Zäpfel an, ihn erfaßt ein ungeheurer Zorn, eine Wut gegen die ganze Welt, gegen Wunderborn und gegen seine Frau, eine geborene Ramseier, die nichts unternimmt, ihn populär zu machen, wen interessieren auch ihre Ehekurse?

Er reißt Claudine Zäpfel in seine Arme, ›Freude zuvor‹, küßt Claudine Zäpfel wild, übermorgen sei seine Frau in Konigen mit ihrem Ehekurs, brüllt mächtig auf, daß es ins Tal schallt: Denen habe er es aber gegeben; und dann rennt der Pfarrer, eine verküßte, überglückliche Claudine Zäpfel zurücklassend, am ›Bären‹ vorbei das Tal hinunter, sich nur noch einmal umwendend, als er den Flötenbachwald erreicht, die Faust drohend schüttelnd: Freude zuvor.

Aber der Bärenwirt, der aus der Türe des Gasthofs tritt, grinst, den Pfarrer hätten sie abserviert, und als er in die Gaststube zurückkehrt, fragt er Sämu, wer denn beim Locher sei.

Wieder die Frieda, sagt Sämu unzufrieden.

Na und, als Koblers Tochter erbe sie jetzt ganz schön, er solle nicht dumm sein, auch Änni und alle im oberen Tal schliefen nun einmal mit Wauti.

Damit gibt er Sämu eine Flasche Bäzi, »da, bring sie ihm hinauf«, auch solle er dem Polizisten noch vier Flaschen Algerier bringen, damit der diese Nacht nicht störe, er sei froh, wenn der Vollmond heute komme, dann sei bald alles vorüber, er meine, das würden wohl die anderen auch denken, darum blieben sie auf ihren Höfen, statt bei ihm in der Gaststube zu sitzen und zu jassen, aufgeregt sei halt schon jeder ein wenig.

Es wird endlich Mittag, und ein Nachmittag bricht an, der nicht aufhören will, der Himmel wie eine dunkelblaue Wandtafel, kein Windstoß, keine Bewegung, nur Weltallkälte, einmal donnert es vom Gurgelengrund her, eine Lawine, und gegen fünf kommt vom Welchwäldli Mani, gekleidet wie immer, nicht einmal ein Halstuch oder einen Hut, und in einiger Entfernung folgen ihm Res Stierer und dessen Sohn Stöffu. Vor seinem Haus stellt Mani den Stock an den Türpfosten, betritt durch die Küche die Wohnstube, wo am Tisch Jöggu und Alex sitzen, und am Fenster steht Manis Frau und schaut hinaus gegen den Mannerenwald, während draußen der alte Stierer sich auf die Bank setzt und der junge hinters Haus geht.

Er habe noch einen Gang gemacht, sagt Mani, zum Wasserfall, der sei ganz vereist, und eben sei die Sonne hinter dem Zollengrat hinabgegangen. »Ganz groß und rot.«

Nach ein, zwei Tagen dann komme wieder Schnee, sagt Alex, und Jöggu meint, Herr Mani hätte einen Mantel anziehen sollen in dieser Kälte, sonst könne er sich einmal noch erkälten.

Warum er denn auf einmal ›Herr Mani‹ zu ihm sage, fragt der Bauer.

Weil Wauti Locher sein Vater sei, antwortet Jöggu.

So, das habe Wauti also dem Jöggu gesagt, stellt Mani seiner Frau gegenüber fest. Die sagt nichts. Jöggu erhebt sich, ein großer, sonst gutmütiger Bauer.

Und als sie von ihm schwanger geworden sei und der Locher sie nach Kanada habe mitnehmen wollen, meint er wütend, habe seine Mutter, diese Kuh, statt dessen Mani geheiratet mit seinem kleinen Hof, sonst wäre er, Jöggu, jetzt in Kanada und hätte Millionen, statt hier zu sitzen als seines Stiefvaters unbezahlter Knecht, der sich nicht einmal eine Frau leisten könne.

Eine Million würden sie jetzt ja kriegen, antwortet Mani. Daß es hier schwer gewesen sei, gebe er zu, der Hof sei eigentlich mehr eine Hütte, aber das werde jetzt ja alles besser und damit auch wirtschaftlicher, mit dem modernen Stall und dem Traktor, und nicht nur seiner Frau und Jöggu und Alex werde es besser gehen, auch dem ganzen Dorf.

Die Million teile er aber nicht mit Alex, sagt Jöggu, die gehöre ihm, und ein moderner Stall und Traktor kämen auch nicht in Frage, mit der Million gehe er nach Kanada, und Locher werde schon mit sich reden lassen und ihm noch einige Millionen geben. Locher sei schließlich sein Vater, und alle sagten, er gliche ihm.

Das sei wahr, tut endlich Alex das Maul auf, all die landwirtschaftlichen Neuerungen seien Unsinn, aber auf die Hälfte der Million verzichte er nicht, er sei jetzt achtunddreißig, und mit einer halben Million könnte man in der Stadt besser leben als hier.

Wer denn von einer Million rede oder einer halben, antwortet Mani, die Million bekomme die ganze Familie, seine Frau eine drittel Million und Jöggu und Alex je eine drittel Million.

Sie nehme nichts vom Geld, sagt plötzlich die Frau, kommt um den Tisch herum und schaut ihrem Mann ins Gesicht. Sie ist abgearbeitet, scheint aber viel jünger, als sie ist, wenn auch ihre Haare schneeweiß sind, dafür ist sie immer noch gut gewachsen und gesund.

»Ich habe dich damals geheiratet, Mani«, sagt sie, »weil du ein anständiger Bursche gewesen bist und weil du mich zur Frau gewollt hast, trotzdem ich schwanger gewesen bin. Ich habe damals gewußt, daß ich mich auf Locher nicht verlassen kann. Wie recht ich gehabt habe, siehst du jetzt.

Er ist nicht gekommen, um sich an dir zu rächen, wie du dir wahrscheinlich einbildest, er will sich einen Spaß mit uns armen Menschen erlauben, weil er uns verachtet, heute und damals. Und auch unser Schicksal amüsiert ihn: die im Dorf werden untereinander Streit bekommen, das siehst du ja schon bei Jöggu und Alex, weil eine Familie Kinder hat, daß es nur so wimmelt, so etwa die Geißgrasers, und eine andere nur aus zwei Personen besteht wie die Stierers.

Ich sage dir, Mani, in diesem Dorf wird es wie in der Hölle zugehen, wenn sie dich erschlagen haben, alle möchten dann übereinander herfallen wie die Wölfe, und es doch nicht wagen, aus Angst, jemand werde reden. Aber was rede ich da. Du mußt sterben, nicht ich.

Aber weil wir nun halt einmal Abschied nehmen müssen für immer, laß es dir gesagt sein, Mani, du bist der anständige Mensch geblieben, den ich geheiratet habe, aber ich weine nicht darüber, daß sie jetzt die Blüttlibuche über dich fällen, ich bin bloß froh, daß ich nicht über deine Dummheit lachen muß, weil sie einfach zu blödsinnig ist. Geschuftet hast du, weiß Gott, all die vielen Jahre, wie wir alle geschuftet haben, Jöggu und Alex und ich vielleicht am meisten, und wie nun dieser Aufschneider aus Kanada mit den Millionen kommt, was tust du? Du opferst dich! Wozu? Hast du etwas vom Geld? Wenn es wenigstens einen Sinn hätte bei denen im Dorf. Aber die haben es noch nicht einmal, und schon ist alles verhurt, und nicht nur die Mädchen.

Dabei hättest du dich jeden Tag retten können, du, der du alle Wege und Stege in diesem Tal wie kein zweiter kennst. Hast du den Polizisten eingeweiht? Nicht einmal das, der Bärenwirt weiß genau, warum der nichts wissen darf, der hätte sie schön erpreßt. Und im ›Mönch‹ in Unterlottikofen, hast du dem Ständerat und dem Nationalrat und dem Gemeindepräsident gegenüber das Maul aufgetan? Geschwiegen hast du. Und durch Flötigen seid ihr alle gezogen, und du hast nicht gebrüllt ›Leute, die wollen mich für vierzehn Millionen ermorden‹, dabei sind die doch so voll gewesen, daß du dich einfach hättest davonmachen können, so leicht wäre das gewesen, und dem Pfarrer hast du es da auch nicht gesagt, im Wald wäre es ja zu spät gewesen, da hätten sie ihn womöglich in den Flötenbach geschmissen.

Und warum hast du dich nicht gewehrt? Ich will es dir sagen: weil es immer dein Traum gewesen ist, ein Leben lang, einen modernen Stall und einen Traktor zu haben, und weil du dir eingebildet hast, Jöggu und Alex möchten das auch haben. Deshalb hast du dich nicht gewehrt, und nun siehst du selber, niemand will einen modernen Stall und einen Traktor, weder Alex noch Jöggu und niemand im Dorf. Sie wollen alle nur Geld. Döufu Mani, dir ist nicht mehr zu helfen.«

»Laß gut sein, Frau«, sagt Mani, »es ist nun einmal so.«

In der Türe steht der Bärenwirt und sagt, es sei soweit, und dann sagt er zu Ochsenblutts Röufu hinter ihm, es sei besser, er bleibe hier.

»Leb wohl«, sagt Mani zu seiner Frau. Sie schweigt.

Darauf gehen alle außer Röufu mit Mani am ›Bären‹ vorbei direkt zum Tal und über den dort zugefrorenen Flötenbach in den Mannerenwald. Über den Balzenhubel schwebt der Mond gegen das Ödhorn, das nur vom Mannerenwald aus zu sehen ist, es wird fast taghell; wie der Wald ansteigt, kommen sie mühsam, sich im Schnee hinaufarbeitend, aufs Blüttli, eine Lichtung, in deren Mitte eine große Buche steht, die Blüttlibuche. Die Bauern umringen sie, in ihren Händen lange, große Beile, aus ihren Mündern stößt der Atem wie Dampf.

Ob die Blüttlibuche angesägt sei, fragt der Bärenwirt.

Das hätten sie heute nachmittag getan, sagt Ochsenblutts Mäxu.

»Setz dich, Mani«, sagt der Bärenwirt.

Mani stampft an der im Vollmond liegenden Seite der Buche den Schnee noch fester und setzt sich mit dem Rükken gegen die Buche, dort, wo sie angesägt ist.

»Beginnen wir«, sagt der Bärenwirt, und dann schlagen Hackers Chrigu und Geißgrasers Nobi ihre Beile in die Blüttlibuche, die Beile prallen zuerst ab am eisenharten

Stamm, die Schläge hallen durchs Tal, mächtig sind sie im Dorf zu hören, dann dringen die Beile langsam ein, jetzt schlagen Res Stierer und Binggu Kobler, und der Bärenwirt sieht, wie Mani, an den Baum gelehnt, die Lippen bewegt.

Der Bärenwirt gibt ein Zeichen, Kobler und Stierer hören auf zuzuhauen, und der Bärenwirt neigt sich zu Mani und fragt, ob er noch etwas wolle.

»Der Vollmond«, antwortet Mani mit großen Augen.

»Der Vollmond?« fragt der Bärenwirt und schaut verständnislos hin. »Was soll mit dem sein?«

Dann wendet er sich wieder den beiden mit den Beilen zu.

»Es ist nichts, schlagt weiter.«

»Ich weiß nicht«, sagt Binggu, und Res sagt: »Schau dir doch noch einmal den Vollmond an, Bärenwirt.« Der betrachtet ihn.

»Der ist nicht mehr ganz rund«, sagt er dann.

»Ein kleines Stück ist weg«, sagt hinter ihm Sämu furchtsam. Dem Bärenwirt geht ein Licht auf.

»Eine Mondfinsternis«, erklärt er, »das kommt jeden Monat vor.«

»Noch nie gesehen«, mault Hermännli Zurbrüggen.

Ob sie denn je den Mond betrachtet hätten oder die Sterne, fragt der Bärenwirt. Jede Nacht säßen sie ja bei ihm in der Gaststube, und wenn sie heimgingen, sähen sie sowieso den Mond nicht, so voll seien sie dann; eine Mondfinsternis sei etwas beinah Allwöchentliches, er habe schon den Halbmond so halb gesehen, daß er wie ein Viertelkäse ausgesehen habe, in Minuten sei jede Mondfinsternis vorüber.

»Die nimmt aber zu«, sagt Binggu, »der Mond wird immer weniger.«

Alle schweigen, und dann kommt vom Waldrand der alte Geißgraser auf die Bauern zu wie ein Gespenst im Mondlicht, das unmerklich immer schwächer wird.

»Ihr Kälber, merkt ihr nun, warum euch Wauti Locher mit seinen Millionen verführt hat, Mani in dieser Vollmondnacht totzuschlagen«, meckert der Alte schadenfreudig, »weil heute der Mond zerplatzt, weil er von innen zu glühen beginnt, ihr werdet es sehen. Ich habe das schon einige Male beobachtet, aber noch nie an einem Sonntag. Der Mond wird heute in Stücken auf die Erde fallen, jedes Stück größer als Europa, und die Erde und die Welt werden untergehen. Darum gibt auch der Locher seine Millionen her, weil sie ihm sowieso nichts mehr nützen.«

Der Alte lacht, hopst vor Freude im Schnee herum, aber sein Sohn Ludi schreit ihm zu:

»Halts Maul.«

Und Binggu schlägt mit dem Beil wie wild auf die Blüttlibuche ein, und dann fängt auch Res an zuzuschlagen, ebenso wild, ebenso trotzig, im höllischen Takt.

»Aufhören«, schreit der Bärenwirt entsetzt, »der Mond verschwindet.«

Die beiden glotzen wie die anderen den Mond an.

»Er verschwindet nicht«, meint Res Stierer, »etwas rostiges Braunes legt sich über ihn.«

»Das ist die Sonne«, überlegt sich Binggu Kobler.

»Ich glaube, Australien«, korrigiert ihn Zurbrüggens Sämi, »ich glaube, ich habe das in der Schule gelernt.«

»Unsinn«, sagt Res, »die Erde ist rund, da können die nicht gleichzeitig da oben sein, sonst können die in Australien ja auf dem Mond spazierengehen, so ein Blödsinn.«

Die Bauern starren und starren.

Der Mond verfinstert sich immer unerbittlicher, wechselt von einem erdigen Braun zu einem rostigen Braun und ist von brennenden Sternen umgeben, die vorher nicht da waren, wird endlich zu einem glühenden zerfressenen Auge, mit gräßlichen Geschwüren übersät, das bösartig auf den dunkelrot verfärbten Schnee und die Bauern glotzt, deren Beile wie mit Blut beschmiert scheinen.

»Hau ab, Mani«, brüllt der Bärenwirt, »hau ab«, und fällt auf die Knie. »Unser Vater, der Du bist im Himmel«, beginnt er zu beten, und die andern Bauern beten mit, »Dein Name werde geheiligt.«

Nur der alte Geißgraser wälzt sich im Schnee, der Mond platze von innen, sein Eiter werde alles überschwemmen, und dann gehe die Welt unter; er grölt, jubelt, lacht.

»Dein Reich komme«, beten die Bauern.

Mani scheint nicht begriffen zu haben, daß er frei ist, sitzt immer noch unbeweglich.

»Dein Wille geschehe auf Erden wie im Himmel.«

Endlich kommt Mani hoch, da bricht es hinter dem feuerrot glühenden Geschwür am Himmel hervor, ein weißheller Funke.

»Er kommt wieder«, schreit Hermännli Zurbrüggen. »Der Mond kommt wieder, der Mond!«

Die Bauern schnellen hoch, ein einziger Freudenschrei, die Furcht fällt von ihnen ab, je mehr der gleißende Funke wächst, zu einem Stück des alten Vollmonds wird.

»Haut zu«, schreit der Bärenwirt, und schon schlagen Res und Binggu in den Baum, in mächtigem Takt, hinein mit den Beilen in den Stamm, gegen den sich Mani lehnt, sitzend, die Beine gespreizt im Schnee, der sein gespenstisches Dunkelrot verliert, dann schlagen wieder Nobi und Chrigu zu, der Mond tritt immer prächtiger hervor hinter dem blutigen Geschwür, das sich in nichts auflöst, die Sterne verschwinden, jetzt schlagen auch Hinterkrachen und der alte Zurbrüggen zu, Aebiger, Fäser, Aellen und Bödelmann, dann alle Bauern, auch der Bärenwirt, jeder springt vor, ein Schlag, dann der nächste; und wie die Blüttlibuche niederfällt, ist der Vollmond, wie er vor der Mondfinsternis war, groß, rund, milde, sanft, der Himmel schwimmendes silbernes Licht.

Nun müßten sie ihn noch unter dem Stamm hervorkratzen, die Blüttlibuche sei mordsdick, befiehlt der Bärenwirt, Mani sehe schön zerquetscht aus, soweit man es sehe, ein einziger Brei. Und daher ist denn auch um acht, wie es Tag wird, der Bärenwirt etwas enttäuscht, als Lotcher die Leiche nicht sehen will, sondern meint, er glaube es ihm ja, daß Mani verunglückt sei, warum solle er denn noch die Leiche besichtigen.

Lotcher ist zum ersten Mal seit jener Nacht, als er aus der Winterdunkelheit in die Gaststube trat, von seinem Zimmer heruntergekommen. Er ist schon in Pelzmantel und Stiefeln, sitzt am langen Tisch und trinkt Milchkaffee aus einer großen Tasse, ihm gegenüber sitzen Frieda und Änni. Es kommt dem Bärenwirt vor, als zittern Lotchers Hände, auch scheint er ihm älter geworden zu sein, grauer und bleicher das Gesicht.

Das Geld sei oben, sagt Lotcher.

Der Bärenwirt poltert nach oben, reißt Lotchers Zimmer auf, auf dem Tisch unter dem Fenster liegt noch immer der Koffer, unverschlossen, er klappt den Deckel auf, voller Geld. Im Bett liegt seine Frau.

Mani sei unter die Blüttlibuche geraten, sagt er, das Geld anstarrend, die Kapelle brauche neue Balken.

Sie hätten die Schläge gehört, gähnt Lisette.

Er starrt die Tausendernotenbündel an, er zählt, zehntausend, zehntausend, zehntausend, er spürt, etwas stimmt nicht, zehntausend, neuntausend, er zählt noch einmal, neuntausend, zehntausend, achttausend.

»Ihr Weiber habt Tausendernoten genommen, alle habt ihr Tausendernoten genommen.«

Lisette lacht:

»Wir kosten auch; wenn es euch nicht paßt, haben wir etwas zu erzählen.«

Der Bärenwirt schließt den Koffer, trägt ihn in das Schlafzimmer, will ihn wegschließen, es fällt ihm ein, daß seine Frau einen zweiten Schlüssel hat, und so geht er denn mit dem Koffer nach unten.

Lotcher ist nicht mehr in der Gaststube.

Wo Wauti sei, fragt der Bärenwirt noch auf der Treppe das Änni.

Sie wisse es nicht, antwortet sie, und als er befiehlt, sie solle in die Küche gehen und abwaschen, entgegnet Änni, das falle ihr nicht ein, sie habe dort nichts zu suchen, und als er Frieda anbrüllt, sie hätte sich an die Arbeit zu machen, statt da herumzuhocken, antwortet sie, sie kündige; als Tochter eines Millionärs und bald Schwiegertochter eines anderen Millionärs, des Bärenwirts nämlich, da sie ja Sämu heirate, arbeite sie nicht mehr.

Dem Bärenwirt läuft Schweiß über das Gesicht und durch die kleinen Scheiben sieht er, wie draußen der Cadillac vorbeifährt.

Der Wagen gleitet aus dem Dorf und talabwärts, beim Felsen, bevor die Straße in den Wald gerät, holt er die Frau des toten Mani ein. Nach bald vierzig Jahren sieht er Zurbrüggens Kläri wieder. Sie trägt einen Koffer. Der Cadillac hält. Sie geht weiter. Er läßt die Scheibe hinuntergleiten, neigt sich aus dem Fenster und sagt:

»He, Kläri, steig ein.« Sie bleibt stehen, betrachtet ihn, sagt dann:

»Wenn du mich schon einlädst, Wauti Locher.«

Er öffnet die rechte Türe, sie legt ihren Koffer auf den Hintersitz und setzt sich neben ihn und sagt:

»Du siehst aus wie ein Hundertjähriger.«

»Wir sind beide alt geworden«, sagt Lotcher.

»Wo willst du hin?« fragt er, als sie schon im Wald sind.

»Nach Oberlottikofen, Arbeit suchen«, antwortet sie. Der Wagen gleitet vorsichtig ins Tal hinunter.

Kurz vor der Flötenbachschlucht reißt Lotcher das Steuer herum, so heftig, daß sich der Wagen quer zur

Straße stellt. Er stellt den Motor ab. Er schweigt, schaut vor sich hin.

»Kläri«, sagt er dann, »du hast mir verschwiegen, daß du von mir schwanger gewesen bist.«

»Mani und ich wollten heiraten, es war unsere Angelegenheit, nicht deine«, antwortet sie.

»Es hat Mani nicht gestört?« fragt er.

»Kind ist Kind«, sagt sie.

Er schweigt nachdenklich, meint endlich:

»Es ist besser gewesen, daß du Mani geheiratet hast. Wir sind aus dem gleichen Holz geschnitzt. Wir passen nicht zueinander«, öffnet seinen Pelzmantel, die Verschlüsse des blauen und des roten Trainingsanzugs und macht seinen Hals frei.

»Der Schmerz ist wieder da«, sagt er, »der gleiche wie vor einem halben Jahr.« Er lehnt sich zurück, läßt die Arme fallen.

»Ich komme aus dem Spital. Ich hatte einen Herzinfarkt.« Die beiden schweigen.

Der Himmel über den weißen Tannen ist von einem milchigen Grau, irgendwo verdichtet es sich zu einer leuchtenden konfusen Masse, ohne daß die Sonne sichtbar ist.

Er reibt mit der rechten Hand unter den Trainingsanzügen langsam und gleichmäßig seine Brust.

»Zugegeben, als ich das Dorf verlassen habe, damals, hatte ich eine Riesenwut, aber schon hier im Wald hatte ich die Wut vergessen, so sehr packte mich mit einemmal die Sehnsucht, das alles zu verlassen, dieses Land und das übrige blöde Europa. Nun wohl, ich bin drüben reich geworden, unehrlich oder ehrlich, frag nicht wie. Ich habe mich nie darum gekümmert, und frag mich auch nicht nach meinen Weibern auf der anderen Seite des miesen Atlantischen Ozeans und nach meinem Sohn, der alles erben wird, ein zehnmal größerer Schuft als ich. Und euch in eurem schäbigen Tal hatte ich längst vergessen, ja, um ehrlich zu sein, ich habe, seit ich damals von Flötigen mit dem Zug abgedampft bin, nie mehr an euch zurückgedacht, ihr seid aus meinem Gedächtnis verschwunden gewesen.«

Er schweigt, tastet mühsam mit der rechten Hand, als wäre der linke Arm gelähmt, an der linken Türe herum, geräuschlos versinken die Fensterscheiben, naßkalte Luft umgibt sie, die Frau erscheint neben dem jetzt Uralten plötzlich wie jung.

»Mitten in der Brust«, sagt er gleichgültig, »bis zum Kinn hinauf. Und der linke Arm, von der Achsel bis zu den Fingerspitzen.«

Er schweigt wieder, die Frau neben ihm rührt sich nicht, er weiß nicht einmal, ob sie ihm zugehört hat.

»Dann ist der Herzinfarkt gekommen«, sagt Lotcher, »nicht so heftig wie jetzt, aber arg genug. Wie ich dann wochenlang im Bett gelegen habe, kommt mir auf einmal wieder das Dorf in den Sinn, niemand sonst, einfach das Dorf. Eigentlich nur dieser Wald.

Dann habe ich über das Dorf Erkundigungen einholen lassen; das erste Mal, daß ich einen schweizerischen Konsul gesehen habe. Darauf lande ich in Zürich und hebe vierzehn Millionen von einem meiner Nummern-Kontos ab.«

Er denkt nach.

»Aus Gutmütigkeit wahrscheinlich. Um euch etwas auf die Beine zu bringen, was sind schon vierzehn Millionen. Aber wie mir der Bärenwirt sagt, du seist damals von mir schwanger gewesen, packt mich die alte Riesenwut wieder, und ich stelle die Bedingung, du kennst sie ja, man müsse Mani totschlagen. Eigentlich hätten sie dich totschlagen sollen, aber so groß ist die Wut wieder nicht gewesen, so hat eben Mani dran glauben müssen, aber jetzt, wo ich zurückdenke an diesen Abend mit dem Bärenwirt, weiß ich nicht, ob es eigentlich Wut gewesen ist. Ob nicht einfach eine ungeheure Gier über mich gekommen ist, noch einmal zu leben, wozu dieser Vorschlag gehört hat, weil, will man leben, will man auch morden, will man nicht nur Weiberschöße – wer alles in diesen zehn Tagen da oben in meinem Bett gelegen hat, um sich einen oder mehrere Tausenderscheine zu holen, ist mir gleichgültig, so wie es mir gleichgültig ist, wen sie totgeschlagen haben. Es hätte auch ein anderer sein können als Mani, ich habe die Leiche nicht angeschaut, und wenn sie niemanden totgeschlagen hätten, hätte ich ihnen das Geld auch gegeben.«

Er schweigt. Ein großer schwarzer Vogel läßt sich auf der Vordertüre neben Lotcher nieder.

»Dohlen kommen immer zu mir, schon damals sind sie immer zu mir gekommen«, sagt Lotcher, und der schwarze Vogel hüpft ins Innere des Wagens auf seine rechte Hand auf dem Steuer.

Sie sagt: »Als sie die Landwirtschaftliche Ausstellung besucht haben, hätte ich nach Flötigen gehen und dich anzeigen sollen.«

»Du hast es nicht getan«, stellt er fest. Sie schweigt.

»Ich hätte nachher Mani verachtet«, sagt sie dann, und er meint gleichgültig:

»Das nützt ihm nichts, er ist tot.« Sie schweigt wieder, und nach einer Weile sagt sie ebenso gleichgültig:

»Und jetzt verachte ich mich.«

»Was ist das schon«, sagt Lotcher, »ich habe mich immer verachtet.«

Die Dohle hüpft auf die Vordertür.

»Ich muß gehen«, sagt sie, »sonst verfehle ich noch den Zug nach Oberlottikofen.« Er antwortet nicht.

Die Dohle fliegt in den nun gleichmäßig milchigen Morgenhimmel davon. Dann beginnt es leicht zu schneien.

Sie öffnet die Wagentür, nimmt den Koffer vom Hintersitz, klettert um den Kühler. Sie stapft durch den Schnee, immer weiter die Straße hinunter ins Weiße. Sie kommt auf die Lichtung, dann in den dichteren Wald mit den größeren Tannen, die Flocken schweben mehr als sie fallen, sie sind groß und luftig wie Blütenblätter, manchmal trägt sie den Koffer mit der Linken, und als sie Flötigen erreicht, hört es auf zu schneien. Sie geht an der Kirche vorbei, gelangt zum Bahnhof, der Personenzug ist schon abgefahren.

Sie löst eine Fahrkarte, setzt sich auf die grüne Bank neben dem Stellwerk. Die Glocke gibt an. Der Stationsvorstand Bärtschi kommt aus seinem Raum.

»Frau Mani«, sagt er, »der nächste Personenzug nach Oberlottikofen kommt erst in einer Stunde zehn Minuten, Sie frieren sich hier ja zu Tode.«

Sie friere nie, antwortet sie. Sie sitzt unbeweglich, und es wird kälter. Auf einem Starkstrommast sitzt eine Dohle, fast nicht zu erkennen vor dem aufgetürmten schwarzen Koloß des Ödhorns.

Der Pfarrer kommt mit seiner Frau, die Glocke gibt wieder an, der Personenzug von Oberlottikofen biegt um Riesers Wäldchen, hält, der Kondukteur springt vom Zug, schreit »Flötigen«, der Pfarrer küßt seine Frau, sie steigt ein, der Stationsvorstand hebt die Kelle, der Personenzug setzt sich in Bewegung, der Kondukteur springt auf den Zug, der Pfarrer winkt, kehrt sich um, sieht Frau Mani, will grüßen, grüßt dann aber nicht, geht weg.

Von der Kirche schlägt es zehn. Vom Schulhaus her Kindergeschrei, die große Pause, die Dohle fliegt wieder weg, dem Flötenbachwald zu.

Oben, im Flötenbachwald, viel später, kommt er jäh zu sich, die Fenster sind immer noch offen, Schnee liegt im Wagen, auf seinem Mantel, auf seinem blauen und seinem roten Trainingsanzug, einen Augenblick lang glaubt er, es sei entsetzlich kalt, etwas Warmes, Süßes, Schwarzes quillt aus seinem Mund, aber er fühlt keinen Schmerz, eine große Ruhe ist über ihn gekommen. Mechanisch hantiert er am Instrumentenbrett, der Motor heult auf, er hantiert an der automatischen Kupplung, ohne daß er sein Hantieren wahrnimmt, der Wagen schnellt nach hinten, dann nach vorn, dann die Straße hinab, durchbricht die Schneeböschung, fällt in die Tannen, lautlos im tiefen Schnee, liegt quer im Dickicht. Eine seltsame Helligkeit schimmert durch den dunklen Schnee um ihn.

Von der Straße hört er singen: »Der Mond ist aufgegangen, die goldnen Sternlein prangen am Himmel hell und klar.« Er begreift verwundert, daß jemand oben auf der Straße vorübergeht und daß es Nacht ist, und er erinnert sich, daß es vorher Morgen gewesen ist und irgend jemand bei ihm war, er weiß nicht mehr, wer.

»Wie ist die Welt so stille und in der Dämmrung Hülle so traulich und so hold!« singt die Frauenstimme, und dann ist ihm noch, als ob das Lied fern und ferner, dann wieder näher und dann ganz ferne in endlosen Strophen verklinge.

Es ist noch zu notieren: Claudine Zäpfel, die da singend durch den Schneewald die beschwerliche Straße nach Flötigen hinuntersteigt, braucht am nächsten Morgen nicht wieder zu Fuß ins Dorf zurück, um die wenigen Schüler und Schülerinnen zu unterrichten. Als sie bei Tagesanbruch, gegen acht, unbeachtet durch die Hintertüre des Pfarrhauses schlüpft, einen vor Erschöpfung tief schlafenden Pfarrer zurücklassend, und dem Waldrand entlang gegen die Straße vordringt, wird ihr gerade ihr Unbeachtetsein zum Verhängnis, schiebt sich doch eine riesige Schneeschleuder, gefolgt von einem Schneepflug, einem Tankwagen und einem Entsalzer, umwimmelt von schaufelnden Straßenarbeitern in orangefarbenen Mänteln, talaufwärts. Und überrascht von den Schneemassen, die sich aus der Schleuder auf sie stürzen, wird Claudine Zäpfel begraben, so vollständig, daß sie unzweifelhaft erstickt wäre, hätte nicht Ständerat Dr. Michael Aetti, der in einem Land-Rover mit Regierungsrat Schafroth der Maschinen- und Menschenkarawane folgt und als Kind des Landes das ganze Unternehmen kommandiert und anfeuert, das Unglück bemerkt und die unglückliche Lehrerin ausgraben lassen. Noch etwas von einem Frühzug murmelnd, mit welchem sie in Flötigen angekommen sei, in Wolldecken eingewickelt zwischen dem Stände- und dem Regierungsrat sitzend, rollt sie nun wie im Traum das Tal hinauf. Das geht nur langsam, die unermeßlichen Schneemassen stellen die mächtige Schleudermaschine vor schier unlösbare Aufgaben, obgleich sie dermaßen ungestüm arbeitet und gleichsam Sturzfälle von Schnee erbricht, daß der Cadillac, der irgendwo unten am Waldrand liegt, im Vorbeifahren vollends zugedeckt wird; im Tannen- und Schneedickicht ist er ohnehin nur schwer zu erkennen gewesen. Aber so mühsam sich auch die Schlacht mit der Unmasse von Schnee und Eis gestaltet, ja, obgleich ein heftiger Schneefall einsetzt, der der Expedition einen ähnlichen Kampf beim Rückweg androht, erreicht man doch das Dorf, wo sich schon die Bewohner versammelt haben, unter ihnen der seit mehr als zehn Tagen nicht gesehene, endlich nüchtern gewordene Polizist. Alle bestaunen die Ungeheuer von Maschinen, weshalb sich denn auch Claudine Zäpfel unbemerkt ins Schulhaus schleichen kann, froh, hier keine Schulkinder vorzufinden. Ihr Fehlen wird um so weniger bemerkt, als Ständerat Dr. Aetti – während der Regierungsrat Schafroth mit fröhlichem Gesicht daneben steht – auf den beunruhigten Bärenwirt zugeht, um den sich die Bauern finster scharen, ihm die Hand schüttelt und ihm erklärt, in seiner Eigenschaft als Ständerat und beeindruckt von der Unbeirrbarkeit der Flötenbacher, ihr Tal noch ursprünglich zu erhalten, wie er es im ›Mönch‹ in Oberlottikofen persönlich habe feststellen können, sei er zur Tat geschritten: Es sei Aufgabe der Gemeinschaft, ihr hartes Los hier oben zu lindern, ihnen freund-eidgenössisch beizustehen, weshalb er denn kurzerhand noch am Sonntagmorgen den zuständigen Bundesrat aus dem Bett geholt und die Direktoren der großen Versicherungen zusammengetrommelt habe, um ihnen zu erklären, die Gegend des Flötenbachs sei das einzige Bergtal des Landes, welches noch nicht durch Sesselilift und Bauten für die Fremdenindustrie verschandelt und dessen Ökologie noch natürlich sei und wo man noch mit den Skiern auf eine Alp oder auf einen Berg steigen müsse, um hinunter zu sausen oder zu wedeln, so daß es denn auf der Hand liege, hier das längst geplante Winter-Vita-Parcours-Zentrum für die Volksgesundheit zu errichten, mit Fitneßräumen, Turnhallen, Eisbahnen, Hallenschwimmbädern, Hotelblöcken, Spital und vielleicht doch einigen kleinen Sesselilifts für jene, die für den echten Vita-Parcours noch zu schwächlich seien. Dazu käme notwendigerweise noch der Ausbau der Flötenbachstraße mit Anschluß an die Autobahn, kurz, ein Projekt, das allgemein eingeleuchtet, ja sogar Begeisterung gefunden habe, um so mehr, als die nötigen Gelder, zehn Millionen vom Bund, fünf Millionen vom Kanton und fünfundzwanzig Millionen von den Versicherungen, schon längst von den verschiedenen Instanzen und Parlamenten bewilligt worden seien, bevor man sich auf den Ort geeinigt habe, so daß er nur noch auszurufen habe, auch ihnen in dieser einsamen Bergwelt leuchte jetzt eine bessere Zukunft; womit der Ständerat seine Rede beendet, die alle Flötenbacher, die eine ganz andere Ansprache erwartet und sich schon in Oberlottikofen vor dem Geschworenengericht gesehen haben, in wachsende Erregung versetzt, bis Rede und Erregung in eine tiefe Stille münden, die durch den Schrei einer Dohle, die über den Verstummten kreist, noch spürbarer wird, während das Gesicht des Gemeindepräsidenten und Bärenwirts Schlaginhaufen sich verklärt, der darauf mit Tränen in den Augen, deren er sich nicht schämt, mit schlichten Worten, den Ständerat spontan duzend, herzlich dankt: »Aetti, wir danken dir, Gott hat uns gesegnet.«

Der Rebell

Die Geschichte der Hauptperson sollte schon in deren Jugend beginnen. A (sein Name ist mir entfallen) wächst in irgendeiner größeren Ortschaft auf, nehmen wir an in einer Stadt von hunderttausend Einwohnern; vorwiegend bürgerliches Milieu, ländliche Umgebung, mitteleuropäisch, doch das ist unwichtig – der Anfang der Erzählung ist unbestimmt, vage, als habe der Erzähler nur unvollständige Nachrichten über A's Jugend.

A ist das einzige Kind eines wohlhabenden Kaufmanns. Er hat seinen Vater nie kennengelernt. Dieser trat während der Schwangerschaft seiner Frau eine Reise in ferne Länder an und kehrte nicht mehr zurück. Der Sohn wohnt mit seiner Mutter und einer alten Magd in einem weiträumigen Haus in der Innenstadt. Die Magd ist taubstumm, nur die Mutter kann sich ihr mit Zeichen verständlich machen. Die Mutter ist eine schöne Frau. Sie ist gleichgültig gegen ihren Sohn, tagsüber bleibt sie auf ihrem Zimmer, nur das Abendessen nimmt sie gemeinsam mit A ein, von der alten Magd bedient, schweigend, höchstens daß sie sich manchmal nach seinem Unterricht erkundigt, den der Knabe von einem buckligen Hauslehrer erhält. Von ihrem verschollenen Mann spricht die Mutter nie. Wenn A nach seinem Vater fragt, bekommt er keine Antwort; nur einmal erwähnt sie, als etwas offenbar völlig Unwichtiges, sein Vater sei schon siebzig gewesen, als sie ihn geheiratet habe. Nach dem Abendessen zieht sich die Mutter zurück, um später in kostbarer Kleidung das Haus zu verlassen und erst gegen Morgen zurückzukehren.

Einmal, in einer Vollmondnacht, schleicht ihr der Junge nach. Sie durchquert die Innenstadt, geht über eine der Brücken in die Vorstadt jenseits des Flusses, verläßt auch sie, nur noch einzelne Villen sind anzutreffen, dazwischen Waldpartien. Die Mutter öffnet eine Gittertüre, läßt sie weit offen, der Knabe folgt ihr unbemerkt. Zwischen den uralten Bäumen taucht ein kleines hellerleuchtetes Palais auf, sie steigt eine Rampe hoch, livrierte Diener empfangen sie, verbeugen sich. Aus dem Palais dringen die Töne eines Konzerts, dann erlöscht das Licht in den Fenstern nach und nach. Nur im Obergeschoß bleiben die Scheiben einer Flügeltür erleuchtet, die auf einen Balkon führt.

Der Knabe schleicht im Schatten der Bäume zum Palais, versucht den Balkon hochzuklettern, ein riesiger livrierter Diener mit Schlitzaugen und mächtigen Backenknochen verscheucht ihn, eine große schwarze Dogge trottet dem Jungen knurrend nach, treibt ihn zum Park hinaus, durch die Vorstadt über die Brücke in die Innenstadt, bis der Knabe wieder zum väterlichen Haus zurückfindet, die Haustüre hinter sich zuschlägt, sich bleich und zitternd gegen sie lehnt.

So vergehen die Jugendjahre. Nach den Unterrichtsstunden durchstöbert A den riesigen Dachboden voll Gerümpel und Reiseandenken, offenbar von seinem Vater: blutrote asiatische Masken, kleine steinerne Dämonen mit gewaltigen Genitalien, vergilbte Stiche mit seltsamen Landschaften.

Später, älter geworden, hält er sich am liebsten in der Bibliothek seines Vaters auf, durchblättert Atlanten, liest Reisebeschreibungen und findet unter alten Scharteken die Grammatik einer seltsamen Sprache. An wen er sich auch wendet, an den buckligen Hauslehrer, an den Pfarrer, der ihn konfirmierte und ihm schon eine höhere Instanz zu sein scheint, später an Spezialisten, vergleichende Sprachforscher – die Sprache bleibt unbekannt und ist keiner anderen bekannten Sprache zuzuordnen.

Die Sprache kennt keine Substantive und Adjektive, sie verwendet nur Verben, unterscheidet jedoch mehr als fünfhundert Konjugationen, mit denen sie neben den Tätigkeitswörtern auch die Hauptwörter und die Eigenschaftswörter ausdrückt; so nehmen die Verben, die in der erstarrten Gegenwartsform stehen, den Sinn von Substantiven an, etwa ›hasse‹, ›der Haß‹, während die erstarrte Mitvergangenheit einerseits der ›vergangene Haß‹, andererseits als sogenannte reaktivierte erstarrte Mitvergangenheit ›Liebe‹ bedeutet.

A lernt die überaus komplizierte Sprache mühsam, da ihm niemand zu helfen vermag; beginnt mit seinem Studium immer wieder von vorn, radebrecht, spricht sie flüssiger, endlich fließend, ohne zu wissen, ob er sie auch richtig spreche, sie ist für ihn die Sprache seines unbekannten verschollenen Vaters, obgleich er weiß, daß dieser Gedanke absurd ist, eine fixe Idee – die Familie seines Vaters stammt seit Menschengedenken aus der Stadt, mehrere seiner Vorfahren waren Bürgermeister, und auch die Eltern seiner Eltern stammen aus der Gegend, und so fort.

A beginnt, seinem Vater nachzuforschen. Er treibt einen alten Prokuristen auf, der bei seinem Vater angestellt war. Der Prokurist schildert ihn als unnahbaren, strengen, aber gerechten Kaufmann alter Schule. A forscht weiter. Ein noch älterer Einkäufer, der für seinen Vater tätig war, gibt dem Jüngling ein entgegengesetztes Bild: sein Vater habe sich nie um das Geschäft gekümmert; ein anderer, uralter Angestellter schildert mit wilden Flüchen den Vater als den größten Schürzenjäger der Stadt, der auch mit seiner Frau geschlafen habe; ein vierter Greis, noch älter als der uralte, glaubt sich zu erinnern, der Vater sei überaus fromm gewesen. A vernimmt über seinen Vater nur Widersprüchliches, überdies sind die weiteren Zeugen, die er noch in einigen Altersheimen auffindet, so alt, daß sie seinen Vater möglicherweise mit einem anderen verwechseln, er gibt die Nachforschungen auf.

A wird zwanzig. Er geht auf die Universität, er will Mathematiker werden, am meisten interessiert ihn Riemanns nichteuklidische Geometrie. Immer noch nimmt er das Abendessen mit seiner Mutter ein, immer noch verläßt sie – stets in gleicher unveränderter Schönheit – des Nachts das Haus, bis sie eines Morgens nicht zurückkommt. Als der Sohn beunruhigt das Palais aufsucht, das er nur mit großer Mühe wiederfindet, ist es leer. Nachforschungen ergeben, es habe immer leergestanden. Die Nachbarn in den nächsten Villen haben nie etwas bemerkt, allerdings ist der Park, der das Palais umgibt, ausgedehnt, der Besitzer unbekannt, eine Bank verwaltet das Gebäude, sie ist an das Bankgeheimnis gebunden; im übrigen sei es unverkäuflich. Außerdem ist A durchaus nicht sicher, ob es sich um das gleiche Palais handelt, das seine Mutter aufzusuchen pflegte. Er geht nach Hause. Auch die alte Magd ist verschwunden.

A verkauft das Haus und verläßt die Heimat, ohne ein bestimmtes Ziel, aber aus dem dumpfen Gefühl heraus, die

Reise antreten zu müssen, von der sein Vater vor mehr als zwanzig Jahren nicht mehr zurückgekehrt ist. Er durchstreift den Balkan, Kleinasien, Persien, hin und wieder glaubt er eine Landschaft wiederzuerkennen, die er auf einem der alten Stiche auf dem Dachboden gesehen hat.

In einer Waldschlucht findet er in der Ruine eines alten Tempels einen kleinen steinernen Dämon mit gewaltigen Genitalien, der jenen Dämonen gleicht, die sein Vater besaß. Er ist nun sicher, auf der richtigen Spur zu sein, doch brechen von da an alle weiteren Hinweise und Zeichen ab. Er irrt umher. Schluchten, unerforschte Gebirgsmassive, Wüsteneien, mehrmals steigt er, ohne es zu bemerken, über den gleichen öden Bergpaß, er bewegt sich im Kreis.

Schon denkt er daran, aufzugeben, sein Unternehmen scheint ihm hoffnungslos, ja selbst seine Rückkehr wird in Frage gestellt – Räuber überfallen ihn, seine Diener werden erschlagen, seine Pferde, sein Gepäck, seine Waffen, seine Karten und sein Kompaß gestohlen –, als er durch Zufall an eine Grenze gelangt, ohne zu wissen, wo er sich befindet, zu Fuß, hinkend, in Lumpen.

Ein Zollhaus, schäbig, windschief, ein Zöllner, klein, schlitzäugig, mit großen Backenknochen, der ihn anhält und ihn in der seltsamen Sprache anredet, die er in der Jugend gelernt hat: Die ›Sprache seines Vaters‹ ist Wirklichkeit geworden, wenn sie auch rauher, zischender tönt, als er sie sich vorgestellt hat.

A stutzt, antwortet in derselben Sprache, der Zöllner ist verwirrt, verneigt sich immer wieder, behandelt A mit Respekt, ja, wie ihm vorkommt, mit geheimer Furcht, gibt ihm zu essen und zu trinken, beschenkt ihn mit einem Pelzmantel, nötigt ihm einen Maulesel auf.

A beschließt, das unbekannte Land zu erforschen. Er reitet durch weite winddurchheulte Hochebenen, die von niedrigen baumlosen Hügeln begrenzt werden, an deren Hängen Dörfer kleben, die einstöckigen Häuser aneinandergepreßt. Der Himmel ist wolkenlos und unermeßlich, manchmal von einem derart dunklen Violett, daß auch am Tag Sterne sichtbar werden. Sirius funkelt noch, am Horizont ein heller Stern, den er zuerst für einen Planeten hält und erst allmählich als Canopus erkennt: so weit nach Süden ist er gekommen.

Die Vegetation ist karg, hin und wieder Sträucher, selten einige verkrüppelte Bäume. Hirten, unbeweglich an ihre

Stöcke gelehnt und ihn schweigend beobachtend, hüten kleine Schafherden, manchmal einige Ziegen; Kühe oder Büffel sind nie zu sehen. Die Dörfer liegen abseits der staubigen Straße, doch kommen Menschen, klein, schlitzäugig, mit großen Backenknochen wie der Zöllner, von weither, um A zu sehen, stellen sich beiderseits der Straße auf, schweigsam, demütig, offenbar arm, die Frauen heben kleine Kinder in die Höhe.

A nähert sich langsam der Hauptstadt, die Dörfer häufen sich, werden größer, auch zeigen sich Anzeichen eines gewissen Wohlstands, die Straße ist nun gepflastert. Die Eingeborenen, wie A in Pelzmänteln, die bis zum Boden reichen und die sie in den Häusern nicht ausziehen, behandeln ihn immer respektvoller. Hat er zuerst in kleinen Steinhäusern übernachtet, in dunklen, rauchigen Höhlen, die Bewohner stumm an den Wänden hockend, ihn die ganze Nacht beim Feuer eines rohen Kamins beobachtend, übernachtet er nun bei Landadeligen und Großbauern, die ihm auf Mauleseln entgegenreiten und ihn einladen in ihre Häuser, die äußerlich zwar mit der gleichen Einfachheit gebaut sind wie die der armen Bevölkerung – wenn sie auch eine größere Fläche einnehmen –, doch innen ein Genist von kleinen ineinandergeschachtelten Zimmern aufweisen, auf dem Boden Teppiche und weiche Kissen.

A's Reise in die Hauptstadt verlangsamt sich immer mehr, immer neue Würdenträger suchen seine Bekanntschaft, er muß bei jedem übernachten, die Leute sind leicht beleidigt, und A will niemanden beleidigen. Seine Aussprache gleicht sich mit der Zeit immer mehr der landesüblichen Aussprache an, er fühlt sich wie zu Hause, alles ist seltsam heimatlich und fremd zugleich, wenn ihm auch nicht die Unrast entgeht, von der alles befallen scheint.

Die politische Lage ist chaotisch. Das Land wird von einem Herrscher regiert, der die Einwohner grausam unterdrückt; täglich werden Leute verhaftet, öffentlich hingerichtet, um dann von der Bevölkerung in langen feierlichen Leichenzügen unter leisem melodischem Summen zu Grabe geleitet zu werden, der Sarg mit einem blauen Teppich bedeckt.

A schaut mehreren dieser Hinrichtungen zu, empört, doch verwundert, denn trotz der Schrecken ist das Land von einer glühenden, irrationalen Hoffnung erfüllt, die eine offene Empörung unmöglich macht, weil sie sinnlos wäre angesichts der gewaltigen Veränderung aller Dinge, die unmittelbar bevorsteht: Die Einwohner glauben an einen geheimnisvollen Rebellen, der einmal auftauchen werde, das Land zu befreien. Sie setzen alles auf diese Erwartung, sie können ohne diese Hoffnung nicht leben.

A beschließt, dieser merkwürdigen Erwartung auf einen Erlöser nachzugehen. Er spricht mit Kleinbauern, Handwerkern und Handlangern, freundschaftlich, gerührt von der Achtung, die ihm die Leute entgegenbringen, doch ohne bestimmte Absicht, etwas zu ändern, aus bloßem Interesse an der kindlichen Hoffnung, die in allen lebt, der Rebell werde kommen, ja, sei vielleicht schon gekommen, lebe schon unter ihnen.

Er kommt in die Hauptstadt, auch sie ist von außen gesehen primitiv, um einen Felsen herum gebaut, dessen Kuppe der Palast des Herrschers einnimmt, eine schmucklose quadratische Burg, ohne Fenster, bloß mit unregelmäßig eingesetzten Schießscharten; am Fels kleben die Häuser, schieben sich übereinander hoch, einige rohe Paläste, darunter steil abfallende Gassen und Plätze.

Er wird in den Palast des kirchlichen Oberhauptes eingeladen, eines über hundert Jahre alten Theologen, der A freundlich empfängt und ihn bittet, bei ihm Wohnung zu nehmen. Die Religion ist ein seltsames Christentum, oder genauer, das Gemisch einer unbekannten, offenbar einheimischen Religion mit dem Christentum, man glaubt an einen sechsfaltigen Gott, an die Einheit Gott des Vaters, Gott des Sohnes und Gott des Heiligen Geistes, wozu noch der Gott der heiligen Energie, der Gott der heiligen Materie und der Gott des heiligen Nichts treten, ebenfalls als Wesenheiten gedacht, so daß sich die Einheit Gottes aus sechs Wesenheiten zusammensetzt. Doch ist das Oberhaupt dieser absonderlichen Kirche durchaus kein sturer Dogmatiker, wie A zuerst befürchtet, im Gegenteil, der ehrwürdige Theologe legt A seine Lehre mit einer gewissen frommen Ironie dar, höflich, als halte er es für seine Pflicht, einen immerhin Fremden über eine absonderliche Seite des Landes aufzuklären.

Mehr als das kirchliche Dogma scheint ihn das Schicksal seines unglücklichen Volkes zu bewegen, auf das er gleich bei seiner ersten Audienz zu sprechen kommt. Er nimmt A bei der Hand und führt ihn in eine Halle. Die Politiker des Landes sind versammelt, das Geheime Parlament, wie das kirchliche Oberhaupt sich ausdrückt: Konservative, Reformer, Revolutionäre, Idealisten, Atheisten, Anarchisten.

Der Theologe stellt A vor und eröffnet die Versammlung. Ein jeder beginnt, seinen Standpunkt zu vertreten, die Meinungen widersprechen sich, der Theologe nimmt keine Stellung. Er scheint nur der Führer der Opposition zu sein, doch unfähig, die verschiedenen Strömungen in eine einheitliche Richtung zu lenken, dazu ist er politisch zu unerfahren und zu naiv, doch schart man sich um ihn, weil seine Position unantastbar ist, als geistiges Oberhaupt der Kirche steht er rangmäßig über dem Herrscher, wenn ihm auch keine politische Macht zukommt.

Der Theologe zieht sich zurück. A ist mit den Politikern allein, er kommt mit ihnen ins Gespräch, fordert einen jeden auf, noch einmal zu sprechen, geht auf ihre Argumente ein, auch hier nicht, um zu verhandeln, sondern aus bloßer, manchmal sogar belustigter Neugier, als Nichtbeteiligter.

Alle sind sich zwar einig, daß eine Revolution stattfinden müsse, alle geben A zu erkennen, eine Revolution stehe unmittelbar bevor, weil allem Anschein nach der Rebell nun bald komme, aber jeder will mit der Revolution etwas anderes erreichen: der eine einen Staat nach europäischem Muster, mit Großindustrie, das Land sei voller Bodenschätze; ein anderer bestreitet das Vorhandensein dieser Bodenschätze, das Land müsse wieder zu seiner urtümlichen freiheitlichen Hirtenkultur zurückfinden; ein Dritter, jung, hitzig, sympathisch, roter Schopf, springt auf, die christlichen Elemente müßten aus der Religion eliminiert werden, die Sechseinigkeit habe nicht nur dazu geführt, daß einer nur noch sechs Äcker und sechs Frauen haben dürfe und nicht so viele Frauen und Äcker, wie er wolle und haben könne, sondern das artfremde Christentum sei auch der Grund, warum jetzt nur ein Herrscher das Land regiere, als falsche Auslegung des sechseinigen Gottes; dem Dritten entgegnet ein Vierter, ein Riese, gerade so werde die Sechseinigkeit falsch ausgelegt, sie bedeute nämlich, daß die sechs Klassen, die Regierenden, die Beamten, die Theologen, die Soldaten, die Hirten und die Gewerbetreibenden eine Klasse bilden, daß somit alles allen gehört und alle über alle regieren; jäh schnellt eine untersetzte Fleischmasse hoch, die Schlitzaugen unter den Fettwülsten kaum sichtbar: genug mit dem ideologischen Klimbim, was wir brauchen, ist ein Parlament und eine ihm verantwortliche Regierung sowie einen vom Volk gewählten, repräsentativen Staatspräsidenten. Du willst gewählt werden, du, schreien einige, Demokratie ist Plutokratie, brüllen andere, Tumult, einer blutet.

Man trennt sich erst im Morgengrauen, doch tritt das Geheime Parlament schon in der nächsten Nacht wieder zusammen und auch in den weiteren Nächten. Ohne Absicht, bloß durch seine Gegenwart, versöhnt A die verschiedenen Revolutionäre, gleicht die Gegensätze aus. Seine Unbeteiligtheit, seine Ruhe, ja sein Humor, da ihn viele allzu radikale Ansichten belustigen, wirken versöhnlich, schaffen Einigkeit, so daß man endlich nur noch vor der Frage steht, ob der Hauptmann der Palastwache, dem auch die Geheimpolizei untersteht, ins Vertrauen zu ziehen sei. Und wie man sich voneinander trennt, ohne diese Frage entschieden zu haben, weil die meisten dem Hauptmann mißtrauen, andererseits aber auch, weil es unmöglich erscheint, den Handstreich ohne den Hauptmann der Palastwache zu wagen, ruft der Theologe A zu sich.

A will berichten. Er sei im Bilde, unterbricht ihn der Theologe, doch bevor das Geheime Parlament handle, sei es seine Pflicht in seiner Eigenschaft als Oberhaupt der Kirche, A über gewisse Sonderbarkeiten des Herrschers – bei allem Respekt vor diesem – aufzuklären. Diesen habe nämlich noch niemals jemand gesehen.

Der Herrscher empfange niemanden, der Herrscher lebe in völliger Abgeschlossenheit, einige Theologen und Politiker mutmaßten, es gebe ihn vielleicht nicht, er sei eine reine Fiktion entweder des Hauptmanns der Palastwache oder gar des ganzen Volkes.

Auf die Frage A's, wie denn ein Herrscher regieren könne, von dem man nicht wisse, ob er existiere, antwortet der Greis, er selbst habe noch nie eine Anordnung bekommen, andere beteuerten, sie hätten ihre Befehle durch den Hauptmann der Palastwache erhalten, der Hauptmann jedoch hätte, wie sie behaupteten, auch nicht gewußt, von wem die Befehle nun eigentlich stammten, vom Herrscher selbst oder von einer untergeordneten Stelle, die Administration im Regierungspalast sei unübersichtlich.

Doch gerade das sei das Bedrückende, der Herrscher übe seine Tyrannei durch die bloße Ungewißheit, ob es ihn gäbe oder nicht, aus. Er selbst als das Oberhaupt der Kirche sehe aber ein, daß es nicht anders sein könne, daran werde auch die Revolution nichts ändern, weil die Unsichtbarkeit des Herrschers die Wesenheit des heiligen Nichts in der Sechsfaltigkeit Gottes verkörpere.

Verwirrt von dieser Rede des Theologen zieht sich A in sein Gemach zurück. Auch hier nach Landessitte keine Möbel, nur kostbare Teppiche und weiche Kissen auf dem Fußboden, eine große Kerze erhellt den Raum. A sinkt in tiefen Schlaf, schreckt plötzlich auf, ein warmer Atem weht über sein Gesicht, vor ihm steht eine große schwarze Dogge, wie jene, die ihn einst in seiner Jugend verfolgte, ihre Augen blinken im Kerzenlicht wie geschliffene Steine, die Dogge knurrt, als wolle sie zuschnappen, dann wendet sie sich ab von A, springt zur Tür hinaus. A alarmiert den Palast des kirchlichen Oberhauptes, junge Theologen durchsuchen das Gebäude, ergebnislos, das Hauptportal und die Nebentüren sind verschlossen.

Am nächsten Tag, wie A durch die Hauptstadt streift, glaubt er in einer Nebengasse den riesigen Diener wiederzuerkennen, der ihn einst aus dem Park des Palais wies, das seine Mutter immer besucht hatte; an einem anderen Tag geht die taubstumme Magd an ihm vorüber, die ihn zu Hause bediente, er kann sich natürlich getäuscht haben, wie auch beim Diener und bei der Dogge, sicher ist er durchaus nicht. Er geht der Alten nach, sie steigt zum Palast des Herrschers hinauf, eine steile Treppe, plötzlich ist das Weib verschwunden.

Als A zurückkehrt, erwartet ihn der Hauptmann der Palastwache, ein intelligenter, hochgewachsener Offizier mit beinahe europäischen Gesichtszügen. Der Hauptmann ist über die Opposition im Bild, sein Geheimdienst hat ihn unterrichtet. Er äußert sich abschätzig über das Oberhaupt der Kirche, der Theologe sei ein abergläubischer Mystiker, der Herrscher sei durchaus nicht das Abbild des sechsfaltigen Gottes, oder wie diese unsinnige Ansicht auch laute, sondern ein höchst skrupelloser Mensch, der sich mit einer aufgeblähten Verwaltung tarne; allein im Herrscherpalast seien über zweihundert Schreiber beschäftigt, alles sei hoffnungslos korrupt, ein mittelalterliches Relikt. Das ganze Nest sei auszuräuchern, man müsse handeln, das sei alles. Der Unfug habe vor etwas mehr als zwanzig Jahren begonnen, leider sei er damals noch zu jung gewesen, so daß er nichts Sicheres wisse.

Aber soviel sei ihm bekannt, daß einmal ein Fremder von

irgendwoher gekommen sei, in Lumpen, zu Fuß, der durch irgendeinen Zufall der Landessprache mächtig gewesen und aus diesem Grunde vom Volk als der prophezeite Herrscher betrachtet worden sei, worauf sich der Fremde der Hauptstadt bemächtigt habe, was ihm um so leichter gefallen sei, als sich das Land damals in höchster Anarchie befunden habe, in wilder Unordnung, in einem Kampf aller gegen alle. Darum habe die Bevölkerung die neue straffe Ordnung als vom sechsfaltigen Gott verheißen begrüßt; es sei immer derselbe Schwindel, auf den die Bevölkerung aller Schichten hereinfalle.

Diese Ordnung sei jedoch wieder in eine unerträgliche Diktatur entartet, die ebenso willkürlich sei wie vorher die Anarchie und die ebenso viele Opfer fordere, niemand sei vor einer Verhaftung und Verurteilung zum Tode sicher, auch er, der Hauptmann nicht. Der Herrscher sei offenbar wahnsinnig geworden, vielleicht auch ein Gefangener der Verwaltung, die niemanden zu ihm vorlasse, ihn isoliere; das Volk setze deshalb seine ganze Hoffnung auf den Rebellen, der ja inzwischen eingetroffen sei und den das Volk auch als von Gott gesandt betrachte, wie vor mehr als zwanzig Jahren den Herrscher, religiös wie es nun einmal sei.

A stutzt. Er antwortet endlich, er wisse nichts von der Ankunft eines Rebellen. Der Hauptmann lacht, verneigt sich und schweigt.

Die Politiker finden sich im Palast des kirchlichen Oberhauptes ein, stutzen, als sie den Hauptmann sehen. Doch dieser erklärt sich mit ihnen einig, man dürfe nicht mehr zögern, schon im Morgengrauen sei der Staatsstreich durchzuführen, die Palastwache sei eingeweiht und bereit zu handeln.

Da der Rebell nun eingetroffen sei und da er alle Gegensätze im Volk und unter den Politikern durch weise Vermittlung bereinigt habe, sei weiteres Zögern sinnlos. Ob der Rebell nun vom sechsfaltigen Gott persönlich gesandt worden, wie das Volk glaube, oder ein Mensch wie sie alle sei, der eine einmalige, vielleicht zufällige Gelegenheit wahrnehme, um dem Volk die Freiheit wiederzuschenken, wie er als Hauptmann der Palastwache glaube, spiele keine Rolle; ja nicht einmal, was der Rebell von sich selber halte, sei wichtig, entscheidend sei, daß er eine politische Realität darstelle, die man ausnützen müsse, es gehe um den Sturz des verhaßten Herrschers und um nichts anderes.

A erkennt plötzlich, daß er von allen als der Rebell betrachtet wird. Er versucht vergeblich, das Mißverständnis aufzuklären. Niemand glaubt ihm, alle lächeln, niemand ist vom Mißverständnis zu überzeugen. A kennt die Landessprache, A ist der längst erwartete Rebell, der Messias.

Die Politiker und der Hauptmann ziehen sich um Mitternacht zurück. Das Oberhaupt der Kirche bleibt ernst und traurig vor A stehen.

»Du bist der Rebell«, sagt der Theologe zu A, »versuche es nicht mehr zu leugnen. Nimm dein Schicksal auf dich, es kann dir kein Mensch mehr helfen.«

Dann hebt der Greis seine rechte Hand wie zum Segen, verläßt die Halle und zieht sich in seine Privatgemächer zurück.

A geht verwirrt auf sein Zimmer, dort wird er von einem jungen Priester erwartet, der A schon verschiedentlich aufgefallen ist, immer schien er A etwas mitteilen zu wollen. Auch jetzt zögert er, ist verwirrt, bittet endlich A, ihn auf etwas hinweisen zu dürfen. A nickt. Der junge Priester führt A in die Halle zurück, geleitet ihn in die Gemächer des kirchlichen Oberhauptes. Sie sind leer. A schaut den jungen Priester an, begreift immer noch nicht, was man von ihm will.

»Das Oberhaupt der Kirche befindet sich nicht mehr in seinem Palast«, sagt der junge Priester.

»Nun?« fragt A.

Das Oberhaupt der Kirche sei der Herrscher selbst, antwortet der junge Priester. Er habe zwar keine eigentlichen Beweise, fügt er bei, aber alle seine Nachforschungen ließen keinen anderen Schluß zu.

Das Oberhaupt der Kirche sei der Fremde gewesen, der vor mehr als zwanzig Jahren in Lumpen und zu Fuß das Land betreten habe, von irgendwoher kommend, aus einem fremden Lande. Auf einem Maulesel sei er in die Hauptstadt eingeritten, wie jetzt A, und habe sich gleichzeitig der Kirche und des Staats bemächtigt, weil ihn alle für den vom sechsfaltigen Gott prophezeiten Herrscher gehalten hätten, wie nun alle in A den verheißenen Rebellen sähen. Doch das Oberhaupt der Kirche habe sich gleichsam in zwei Erscheinungen geteilt, einerseits in einen unnahbaren, unbarmherzigen Herrscher, andererseits in einen gütigen Theologen, der jedem zugänglich sei, der jeden empfange und allen Trost spende; als dieser habe er die Hoffnung des

Volkes genährt, als unsichtbare, schreckliche Macht dessen Schrecken.

Das sei Unsinn, entgegnet A.

Der junge Priester verneigt sich: »Spuren der Wahrheit, Herr«, antwortet er, er werde A wieder auf sein Zimmer begleiten.

Den Weg finde er selber, entgegnet A, noch immer entrüstet über das unsinnige Gerücht. Doch schon in der Halle wird er von zwei Soldaten der Palastwache verhaftet.

Wer den Befehl gegeben habe, fragt A gelassen.

»Der Herrscher«, antwortet der eine.

Ob er den Herrscher denn gesprochen habe, fragt A weiter.

Den habe niemand je gesprochen, entgegnet der andere.

A läßt nicht locker.

Woher sie denn wüßten, daß der Befehl vom Herrscher komme.

Das wisse man eben, ist die Antwort.

A läßt sich abführen. In der Türe, die zu den Privatgemächern des Oberhauptes der Kirche führt, steht schweigend der junge Priester, teilnahmslos.

Die beiden Soldaten führen A durch die nächtliche Stadt zum Palast des Herrschers hinauf, wo er vom Hauptmann empfangen wird, der ihm zuflüstert, alles sei nur eine vorsorgliche List, die beiden Soldaten, abergläubisch wie alle, glaubten, der Herrscher habe die Verhaftung A's angeordnet. In Wahrheit sei sie auf seinen, des Hauptmanns Befehl geschehen, um den Herrscher zu täuschen, Vorsicht sei geboten. In wenigen Minuten sei A wieder frei, die Rebellion beginne noch vor dem Morgengrauen, jeden Moment, noch früher als geplant, alles sei schon bereit, alle im Anmarsch.

Doch kaum ist der vermeintliche Rebell im Untersuchungsgefängnis, häufen sich die Mißverständnisse unter den Verbündeten, sie behindern sich selbst, die alten Gegensätze machen sich wieder bemerkbar, die konservativen gläubigen Politiker beginnen zu zweifeln, ob A wirklich der vom sechsfaltigen Gott verheißene Rebell sei, sonst hätte er sich doch selbst befreien können. Die Politiker der progressiven revolutionären Richtung befürchten, A werde wie der alte Herrscher bloß eine neue Diktatur errichten, er sei schließlich ebenfalls aus der Fremde und in Lumpen ins Land gekommen. Schließlich zögert auch der Hauptmann.

Die Diskussionen und Verhandlungen ziehen sich bis gegen den Morgen hin, dauern dann den ganzen Tag über, den nächsten Tag. Die Verwaltung weiß nicht, ob sie verhaftet wird oder nicht, der Herrscher bleibt wie immer unsichtbar, das Oberhaupt der Kirche schweigt, und das Volk wartet, wie es immer gewartet hat. Die Rebellion unterbleibt. Zuerst vorläufig, dann endgültig.

Die Politiker verlassen die Hauptstadt, ziehen sich auf ihre Landgüter zurück, die ersten Verhaftungen werden vorgenommen, die ersten Hinrichtungen, die Leichen mit leisem Summen zu Grabe getragen, die Särge mit einem blauen Teppich bedeckt.

A ist ohne Nachricht, wartet auf seine Befreiung, noch ist er überzeugt, jede Sekunde, jede Minute könne der Hauptmann wiederkommen: dann wird A vor das Volk treten, vor *sein* Volk, ihm die Freiheit zu verkünden. Die Sekunden, die Minuten vergehen, die Stunden, die Tage, er ruft, niemand antwortet.

A ist in einem kompliziert angelegten Spiegelsaal gefangen, sieht sich tausendfach widergespiegelt. Auch die Decke und der Fußboden sind aus Spiegeln. Er sucht die Tür. Da auch sie ein Spiegel ist, bleibt sie unauffindbar.

Die Zeit vergeht, kein Verhör, keine Nachricht von außen. A irrt in seinem Gefängnis umher, bald scheint es ihm ausgedehnt, bald nur aus einem kleinen Raum zu bestehen, bald aus vielen ineinandergehenden Räumen.

Er verliert nach und nach den Verstand. Er hält die widergespiegelte Menge seiner eigenen Gestalt für eine unübersehbare Menschenmasse, die versammelt ist, um die Rebellion gegen den Herrscher durchzuführen. Er hält der vermeintlichen Masse immer wildere Anklagereden gegen die Willkür und Ungerechtigkeit des Herrschers, verheißt in immer glühenderen Worten Freiheit und Gerechtigkeit für alle, fordert in immer wahnsinnigerer Rhetorik, daß sich Freiwillige melden sollen, um den Sturm gegen den Palast, der den unsichtbaren Herrscher verbirgt, zu wagen, die Mauern niederzurennen, die Verwaltung niederzumetzeln, die Akten zu verbrennen, die Verliese zu öffnen und ihn zu befreien.

So sehr hat sich sein Geist verwirrt, daß er sich gleichzeitig draußen und drinnen, in Freiheit und in Gefangenschaft wähnt. Doch niemand meldet sich, wenn er unbeweglich auf Antwort wartet, sein tausendfach widergespiegeltes Spiegelbild anstarrend: die Masse der Rebellen ist er selbst, und sie bleibt unbeweglich wie er selbst. Er verzweifelt, er glaubt, daß seine Anhänger ihn verlassen haben, brüllt ihnen ihre Freiheit entgegen.

Er gibt den Kampf allmählich auf, stiert vor sich hin, tagelang, wochenlang. Niemand bringt ihm Nahrung, manchmal leckt er eine Pfütze auf, die sich von Zeit zu Zeit auf dem Fußboden aus hartem Spiegelglas bildet durch Tropfen, die hin und wieder von irgendwoher die Spiegel herablaufen. Und irgendwo hinter den Spiegeln verbirgt sich vielleicht, ihn beobachtend, nur wenige Meter von ihm, der, gegen den er rebellierte, wenn es ihn überhaupt gibt, vielleicht der Herrscher, vielleicht das Oberhaupt der Kirche, vielleicht sein Vater, es ist ihm gleichgültig. Es ist wirklich gleichgültig.

A bleibt liegen, vergißt die Rebellion, die Außenwelt, die Spiegel, sich selbst. Irgendwann krepiert er wie ein Tier, seine Leiche vertrocknet, wird zur Mumie, wird vergessen, auch von den Politikern, auch vom Volk, das einen neuen Rebellen erwartet oder einen neuen Herrscher, in immer gleichbleibender frommer Hoffnung, daß sie sich irgendeinmal erfülle, vielleicht bald, vielleicht in einem Jahr, vielleicht in zehn, vielleicht in irgendeiner der kommenden Generationen.

Minotaurus
Eine Ballade

Für Charlotte

Das Wesen, das die Tochter des Sonnengottes, Pasiphae, geboren hatte, nachdem sie auf ihren Wunsch hin eingeschlossen in eine künstliche Kuh von einem dem Poseidon geweihten weißen Stier bestiegen worden war, fand sich, von den Knechten des Minos hineingeschleppt, die lange Ketten bildeten, um sich nicht zu verlieren, nach langen Jahren eines wirren Schlafs, währenddessen es in einem Stall zwischen Kühen heranwuchs, auf dem Boden des Labyrinths vor, das von Daidalos erbaut worden war, um die Menschen vor dem Wesen und das Wesen vor den Menschen zu schützen, einer Anlage, aus der keiner, der sie betreten hatte, wieder herausfand und deren unzählige in sich verschachtelte Wände aus Glas waren, so daß das Wesen nicht nur seinem Spiegelbild gegenüberkauerte, sondern auch den Spiegelbildern seiner Spiegelbilder: Es sah unermeßlich viele Wesen, wie es eines war, vor sich, und wie es sich herumdrehte, um sie nicht mehr zu sehen, unermeßlich viele ihm gleiche Wesen wiederum vor sich. Es befand sich in einer Welt voll kauernder Wesen, ohne zu wissen, daß es selber das Wesen war. Es war wie gelähmt. Es wußte nicht, wo es war, noch was die kauernden Wesen rundherum wollten, vielleicht träumte es nur, auch wenn es nicht wußte, was Traum war und was Wirklichkeit. Es sprang auf, instinktiv, um die kauernden Wesen zu vertreiben, gleichzeitig sprangen seine Spiegelbilder auf. Es duckte sich, und mit ihm duckten sich seine Spiegelbilder. Sie ließen sich nicht vertreiben. Es starrte auf das Spiegelbild, das ihm am nächsten schien, kroch langsam zurück, und auch sein Spiegelbild wich von ihm weg, sein rechter Fuß stieß an eine Wand, es warf sich herum und fand sich Kopf an Kopf mit seinem Spiegelbild, kroch vorsichtig zurück, sein Spiegelbild kroch zurück. Unwillkürlich betastete es seinen Kopf, und wie es ihn betastete, betasteten auch seine Spiegelbilder ihren Kopf. Es erhob sich, und mit ihm erhoben sich auch seine Spiegelbilder. Es sah seinen Leib hinunter und verglich ihn mit dem Leib seiner Spiegelbilder, und seine Spiegelbilder sahen ihren Leib hinunter und verglichen ihn mit ihrem Leib, und indem es sich und seine Spiegelbilder betrachtete, erkannte es, daß es wie seine Spiegelbilder beschaffen war: Es glaubte, ein Wesen unter vielen gleichen Wesen zu sein. Sein Gesicht wurde freundlicher, die Gesichter seiner Spiegelbilder wurden freundlicher. Es winkte ihnen zu, sie winkten zurück, es winkte mit der rechten, sie winkten mit der linken Hand, aber es wußte weder was rechts noch was links war. Es reckte sich, streckte die Arme aus, brüllte, mit ihm reckte sich, streckte die Arme aus und brüllte eine Unzahl gleicher Wesen, tausendfach scholl sein Echo zurück, schien endlos zu brüllen. Ein Glücksgefühl überkam es. Es näherte sich der nächsten Wand aus Glas, ein Spiegelbild näherte sich ihm ebenfalls, während gleichzeitig sich andere Spiegelbilder entfernten. Es berührte sein Spiegelbild mit der Rechten, berührte die Linke seines Spiegelbilds, die sich glatt und kalt anfühlte, vor ihm berührten sich in Spiegelbildern von Spiegelbildern die anderen Spiegelbilder. Es lief, den glatten Spiegel berührend, die Wand entlang, seine rechte Hand die linke seines Spiegelbilds deckend, mit ihm lief sein Spiegelbild, und wie es nun die Rückseite der Spiegelwand zurücklief, lief sein Spiegelbild auch zurück. Es wurde übermütiger, sprang herum, überschlug sich, und mit ihm sprang und überschlug sich eine Unermeßlichkeit von Spiegelbildern. Aus dem Herumrennen und dem Sich-Überschlagen, aus den Sprüngen und dem Auf-den-Händen-Gehen – so groß wurde sein Übermut, weil die Spiegelbilder ja gleichzeitig dasselbe taten wie es, so daß es sich wie ein Anführer vorkam, mehr noch, wie ein Gott, wenn es gewußt hätte, was ein Gott ist –, aus dieser kindlichen Freude wurde allmählich ein rhythmischer Tanz des Wesens mit seinen Spiegelbildern, die teils spiegelverkehrt, teils als Spiegelbilder von Spiegelbildern mit dem Wesen identisch und wiederum als Spiegelbilder von Spiegelbildern spiegelverkehrt waren, bis sie sich im Unendlichen verloren. Das Wesen tanzte durch sein Labyrinth, durch die Welt seiner Spiegelbilder, es tanzte wie ein monströses Kind, es tanzte wie ein monströser Vater seiner selbst, es tanzte wie ein monströser Gott durch das Weltall seiner Spiegelbilder. Doch plötzlich hielt es in seinem Tanz inne, stand starr, kauerte sich nieder, starrte mit aufmerksamen Augen, und mit ihm kauerten und äugten seine Spiegelbilder: Tanzend hatte das Wesen zwischen den tanzenden Spiegelbildern Wesen gesehen, die nicht tanzten und die keine Spiegelbilder waren, die ihm gehorchten. Das Mädchen, wie das kauernde Wesen widergespiegelt, stand unbeweglich, nackt, mit langen schwarzen Haaren zwischen den kauernden Wesen, die überall waren, vor ihm, neben ihm, hinter ihm, so wie es auch überall war, vor ihm, neben ihm, hinter ihm. Das Mädchen wagte sich nicht zu rühren, den angstvollen Blick auf das Wesen geheftet, das vor ihm kauerte und ihm am nächsten war. Es wußte, daß es nur ein kauerndes Wesen gab, daß die anderen kauernden Wesen Spiegelbilder waren, aber es wußte nicht, wer das Wesen und nicht sein Spiegelbild war. Vielleicht war es das Wesen, das vor ihm kauerte, vielleicht sein Spiegelbild, vielleicht ein Spiegelbild seines Spiegelbilds, das Mädchen wußte es nicht. Es wußte nur, daß seine Flucht vor ihm es zu ihm geführt hatte, und neben dem kauernden Wesen sah es sich selber gespiegelt, und weiter vor ihm sah es sich selber von hinten und neben sich ein kauerndes Wesen von hinten, und so fort durch endlose Räume. Die Hände über die Brüste gekreuzt, sah es gebannt auf das immer noch vor ihm kauernde Wesen. Es glaubte, es berühren zu können. Es glaubte, seinen Atem zu spüren. Es glaubte, sein Schnauben zu hören. Sein gewaltiger, mit einem fahlen lichtbraunen Pelz bedeckter Kopf war der eines Auerochsen, die Stirn hoch, breit und von verfilzten Wollhaaren überwuchert, die Hörner kurz und so gebogen, daß die Spitzen über der Wurzel standen, die rötlichen Augen schienen eher klein im Verhältnis zum Schädel, und die Umrandung, in der sie lagen, war erhöht, die Augen waren unergründlich. Der sanft geneigte massige Nasenrücken führte zu schiefgestellten Nüstern, aus dem Maul hing eine lange bläulichrote Zunge und unter dem Kinn ein zopfiger geiferverklebter Bart. Dies alles wäre zu ertragen gewesen, aber das Unerträgliche war der Übergang dieses Bullen zum Menschen. Über dem Auerochsenschädel wölbte sich ein Gebirge von struppigem und dann wieder abgeschabtem Fell, aus dessen Grannen und Strähnen zwei Menschenarme wuchsen, die sich auf den gläsernen Boden stützten. Es war, als ob der ungeheure Kopf und der Buckel über ihm aus dem Leib eines Mannes gewuchert wären, der sprungbereit vor dem Mädchen kauerte und dann wieder neben und hinter ihm. Der Minotaurus erhob sich. Er war gewaltig. Er begriff plötzlich, daß es noch etwas anderes als Minotauren gab. Seine Welt hatte sich verdoppelt. Er sah die überall widergespiegelten Augen, den Mund, die langen schwarzen Haare, die über die Schultern flossen, er sah die weiße Haut, den Hals, die Brüste, den Bauch, den Schoß, die Schenkel, wie das alles ineinanderging, ineinanderfloß. Er bewegte sich zu ihm hin. Es entfernte sich von ihm, während es sich anderswo auf ihn zu bewegte. Er jagte ihm durch das Labyrinth nach, es flüchtete. Es war, als ob ein Sturmwind Minotauren und Mädchen durcheinandergeblasen hätte, so wirbelten sie auseinander, durcheinander und einander entgegen, und als ihm das Mädchen in die Arme lief, als er mit einem Male den Leib fühlte, das warme, schweißgebadete Fleisch, und nicht das harte Glas, das er bis jetzt gefühlt hatte, begriff er – insofern man beim Minotaurus von Begreifen reden kann –, daß er bis jetzt in einer Welt gelebt hatte, in der es nur Minotauren gab, jeder eingeschlossen in ein gläsernes Gefängnis, und nun fühlte er einen anderen Leib, fühlte anderes Fleisch. Das Mädchen entwand sich ihm, er ließ es geschehen. Es wich zurück, die großen Augen auf ihn gerichtet, und als er zu tanzen begann, begann das Mädchen zu tanzen, und die Spiegelbilder der beiden tanzten mit. Er tanzte seine Ungestalt, es tanzte seine Schönheit, er tanzte seine Freude, es gefunden zu haben, es tanzte seine Furcht, von ihm gefunden worden zu sein, er tanzte seine Erlösung, und es tanzte sein Schicksal, er tanzte seine Gier, und es tanzte seine Neugier, er tanzte sein Herandrängen, und es tanzte sein Abdrängen, er tanzte sein Eindringen, es tanzte sein Umschlingen. Sie tanzten, und ihre Spiegelbilder tanzten, und er wußte nicht, daß er das Mädchen nahm, er konnte auch nicht wissen, daß er es tötete, wußte er doch nicht, was Leben war und was Tod. In ihm war nichts als ein ungestümes Glück, eins mit einer ungestümen Lust. Er brüllte auf, als er das Mädchen nahm, und in den Spiegeln nahmen Minotauren Mädchen, und das Brüllen war ein ungeheuerlicher Schrei, ein unwirklicher Weltschrei, als wäre nichts als dieser Schrei, der sich mit dem Schrei des Mädchens vermischte, und dann lag er da, und in den Spiegeln lagen Minotauren da, und der weiße nackte Leib des Mädchens mit den großen schwarzen Augen lag da und spiegelte sich in den Wänden. Er hob den linken Arm des Mädchens, er fiel herunter, den rechten, er fiel herunter, überall fielen Arme herunter. Er leckte es mit seiner bläulichroten Riesenzunge, das Gesicht, die Brüste, das Mädchen blieb unbeweglich, alle Mädchen blieben unbeweglich. Er wälzte es mit den Hörnern herum, das Mädchen rührte sich nicht, kein Mädchen rührte sich. Er erhob sich, sah sich um, überall standen Minotauren und schauten sich um, und überall lagen zu ihren Füßen weiße Mädchenleiber. Er bückte sich, hob das Mädchen auf, brüllte, klagte, hob das Mädchen dem dunklen Himmel entgegen, und überall bückten sich Minotauren, hoben Mädchen auf, brüllten, klagten, hoben Mädchen dem dunklen Himmel entgegen, und dann legte er das Mädchen zwischen die gläsernen Wände, legte sich zu ihm und schlief ein, und mit ihm alle Minotauren, hingestreckt auf dem Boden voller weißer nackter Mädchenleiber. Er schlief und träumte vom Mädchen mit den schwarzen Haaren und den großen Augen, jagte ihm nach, spielte mit ihm, riß es an sich, liebte es, und als er die Augen öffnete, war auf seiner Brust etwas in seinem verkrusteten Bart verkrallt. Es streifte mit seinen Schwingen sein Flotzmaul und tauchte seinen nackten gelblichweißen Hals mit dem kleinen Kopf den roten Augen und dem seltsam gebogenen mächtigen Schnabel irgendwohin neben ihm hinab. Auf den Wänden hockte ein fettes Dickicht von Federn, Hälsen, Augen, Schnäbeln, und über ihm kreiste es, den aufgrauenden Morgen verfinsternd, stieß herab, tauchte, riß, weidete, fledderte, wühlte, fraß, kreischte, flog davon, flog heran, stieß wieder herab, spiegelte sich im Herabfallen und im Hinaufsteigen, ohne daß er begriff, warum es herabstieß, hineintauchte, riß, hinaufstieg, herumkreiste, so sehr war er eingehüllt vom Geflatter und Flügelschlagen, und als es sich, immer höher kreisend, im überhellen Nichts des nun gleißenden Himmels auflöste, brach die Sonne durch die gläsernen Wände und brannte ihr Bild in sein Hirn als ein gewaltiges, sich drehendes Rad, das Feuergarben in den Himmel stieß zum Zeichen ihres Zorns über den Frevel ihrer Tochter Pasiphae, die ein Wesen geboren hatte, das, eine Beleidigung der Götter und ein Fluch den Menschen, verdammt war, weder Gott noch Mensch noch Tier, sondern nur Minotaurus zu sein, schuldlos und schuldig zugleich. Er sah das unermeßliche, sich hinaufwälzende Rad, er hielt die Augen geschlossen, er sah es dennoch, das Rad des Fluches, der auf ihm lastete, das Rad seines Geschicks, das Rad seiner Geburt und das Rad seines Todes, das Rad, das in seinem Hirn brannte, ohne daß er wußte, was Fluch, Geschick, Geburt und Tod war, das Rad, das sich über ihn wälzte, das Rad, worin er gerädert war, und wie er dalag, versengt von der Sonne und von ihrem endlos widergespiegelten Licht, bemerkte er schattenhaft einen Fuß, der seinem Fuß glich. Er dachte, es sei das Mädchen, es sei wieder beweglich geworden und wolle mit ihm spielen. Er hob seinen Kopf, und nun sah er zwei Füße, die zurückwichen. Er erhob sich. Vor ihm stand ein Wesen, das dem Mädchen glich und doch nicht das Mädchen war, das in der Linken einen zerfetzten Mantel und in der Rechten ein Schwert hielt, und der Minotaurus wußte weder, was ein Mantel noch was ein Schwert war, er wußte nur – weil im blendenden Licht der Sonne die Wände kein Bild mehr zurückwarfen –, daß die Minotauren und die Mädchen ihn verlassen hatten, und auch das Mädchen, das er genommen hatte, mußte wieder beweglich geworden und fortgegangen sein, war es doch nicht mehr da. Er war ausgestoßen aus seiner Minotaurenwelt, allein mit dem Wesen, das, ihn beobachtend, zurückwich, stehenblieb, ihm entgegenging und wieder zurückwich. Der Minotaurus näherte sich ihm voll Wohlwollen, auch wenn er keinen Begriff für dieses Gefühl hatte, das anders war als jenes, das er dem Mädchen gegenüber gehabt hatte, weniger jäh, weniger gierig. Er freute sich, mit ihm in den Gängen zu spielen und zu jagen, vielleicht würde das Wesen ihn zu den anderen Minotauren führen und zu den Mädchen und zu den Wesen, die so waren wie dieses neue Wesen. Nur mußte er mit ihm sorgfältiger umgehen, zärtlicher, sonst würde es unbeweglich. Der Minotaurus schnaubte freudig, und als das Wesen wieder den Mantel schwenkte, begann er zu tanzen. Vor den im Sonnenlicht strahlenden Wänden bewegten sich die beiden wie Schatten, der tanzende und springende, in die Hände klatschende und dann wieder schnell stampfende Minotaurus, das sein Tuch schwenkende, vorrückende oder zurückweichende Wesen, immer wieder mit dem Schwert angreifend, das es unter dem Mantel verborgen ins Labyrinth mitgenommen hatte, den Minotaurus zu töten, und nun, wie es ihm gegenüberstand und es seine Arglosigkeit sah, schämte es sich. Der Minotaurus umtanzte es, umklatschte und umstampfte es. Er tanzte seine Freude, nicht mehr allein zu sein, er tanzte seine Hoffnung, die anderen Minotauren zu treffen, die Mädchen und Wesen, die gleich waren wie jenes, mit dem er nun tanzte. Er vergaß im Tanzen die Sonne, er vergaß im Tanzen den Fluch. Er war nur noch Heiterkeit, Freundlichkeit, Leichtigkeit, Zärtlichkeit. Er tanzte, und das Wesen umlauerte und umsprang den Minotaurus, und als die Sonne sank, wurden mit ihrem tausendfachen Spiegelbild auch die Spiegelbilder der beiden sichtbar. Der Minotaurus tanzte, glücklich, die Minotauren gefunden zu haben und die neuen Wesen, bald würde er das Mädchen finden, das er genommen hatte und das unbeweglich geworden und das dann fortgegangen war, und die anderen Mädchen, die von den Minotauren genommen worden waren und dann auch unbeweglich geworden und fortgegangen waren. Die beiden tanzten einander entgegen und tanzten einander auseinander, die Spiegelbilder trafen sich, deckten sich, durchschossen sich. Überall tanzte ein Minotaurus herum, drehte sich um sich selber, und überall sprang der Jüngling vor und sprang wieder zurück, federnd, dann wieder in Bocksprüngen, darauf wartend zuzustoßen, und als die Sonne hinter dem Labyrinth versank und die Wände tiefrot aufleuchteten, stieß er zu, sprang zurück, lehnte sich an eine Wand, starrte auf den Minotaurus. Der machte noch einige Tanzschritte, das Schwert in der Brust, blieb stehen, zog sich mit der rechten Hand das Schwert heraus, betrachtete es verwundert, griff mit der linken Hand nach der Brust, aus der es schwarz herausquoll, warf das Schwert von sich, so daß es über den Boden schlitterte, preßte auch die rechte Hand vor die Brust, wankte, schien taumeln zu wollen, stand wieder unbeweglich. Er war verwirrt. Er begriff nicht, was seine Hände verfärbte, und nicht den Schmerz, der in seiner Brust wütete. Er fühlte nur, daß dieses Wesen, das ihn angesprungen und etwas in seinen Leib gestoßen hatte, ihn nicht liebte, wie ihn vorher alle geliebt hatten, die Minotauren, das Mädchen, die Mädchen, und wie er das fühlte, wurde er mißtrauisch, um so mehr als er nicht denken konnte, zog doch alles als Bilder in seinem Geiste vorüber und nicht in Begriffen, als ob er in einer Art Bilderschrift fühlte: Vielleicht hatte ihn das Mädchen gar nicht geliebt, und auch die anderen Mädchen hatten die Minotauren nicht geliebt, darum hatten sie sich unbeweglich gestellt und waren fortgegangen. Vielleicht gehörten sie dem neuen Wesen, das ähnlich wie das Mädchen aussah und doch anders, mit einem Leib, fast so kräftig wie der seine, und das ihn angesprungen hatte, wie die anderen neuen Wesen die Minotauren angesprungen hatten, die nun wie er die Hände auf ihre Brust preßten, aus der es schwarz herausquoll; und wie die sechs anderen Mädchen und die sechs anderen Jünglinge erschienen, einander die Hände reichend, so daß in den Spiegeln die Reihe der Herumirrenden nicht abzubrechen schien, sich vielmehr im Lichte des mächtigen Abends verdoppelte, vervierfachte, vervielfachte, und wie sie den Gefährten fanden, der an eine Wand lehnte und hoffte, der Minotaurus würde endlich zusammenbrechen, kam es dem Stiermenschen vor – hätte er den Begriff gehabt –, die ganze Menschheit bräche über ihn herein, ihn zu vernichten. Er duckte sich. Er fühlte sich bedroht, und um sich nicht zu fürchten, setzte er seiner Furcht den Stolz entgegen, den Stolz, Minotaurus zu sein, und was nicht Minotaurus war, war sein Feind. Nur die Minotauren hatten das Recht, im Labyrinth zu sein, in einer Welt, außer der es für ihn keine andere Welt gab – mottete doch nur ein vages Gefühl von Kuhwärme von den Ställen her, wo er aufgewachsen war, in seiner Erinnerung. Der Haß kam über ihn, den das Tier gegen den Menschen hegt, von dem das Tier gezähmt, mißbraucht, gejagt, geschlachtet, gefressen wird, der Urhaß, der in jedem Tier glimmt. Seine Augen wurden voll Wut. Aus seinem Maul trat Schaum, und wie der Jüngling sich von der Wand löste, weil er das Sich-Ducken des Minotaurus als dessen Sterben mißdeutete, überzeugt, ihn tödlich verwundet zu haben, und wie nun die Menschen, die Mädchen und die Jünglinge, um den Geduckten, dessen Wut sie nicht bemerkten, einen Kreis bildeten und ebenfalls jubelten und im wilden Ringelreigen um den Minotaurus herumtanzten, immer schneller, immer übermütiger, als wären sie gerettet, immer toller, ohne zu bedenken, daß sie schon allein durch das Labyrinth verloren waren – hätten sie doch auch beim Tode des Stiermenschen den Ausgang aus den ineinandergeschachtelten Spiegelwänden nicht gefunden –, immer unvorsichtiger im Rausch ihrer vermeintlichen Freiheit, immer enger den johlenden Kreis ziehend, immer bedrohlicher in der hereinbrechenden Nacht, in der er nur noch Menschen sah und nicht mehr seine eigenen

Spiegelbilder, da die herumwirbelnden und herumhopsenden Menschen ihm die Sicht auf die Wände des Labyrinths verdeckten, so daß diese ihn nicht mehr widerzuspiegeln vermochten, fühlte sich der Minotaurus auch von den Minotauren im Stich gelassen und verraten. Er rollte die Augen, schnaubte, ging tiefer, spannte die Muskeln, schnellte hoch, rannte an, nahm ein Mädchen auf die Hörner und verschwand mit ihm, es immer wieder hochschleudernd, im Labyrinth. Darauf, wutschnaubend zurückkehrend, mit blutverschmierten Hörnern – so oft hatte er zugestoßen –, fand er die Menschen eng in einem schattenhaften Knäuel zusammengedrängt, während sich über ihnen der hungrige Gefiederdschungel auf den Wänden schon niedergelassen hatte, ein dunkles Knäuel über einem dunklen Knäuel, ein Geramsel, dessen Krächzen, Pfeifen, heiseres Schreien und Schnattern sich mit dem Angstgeheul der Menschen vermischte. Der Mond war irgendwo hinter dem Labyrinth am Aufgehen, die Nacht, nur spärlich von der versunkenen Sonne getönt, erhellte sich. Der Minotaurus griff an, stieß zu, in ein weiches Durcheinander von weißen Leibern, wühlte sich durch, stieß wieder zu, wälzte sich, trampelte herum, stampfte nieder, spießte auf, zerfetzte, schlug zu, zerschlitzte, während es um ihn herum niederstürzte, hackte, knackte, knirschte, riß, schmatzte, so daß der schreiende und heulende Menschenknäuel, in welchem der Minotaurus wütete, von einem dichten Geflatter kreischender Aasvögel eingehüllt wurde: Bartgeier, Schmutzgeier, Schopfgeier, Königsgeier, Kappen-, Kutten-, Ohren-, Kahlkopf- und Rabengeier, Kondor und Urubu schnappten, würgten hinunter, tauchten erneut hinein; ohne Unterlaß zustoßend, riß der wütende Stiermensch im Menschendurcheinander und -übereinander Glieder aus, soff Blut, brach Knochen, wühlte in Bäuchen und Schößen, bis die struppige Wolke von Flügeln, Federn, Hälsen, Augen, Schnäbeln, Fängen und Krallen im Mondlicht sich aufgelöst hatte. Der Minotaurus war allein. Geblendet vom Mond, sah er auf den kalten Wänden seine Spiegelbilder wieder als schwarze Schatten, die sich ineinanderschoben und zusammenwuchsen zu einem Schattenlabyrinth im Labyrinth. Er hob die Arme, drohte mit den Fäusten, schüttelte sie, mit ihm hoben seine Spiegelbilder die Arme, drohten mit den Fäusten, schüttelten sie, was seine Wut derart steigerte, daß er sich mit gesenktem Stierkopf blindlings dem ersten Schatten entgegenwarf. Er durchbrach die Wand, suchte wütend in den Glassplittern das Spiegelbild, das doch das seine war, es schien ihm unter den Splittern begraben zu sein. Er stieß mit dem gewaltigen Kopf zu, und als er an der nächsten Wand sein Spiegelbild erblickte, begriff er immer noch nicht, griff es erneut aufbrüllend an, warf sich ihm kopfvoran entgegen, so wie es sich ihm kopfvoran entgegenzuwerfen schien. Er prallte zurück, glotzte mit wütenden rötlichen Auerochsenaugen nach seinem Spiegelbild, das ihn wie er mit wütenden rötlichen Auerochsenaugen anglotzte. Er rannte wieder an, noch heftiger, prallte noch heftiger zurück, kam auf den Rücken zu liegen. Der Mond war immer noch hinter dem Labyrinth, aber er schien durch die Wände, sich in ihnen als Fast-Vollmond widerspiegelnd, die Zacken der Krater seiner noch nicht gerundeten Seite grotesk vergrößert, und so oft spiegelte sich der Mond wider, daß der Minotaurus in ein Universum aus Stein zu blicken glaubte, das von Narben durchzogen war. Auf diese Mondwelt starrend, fürchtete er, sein Feind habe sich erhoben. Er rollte sich auf den Bauch, der Verräter hatte sich zwar nicht erhoben, aber lauerte auch auf dem Bauch zu ihm herüber. Der Minotaurus rutschte seinem Spiegelbild entgegen, das sich ihm auf die gleiche Weise näherte, er war bereit aufzuschnellen und sich über den andern zu werfen, aber indem er den andern beobachtete, spürte er, wollte er aufschnellen, die gleiche Absicht in den Augen des andern. Er prägte sich das Gesicht des Verräters ein, pelzbedeckt, die breite Stirn von verfilzten Wollhaaren überwuchert, überhäuft von einem Berg von Glassplittern, die im Mondlicht bläulich funkelten, die kurzen gebogenen Hörner, der sanft geneigte Nasenrücken, das nasse Flotzmaul, die lange bläulichrote Zunge. Der Minotaurus keuchte, so daß der Dampf seiner Nüstern den Spiegel beschlug, dem er sich entgegenschob, worauf er sein Spiegelbild nicht mehr sah, strich, den Nebel zu verscheuchen, unwillkürlich mit der Hand über die Nässe, und überrascht, als hinter der glatten kalten Fläche das riesige Stierengesicht des Verräters unvermittelt auftauchte, schmetterte er mit der Stirn instinktiv zu, schlug mit ihr an die Wand statt auf die Stirn des andern, die in der Wand war und nicht außerhalb. Er stutzte. Er nahm von der Wand Abstand, funkelte sein Spiegelbild haßerfüllt an, und es ihn, schlug mit der rechten Faust zu, das Spiegelbild mit der linken, die beiden Fäuste trafen sich, erneuter Schlagwechsel mit dem gleichen Ergebnis, darauf schlug er mit beiden Fäusten zu, das Spiegelbild ebenfalls, schließlich trommelte er an die Wand. Er trommelte seine Wut, er trommelte seine Gier zu zerstören, er trommelte seinen Wunsch, sich zu rächen, er trommelte seine Lust zu töten, er trommelte seine Furcht, er trommelte seine Rebellion, er trommelte seine Selbstbehauptung, aber auf einmal spürte er, daß dieses Wesen vor ihm, das ein Wesen wie er und dennoch sein Verräter war, weil es ein anderes war und weil alles sein Feind war, was nicht er war, nicht zu fassen war, unangreifbar war. Zwar hatte er gleich zu Beginn seines Erwachens im Labyrinth – von dem er noch immer nicht wußte, daß es ein Labyrinth war – gefühlt, daß zwischen ihm und den Minotauren etwas Geheimnisvolles lag, etwas Wandähnliches, aber da er mit ihnen dahingetanzt hatte wie ihr Anführer, wie ihr König, wie ihr Gott, dahin durch das Weltall der Minotauren, hatte er nicht darauf geachtet, aber jetzt, nachdem er das Mädchen genommen und seinen Leib an den ihren und in ihren gepreßt hatte und nachdem er die Leiber der anderen Menschen mit seinen Hörnern durchstoßen und zerfetzt hatte, aus denen es warm und rot herausgequollen war wie aus seinem Leib, spürte er das Unwirkliche dieses Wesens vor ihm, das ihn zwar verraten hatte, aber auch voller Glassplitter war wie er, und vielleicht war sein Gesicht auch blutverschmiert wie das seines Verräters. Er betastete sein Gesicht, betrachtete seine Hände, auch sein Gesicht war blutverschmiert. Er beobachtete sein Spiegelbild mißtrauisch, tat, als ob er es nicht beobachtete, er fühlte, daß es etwas zu sein schien, was es nicht war. Er war entsetzt und neugierig zugleich. Er wich zurück, sein Spiegelbild ebenso, und allmählich ging ihm auf, daß er sich selber sich gegenüber befand. Er versuchte zu flüchten, doch wohin er sich auch wandte, stets stand er sich selber gegenüber, er war eingemauert von sich selber, überall war er selber, endlos war er selber, vom Labyrinth ins Unendliche widergespiegelt. Er spürte, daß es nicht viele Minotauren gab, sondern nur einen Minotaurus, daß es nur ein Wesen gab, wie er eines war, ein anderes nicht vor ihm und ein anderes nicht nach ihm, daß er der Vereinzelte war, der zugleich Aus- und Eingeschlossene, daß es seinetwegen das Labyrinth gab, und das nur, weil er geboren worden war, weil es ein Wesen wie ihn nicht geben durfte, der Grenze willen, die zwischen Tier und Mensch und Mensch und den Göttern gesetzt worden ist, damit die Welt in Ordnung bleibe und nicht zum Labyrinth werde und damit ins Chaos zurückfalle, aus dem sie entstanden war; und wie er das spürte, als ein Fühlen ohne Begreifen, als eine Erleuchtung ohne Erkennen, nicht als eine Menscheneinsicht durch Begriffe, sondern als eine Minotaureneinsicht durch Bilder und durch Gefühle, brach er zusammen, und wie er dalag, zusammengerollt, wie er im Leib Pasiphaes zusammengerollt gewesen war, träumte der Minotaurus, er sei ein Mensch. Er träumte von Sprache, er träumte von Brüderlichkeit, er träumte von Freundschaft, er träumte von Geborgenheit, er träumte von Liebe, von Nähe, von Wärme und wußte zugleich, wie er träumte, daß er ein Unwesen war, daß ihm nie die Sprache, nie die Brüderlichkeit, nie die Freundschaft, nie die Liebe, nie die Nähe, nie die Wärme zufallen würden, er träumte, wie Menschen von Göttern träumen, mit der Traurigkeit des Menschen der Mensch, mit der Traurigkeit des Tieres der Minotaurus. So fand ihn denn Ariadne schlafend vor. Sie kam tanzend mit ihrem Wollknäuel, den sie abrollen ließ, und tanzend, fast zärtlich, wickelte sie das Ende des roten Fadens um seine Hörner, tanzte dem Faden nach wieder hinaus, und als der Minotaurus erwachte, in einem gläsernen Morgen, sah er unzählige Male gespiegelt einen Minotauren auf sich zukommen, die Augen auf den Wollfaden geheftet, als sei er eine Blutspur. Zuerst dachte der Minotaurus, es sei sein Spiegelbild, auch wenn er immer noch nicht begriff, was ein Spiegelbild sei, aber dann erfaßte er, daß der andere Minotaurus ihm entgegenschritt, während er auf dem Boden lag. Das verwirrte ihn. Der Minotaurus erhob sich und bemerkte nicht, daß das Ende des roten Wollfadens um seine Hörner gewickelt war. Der andere kam näher. Der Minotaurus warf beide Arme hoch, der andere ebenfalls, der Minotaurus wurde argwöhnisch, der andere konnte doch sein Spiegelbild sein, dann schien es ihm wieder, als habe der andere Minotaurus seine Arme nicht gleichzeitig mit ihm hochgeworfen, die Spiegelbilder taten es sonst alle gleichzeitig, aber er konnte sich getäuscht haben, da beide widergespiegelt waren und der andere nun stehengeblieben war. Der Minotaurus machte einen Tanzschritt, die Spiegelbilder auch, doch diesmal tanzten viele Spiegelbilder verzögert, er konnte es deutlich bemerken.

Der Minotaurus stand wieder unbeweglich und spähte nach dem anderen Minotaurus, der auch unbeweglich stand. Der Minotaurus versuchte zu denken. Er bewegte den kleinen Finger der rechten Hand, sah scharf hin, bewegte den Finger noch einmal, der andere bewegte den kleinen Finger der rechten Hand, was den Minotaurus beunruhigte, er war unsicher, der andere schien den kleinen Finger an der falschen Hand bewegt zu haben. Der andere Minotaurus stand unmittelbar vor ihm, aber es konnte auch ein Spiegelbild des anderen Minotaurus sein oder ein Spiegelbild seines eigenen Spiegelbilds, es war vielleicht sogar mit Denken nicht auszumachen, der andere hatte, wenn es einen anderen gab, einen Kopf wie er und einen Leib wie er. Der Minotaurus bewegte die rechte Hand, nun bewegte der andere die linke Hand, fast gleichzeitig, aber vielleicht auch gleichzeitig; und wie der Minotaurus all den Möglichkeiten nachspürte, sah er plötzlich, daß am Leib des anderen Minotaurus oder am Leib des Spiegelbilds des anderen Minotaurus an der Lende ein Gegenstand geheftet war, etwas Pelzartiges, von dem der Minotaurus zwar nicht wußte, was es war, aber das ihm bewies, daß er einem anderen Minotaurus oder dessen Spiegelbild gegenüberstand. Der Minotaurus schrie auf, wenn es auch mehr ein Brüllen war als ein Schreien, ein langgezogenes Aufheulen, Aufmuhen und Aufjaulen vor Freude darüber, daß er nicht mehr der Vereinzelte war, der zugleich Aus- und Eingeschlossene, daß es einen zweiten Minotaurus gab, nicht nur sein Ich, sondern auch ein Du. Der Minotaurus begann zu tanzen. Er tanzte den Tanz der Brüderlichkeit, den Tanz der Freundschaft, den Tanz der Geborgenheit, den Tanz der Liebe, den Tanz der Nähe, den Tanz der Wärme. Er tanzte sein Glück, er tanzte seine Zweisamkeit, er tanzte seine Erlösung, er tanzte den Untergang des Labyrinths, das donnernde Versinken seiner Wände und Spiegel in die Erde, er tanzte die Freundschaft zwischen den Minotauren, Tieren, Menschen und Göttern, den roten Wollfaden um die Hörner gewunden, er umtanzte den andern Minotaurus, der den roten Wollfaden spannte und den Dolch aus der Scheide aus Pelz zog, ohne daß der Minotaurus es bemerkte, und die Spiegelbilder des einen umtanzten die Spiegelbilder des andern, die einen roten Wollfaden spannten und einen Dolch aus der Scheide aus Pelz zogen, und als der Minotaurus in die geöffneten Arme des andern stürzte, im Vertrauen darauf, einen Freund gefunden zu haben, ein Wesen wie er, und als seine Spiegelbilder in die Arme der Spiegelbilder des andern stürzten, stieß der andere zu, und seine Spiegelbilder stießen zu, und so sicher senkte der andere den Dolch in den Rücken, daß der Minotaurus schon tot war, als er zu Boden sank. Theseus nahm die Stiermaske vom Gesicht, und alle seine Spiegelbilder nahmen die Stiermaske vom Gesicht, wickelte den roten Wollfaden auf und verschwand aus dem Labyrinth, und alle seine Spiegelbilder wickelten den roten Wollfaden auf und verschwanden aus dem Labyrinth, das nichts mehr widerspiegelte als endlos den dunklen Kadaver des Minotaurus. Dann, bevor die Sonne kam, kamen die Vögel.

Anmerkungen

Die vorliegenden Texte basieren auf folgenden Ausgaben:

Friedrich Dürrenmatt, Werkausgabe in dreißig Bänden. Herausgegeben in Zusammenarbeit mit dem Autor. Band 18–29 (Das Prosawerk), Diogenes Verlag AG Zürich, 1980

Friedrich Dürrenmatt, Stoffe I–III. Diogenes Verlag AG Zürich, 1981

Für die Anmerkungen wurden außerdem benutzt:

Friedrich Dürrenmatt, Werkausgabe in dreißig Bänden. Band 1–17 (Das dramatische Werk); besonders Band 14 (Der Mitmacher)

Friedrich Dürrenmatt, Die Stadt. Prosa I–IV. Verlags AG »Die Arche« Zürich, 1952 (Neuausgabe 1962)

Friedrich Dürrenmatt Lesebuch. Verlags AG »Die Arche« Zürich, 1978

Über Friedrich Dürrenmatt. Herausgegeben von Daniel Keel. Diogenes Verlag AG Zürich, 1980 (Band 30 der Werkausgabe)

Hinweise zu einigen Erzählungen finden sich in den Anmerkungen und im Nachwort zu den Stücken innerhalb unserer Dürrenmatt-Ausgabe: Friedrich Dürrenmatt, Stücke. 2 Bände. Herausgegeben von Dietrich Simon. Verlag Volk und Welt, Berlin 1983. Band 2, S. 413–526

Weihnacht

Entstehung: Weihnacht 1942. – Hinweise zur Entstehung finden sich in den Anmerkungen zur Komödie *Untergang und neues Leben* (Dürrenmatt, Stücke 2, S. 415f.) sowie in der Entstehungsgeschichte zur Erzählung *Der Rebell.*

Erstveröffentlichung: Friedrich Dürrenmatt, Die Stadt. a. a. O. – Dieser erste Prosa-Sammelband Dürrenmatts ist folgendermaßen gegliedert: Prosa I: Weihnacht. Der Folterknecht – Prosa II: Der Hund. Das Bild des Sisyphos – Der Theaterdirektor – Die Falle. Prosa III: Die Stadt. Prosa IV: Der Tunnel – Pilatus. – Der Band enthält folgendes Nachwort Dürrenmatts:

Die hier vorliegende Prosa ist in ihrer Anlage zwischen den Jahren 1942 und 1946 entstanden, also im Wesentlichen vor den Dramen, deren Vorfeld sie ist. An der *Stadt* wurde bis 1952 immer wieder gearbeitet: Die hier vorliegende Fassung ist, wenn auch nicht ganz der Sprache nach, im großen jene des Jahres 1947. Die 1946 geschriebene *Falle* erschien unter dem Titel ›Der Nihilist‹ in der Holunderpresse Horgen, der ebenfalls im gleichen Jahr entstandene *Pilatus* in der Vereinigung der Oltner Bücherfreunde.

Ich versuchte in jener Zeit, nachdem ich mich, als Zeichner, nur im Bilde wohlgefühlt hatte (eine für mich nicht unbeträchtliche Gefahr), Philosophie zu studieren, ein vielleicht merkwürdiger Ausweg, doch stand kein anderer offen, mir vom Bilde, das mich besaß, eine, wenn auch zuerst geringe, Distanz zu schaffen, eine Distanz, in der ich wenigstens etwas atmen konnte. Es galt gleichsam, eine allzu schwere Anziehungskraft zu überwinden. So ist denn unschwer zu erkennen, daß hinter der *Stadt* Platons Höhlengleichnis steht. Diese Prosa ist nicht als ein Versuch zu werten, irgendwelche Geschichten zu erzählen, sondern als ein notwendiger Versuch, mit sich selbst etwas auszufechten, oder, wie ich vielleicht besser, nachträglich, sage, einen Kampf zu führen, der nur dann einen Sinn haben kann, wenn man ihn verlor.

Der Folterknecht

Entstehung: Winter 1943. – Zur Entstehung vgl. die Anmerkungen zu *Weihnacht. Erstveröffentlichung:* Die Stadt.

Die Wurst

Entstehung: Winter 1943. – Zur Entstehung vgl. die Anmerkung zu *Weihnacht.*

Erstveröffentlichung: Friedrich Dürrenmatt Lesebuch. a. a. O. – Dieser Sammelband enthält folgende Erzählungen: Der Sohn – Die Wurst – Nachrichten über den Stand des Zeitungswesens in der Steinzeit – Mister X macht Ferien – Abu Chanifa und Anan Ben David (überarbeitete Fassung).

Der Sohn

Entstehung: Winter 1943. – *Erstveröffentlichung:* Friedrich Dürrenmatt Lesebuch.

Der Alte

Entstehung: 1945. – *Erstveröffentlichung:* Der kleine Bund, Nr. 12, 25. März 1945.

Das Bild des Sisyphos

Entstehung: 1945. – *Erstveröffentlichung:* Die Stadt.

Der Theaterdirektor

Entstehung: 1945. – *Erstveröffentlichung:* Die Stadt.

Die Falle

Entstehung: 1946. – *Erstveröffentlichung* unter dem Titel *Der Nihilist*: Holunderpresse. Horgen-Zürich 1950. Mit Illustrationen von Teo Otto. *Wiederabdruck:* Die Stadt.

Pilatus

Entstehung: 1946. – *Erstveröffentlichung:* Veröffentlichungen der Vereinigung Oltner Bücherfreunde Nr. 42, 1949. *Wiederabdruck:* Die Stadt.

Die Stadt

Entstehung: 1947. – *Erstveröffentlichung:* Die Stadt.

Nachrichten über den Stand des Zeitungswesens in der Steinzeit

Entstehung: 1949. – *Erstveröffentlichung:* Festschrift für Max Ras, 4. Juni 1949. *Wiederabdruck:* Friedrich Dürrenmatt Lesebuch.

Der Hund

Entstehung: 1951. – *Erstveröffentlichung:* Die Stadt.

Der Tunnel

Entstehung: 1952. Neufassung: 1978

Erstveröffentlichung: Die Stadt. *Neufassung:* Friedrich Dürrenmatt Lesebuch. Mit Ausnahme einiger wichtiger Passagen am Schluß der Erzählung sind die Änderungen zumeist stilistischer Natur. Der ursprüngliche Schluß lautet:

»Ich muß es wenigstens versuchen«, schrie der Zugführer noch einmal, nun schon weit oben im Korridor, sich mit Ellbogen und Schenkeln gegen die Metallwände stemmend, doch wie sich die Maschine weiter hinabsenkte, um nun in fürchterlichem Sturz dem Innern der Erde entgegenzurasen, diesem Ziel aller Dinge zu, so daß der Zugführer in seinem Schacht direkt über dem Vierundzwanzigjährigen hing, oder am Grunde der Maschine auf dem silbernen Fenster des Führerraumes lag, das Gesicht nach unten, ließ seine Kraft nach. Der Zugführer stürzte auf das Schaltbrett und kam blutüberströmt neben den jungen Mann zu liegen, dessen Schultern er umklammerte. »Was sollen wir tun?« schrie der Zugführer durch das Tosen der ihnen entgegenschnellenden Tunnelwände hindurch dem Vierundzwanzigjährigen ins Ohr, der mit seinem fetten Leib, der jetzt nutzlos war und nicht mehr schützte, unbeweglich auf der ihn vom Abgrund trennenden Scheibe ruhte, und durch sie hindurch den Abgrund gierig in seine nun zum ersten Mal weit geöffneten Augen sog. »Was sollen wir tun?« »Nichts«, antwortete der andere unbarmherzig, ohne sein Gesicht vom tödlichen Schauspiel abzuwenden, doch nicht ohne eine gespensterhafte Heiterkeit, von Glassplittern übersät, die von der zerbrochenen Schalttafel herstammten, während zwei Wattebüschel, durch irgendeinen Luftzug ergriffen, der nun plötzlich hereindrang (in der Scheibe zeigte sich ein erster Spalt), pfeilschnell nach oben in den Schacht über ihnen fegten. »Nichts. Gott ließ uns fallen und so stürzen wir denn auf ihn zu.«

Aus den Papieren eines Wärters

Entstehung: 1952

Erstveröffentlichung: Werkausgabe in dreißig Bänden. – Friedrich Dürrenmatt schrieb dazu:

Zu meiner ersten Prosa ist nachträglich zu bemerken, daß mich vor allem *Die Stadt* nicht losließ. Bevor ich sie 1952 veröffentlichte, versuchte ich sie umzuschreiben, *Aus den Papieren eines Wärters*, ein Stoff, dem ich damals nicht gewachsen war. Es ist ein Zwischendokument. In einem neuen Anlauf vollendete ich den *Stadt*-Stoff zwanzig Jahre später in einem Werk, das unter dem Titel *Stoffe* erscheinen wird: erst dann war ich ihm denkerisch gewachsen. Daß er in der »Frühen Prosa« erscheint, bin ich ihm und mir schuldig.

(*Quelle*: Anmerkung II, in: Werkausgabe, Band 18, S. 198.) Bei der späteren, vollendeten Fassung, von der Dürrenmatt hier spricht, handelt es sich um die Erzählung *Der Winterkrieg in Tibet.*

Aufenthalt in einer kleinen Stadt

Entstehung: 1953. – *Erstveröffentlichung* des Kapitels »Im Coiffeurladen« in: Neue Zürcher Zeitung, 21. April 1957. – *Erstveröffentlichung* des vorliegenden Fragments: Werkausgabe in dreißig Bänden.

Grieche sucht Griechin

Entstehung: 1955. – Zur Entstehungsgeschichte vgl. in der Anmerkung zur Erzählung *Mondfinsternis.*

Erstveröffentlichung: Verlag der Arche, Zürich 1955

Die Panne

Entstehung: 1955. – *Erstveröffentlichung:* Verlag der Arche, Zürich 1956.

Die Hörspielfassung, die gleichfalls 1955 entstand, wurde am 17. Januar 1956 erstmals gesendet und 1961 im Verlag der Arche erstmals gedruckt. Die Komödie *Die Panne* schrieb Dürrenmatt 1979. Ihre Erstaufführung fand am 13. September 1979 statt. Die Druckfassung erschien 1979 im Diogenes Verlag. – Zu den unterschiedlichen Schlüssen vgl. Dürrenmatt, Stücke 2, S. 508f.

Mister X macht Ferien

Entstehung: 1957. – *Erstveröffentlichung:* Friedrich Dürrenmatt Lesebuch. – Vgl. die Anm. zu *Die Wurst.*

In der Werkausgabe (Band 21) ist dieses Fragment mit den Texten *Grieche sucht Griechin* und *Nachrichten über den Stand des Zeitungswesens in der Steinzeit* unter der Bezeichnung »Grotesken« zusammengefaßt.

Abu Chanifa und Anan ben David

Entstehung: 1974/75. Bearbeitete Fassung: 1978. – Friedrich Dürrenmatt wurde 1974 Ehrenmitglied der Ben-Gurion-Universität in Beerschewa (Israel). Seine Dankrede trug den Titel *Zusammenhänge.*

Diese Rede überarbeitete und erweiterte er anschließend wesentlich. Den Schluß der endgültigen Fassung bildet die erste Fassung der vorliegenden Erzählung.

Erstveröffentlichung: Zusammenhänge. Essays über Israel. Eine Konzeption.

Bearbeitete Fassung: Friedrich Dürrenmatt Lesebuch. Die Bearbeitung betrifft vor allem den Anfang der Erzählung, der in *Zusammenhänge* aus dem Kontext des Essays hervorgeht und folgendermaßen lautet:

Die unendliche Welt, diese nie restlos zu durchforschende und auszuleuchtende Welt des eigenen Ich, des Subjektiven, mit all ihren Abgründen des Unbewußten, gegenüber der konzipierten, definierten, intellektuellen Welt des Bewußten, die sich mit den mächtigen Systemen des Logischen panzert, mit scheinbar in sich stimmenden Ideologien, mit formal in sich stimmenden Weltbildern, imponierend, unanfechtbar, wird durchstoßen von der subjektiven Welt der Freiheit, von einer Illusion vielleicht nur, warum nicht, die Freiheit ist auch dieser Ironie mit Humor gewachsen. Sicher, die Welt, wie sie ist, ist kausalbedingt, und ihr zu entsprechen, haben wir unsere Weltsysteme errichtet, zuletzt den Marxismus: wir müssen schließlich begründen, warum es hienieden so blutig zugeht, der Verdacht käme sonst auf, es mache uns am Ende Vergnügen. Die Welt kausal bestimmt, die Welt das Weltgericht, wer zweifelt an der Erhabenheit dieser Vision? Gibt es eine andere, die dieser gewachsen wäre? Vor der Welt als Paradies schrecken wir zurück, wir sehen eine Welt voller Schafe, satt, eine Herde, die weidet, äst, die kein anderes Interesse mehr zeigt; wir sehen uns selbst nicht in dieser Welt. Wir malen uns eine lächerliche Welt aus, denken wir an den ewigen Frieden, eine vollkommene Wohlstandsgenossenschaft, weil wir ebensowenig aus dem Freund-Feind-Denken zu treten vermögen wie aus der Subjekt-Objekt-Beziehung. Ich sehe Abu Chanifa und Anan ben David in ihrem Verlies im Gefängnis zu Bagdad. Der Kalif hatte sie schon längst vergessen, wir wissen es, was kümmern ihn die beiden Theologen. Mit steigendem Alter macht ihm der Harem zu schaffen […].

(*Quelle*: Werkausgabe, Band 29, S. 148.)

Smithy

Entstehung: 1961–1976. – Diese Erzählung ist nach Dürrenmatts Beschreibung eine rekonstruierte Fassung des Stoffes, aus dem später die Komödie *Der Mitmacher* wurde. Dürrenmatts Hinweise zur Entstehungsgeschichte finden sich in den Anmerkungen zu unserer Ausgabe der Stücke (vgl. Band 2, S. 474–478). An der durch[...] gekennzeichneten Stelle (S. 478) steht im Originaltext Dürrenmatts die vorliegende Erzählung (mit der Genrebezeichnung: Eine Novelle).

Erstveröffentlichung: Der Mitmacher. Ein Komplex. Verlag der Arche, Zürich 1976.

Das Sterben der Pythia

Entstehung: 1976. – Wie *Smithy* findet sich auch die vorliegende Novelle im *Nachwort zum Nachwort* zu *Der Mitmacher. Ein Komplex.* Dort gehen der Erzählung folgende Überlegungen Dürrenmatts voran:

Weil der Mensch ein Einzelner ist, ist er ein Geheimnis, und weil er ein Geheimnis ist, geht er aus keinem System hervor; ein System kann kein Geheimnis kennen, es ist ohne Geheimnis. Nun ist dieser Satz auch ein dramaturgischer Satz; jede Aussage über den Menschen betrifft auch die Dramaturgie, behandelt sie doch die Kunst, den Menschen vermittels der Bühne darzustellen, sie vermag das nur, indem sie ihm sein Geheimnis beläßt. Das scheint paradox, die Aufgabe der Bühne scheint im Gegenteil ja gerade darin zu bestehen, dem Menschen sein Geheimnis zu entreißen, den Menschen zu durchschauen, die Gründe seines Handelns bloßzulegen. Sonst würde es genügen, bloße Ereignisse auf der Bühne darzustellen:

In Mannheim sah ich auf dem Weg in mein Hotel zwei etwa achtjährige Knaben miteinander kämpfen, mit einer Wildheit, die etwas Infernalisches hatte, es war, als hätten sich zwei Tiere ineinander verkrallt; um die beiden sich würgenden, kratzenden, schlagenden Buben herum sprang ein Mädchen, etwa zehn, ohne einzugreifen, nur schreiend, doch was es schrie, war nicht zu verstehen, das Mädchen schrie in einer unverständlichen Sprache. Mein Begleiter und ich rissen die beiden Achtjährigen auseinander, wir brauchten alle Kraft dazu, so unbändig war die Wut der beiden, die sich immer wieder aufeinanderstürzen wollten. Der Vorfall spielte sich auf dem breiten Gehsteig einer belebten Straße ab. Die Leute blieben stehen und schauten zu. Mein Begleiter und ich hielten die beiden Achtjährigen auseinander, sie schrien einander an, das Mädchen schrie uns an, wahrscheinlich auf türkisch. Die beiden Buben bluteten, der kleinere aus der Nase, der größere hatte den Mund blutverschmiert, wir redeten auf sie ein, ahnungslos, ob sie uns verstünden, endlich beruhigten sich die beiden, auch das Mädchen schwieg, auf die Frage, was denn eigentlich geschehen sei, erhielten wir keine Antwort. Wir gingen weiter, doch kaum hatten wir uns einige Schritte von den dreien entfernt, als sich die beiden Knaben wieder aufeinanderwarfen und sich haßerfüllt auf dem Gehsteig wälzten, bald war der eine oben, wild zuschlagend, bald der andere, jenen würgend, der zuschlug. Wir wollten die beiden wieder trennen, es mischten sich andere Passanten ein, jüngere Leute, alles war ratlos, weil niemand den Vorfall begriff, alles stand außerhalb, doch gerade dadurch wurde der Kampf der beiden Kinder exemplarisch, exemplarischer, als wenn wir den Vorfall begriffen, Türkisch verstanden hätten, falls sie überhaupt türkisch sprachen.

Doch sosehr mich dieser Vorfall berührte, er ist ebensowenig ›Theater‹ wie ein Happening. Dem Vorfall fehlte die Handlung, er blieb ein Ereignis. Ein Happening kopiert ein Ereignis, indem es dieses künstlich herstellt, und so kann es erst recht nicht zu einer Handlung und damit zu ›Theater‹ werden. Was dem Vorfall auf dem breiten Bürgersteig in Mannheim fehlte, um ›Theater‹ zu sein, war das Durchschaubare, doch machte ihn die Unmöglichkeit, zu wissen, weshalb er geschah, unheimlich: Der Vorfall wurde zum Sinnbild von etwas Irrationalem, das uns, kommt es schon bei Kindern zum Vorschein, um so mehr beunruhigt.

Ödipus, geblendet aus seinem Palaste tappend, ist ein schrecklicher Anblick, ein noch unheimlicheres Sinnbild der menschlichen Fragwürdigkeit als die einander schlagenden, würgenden, beißenden und kratzenden Kinder, doch ist der geblendete Ödipus nicht die Tragödie: wie es zur Blendung kam, ist die Tragödie. Ihr Geheimnis ist das Schicksal. Wie es zur Blendung kam, ist zu durchschauen; wir begreifen, warum Ödipus in die Falle gehen mußte. Doch warum diese Falle gestellt wurde und von wem, ist nicht durchschaubar, vielleicht waren es die Götter oder eine Instanz hinter den Göttern oder eine Instanz hinter dieser Instanz. Das Geheimnis hat sich aus der Handlung zurückgezogen in die Instanz, welche die Handlung inszeniert. Die griechische Tragödie kennt den Einzelnen nicht, denn die Menschen werden von außen bestimmt, vom Schicksal her; sie sind vorausbestimmt. Wird aber das Schicksal literarisch, tritt an dessen Stelle die bloße dramaturgische Notwendigkeit, die zwar auch das Schicksal kennt, aber nur als Vehikel der Handlung benutzt, geht das Geheimnisvolle verloren, das die griechische Tragödie auszeichnet: Im rhetorischen Drama etwa erklären sich die Menschen so vollständig und gründlich, daß sie ohne Geheimnis werden, sie gehen in die Sprache ein, sie kommen ganz zur Sprache, sie sind nur noch Sprache, die Handlung ist nur um der Sprache willen da, für die Sprache in ihren verschiedenen Möglichkeiten, ist da, um die Pointe oder die Wortarie zu ermöglichen. Aber wie die Handlung geschieht, um die Akteure zum Reden zu bringen, ihr Reden (oder ihr Singen) zu motivieren, so sind auch die Akteure nicht eigentlich Charaktere, sondern sie bleiben streng genommen Akteure, Rollenträger, so wie in der Oper der Sänger Sänger bleibt, trotz der heutigen Bestrebungen, aus ihm einen Schauspieler zu machen (was nicht bedeutet, daß er auf der Bühne nur zu singen hat). Und wenn heute der Begriff des absurden Theaters aufgekommen ist, so reicht kein Schauspiel, das unter dieser Marke in den Verkehr gekommen ist, an *Verdi* heran, etwa an den ›Troubadour‹ oder an ›Die Macht des Schicksals‹. Diese absurden Handlungen sind nur da, um eine geniale Musik zu ermöglichen. Obwohl diese Musik Handlung und die Handlung Sprache braucht, um Gesang zu werden, ist dieser Gesang als Musik jenseits der Sprache. Verdis dramaturgisch absurdes Theater wird durch seine Musik vom dramaturgisch Unsinnigen ins musikalisch Sinnvolle transponiert. In dieser Hinsicht ist Verdi der weitaus revolutionärere Dramatiker als *Wagner*, dessen Dramaturgie über die konventionelle dramaturgische Notwendigkeit nicht hinauskommt, obgleich diese konventionelle Dramaturgie dermaßen mit Sinn überfrachtet wird, daß die Handlung bisweilen bedeutender als die Musik wird: Die Musik hat nur noch eine, wenn auch monumentale, untermalende Funktion, um das Publikum stets daran zu erinnern, daß es hier mehr mythologisch und philosophisch zugehe. Doch ist Verdi noch in einem anderen Sinn revolutionär. Ist Wagners Dramaturgie jene Schillers in weihevolle und langsamere Musik gesetzt, so ist es nicht zufällig, daß die beiden letzten Meisterwerke Verdis Stoffe von *Shakespeare* behandeln: ›Othello‹ und ›Falstaff‹; in der ›Macht des Schicksals‹ hatte er gleichsam seinen Ödipus komponiert, eine Weiterentwicklung seiner Oper konnte nur mit Stoffen von Shakespeare gelingen. Verdi vollzog in seinem Opernschaffen die wohl wichtigste Entwicklung der Dramatik: jene vom Ödipus zu Shakespeare. Diese Behauptung scheint auf den ersten Augenschein hin aus der Luft gegriffen: ›Die Macht des Schicksals‹ (nur als Beispiel unter anderen genommen) zeichnet sich durch eine beispiellose Einsetzung des Schicksals in die dramaturgische Handlung aus, wie wir sie etwa aus den Schicksalsdramen Zacharias Werners oder Müllners kennen. Versuchen wir jedoch, den Ödipus ohne den Schicksalsbegriff zu erzählen, so müssen wir das Schicksal durch den Zufall ersetzen. Damit tritt das Geheimnis aus seinem Versteck hinter der Handlung hervor: es beginnt in den Menschen sein Wesen zu treiben. Erst jetzt lassen die Akteure ihre Masken fallen und steigen von den Kothurnen. Aus Mythen werden Menschen. Die griechische Tragödie verwandelt sich in eine Shakespearesche Tragödie, die in Wirklichkeit schon in eine Komödie umgeschlagen ist, auch wenn sie als Fabel grausamer wird. Daß es in der Dramatik, strenggenommen, keinen größeren Gegensatz gibt als den zwischen dem Fall Ödipus und den Helden Shakespeares, bemerkte schon *Brecht* in seinem ›Kleinen Organon für das Theater‹: »Das Theater, wie wir es vorfinden, zeigt die Struktur der Gesellschaft (abgebildet auf der Bühne) nicht als beeinflußbar durch die Gesellschaft (im Zuschauerraum). Ödipus, der sich gegen einige Prinzipien, welche die Gesellschaft der Zeit stützen, versündigt hat, wird hingerichtet, die Götter sorgen dafür, sie sind nicht kritisierbar. Die großen Einzelnen des Shakespeare, welche die Sterne ihres Schicksals in der Brust tragen, vollführen ihre vergeblichen und tödlichen Amokläufe unaufhaltsam, sie bringen sich selbst zur Strecke, das Leben, nicht der Tod wird in ihren Zusammenbrüchen obszön, die Katastrophe ist nicht kritisierbar. Menschenopfer allerwege! Barbarische Belustigungen! Wir wissen, daß die Barbaren eine Kunst haben. Machen wir eine andere.« Selten hat Brecht etwas Großartigeres geschrieben, ob er freilich recht hat, ist eine andere Sache: Die Athener saßen in der Tragödie nicht um eine Bühne, die ihre Gesellschaftsstruktur abbildete (dafür war die Komödie da), sondern die ihre Mythen darstellte, und auch die Götter sind weitaus schlimmer, als sie Brecht darstellt. Sie sorgen nicht dafür, daß sich Ödipus blendet, sondern dafür, daß er sich versündigt. Doch ist diese Kritik nebensächlich; was Brecht stört, ist das Nichtkritisierbare. Was die Götter beschließen und was die großen Einzelnen unternehmen, muß hingenommen werden. Es fragt sich nur, für wen sie nicht kritisierbar sind, doch eigentlich nur für den frommen Griechen und für den getreuen Untertanen, und ich frage mich doch sehr, ob das Publikum des Sophokles nur aus frommen Griechen und jenes Shakespeares nur aus getreuen Untertanen bestanden hat. Was das griechische Publikum betrifft, so waren ihm die Mythen bekannt, welche die Tragiker behandelten, es sah nichts Neues, es war mit dem Schicksal des Ödipus vertraut, ja ich zweifle, ob unter diesen Umständen die berühmte Katharsis überhaupt stattfinden konnte, die Reinigung durch Furcht und Schrecken. Sicher war, der Zuschauer ging hin, um sein Urteil abzugeben, *wie* die Mythen von den Tragikern behandelt worden waren. Den Zuschauer interessierte nicht die Klage des geblendeten Ödipus, sondern wie er klagte. Das Publikum Shakespeares dagegen wollte das Spektakel, das Schauerstück oder die Posse, es wollte nicht mehr Mythen, sondern sich selber und noch lieber seine Beherrscher auf der Bühne sehen; ob es die Katastrophen, die sich auf der Bühne abspielten, als nicht kritisierbar empfand, ist schwerlich auszumachen; das Publikum ist keine Einheit, neben dem genießenden gibt es auch immer wieder den nachdenkenden Zuschauer; daß ein solcher von der Bühne auf die Welt geschlossen haben mag, halte ich für wahrscheinlich. Doch nicht nur das Schicksal, inszeniert von den Göttern, und Shakespeares große Einzelne, ihren Untergang selbst herbeiführend, sind ›nicht kritisierbar‹: Auch der Zufall entzieht sich jeder Kritik. Daher hat Brecht nicht den ›Ödipus‹, sondern die ›Antigone‹ bearbeitet und ins Kritisierbare übersetzt. Macht uns doch schon die Übersetzung des Ödipus ins ›Zufällige‹ Mühe. Was uns stört, ist das Orakel, eine Instanz, die fähig ist vorauszusagen. Eine voraussagbare Handlung läßt den Zufall nicht zu, Ödipus, als Fabel, scheint untrennbar mit der Idee des Schicksals verbunden zu sein. Der einzige Ausweg, der uns offenbar offenbleibt, Ödipus dem Schicksal zu entreißen, stellt daher nur die Flucht aus der Handlung in die Akteure dar, in die Träger der Handlung. Das bedeutet, daß nicht mehr das Orakel wichtig ist, sondern die Person, die das Orakel verkündet, die Priesterin des Apoll, die Pythia. Ödipus fiele zum Beispiel einer schlechtgelaunten Pythia zum Opfer: Die delphische Priesterin Pannychis XI. [...].

(*Quelle*: Werkausgabe, Band 14, S. 267–274.)

Erstveröffentlichung: Der Mitmacher. Ein Komplex. Verlag der Arche, Zürich 1976.

Der Winterkrieg in Tibet

Entstehung: 1975–1981. – Über die Entstehungsgeschichte und die Bedeutung des Labyrinth-Themas schrieb Friedrich Dürrenmatt:

Der Winterkrieg in Tibet ist nicht mein erster Stoff, er setzt sich vielmehr aus verschiedenen Stoffen zusammen, deren Extrakt er ist, gleichsam mein erstes Grundmotiv, ein erster Versuch, mich in die Wirklichkeit, von der ich und mein Land ausgeschlossen waren, durch eine erfundene Unwirklichkeit zu integrieren, eine Gesamtdarstellung zu wagen, indem ich nach einem Weltgleichnis suchte.

Der Stoff beschäftigte mich zuerst in La Plaine bei Genf, mitten im letzten Kriegswinter. Ich war einer Oberländer Kompanie zugeteilt, hatte im Büro Berichte zu schreiben, Urlaubsscheine auszustellen. Der Hauptmann und der Oberleutnant waren beide Lehrer und ertrugen meine unmilitärische Haltung ergeben. Der Winter war bitterkalt. Das Kompaniebüro war in einem Raum eines schäbigen Gasthofs eingerichtet, eine Art Veranda mit einem Eisenofen, den ich frühmorgens heizen mußte, der aber den Raum kaum zu erwärmen vermochte. Alles fror, draußen und drinnen. Die Stimmung war mies. Die Soldaten wollten heim, und weil der Feldweibel regierte, ein handfester Wirt aus dem Simmental, konnte heim, wer heim wollte, die Offiziere wagten nicht, sich einzumischen, als Kaste für sich waren sie verhaßt.

An eine Gefahr dachte niemand mehr. Das Gerücht ging um, Soldaten der Waffen-SS, die sich der schweizerischen Armee ergeben wollten, seien erst in Genf auf der Montblanc-Brücke von der Polizei entwaffnet und verhaftet worden.

In den langen Nächten saß man in den Dorfpinten herum; mit dem Bummelzug Genf zu erreichen dauerte zu lange und war sinnlos. In dieser Kälte setzten sich oft Berner Bauern zu uns, die dort ihre Höfe hatten und, im Gegensatz zu ihren Söhnen, noch Berndeutsch sprachen.

Als ich meinen vierundzwanzigsten Geburtstag feierte, luden mich einige Soldaten zu einer Fondue ein, wir kamen in einer Pinte zusammen, und ohne Erfahrung mit diesem Käsegericht tranken wir Unmengen von Weißwein dazu, nachher lud uns einer der Berner Bauern ein, auf seinen Hof zu gehen, es gab dort ›Luzerner Kaffee‹: Kaffee mit sehr viel Schnaps. Dann forderte uns einer der Bauern, die mitgekommen waren, auf, noch seinen Hof zu besuchen, dort gab es Rotwein, worauf ein dritter Bauer darauf bestand, daß wir nun zu ihm gehen müßten, auch sein Hof sei ein gastlicher Hof. Wir wollten ihn nicht beleidigen und wankten zum dritten Berner Bauern. Zur Ernüchterung gab es Spiegeleier mit Kirschen in Schnaps, es war mir, als passe alles nicht zusammen.

Der Rückmarsch von den gastlichen Berner Bauern dauerte über eine Stunde, wir wußten nicht genau, wo wir waren, die Kälte war unmenschlich, aber machte uns scheinbar stocknüchtern, so durchfroren waren wir.

Ich hatte mein Zimmer bei einer alten Witwe. Ich schlief sofort ein, doch dann brach es aus mir: die Fondue, die Spiegeleier, der Luzerner Kaffee, die eingelegten Kirschen; es schleuderte sich hinaus mit Riesengewalt, bekleisterte die Decke, das ganze Zimmer gleichsam tapezierend, das die alte Witwe nachher neu tapezieren lassen mußte. Gleichzeitig aber brach noch etwas anderes aus mir heraus: eine ungewöhnliche Heiterkeit; zwar war mir übel wie noch nie, doch die Lächerlichkeit meiner Kotzerei angesichts des ungeheuren Sich-Übergebens, das die Menschheit außerhalb dieses Landes befallen hatte, diese Groteske des Verschontseins – das unserem Lande in der Folge mehr Schaden zufügen sollte, als damals noch zu ahnen war – stellte mich endlich vor eine Aufgabe: Die Welt, die ich nicht zu erleben vermochte, wenigstens zu erdenken, der Welt Welten entgegenzusetzen, die Stoffe, die mich nicht fanden, zu erfinden.

Und so erfand ich denn zwischen den Schreibereien auf

den langen Streifzügen der Grenze entlang meinen ersten Stoff, der nicht mich, sondern die ›Welt‹ zum Inhalt hatte, will doch jeder Stoff zum ›Weltstoff‹ werden.

Auf der Rhône schwamm Eis, auf den Weinbergen und Ebenen lag Schnee, alles war der Bise ausgeliefert, diesem unbarmherzigen Nordwind. Der Stoff drängte sich mir nach und nach auf, zuerst als Vision, die ich nie fallenließ, die ich im Gegenteil während meiner Spaziergänge entlang einer toten Grenze immer mehr ausbaute, während mein Atem in weißen Dampfwolken von mir strömte.

Ich ging und ging, eine Technik des Geschichten-Ausheckens, die mir geblieben ist, als ein gedankliches Weiterspinnen und Sich-in-den-Stoff-Hineinleben, als ein Sich-Versenken in eine innerlich vorgestellte und sich entwickelnde Geschichte, die sich vor die Außenwelt schiebt – und auch damals schob –, eine Geschichte, deren verschlungene Details ich nach so vielen Jahren freilich vergessen habe, um so mehr, als ich noch unfähig war, sie niederzuschreiben, meine Versuche mißlangen immer wieder und wurden abgebrochen. Nur noch der Stoff ist mir geblieben, einige Zeilen, zuerst nicht viel mehr als ein Titel, nicht viel mehr als ein vor langem geträumter, aber einmal intensiver und beängstigender Traum, jenen Träumen ähnlich, die ich mir als Kind im Dorf zurechtlegte, wenn ich im Gästezimmer im unteren Estrich zu schlafen hatte.

Es befand sich über dem Schlafzimmer meiner Eltern. Eine Tür führte auf einen kleinen morschen Holzbalkon, den ich nur zögernd zu betreten wagte. Ich lag dann im Bett, vor mir das unbestimmte Viereck der Balkontüre. Mit der Rechten hielt ich ein Pfadfindermesser umklammert und stellte mir vor, ich sei in einer Höhle versteckt und draußen schleiche etwas umher, ein reißendes Tier oder ein mörderischer Mensch, und nur in meiner Höhle sei ich sicher, schon den Fuß aus dem Bett zu strecken, sei lebensgefährlich. Im Zimmer und im Estrich nebenan knackte es, ich war überzeugt, jemand sei im Zimmer, und die Vorstellung glitt in den Traum hinüber, der die Vorstellung fortsetzte.

So war es auch bei den Gängen in den Weinbergen und den Wäldern von La Plaine, entlang der toten schieferblauen Rhône, und in meinem eiskalten Verschlag in der Pinte, wo ich schlief, aus dem Haus der alten Witwe hinausgeworfen. *Der Winterkrieg in Tibet* ist ein Stoff ohne

Handlung, eigentlich ein endloser Alptraum, den ich zwei Jahre später in den Erzählungen *Die Stadt* und *Die Falle* weiterträumte, ohne mich von ihm befreien zu können. 1951 versuchte ich, den *Winterkrieg* doch noch zu schreiben, das Unternehmen blieb ein Fragment; es fehlte mir, eingeklammert zwischen immer neuen Fassungen der *Ehe des Herrn Mississippi*, die Einsicht, daß ich all das Fragmentarische nicht fortsetzen konnte, sondern fallenlassen mußte, wollte ich es bewältigen.

Und so bin ich denn aufs neue in diesen unheimlichen Kampf verwickelt; wie damals gezwungen, eine Welt der Sinnlosigkeit darzustellen, in der ein Sinn gesucht wird, den es nicht gibt, ohne den sie jedoch nicht ausgehalten werden kann; eine Welt wie damals meine Zeichnungen; eine Welt, überwuchert von Bildern, die immer neue Bilder erzeugen, durchsetzt von Gründen, die auf immer neue Gründe hinweisen, um ihre eigene Sinnlosigkeit zu verschweigen; so hatte ich mir damals aus meinem privaten Labyrinth ein Weltlabyrinth erschaffen.

Dieses Weltlabyrinth ist geblieben, es hat nicht nur den Zweiten Weltkrieg überlebt, es ist noch labyrinthischer geworden, und so, wie es als Urmotiv blieb und mir, der ich ihm etwas entgegensetzen mußte, immer neue Bilder abnötigte, ist denn auch an meiner ursprünglichen Konzeption nur der Untertitel zu ändern, statt *Aus den Papieren eines Wärters* nun *Der Winterkrieg in Tibet*, und das, weil ich jetzt den sehe, den ich vorher nicht sah, den Erzähler.

Was heute gilt, galt damals: Dramaturgie des Labyrinths, Minotaurus. Indem ich die Welt, in die ich mich ausgesetzt sehe, als Labyrinth darstelle, versuche ich, Distanz zu ihr zu gewinnen, von ihr zurückzutreten, sie ins Auge zu fassen wie ein Dompteur ein wildes Tier. Die Welt, wie ich sie erlebe, konfrontiere ich mit einer Gegenwelt, die ich erdenke.

Nun sind die Bilder, zu denen man greift, nicht zufällig, auch sie sind schon etwas Vorhandenes, jedes Gedachte ist schon einmal gedacht, jedes Gleichnis schon einmal angewandt worden. In der Phantasie gibt es nichts Neues, alle Strukturen gehen auf Urstrukturen, alle Motive auf Urmotive, alle Bilder auf Urbilder zurück. Selbst die komplizierte räumliche Struktur des Kettenmoleküls, das die Eigenschaften eines jeden Individuums speichert, war in der Einbildungskraft schon vorhanden – sonst hätte sie nicht entdeckt werden können. Urstrukturen, Urmotive und Urbilder sind allen gemeinsam.

Gewiß, *Der Winterkrieg in Tibet* erinnert an Kafka, auch seine Welt ist labyrinthisch. Doch nur *seine* Welt? Ich lernte Kafka dem Namen und den Motiven nach erst in meinem Zürcher Jahr kennen, das freilich auch in den Zweiten Weltkrieg fiel, weshalb ich ihn erst nach dem Krieg las, vorher waren seine Werke nicht aufzutreiben. Das Jüdische ist voller Labyrinthe, nicht nur das Ghetto, auch das jüdische Denken, das zugleich ein ›Weltdenken‹ ist, indem es das Labyrinth voraussetzt. Aber was galt ›diesseits‹ dieser Voraussetzung für Kafka, im Vorgeistigen, Vorreligiösen, Vordenkerischen, Vorliterarischen? In welchen Kellern und Gängen verirrte er sich? In welchen Räumen fürchtete er sich und wovor? Spielten Estriche eine Rolle? Theseus, der Minotaurus, das Labyrinth? Was las er als Neun-, Zehn-, Zwölfjähriger? ›Die Reise zum Mittelpunkt der Erde‹, ›Ardistan und Dschinnistan‹? War er später, wie ich, vom Höhlengleichnis Platons beeindruckt?

Schriftsteller sollten einander nach ihren Urstrukturen, Urmotiven und Urbildern zugeordnet werden, nicht chronologisch. Den Einfluß der Literatur auf Literatur streite ich nicht ab. Selbstverständlich wirkte sie auch auf mich ein. Doch noch entscheidender sind die Eindrücke, die durch die ›vorliterarischen‹ Eindrücke zu Literatur werden.

Die Kornfelder und die Gänge im Tenn der Bauernhäuser wurden mir durch die Sage vom Minotaurus, die mir mein Vater erzählte, zum Labyrinth, und so war mir das Bild des Labyrinths schon vertraut, als ich noch im Dorf lebte; ich rettete es in die Stadt hinüber, fand es durch sie nicht nur bestätigt, sie aktualisierte es noch, indem sie es durch die literarischen und philosophischen Einflüsse verstärkte, die unvermeidlich waren, bis ich endlich das Labyrinth zur Beschreibung jener Vorgänge anwandte, die sich zwar jenseits der Grenzen des Landes abspielten, aber, von meiner Höhlensicht aus – ohne daß es mir freilich bewußt wurde – auch meine eigene Lage und jene diesseits der Grenze widerspiegelten.

Mit dem Dorf und der Stadt, mit dem eingeschlossenen Land und mit dem an seinen Grenzen sich brechenden Krieg, mit meiner Pubertät, mit meiner Vertrautheit mit den griechischen Sagen und mit meiner jugendlichen und späteren Lektüre ist jedoch die Wahl meines ersten ›labyrinthischen‹ und meiner späteren labyrinthischen Stoffe noch nicht völlig erklärt, andere Stoffe wären auch denkbar gewesen. Fragen bleiben offen. Außer der ersten Umwelt und den ersten Büchern legen die persönlichen Verhältnisse die Gleise, die man später benutzt. Woher ich vorliterarisch und später literarisch das Motiv des Labyrinths kannte, läßt sich nachweisen; warum ich es anwandte, um die Welt nachzugestalten, die ich vorfand, ist nicht selbstverständlich.

Das Labyrinth ist ein Gleichnis und als solches mehrdeutig wie jedes Gleichnis. Irgendwo in seinem Innern lauert der Minotaurus, eine Ungestalt mit dem Kopf eines Stiers und dem Leib eines Menschen, Sohn der Pasiphae, der Schwester des Augias und der Kirke, wie diese ebenfalls eine Zauberin und wie diese und Augias eines der Kinder des Sonnengottes und der Perseis, einer Göttin allerersten Ranges, Tochter des Okeanos und seiner Gattin Thetys. Okeanos selber – um auch die letzten Wurzeln der Hocharistokratie bloßzulegen – war ein Sohn des Uranos, wie Chronos, der seinen Vater entmannte und seine eigenen Kinder fraß, bis er endlich, das Verschlungene wieder hinauswürgend, von seinem dritten Sohn, Zeus, gestürzt wurde – wir bewegen uns in allerhöchsten Kreisen: Inzest, Perversion, Vater- und Brudermord; gerichtliche Instanzen sind nur für Sterbliche da, nicht für den Götterhochadel, zu dem übrigens auch Minos zählte, des Minotaurus Stiefvater, nicht ganz so reinrassig wie seine Gattin freilich, aber doch ein Dreiviertelgott, sein Vater Zeus, seine Mutter die Halbgöttin Europa. Soweit der genealogische Hintergrund mütterlicherseits.

Der Vater des Minotaurus dagegen war nicht so vornehm, nicht einmal ein Halbgott oder ein Drittelgott, eigentlich auch nicht ein Mensch, sondern ein dem Poseidon geweihter Opferstier, dem Meer entstiegen, zoologisch gesehen offensichtlich ein Wiederkäuer, noch genauer, ein Vorweltstier (bos primigenius), den Minos dem Gotte unterschlagen und in seine eigene Herde aufgenommen hatte.

Die Zeugung war mehr als kompliziert. Der Opferstier war wenig willig, doch muß Pasiphae jedes Schamgefühl verloren und Minos ihren Wünschen widerstandslos nachgegeben haben, jedenfalls mußte der scharfsinnige Dädalus die Tochter des Sonnengottes und der Perseis in eine künstliche Kuh einschließen. Der bos primigenius fiel darauf herein, Kuh ist Kuh, und bestieg das Gebilde – offenbar eines der ersten naturalistischen Kunstwerke, von dem wir wissen –, worauf der Stier gemeingefährlich wurde, vielleicht hatte er den Schwindel nachträglich bemerkt, was instinktiv seinen Stolz beleidigte, konnte er doch als Wiederkäuer nicht wissen, daß er von einer Göttin beglückt worden war. Wir können nur vermuten. Er verwüstete die Insel Kreta und daraufhin den Peloponnes, wohin ihn Herkules getrieben hatte, und endlich Attika. Erst Theseus brachte ihn zur Strecke, womit dieser Held, da er später auch den Minotaurus tötete, Vater und Sohn vernichtete. Dieses Detail bloß der Genauigkeit zuliebe.

Was die Geburt des Minotaurus betrifft, so wird sie schwierig gewesen sein, müssen wir annehmen, aus anatomischen Gründen: der Wurf hatte einen viel zu großen Kopf.

Daß Minos seinen Stiefsohn nicht sehen wollte, ist begreiflich, daß er sich von Pasiphae nicht trennte, ebenfalls – nicht nur, weil sie eine Göttin und er nur ein Dreiviertelgott war, weshalb er wahrscheinlich die komplizierte Zeugung geduldet und finanziert hatte (Dädalus arbeitete schließlich nicht billig), vermutlich auch aus psychologischen Gründen: Hatte doch des Minos Vater Zeus sich seiner Mutter Europa ebenfalls in der Gestalt eines Stiers genähert, worauf es durchaus hätte sein können, daß, falls Zeus sich damals im Liebeseifer nicht nur der Form, sondern auch den Chromosomen nach in einen Stier verwandelt hätte, dann Minos selbst als ein Minotaurus zur Welt gekommen wäre – vielleicht als ein umgekehrter: oben Mensch, unten Stier. (Es könnte natürlich sein, daß Minos im geheimen der eigentliche Vater des Minotaurus war – was den Mendelschen Gesetzen nicht widersprechen würde –, so daß Minos die Geschichte der naturalistischen Kuh des Dädalus entweder erfunden hätte oder die Bemühungen des heiligen bos primigenius vergeblich gewesen wären. Letzteres scheint – die Hypothese der Vaterschaft des Minos einmal angenommen – das Wahrscheinlichere zu sein: Laut Ranke-Graves und Hungers ›Lexikon der griechischen und römischen Mythologie‹ hat Pasiphae ihre Leidenschaft für den Vorweltstier nie dementiert.)

Wie dem auch sei, am besten war es, Minos vergaß die erotische Verirrung seiner Gattin, um so mehr als sie bloß vorübergehend gewesen zu sein scheint, gebar sie ihm doch noch sechs Kinder, die er allem Anschein nach selber zeugte.

So mußte denn Dädalus, dieser Leonardo der Mythologie, auch noch das Labyrinth bauen, verheimlichen ließ sich ohnehin nichts, und überdies zertrampelte der rasende bos primigenius immer noch die Insel – wie sollte erst der Sohn werden. Der geniale Erfinder konstruierte eine ebenso verblüffende wie komplizierte Anlage, bevor er mit Ikarus durch die Lüfte gegen Sizilien flatterte.

Wir wissen wenig vom Labyrinth, doch gelingt es uns insofern, eine Idee von ihm zu bekommen, als wir den Gedankengang des Dädalus auch nachträglich noch zu vollziehen vermögen, versetzen wir uns in seine Aufgabe – wenn das auch nur höchst unvollkommen möglich ist, mangelt es uns doch durchaus an seiner Einfallskraft. Es galt, den Minotaurus einerseits am Leben, andrerseits gefangen zu halten. Daß Dädalus auf ein Labyrinth verfiel und nicht auf ein gewöhnliches Gefängnis, muß daher im Wesen des Minotaurus seinen Grund gehabt haben. Er war nicht ein Mensch mit dem Kopf eines Stiers, sondern ein Stier mit dem Leib eines Menschen – ein wesentlicher Unterschied –, demnach durchaus kein Intellektueller, im Gegenteil, aber dafür von einer offenbar unbeschreiblichen Wildheit und Kraft, der keine Tür eines Gefängnisses widerstanden hätte. Auch andere Eigenschaften waren von Dädalus in Betracht zu ziehen. Es darf angenommen werden, daß Minotaurus vegetarisch lebte, sein Kopf war der eines Stiers, er besaß kein Raubtiergebiß, sondern das eines Wiederkäuers, und sein Leib war der eines Primaten, ursprünglich auch Vegetarier.

So haben wir uns denn das Labyrinth ausgedehnter zu denken, als wir es uns sonst vorstellen, es wird einen weiten Park mit Baumgruppen und einem Teich als Innenhof umschlossen haben oder mehrere solcher Parks als Innenhöfe, wo der Minotaurus äsen, zur Tränke gehen und in den Bäumen herumklettern konnte – auch sein Primatenleib hatte Anrecht auf die ihm sinngemäße Bewegung, kletterten wir in Urzeiten doch auch in Bäumen herum.

Erst die Umschließung dieser Grünfläche oder dieser Grünflächen mit einem einzigen Gebäude oder mit mehreren ineinandergeschachtelten Gebäudekomplexen (glatt und hoch, mit Fensterluken erst ganz oben, damit der Minotaurus nicht an den Mauern hinaufklettern konnte) wird das Labyrinth gewesen sein, das den Menschen als etwas zugleich Großartiges, Furchterregendes und Unvorstellbares in der Erinnerung geblieben ist, als ein Bau »voll gewundener Krümmungen, welche Augen und Füße verwirrten. Die unzähligen Gänge schlangen sich ineinander wie der verworrene Lauf des geschlängelten Flusses Meander, der im zweifelnden Gange bald vorwärts, bald zurück fließt und oft seinen eigenen Wellen entgegenkommt«, wie ihn, nicht unpoetisch, Gustav Schwab beschreibt. Gegen ein solches Gefängnis ist selbst die unmäßige Kraft eines Halbgottes ohnmächtig, auch wenn er intellektueller als Minotaurus gewesen wäre.

Aber zum friedlichen Bilde des äsenden, gutmütigen, in den Bäumen herumkletternden, wenn auch mit ungestümer Kraft versehenen Minotaurus steht nun freilich jener Bericht im Gegensatz, Minos hätte alle neun Jahre sieben Jünglinge und sieben Jungfrauen aus Athen ins Labyrinth getrieben, »zur Fütterung des Minotaurus«, wie es wörtlich bei Hunger heißt. Nach diesem Bericht war Minotaurus kein Vegetarier, sondern ein Kannibale, falls ein Stier mit einem Menschenleib, der Menschen frißt, ein Kannibale genannt werden darf.

Widersprüchliches wird jedoch auch von Minos gemeldet. Die Sage schildert ihn als grausam und heimtückisch, nach Platon dagegen wurde Minos nach seinem Tode mit seinem Bruder Rhadamanthys Richter über die Toten, was vermuten läßt, daß er ein gerechter Mann war: Das Bewußtsein, die unselige Geschichte verursacht zu haben, indem er Poseidon den bos primigenius vorenthalten hatte, verbot ihm jede Ungerechtigkeit Minotaurus gegenüber, und nicht bloß der Umstand, daß Minotaurus ein Halbgott war – oder wenigstens eine Art von Halbgott. Was uns die Soziologen als einzigen Grund einreden wollen, ist fragwürdig: ein Dreiviertelgott denkt nicht nur standesbedingt, sogar der Mensch nicht.

Gewiß, das Labyrinth war eine Vorsichtsmaßnahme, zu der Minos als König von Kreta politisch verpflichtet war, wollte er den Minotaurus am Leben halten. Aber vielleicht liebte Minos aus einem überaus geschärften Sinn für Gerechtigkeit und aus einer ungemein zärtlichen Liebe zu Pasiphae heraus – oder vielleicht war er doch sein Sohn – den Minotaurus mehr als seine offiziellen Kinder; daß später seine eigene Tochter Ariadne (immerhin eine Siebenachtelgöttin) Theseus (höchstens einem Viertelgott, der sich gern als Halbgott, ja als Dreiviertelgott ausgab, praktisch also einem gewöhnlichen Sterblichen, das heißt – in jene Zeiten transponiert – einem Bürgerlichen) heimlich die Möglichkeit verschaffte, den Minotaurus zu ermorden und aus dem Labyrinth wieder herauszufinden, daß sie somit am Tod ihres Stiefbruders oder gar Bruders schuldig wurde, ist dafür ein Indiz: Ariadne war auf den Minotaurus eifersüchtig.

Zugegeben, die Gerechtigkeit und die Liebe des Minos für Minotaurus waren fürchterlich. Sie konnten nichts anderes sein. Die sieben Jünglinge und die sieben Jungfrauen waren das einzige, womit Minos seinem Stiefsohn seine Liebe und seine Gerechtigkeit zu beweisen vermochte:

Minotaurus mit dem Kopf eines Stiers hatte weder die Fähigkeit zu sprechen noch zu denken, er besaß nichts als Instinkte, die ihn meist friedlich im Park (oder den Parks) äsen, in den Bäumen herumklettern oder im Teich (oder den Teichen) trinken ließen, allein, ohne Gefährten oder Gefährtin, gab es doch kein weiteres Exemplar seiner Gattung. Oft aber wird er in plötzlicher, unerklärlicher Wut gegen die Mauern des Labyrinths gerannt sein, um den riesigen Gebäudekomplex, der ihn umgab, einzustoßen, immer wieder, allein durch seine unbewußte halbgöttliche Stierhaftigkeit getrieben, ja er wird in das Labyrinth selbst eingedrungen sein, tagelang darin herumschnaubend, wie ein Stier in einem unermeßlichen Dschungel, bis er sich schließlich im Innenhof – im Park – oder in einem der Innenhöfe – einem der Parks – wiederfand, um erschöpft weiterzuäsen oder einfach hingestreckt liegenzubleiben, den roten Sonnengott anglotzend, seinen Großvater, der hinter den Mauern des Labyrinths versank, gleichgültig gegenüber der dumpfen Verzweiflung seines Enkels, der wiederum nicht wußte, daß es sein Großvater war, der da hinabsank.

Wenn dann aber die sieben Jünglinge und die sieben Jungfrauen vor ihm erschienen, einer an der Hand des anderen und eine an der Hand der anderen, um sich nicht zu verlieren, und nun nach tagelangem Irren durch die verschachtelten Gänge, Nebengänge und Nebengänge von Nebengängen, geblendet vom plötzlichen Licht der Sonne, den Minotaurus ungläubig anblinzelten, wird diesem auf einmal der Frevel aufgedämmert sein, dem er seine Entstehung verdankte: nicht als Geschichte, nicht daß er etwas vom heiligen Stier und des Dädalus künstlicher Kuh oder von Zeusens erotischer Raffinesse hätte erfahren können – das alles hätte er als Tier, das er trotz seines Menschenleibes war, auch gar nicht begriffen –, aber instinktiv wird er gefühlt haben, daß er etwas Einzigartiges war, weder ganz Tier noch ganz Mensch, auch nicht ganz Gott, und daß er als dieser Einzigartige für ein Unrecht büßen mußte, welches er nicht begangen hatte. Diese tier- und triebhafte Erkenntnis versetzte ihn in eine götterliche Raserei: Er wird die Jünglinge niedergestoßen, mit seinen Hörnern durchbohrt, die Jungfrauen vergewaltigt und endlich alle, Jünglinge und Jungfrauen, mit seinen Händen zerrissen haben, ihr Blut aufleckend, ihr Fleisch hinunterwürgend, im dunklen Trieb, wie die zu werden, die er eben zerfetzt hatte. Minotaurus wollte unbewußt ein Mensch werden, darum tötete und verschlang er immer wieder sieben Jünglinge und sieben Jungfrauen, und des Minos Liebe und Gerechtigkeit seinem Stiefsohn gegenüber bestand darin, daß er ihm alle neun Jahre diesen unbewußten Willen erweckte und die dumpfe Erkenntnis, etwas Einzigartiges zu sein. Mehr konnte Minos für Minotaurus nicht tun: es war die Gerechtigkeit und die Liebe eines Totenrichters.

Eine Vermutung, ich gebe es zu, denn eines muß uns stutzig machen: Daß alle neun Jahre sieben Jünglinge und sieben Jungfrauen von Minos ins Labyrinth geschickt wurden, daran läßt sich nicht zweifeln, wohl aber an der Weise, wie sie den Tod gefunden haben sollen.

Natürlich lag es nahe, Minotaurus als ihren Mörder zu betrachten; wenn ich nicht so recht überzeugt bin, so nur, weil die Unmöglichkeit, aus dem Labyrinth zu entweichen, der Unmöglichkeit entspricht, in sein Inneres zu gelangen: Minotaurus konnte weder fliehen noch gefunden werden, auch von seinen Opfern nicht. Möglich, daß diese, einmal ins Labyrinth eingedrungen, manchmal das bald ferne, bald nahe Brüllen des Stiermenschen vernommen haben, aber auf ihn werden sie nie gestoßen sein. Das wochenlange Herumirren und die ständige Furcht, doch auf die Bestie zu stoßen, wird sie aber ermattet oder in den Wahnsinn getrieben haben; vielleicht daß sich die sieben Jünglinge und die sieben Jungfrauen selbst zerfleischten, nach und nach; es ist vorstellbar, daß einer den andern vorauslief, plötzlich auf einen Nebengang, dann wieder zur Gruppe stieß, im unvorstellbaren Schreck für den Minotaurus gehalten wurde, man stürzte sich, mit einem Male todesmutig, auf ihn, er wehrte sich, und so weiter, in labyrinthischen Wiederholungen; vor allem die Panik kehrt immer wieder, steigert sich, häuft sich, statt nachzulassen und sich zu mildern.

Nebensächlich, denn so oder so, die Liebe des Minos Minotaurus gegenüber wird dann darin bestanden haben, daß er mit dem Labyrinth für den absolut Einzelnen, welcher der Minotaurus durch seine Ungestalt nun einmal war, ein einmaliges Universum schuf, eine absolut vereinzelte Welt, eine Ungestalt wie Minotaurus selbst, in der sich Minotaurus wie ein Gott wunschlos glücklich hätte fühlen können. Daß er dieses Glück nicht fühlen konnte, lag wiederum in seiner existentiellen Position als der absolut Einzelne, so daß denn dieses für Minotaurus nicht fühlbare Glück sich als die milde Seite der strengen Gerechtigkeit des Minos erwiese, wobei – denken wir den Gedanken weiter – sich uns, erschreckend vielleicht, die Frage stellt, ob das wunschlose Glück, das Minotaurus nicht fühlen kann, überhaupt zu fühlen ist, so daß es auch die Götter nicht fühlen könnten. Eine Frage, die wiederum den Verdacht erweckt, ob nicht die Götter deshalb oft unermeßliches Leid über die Sterblichen ausschütteten, um an deren Leid ihr göttliches Glück zu fühlen, und sei es für Momente nur. Delikater ausgedrückt, ob nicht Minos in seiner Gerechtigkeit durch das Labyrinth und durch die Unmöglichkeit, zu Minotaurus zu gelangen, Minotaurus zu einem Gott geschaffen habe, der in seinem eigenen Universum friedlich äsend als einziger Gott nicht daran litt, ein Gott zu sein, obgleich er bloß ein Halb- oder Siebenachtelgott war, und ob nicht die Siebenachtelgöttin Ariadne ihren Halb- oder Ganzbruder aus Neid statt aus Eifersucht durch Theseus töten ließ?

Zugegeben, die Frage nach dem möglichen Glück des Minotaurus stellt sich mir erst heute, nachdem ich mich seit Jahrzehnten mit Labyrinthen und Minotauren beschäftigt habe, und sei es oft nur zeichnerisch; damals, am Ufer der eisigen Rhône, die träge durch eine eisige Landschaft trieb, sah ich nur das Unglück des Minotaurus.

Doch auch so bleibt das Labyrinth etwas Mehrdeutiges. Vorerst ein doppeltes Gefängnis, eines für jene, die hineingehen, um vernichtet zu werden, indem sie den Minotaurus finden oder nicht finden, und ein Gefängnis für den Minotaurus, der nie aus ihm hinausfindet, der sich immer wieder in seinen Haupt- und Nebengängen verirrt, bis er einmal auf jenen stößt, der ihn tötet: nicht auf einen Gott oder Halbgott, sondern auf einen Menschen, auf Theseus, wobei ich voraussetze, Theseus habe ihn gefunden – auch bei dieser Sage beschleicht mich ein leiser Zweifel, nicht nur, weil nach Ranke-Graves die Kreter nie zugeben wollten, daß der Minotaurus je gelebt hat, sondern weil es für den Kampf zwischen Theseus und Minotaurus keinen Zeugen geben konnte, so daß er ebensogut nicht stattgefunden haben könnte.

Endlich stellt das Labyrinth eine Strafe dar (gleichgültig, ob nun Minos ein gerechter oder ein ungerechter Richter ist). Doch wo sich eine Strafe findet, muß ein Gericht vorhanden sein, das diese Strafe festsetzt, und eine Schuld, die diese Strafe begründet. Eine Schuld jedoch, die von Minotaurus nicht begriffen werden kann, weil er Minotaurus ist, kann für Minotaurus keine Schuld darstellen. So ist er durch das Labyrinth für eine Schuld bestraft, die außer ihm liegt, vor seiner Geburt, die seine Ursache ist. Die Schuld des Minotaurus besteht darin, Minotaurus zu sein, eine Ungestalt, ein schuldig Unschuldiger; und darum ist das Labyrinth mehr als ein Gefängnis – es ist eine Unbegreiflichkeit –, es hält uns allein durch diese seine Eigenschaft gefangen und wird darum auch als seine letzte Paradoxie davon unabhängig, ob der Minotaurus existierte oder nicht, weil ein jeder, der es betritt, zum Minotaurus wird; ein Gefängnis, das deshalb keine verschlossenen Türen braucht, die unzähligen Tore des Labyrinths stehen offen, ein jeder kann sich darin verirren.

Indem ich jedoch damals, als der Krieg zusammenbrach, ein Labyrinth entwarf, identifizierte ich mich unbewußt mit dem Minotaurus, dem Bewohner des Labyrinths, vollzog ich den Urprotest, protestierte ich gegen meine Geburt; denn die Welt, in die ich hineingeboren wurde, war mein Labyrinth, der Ausdruck einer rätselhaften mythischen Welt, die ich nicht verstand, die Unschuldige schuldig spricht und deren Recht unbekannt ist. Mehr noch: Ich identifizierte mich auch mit jenen, die in das Labyrinth verbannt und vom Minotaurus zerfleischt wurden oder sich untereinander zerfleischten aus der Vorstellung heraus, es gebe ihn. Schließlich identifizierte ich mich mit Dädalus, der das Labyrinth erschuf, denn jeder Versuch, die Welt, in der man lebt, in den Griff zu bekommen, sie zu gestalten, stellt einen Versuch dar, eine Gegenwelt zu erschaffen, in der sich die Welt, die man gestalten will, verfängt wie der Minotaurus im Labyrinth.

Gleichzeitig ist jedoch dieser Versuch dem ohnmächtigen Versuch des Minotaurus gleichzusetzen, das Labyrinth auf seine Weise zu begreifen, einem Versuch, den er vielleicht einmal auf dem Rücken liegend und dumpf muhend in die Sonne glotzend unternahm; was dabei herauskam, wissen wir nicht. Der Irrtum muß grotesk gewesen sein, die Wahrheit des Dädalus – der Sinn und der Plan des Labyrinths – war ihm verschlossen; Minotaurus stellte es sich vielleicht als einen ungeheuren, ewig gefüllten Futtertrog vor.

Kein Gleichnis geht eindeutig auf, sonst wäre es eine Allegorie, eine verkleidete Sentenz. Doch läßt sich nachträglich ein gewisser Verdacht hinsichtlich der hemmungslosen Verwendung labyrinthischer Strukturen und Motive nicht unterdrücken, besonders in einer Zeit wie der heutigen, die Engagement, Protest, Unterschriften, politische Haltung verlangt. Indem ich damals meine Welt in einem so mehrdeutigen Bild wie dem des Labyrinths zu bannen versuchte, gab ich auf meine Wirklichkeit eine mehrdeutige Antwort. Die Frage drängt sich auf, ob ich damit nicht ins Mehrdeutige ausgewichen sei, in einer Zeit, die nach eindeutigen Antworten drängte, vor allem politisch; aber auch, ob es mir damals möglich gewesen wäre, anders zu antworten; mehr noch, ob ich überhaupt je eindeutig geantwortet habe.

Auch schiebt sich vor diese Frage noch eine andere, näherliegende: Warum deute ich das Labyrinth nicht psychoanalytisch? Als Wunsch, wieder in den Mutterbauch zurückzukriechen, und als Trauer, je herausgekrochen zu sein? Weil ich bezweifle, mit dieser Denkmethode, mit diesem Eintauchen ins Unbewußte, mein eigentliches Wesen, meinen ›Mittelpunkt‹, zu erreichen, ebensowenig wie Professor Lidenbrock mit seinem Abstieg ins Kraterinnere des Sneffel den Mittelpunkt erreichte. Die Motive, psychoanalytisch gedeutet, lösen sich in Abstraktionen und Trivialitäten auf, die, denkt man weiter, immer weniger bedeuten, bis sie eigentlich nichts mehr bedeuten. Die dunkle Maschinerie der Triebe sei nicht geleugnet, im Gegenteil, ich setze sie als etwas Selbstverständliches voraus, das uns in Schwung hält. Nicht selbstverständlich ist die oft abenteuerliche Reise, die, von solchen Trieben in Gang gesetzt, ein Mensch zu unternehmen vermag; in diesem Nicht-Selbstverständlichen wittere ich eine Wahl, eine Entscheidung, die ich persönlich getroffen habe und immer wieder treffe: zu schreiben.

Was auch immer diese Wahl bedeutet, ob sie nun scheinbar oder wirklich sei, zwangsläufig oder frei erfolgte, sie ist das Ergebnis eines Urdramas, jenes der Auseinandersetzung eines Ich mit seiner Umwelt, weder allein von der Umwelt noch allein vom Ich aus zu erklären, und als Vorgang, als Urdrama, immer einzigartig. Jeder Mensch ist ein eigenes Drama, sei es eine eigene Komödie oder eine eigene Tragödie, wahrscheinlich beides: Der Mensch ist von einer Kompliziertheit, die nur Individualitäten zuläßt, Minotauren sozusagen, um wieder auf das Labyrinth zurückzukommen, darum mein Konzept einer ›wirklichen Weltgeschichte‹, auch sie ist labyrinthisch.

Ich glaube, daß jede Erklärung – auch die psychoanalytische – den Sinn eines Gleichnisses zerstört, weil dieser Sinn eins mit dem Gleichnis ist, weil er sich nur im Gleichnis unzerlegt widerspiegelt, und daß darum alle Erklärungen eindeutig sind, zerlegtes Licht, welches aber als Erklärung wieder nur ein Gleichnis werden kann, das neue Erklärungen herausfordert: Nicht *eine* Erklärung ist der Sinn eines Gleichnisses, sondern alle seine möglichen Erklärungen zusammen, wobei die Zahl dieser möglichen Erklärungen zunimmt, das Gleichnis wird immer mehrdeutiger.

Der Minotaurus bietet uns heute als Gleichnis bei weitem mehr Erklärungsmöglichkeiten – unter anderem auch die psychoanalytische – als zur Zeit des Euripides, der in seinen ›Kretern‹ die Liebe der Pasiphae zum bos primigenius behandelte, was uns jedoch nicht daran hindern darf, den Minotaurus als Fall, als Geschichte zu erleben. Wir feiern sonst nur unsere Bildung, statt uns unmittelbar vom Gleichnis packen zu lassen, wir halten sonst irgendeine Erklärung für das Primäre statt für das Sekundäre.

Endlich: Ich pflege meine Abneigungen wie meine Freundschaften. Man gewöhne sich nicht allzu viele ab, und deshalb gewöhne ich mir die psychoanalytische Methode gar nicht erst an, die analytische genügt mir. Ein

Tischler braucht sich nicht zu rechtfertigen, warum er kein Metzger oder Bäcker geworden ist. Wie mit den Berufen geht es auch mit den Denkmethoden, die einer wählt. Ich bin weder Psychoanalytiker noch Soziologe; die geistigen Voraussetzungen, mit denen ich die Aufgabe zu lösen versuche, die meine Neugier mir selbst gegenüberstellte, sind andere. Ich glaube auch an Nuancen im Denken, an persönliche Denkstile, welche die Denkmethoden prägen. Meine sind die eines Schriftstellers, der glaubt, mit einer ganz bestimmten schriftstellerischen List seine Umwelt und sich selbst analysieren und damit ausdrücken und darstellen zu können – um freilich, indem ich diese List anwende, mich selbst zu überlisten.

Realisieren ist etwas anderes als Konzipieren. Am Ufer der eisigen Rhône, über die Grenze ins Niemandsland starrend, konzipierte ich mein Weltlabyrinth. Später versuchte ich immer wieder, das Labyrinth zu gestalten, indem ich einen Erzähler fingierte, ein Ich. Alle diese Versuche scheiterten.

1972 schrieb ich meine erste Konzeption nieder, drei Seiten, dann schrieb ich die *Dramaturgie des Labyrinths*. Jetzt, 1978, seit Wochen wieder mit dem ›Winterkrieg‹ beschäftigt, vom plötzlichen Ehrgeiz befallen, ihn doch noch zu gestalten, wird mir auf einmal klar, wer dieses Ich ist, das ich da fingiert habe, auf einmal, schlagartig beinah, indem ich mitten in der Arbeit am immer mehr sich ausweitenden ›Winterkrieg‹ die ›Dramaturgie‹ wieder durcharbeite, um sie der Erzählung voranzustellen, war sie doch ursprünglich nach dem ›Winterkrieg‹ angesiedelt.

Dieses fingierte Ich, von dem ich, verführt durch meine *Dramaturgie*, so lange glaubte, es sei der Minotaurus, ist Theseus. Nur dieser geht, wie mein Söldner, freiwillig ins Labyrinth, um den Minotaurus zu töten. Mehr noch, auch der, welcher es unternimmt, das Labyrinth darzustellen, muß es freiwillig betreten, er muß Theseus werden.

In der Konzeption, damals am Fluß, und in der ›Dramaturgie‹, achtundzwanzig Jahre später, war das nicht nötig, die stolze Identifikation mit Dädalus beweist es, sie ist nur möglich, weil auch die ›Dramaturgie‹ nur konzipiert; sich in einer Konzeption mit dem Minotaurus, mit seinen Opfern und schließlich mit Dädalus oder mit jeder anderen Gestalt des Konzipierten zu identifizieren ist leicht. Jede Konzeption ist allwissend. Wer den Plan des Labyrinths entwirft, weiß alles; doch wer sich hineinbegibt wie ich jetzt, so viele Jahre nach meinen ersten zaghaften Versuchen, mich dem Eingang zu nähern, weiß nichts – und wäre er auch mit der besten Dramaturgie bewaffnet; sie nützt ihm ebensowenig wie die anderen Weltpläne. Er vermag sich nur vorzustellen, was sein könnte: das plötzliche Auftauchen des Minotaurus, das jähe Auge in Auge mit dem schrecklichen Feind.

Am Ariadnefaden seines Denkens beginnt er, nach dem Minotaurus zu suchen, in den verschlungenen Gängen beginnt er zu fragen, zuerst, wer denn Minotaurus überhaupt sei, später, ob es ihn überhaupt gebe, und endlich beginnt er zu überlegen – wenn er ihn immer noch nicht gefunden hat –, warum denn, wenn es den Minotaurus nicht gebe, das Labyrinth überhaupt sei: Vielleicht deshalb, weil Theseus selber der Minotaurus ist und jeder Versuch, diese Welt denkend zu bewältigen – und sei es nur mit dem Gleichnis der Schriftsteller –, ein Kampf ist, den man mit sich selber führt: Ich bin mein Feind, du bist der deinige.

(*Quelle*: Stoffe I–III, S. 71–94.)

Die Erzählung *Der Winterkrieg in Tibet* folgt unmittelbar auf die hier wiedergegebene *Dramaturgie des Labyrinths.*

Erstveröffentlichung: Stoffe I–III. Diogenes Verlag, Zürich 1981.

Mondfinsternis

Entstehung: 1975–1981. Über die Entstehungsgeschichte dieses zweiten Komplexes der *Stoffe* schrieb Friedrich Dürrenmatt:

Der Entstehung von Stoffen nachzuspüren, ist nicht einfach. Oft sind es Erinnerungen, die sich im Unbewußten mit einem Einfall verbunden haben, der, taucht er wieder auf, scheinbar nichts mit den Erinnerungen zu tun hat. Indem ich die Entwicklung meines Denkens anhand der Geschichte meiner ungeschriebenen und damit, unwillkürlich, auch meiner geschriebenen Stoffe darzustellen versuche, genauer noch: der Beziehung zwischen Erleben, Phantasie und Stoff nachtaste, um eine Dramaturgie der Phantasie aufzuspüren, läßt sich Autobiographisches nicht vermeiden, damit auch nicht Lappalien, ja Läppisches, allein deshalb, weil auch im Nebensächlichsten oft die Keime zu

Stoffen liegen; *bleibt* das Autobiographische jedoch nebensächlich, bloße Lappalie, ist es fallenzulassen.

So war ich entschlossen, das Bergdorfkapitel zu streichen: Es schien mir keine Rolle zu spielen, ob ich in meinem Leben einige Wochen in einem Bergdorf gelebt hatte oder nicht. Beim Wiederlesen nahm ich dennoch, mehr aus Gewohnheit, mehrere Korrekturen vor, und plötzlich tauchte aus den verschiedenen Motiven, zum Beispiel aus der Mondgeschichte während meines Physikstudiums und aus dem Zusammenleben mit den Bergbauern, die Erinnerung an einen Stoff auf, den ich einmal *Mondfinsternis* genannt habe und aus dem sich dann *Der Besuch der alten Dame* entwickelt hat. Ich erlebte die gleiche Überraschung, wie ich sie beim Schreiben des *Winterkriegs* erlebt hatte:

Ich saß bei meinem Freund Liechti. Es war Samstag, die letzten Gäste gegangen, wir tranken eine Flasche Figeac, ich zeichnete.

Hans kommt aus einem der Dörfer, das an die Kirchgemeinde meines Vaters grenzt. Er ist drei Jahre jünger als ich. Wir besuchten beide dieselbe Sekundarschule, wir hatten beide dieselben Lehrer. In seiner ›Beiz‹ sitze und esse ich oft, er setzt sich dann zu mir, und wir reden über Malerei. Er sammelt Abstrakte und Naive. Wenn ich Gäste habe, essen wir bei Liechti, und ich zahle mit einem Bild, auch was ich sonst bei ihm kritzle, überlasse ich ihm. Daneben liebt er es, wenn ich ihm erzähle, was ich schreibe; und als ich an diesem Samstag – der eigentlich schon ein Sonntag war, weil es gegen ein Uhr ging – vom *Winterkrieg* erzählte, stutzte er.

»Die Blümlisalp«, sagte er, »warum du auf die Blümlisalp gekommen bist, weiß ich genau, das war doch ein Theaterstück.«

Jetzt erinnerte ich mich auch: ›Die Blümlisalp‹ hatte ich im Theatersaal neben dem Gasthof ›Kreuz‹ gesehen.

Ob es wohl mein Lehrer in der vierten Primarklasse, Gribi, geschrieben habe, fragte ich.

»Du, das ist möglich«, sagte Hans.

»Trinken wir noch eine Flasche«, schlug ich vor.

Am nächsten Morgen – es war nun wirklich Sonntag – überlegte ich am Schreibtisch, wie ich den Autor ausfindig machen könnte. Ich nahm das Telefonbuch: in meinem Dorf gab es eine Martha Gribi, sie wohnte auch am Birkenweg wie einst der Lehrer – das Stück war um 1930 gespielt worden, vor 49 Jahren –, es mußte die Tochter sein. Ich telefonierte: es war Lehrer Gribis Frau.

»Ach, Sie sind es«, sagte sie, »Pfarrers Fritzli, ich erinnere mich noch an Sie, Sie waren viel bei uns, die Frau Pfarrer machte sich große Sorgen um Sie, mein Mann beruhigte sie immer, die Frau Pfarrer solle sich keine Sorgen machen, Fritzli zeichne schön und mache gute Aufsätze.«

Es stimme, ihr Mann habe ›Die Blümlisalp‹ geschrieben, antwortete sie dann auf meine Frage und schickte mir das ›Berndeutsche Sagenspiel‹ zu.

Ich schwindelte darauf ›Die Blümlisalp‹ nachträglich in die Anfangsseiten des ersten Buchs der *Stoffe* ein. Diese, zuerst mit *Dokument* bezeichnet, sind 1965 geschrieben, sie stellen die Urzelle der Stoffe dar. Sie erwähnen nur den Lehrer Gribi, »dessen Stücke von den dramatischen Vereinen des ganzen Emmentals gespielt wurden«.

Als ich dann die *Mondfinsternis* korrigierte, wurde ich mißtrauisch: Es mußte auch einen Zusammenhang zwischen dieser Geschichte und dem *Winterkrieg* geben.

Der Kunstschmied, der mir gerade das Gartentor herrichtete, kam aus dem Bergdorf; er war zehnjährig gewesen, als ich dort gewesen war. Er erinnerte sich noch an mich und erzählte, der Bauer, bei dem ich gewohnt hatte, sei gestorben. Ich hatte dem Kunstschmied gegenüber ein schlechtes Gewissen: Die Erinnerung an sein Dorf hatte sich mit einer Geschichte vermischt, mit der *Mondfinsternis* eben, die doch mit seinem Dorf nichts zu tun hatte.

Als er wiederkam, fragte ich ihn, scheinbar beiläufig, ob von seinem Dorf aus die Blümlisalp zu sehen sei. »Das ist doch unser Berg«, antwortete er, verwundert über meine Vergeßlichkeit.

Doch läßt sich, was die Entwicklung meiner Schriftstellerei betrifft, der Weg vom *Winterkrieg in Tibet* zur *Mondfinsternis* nicht allein durch das assoziative Element der Blümlisalp bestimmen. Das Leben ist chronologisch erfaßbar, doch das Erleben nicht: Die Erinnerung vermag Vergangenes in die Gegenwart zu rücken, ihm eine stärkere Gegenwärtigkeit zu geben, als es in der Vergangenheit besaß. Die Vorstellungskraft schweißt Auseinanderliegendes zusammen, sie kümmert sich um keine Chronologie, schleppt aber sowohl das Nicht-Bewältigte mit sich umher als auch das Nicht-Gewählte. Zum Nicht-Bewältigten gehört der *Winterkrieg*, zum Nicht-Gewählten die *Mondfinsternis*. Was dieser vorausging oder sie vielleicht unterbrach – die Erinnerung täuscht –, war die Prosakomödie *Grieche sucht Griechin.* Was wirklich vorausging, war für mich ein Zusammenbruch: die Uraufführung der Komödie *Ein Engel kommt nach Babylon* in München.

(*Quelle*: Stoffe I–III, S. 239–242.)

In *Stoffe* folgt nun der Bericht über die mißglückte Uraufführung in München (siehe: Dürrenmatt, Stücke, Band 2, S. 434–436). Nach dem resümierenden Bekenntnis »Als Dramatiker bin ich ein unvermeidliches Mißverständnis« fährt Dürrenmatt fort:

Beim *Engel* wurde mir mein ›Theaterschicksal‹ zum ersten Mal bewußt, so sehr, daß ich den Entschluß faßte, kein Theaterstück mehr zu schreiben. Ich wollte die ›Prosa I–IV‹, die ich herausgegeben hatte, die mit *Weihnacht* begonnen und mit dem *Pilatus* geendet hatte, wieder fortsetzen; die beiden Kriminalromane waren Auftragsarbeiten gewesen, ich schrieb sie, um meine Familie auf eine anständige Weise durchzubringen, nun sollte die *Mondfinsternis* etwas Besonderes werden, aber die Sorge um die Familie blieb. Sie zwang mich zum ›Nebenverdienst‹: Ich schrieb meine Hörspiele.

Dann wurde ein Regisseur beim Bayerischen Rundfunk vom Ehrgeiz gepackt, er wollte einen Film drehen. Die Umstände sind mir entfallen. Ich entsinne mich nur noch, daß er in Paris einen Produzenten kannte und an eine improvisierte Reise von Stuttgart nach Paris in einem Propellerflugzeug. Warum von Stuttgart aus, weiß ich nicht mehr. Ich flog in einen endlosen Abend hinein, nur wenige Meter über einem Wolkenmeer, das wie ein Gletscher war, der Rand phantastisch bezackt, dann ein plötzliches Hineintauchen in die Finsternis der Wolken, die Finsternis schien endlos zu dauern, auf einmal ein Lichtermeer: Paris. In der Nacht ein wirres Diner mit einem Filmproduzenten und dem Regisseur aus München, der bayerische Krachlederne trug. Ich erzählte den Plan zu *Grieche sucht Griechin*, fühlte schon beim Erzählen den Unsinn des Unternehmens.

Trotzdem begann ich, nach Neuchâtel zurückgekehrt, die Geschichte niederzuschreiben, sei es aus Ärger, mich in das Unterfangen überhaupt eingelassen zu haben, sei es aus der Abenteuerlust heraus, nicht aufzugeben. Mir schwebte auf einmal mit *Grieche sucht Griechin* etwas durchaus Bizarres, rein in der Sprache Angesiedeltes vor, irgend etwas wie in einem Brentano-Märchen.

Während ich an dieser Prosakomödie schrieb, gestand mir meine Frau, daß sie sich einer Operation unterziehen müsse; sie hatte lange gezögert, davon zu sprechen, auch verschwieg sie mir nicht, daß der Arzt ihr gesagt hätte, sie müsse mit dem schlimmstmöglichen Befund rechnen. Der Vorschuß mußte her, ich schrieb das Buch voll böser Ahnungen in wenigen Tagen zu Ende, auch wenn ich es später, als die Fahnen kamen, beinahe vollständig umkorrigierte.

Die bösen Ahnungen trügten nicht. Zwar verlief die Operation glücklich, die Befürchtung des Arztes erfüllte sich nicht, aber der Arzt war alt und übersah, was er nicht hätte übersehen sollen, so daß die Operation einige Jahre später wiederholt werden mußte; zudem trat eine gefährliche Komplikation ein. [...]

Ich war in Schulden geraten und kam auf die Idee, die *Mondfinsternis* in ein Theaterstück zu verwandeln. Ich sah darin eine bessere Möglichkeit, Geld zu verdienen, als mit dem Schreiben einer Novelle.

Daß man unter anderem auch schreibt, um Geld zu verdienen, sei zugegeben; es ist läppisch, das zu bestreiten, hat man sich einmal die Schriftstellerei als Beruf gewählt; doch schreiben, nur um Geld zu verdienen, hat etwas Närrisches. Wer Geld verdienen will, werde besser Börsenschieber, Gangster, oder er lebe geizig. Ich lebte immer, auch in schlechten Zeiten, fürstlich.

Ich hätte die *Alte Dame* nie geschrieben, wäre mir die Bühnenidee dazu nicht eingefallen.

(*Quelle*: Stoffe I–III, S. 244–248.)

Dürrenmatts Darstellung, wie sich die Erzählung *Mondfinsternis* in die Komödie *Der Besuch der alten Dame* verwandelte, findet sich in: Dürrenmatt, Stücke, Band 2, S. 438–440.

Erstveröffentlichung: Stoffe I–III. Diogenes Verlag, Zürich 1981.

Der Rebell

Entstehung: 1975–1981. – Die Entstehungsgeschichte der Erzählung *Der Rebell*, die ursprünglich als Roman geplant war, reicht bis in das Jahr 1942/43 zurück, als sich Dürrenmatt in Zürich aufhielt, »mit der Ausrede, dort studieren zu müssen«. Wichtiger als der gelegentliche Besuch germanistischer und philosophischer Veranstaltungen an der Universität war für Dürrenmatt die Begegnung mit dem Maler Walter Jonas:

Doch noch wichtiger war, daß ich durch Jonas den deutschen Expressionismus kennenlernte; hier hörte ich zum erstenmal die Namen Heyms und Kafkas. Zwar waren die Werke nicht aufzutreiben, aber Jonas erzählte uns die Literatur, so den ›Irren‹ von Heym und von Kafka ›Vor dem Gesetz‹ und die ›Strafkolonie‹. Erst nachträglich wird mir klar, was ich diesem Maler alles verdanke, er spielte nie den Älteren, entdeckte in jedem, der ihn besuchte, seine Eigenart. Im Schauspielhaus sah ich Kleists ›Penthesilea‹ und Brechts ›Der gute Mensch von Sezuan‹, letzteren auf Walter Jonas' Rat hin. Kleist beeindruckte mich sehr. Sonst ging ich nie ins Theater. [...] Ich begann Erzählungen zu schreiben, die erste, *Weihnacht*, am Heiligen Abend 1942. Ich war am Morgen bei trübem, naßkaltem Wetter zufällig auf den Gedenkstein Büchners gestoßen und schrieb danach die wenigen Sätze der Erzählung in einem Café im Niederdorf ohne zu stocken in ein Notizbuch. Dann fuhr ich nach Bern zum Weihnachtsfest.

[...] Was jedoch meinen alten Plan betrifft, jenen, einen längeren Roman zu schreiben, *Der Rebell*, so hatte ich ihn wie meine Komödie aus dem Bergdorf in die Städte hinübergerettet. Den Schluß entwarf ich freilich erst in Zürich, als Jonas nach seiner Methode, nicht Lösungen anzubieten, sondern Probleme zu stellen, die Frage aufwarf, wie ein Theaterstück mit nur einer Person gestaltet sein müsse. Cocteau, glaube ich, hatte ein solches verfaßt: eine Frau, die telefoniert. Ich sah einen Mann in einem Spiegelsaal als Gefängnis.

Doch daß es nicht zur Niederschrift des Romans kam – ich schrieb nur wenige Seiten –, lag nicht an mangelndem Fleiß, sondern daran, daß mir die sprachlichen Mittel fehlten. Von den Klassikern waren sie nicht zu lernen, mit Thomas Mann konnte ich nichts anfangen, seine bürgerliche Welt stieß mich ab; ebenso Hermann Hesse – er kam mir kleinbürgerlich vor angesichts des allgemeinen Zusammenbrechens jenseits der Grenzen, seine Rebellion gegen die bürgerliche Welt war mir zu harmlos. Es galt gegen die Welt an sich zu protestieren, Gott an sich zu attackieren.

Meine Phantasie war zu radikal, ich fand in der Sprache nichts, das ihr entsprochen hätte, um eine längere Erzählung zu formen. Ich stand im Leeren, ein Schriftsteller ohne Fähigkeit zu schreiben, so wie ich mich als Maler gefühlt hatte, ohne Fähigkeit zum Malen. Vom *Rebell* ist mir deshalb nichts als die Erinnerung geblieben, die freilich oft so intensiv ist, als hätte ich diese Erzählung wirklich geschrieben, vielleicht deshalb, weil sie persönlicher ist als der *Winterkrieg*. Versuchte ich in diesem ein Weltgleichnis, ging es mir in jenem darum, ohne daß ich es ahnte, meine eigene konfuse Lage darzustellen.

Gedächtnis und Wirklichkeit: *Der Rebell* ist mir wohl deshalb noch besonders im Gedächtnis geblieben, weil er hartnäckig in meinen Fieberphantasien herumgeisterte. Ich erkrankte im Frühling 1943. Zuerst fühlte ich mich eine Woche oder zwei erbärmlich; im Studentenheim oder in den Lokalen des Frauenvereins, wo man ebenfalls ein billiges Menü auftrieb, konnte ich nichts essen, ohne mich nachträglich zu übergeben. Es war früh im Jahr, warm, ja heiß, das Licht grell, blendend. Ich fror, lief im Wintermantel herum, blieb endlich in meinem Zimmer. Eines Nachts Angstträume, über vierzig Grad Fieber, es war, als ob ich Atome sähe oder Riesenmoleküle, eine Welt voller Kugeln, über- und durcheinanderrollend, immer enger aneinander- und ineinandergeschoben, ein Weltall wie ein riesenhaftes Kugellager. Die Hausbesitzerin, eine ältere, freundliche, mütterliche Dame, ließ ihren Hausarzt, einen umständlichen alten Herrn, holen; er stellte Dickdarmentzündung fest. Das hohe Fieber hielt an. Ich war allein. Gegenüber dem Haus war ein Lebensmittelladen, ich holte mir täglich eine Flasche billigen Rotwein, ein Franken fünfundsiebzig, angeblich Burgunder, etwas anderes vertrug ich nicht, mein Unterleib war aufgetrieben, Schmerzen, dazu ein ständiger Brechreiz, dann wieder unvermittelt Schlaf, oft stellte ich nur an der Uhr fest, daß ich geschlafen hatte, oder daran, daß es plötzlich Nacht war oder zu lange Tag blieb.

Neben meinem Zimmer befand sich das Zimmer einer freizügigen, etwa vierzigjährigen Frau von einer freundlichen Gutmütigkeit, die jede Nacht andere Besucher empfing. Es war alles zu hören, wie in einem Schwank, der immer wieder unterbrochen wurde; besonders grotesk, weil die Besucher an meinem Fenster vorbeigehen mußten, das auf die Treppe hinausging, die zur Haustür führte. Nachts, sie kamen meist spät, waren sie nicht zu sehen, sie genossen den Schutz der kriegsbedingten Verdunkelung. Doch begaben sie sich des Morgens von dannen, konnte ich sie von meinem Bett aus beobachten. Ich pflegte sie mir nach ihren Stimmen vorzustellen, wenn sie sich, nur durch eine schmale Wand von mir getrennt, auf der Dame austobten. Oft irrte ich mich beträchtlich. Es war wie in einem Gesellschaftsspiel. So glaubte ich einmal, einen Gymnasiasten als Nachbarn zu haben, er war sehr fleißig und emphatisch gewesen, das Bett hatte geknarrt wie noch nie. Am Morgen stellte sich heraus, daß der Gymnasiast über achtzig war, der da draußen vor meinem Fenster, auf seinen Stock gestützt, mit lauter, froher Stimme von seiner Wohltäterin Abschied nehmend, nicht unbiblisch verkündete, er sei überaus glücklich, noch einmal vom Baume der Erkenntnis gepflückt zu haben. Ich selber war ihr erst aufgefallen, als ich erkrankte, vorher war mein Leben zu unstet gewesen, und auch ich hatte nicht besonders auf sie geachtet, höchstens, daß ich mich hin und wieder gewundert hatte, wenn ich frühmorgens vom Bahnhofbuffet heimkehrte, daß dieser oder jener Herr sich von der Haustüre entfernte. Nun öffnete sie manchmal gegen sechs Uhr abends im bloßen offenen Hemd meine Tür, starrte mich entgeistert an und rief ehrlich erschrocken: »Sie, Sie sind todkrank! Jeden Tag sehen Sie miserabler aus!«

All diese Eindrücke, das ständige Gefühl, mich übergeben oder mich entleeren zu müssen und es doch nicht zu können, der kühle Wein auf der Zunge, den ich langsam trank, in kleinen Schlucken, über Stunden verteilt, dazu die Gespräche und Dialoge des Romans, den ich ausdachte, all die komplizierten Beziehungen zwischen der Hauptperson A und den verschiedenen Personen, die ich inzwischen entweder vergessen habe oder auf die ich nicht eingegangen bin, um den Stoff im Überblick darstellen zu können – Details hätten bloß verwirrt, so etwa der Umstand, daß auch Frauen im *Rebell* eine Rolle spielten, es wimmelte geradezu von Frauengestalten, indem die verschiedenen Politiker, die in der Erzählung vorkommen, sei es mit einer Tochter, ja mit ihren eigenen Frauen versuchten, A mit sich zu verbinden, um später, nach der gelungenen Rebellion, Einfluß und Macht zu erlangen – all das ist in meiner Erinnerung zu einer sonderbaren Einheit verschmolzen.

Hinzu kommt noch die Lektüre von Rudolf Kassners

›Zahl und Gesicht‹, ein ebenso verwirrendes wie scharfsinniges Buch, worin eine groteske vierdimensionale Welt entworfen wird, eine Welt der reinen Begriffe, der ›Dinge an sich‹, der ›Zahlenwesen‹, eine Welt mit einer ›nichteuklidischen Logik‹, in welcher der Identitätssatz A = Nicht-A lautet, in der das Absolute gleich dem Unendlichen, das Sein gleich dem Nichtsein ist, eine Konzeption zu einer Ästhetik des Grotesken. Auch geht es darum, ob etwas nur sei, was es sei, und nichts anderes, oder ob alles, was ist, auch etwas bedeute.

Inwiefern auch dieses Buch, worin der Spiegel als begriffliche Funktion ein merkwürdiges, immer wiederkehrendes Motiv ist, in den *Rebell* hineinwuchert, wage ich nachträglich nicht zu entscheiden; auch möchte ich die Frage, ob das geheimnisvolle Land mit der seltsamen Sprache und dem sechsfaltigen Gott etwas mit Kassners vierdimensionaler Fiktionswelt zu tun habe, dahingestellt sein lassen. Wahrscheinlich besteht zwischen ›Zahl und Gesicht‹ und dem *Rebell* mehr ein methodischer Zusammenhang, etwa darin, daß Kassner einmal erklärt – wo, weiß ich nicht mehr, vielleicht täusche ich mich auch –, daß ihn nicht so sehr die Ursache der Dinge kümmere, sondern deren Sinn.

Die Ursache nun scheint mir auch im *Rebell* im Unbestimmten gelassen. So ist es ungewiß, wer eigentlich der Herrscher sei, ob er fiktiv oder der Vater A's ist. Andererseits ist nicht zu leugnen, daß ich den *Rebell* als eine nicht geschriebene Erzählung nun doch geschrieben habe, was nach Kassner der Quadratur des Kreises gleichkäme. Ich meine aber, daß es mir bloß schien, als ob ich eine fingierte Schachpartie, von der ich nur die geplante Eröffnung und das geplante Endspiel im Gedächtnis behielt, noch einmal nachspielte, denn in Wirklichkeit erfand ich ebensoviel als ich wiederfand, ohne unterscheiden zu können, was ich erfunden und was ich wiedergefunden habe. So weiß ich zum Beispiel nicht, ob mir die Vermutung, der geheimnisvolle Herrscher, der uralte Theologe und der Vater A's könnten identisch sein, schon damals in meinen Fieberphantasien aufgegangen war oder erst jetzt, während der Niederschrift. Ich weiß nur, daß sie innerhalb der Möglichkeiten dieser Schachpartie liegt. Auch kann ich nicht beschwören, daß ich während meiner Krankheit Kassners ›Zahl und Gesicht‹ wirklich gelesen habe. Zwar kommt es mir so vor – es kann jedoch auch später gewesen sein –, vielleicht verbindet allein die Tatsache, daß C, dieser sonderbare Schriftsteller und Kassner-Leser, im obersten Stock des Mietshauses nebenan wohnte, ›Zahl und Gesicht‹ mit meiner Krankheit.

Alles bleibt unbestimmt. Gedächtnislücken. Indizien dafür, daß wir unsere Erlebnisse aus der Wirklichkeit herausbrechen wie Blöcke aus einem Steinbruch, um das herausgebrochene Material nachträglich wieder zusammenzusetzen. Willkürlicher, als wir glauben. Diese Tatsache vermag nicht einmal ein Tagebuch wesentlich zu ändern. Was mein Gedächtnis betrifft, so fehlt ihm offenbar der Sinn für die Kontinuität des wirklichen Ablaufs der Fakten, Momente herrschen vor, Blitzlichtaufnahmen, die ich zeitlich allzuleicht vertausche, während meine Gedankenwelt mir durchaus kontinuierlich erscheint.

Erscheint. Denn auch diese Kontinuität ist eine nachträgliche Täuschung, weil sie die unberechenbaren Zufälle unterdrückt, die die Kontinuität erst möglich machten: ich mußte in einem Café, in das ich zufällig geriet, zufällig einen verkrachten Literaten kennenlernen und, sei es im Studentenheim oder in einem Lokal des Frauenvereins, vielleicht beim Salatessen, von Viren infiziert werden, die, wie einige Wissenschaftler behaupteten, durch den Urin von Ratten eingeschleppt wurden, um durch diese zwei Fakten, die in keiner Verbindung zueinander standen, mit Kassners ›Zahl und Gesicht‹ in Berührung zu kommen, was durch Fieberphantasien ein phantastisches Gedankengebäude erzeugte. Eine Verschmelzung verschiedener Zufälle, die zehn Tage nach dem Rückgang des Fiebers einen unbewältigten Stoff zurückließ, den ich vorerst in mir abkapselte. Notgedrungen: Ich war plötzlich fieberfrei, fühlte mich elend, unendlich müde, ohne Spannung, der *Rebell*, ›Zahl und Gesicht‹, die intensive Gedankenwelt, die mich beschäftigt hatte, waren mir wesenlos geworden, kaum mehr begreiflich.

In der Nähe, einige Häuser weiter, war ein Coiffeur, ich suchte ihn auf. Während er mich einseifte, hielt er inne.

»Sie haben die Gelbsucht«, sagte er.

»Wieso?« fragte ich.

»Schauen Sie selber«, antwortete er und hielt mir einen Handspiegel vor das Gesicht.

Die untere Hälfte meines Gesichts war mit weißem Schaum bedeckt, meine Augen waren von einem hellen Zitronengelb, um so auffallender, als sie wie über Seifenwolken schwebten. Ich benachrichtigte den Arzt. Es blieb mir nichts anderes übrig, als nach Bern zurückzufahren.

Ich packte meine Koffer. Im Zug saß ich hinten im letzten Wagen auf einer einzelnen Bank, vor mir die Scheiben der hintersten Tür, die sonst als Durchgangstür zum nächsten Wagen dient. Ich sah Zürich entschwinden, gleichsam in einer perspektivischen, durch Schienen gebildeten Landschaft – und mit diesem Intermezzo schloß im wesentlichen meine chaotische Zürcher Zeit ab. […]

(*Quelle*: Stoffe I–III, S. 306–320. – Vgl. außerdem die Anmerkung zur Komödie *Untergang und neues Leben* in: Dürrenmatt, Stücke. Band 2, S. 415f.)

Erstveröffentlichung: Stoffe I–III. Diogenes Verlag, Zürich 1981.

Minotaurus

Zur Geschichte dieses Stoffes im Werk von Friedrich Dürrenmatt vgl. die Anmerkungen zu den Erzählungen *Aus den Papieren eines Wärters* und *Der Winterkrieg in Tibet.*

Erstveröffentlichung: Diogenes Verlag, Zürich 1985. – Mit Zeichnungen des Autors.

Inhalt

Friedrich Dürrenmatt

Bände in gleicher Ausstattung

Bisher bei Volk und Welt erschienen

Stücke, Zwei Bände. 1983

In Vorbereitung:

Hörspiele

Kriminalromane

Stücke nach Stücken